ZU DIESEM BUCH

Ist all das Liebesleid umsonst und all die Liebesfreud dazu
verurteilt, in Abstumpfung, Frust und Lüge zu enden? –
Viele denken heute so.

Dieser Sicht der «erfahrenen Realisten» tritt die Psychoanalytikerin Ethel S. Person mit einem klaren Ja zur
romantischen Liebe entgegen: Es gibt sie – nur müssen
wir ihren lebendigen Kern freilegen, der unter abgenutz-
ten Vorstellungen und Konventionen begraben liegt.

DIE AUTORIN

Ethel Spector Person studierte Medizin und Psychologie
in New York. Ausbildung zur Psychoanalytikerin. Heute
arbeitet sie als Professorin für Klinische Psychologie und
Direktorin des psychoanalytischen Ausbildungs- und For-
schungszentrums an der Columbia University. Schwerpunkte ihrer Arbeit: psychoanalytische Theorie der
Erziehung; geschlechtsspezifische Unterschiede in der
Sexualität; Psychologie der Frau.

Ethel S. Person

LUST AUF LIEBE

DIE WIEDERENTDECKUNG
DES ROMANTISCHEN GEFÜHLS

Deutsch von
Cornelia Holfelder-von der Tann

Rowohlt

Veröffentlicht im Rowohlt Taschenbuch Verlag GmbH,
Reinbek bei Hamburg, Mai 1992
Copyright © 1990 by Rowohlt Verlag GmbH,
Reinbek bei Hamburg
Die Originalausgabe erschien 1988 unter dem Titel
«Dreams of Love and Fateful Encounters:
The Power of Romantic Passion»
im Verlag W. W. Norton & Company, New York
Copyright © 1988 by Ethel S. Person
Umschlaggestaltung Barbara Hanke/Nina Rothfos
Satz Sabon (Linotronic 500)
Gesamtherstellung Clausen & Bosse, Leck
Printed in Germany
1690-ISBN 3 499 19304 3

Inhalt

Einleitung   7

1 Die Vielfalt der romantischen
   Erfahrung
    1 Impressionen der Verliebtheit   31
    2 Wie Liebe wächst: die idyllische Phase   60
    3 Lust und Schmerz:
      die zwiespältige Natur der Liebe   91

2 Wohin Liebe strebt
    4 Liebesdialoge und Lebenszyklus   115
    5 Die schöpferische Synthese   147

3 Die Kampfarenen der Liebe –
   Paradoxien und Konflikte
    6 Selbstüberschreitung und
      Selbsterniedrigung   177
    7 Liebe und Macht   214
    8 Desillusionierung   247
    9 Liebe zu dritt   284

4 Die Liebe der Frauen –
   die Liebe der Männer
    10 Übertragungsliebe und romantische Liebe   323
    11 Formen der Selbstverwirklichung:
      Frauen und Hingabe, Männer und Macht   353

5 Das Schicksal der Liebe

12 Unglückliche Liebe   389

13 Liebe, die reich macht –
Liebe, die ewig währt   436

**Nachgedanken: Liebe,
Motor der Veränderung**   474

Dank   482

Anmerkungen   484

Register   509

Einleitung

Die Liebe gehört, schon seit meinem zwölften Lebensjahr, zu den Dingen, die mich am meisten beschäftigen. Ich habe nie das Gefühl, Menschen wirklich gut zu kennen, solange ich nichts von der Geschichte ihres Liebeslebens weiß, und ich meine, daß auch niemand mich wirklich kennen kann, ohne etwas über diesen Aspekt meines Lebens zu wissen. In meiner Praxis als Psychoanalytikerin habe ich festgestellt, daß die romantische Liebe offenbar für viele – wenn auch nicht für alle – die gleiche wichtige Rolle spielt wie für mich. In Scott Spencers Roman *Endlose Liebe* erklärt der junge Liebende David: «Wenn endlose Liebe ein Traum war, dann war sie ein Traum, den wir alle teilten, der noch allgemeiner war als der Traum, nie sterben zu müssen oder uns in eine andere Zeit versetzen zu können...» Wenn ich die Sehnsucht nach Liebe auch nicht, wie David, für etwas allen Menschen Gemeinsames halte, glaube ich doch, daß dieser Wunsch und die Liebe selbst die Öffnung für eine der bereicherndsten und befreiendsten Erfahrungen bedeuten, die das Leben für uns bereithält.

Es gibt aber auch viele Menschen, die die Liebe nicht weiter wichtig nehmen oder sogar fürchten. Die Liebe hat immer schon ihre begeisterten Fürsprecher und ihre ablehnenden Kritiker gehabt, und jede Seite weiß reichlich Argumente aufzubieten, um ihren Standpunkt zu untermauern. Die positive Sicht der Liebe als einer Möglichkeit, sich zu verändern und die Grenzen des eigenen Selbst zu überschreiten, ist genauso gut begründet wie ihre negative Bewertung als Akt der Selbsttäuschung und sogar

Selbstzerstörung. Aber gerade diese krassen Gegensätze in der Beurteilung der romantischen Liebe und die Leidenschaft, mit der die Menschen für die eine oder die andere Seite Partei ergreifen, sagt schon einiges über die Macht der Liebe aus. Kaum ein anderer Aspekt unseres Gefühlslebens vermag derart heftige und einander widerstreitende Emotionen wachzurufen. Menschen, die sich gerade im ersten Stadium der Verliebtheit befinden, schwelgen gewöhnlich in ihrem Glück und sind fest davon überzeugt, daß es ewig dauern wird. Endet die Liebe aber, wie es leider häufig der Fall ist, neigen sie dazu, sie zu verfluchen und sich als Opfer hormoneller Aufwallungen zu sehen oder als Beute eines launischen Amor, dessen Giftpfeilen sie künftig auszuweichen schwören. Wer noch nie einen solchen Pfeil gespürt hat, mag sich danach sehnen, sich davor fürchten oder das Ganze auf die leichte Schulter nehmen. Wer aber schon einmal einen Treffer abbekommen hat, wird nicht mehr bestreiten können, daß die Liebe, auch wenn sie selten ewig und nie vollkommen ist, eine mächtige, aus Freude und Leid zusammengesetzte Kraft ist. Eine Kraft, die obendrein den Liebenden in vielerlei – positiver wie negativer – Hinsicht zu verändern vermag, wobei diese Veränderungen oft auch dann noch anhalten, wenn die Liebesbeziehung zu Ende ist.

Thema dieses Buches ist die leidenschaftliche romantische Liebe – ihr Ursprung in unserer Kindheit, ihr Bezug zu Phantasie und Kreativität, ihre Fähigkeit, den liebenden Menschen zu verwandeln und ihm die Überschreitung der Grenzen seines Selbst zu ermöglichen. Ich habe mich bei der Untersuchung meines Gegenstandes, der romantischen Liebe, von der Maxime William James' leiten lassen, daß man, um das Wesen der Religion zu erforschen, einen tiefreligiösen Menschen im Zustand besonderer religiöser Ergriffenheit betrachten sollte. Ich stütze mich bei der Beschreibung des Liebeserlebens auf Äußerungen von Liebenden selbst und von Beobachtern, wie sie in Romanen, Filmen, Autobiographien, Biographien und Briefen zu finden sind. Außerdem beziehe ich mich immer wieder auf mündliche Schilderungen. Wenn ich solche Geschichten ohne Änderungen wiedergebe, so geschieht dies mit der ausdrücklichen schriftlichen Genehmigung der Betroffenen. In anderen Fällen habe ich zwar die konkreten Begebenheiten abgewandelt oder auch mehrere Beispiele so miteinander kombiniert, daß die Darstellung nicht mehr exakt den Fakten entspricht, aber der emotionale Kern ist doch erhalten geblieben.

Obgleich das, was ich mittlerweile über die Liebe in Erfahrung gebracht habe, guten Teils auf meiner Erfahrung als Analytikerin beruht, werden sich auf den folgenden Seiten keine Fallgeschichten aus meiner klinischen Praxis finden. Das hat zwei gute Gründe: erstens ist dieses Material streng vertraulich, und zweitens wird das, was Patienten berichten, gern als neurotisch verzerrt abgetan. Ich gebe zwar nichts auf solche Einwände gegen klinisch fundierte Theorien, weil Patienten in meinen Augen im allgemeinen nicht weniger «normal» sind als irgendwelche anderen Leute, aber ich glaube dennoch, daß Aussagen von Personen, die sich nicht in Therapie befinden, besser geeignet sind, die Skeptiker davon zu überzeugen, daß leidenschaftliche Liebe ein ganz normales – und oft sehr positives – Lebensgeschehen ist. Allerdings habe ich mich nicht gescheut, besonders interessante Fallgeschichten aus der Praxis anderer Therapeuten zu verwenden, soweit sie bereits in Publikationen angeführt waren.

Die Psychoanalyse sagt eine ganze Menge über die Liebe und ihr Verhältnis zu Sexualität, Persönlichkeitsentwicklung, Bindungsfähigkeit, Identifikation und Ich-Ideal. Dennoch kann sie nicht das einzige Vehikel zur Annäherung an diesen Gegenstand sein. Liebe läßt sich nicht in den Kategorien einer Einzelwissenschaft begreifen und darstellen. Die ihr innewohnenden existentiellen Widersprüche zu verstehen, ist nur von einer philosophischen Warte aus möglich, und um ihre unterschiedlichen, kulturell bedingten Ausprägungsformen zu erfassen, bedarf es einer historischen beziehungsweise soziologischen Herangehensweise. Beide Perspektiven habe ich nach besten Kräften einzubeziehen versucht.

Mir liegt daran, einem verbreiteten Irrtum zu begegnen: der Ansicht, daß Frauen «anfälliger» oder begabter für die Liebe sind und sich stärker durch sie bestimmen lassen als die mehr vernunftgeleiteten Männer. Die Fähigkeit zur romantischen Liebe ist Teil der menschlichen Natur und als Potential in Männern wie in Frauen angelegt. Männer und Frauen mögen ihr in unterschiedlichen Lebensphasen besonderes Gewicht beimessen oder auch für verschiedene Zerrformen besonders anfällig sein. Aber kein Geschlecht ist von Natur aus der Macht der Liebe stärker unterworfen als das andere. Die Liebe ist eine besondere Erlebensmöglichkeit des Menschen und macht keinen Unterschied zwischen den Geschlechtern.

Liebende wollen vor allem zusammensein. Ist das nicht möglich, gibt es zwei andere Beschäftigungen, denen sie sich bevorzugt hingeben: an den geliebten Menschen zu denken, von ihm zu träumen, ihm nachzugrübeln oder aber mit an Besessenheit grenzender Ausdauer mit Freunden (oder auch Therapeuten) über ihre Liebe zu reden. Folglich gibt es im Umfeld fast aller — und selbst der heimlichsten — Liebesbeziehungen dritte Personen, die von außen Einblick in sie bekommen. Dabei werden in der Regel die Liebenden selbst und die Beobachter von ihren unterschiedlichen Standorten aus zu verschiedenen Urteilen über die Ernsthaftigkeit, die Grundlagen und die Qualität des Liebesverhältnisses gelangen.

Der liebende Mensch wird von zwei Aspekten seines subjektiven Erlebens bestimmt. Da ist zunächst die Zentralität seiner Leidenschaft. Alles dreht sich um sie. Der Liebende verliert sich in beständigen Gedanken an und über den Anderen und kreist zwanghaft um die winzigsten Veränderungen, die geringfügigsten Schwankungen innerhalb der Beziehung. Die Liebe infiltriert sein gesamtes Wachbewußtsein (und oft genug auch noch seinen Schlaf). Der zweite Aspekt besteht in der «Tatsache», daß die geliebte Person eine Art höheres Wesen ist. Gewöhnlich wird sie idealisiert, mit fast schon übernatürlichen Fähigkeiten und Eigenschaften ausgestattet und als das wunderbarste Geschöpf der Welt gesehen. Der Liebende sonnt sich im Glanz des Objekts seiner Liebe und glaubt (oder fürchtet), das Leben sei ohne es nicht lebenswert. Seine *raison d'être* und sein Selbstwertgefühl sind unlösbar daran geknüpft, daß seine Liebe erwidert wird.

Die Liebenden genießen die nur ihnen geltende Offenbarung, die ihnen zuteil geworden ist. Nie zuvor haben sie so etwas erlebt: diese Verzückung und Verzauberung, diese grenzenlose Wonne. Das Fleisch eines Pfirsichs, das klare Licht eines frühen Morgens, das Läuten von Kirchenglocken in der Ferne – die Liebe verleiht all diesen kleinen Dingen eine ganz neue Intensität, eine besondere Bedeutung. Die Liebenden glauben, daß ihre Freunde das alles niemals werden verstehen können, da sich nur ihnen allein (und vielleicht noch einigen wenigen legendären Liebespaaren der Geschichte) das Mysterium der wahren Liebe enthüllt hat.

Die Umgebung der beiden ist dagegen oft skeptisch. *Ihre* Freunde und Freundinnen sagen (wenn auch gewöhnlich nicht in ihrer Hörweite): «Das ist er doch gar nicht wert. Was findet sie bloß an ihm? Er wird ihr nur weh tun, unzuverlässig, wie er ist.» Und *seine* Freunde meinen: «Sie ist weder besonders hübsch noch besonders gescheit. Was mag er bloß an ihr finden? Bestimmt ist sie gut im Bett.» Wenn der Erwählte Geld hat oder ein bißchen Prominenz genießt, dann kann es sein, daß die Freunde, wenn auch spöttisch, einräumen: «Na ja, für sie ist er eben der große Star.» Manchmal halten sie die Liebenden aber auch einfach für übergeschnappt oder besessen.

Es kommt natürlich auch vor, daß Freunde und Verwandte genauso entzückt sind wie die Liebenden selbst und die Beziehung ebenfalls idealisieren. Meistens klaffen jedoch das subjektive Erleben der Betroffenen und das «objektive» Urteil der Freunde erheblich auseinander. Beide Seiten rationalisieren diese unterschiedlichen Wahrnehmungen: die ins Vertrauen gezogenen Dritten mit dem Klischee «Liebe macht eben blind» und die Liebenden mit der Erklärung, daß ihre Freunde einfach eifersüchtig seien. Zwar ist an beidem gewöhnlich etwas Wahres, aber die Ursachen der Wahrnehmungsdiskrepanz zwischen Liebenden und Beobachtern liegen dennoch tiefer: im Wesen des Liebeserlebens selbst.

Der Sprung der Liebenden aus der Objektivität heraus in die Subjektivität ist Ausdruck der erlösenden Kraft der Liebe. Wenn es stimmt, daß die größte Kluft in der Natur die zwischen zwei Menschenseelen ist, wie William James meint, dann folgt daraus, daß das Gefühl, das es uns erlaubt, diesen Abgrund zu überbrücken, sehr mächtig sein muß. Sobald wir das Gefühl des Einsseins mit der Mutter verlieren, das uns (wenn überhaupt) nur im frühesten Säuglingsalter beschieden ist, erleben wir uns zunehmend als isolierte Wesen. Diese Isolation kann als so total empfunden werden, daß wir darunter leiden und uns das gespenstische Gefühl überkommt, als einsame Bewußtseinsinseln mutterseelenallein durch das Universum zu treiben. Nur indem wir an der subjektiven Realität anderer teilhaben, können wir diese Isolation mildern. Einfühlung, Intuition und Identifikation sind dabei auch schon hilfreich, aber die romantische Liebe geht weiter: Sie negiert die trennenden Barrieren und weckt die Hoffnung, daß der totale Gleichklang zweier Seelen möglich ist, zumindest aber ein freies Fließen zwischen ihnen – die «Gefühlstelepathie», wie es bei Kundera heißt.

Romantische Liebe ist für den Menschen, der sie erlebt, ein Gefühlszustand von außerordentlicher Intensität. Sie kann die Zeit stillstehen lassen und uns so die seltene Erfahrung vermitteln, ganz in der Gegenwart zu leben und für den Moment den sonst stets präsenten Abstraktionen Vergangenheit und Zukunft zu entfliehen. Liebe kann uns das Gefühl der Zufriedenheit mit uns selbst, der inneren Ruhe und Erfülltheit geben, aber auch bewirken, daß wir uns verändern. Ja, sie kann sogar, über die Erweiterung und Veränderung des Selbst hinaus, die Möglichkeit bedeuten, die Schranken des Selbst zu durchbrechen. Sie ist daher eine Form der Transzendenzerfahrung, in gewisser Weise somit tatsächlich, wie ihr nachgesagt wird, eine Religion zu zweit.

Zugleich jedoch ist die Liebe, von der Warte der Gesellschaft aus gesehen, ein Pulverfaß. Aufgrund ihrer Intensität kann sie soziale Normen und Konventionen durchbrechen, den Liebenden Antrieb und Rechtfertigung dafür sein, sich über die etablierte Ordnung hinwegzusetzen. Als Ausdruck der Individualität des einzelnen (oder zweier vereinter Individualitäten) ist die romantische Liebe eine Kraft, die sich leicht gegen gesellschaftliche Zwänge kehren kann. Kein Wunder, daß ihr viele Menschen, die nicht in ihrem Bann stehen, mit Skepsis und bangem Respekt begegnen.

Aber auch Liebende selbst haben Veranlassung, die Liebe zu fürchten. Leidenschaft kann verzehrend sein. Unerwiderte Liebe (oder auch wechselseitige Liebe, die bereits bestehende Bindungen zu zerstören droht) bringt Qualen mit sich. In solchen Fällen wird die Liebe als etwas Unfreiwilliges, nicht der eigenen Kontrolle Unterliegendes erlebt, als ein Affront gegen Würde, Willen und Vernunft, wenn nicht gar als ein regelrechter Anfall von Wahnsinn. Selbst Liebe, die sich unter optimalen Bedingungen entfalten kann, birgt ihre Risiken. Sie kann langsam verglimmen oder sich in Bitterkeit wenden. Oder sie kann – die schlimmste aller Möglichkeiten – in Langeweile und das Gefühl der Leere münden.

Zur Verteidigung der Liebe muß jedoch gesagt werden, daß sie bei aller Sprengkraft auch gesellschaftserhaltend ist, da sie zwar als Privatreligion zweier Menschen beginnen mag, in der Folge aber eine sozialintegrative Kraft entfaltet und sehr häufig in den Dienst der Fortpflanzung tritt. Die Liebe mag das Paar von der Gemeinschaft absondern und diese dadurch bedrohen, aber sie sichert zugleich auch ihr Fortbestehen.

Und selbst wenn romantische Liebe oft nur kurzlebig ist, wäre es doch ein Irrtum, sie deswegen für unwichtig zu erklären. Diese Haltung ist Ausdruck einer kleinkrämerischen Art zu denken, für die nur das von Wert ist, was man besitzen kann. So zu denken heißt, Besitz über Erfahrung zu stellen. Liebe ist kein Gegenstand, sie ist ein Gefühl und ein Streben (des Herzens, der Sinne, der Imagination). Ob romantische Liebe zur Vergänglichkeit verurteilt ist oder nicht – ihr Wert liegt in der Erfahrung selbst und in dem, was sie im Leben eines Menschen verändert.

Der Divergenz in der Bewertung der romantischen Liebe durch Liebende und außenstehende Beobachter entspricht auf breiterer Ebene ihre unterschiedliche Beurteilung in der Massenkultur auf der einen und im intellektuellen und wissenschaftlichen Diskurs auf der anderen Seite: erstere verherrlicht sie, letzterer beklagt sie in der Regel. Hierin spiegelt sich die für unsere Kultur typische Kluft zwischen Fühlen und Wissen. Unser gegenwärtiges Verhältnis zur leidenschaftlichen Liebe ist von zwei nebeneinander existierenden, einander widersprechenden Traditionen geprägt: der Romantik und dem Rationalismus.

Die «Rationalisten» betrachten die Liebe als eine törichte, wenn nicht gar gefährliche Illusion, die in Menschen unrealistische Erwartungen weckt und sie unfähig macht, das zu akzeptieren, was in Beziehungen an Positivem *tatsächlich* möglich ist. Sie assoziieren leidenschaftliche Liebe mit «schwindsüchtigen Heldinnen, Helden, die sich in fiebrigem Verlangen verzehren, mit Abschied am Sterbebett, mit der exaltierten Musik von Wagner, Strauss und Puccini». Denen, die ihr verfallen, wird vielerlei vorgeworfen: ein aus Unsicherheit erwachsendes Beharren auf Monogamie und Ausschließlichkeit, die Zementierung wechselseitiger Abhängigkeit, die Verwechslung von Liebe mit Besitzen, Eifersucht und der Drang, den anderen zu kontrollieren, selbstzerstörerisches Verhalten.

Die meisten akademischen Disziplinen ignorieren die Liebe entweder oder behandeln sie in der rationalistischen Tradition. Viele Leute meinen, der Liebe ernsthaft auf den Grund zu gehen hieße nur, die glückliche Naivität der Menschen zu zerstören, da sie in der Sehnsucht nach Liebe eine Art Erwachsenenversion des Glaubens an den Weihnachtsmann sehen. Soweit sie sich überhaupt mit der Liebe beschäftigen, werten sie sie im allgemeinen bestenfalls als eine Torheit, die aus innerer Schwäche und neurotischen Bedürfnissen erwächst. Was diese «Entmystifizierung» von der Liebe übrigläßt, ist ein zeitweiliger Rausch, eine Art Anfall oder gar eine Krankheit, ein Wahn. Die rationalistische Einstellung zur Liebe dominiert in der wissenschaftlichen Fachliteratur, sei es auf dem Gebiet der Psychologie, der Soziologie oder auch der Philosophie. Philip Thody schreibt sehr treffend, die drei großen Begriffssysteme der gegenwärtigen westlichen Kultur – das christliche, das psychoanalytische und das marxistische – hätten sich verschworen, die Liebe abzuwerten. Auch der noch junge Wissenschaftszweig der Neuropsychologie unterstützt diese Tendenz, indem er die Liebe auf einen biochemischen Erregungszustand reduziert.

Die einzige Form von intellektuellem Diskurs, die sich im großen und ganzen ernsthaft und achtungsvoll mit der Liebe befaßt, ist die Literaturwissenschaft, und sie tut es deshalb, weil ihr Gegenstand Dichtung ist. Wenn ein Romanautor gut ist, bringt er den Leser dazu, *mit* seinen Figuren zu fühlen. Literarische Fiktion eröffnet, genau wie die Liebe, den Zugang zur Subjektivität anderer. Da es die Aufgabe des Autors ist, den emotionalen Gehalt von Erlebenssituationen zu vermitteln, ist Liebe hier ein natürliches Sujet, das entsprechend zu seinem Recht kommt. In den meisten anderen Sparten intellektueller Betätigung geht es heute allerdings um die (oft quantifizierende) Beschreibung und Analyse von Phänomenen und nicht um kreatives Erfassen und Nachgestalten von Erlebtem. Deshalb dominiert als Mittel zum Zweck zwangsläufig der Intellekt und nicht die Phantasie. Doch ohne das warme Licht der Phantasie als Gegengewicht zu den kalten linearen Denkmustern des analytischen Verstandes kann der Intellekt nur zu einer reduktionistischen, wenn nicht gar gänzlich ablehnenden Sicht der Liebe gelangen.

Folglich ist die Liebe fast ausschließlich die Domäne der Lyriker, Romanciers und Filmemacher. Dort, wo die Imagination am Werk ist, wird die romantische Liebe ausgiebig behandelt und zelebriert. Sie mag mit Respekt oder gar Furcht gezeichnet werden, aber ihre zentrale Bedeutung steht außer Zweifel. Und ebendeshalb, weil sie die Macht der Liebe anerkennen, sind solche Werke so populär. Emerson bemerkte richtig: «Welche Bücher aus Leihbibliotheken sind im Umlauf? Wie erglühen wir über diesen Romanen der Leidenschaft, wenn die Geschichte mit einem Funken von Wahrheit und Natur erzählt wird?»

Es herrscht Uneinigkeit darüber, ob romantische Liebe aus

einer grundsätzlichen Prädisposition des Menschen erwächst oder ein kulturell hervorgebrachtes Phänomen ist. Morton Hunt geht sogar so weit, sie für eine Fiktion zu erklären: «...man glaubt an sie, aber man lebt sie nicht mehr». Es gibt jedoch auch die Ansicht, daß sie zwar gelebt *wird*, aber nur als Ausdruck einer fast ausschließlich Frauen befallenden Krankheit. Die feministische Kritik, beginnend mit Simone de Beauvoir, prangert die romantische Liebe immer wieder als Ideologie an, die Unterordnung und Abhängigkeit der Frau verbrämen soll, als eine mit Glitter und Glamour getarnte Falle, die dazu dient, Frauen dem Gefängnis der Ehe zuzuführen.

Wie immer die Entstehung der «Krankheit Liebe» erklärt wird — als Gegenmittel empfehlen die Rationalisten (darunter ein Heer von Psychotherapeuten, Eheberatern und Familientherapeuten, flankiert von den Verfechtern der sexuellen Befreiung und den Advokaten der «offenen» Ehe) das nüchterne Bemühen um die Herstellung stabiler, von Zuneigung getragener Beziehungen. Auch Psychoanalytiker sind — soweit sie sich überhaupt mit dem Thema Liebe befassen — beflissen, Unterscheidungen vorzunehmen: zwischen «reifer» und romantischer Liebe, zwischen Lieben und Verliebtheit. Das eine gilt als gesund, das andere als (bestenfalls) neurotisch oder nicht weiter ernst zu nehmen, ein pubertäres Stadium. Der psychotherapeutische Umgang mit Liebe ist in der Regel emotionslos, aseptisch und moralisch: Verliebtheit wird eher diffamiert. Die therapeutische Haltung läuft letztlich darauf hinaus, romantische Liebe abzuwerten und statt dessen eine leidenschaftslose Version von «Liebe» zu unterstützen, die auf der rationalen Entscheidung gründet, sich verbindlich auf eine bestimmte Person oder Situation einzulassen. Angeraten wird eine Liebe, die von aller «Exzessivität» frei ist und auf gegenseitiger Achtung, gemeinsamen Werten und Interessen gründet. Pflichtgefühl und Verantwortlichkeit werden höher bewertet als emotionales Glück und sexuelle Leidenschaft. Dahinter steckt die Hoffnung, daß solchermaßen domestizierte Liebe steter und zuverlässiger ist als romantische Leidenschaft.

Für die «Romantiker» dagegen ist dieses Liebesideal blutleer. Sie sehen in den Rationalisten gern emotional verflachte oder gehemmte Menschen, die Angst vor ihren eigenen leidenschaftlichen Gefühlen haben und Gefangene ihrer eigenen Vorsicht sind.

Und doch kommt es – und darin liegt eine gewisse Ironie – bei Rationalisten wie bei Romantikern häufig vor, daß sie ins gegnerische Lager überwechseln. Manch hartgesottener Realist wurde schon in einem Augenblick der Unvorsichtigkeit von einer großen Leidenschaft überwältigt. Und mancher Schwärmer gelangte – wenn nicht per Ratio, dann per Erfahrung – zu der Einsicht, daß romantische Leidenschaft sehr trügerisch sein kann.

Tatsache ist, daß viele von uns, sei es aus ideologischer Überzeugung oder aufgrund eigener Erfahrung, an die Liebe mit einer geradezu schizophrenen oder zumindest jäh umschlagenden Haltung herangehen: Wir vertreten die Meinung, daß sie in den meisten Fällen eine Form der Selbsttäuschung oder gar Selbstzerstörung ist, was uns nicht daran hindert, sie zu ersehnen und immer wieder zu suchen. Wir mögen die Liebe mit Worten schmähen, aber im Herzen halten wir sie heilig. Deshalb kann es sein, daß die rationalistische und die romantische Position trotz ihrer Gegensätzlichkeit bei ein und derselben Person zu finden sind, sei es gleichzeitig oder nacheinander. Die Heldin in James Salters Roman *Light Years* erinnert sich an «jene schwelgerische Liebe, die einen trunken machte, die man ersehnte, anderen neidete, an die man glaubte...». Aber: «Ihr war jenes Wissen völlig entschwunden, von dem sie einst sicher gewesen war, daß sie es ewig bewahren würde: das Gefühl, die Hochstimmung von Tagen, die die Liebe durchstrahlte – wenn man sie hatte, hatte man alles. ‹Das ist eine Illusion›, sagte sie.» Ähnlich ergeht es auch Lily Briscoe in Virginia Woolfs Roman *Die Fahrt zum Leuchtturm*: «Und doch, sagte sie sich, sind seit Anbeginn aller Zeiten Oden an die Liebe gesungen worden; Kränze und Rosen vor ihr niedergelegt worden; und von zehn Menschen würden, wenn man sie früge, neun antworten, sie wünschten sich nichts als dies; wogegen die Frauen, nach ihrer eigenen Erfahrung zu urteilen, die ganze Zeit fühlen würden, dies sei nicht, was sie sich wünschten; es gebe nichts Öderes, Kindischeres, Unmenschlicheres als die Liebe; und doch sei sie auch schön und notwendig. Also? Also? fragte sie...»

Diese ambivalente Einstellung liegt, wie schon gesagt, in der Natur der Liebe selbst begründet. Gerade weil die Liebe so mächtig ist und an unsere sehnsüchtigen Wünsche und Träume rührt, kann sie eine wunderbare Erfahrung sein und die Liebenden bereichern und verändern. Aus dem gleichen Grund aber ist das Maß an Verwundbarkeit, das sie mit sich bringt, so groß, daß es sie für viele zu einer suspekten, ja gefürchteten Angelegenheit macht.

Der Widerspruch zwischen der «romantischen» und der «rationalen» Auffassung von der Liebe ist keine Erfindung unserer Tage. Tatsächlich lassen sich beide Einstellungen zumindest bis in Platons Zeiten zurückverfolgen. Platon verdanken wir das für das gesamte abendländische Denken maßgebliche Konzept von der Liebe als der Suche des Menschen nach seiner verlorenen anderen Hälfte, mit der er sich zu vereinigen trachtet, um wieder ganz zu werden. Aber bei Platon finden wir auch Sokrates' Warnung: «...gleichwie Wölfe das Lamm, so den Knaben Liebhaber lieben». Die Ambivalenz gegenüber der Liebe hat also eine lange und ehrwürdige Tradition.

Neu und typisch für unser Jahrhundert ist allerdings die Tatsache, daß die Liebe kaum noch für der intellektuellen Betrachtung wert befunden wird. Abhandlungen über die Liebe kommen innerhalb der großen Denkschulen unserer Zeit praktisch nicht mehr vor. Die Beschäftigung mit diesem Phänomen wird heute fast völlig dem informellen Diskurs und der Massenkultur überlassen.

Dieses Ausbleiben ernsthafter Beschäftigung mit der Liebe läßt sich zum Teil damit erklären, daß viele der bedeutenden Abhandlungen zu diesem Thema im Bereich der religiösen Literatur entstanden, wir aber in einem säkularen Zeitalter leben.

Die Philosophie – das letzte große Reservat der Beschäftigung mit Fragen des menschlichen «Geistes» und zugleich die Disziplin, die sich ernsthaft mit der Liebe auseinandersetzte – hat sich weitgehend gewandelt und wendet sich heute eher analytischen und linguistischen Fragestellungen zu als metaphysischen und transzendentalen Betrachtungen. Eine Rolle spielt sicher auch die Ablehnung der – wie wir es heute empfinden – Sentimentalität und Sexualfeindlichkeit des letzten Jahrhunderts. Uns gilt die romantische Liebe geradezu als symptomatisch für das neunzehnte Jahrhundert: wir erkennen in ihr eine Folgeerscheinung seiner repressiven Sexualmoral. Deshalb spielen wir, in dem Maß, wie wir unsere permissive Sexualität zelebrieren, die Bedeutung der Liebe herunter. Wir demonstrieren damit einmal mehr einen unübersehbaren Wesenszug unserer Kultur: die Tendenz, die Sexualität zu isolieren, sie ihrer kontextuellen Bedeutung zu entkleiden, selbst wenn wir ihre Faszination anerkennen.

Der Hauptgrund für das fast völlige Verschwinden denkerischer Auseinandersetzung mit der Liebe sind jedoch das enorme Prestige der Naturwissenschaften in unserer Gesellschaft und der Hang dieser Disziplinen, nur das für bedeutungsvoll zu halten, was sie erklären können. Aber die Haltung, all das auszuklammern, was sich nicht testen und messen, verifizieren und reproduzieren läßt, all das beiseite zu schieben, was mit Empfinden und Gefühl zu tun hat, ist selbst oft pseudowissenschaftlich und irrational. Sie leugnet, was uns über die Grenzen des Verstandes und seine Korrumpierbarkeit durch unbewußte Kräfte *bekannt* ist, und sie ignoriert die Begrenztheit dessen, was wir derzeit «wissen» und jemals wissen werden. Dennoch ist dieses pseudowissenschaftliche Denken sehr verbreitet.

Diese Tendenz der Wissenschaft, die immense Bedeutung der Gefühle und leidenschaftlichen Emotionen für unser Leben zu leugnen, mag mit einer grundlegenden Prädisposition des menschlichen Geistes zusammenhängen. «Ihr Menschen ertragt nicht sehr viel Wirklichkeit», heißt es in T. S. Eliots *Vier Quartetten*, und es ist allgemein bekannt, daß das Forschen nach der persönlichen «Wahrheit» unseres Innersten Widerstand hervorruft. Wir alle sind nur zu leicht verführbar, die Wahrheit nicht wahrhaben zu wollen: die Realität, unser eigenes inneres Erleben, das oft nicht kommunizierbar und daher ohne Recht auf Achtung und Geltung erscheint. Nur zu leicht sind wir bereit, im Namen des Anstands, der Vernunft, der Moral, der christlichen oder der demokratischen Werte oder auch nur der gesellschaftlichen Normen das auszublenden, was uns wirklich ausmacht – die Gefühle, Impulse, Träume und Wünsche, in denen sich mit schmerzlicher Deutlichkeit die Tiefen offenbaren, aus denen wir wirklich *leben*. Nicht die Ebene, auf der zu leben wir uns einbilden, auf der zu leben die Gesellschaft uns anhält, sondern die Bereiche, aus denen unser Leben seinen Antrieb bezieht, in denen unsere tiefsten Wünsche nach Befriedigung drängen – das ist es, was wir ausklammern. Nur zu leicht lassen wir uns auf ein Leben aus zweiter Hand ein, das weitgehend theoretisch ist – auf Güter ausgerichtet, die wir nicht wirklich begehren, und Göttern geweiht, an die wir nicht wirklich glauben.

Auch wenn das Streben nach Authentizität wichtig ist, steht ihm doch ein anderes Bedürfnis entgegen, über das es sich natürlich nicht einfach hinwegsetzen darf: das Bedürfnis, an eine Realität zu glauben, die über das eigene Selbst und die Welt des subjektiven Erlebens hinausgeht, und in sie eingebettet zu sein. Tatsächlich geht es darum, diese beiden augenscheinlich konfligierenden Bedürfnisse in Einklang zu bringen, und ich werde im folgenden erläutern, weshalb ich meine, daß genau dies in der leidenschaftlichen Liebe möglich wird – jedenfalls für manche Menschen und in gewissem Ausmaß. Für uns alle ist es aber zunächst einmal notwendig, die Existenz dieser beiden konträren Dimensionen anzuerkennen und einen Weg zu finden, in beiden zu leben und zu fühlen.

Dazu sollten wir uns vielleicht doch noch einmal genauer mit den verächtlich beiseite geschobenen Ansichten der Romantiker des neunzehnten Jahrhunderts befassen. Ursprünglich erwuchs die Neigung jener Zeit zum Romantizismus nämlich aus dem Bedürfnis nach einem Gegengewicht zu dem einseitigen Vermächtnis der Aufklärung: der extremen Überbewertung der

Vernunft. Victor Hugo brachte das Aufbegehren der Romantiker gegen diese Zwangsjacke der Ratio zum Ausdruck: «Wie seltsam, daß man nach achtzehn Jahrhunderten Fortschritt die Freiheit des Denkens proklamiert, die Freiheit des Herzens dagegen verneint.»

In der romantischen Tradition genügt als Legitimation eines Gefühls das bloße Faktum seiner Existenz. Keats beruft sich in einem Brief an einen Freund, in dem es um seinen Glauben an den Wahrheitsgehalt der Imagination geht, mit Inbrunst auf die Liebe und ihre wesensmäßige Verwandtschaft mit der Imagination: «Sicher bin ich mir nur der Heiligkeit der Neigungen des Herzens und der Wahrheit der Imagination. Was die Imagination als Schönheit ergreift, das muß Wahrheit sein, ob es zuvor existiert hat oder nicht, denn ich habe von all unseren Leidenschaften dieselbe Auffassung wie von der Liebe; durch ihre Sublimierung bringen sie alle die Essenz der Schönheit hervor.» Und er betont die Kluft zwischen Vernunft und Imagination: «Ich lasse mich um so weniger von dieser Sache abbringen, als ich noch nie erfassen konnte, wie man irgend etwas durch folgerndes Denken als Wahrheit erkennen kann…»

Liebe ist ein Akt der Imagination. Sie ist sogar für manche Menschen das größte kreative Werk ihres Lebens. In diesem imaginativen Charakter gründen ihre positive Macht und ihre Gefährlichkeit, denn sie kann den Liebenden in Illusionen oder wahnhafte Vorstellungen verstricken, ihn aber auch zu neuen Wahrheiten führen.

Vielleicht beruht die enorme Anziehungskraft von belletristischer Literatur, Film und Psychotherapie in heutiger Zeit auf der Tatsache, daß diese drei Bereiche in unserer Kultur die einzigen sind, in denen Gefühl und Subjektivität uneingeschränkt zulässig sind. Hier wird die Wichtigkeit dessen akzeptiert und bekräftigt, was die Wissenschaft mit einer geringschätzigen Handbewegung vom Tisch fegt. Hier steht die Subjektivität im Vordergrund. Hier werden Einblicke in das subjektive Erleben anderer möglich.

Eigentlich müßte die Psychoanalyse sich in ähnlicher Weise wie die Dichtung eignen, ein Bild der Liebe zu zeichnen, da sie ja auch mit dem Unbewußten und der Imagination arbeitet. Wenn auch die Analytiker beharrlich zögern, sich theoretisch mit der Liebe zu befassen, so ist doch die Psychoanalyse ausnehmend gut für dieses Unterfangen gerüstet. Zum einen fällt es in ihren Aufgabenbereich, da sie sich ja erklärtermaßen der Erforschung der menschlichen Triebstruktur widmet. Aber wichtiger noch: die Psychoanalyse charakterisiert sich gerade durch jene Dialektik von Subjektivem und Objektivem, die ein Verständnis der Liebe möglich und kommunizierbar machen könnte.

Es kann wohl kaum einem Psychoanalytiker entgehen, wie zentral die Liebe für die meisten Menschen ist. Sie steht im Mittelpunkt vieler analytischer Therapien, manchmal als Suche nach der idealen Seelenverwandtschaft, in anderen Fällen – weniger anspruchsvoll – als Streben nach einer verbindlichen, innigen Beziehung. Viele Patienten suchen wegen Problemen in der Liebe die Hilfe eines Therapeuten. Aber selbst wenn sie die Therapie aus anderen Gründen begonnen haben, fangen sie doch meistens früher oder später an, viel Zeit auf das Thema Liebe zu verwenden. Die Probleme in diesem Bereich sind sehr unterschiedlich, je nach der Lebensgeschichte und aktuellen Situation des Patienten. Da geht es um das Nachlassen der Leidenschaft und den Mangel an echter Nähe (oder die Angst davor), um quälende Eifersucht, um die Unfähigkeit, sich richtig zu verlieben, oder das Scheitern aller Versuche, einen passenden Partner zu finden, um die Trauer und Depression nach einer Trennung oder Scheidung, um die Neigung, sich zu sehr an intensiv empfundene, aber idealisierte Begegnungen zu klammern und sich in hoffnungslos einseitige Liebesverhältnisse zu verstricken, oder auch um die Sehnsucht nach Liebe, obgleich sich nirgendwo der geringste Hoffnungsschimmer zeigt. Und oft genug werden mit der Zeit auch die erotischen Gefühle gegenüber dem Analytiker oder der Analytikerin zum Thema.

Obgleich sich also der analytische (therapeutische) Dialog zu einem ganz erheblichen Teil um die Liebe dreht, findet seltsamerweise eine theoretische Behandlung dieses Themas in der psychoanalytischen Literatur so gut wie nicht statt. (Es gibt einige wenige Ausnahmen, und diese Autoren beklagen durchweg gleich zu Beginn die Spärlichkeit des vorliegenden Materials.) Zwar erweist die Psychoanalyse der Liebe insofern ihre Reverenz, als sie psychische Gesundheit als die Fähigkeit zu lieben und zu arbeiten definiert, aber gemeint ist damit in der Regel die Fähigkeit zu «reifen» Beziehungen. Bei vielen Analytikern finden wir, genau wie bei anderen Leuten auch, die Einstellung, daß romantische Liebe mit ihrem Hang zur Idealisierung des Liebesobjekts ein neurotisches Symptom ist: der fehlgeleitete Versuch, ein Abhängigkeitsproblem zu lösen, oder eine Fixierung aus der Adoleszenz.

Die theoretische Vernachlässigung der Liebe ist besonders augenfällig, wenn man sie der Fülle (und vielleicht Überfülle) an Material zu Problemen – gehemmten, abweichenden oder zwanghaften Formen – der Sexualität gegenüberstellt. Zum Teil läßt sich dieses Phänomen aus der Entstehungsgeschichte der Psychoanalyse erklären. Um sie als anerkannte Wissenschaft zu etablieren, bemühte sich Freud, seine Theorien im Gewand strenger «Objektivität» zu präsentieren, und war in dieser Hinsicht ein «Biologe der Seele». Deshalb stellte er Kräfte und nicht Gefühle als verhaltensbestimmende Faktoren in den Vordergrund. Obgleich er, über sein Gesamtwerk verstreut, durchaus eine komplexe Theorie der Liebe hinterlassen hat, halten sich bis heute die meisten Analytiker an seine schematische Definition der Liebe als sublimierte Libido, das heißt, in andere Form umgesetzte sexuelle Energie. Nach klassischem psychoanalytischem Verständnis ist die Libido und nicht die Leidenschaft die Triebkraft der Persönlichkeitsentwicklung. Mit dieser Libido-Theorie läßt sich allerdings Sexualität besser erklären als Liebe.

Hinzu kommt, daß sich die Psychoanalyse immer lieber mit Erscheinungen befaßt hat, die sie für fundamentale Aspekte der menschlichen Natur hielt und die nicht so offenkundig kulturabhängig sind wie die Liebe. Diese wird ja in verschiedenen Kulturen ganz unterschiedlich gewichtet und bewertet. Wenn auch die

Liebe in fundamentalen Bedürfnissen wurzelt – vor allem in dem Streben, die Grenzen des Selbst zu überschreiten, um die grundlegende Isolation zu überwinden, die das menschliche Dasein mit sich bringt –, weichen doch die Wege, die Kulturen bieten, um diese Bedürfnisse zu stillen, zum Teil erheblich voneinander ab. Die kulturellen Werte, die der einzelne in der Sozialisation erwirbt, haben entscheidenden Einfluß darauf, ob er die Liebe als Weg zu Selbstbewußtsein und Selbstüberschreitung erstrebt. Auch werden ihm in der Sozialisation bestimmte Strategien nahegelegt, sexuelle Befriedigung und emotionale Zuwendung zu erlangen. So billigen etwa manche Kulturen die Trennung von inniger Freundschaft und Sexualität. Oft werden in einer Kultur Männer und Frauen auf unterschiedliche Rollen, Werte und Formen des Transzendenzstrebens hin erzogen. Das konkrete Erleben der Liebe variiert zweifellos je nach Epochen-, Kultur-, Schicht-, Kasten- und selbst Geschlechtszugehörigkeit der einzelnen. Aber die Psychoanalytiker haben sich ohnehin inzwischen – großenteils mit Bedauern – zu dem Eingeständnis gezwungen gesehen, daß die zentralen Gegenstände ihres Forschens in Wahrheit fast durchweg nicht ahistorischer Natur sind – auch die Erscheinungsformen der Sexualität nicht. Es ist deshalb an der Zeit, die Aufnahme der romantischen Liebe in das Repertoire der anerkannten Objekte psychoanalytischer Forschung und Theoriebildung zu fordern.

Die Zurückhaltung der Psychoanalyse hat aber nicht nur mit den Schwierigkeiten einer adäquaten Theoriebildung zu tun, sondern auch mit der Liebe selbst. Bislang haben die Therapeuten mit der romantischen Liebe oft genauso große Probleme wie die Patienten. Bei manchen Psychoanalytikern beruht die reservierte Haltung nicht auf theoretischen Bedenken und nicht auf einem pseudonaturwissenschaftlichen Ethos, sondern auf klinischer Erfahrung. Die leidenschaftlichen Beziehungen, die ihnen ihre Patienten schildern, enthalten oft einen Wust an pathologischen Mechanismen. Es gibt Therapeuten, für die diese klinischen Probleme Ausdruck der Schwächen romantischer Liebe überhaupt sind.

Tatsächlich reicht das Spektrum der leidenschaftlichen Gefühlsbindungen von «gesund» bis «krankhaft». Im großen und ganzen fallen sie in den Bereich der «Psychologie des Normalen», auch wenn einige wenige Fälle mit der Symptomatik intrapsychischer Konflikte verwoben sind. Aber auch dann, wenn sie nicht mit persönlichen pathologischen Mustern befrachtet sind, beinhalten sie eine Reihe von Problemen, die offenbar im Wesen leidenschaftlicher Liebe selbst begründet liegen. Wer daraus folgert, daß es sich nicht lohnt zu lieben, könnte ebensogut behaupten, die existentiellen Einschränkungen, denen unser Leben unterliegt, machten es nicht lebenswert. Diese Haltung läßt all das Positive außer acht, das romantische Liebe mit sich bringen kann, und vernachlässigt völlig die entscheidenden Impulse, die von ihr für das Leben des einzelnen ausgehen und sie für alle, die sie erleben, so wichtig machen.

Dieses Buch bricht mit der heute vorherrschenden intellektuellen und philosophischen Einstellung zur romantischen Liebe. Statt mich in die akademische Front der Ablehnung und Abwertung einzureihen, schlage ich mich auf die Seite der Massenkultur, die die vitale Bedeutung und die Macht der Liebe anerkennt. Auch wenn behauptet wird, Liebe sei nichts weiter als «Vollständigkeit der physischen orgastischen Befriedigung mit einer glücklichen Beziehung vereint», straft doch das subjektive Erleben leidenschaftlicher Liebesgefühle eine solche simplifizierende Definition Lügen. In dieser Verkürzung entlarvt sich lediglich die Einfältigkeit und Kopflastigkeit der modernen Auffassung von Liebe, die deren magnetische Anziehungskraft, gebieterische Macht und schöpferisches Potential völlig ignoriert.
Meine Kernthese lautet, daß die Liebe für das Individuum *und* für die Gesellschaft eine wichtige Rolle spielt. Nicht nur im Roman, sondern auch im Leben ist sie der rote Faden der Handlung. Sie setzt unsere Prioritäten oder verändert sie. Die romantische Liebe schenkt uns nicht nur die Verzückung des Augenblicks, sondern eröffnet uns darüber hinaus die Möglichkeit tiefgreifender Wandlung. Sie ist ein Vehikel der Veränderung.

Die Liebe schafft eine Situation, in der das Selbst neuen Risiken ausgesetzt und mit erweiterten Möglichkeiten konfrontiert ist; sie ist einer der wichtigsten Katalysatoren inneren Wachstums. Die Bedeutung der Liebe liegt darin, daß sie eine innere Flexibilisierung bewirkt, die es ermöglicht, innerpsychische – und manchmal auch äußere – Barrieren und Tabus zu durchbrechen. Daher rührt auch das Gefühl der Befreiung, das sie uns gibt. Sie läßt die Persönlichkeit in Fluß geraten, macht Veränderung möglich und gibt den Schwung, eine neue Lebensphase zu beginnen und neue Dinge in Angriff zu nehmen. Man kann sie daher als paradigmatisch für tiefgreifende, zu einem Persönlichkeits- und Wertewandel führende Erfahrungen überhaupt betrachten, durchaus vergleichbar mit den bekannten religiösen Bekehrungserlebnissen.

Es geht mir aber nicht nur darum, die romantische Liebe zu preisen. Ich will nicht nur von ihrem Sinn und Zweck sprechen und von ihrer Macht, die Seele zu öffnen, sondern auch von den Paradoxien und Widersprüchen, die ihr innewohnen, von ihrer Anfälligkeit für Zersetzungsprozesse und dem Leid, das daraus erwachsen kann.

Es gibt keine Liebe zwischen zwei Menschen ohne Krisen und Auseinandersetzung. Die Liebe wird auf die Probe gestellt und kann daran erstarken oder zerbrechen. Daher sind verschiedene Entwicklungen möglich: die Liebe kann einseitig bleiben oder mit einer Abfuhr enden, sie kann allmählich verglimmen und schließlich erlöschen oder auch in gedämpftere Zuneigung übergehen. Manchmal, wenn auch nicht oft, hält die Intensität und Leidenschaft der Anfangsphase an, und es gelingt, sie in eine stabile, verbindliche Liebesbeziehung einzubinden. Bei all ihren Wonnen ist die romantische Liebe berüchtigt für ihre Kurzlebigkeit und den Schmerz und das Leid, die sie – oft wegen dieser Flüchtigkeit – mit sich bringt. Doch selbst wenn die Liebe nicht von Dauer ist, kann der Liebende von ihr profitieren, und das sogar noch weit über das Ende der Beziehung hinaus. Doch so wie die Liebe erlösen kann, vermag sie auf der anderen Seite leider auch zerstörerische Kräfte zu entfalten.

Alle diese möglichen Entwicklungen resultieren aus den vielfältigen und zum Teil widersprüchlichen Strebungen, die in die Liebe eingehen. Wir suchen in ihr die Bestätigung dessen, was wir sind, und gleichzeitig benutzen wir sie, um in ein neues Selbst zu schlüpfen (genau wie ein Kind die Bestätigung, die es von der Mutter erhält, als Sprungbrett zur Veränderung nutzt). Außerdem kann die Liebe auch destruktive Neigungen in uns selbst zum Tragen bringen. Sie kann verschlingend sein oder in Selbstaufgabe münden. Oft ist sie mit Herrschsucht oder mit sklavischer Ergebenheit verbunden, und zweifellos enthält sie den Keim des Selbstverrats und des Verrats an anderen. Alle Menschen, die sich nach Liebe sehnen und nach ihr suchen, beschäftigt immer wieder die Frage, wie es gelingen kann, die widersprüchlichen Aspekte unter einen Hut zu bringen und so mit ihnen umzugehen, daß die positiven Momente die Oberhand behalten.

Zu den Problemen, die der Liebe innewohnen, können noch individuelle neurotische Züge der Partner treten, die die Beziehung zusätzlich sabotieren oder deformieren. Da in die Liebe so viel von unserer Persönlichkeit einfließt, spielen natürlich auch unsere Vergangenheit, unsere bisherigen Liebeserfahrungen und sonstigen Leidenschaften und Wünsche eine wichtige Rolle.

Trotz ihrer immanenten Widersprüche und ihrer häufigen Verquickung mit pathologischen Verhaltensmustern ist und bleibt die romantische Liebe eine der lohnendsten Erfahrungen, die uns Menschen offenstehen. Entgegen der Skepsis der etablierten rationalistischen Weltsicht und der Psychoanalyse bin ich mir sicher, daß die romantische Liebe uns im ganzen gesehen mehr bereichert als schwächt. Sie mag zwar (in vielen Fällen) kurzlebig sein, aber sie bringt uns in Kontakt mit dem Unbewußten, intensiviert unser emotionales Erleben und setzt innere Veränderungen in Gang, die die Liebesbeziehung selbst oft weit überdauern. Die romantische Liebe ist die Heimstatt der Hoffnung und der Träume; sie ist eine der großen Leidenschaften der Seele, die uns bewegen, zu Suchenden machen und die großen Abenteuer unseres Lebens wagen lassen. Wie so viele Gaben des

Menschen kann sie sich zum Guten oder zum Schlechten entfalten, aber es wäre falsch, sie nach ihren negativen Auswüchsen zu beurteilen oder ihrer Vergänglichkeit wegen als bedeutungslos abzutun.

Anmerkung

Obwohl natürlich der liebende Mensch, ebenso wie der Mensch, der geliebt wird, männlichen oder weiblichen Geschlechts sein kann, hat es sich für mich einfach als zu umständlich herausgestellt, jedesmal «er oder sie» zu sagen. Ich habe mich daher nach vielem Hin und Her entschieden, im großen und ganzen von «dem Liebenden» und «der geliebten Person» zu sprechen und die entsprechenden Fürwörter zu benutzen, auch wenn ich in bestimmten Zusammenhängen Ausnahmen mache. Wenn ich von «dem Liebenden» spreche, dann will ich damit dem weitverbreiteten Vorurteil begegnen, daß Männer in erster Linie von der Vernunft oder von irgendwelchen hehreren Bestrebungen geleitet werden. Ich gebe damit meiner Überzeugung Ausdruck, daß auch sie nach wie vor liebende Wesen sind. Damit will ich weder sagen, daß dies auf Frauen nicht zutrifft, noch daß «er» in der Liebe der aktive und «sie» der passive Teil wäre. *Der Liebende* kann ein Mann sein, der eine Frau liebt oder einen Mann, und es kann eine Frau sein, die einen Mann liebt oder eine Frau. In allen diesen Fällen hängt das Schicksal der Liebe nicht nur von der Aktivität des Liebenden, sondern auch von der der geliebten Person ab. Wenn man überhaupt von einem passiven Part sprechen will, könnte man auch argumentieren, daß es der des Liebenden ist, der sich ergriffen und überwältigt fühlt und darauf angewiesen ist, daß die geliebte Person ihm Bestätigung und Bestärkung gibt.

1
DIE VIELFALT
DER ROMANTISCHEN
ERFAHRUNG

1

IMPRESSIONEN DER VERLIEBTHEIT

In seinem Roman *Endlose Liebe* schildert Scott Spencer eine
Szene, in der Arthur seinen Sohn David auf die erste Begegnung
mit der Frau vorbereitet, die er liebt. Dabei erklärt er ihm, wie er
und Davids Mutter (Rose) sich auseinanderlebten, und erzählt
die Geschichte seiner neuen Liebe.

> «Du hast mich inspiriert. Deine Verliebtheit hat mich erinnert.»
> «An was?»
> «Daran, daß ich einmal sehr viel für Rose empfunden habe und
> daß sie für mich nie soviel empfunden hat, bis ich es dann auch
> nicht mehr für sie empfand. Aber du hast mich daran erinnert, was
> das für ein Gefühl ist. Viele Leute erleben es nie, dieses Gefühl,
> kein einziges Mal. Das weißt du, nicht wahr? Aber du hast es er-
> lebt –»
> «Mit Jade.»
> «Und du hast mich daran erinnert, daß ich es auch einmal erlebt
> habe und daß ich mich nie so groß und bedeutend gefühlt habe,
> wie zu der Zeit, als das Verliebtsein, die Liebe, *alles* war. Ich hab
> gesehen, wie du drei Handbreit über der Erde gewandelt bist, und
> da kam mir die Erinnerung, daß es bei mir auch mal so gewesen ist,
> ein paar Monate lang.»

Obwohl Rose nie in ihn verliebt gewesen war, hatte sich Arthur
in die Ehe wie in ein Schicksal gefügt – bis sich sein Sohn zum
ersten Mal verliebte und ihm so vor Augen führte, wonach er
sich sehnte. «Ich hatte es vergessen. Du hast mich daran erinnert,
und dann zeigte mir Barbara, daß es noch nicht zu spät war. Es
war, wie wenn man aufwacht und zwanzig Jahre jünger ist.»

Wenn wir nicht verliebt sind, wünschen wir uns meist, wir wären es. Wir wissen nur zu gut, was uns entgeht. Selbst wenn unser Leben ausgefüllt ist und wir stolz auf das sind, was wir tun, bleibt dennoch ein Gefühl der Einsamkeit und Isoliertheit. Freunde und Verwandte helfen gegen diese Art von Alleinsein nichts. Einsamkeit, schrieb Helene Deutsch, als sie selbst schon in vorgerücktem Alter stand, erwachse daraus, daß man für niemanden das Wichtigste auf der Welt sei. Von kurzen Augenblicken in unserer frühesten und frühen Kindheit abgesehen (in der wir uns dessen vielleicht nicht einmal bewußt sind), kommen wir jedoch kaum je für jemand anderen an allererster Stelle. Die Liebe aber kann diesen paradiesischen Zustand wiederherstellen. Für jemand anderen der wichtigste Mensch auf der Welt zu sein, ist eine der Grundvoraussetzungen leidenschaftlicher Liebe.

Manchmal trifft es uns wie ein Schock, wenn wir erkennen müssen, daß Freundschaft, und sei sie noch so tief und innig, uns diese Vorrangstellung nicht einräumen kann. Eine Frau erzählte mir einmal von einer bitteren Erfahrung, die sie vor vielen Jahren, in ihrem ersten Collegejahr, durchgemacht hatte. Sie war damals sehr eng mit ihrer Zimmergenossin befreundet gewesen, für sie die erste Beziehung, in der intellektuelles Verstehen und emotionaler Gleichklang zusammenkamen. Als sie eines Abends in ihr Zimmer zurückkehrte, fand sie ihre Freundin in zärtlicher Umarmung mit einem jungen Mann. In diesem Augenblick wurde ihr schlagartig klar, daß sie für sie nicht an erster Stelle kam und daß es auch niemals so sein würde. Da sie weder damals noch später homosexuelle Wünsche bei sich wahrnahm, erstaunte es sie, daß sie einen so tiefen Schmerz empfand und sich regelrecht verraten fühlte. Von der Zeit an wertete sie Freundschaften zu Frauen von vornherein ab, um sich vor weiteren Verletzungen zu schützen und sich nicht mehr dem schmerzlichen Wissen aussetzen zu müssen, daß sie in solchen Beziehungen nie den ersten Platz einnehmen würde.

Wir sehnen uns nach Nähe, nach dem Gefühl, die wichtigste Rolle im Leben eines anderen zu spielen, nach der Hochstimmung des Verliebtseins. Aber so gut wir es auch lernen können, uns gegen die Liebe (in all ihren vielfältigen Formen) abzuschotten, so unmöglich ist es uns andererseits, Verliebtheit per Willenskraft herbeizuführen. Es heißt, man könne sich ebensogut in einen reichen Mann verlieben wie in einen armen, was bedeutet, daß man eine gute Partie machen kann und sollte – aber die Liebe ist entweder da oder sie ist es nicht. Man kann zwar solche guten Ratschläge beherzigen und unter Umständen gut damit fahren, aber man kann nicht auf Geheiß lieben. Das muß auch Lady Capulet erkennen, als Julia sich zwar willens erklärt, sich an ihren Rat zu halten, aber nicht dazu in der Lage ist. In einer der ersten Szenen von *Romeo und Julia* drängt die Mutter ihre Tochter, den «hochedlen, wackren, jungen Herrn, Graf Paris» zu lieben, indem sie ihr erklärt: «So wirst du alles, was er hat, genießen.» Sie fragt die Tochter: «Sag kurz: fühlst du dem Grafen dich geneigt?», und die gehorsame Julia antwortet: «Gern will ich sehen, ob Sehen Neigung zeugt.» Aber Julia ergeht es so, wie jeder ahnen wird, der selbst den Seufzer «Ich wollte, ich könnte ihn (sie) lieben!» kennt: Ihr Vorsatz scheitert daran, daß Liebe sich nicht willentlich heraufbeschwören läßt. Die Liebe ist zwar einerseits dem Willen entzogen, aber andererseits, da sie sich weder sozialen Zwängen noch Gesetzen unterordnen läßt, frei. Das Zweckdenken mag unsere Absichten diktieren, aber die Liebe gehorcht ihm nicht. Liebe ist praktischen Erwägungen nicht zugänglich, und darin besteht ihre Freiheit.

Selbst wenn der Möchtegernliebende sich nicht auf Drängen Dritter, sondern aus eigenem Wunsch bemüht, sich in eine bestimmte Person zu verlieben, liegt dies nicht in seiner Macht. So ahnte Lillian Hellman, daß der Zurückhaltung ihres Freundes Arthur Cowan wohl noch mehr zugrunde lag als nur der Umstand, daß sie ihm, wie er erklärte, zu alt war: «Ich war, was er zu wünschen *wünschte*, aber nicht wünschte, nie wirklich wünschen konnte; und das muß einem alten Traum von einer Art zu lieben, die er nie erreichen würde, weil er sie im Grunde gar nicht wollte, den Garaus gemacht haben.» In Wirklichkeit bevorzugte er offenbar Mannequins. Nicht umsonst gilt Amor als eigenwillig, schelmisch und manchmal sogar boshaft.

Die Liebe kommt, wann es ihr paßt. Statt sich auf Befehl einzustellen, schlägt sie einfach ein wie der Blitz. Liebende erleben sie als etwas spontan über sie Kommendes, als etwas Eigenständiges, von eigenen Bedürfnissen Unabhängiges – ein Geschenk, ein Gefühl, das allein aus den Eigenschaften des geliebten Menschen resultiert und nicht aus eigenem Suchen oder Brauchen (auch wenn sich der *unglücklich* Verliebte zuweilen innerlich getrieben fühlen mag). Da wir uns meist schon sehr bald zu verlieben beginnen, nachdem wir der betreffenden Person begegnet sind, schreiben wir unsere Gefühle einer äußeren Macht zu – dem überwältigenden Zauber, der von diesem Menschen ausgeht. Liebe wurde schon immer als Reaktion auf etwas von außen Kommendes erlebt – wenn nicht, wie heute üblich, auf die Vorzüge des geliebten Menschen, dann eben auf einen himmlischen Blitzstrahl, auf Amors Pfeil oder einen Liebestrank.

Die wirkliche Dynamik der Liebe ist jedoch eine ganz andere, als es uns unser subjektives Erleben vorgaukelt. Die Liebe entsteht in uns selbst als ein Akt schöpferischer Phantasie, eine kreative Synthese, die darauf abzielt, unsere innersten Wünsche und ältesten Träume zu erfüllen, und die es uns ermöglicht, uns zu erneuern und zu verändern. Wenn auch die Liebe selbst voller Rätsel ist, stellen sich doch in Zusammenhang mit dem Geschehen des Sich-Verliebens vor allem zwei Fragen: Warum verlieben wir uns gerade zu einem bestimmten Zeitpunkt, und warum «wählen» wir dafür gerade diesen Menschen und keinen anderen?

Was die Frage nach dem «Timing» der Liebe anbelangt, gibt es ein paar Hinweise, die uns weiterhelfen können. Manchmal, vor allem in der Pubertät, aber auch später noch, kann es vorkommen, daß wir fast gleichzeitig für zwei verschiedene Menschen schwärmen. Wir bewundern beide und malen uns von jeder dieser Beziehungen aus, wie sie sich unter günstigen Umständen zu einer Liebe entwickeln könnte. Dieses Phänomen deutet darauf hin, daß es Momente gibt, in denen wir psychisch «reif» dafür sind, uns zu verlieben, egal, ob sich gerade ein passendes Objekt anbietet oder nicht. Solches Verhalten mag als Ausdruck von Unentschlossenheit erscheinen, aber dahinter steckt vielleicht nur die Sehnsucht nach einem Liebesobjekt, das die eigenen Gefühle erwidert. Das beste Beispiel hierfür ist Romeo. Obgleich er aus Liebe zu Julia stirbt, hat er sich noch fünf Tage, ehe er ihr begegnete, nach seiner Nichte Rosalinde verzehrt. Diese allerdings hat seine Liebe nicht erwidert. Das mag der Grund dafür sein, daß er schon Sekunden, nachdem er Julia zum ersten Mal erblickt hat, die alte Liebe zugunsten einer neuen aufgibt: «Liebt ich wohl je? Nein, schwör es ab, Gesicht! Du sahst bis jetzt noch wahre Schönheit nicht.» Als Julia seine Liebe erwidert, wird er prompt zum Liebhaber, der zu allem entschlossen ist.

Tatsächlich scheinen bestimmte Lebenssituationen «liebesfördernd» zu sein. So verlieben wir uns besonders häufig, wenn Trennung und Verlust auf uns zukommen oder gerade hinter uns liegen. Beispiele hierfür sind die Liebesbeziehungen, die sich kurz vor Abschluß der Studienzeit, vor der Einberufung zum Kriegsdienst oder auch vor der Beendigung einer Therapie anbahnen. In einer Familie, in der die emotionalen Bindungen zwischen allen Mitgliedern sehr eng waren, starb die Mutter mit Mitte Vierzig. Binnen sechs Monaten waren drei der vier um die zwanzig Jahre alten Kinder ernsthafte Liebesbeziehungen eingegangen, und nach einem Jahr auch der Vater. Wenn sich so viele Witwen und Witwer schon bald nach dem Tod des Ehepartners wieder verlieben, zeugt dies nicht von ihrer Gefühllosigkeit, sondern von der Tiefe ihrer Trauer. In manchen Familien herrscht sogar die Meinung, daß der Hinterbliebene dem Verstorbenen den größten Tribut erweist, indem er wieder heiratet. Darin steckt die Anerkennung der Tatsache, daß gerade aus der Trauer um einen wirklich geliebten Menschen der Wunsch erwächst, eine neue Verbindung einzugehen.

Von zu Hause fort zu sein wirkt ebenfalls auf viele Menschen als Stimulus, sich zu verlieben, weniger, weil diese Situation zu Verlustgefühlen führt, sondern vor allem, weil sie Hemmungen abbaut. In diesem Fall eröffnet die Trennung neue Möglichkeiten. Die strengen Gebote des Gewissens und der moralischen Normen lockern sich, und neue Teile der Persönlichkeit werden freigesetzt. Daher die vielen Bord-Romanzen, die große Zahl der Witwen, unverheirateten älteren Damen und einsamen Frauen in den mittleren Jahren, die auf Reisen einen zweiten Frühling erleben. Und man denke auch an die Bereitschaft von Professoren und Studenten, sich zu verlieben, wenn sie während eines Auslandsjahres von den Annehmlichkeiten, aber auch von den Zwängen ihrer heimischen Umgebung abgeschnitten sind. Wie wir noch sehen werden, fördert die Herauslösung aus den Realitäten des «wirklichen» Lebens die Liebe gleich in mehrfacher Hinsicht. So kann die Tatsache, daß einer Beziehung von vornherein zeitliche Grenzen gesteckt scheinen, die Angst davor verringern, sich einfach fallenzulassen, weil die äußere Beschränkung die Funktion der inneren «Bremse» übernimmt.

In anderen Fällen wird die Liebe offenbar nicht durch Verlust oder Gefahr beflügelt, sondern im Gegenteil durch eine Situation, die als lähmend, statisch und überlebt empfunden wird. Genau wie die erste Liebe Jugendlichen und jungen Erwachsenen die Ablösung vom Elternhaus erleichtert, kann eine neue Liebe später im Leben als Trost in einer unglücklichen Ehe oder auch als Ausbruchsmöglichkeit dienen.

Oft sind aber die psychologischen Faktoren, die einen Menschen veranlassen, sich zu verlieben, diesem selbst und auch außenstehenden Beobachtern nicht bewußt und vielleicht auch gar nicht einsehbar. Von Wystan Hugh Auden heißt es, daß er in seinen Zwanzigern und Dreißigern schon fast die Hoffnung aufgegeben hatte, jemals der Liebe zu begegnen. Er schrieb über sie in scherzhaftem und zugleich herbem Ton:

> Wenn sie kommt – wird es ohne Warnung geschehen,
>   grad' wenn ich in der Nase bohren muß?
> Wird sie morgens vor meiner Türe stehn
>   oder plötzlich auf meinem Zeh, im Bus?

Wird sie kommen wie ein Wetterumschwung?
  Höflich oder grob, wenn sie mich begrüßt?
Macht mein Leben dann einen jähen Sprung?
  Oh, sag mir, wie's mit der Liebe ist.

Und tatsächlich trat die Liebe, als sie sich endlich einstellte, ziemlich unvermutet in Audens Leben. Die folgende Darstellung der ersten Begegnung mit seinem künftigen Geliebten und Lebensgefährten Chester Kallman zeigt, wie sich die Umstände verschwören können, um die magische Synthese der Liebe in Gang zu setzen, wenn die Zeit reif und mindestens ein geeigneter Kandidat vorhanden ist: «Schon lange hatte er den mythischen Geliebten in vielen Liebesgeschichten gesucht, aber er war enttäuscht worden. Dann plötzlich, während seines ersten Monats in Amerika, fand er, wonach er die ganze Zeit Ausschau gehalten hatte, vor sich in der ersten Reihe eines stickigen Vortragssaales.» Das stimmt nicht ganz. Er fühlte sich zwar von einer Person im Publikum angezogen, aber es war nicht Kallman, sondern ein anderer junger Mann: «Miller, groß, blond und heterosexuell, erinnerte Auden wohl an die Schulkameraden, für die er während seiner Internatszeit geschwärmt hatte.» Auden ließ sich darauf ein, Kallman ein Interview zu geben, weil er glaubte, Miller würde dabeisein. Aber Kallman kam allein. Angeblich meinte Christopher Isherwood, der ihm die Tür öffnete, zu Auden: «Es ist der falsche Blondschopf.» Nach einem eher schleppenden Gesprächsbeginn stellte sich heraus, daß beide sich für einen bestimmten Renaissancedichter interessierten, und Auden erkannte in Kallman «eine verwandte Seele». Und so geschah es, daß Chester, «auch wenn er anfangs der falsche Blondschopf schien, am Ende des Nachmittags der einzig richtige geworden war».

Wenn es schon schwer ist, anders als vom Ergebnis her zu bestimmen, wann jemand dafür bereit ist, sich zu verlieben, ist es noch viel schwerer, die «Wahl» der Person zu erklären, der diese Liebe gilt. In dem Bemühen, zu begreifen, was ihn zeitlebens bewegte, analysierte H. G. Wells kurz vor seinem Tod den menschlichen Wunsch nach Liebe. Dabei versuchte er auch, Antwort auf die Frage zu geben, warum wir gerade die Menschen lieben, die wir lieben:

> Ich glaube, daß im Innern eines jeden Menschen, wohl schon von frühester Kindheit an, ein ständig wachsender und sich immer weiter differenzierender Komplex von Erwartungen und Hoffnungen existiert, ein Konglomerat schöner und erregender Gedanken, Vorstellungen von Begegnung und Erwiderung, wie sie durch Beobachtung, aus Beschreibungen, szenischen Darstellungen gewonnen wurden, Träume von Sinneswonnen und Ekstase, Träume von Verstehen und Wechselseitigkeit, was ich alles zusammen den Schattengeliebten nennen möchte... Ich glaube, dies spielt in unserem Leben eine ebenso wichtige Rolle wie das Bewußtsein unserer selbst. Es ist das Bewußtsein vom *anderen*... das unabtrennbare Korrelativ der *Persona*, gerichtet auf unser Leben...
>
> In der sinnlichen Liebe versuchen wir, einen anderen Menschen zur Verkörperung oder wenigstens zum Symbol des Schattengeliebten in uns selbst zu verdichten, und wenn wir verliebt sind, bedeutet dies, daß wir in einem Menschen die Verheißung zumindest einiger der wichtigsten Eigenschaften unseres Schattengeliebten gefunden haben. Die geliebte Person wird eine Zeitlang mit dem Traum identifiziert...

Für Wells ist es klar, daß die Wahl der Menschen, die wir lieben, mit unseren eigenen seelischen Prozessen zu tun hat – kurz gesagt: mit der Imagination. Zunächst erschaffen wir uns in unserem Innern einen Komplex von Qualitäten, die für uns die ideale geliebte Person ausmachen. Dabei haben wir allerdings ganz unterschiedliche und zumeist unbewußte Prioritäten. Wie immer der Schattengeliebte aussehen mag, den wir entworfen haben – wir verwandeln, durch einen weiteren Akt der Vorstellungskraft, einen Menschen aus Fleisch und Blut in die Verkörperung dieses Geistesprodukts. Wie allerdings die Imagination dieses alchimistische Kunststück vollbringt, bleibt für Wells, wie für uns alle, ein Rätsel.

In extremen Fällen kommt es zur «Liebe auf den ersten Blick». Das bedeutet in Wells' Sinne, daß der Betreffende einen Menschen findet, der einem bereits gut ausgeprägten Bild des

Schattengeliebten zu entsprechen scheint. (So erklärt es sich, daß man sich quer über eine Festtafel hinweg oder durch einen mit Menschen gefüllten Raum verlieben kann.) Obgleich sich manche Beziehungen, die sich aus solcher Liebe auf den ersten Blick ergeben, weiterentwickeln und lange halten, tritt doch in vielen eine besonders krasse Ernüchterung ein – auf beiden Seiten. Der Liebende reagiert entsetzt, wenn die geliebte Person auch nur im geringsten von seiner Vorstellungsschablone abweicht, und die geliebte Person merkt bestürzt, wie wenig diese Liebe, mit der sie überschüttet wird, mit ihr zu tun hat. Rita Hayworth, die als «Gilda» weltberühmt wurde, beklagte sich in vielen Interviews, daß die Männer mit Gilda ins Bett gingen, um dann enttäuscht mit Rita aufzuwachen, was nur mit Verletzungen enden konnte. Es ist vielleicht ein Glück, daß wir uns in den meisten Fällen nicht auf den ersten Blick verlieben, sondern in einem allmählichen und schubweise fortschreitenden Prozeß, der erst dann beginnt, wenn der Schattengeliebte und die wirkliche Person einigermaßen in Übereinstimmung gebracht werden konnten.

Manchmal erleben wir aber auch das genaue Gegenteil der Liebe auf den ersten Blick: Jemand verliebt sich in einen Menschen, den er schon lange kennt. Das klassische Beispiel für solche Liebe auf den zweiten Blick ist die Entwicklung einer Liebesbeziehung zwischen zwei seit langem miteinander befreundeten Menschen, nachdem sich die Situation des einen oder beider – etwa durch den Tod des Ehepartners oder eine Scheidung – einschneidend verändert hat und der neue Lebenskontext das Bedürfnis nach einer neuen Liebe weckt oder den seelischen Raum dafür schafft. Einen solchen Hintergrund hatte auch die Beziehung zwischen Aldous Huxley und seiner zweiten Frau Laura Archera. Huxley und seine erste Frau, Maria, hatten sechs Jahre lang eine herzliche, aber sporadische Freundschaftsbeziehung zu Laura unterhalten, die sich unter anderem auf ein großes Interesse an ihren psychotherapeutischen Behandlungsmethoden gründete. Nach Marias Tod begann Laura, Huxley zu schreiben und ihn öfters zu besuchen. Wie eine Biographin es formulierte, gehörte Laura «nicht zu den Kandidatinnen, die entschlossen waren, sich auf ein Leben im Dienste eines anderen Menschen einzulassen», ja, sie zögerte wohl eher, weil sie um ihre mühsam errungene Freiheit fürchtete, aber was sie Huxley zu geben hatte, waren Jugend, Energie und neue Impulse.

Noch überraschender sind jedoch jene Fälle, in denen keine dramatischen Veränderungen der äußeren Situation eintreten, sondern lediglich ein innerer Wandel. Ein Junggeselle, der langsam in die mittleren Jahre kam, hatte eine schon lange währende, aber wenig leidenschaftliche Beziehung zu einer Frau, die ihn heiraten wollte. Schließlich trennte er sich von ihr, weil er sie, wie er sagte, nicht liebte. Ein Jahr später rief er sie an, um ihr zu erklären, er habe einen schrecklichen Fehler gemacht und wisse jetzt, wie sehr er sie liebe. Seine größte Befürchtung war, sie könnte inzwischen vergeben sein. Dem war nicht so, und sie heirateten und leben noch heute – Jahre später – glücklich miteinander, wobei ihm noch immer ein Schauer über den Rücken läuft, wenn er daran denkt, wie leicht er sie hätte verlieren können.

Wenn jemand sich in eine Person verliebt, die er schon lange und gut kennt, muß er natürlich anerkennen, daß in ihm eine Veränderung vorgegangen ist, die es ihm endlich ermöglicht hat, die besonderen Reize dieses Menschen wahrzunehmen, die ihm bisher aus in ihm selbst liegenden Gründen verborgen geblieben waren. «Ich war nicht bereit dafür», hören wir in solchen Fällen als Erklärung, oder: «Ich war noch zu unreif.» Der Liebende erahnt, daß Liebe an eine bestimmte psychische Verfassung gebunden ist, daß sie eine bestimmte Bereitschaft ebenso voraussetzt wie die Verfügbarkeit einer Person, die dem Bild der oder des Schattengeliebten nahekommt.

Wie wir allerdings unseren Schattengeliebten entwerfen und nach diesem Bild dann einen bestimmten Menschen zum Objekt unserer Liebe wählen, ist schwer zu erklären. Manchmal haben wir, noch während wir im Begriff sind, unsere «Wahl» zu treffen, selbst das Gefühl, uns zu vertun. Wir sind vielleicht irritiert, weil die Person, in die wir uns verlieben, so wenig zu uns paßt. Unsere eigene Irritation wird dabei meist die Form faszinierten Staunens annehmen, während außenstehende Dritte eher witzeln, entsetzt oder einfach nur fassungslos sind. Carson McCullers schreibt vom Standpunkt der außenstehenden «Beobachterin»: «Die merkwürdigsten Leute können Liebe auslösen. Ein Mann kann ein zittriger Urgroßvater sein und noch immer ein fremdes Mädchen lieben, das er eines Nachmittags vor zwanzig Jahren in den Straßen von Cheehaw sah. Der Prediger kann eine Gefallene lieben. Die Geliebte kann treulos sein, kann fettiges Haar haben oder schlechte Gewohnheiten, ja, und der Liebende mag das alles so deutlich wie alle anderen Menschen erkennen, doch das berührt das Wachstum seiner Liebe nicht im geringsten. Eine höchst mittelmäßige Person kann Gegenstand einer Liebe sein, die so wild und außerordentlich und schön wie die Giftlilie im Sumpf ist. Ein guter Mensch kann eine heftige und erniedrigende Liebe auslösen, und ein stammelnder Irrer kann in einer anderen Seele ein zartes und schlichtes Glück hervorrufen.»

In der hebräischen Bibel hat der Mensch nicht die Wahl, ob er liebt oder nicht, sondern nur, was er lieben soll. Darin steckt implizit die Annahme, daß der Gegenstand unserer Liebe unser Handeln bestimmt. Die Wahl dieses Gegenstands ist deshalb entscheidend für das Leben eines Menschen: sie bestimmt, was er tun und was aus ihm werden wird. Darin zeigt sich eine Grundwahrheit, die wir auf die romantische Liebe übertragen können: Unsere Liebes-«Wahl» prägt zu einem großen Teil unser Lebensschicksal. (Auf diese Erkenntnis komme ich später noch einmal zurück, wenn ich versuche, die unglückliche oder masochistische Liebe näher zu beleuchten.)

Wir sehen jedenfalls, daß die Wahl des Liebesobjekts mit unserem eigenen Selbst zu tun hat. Der geliebte Mensch ist die geeignete Leinwand für die Projektion von etwas, das in uns selbst ist. Für manche Leute muß die geliebte Person jemand sein, den sie beneiden und verherrlichen können, während andere jemanden brauchen, der als rettungsbedürftig oder als nährend und fürsorglich wahrgenommen wird. Oder aber der geliebte Mensch hat etwas, was wir selbst nicht haben und uns unbewußt wünschen. Oft genug hängt das Bild des Schattengeliebten in den Tiefen unseres Unbewußten mit der Erinnerung an unsere allererste Liebe zusammen – es geht um eine Art Wiederfinden, wobei das Urbild allerdings auch ein böser oder abweisender Elternteil sein kann. Und manchmal scheint es, als repräsentiere der (die) Schattengeliebte eher einen verdrängten oder nicht ausgelebten Teil der eigenen Person als einen signifikanten Anderen aus früheren Zeiten.

Die Betrachtung unseres Timings und unserer Wahl in der Liebe offenbart uns einiges über die Liebe als einen aus den eigenen psychischen Bedürfnissen erwachsenden Prozeß, der in einem Akt der Imagination gipfelt. Aber gerade weil die Liebe ein Akt der Imagination ist, werden wir sie nie völlig verstehen können. Am Ende bleibt dem Liebenden nur die Erklärung, die Montaigne für seine Zuneigung zu dem Freund Étienne de La Boëtie gab: «...weil *er* es war, weil *ich* es war».

Was geschieht und was wir erleben, wenn wir uns verlieben

So einmalig und besonders das Erlebnis, sich zu verlieben, in jedem einzelnen Fall sein mag, lassen sich doch bestimmte allgemeingültige Charakteristika angeben. Verliebtheit geht oft mit körperlichen Erscheinungen einher – Appetitlosigkeit, Unruhe, Schlaflosigkeit. Liebende spüren das Anwachsen der Liebe in ihrem Herzen, aber auch in weniger poetischen Körperteilen wie Magen, Armen, Unterleib und Lunge. Die Liebe wächst sich zu einer Art Delirium aus – man spricht auch von Rausch oder Fieber. Das alles sind die körperlichen Ausdrucksformen der Erregung und der Angst, die mit der Verliebtheit einhergehen. Daß wir Angst haben, ist kein Wunder. Der Verliebte geht ein hohes Risiko ein: sich zu öffnen, sich zu offenbaren und abgewiesen zu werden. Selbst der redegewandteste Liebende verliert an der Seite der geliebten Person die Sprache, ist verlegen und gleichzeitig eifrig bemüht zu gefallen. Ehe er mit ihr zusammentrifft, sorgt er sich wegen seines Geruchs, seiner Kleidung, seiner

Haare, seiner Pläne für den Abend und letzten Endes seiner Person überhaupt. Sich verlieben ist Erschütterung, eine Mischung aus Hoffnung, Angst und Erregung.

Verliebte fürchten stets, vielleicht gar nicht *wirklich* zu lieben oder nicht wirklich geliebt zu werden. Sie schwanken zwischen den Impulsen hin und her, die geliebte Person in den Himmel zu heben und sich zu fragen, ob sie überhaupt die (oder der) Richtige ist. Sie haben Angst davor, sich der Liebe hinzugeben, und diese Angst nimmt oft die Form übergroßer Skepsis gegenüber der eigenen Wahl und den eigenen Gefühlen an.

Wenn der Verliebte nicht an seinem eigenen Urteilsvermögen zweifelt, dann zweifelt er an den Gefühlen der geliebten Person. Die Frage, ob seine Liebe erwidert wird oder nicht, nimmt sein ganzes Denken ein: «Liebt sie mich? Wenn nicht, warum nicht? Und wie kann ich es schaffen, daß sie mich liebt?» Bei sehr jungen Verliebten findet das Verlangen nach Gewißheit oft in dem halb scherzhaften, halb ernsthaften Ritual des Blütenblätterzupfens Ausdruck: «Er liebt mich... er liebt mich nicht.» Wenn ein Verliebter fragt: «Was denkst du?», will er gewöhnlich die beruhigende Versicherung hören, daß die geliebte Person sich in Gedanken mit ihm beschäftigt und damit, wie sehr sie ihn liebt. Doch selbst wenn die Gefühle erwidert werden, ist nicht garantiert, daß es so bleibt. So wie man sich verlieben kann, kann man sich ja womöglich auch wieder ent-lieben. Verliebte schwanken ständig zwischen Ängsten und Sehnsüchten, Qual und Hoffnung.

Wenn wir uns verlieben, wandern unsere Gedanken und Phantasien ganz ungewollt ständig zu der geliebten Person hin. Anfangs und solange das Werben erfolgreich scheint, wird dieses Kreisen um den Gegenstand der Verliebtheit in den meisten Fällen als Hochgefühl, Befreiung und Lust erlebt. Der Verliebte fühlt sich von einer gewaltigen Emotion erfaßt, buchstäblich davongetragen, und reitet frohlockend auf dieser Gefühlswelle, solange er hoffen kann oder die geliebte Person ihm sogar eindeutige Signale ihrer Liebe zukommen läßt. Wenn sich die Dinge positiv entwickeln, scheint die Hochstimmung der Liebe gleichzeitig eine neue Freiheit mit sich zu bringen, und dieses Gefühl ist nicht nur Illusion. Sich zu verlieben bedeutet in der Tat eine der weitestgehenden Formen von Freiheit – die Freiheit von den Grenzen des eigenen Selbst. Anstatt sich mit sich selbst zu beschäftigen, zentriert man sich nun zeitweise ganz auf den Anderen. Der Liebende ist an die geliebte Person gebunden, aber dabei paradoxerweise von sich selbst befreit. Er hat das Gefühl, daß jemand anders in seine subjektive Welt eingetreten ist, und umgekehrt.

Verliebtsein ist eine Obsession, und die ständige gedankliche Beschäftigung mit der geliebten Person ist ein integraler Bestandteil dieses Zustands und genauso typisch wie das gefühlsmäßige Geschehen. Verliebtsein ist nicht zuletzt deshalb so befriedigend, weil es die Gedanken und Gefühle so völlig ausfüllt. So spricht Rosalinde in *Wie es euch gefällt* für alle Verliebten, wenn sie unter dem ersten Ansturm der Gefühle für Orlando ihre Freundin Celia bittet, ihr das Zusammentreffen mit dem Geliebten in allen Einzelheiten zu schildern: «Was tat er, wie du ihn sahst? Was sagte er... Frug er nach mir?... und wann wirst du ihn wiedersehn? Antworte mir mit einem Wort.» Obgleich sie in anderen Passagen des Stücks durchaus in der Lage ist, über die Liebe zu spotten, sehen wir die weltkluge Rosalinde hier genauso erfüllt von ihrer Leidenschaft wie eine einfache Schäferin. Die ständigen Gedanken an den geliebten Menschen drängen sich oft in andere Lebensbereiche hinein, aber wir empfinden umgekehrt: daß diese anderen Aktivitäten uns von dem einzig Wichtigen abhalten – der Beschäftigung damit, wie wir unseren Traum von gegenseitiger Liebe Wirklichkeit werden lassen können. (Natürlich gibt es auch Ausnahmen. Manche Menschen befähigt ihre Verliebtheit, sich mit völlig neuer Energie in ihre Arbeit zu stürzen.)

Die Liebesleidenschaft wird für den Verliebten das Wichtigste auf der ganzen Welt. Er hat ein Ziel, auf das sich seine glühenden Wünsche richten, und wenn dieser Zustand auch manchmal quälend sein kann, hat er doch etwas Tröstliches. Die Liebe fegt alle Fragen beiseite bis auf die eine: Ist es möglich, ist es wahr, wird es so bleiben, daß die geliebte Person mich liebt? Die Liebe gibt dem Leben ein Ziel, einen Sinn.

Weil sie so vollständig von uns Besitz ergreift und uns so schlagartig einen neuen Lebenssinn geben kann, hat man sie als eine Art «Religion zu zweit» bezeichnet. Genau wie die Religionen bietet uns die Liebe ein Objekt der Verehrung, die Möglichkeit der *Communio* und der Transzendenzerfahrung. Besonders eindringlich dargestellt finden wir diese verschwimmenden Grenzen zwischen Liebe und Religion und den beidem innewohnenden Wunsch nach Vereinigung in den Gedichten John Donnes. In seiner Liebeslyrik wird die geliebte Person als göttlich verehrt, die Liebenden werden zu Heiligen, die Pfänder ihrer Liebe zu Reliquien. So ist es umgekehrt nur folgerichtig, wenn in einem religiösen Gedicht von John Donne, dessen Anfangszeile lautet: «Schmetter mein Herz, o Dreifach Gott…», die Gottheit als Geliebte/r angesprochen wird: «Nimm mich zu dir und fessel mich. Mir scheint, / Ich wär nur frei, wenn du mich bändest fest, / Nur keusch, wenn du mich vergewaltigtest.» Das Paradox der Freiheit in der Gebundenheit hat in der Liebe mindestens soviel Gültigkeit wie in der Religion.

Wenn wir im nachhinein daran denken, wie wir uns verliebt haben, erscheint uns dieser Vorgang meist als ein geradliniges Geschehen – als reine Ekstase und Wonne. In Wahrheit entwickelt sich Verliebtheit schubweise (was damit zu tun haben mag, daß unser Unterbewußtsein daran arbeitet, unser Bild des Schattengeliebten und die wirkliche Person, mit der wir es zu tun haben, zur Deckung zu bringen). Der Vorgang des Sich-Verliebens ist durch anfallsartige Ausbrüche von Verlangen und Schwärmerei gekennzeichnet, abgelöst von Rückzug und Überdruß, Zweifeln an der Person und der Aufrichtigkeit des geliebten Menschen und dann wieder neu erwachtem Verlangen, gekoppelt mit der Angst, die geliebte Person könnte das Warten und die Unentschiedenheit inzwischen leid geworden sein. Dieses Hin und Her setzt sich fort, bis sich beide gegenseitig ihre Liebe bekennen (oder der eine Teil schließlich die Hoffnung aufgibt).

Auch die sich entfaltende Liebe – die Phase, die beginnt,

nachdem sich die Verliebten Gewißheit über ihre Gefühle füreinander gegeben haben – ist kein kontinuierlicher emotionaler Zustand, sondern eine immer wieder unterbrochene Abfolge beseligender Momente. Selbst wenn die ersehnte Verschmelzung in einzelnen Augenblicken der Vereinigung erreicht scheint, bleibt das Gefühl des Zusammenlebens doch instabil, zerbrechlich. Liebe kann sich wie Wasser in Dunst auflösen und scheinbar verschwinden, um sich dann wieder zu kondensieren und sichtbar zu werden.

Liebe als Kristallisationsprozeß

Unter den Theoretikern der Liebe ist Stendhal (1783–1842) wohl ihr begeistertster Fürsprecher. Er wußte um die Skepsis und Ablehnung, mit der andere sie beurteilten, und kennzeichnet es in seiner Untersuchung als aussichtsloses Unterfangen, jemandem zu vermitteln, was Liebe ist, der sie nie selbst erlebt hat. Wie einem farbenblinden Menschen Farben beschreiben? «Stellen Sie sich eine komplizierte geometrische Figur vor, die mit weißer Kreide auf eine große Schiefertafel gezeichnet ist. Nun, diese geometrische Figur möchte ich erklären. Unerläßliche Bedingung ist jedoch, daß sie *bereits* auf der Tafel *vorhanden* ist. Selber sie zeichnen kann ich nicht.» Stendhal setzt bei seinen Lesern eine gewisse Erfahrung in Sachen Liebe voraus. Solche Vorkenntnis bestünde etwa darin, «beim Betreten des Salons, in dem die Frau sich aufhält, die man zu lieben meint, nur darauf bedacht [zu] sein, in ihren Augen zu lesen, was sie über uns denkt, statt *alle Liebe* in die eigenen Blicke zu *legen*».

Im Unterschied zu anderen Theoretikern der Liebe konzentriert sich Stendhal auf deren Anatomie: nicht auf ihre Ursachen, sondern auf ihre Elemente, ihren emotionalen Kern und ihren Verlauf. Viele Fragen – wann man sich verliebt, in wen und selbst warum – schneidet er gar nicht an. Er sah seine Aufgabe darin, «sachlich, verstandesmäßig, sozusagen mathematisch exakt den Vorgang der verschiedenartigen Empfindungen [zu erklären], deren Gesamtheit die Leidenschaft, Liebe genannt, darstellt».

Um sein Modell von der Entstehung der Liebe zu veranschaulichen, bedient sich Stendhal einer Metapher: «Man wirft in den Salzbergwerken von Salzburg einen vom Winter entblätterten Zweig in die Tiefen eines Schachts. Zwei oder drei Monate später zieht man ihn wieder heraus und findet ihn mit glitzernden Kristallen überzogen: die zierlichsten Spitzen, nicht dicker als die Krällchen einer Meise, sind mit unzähligen lose haftenden und funkelnden Diamanten überzogen; den ursprünglichen Zweig kann man nicht mehr erkennen.»

Für Stendhal ist die Liebe ein Akt der Imagination. Die in Leidenschaft entbrannte Imagination macht mit der geliebten Person das gleiche wie das Salz mit dem Zweig: sie verwandelt sie in etwas Wunderschönes. «Kristallisation» in der Liebe ist «das Wirken des Geistes, der in allem, was sich darbietet, immer neue Vollkommenheiten des geliebten Wesens entdeckt». Dieser Prozeß gehorcht bestimmten Gesetzen und hat eine bestimmte Abfolge.

Stendhal erörtert die Kristallisation recht eingehend. Zunächst bewundern wir lediglich eine bestimmte Eigenschaft der auserkorenen Person. Als nächstes erkunden wir in Gedanken oder flüchtigen Phantasien die Möglichkeit einer gewissen Gegenseitigkeit der Gefühle. Diese Ansätze entwickeln sich nur dann zur Verliebtheit, wenn Hoffnung besteht, und dafür bedarf es irgendeines Zeichens der geliebten Person, daß Gegenseitigkeit nicht ausgeschlossen ist. Mit der Hoffnung keimt die Liebe, und der Kristallisationsprozeß beginnt. Der Verliebte sieht die geliebte Person jetzt mit anderen Augen als andere. Für ihn sind ihre Schönheit, ihre Seele und ihr Charakter makellos. Damit die Kristallisation sich jedoch gänzlich vollziehen kann, muß ein Zweifel hinzutreten, ob sie sein ist oder nicht. Während der Liebende zwischen Hoffnung und Zweifel hin und her schwankt, tritt das zweite Stadium der Kristallisation ein, und er findet sich gleichzeitig oder in raschem Wechsel beseligt und gepeinigt, wenn ihn die verschiedenen Möglichkeiten beschäftigen: daß die geliebte Person vollkommen ist (nicht vollkommen ist), ihn ebenfalls liebt (ihn nicht liebt), daß es richtig (falsch) ist, einen Beweis von ihr zu verlangen. Diese Phase der Verliebtheit ist eine Zeit des Pendelns zwischen Hoffnung und Hoffnungslosigkeit, süßer Pein und grenzenloser Sehnsucht.

Nach Stendhal muß, damit wir uns verlieben und den ganzen Anprall der Leidenschaft erleben können, zunächst ein Gefühl der Bewunderung dasein, das unsere Phantasie in Gang setzt, dann zumindest ein Hoffnungsschimmer und schließlich eine Prise Zweifel. Mit etwas Glück kann sich daraus gegenseitige Liebe entwickeln.

Natürlich gibt es auch Ausnahmen, auf die Stendhals Darstellung nicht zutrifft. Es kann durchaus passieren, daß zwei Menschen einander begegnen und sofort ein unzertrennliches Paar sind. Für sie wird die «Liebe auf den ersten Blick» Wirklichkeit. Jeder scheint die Wunschträume des anderen perfekt zu verkörpern, und es bedarf keiner Zweifel an der Wechselseitigkeit, damit es zur «Kristallisation» kommt. Aber diese Ausnahmen sind selten. In den meisten Fällen ist das Sich-Verlieben ein Prozeß, wie ihn Stendhal beschrieben hat, und zwar sowohl für denjenigen, der ihn initiiert, als auch für den anderen, der in ihn hineingezogen wird.

Bei genauerer Betrachtung der Stendhalschen Metapher entdecken wir allerdings doch einen offensichtlichen Unterschied zwischen dem Zweig und der geliebten Person: Der Zweig ist tatsächlich mit Kristallen überzogen, die geliebte Person wird dagegen niemals — und mag die Macht der Liebe sie noch so tiefgreifend verwandeln — anderen ebenso vollkommen erscheinen wie dem Liebenden. Die moderne Psychologie bezeichnet jenes Phänomen, das Stendhal «Kristallisation» nannte, als «Idealisierung».

Idealisierung

Für den verliebten Menschen ist sein Erleben eine unmittelbare Reaktion auf die einmaligen Eigenschaften der geliebten Person. Indem er darauf beharrt, daß es dieser besondere Mann oder diese besondere Frau ist, der/die seine Liebe hervorgerufen hat, weist er die Ansicht zurück, daß die Individuen austauschbar sind. Die Einmaligkeit der geliebten Person ist es, was sie ihm so kostbar macht. Die romantische Liebe zelebriert die Besonderheit des Individuums und steht daher in antithetischem Verhältnis zur sexuellen Promiskuität, die gerade die Austauschbarkeit der «Lustobjekte» betont.

Es wird nichts fruchten, dem Verliebten zu erklären, daß er selbst die geliebte Person mit so herausragenden Qualitäten ausgestattet hat. Außenstehende mögen sagen, daß Schönheit eine Sache der Betrachtung ist und Liebe nur eine Projektion, aber der Verliebte fühlt sich im Bann dessen, was er für objektive Eigenschaften der geliebten Person hält. Shakespeare durchschaute diese Illusion mit unerbittlichem Scharfblick: «Wahnwitzige, Poeten und Verliebte/Bestehn aus Einbildung.» Mit diesen Worten läßt er seinen Herzog Theseus den Akt der Imagination, den wir Verliebtheit nennen, zugleich verspotten und zelebrieren. Es gibt einige berühmte Liebesbeziehungen, bei denen der Anteil der Imagination an ihrer Entstehung deutlich hervortritt. Als extremes Beispiel sei Dante genannt. Er verlieh seiner Liebe zu Beatrice in der *Vita nuova* und der *Göttlichen Komödie* Unsterblichkeit, aber er sah die Geliebte nur dreimal in seinem Leben – zum ersten Mal, als sie beide neun Jahre alt waren – und hatte nie eine direkte Begegnung mit ihr. Ihr früher Tod stürzte ihn in tiefste Trauer, und die Erinnerung an sie war sein Leben lang die wichtigste Inspiration für ihn (was ihn nicht daran hinderte, zu heiraten und Kinder zu zeugen). Aber auch Liebende, die alles daransetzen, ihr erotisches Verlangen zu stillen, schmücken das Bild der geliebten Person mit den Farben und dramatischen Effekten ihrer Phantasie aus, selbst wenn es daneben realistische Elemente enthält.

Der Verliebte findet im allgemeinen in allen Eigenheiten der geliebten Person etwas Gutes. Das heißt nicht notwendigerweise, daß Liebe blind macht, aber es bedeutet oft doch, daß der Liebende die geliebte Person anders beurteilt als seine «objektiven» Bekannten. Andere Frauen mögen hübscher sein, zugegeben, aber ihr Gesicht ist viel interessanter, ist Ausdruck ihrer Seele. Es mag wohl flottere Männer geben, aber er ist sehr sensibel, und darauf kommt es an. Vielleicht erweckt die Liebe ja gerade deshalb so schöne Gefühle, weil sie so kreativ ist.

Oft ist es ein scheinbar ganz unbedeutendes Detail, an dem sich die romantischen Phantasien entzünden: die Art, wie jemand sich eine Zigarette anzündet, das Haar zurückwirft oder am Telefon redet (wobei ich glaube, daß solche kleinen Gesten sehr viel, wenn nicht gar alles, über die betreffende Person und ihre Ideale verraten). Derartige Kleinigkeiten signalisieren anderen, die empfänglich dafür sind, wie ein Mensch sich selbst sieht, und gerade Männer reagieren häufig auf optische Auslöser. Sehr oft erinnert man sich erst später, wenn die Verliebtheit schon zur Liebesbeziehung geworden ist, welche kleine Eigenheit einen am Anfang fasziniert hat. Unser gegenwärtiges Gefühlsleben bestimmt, welche emotionale Bedeutung wir Erinnerungen beimessen.

Mit Idealisierung allein ist die Entstehung von Liebe aber noch nicht erschöpfend erklärt. Sie spielt ja auch bei anderen Formen von Verehrung mit. Der Atheist, der gern ein gläubiger Katholik sein möchte, sehnt sich nach Idealisierung, Transzendenz, Romantik. Manche Menschen haben die Gabe, selbst die schlichtesten Dinge im Leben zu idealisieren. Ich hatte einen deutschen Freund, den ich um diese Fähigkeit beneidete. Wenn wir zusammen die Straße entlanggingen, brachte er es immer fertig, Schönheit zu entdecken, wo ich nur graue Gewöhnlichkeit sah. Beim Mittagessen im Restaurant entzückten ihn die in seinen Augen stets ungewöhnlich reizenden und kultivierten Gäste. Ich lebte in einer banalen Welt und nahm mein Mittagessen in einem Lokal an der Madison Avenue ein, wo hauptsächlich gutgekleidete Angehörige der oberen Mittelschicht und ein paar

Kunsthändler verkehrten. Er dagegen trug ein idealisiertes Bild der Rue St. Honoré in sich, die er so liebte. Obgleich wir an einem Tisch saßen, speiste er immer in einer viel reizvolleren und eleganteren Atmosphäre als ich. (Jetzt, da er tot ist, kann ich rückblickend sein Erleben nachvollziehen.)

Worin besteht nun der Unterschied zwischen Verliebtheit und bloßer Bewunderung oder Idealisierung? In der Liebe suchen und ersehnen wir noch mehr. Es muß noch etwas anderes dasein. Der Verliebte spürt die potentielle Macht der anderen Person über ihn; er ahnt, daß sie ihn in einer ganz besonderen Weise berühren, erfüllen, befriedigen kann. Die geliebte Person erweckt in ihm ein Bedürfnis, eine Sehnsucht, von der er glaubt, daß nur sie sie zu stillen vermag.

Auch für Stendhal ist die Idealisierung zwar von entscheidender Wichtigkeit für die Entstehung von Liebe, aber sie ist nicht alles. Liebe entwickelt sich nur, wenn die Hoffnung auf Gegenseitigkeit besteht und sich schließlich auch als Wunsch äußert. Es ist nötig, daß die geliebte Person im nächsten Stadium positiv auf unsere Bewunderung und Zuneigung reagiert. Erst dann eröffnet sich die Möglichkeit, daß sich unsere innersten Phantasien und Wünsche wenigstens ein Stück weit realisieren.

Um es mit Sartre zu sagen: Der Sinn der Liebe muß es sein, wiedergeliebt zu werden. Mit seiner Liebe *fordert* der Liebende, daß er geliebt wird. Ohne die Hoffnung auf Erwiderung unserer Gefühle bleiben wir Bewunderer. Simone Weil formuliert dies in sehr krassen Worten: «Statt einen Menschen um seines Hungers willen zu lieben, lieben wir ihn als Nahrung für uns selbst. Wir lieben wie Kannibalen. Reine Liebe heißt, den Hunger in einem anderen Menschen zu lieben… Aber tatsächlich lieben wir auf ganz andere Weise. Dank ihrer Gesellschaft, ihrer Worte, ihrer Briefe beziehen wir von den Menschen, die wir lieben, Trost, Kraft und Anregung. Sie wirken ähnlich auf uns wie ein gutes Mahl nach einem harten Arbeitstag. Deshalb lieben wir sie wie Nahrung. Es ist eine Liebe, die Menschen frißt.»

Der Liebende konzentriert sein ganzes Verlangen auf das

eine Objekt seiner Leidenschaft. Er begehrt es mit Leib und Seele. Diese totale Ausrichtung auf ein Ziel, diese absolute Intensität des Verlangens, seine Macht und seine offenkundige Fixierung auf einen Gegenstand sind es, was die Freunde und Bekannten alarmiert. Der Liebende hat symbolisch den Rest der Welt vernichtet. Er ist so stur auf ein Ziel orientiert wie ein Kind, das nach der Mutter jammert und von niemand anderem etwas wissen will. Und genau wie das Kind hat wohl auch der Liebende das Gefühl, daß die bloße Heftigkeit seines Wunsches die Erfüllung herbeiführen *muß*.

Das kann dazu führen, daß die geliebte Person sich wehrt; sie spürt die verschlingende Intensität dieses Verlangens und fürchtet die Gefräßigkeit des Verliebten. Er versucht, von ihr Besitz zu ergreifen, sie ganz mit Beschlag zu belegen, ohne Rücksicht darauf, was dies für sie bedeutet. Die geliebte Person ahnt, daß sie trotz der ehrfürchtigen Bewunderung, die der Verliebte ihr erweist, nichts anderes für ihn ist als Liebesfutter.

Das Wagnis der «Öffnung»

Der Fortgang von der Bewunderung über das Hoffen auf Erwiderung der Gefühle und dem Moment, in dem dieser Wunsch geäußert wird, bis hin zur Entfaltung der Liebe ist, vor allem in den Anfangsphasen, mit vielen Unsicherheiten verbunden. Die Sprache des Liebeswerbens ist tastend und vorsichtig, aber zwischendurch auch beharrlich, neckisch und optimistisch.

Sich zu verlieben ist immer ein Risiko. Wer wechselseitige Liebe will, muß es wagen, sich innerlich zu öffnen, damit Nähe überhaupt möglich wird. Sich dem Anderen zu öffnen, bedeutet aber immer, sich verletzlich zu machen. Deshalb erfordert Verliebtsein – und erst recht der Weg bis hin zur wirklichen Liebe – Vertrauen zu sich selbst und zum Anderen, die Fähigkeit, die eigenen Schwächen und Empfindlichkeiten zu zeigen und das Risiko einzugehen, daß man Angst und Haß, Herablassung, Demütigung oder Zurückweisung provoziert.

Am Anfang, wenn die Verliebtheit noch hauptsächlich in Sinnenkitzel oder schwärmerischer Bewunderung besteht, und auch noch in der ersten Phase des Hoffens kann es passieren, daß die Leidenschaft bereits im Keim erstickt wird. Es kann sein, daß das Wissen des Verliebten um die schlechten Eigenschaften der geliebten Person und ihren schlimmen Ruf die Oberhand gewinnt, weil sich ohne Vertrauen die Hoffnung auf echte Gegenseitigkeit nicht halten kann (wenngleich es natürlich auch Menschen gibt, für die ein gewisses Maß an Schlechtigkeit gerade die Vorbedingung dafür ist, sich in eine Person zu verlieben). Oder aber der Verliebte schneidet die Möglichkeit einer Liebesbeziehung von vornherein ab, weil er in der Liebe schon zu sehr verletzt worden ist. Oder er lehnt ein außereheliches Verhältnis ab, weil er sich mit seinen Kindern (oder den Kindern der geliebten Person) identifiziert und sich daran erinnert, wie schmerzlich es für ihn selbst war, von der Mutter oder vom Vater verlassen zu werden.

Oft wird ein Mensch, der eben erst anfängt, sich zu verlieben, fürchten, daß seine Gefühle nicht erwidert werden. Dann wird er vielleicht versuchen, in die Offensive zu gehen und die geliebte Person zu überreden oder zu zwingen, etwas für ihn zu empfinden. In diesem Fall wird er sein ganzes Verführungsgeschick aufbieten. Er unternimmt einen regelrechten Werbefeldzug, geführt mit Blumen, Einladungen zu erlesenen Essen, kleinen Aufmerksamkeiten und Verheißungen. Der ängstliche oder auf Selbstschutz bedachte Verliebte versucht, die geliebte Person *zuerst* dazu zu bewegen, ihn zu lieben, ehe er es wagt, sich zu öffnen. Er ist, aus welchen Motiven auch immer, bestrebt, die andere Person zu kontrollieren, indem er sie manipuliert. Es mag ihm auf diese Weise gelingen, sich ihre Liebe zu sichern, aber er begibt sich damit selbst der Chance, sich zu verlieben. Wer sich dem Anderen gegenüber ohnmächtig und unterlegen fühlt, kann, auch wenn er die Beziehung zu manipulieren versucht, selbst nicht wirklich Liebe erleben. Sich von einer Welle der Emotionen davontragen zu lassen und diese Emotionen zu manipulieren, sind zwei Reaktionsweisen, die einander ausschließen. Auf die Frage, ob er lieber verliebt sein oder geliebt werden möchte, würde der zaghafte oder unsichere Liebhaber letzterem den Vorzug geben.

Aber auch die geliebte Person kann Angst haben und vor den Ansprüchen des Verliebten zurückschrecken. Und selbst wenn sie das Verschlungenwerden nicht fürchtet, kann es doch sein, daß sie den Worten des Verliebten nicht traut, weil sie vielleicht schon böse Erfahrungen gemacht hat. Sie hat Angst, daß der Verliebte emotionale Zuwendung und echtes Interesse nur vorgibt, um andere Absichten zu tarnen. Männern wird oft vorgeworfen, sie heuchelten Zuneigung und Bewunderung, um ihre sexuellen Ziele zu erreichen, aber beide Geschlechter können sich solcher Manöver bedienen, um zu dem zu kommen, was sie wollen: Gesellschaft, kurzfristige Annehmlichkeiten, Befriedigung ihrer Eitelkeit oder einfach Lust.

Manchmal verfolgt der oder die Werbende sogar noch niederere Ziele. Da gibt es den als Romeo verkleideten Don Juan und Jezabel im Gewand der Julia. Für diese «Verliebten» geht es bei dem ganzen Unterfangen vor allem um einen feindseligen Akt: den anderen zu verführen und dann zu verlassen oder ihn zu unterwerfen und zu demütigen. Sie sind, aus welchem Grund auch immer, emotionale Gangster, die nicht das Verlangen nach Liebe treibt, sondern Machtgier, Haß und selbst Sadismus. Als Gefangene ihres Drangs zu dominieren, sind diese Verführer ewig hungrig und gefräßig, unfähig, dauerhaftere Befriedigung zu finden. Natürlich beeinträchtigen ihre zwanghaften Bedürfnisse ihre Fähigkeit, sich zu öffnen, ganz gewaltig. Für sie ist die Enthüllung des Selbst eine Scharade, ein Rollenspiel: sie haben nicht selten, wie Clement Greenberg von James Agee sagt, die «Fähigkeit, sich offen zu zeigen, ohne dabei ehrlich zu sein». Ihre Offenheit ist letztlich unecht und nur ein Mittel zum Zweck. Verführung ist eine niedere Spielart des Liebeswerbens. (Man könnte vielleicht sagen, daß Beherrschen, Verführen und Werben ein Kontinuum bilden.)

Aber selbst der Möchtegernverführer kann zum Liebenden werden.

Die Verwandlung einer reinen Zweckbeziehung in wirkliche Verliebtheit ist ein altes Thema: wir finden es in *Ninotschka* und in all den unzähligen Filmen, in denen ein Spion aus Liebe zum Überläufer wird. Solche Geschichten sind offenbar deshalb so beliebt, weil sie die weitverbreitete Phantasie nähren, daß es möglich ist, in einem Menschen, entgegen allen egoistischen Interessen und bewußten Absichten, die er verfolgen mag, Liebe zu wecken.

Im wirklichen Leben überrascht die Liebe wohl häufiger Don Juans als Spione. Milan Kundera porträtiert in seinem Roman *Die unerträgliche Leichtigkeit des Seins* sehr überzeugend einen solchen Don Juan, in dem ein latenter Tristan schlummert. Tomas feiert, nachdem er geschieden ist, seine Befreiung, indem er zehn Jahre lang Verhältnisse zu vielen Frauen unterhält, sich aber auf keine auch nur so weit einläßt, über Nacht bei ihr zu bleiben. Nachdem er schockiert feststellen muß, daß er sich in Teresa verliebt hat, entwickelt er eine so feste Bindung an sie, daß er ihr lieber zurück in die Tschechoslowakei folgt und ein Leben in Armut und Einschränkung auf sich nimmt, statt allein in der Schweiz zu bleiben. Manchmal ist ein Don Juan-Typ nur ein Mensch, der in der Liebe Verletzungen erlitten hat und seinen defensiven Rückzug damit tarnt, daß er in die Rolle des aggressiven Frauenhelden schlüpft – so lange, bis er sich wieder verliebt.

Manche Menschen, die sehr auf Selbstschutz bedacht sind, können es sich erst dann gestatten, sich zu verlieben, wenn ihnen die andere Person ihre Liebe erklärt hat. Sie scheinen zunächst sehr distanziert, können aber aus sich herausgehen, sobald der andere die Worte «Ich liebe dich» ausgesprochen hat. In dem Roman *Society* sind Junior Grenville und Alice Arden in eine leidenschaftliche sexuelle Affäre verstrickt. Alice bemerkt Junior gegenüber, daß er nie seine Gefühle zeigt, und fragt, ob er wohl darauf wartet, daß sie es zuerst tut.

Er starrte sie hingerissen an, schwieg jedoch.
«Ich liebe dich», sagte sie.
Er fühlte sich befreit. Ein Schwall blockierter Gefühle brach aus

ihm heraus, lebenslang unterdrückte Emotionen. «Ich liebe dich», flüsterte er und wiederholte diese Worte wieder und wieder. Er konnte gar nicht mehr aufhören.

Manchmal ist auch anfangs gar keine Gegenliebe da. Aber das Gefühl, Gegenstand verliebter Idealisierung zu sein, kann allmählich neue emotionale Möglichkeiten schaffen, und die geliebte Person kann, indem sie ihnen nachspürt, in ein Wechselspiel der Imaginationen hineingezogen werden. Genau wie andere Gefühle ansteckend sind, kann auch Liebe Liebe hervorrufen. Der Empfänger der Liebe, das Objekt der Kristallisation, sonnt sich zunächst in der Bewunderung. Leidenschaft zu wecken ist ein schmeichelhaftes Gefühl, das allein schon den Wunsch entstehen lassen kann, sich selbst zu verlieben. Aber geliebt zu werden bedeutet uns nur dann Wärme und Bestätigung, wenn wir auch unsererseits den anderen idealisieren und in besonderer Weise wertschätzen. Aus diesem Grund können wir das Geliebtwerden erst dann wirklich genießen, wenn auch in uns selbst die Liebe erwacht ist.

Wer darauf wartet, daß er zuerst geliebt wird, scheint das Risiko der Zurückweisung zu umgehen. Aber diese Sicherheit trügt. Selbst bei größter Aufrichtigkeit und lautersten Motiven der anderen Person gibt es in der Liebe niemals eine Garantie. Vor allem aber gibt es Männer (und auch Frauen), die sich zu Experten entwickelt haben, Liebe zu wecken, aber notorisch unbeständig in ihrer eigenen Liebe sind. Isadora Duncan erzählt in ihren Memoiren von einem der legendären Meister dieser Kunst.

Gabriele D'Annunzio gehört wohl zu den faszinierendsten Persönlichkeiten unserer Zeit, und doch ist er klein und, wenn sein Gesicht nicht gerade aufstrahlt, kaum schön zu nennen. Wenn er jedoch mit einer Person spricht, die er gern hat, verwandelt er sich in Phoebus Apollo selbst, und er hat die Herzen einer Reihe der wundervollsten und schönsten Frauen unserer Zeit erobert. Wenn D'Annunzio eine Frau liebt, dann erhebt er ihre Seele aus den Niederungen dieser Welt in die göttliche Sphäre, da Beatrice in ihrem strahlenden Glanz wandelt. Er macht jede dieser Frauen zu einem

Teil des göttlichen Wesens, hebt sie empor, bis sie sich tatsächlich auf einer Stufe mit Beatrice wähnt, die Dante in unsterblichen Versen besang… Zu jener Zeit warf er über jede seiner Favoritinnen einen schimmernden Schleier. Sie erhob sich über die normalen Sterblichen und wandelte in einem eigenartigen Strahlenkranz umher. War die Laune des Dichters jedoch vorüber, verschwand der Schleier, das Strahlen erlosch, und die Frau ward wieder gewöhnlicher Lehm.

Die Frauen genossen zunächst nur D'Annunzios Schmeicheleien, um dann aber schließlich festzustellen, daß sie sich in ihn verliebt hatten. Isadora Duncan schildert, wie es ihnen weiter erging – eine sehr typische Erfahrung verschmähter Liebender: «Sie selbst wußte nicht, was mit ihr geschehen war. Sie merkte nur, daß sie plötzlich auf dem Erdboden aufgekommen war, und wenn sie sich rückblickend der Verwandlung gewahr wurde, die D'Annunzios Verehrung bewirkt hatte, wurde ihr klar, daß sie in ihrem Leben nie wieder solchen Liebesgenius finden würde.» Die eigene Verliebtheit war bei diesen Frauen die *Reaktion* auf die Verliebtheit, die ihnen entgegenkam, die Antwort ihrer Imagination auf den schöpferischen Akt eines anderen Menschen.

Woran läßt sich aber dann ablesen, ob ein Verehrer es ernst meint oder nicht? Manche haben eine sehr genaue Vorstellung, was der andere zu tun hätte, um alle Unsicherheit auszuräumen: seine Liebe erklären und sich völlig ausliefern. Das gäbe ihnen die Möglichkeit, der absoluten Hingabe des anderen gewiß das Tempo der Beziehung selbst zu bestimmen. In dem Film *Im Netz der Leidenschaften* stellt Cora den Geliebten auf die Probe. Sie schwimmt mit ihm so weit hinaus, bis ihre Kräfte nachlassen und sie weiß, daß sie das Ufer ohne seine Hilfe nie wieder erreichen wird. So kann sie prüfen, ob er es ehrlich meint. (Von Skrupeln wird er sich wohl kaum leiten lassen, da er bereits einen Mord begangen hat.) Liebt er sie, wird er sie retten. Liebt er sie nicht, ist sie bereit zu sterben, weil das Leben für sie keinen Sinn mehr hat.

Im allgemeinen wird es sich für uns nicht als notwendig er

weisen, den Anderen in so dramatischer Weise auf die Probe zu stellen. Dennoch unterziehen Verliebte einander oft einer ganzen Reihe von Prüfungen. In der Mythologie muß sich der Held zunächst bewähren, ehe er die Geliebte bekommt. Er muß seine Qualitäten im Zweikampf oder im Wettstreit, die Ernsthaftigkeit seiner Absichten durch die Bewältigung von Herkulesarbeiten beweisen.

In extremen Fällen kann die Angst vor Zurückweisung ein tieferes Liebeserleben so lange verhindern, bis die andere Person tot ist – und der Betreffende sich endlich sicher davor fühlt, schließlich doch verlassen oder gedemütigt zu werden. Eine Frau, die von ihrem Mann immer ein wenig abwertend sprach und sich gern über ihn lustig machte, fürchtete im stillen, er könnte sie um seiner Geliebten willen verlassen, mit der er trotz mehrerer Anläufe nie wirklich Schluß machte. Als er starb, veränderten sich ihre Gefühle für ihn von Grund auf. Sie war tieftraurig, aber zugleich froh, daß er bis zum Schluß bei ihr geblieben war. Sie wußte jetzt plötzlich seine Vorzüge zu schätzen, idealisierte ihn, trauerte ausgiebig um ihn und trug hinfort stets ein silbergerahmtes Foto von ihm bei sich. Eine eher laue und halbherzige Beziehung hatte sich postum in eine leidenschaftliche Liebe verwandelt.

Manche Leute fürchten sich aber auch weniger vor unlauterer Verführung als vielmehr vor der Erfüllung der Liebe, der *Erwiderung* ihrer Gefühle, die ihnen als Kannibalismus erscheint oder auch als Verlockung, der sie erliegen könnten. Sie interessieren sich nur so lange für ihr Liebesobjekt, wie sie es umwerben müssen. Man sagt auch von solchen Menschen, die Jagd sei ihnen wichtiger als die Beute. Erregung ist ihnen alles, Erfüllung nichts. Sie verfallen oft einer regelrechten Verliebtheitssucht, und ihr Leben ist ein kurzatmiger Wechsel zwischen erotischer Spannung und Enttäuschung.

Angesichts der Selbstschutzmechanismen und des instinktiven Mißtrauens, mit denen die allermeisten Menschen an die Liebe herangehen, ist es nicht verwunderlich, daß so viele Beziehungen jäh enden oder in Ehen münden, in denen von echter

Offenheit und Nähe nicht die Rede sein kann. Dennoch gelingt es manchen Verliebten, sich intuitiv auf dem Weg zur Freiheit der erwiderten Liebe voranzutasten. Wenn ein gewisses Maß an Gegenseitigkeit da ist, kann die Liebe Wirklichkeit werden und die idyllische Phase beginnen.

2
WIE LIEBE WÄCHST:
DIE IDYLLISCHE PHASE

Manches, was als Liebe erscheint, ist in Wirklichkeit etwas viel Partielleres, weshalb uns zu Anfang einer Beziehung immer wieder die Frage beschäftigt, ob unsere Gefühle für die geliebte Person «echt» sind oder nur eine vorübergehende Anwandlung. Es gibt eine Vielzahl reduzierter oder verstümmelter Formen von Liebe. Am weitesten verbreitet sind wohl die von vornherein amputierten Formen, die aus bestimmten begrenzten Bedürfnissen erwachsen. Ob jemand Erlösung von der Langeweile oder Linderung seines Trennungsschmerzes, Bestätigung, Anerkennung oder Sex sucht – das Wort «Liebe» wird in allen diesen Fällen bemüht, um die eigene Bedürftigkeit zu idealisieren. Es wird vor allem benutzt, um das Leiden und die Probleme wegzuleugnen, die der Motor für die Entstehung der Beziehung waren, und das Resultat als aktive Entscheidung hinzustellen. Tatsache ist, daß viele Menschen, sobald sie sich in einer Beziehung von einer bestimmten Intensität finden, automatisch davon ausgehen, daß es sich um Liebe handelt.

Wir sind es gewohnt, mehrere Formen von Liebe zu unterscheiden: religiöse und romantische Liebe, Bruderliebe, Vaterlandsliebe usw. Aber auch «romantische Liebe» ist noch eine zu weit gefaßte Kategorie. Es ist hilfreicher, noch eine weitere Unterscheidung vorzunehmen: zwischen ihrer Reinform, der leidenschaftlichen Liebe, und drei anderen Unterformen, die man leicht mit dieser verwechseln kann und die sich auch nicht selten mit ihr vermengen: der sinnlichen Liebe, der zärtlichen Zuneigung und der der Selbstaufwertung dienenden Liebe. Wie wir sehen werden, hat jede dieser drei Spielarten ihre überzeugten Anhänger, die sie jeweils als die erstrebenswerteste Form preisen.

Gegenseitige leidenschaftliche Liebe ist die vollständigste Form romantischer Liebe. Ihr Ziel ist eindeutig: die Vereinigung mit dem Anderen. Ihre besonderen Merkmale sind ihre Intensität, die starke wechselseitige Identifikation der Liebenden und ihr Verlangen nach Vereinigung samt der damit einhergehenden Sehnsucht nach Selbstüberschreitung. Ich betrachte sie vor allem deshalb als die vollständigste Form der Liebe, weil sie die Möglichkeit zur Veränderung des Selbst und zum Überschreiten seiner Grenzen beinhaltet. (Wer glaubt, daß zärtliche Zuneigung ein wichtiges konstituierendes Moment der leidenschaftlichen Liebe darstellt, der irrt: Nicht selten scheint leidenschaftlicher Liebe eine auf Destruktion des Anderen gerichtete Gefühlsbindung zugrunde zu liegen.)

Die sinnliche (oder sexuelle) Liebe gründet dagegen auf der – oft kurzlebigen – leidenschaftlichen körperlichen Angezogenheit, die als Drang erlebt wird, die andere Person sexuell in Besitz zu nehmen. Manchmal genügt schon eine einzige leidenschaftliche «Liebesnacht», um einen Menschen davon zu überzeugen, daß er liebt, aber meistens meinen wir mit sinnlicher Liebe doch etwas länger Anhaltendes und Bedeutsameres. Diese Form der Liebe, die uns die ekstatische Erfahrung dessen bescheren kann, was Salter die «großen Körperduette» genannt hat, ist wohl am leichtesten mit der leidenschaftlichen Liebe zu verwechseln. Viele Romane und Filme führen uns solche intensiven, aber kurzlebigen Duette vor, so etwa Lina Wertmüllers *Liebe und Anarchie* oder *Der letzte Tango in Paris*.

In ihrer intensivsten Phase ist die sexuelle Leidenschaft ein schier unersättlicher physischer Hunger nach dem Anderen, die Fixierung aller erotischen Wünsche auf eine Person. Oft gleicht sie einem Sommergewitter, das sich ebenso schnell wieder verzieht, wie es über einen hereingebrochen ist. Wenn dieser Hunger jedoch länger anhält, ist er kein rein sexueller, denn sonst könnte ihn nicht eine bestimmte Person mit solcher Macht auf sich fixieren. Die begehrte Person wird nicht selten für den Liebenden zu einer regelrechten physischen und psychischen Obsession: Sie scheint sich selbst dann noch zu entziehen, wenn er sie in Besitz nimmt, und auch wenn er sie in den Armen hält, hat er das Gefühl, sie nicht zu fassen zu bekommen. Das Verlangen wird durch die Ungreifbarkeit des Objekts immer wieder geschürt. Der Liebende ist von dem Drang besessen, die trennenden Barrieren zu durchbrechen. Aber paradoxerweise trachtet der Begehrende in seinem nicht mit Liebe verbundenen Verlangen nicht danach, die Subjektivität der anderen Person zu erfahren; es ist vor allem ihr sexuelles Selbst, das ihn interessiert. Und genau das ist der Unterschied zwischen sinnlicher Begierde und leidenschaftlicher Liebe: Im ersteren Fall geht es ausschließlich um die sexuelle Inbesitznahme, im zweiten richten sich die Wünsche auf das Erfahren und zärtliche Annehmen des Anderen als Körper und Seele. Sinnliches Verlangen, das nicht in leidenschaftliche Liebe eingebettet ist, mag noch so intensiv erlebt werden – es ist letztlich begrenzt, weil darauf angelegt zu erlöschen, sobald das Gefühl des Besitzens, des Durch-und-durch-Kennens auf der sinnlichen Ebene, hergestellt ist. Dennoch hat die sinnliche Leidenschaft ihre Verfechter in jenen Menschen, die in der sexuellen Befreiung einen entscheidenden gesellschaftlichen Fortschritt sehen. In unserer Kultur kann sinnliche Leidenschaft zwar auch als eigenständige Beziehungsform vorkommen, aber in der Regel ist sie Bestandteil gegenseitiger leidenschaftlicher Liebe.

Zärtliche Zuneigung, die heute von Therapeuten zumeist am höchsten bewertete Form von Liebe, entsteht, indem zwei Menschen allmählich eine tiefe und stabile Bindung entwickeln, die auf gegenseitiger Fürsorge, Loyalität und gemeinsamen Interessen beruht. Beide haben das Gefühl, sich aufeinander verlassen zu können und in der Beziehung einen stärkenden Rückhalt zu haben. Diese Form der Liebe kann, muß aber nicht mit einer intensiven sexuellen Beziehung einhergehen. Sie ist sogar ohne jede sexuelle Nähe möglich. Sie kann das Endergebnis einer Beziehung sein, die als leidenschaftliche Liebe begann, oder sich von Anfang an als zärtliche Zuneigung entwickeln, ohne jeden intensiven emotionalen Auftakt. Gepriesen wird sie wegen ihrer Verläßlichkeit, der Geborgenheit und Wärme, die sie mit sich bringt, und der realistischen Einschätzung beider Partner im Gegensatz zur wechselseitigen Idealisierung der leidenschaftlich Liebenden.

In der der Selbstaufwertung dienenden Liebe (die man auch, nach Stendhal, Liebe aus Eitelkeit nennen könnte) ist die Beziehung zu einem großen Teil Mittel zum Zweck, sei es zur Erlangung konkreter Vorteile wie Geld, zur Erreichung weniger greifbarer Ziele wie etwa gesellschaftlichen Prestiges oder einfach zur Selbstbestätigung. Selbstaufwertungsliebe ist eine sehr verbreitete und in bestimmten Kreisen offenbar sogar die vorherrschende Beziehungsform. Im neunzehnten Jahrhundert beschrieb Stendhal die Beziehungsmuster in einem solchen Milieu: «‹Eine Herzogin ist für einen Bürgerlichen nie älter als dreißig›, pflegte die Herzogin von Chaulnes zu sagen. Und die Höflinge des Königs Louis von Holland, jenes so gerechten Mannes, entsinnen sich noch mit Vergnügen einer jungen hübschen Frau im Haag, die es nicht übers Herz brachte, einen Mann, der Herzog oder Prinz war, nicht liebenswert zu finden.»

Aber die Liebe zwecks Selbstaufwertung ist heute nicht seltener als in den Zeiten der Aristokratie. Ein typisches Beispiel ist die Neigung unattraktiver oder unsicherer, aber reicher Männer, sich mit schönen Frauen zusammenzutun. Es geht dabei weniger um die Qualitäten der Frauen als um die Bestätigung der eigenen Männlichkeit. Sie ist eher ein kostbares Besitzstück als eine Seelengefährtin. Aber so egoistisch die Motive auch sein mögen – es kann doch sein, daß sich solche Verbindungen zu einer Art Liebesbeziehung entwickeln. Der häßliche reiche Mann, der die schöne Frau als Mittel zum Zweck seiner Selbstbestätigung benutzt, kann dennoch intensive Empfindungen verspüren, die *er* als Liebe erlebt, die ihn verletzlich machen, aber auch Begehren und Leidenschaft wecken. (Genauso kann umgekehrt die schöne Frau, die den reichen Mann als Mittel zum Zweck benutzt, das Gefühl haben, daß sie ihn liebt.) Die Trennungslinien zwischen den verschiedenen Formen von Liebe sind fließend.

Lily Bart, die Heldin in Edith Whartons Roman *Das Haus der Freude*, die in New York um die Jahrhundertwende gesellschaftlich voranzukommen sucht, findet sich von Selden angezogen und sinnt über ihre überschäumende Laune nach: «War es Liebe, fragte sie sich, oder bloß die zufällige Verbindung von glücklichen Gedanken und Empfindungen?… Sie hatte sich zwar schon des öfteren in Schicksale oder Karrieren verliebt, aber nur einmal in einen Mann.» Lily ist klarsichtig genug, um zu wissen, daß es verschiedene Arten von Liebe gibt, und um rückblickend sagen zu können, daß sie wenigstens zwei davon erlebt hat, aber sie vermag nicht genau zu beurteilen, welcher Art ihre derzeitige Liebe ist. Ihr Problem spiegelt wider, wie schwer es ist, Liebesgefühle einzuordnen, während wir *drinstecken*, und wie intensiv sie sein können, ohne daß sich daraus schließen läßt, worauf sie beruhen.

Neben den eben beschriebenen vier Hauptarten der Liebe gibt es noch einige weitere, die es wert sind, kurz gestreift zu werden. Da ist zum einen eine Form von Liebe, die lauer ist als die bisher genannten und kaum echte Leidenschaft, Zärtlichkeit oder auch nur Begierde beinhaltet. Stendhal bezeichnete sie als Liebe aus gegenseitigem Gefallen (oder später auch als Liebe aus Galanterie). Ihr Hauptmerkmal ist ihre Schablonenhaftigkeit. Sie mag den Partnern selbst und ihrer Umgebung als echte emotionale Beziehung erscheinen, aber tatsächlich fehlt ihr die Substanz: ihr Wesen ist die Erfüllung von gesellschaftlichen Erwartungen oder reine Konvenienz. Diese Form der Liebe wäre wahrscheinlich Lady Violet Effinghams Los gewesen, hätte sie in die Tat umgesetzt, was sie zynisch verkündet: «Ich werde, sobald ich mich wirklich entschieden habe, den Erstbesten nehmen, der kommt. Sie werden das wahrscheinlich schlimm finden, aber genauso werde ich es halten. Schließlich ist es mit einem Ehemann letztlich nicht viel anders als mit einem Haus oder einem Pferd. Man nimmt ja auch ein Haus nicht, weil es das beste Haus auf der Welt ist, sondern weil man gerade ein Haus will. Man geht hin und schaut sich ein Haus an, und wenn es sehr scheußlich ist, nimmt man es nicht. Meint man aber, daß es gut geeignet ist, und hat man es leid, sich nach Häusern umzutun, dann wird man es nehmen. Genauso legt man sich Hunde zu und Ehemänner auch.» Natürlich sind die wenigsten Menschen so reflektiert wie Lady Violet (die vielleicht gerade deshalb doch eine Liebesheirat einging). Viele Leute, deren intime Beziehungen rein konventioneller Natur sind, ahnen gar nicht, was ihnen entgeht, und hatten es gewiß nicht gezielt darauf angelegt, sich in eine bloße Zweckbeziehung hineinzumanövrieren.

Eine weitere Unterkategorie der Liebe halten wahrscheinlich viele für die am weitesten verbreitete: die neurotische Liebe. Genau wie die Liebe aus Eitelkeit soll die neurotische Liebe ein Bedürfnis stillen, das von anderer Art ist als die Wünsche, die ihre Erfüllung im Geben und Nehmen einer gegenseitigen Liebesbeziehung suchen. Viele neurotische Beziehungen gründen auf Abhängigkeitsbedürfnissen oder der Angst vor dem Alleinsein. Eine Bekannte, die sich ständig in irgendeinem Auf- oder Abstiegsstadium von Liebe zu befinden schien, gestand mir eines Tages zu meinem Erstaunen, daß sie eine Hochphase nie erlebte, weil sie viel zu sehr auf emotionale Sicherheit aus sei und viel zuviel Angst vor Zurückweisung habe. Wenn sie einmal gerade keine intensive Beziehung zu einem Mann hatte, litt sie unter Depressionen und einem Gefühl der Leere.

Ein Beispiel für solche neurotische Liebe gibt uns Mary McCarthy in ihrem Roman *Sie und die Anderen*. Die Heldin, die sich als Sklavin der Liebe fühlt, versucht mit Hilfe eines Analytikers, zu verstehen, was mit ihr geschehen ist, und kommt zu einer überraschenden Erkenntnis: «Jetzt sah sie zum erstenmal ihre eigene Notlage, sah, daß ein Mangel an Selbstliebe sie dazu trieb, blind nach der Liebe anderer zu schnappen, in der Hoffnung, sich selbst auf dem Umweg über sie lieben zu lernen, Gefühle von ihnen borgen zu können, wie der Mond sein Licht borgt. Sie selbst war ein toter Planet.»

Liebe als Ausdruck mangelhafter Integration des Selbst. Verallgemeinern wir diese Erklärung Mary McCarthys, können wir chronisches Liebeskranksein als den verfehlten Versuch verstehen, einen Mangel an Selbstliebe zu kompensieren.

Jedes Bemühen, Liebe zu kategorisieren, muß berücksichtigen, daß die verschiedenen Typen kaum jemals in Reinform vorkommen. Es sind vielmehr alle möglichen Mischungen anzutreffen, und es kann auch sein, daß sich aus einer Form eine andere entwickelt. So kann sich Liebe aus Eitelkeit in leidenschaftliche Liebe verwandeln oder auch, so traurig es ist, leidenschaftliche Liebe zu einer formalen Beziehung verflachen. Außerdem ist diese Typologie keineswegs erschöpfend. Es gibt auch noch andere Möglichkeiten, die vielfältigen reduzierten Spielarten der Liebe zu klassifizieren. Gegenseitige Liebe beinhaltet sowohl die Befriedigung eigener Bedürfnisse als auch Idealisierung, aber faktisch finden wir häufig verkümmerte Formen, bei denen diese beiden Aspekte in einem Mißverhältnis stehen. Die gierige Liebe sucht nur Nahrung für den eigenen Hunger: Der Liebende fordert im Extremfall von der geliebten Person, daß sie seine Wünsche erfüllt, ohne ein echtes Interesse an ihr zu haben. Und andererseits kann auch Idealisierung in Form von Bewunderung vorhanden sein, ohne mit wirklicher Zuneigung einherzugehen. Liebe, die in bloßer Bewunderung besteht, ist aber nur eine Variante der Liebe aus Eitelkeit. Das spürt offenbar auch Tracy, die von Katherine Hepburn gespielte Protagonistin in dem Film *Die Nacht vor der Hochzeit*: Sie weist den mit Bewunderung zu ihr aufblickenden Klatschkolumnisten Connor (James Stewart) zurück, der sie auf ein Podest erhebt, und entscheidet sich für Dexter (Cary Grant), dem gerade die wenigen Momente am kostbarsten sind, in denen sie von ihrem Podest heruntergepurzelt ist – vor allem eine feuchtfröhliche Nacht, in der sie aufs Dach kletterte und splitternackt den Mond anbellte.

Liebessüchtige, das heißt Menschen, die sich dauernd aufs neue heftig verlieben, sind in der Regel in einer der reduzierten Formen von Liebe befangen. Sie täuschen sich meist selbst über ihre eigentlichen Motive. Oft suchen sie zwanghaft die intensive Erregung des ersten Verliebtheitsstadiums, so wie andere zu Drogen greifen, um Depressionen oder das Gefühl innerer Leere abzuwehren, und gelangen deshalb nie dahin, die Freuden einer stabileren, beiderseitigen Liebesbeziehung genießen zu können.

Die Selbsttäuschung des Liebessüchtigen kann den anderen ebenfalls täuschen und dazu bewegen, ihm Liebe entgegenzubringen. Typisch für die «Opfer» solcher Liebessüchtigen ist das Gefühl, daß mit ihnen nur «gespielt» worden ist.

Viele dieser reduzierten Formen von Liebe werden eine Zeitlang als wahre Liebe erlebt und haben durchaus ihren Sinn und Zweck. Es wäre falsch, sie als wertlos abzutun oder nicht ernst zu nehmen, aber sie erreichen letztlich nicht die gleiche Tiefe und Intensität wie echte leidenschaftliche Liebe und beinhalten vor allem nicht im gleichen Maß die Möglichkeit zu innerem Wachstum und Veränderung.

Die Erfahrung gegenseitiger Liebe

Liebe kann von langer oder kurzer Dauer sein. Sie kann so frei von Ballast sein wie die Jugendliebe oder auch befrachtet mit Lebensgeschichte – Kindern, Ehepartnern, Geliebten. Aber wenn Liebe wirklich gegenseitig ist – sei es für einen Augenblick oder ein Leben, ein Jahr oder sechs Monate –, dann ist sie, genau wie eine Blüte, in Form, Farbe und Duft einmalig und zugleich typisch, nie ganz erfaßbar und doch recht genau zu beschreiben. Liebende empfinden ihre Liebe oft als etwas ganz Besonderes, und gerade diese Eigenschaft, als etwas Einmaliges zu erscheinen, ist eines der typischen Merkmale der Liebe.

Leidenschaftliche Liebe ist nicht nur ein beglückendes Gefühl, sondern auch, unabhängig von ihrer Dauer, eine befreiende und verwandelnde Kraft. Sie verändert unser Denken, unser Fühlen, unsere Wahrnehmung und unser Selbstgefühl.

Besessenheit und Besitzenwollen. In der gegenseitigen Liebe haben beide Partner das ständige Bedürfnis, einander die Stärke ihrer Liebe zu zeigen und zu beteuern. Und umgekehrt sucht, wenn sie zusammen sind, jeder aus dem Mienenspiel des anderen dessen Gedanken und Reaktionen herauszulesen. Sind sie getrennt, können beide an nichts anderes denken als aneinander, und jeder möchte fortwährend wissen, was der andere tut. Die ständige Beschäftigung miteinander grenzt schon fast an Besessenheit – so, als wären die Gedanken an den anderen ein Ersatz für die Liebesumarmung.

Wenn sie nicht zusammen sind, lebt jeder der beiden nach zwei Uhren – der eigenen und der des anderen. Jeder registriert den Zeitpunkt, zu dem der andere aufzustehen und schlafen zu gehen pflegt. Die Vorstellung, daß der andere zur gleichen Zeit ißt, zu Bett geht oder zum Nachthimmel hinaufschaut, versetzt beide in Entzücken. Im Zusammensein mit Freunden lenkt jeder (wie er meint, ganz unauffällig) das Gespräch auf die Person des anderen. Anderen Themen folgen beide nur gelangweilt und ungeduldig. Das Getrenntsein empfinden sie als unnatürlichen Zustand. Sie haben das Gefühl, daß ihnen das Atmen schwerfällt, mögen nicht richtig essen und verspüren eine Art Leere in der Brust. Jeder hat ein ungutes Gefühl, daß etwas passieren könnte, und fürchtet das Schlimmste, wenn der andere nicht da ist. Panik steigt auf, wenn kein Brief kommt, das Telefongespräch unterbrochen wird, die Verabredung am Wochenende ausfällt. Beide Liebenden schwanken hin und her zwischen dem Bedürfnis, umhegt zu werden, und dem Wunsch, den anderen zu beschützen.

Gelöbnisse sollen den Bund besiegeln, Sicherheit garantieren: die Beschwörung der Kontinuität läßt es weniger gefährlich erscheinen, sich zu öffnen. Das Versprechen ewiger Zusammengehörigkeit findet seinen Ausdruck im Schenken und Annehmen von Dingen, die etwas symbolisieren. Der Ring und die Anstecknadel sind sichtbare Zeichen der Treue und der Bindung. Manchmal werden auch Kleidungsstücke getauscht: Sie trägt einen alten Pullover von ihm, er hängt ihren Morgenrock so auf, daß er ihn vom Bett aus sehen kann. Solche Gegenstände sind Fetische der Liebe, Totems der geliebten Person. Sie sind für den erwachsenen Liebenden, was Kindern ihre Schmusedecke oder ihr Teddy ist: Übergangsobjekte, die Trennungsängste lindern, indem sie zeitweiligen Ersatz für den geliebten Menschen bieten.

Liebe bringt den Wunsch mit sich, die Zeit dehnen zu können. Die Liebenden genießen es, Zeit zu haben, und nichts auf der Welt erscheint ihnen so wertvoll. In der Liebe entdecken wir die Gegenwart. Nur sie allein zählt, Vergangenheit und Zukunft sind unwichtig. Der Wert der Liebe liegt für uns in dem, was sie uns *jetzt* beschert, und nicht in den Früchten, die sie langfristig tragen mag. Die Zeitrechnung der Liebe kennt nur das *Vorher* und das *Seither*.

Augenblicke des Zusammenseins werden als zeitlos erlebt, Augenblicke der Trennung als endlos. Der Liebende würde Stunden, Tage oder noch längere Zeiträume seines Lebens überspringen, nur um sofort wieder mit der geliebten Person vereint zu sein. So läßt auch Shakespeare seine Kleopatra flehen:

> Gib mir Mandragora zu trinken...
> Daß ich die große Kluft der Zeit durchschlafe,
> Wo mein Antonius fort ist.

Aber selbst wenn die Liebenden beieinander sind, versuchen sie, der Zeit vorzugreifen. Mit Versprechen für die Zukunft beschwören sie die ewige Dauer ihrer Liebe. Der größte Schatten, der über der Liebe liegt, ist die Angst, sie könnte enden.

Wenn Liebende durch den Tod auseinandergerissen werden, kann es geschehen, daß der Zurückgebliebene gerade die Zeit fürchtet, von der die Freunde meinen, daß sie den Schmerz lindern wird. Die Zeit vermag zwar, Wunden zu heilen, aber für ihn ist sie wie ein Zug, der ihn immer weiter von dem letzten gemeinsamen Augenblick mit der geliebten Person fortträgt. Die Zeit verwandelt sich in trennende Distanz.

Am deutlichsten ist das Verlangen, zu besitzen und besessen zu werden, für den Außenstehenden vielleicht aus den Briefen Liebender abzulesen. Es spricht schon aus dem üppigen Gebrauch von Possessivpronomen. So unterzeichnet Kafka einen seiner Briefe an Milena – wie es sich für Liebende gehört – mit dem Wörtchen «Dein», um dann in Klammern hinzuzufügen: «(nun verliere ich auch noch den Namen; immerfort ist er kürzer geworden und jetzt heißt er: Dein)».

Der obsessive Charakter der Liebe ist es denn auch, der Außenstehende veranlaßt, ihr mit Skepsis zu begegnen und sie fast schon für eine Form von Verrücktheit zu erklären. Wer könnte es ihnen verübeln? Der Liebende ist völlig absorbiert, entzieht sich anderen Einflüssen und vergißt seine sonstigen Verpflichtungen. Aber die Besessenheit ist keine unangenehme Begleiterscheinung der Liebe, sondern ihr Wesenskern. Sie macht es möglich, daß Liebe verändernd wirkt. Die ständige Beschäftigung mit dem immer gleichen Gedankeninhalt ist dem «Durcharbeiten» in der psychoanalytischen Therapie vergleichbar. In jede Vorstellung und jeden Traum ist die geliebte Person eingewoben. Solche obsessiven Gedankeninhalte sind immer ein Zeichen für einen wichtigen psychischen Prozeß, der eine Veränderung der Loyalitäten, Werte, Wahrnehmungsmuster und Ziele und auch des Selbstgefühls beinhaltet.

Ekstatische Gefühle. In den Armen der geliebten Person fühlt der Liebende, wie sich seine Welt über ihre bisherigen Grenzen hinaus ausdehnt, und sein ganzes Leben gewinnt eine neue Intensität. Die Erregung transformiert – und bannt – alles Triviale, lädt jeden Augenblick mit Bedeutung auf, versetzt den Körper in einen Zustand der Verzückung und macht die Seele weit. Liebe bewirkt eine von innen kommende Hochstimmung – das Gefühl, daß der wahre, lebendigste und energiereichste Kern des eigenen Selbst, nachdem er lange vor sich hin geschlummert hat, endlich erwacht ist.

Der Liebende fühlt sich wie ein König: die Liebe ist sein Reich. Für den Menschen, der selbst in diesem Hochgefühl schwelgt, sind die einzig Rechtgläubigen die, die die Exerzitien des Verstandes hinter sich gelassen haben und dem Fühlen folgen. Nur die Gefühle weisen den Weg zur Wahrheit; der Körper lügt nicht. In der Liebe können die trivialsten Augenblicke wundervoll sein: «Manchmal, wenn sie Elgin nackt durch das Zimmer gehen sah, geriet Caroline völlig außer sich, und sie war sich nicht einmal bewußt, daß sie keuchte oder daß er sie hörte.»

Die Liebenden empfinden ihre Liebe als den Beginn einer wundersamen Reise: Sie brechen gerade erst auf und freuen sich auf all das, was auf sie wartet – auf das Leben, das sie zu zweit leben werden. Auch wenn es zwischendurch einmal Durststrekken zu überwinden gelten sollte, sind sie doch fest davon überzeugt, daß ihre Begeisterung nicht abflauen wird, daß ihrer Liebe kein vorzeitiges Ende beschieden ist, sondern ein alle Möglichkeiten und Freuden ausschöpfendes Leben.

Die Liebenden fühlen sich durch eine tiefe innere Affinität (die «Wahlverwandtschaft» der Goethezeit) verbunden. Diese kann auf der seelischen oder auf der physischen Ebene («Fleisch von meinem Fleische») empfunden werden, und oft ist beides zugleich der Fall. Ihre Wünsche decken sich; sie haben das Gefühl, daß ihre Bedürfnisse und Rhythmen in einmaliger Weise übereinstimmen. Nichts, was der andere will, erscheint als Pflicht oder Zwang. Zusammenzusein und sich eins zu fühlen wird von beiden als ein Zustand der Harmonie erlebt, wie sie ihn nie für möglich gehalten hätten. Der Liebende stellt überrascht fest: «Du langweilst mich nie» und noch überraschter: «Wenn ich mit dir zusammen bin, habe ich nie das Gefühl, langweilig zu sein.» Entzückt entdecken beide gleiche Reaktionen und gemeinsame Vorlieben. Dieses Gefühl der Übereinstimmung ist so wesentlich für die Liebe, daß es den Liebenden am liebsten wäre, es existiere nur zwischen ihnen und sonst niemandem gegenüber.

Obgleich sich Simone de Beauvoir, genau wie Sartre, für die sexuelle Freiheit aussprach und sich im großen und ganzen durch Sartres Liebesaffären nicht bedroht fühlte, kam sie einmal doch an den Punkt, an dem sie fürchtete, eine andere Frau sei ihm womöglich wichtiger als sie. Ihre Angst hatte nichts damit zu tun, daß sie der anderen besondere Qualitäten zugeschrieben hätte oder sich ihrer eigenen unsicher gewesen wäre. Sie entstand, als Sartre ihr ebenjene vollkommene Harmonie schilderte, wie ich sie oben angesprochen habe. «Er beschrieb Dolores in einer Weise, die darauf schließen ließ, daß sie alle seine Gefühle, seinen Ärger und seine Wünsche teilte. Wenn sie miteinander spazierengingen, hatte sie im gleichen Moment wie er Lust, stehenzubleiben oder weiterzugehen. Simone fragte sich, ob das nicht auf ein tiefes Einvernehmen zwischen den beiden schließen ließe, so tief, wie es zwischen ihr und Sartre nie bestanden hatte.» Sie deutete dies zu Recht als Alarmzeichen: Hochstimmung und das Gefühl müheloser Harmonie sind in der Tat die emotionalen Erkennungszeichen leidenschaftlicher Liebe.

Selbstbestätigung und gemeinsame Geschichte. In der erwiderten Liebe bestätigen die Liebenden einander ihre Einzigartigkeit und ihren Wert. In ihr eröffnet sich uns die Chance, daß ein anderer Mensch uns durch und durch kennenlernt, uns akzeptiert, ohne über uns zu urteilen, und uns trotz all unserer Schwächen und Mängel liebt. Der Liebende, der sich so angenommen fühlt, denkt typischerweise: «Ich hätte nie geglaubt, daß mich jemand so gut kennen und trotzdem lieben könnte.»

In Malraux' Roman *So lebt der Mensch* charakterisiert Kyo seine Liebesbeziehung zu May: «Eine verabredete, ausgemachte, auserlesene Komplizität… Menschen sind nicht meinesgleichen: sie beobachten und kritisieren mich. Meinesgleichen sind Wesen, die mich lieben, ohne nach mir hinzusehen, die mich lieben, allem zum Trotz, die mich lieben trotz Verkommenheit, Schmach, Verrat, mich selbst und nicht das, was ich getan habe oder tun werde, Wesen, die mich lieben würden, solange ich mich selbst lieben würde… Mit ihr allein habe ich diese… Liebe gemeinsam…»

In der Liebe wünschen wir uns, die geliebte Person kennenzulernen und uns ihr zu erkennen zu geben. Nicht selten spüren wir in der Liebe überhaupt zum ersten Mal ein echtes Interesse für das Innenleben eines anderen Menschen. Nicht nur die wichtigsten Meilensteine in seinem Leben, sondern auch die kleinsten Eigenheiten, Vorlieben und Empfindlichkeiten gewinnen Bedeutung und Gewicht. Ob die Geliebte Parfüm benutzt oder nicht, und wenn ja, welches – das kann genauso wichtig sein wie ihre bisherigen Liebesbeziehungen. Beides gehört zu dem, was sie zu der Person macht, die sie ist: zu ihrem einmaligen und sich der Definition entziehenden Wesen, das zu definieren das unablässige Bestreben des Liebenden ist. Zugleich gewinnen auch die eigenen Besonderheiten Bedeutung, weil die geliebte Person sie wichtig nimmt. *Ihre* Vorliebe für Rot wird plötzlich für sie selbst interessant, weil *er* sie bemerkt. *Er* wird sich erst jetzt seiner Manierismen bewußt, weil *sie* sie liebevoll zur Kenntnis nimmt. Liebe beinhaltet Bestätigung, weil die andere Person alle unsere Eigenschaften bemerkt und wichtig nimmt. Das Geliebtwerden heilt unsere wunden Punkte und versichert uns, daß wir wichtig sind, so wie wir sind.

Liebende versuchen, nicht nur die Gegenwart zu teilen, sondern auch die Vergangenheit. Jeder ist eifersüchtig auf die Vergangenheit des anderen, weil sie sich ohne ihn abgespielt hat. Jeder will wissen, was der andere erlebt hat, und beide sind bestrebt, ihre Lebensgeschichten so darzustellen, daß sie sie zwangsläufig zusammenführen mußten. Wenn sie sich dank einer Verkettung von Zufällen begegnet sind, dann werden all die einzelnen Zufälle verklärt, und beide bestaunen das Wunder, daß sie sich gefunden haben, wo es doch so leicht hätte anders kommen können. Alles, was vor ihrer Begegnung war, ist nur noch deren Vorgeschichte und hat keine eigenständige Bedeutung mehr. Für beide ist es ungeheuer wichtig, die Geschichte des anderen zu kennen. Es kann sein, daß *sie* eine Begebenheit aus *seiner* Vergangenheit so erzählt, als habe sie sie selbst erlebt, oder daß *er* zu einer Geschichte aus *ihrem* Leben sagt: «Das stimmt aber so nicht.» Das wirkliche Leben, so empfinden beide, hat erst mit ihrer Liebe begonnen. Freundschaften zwischen Paaren beginnen oft damit, daß jedes erzählt, wie es zusammengefunden hat. Auf diese Weise präsentiert jedes Paar seine gemeinsame Geschichte. Mit einem wichtigen Menschen durch eine solche gemeinsame Geschichte verbunden zu sein, ist immer eine Quelle der Bestätigung, nicht nur in der romantischen Liebe.

Die meisten Menschen, mit denen wir in Kontakt treten, haben zu uns ein ebenso instrumentelles Verhältnis wie wir zu ihnen. Wir reduzieren sie auf Objekte. Wir interessieren uns nicht wirklich für den Kellner im Lokal, und wenn wir selbst als Kellner fungieren, ist uns klar, daß wir nur als das Vehikel wahrgenommen werden, mittels dessen ein Glas Wein auf den Tisch gelangt. In unserer Wichtigkeit und unserem Wert als Person fühlen wir uns erst bestätigt, wenn wir einen zentralen Platz im Lebensroman eines anderen Menschen einnehmen. Liebende verweben ihre Geschichten miteinander, und der gemeinsame Roman, den sie auf diese Weise erschaffen, bezeugt ihre Wichtigkeit füreinander, in der Gegenwart und für die Zukunft.

Damit die Liebenden einander Bestätigung geben können, muß jeder dem anderen wirklich zeigen, wer er ist. Wer etwas von sich versteckt, kann nicht vollständig angenommen werden. Wenn ein Mann mit einer homosexuellen Vergangenheit der Frau, die er heiraten will, nichts davon erzählt, betrügt er sich selbst (auch wenn Psychotherapeuten manchmal, verkennend, worum es in der Liebe geht, zum Verschweigen raten). Die Wahrheit zu sagen, hat oft bittere Folgen, aber sie nicht zu sagen, führt immer zu fatalen Konsequenzen. In Thomas Hardys Roman *Tess von D'Urbervilles* macht Tess' Ehemann seiner frischgebackenen Frau in der Hochzeitsnacht ein Geständnis. Sie beichtet ihm daraufhin eine frühere Liebschaft, eine Schwangerschaft und den Tod ihres unehelichen Kindes. Obgleich ihr Mann Unrecht getan hat, während ihr Unrecht widerfahren ist, verläßt er sie. Wir haben Mitleid mit ihr, weil ihr Bedürfnis, sich zu öffnen, unsere Sympathie findet. In einem Punkt zu lügen, der wesentlich für die eigene Identität ist, heißt, jede Chance zu verwirklichen, sich als die Person geliebt fühlen zu können, die man ist – und nicht als die, die man mehr oder minder erfolgreich zu sein vorgibt. (Wobei es sehr wohl, wie begabte oder erfahrene Liebende wissen, manchmal Gedanken gibt, die man besser für sich behält, weil sie nicht weiter von Bedeutung sind und den geliebten Menschen nur verletzen würden, wenn er von ihnen erführe.)

Simone de Beauvoir zögerte, Sartre zu erzählen, wie sehr sie sich körperlich nach ihm sehnte, wenn sie getrennt waren, und wie dann zufällige Berührungen mit anderen Menschen sexuelle Erregung bei ihr auslösen konnten. Aber es zu verheimlichen, war noch schlimmer: «Ich verschwieg diese Schmach», schreibt sie in dem autobiographischen Bericht *In den besten Jahren*. «Jetzt, da ich gelernt hatte, alles zu sagen, schien mir dieses

Schweigen wie ein Prüfstein: Wenn ich etwas nicht zu gestehen wagte, dann war es wirklich unaussprechlich. Durch dieses Schweigegebot, das er mir auferlegte, wurde aus meinem Körper statt einer Brücke eine Schranke, und das erbitterte mich maßlos.» Erst indem wir dem geliebten Menschen unser tiefstes Inneres eröffnen, können wir die Scham über frühere und heutige Schwächen, Fehler und Demütigungen überwinden. Die Unerläßlichkeit solcher Offenheit für die Entstehung wirklicher Nähe ist auch in der Populärliteratur ein wichtiges Thema. So kann sich Daisy, die Heldin in Judith Krantz' Roman *Princess Daisy*, erst wirklich befreit fühlen und verlieben, als sie Patrick Shannon zwei dunkle Punkte in ihrem Leben enthüllt hat: die Existenz ihrer retardierten Zwillingsschwester und das sexuelle Erlebnis mit ihrem Halbbruder Ram, der sie vergewaltigte, als sie sich von ihm zu lösen versuchte.

Das «Wir». Liebende nennen einander oft mit besonderen Kosenamen. Die neue Namensgebung ist Ausdruck der psychischen Realität, daß jeder von beiden jetzt eine neue Identität besitzt, die mit der Beziehung steht und fällt. Deshalb kann es der Liebende nicht ertragen, die geliebte Person die gleichen Koseworte zu einem anderen Menschen sagen zu hören. Er hat das Gefühl, das sie nur ihm allein gebühren und daß die geliebte Person ihm durch sie eine neue Identität (eine neue Geschichte) gegeben hat.

In der erwiderten Liebe ist es jedoch nicht nur der Andere, der zelebriert, nicht nur das «Ich», das gestärkt wird, nicht nur die individuelle Identität, die sich verändert. Es entsteht eine neue Einheit, die als «Wir» erlebt und von anderen als Paar wahrgenommen wird. So gibt Virginia Woolf in *Die Fahrt zum Leuchtturm* die Gedanken der Mrs. Ramsay wieder, die als Außenstehende mitbekommt, wie ein Paar zusammenfindet: «Sie erkannte an der Anstrengung, am Ansteigen seiner Stimme, um über das schwere Wort hinwegzukommen: es war das erstemal, daß er ‹wir› sagte. ‹Wir› taten dies. ‹Wir› taten das; sie werden das ihr ganzes Leben lang sagen, dachte sie... – wobei das wunderliche Gefühl in ihr erwachte, ein zugleich koboldhaftes und zärtliches, ein Fest zu feiern; als wären zweierlei Gemütsbewegungen in ihr hervorgerufen worden, eine tiefe – denn was konnte ernster sein als die Liebe eines Mannes zu einer Frau, was zwingender, eindrucksvoller, da sie den Keim des Todes in sich trug; gleichzeitig aber mußte dieses Liebespaar, mußten diese zwei Menschen, die da glänzenden Auges in eine Illusion eintraten, mit Geneck umtanzt, mit Girlanden geschmückt werden.» (Und in diesem Nachsinnen bringt Mrs. Ramsay Gedanken zum Ausdruck, die sowohl für den Liebenden als auch für den außenstehenden Beobachter typisch sind.)

Die emotionale Tönung dieses «Wir» ist von Paar zu Paar verschieden. «Die Welt liegt uns zu Füßen» ist etwas anderes als «Wir beide gegen den Rest der Welt». Aber beides sind Aspekte der Welt des Paarseins, die durch die Liebe entsteht. Das «Wir» existiert meist öffentlich, manchmal aber auch heimlich und verstohlen, wie beispielsweise in außerehelichen Verhältnissen oder bei jungen Leuten, deren Eltern die Beziehung nicht zulassen wollen.

Das «Wir» ist gewissermaßen das erste Kind der Beziehung. Es hat einen Geburtstag – den Tag, an dem wir uns kennengelernt haben, an dem wir zum ersten Mal miteinander ausgegangen sind, zum ersten Mal miteinander geschlafen haben, geheiratet haben. Das «Wir» bekommt eine eigene Geschichte. Die Liebenden haben große Freude daran, sie sich zu erzählen, da jeder einzelne ihrer Meilensteine, und sei er für Dritte noch so banal und nichtssagend – der Abend, als wir Hummer gekocht haben, der Tag, als wir die Giraffe im Zoo haben herumrennen sehen, die Nacht, als wir auf einer Parkbank geschlafen haben –, für sie dadurch geheiligt ist, daß seine Beschwörung Gefühle aus der Vergangenheit wieder aufleben läßt. Altbekannte Orte werden anders wahrgenommen, wenn die Liebenden zusammen dort gewesen sind: Sie gewinnen neue Bedeutung und neue Schönheit, weil sie mit gemeinsam erlebten Augenblicken assoziiert werden. (Deshalb verübelt es der verlassene Partner dem anderen auch so sehr, wenn dieser eine neue Liebe mit an einen der Orte nimmt, die immer «unsere» waren. Auch im Stadium der Entfremdung oder nach einer Trennung müssen die heiligen Stätten respektiert werden.)

Das Paar spricht unter sich eine andere Sprache. Dritte würden sie vielleicht töricht finden – mit ihren Kosenamen, Entlehnungen aus der Babysprache, erfundenen Wörtern und ihren Kürzeln –, aber für die Liebenden drückt sie ihre Gefühle füreinander aus, wie keine andere Sprache es könnte. Die Privatsprache symbolisiert die Einmaligkeit ihrer Liebe. Um sie der Außenwelt zu beschreiben – nein, dafür müßten sie auf Liebesgedichte oder -lieder zurückgreifen. Kein anderer könnte ihr Empfinden verstehen. Sie haben das Gefühl, daß höchstens ganz wenige Menschen jemals ähnliches erlebt haben, daß ihre Liebe einzigartig ist und daß einer solchen Liebe nur der Tod ein Ende setzen kann.

Die Liebenden sprechen aber nicht nur eine eigene Sprache, sie möchten am liebsten auch in einer eigenen, verzauberten Welt leben. Sie empfinden ihre Liebe als geradezu jungfräulich rein, fürchten aber oft, das Eingebundensein in eine von materiellen Sorgen bestimmte, deprimierte oder ablehnende Umgebung könnte sie beflecken. In diesem Fall versuchen sie, in eine Phantasiewelt zu entfliehen. Der Traum vom umzäunten, kletterrosenbewachsenen Häuschen auf dem Land ist eine Form, die diese Phantasie von der romantischen Abriegelung gegen alle verderblichen Einflüsse der Außenwelt annehmen kann. Die Liebenden sind reine, unschuldige Wesen, die danach trachten, in den Garten Eden zurückzukehren oder das Gelobte Land zu erreichen. In Filmen verkörpert sich diese Phantasie etwa im Liebespaar auf der einsamen Südseeinsel. Die Phantasiewelt, die sich die Liebenden erträumen, soll die Reinheit ihrer Liebe bewahren. Aber es kann auch sein, daß sie ihre Gefühle auf ihre tatsächliche Umgebung projizieren. Dann wird die Welt für sie lebendiger und schöner und weniger bedrohlich. Die Großstadtstraßen werden zum aufregenden Pflaster der Metropole, erfüllt mit der Lebensfreude, die in den Liebenden selbst ist. Die Kleinstadt atmet plötzlich den Zauber und die Intimität einer wilderschen Kulisse. Jede Umgebung kann sich im Glanz der Liebe in eine Wunderwelt verwandeln.

Die Grenzen, die die Welt des «Wir» gegen die übrige Welt abschließen, sind durch Geheimnisse markiert. Wenn Gefühle, Wahrnehmungen oder Erkenntnisse nicht kommuniziert werden, verlieren sie an Bedeutung – und wenn sie wahllos mitgeteilt werden, ebenso. Wenn die Liebenden sich neue gemeinsame Geheimnisse erschaffen und einander alte Geheimnisse anvertrauen, dann bekräftigt dies nicht nur die Wichtigkeit der Dinge, um die es dabei geht, sondern auch die der Beziehung. Geheimnisse sind Ausdruck von Intimität, Vertrauen und Verbindlichkeit. So trivial sie auch oft erscheinen mögen, spielen sie doch eine wichtige Rolle in unserem Seelenleben – vielleicht in Umkehrung der schmachvollen Kindheitserfahrung, von Gesprächen der Eltern und aus ihrem Schlafzimmer ausgeschlossen zu sein. Die Geheimnisse, die Liebende miteinander teilen, umfassen mehr als nur das Wissen um die Leichen im Keller des anderen: es gehören Scherze dazu, die sonst niemand versteht, das Wissen um sexuelle Vorlieben, verborgene Antipathien und heimliche Ambitionen. Der Verrat solcher Geheimnisse wird als schwere Verletzung empfunden, und schon für manchen Liebenden hat die Entdeckung eines solchen Vertrauensbruches die Welt einstürzen lassen. Es gibt Menschen, die selbst sexuelle Untreue nicht so schwer trifft wie die Enthüllung ihrer sexuellen Eigenheiten oder geheimen Ängste. Liebende erwarten sogar, daß das durch gemeinsame Geheimnisse begründete Vertrauensverhältnis auch dann nicht verletzt wird, wenn die Liebe versiegt ist. So wie gemeinsame Geheimnisse sie bekräftigen, signalisiert und symbolisiert ein vor der geliebten Person verborgenes Geheimnis oft das Ende der ungetrübten gegenseitigen Liebe. In James Salters Roman *Light Years* besiegelt Viri die innere Trennung von seiner Frau durch eine Affäre, die er vor ihr verbirgt: «Er war leer, friedlich ... Er war heimgekommen, vom Meer, von einer aufregenden Reise. Er hatte sich die Kleider glattgestrichen, die Haare gebürstet. Er war voller Geheimnisse, Täuschungen, die ihn ganz gemacht hatten.»

Verschmelzung und Selbstüberschreitung. Liebende können, über das Bewußtsein einer gemeinsamen Identität hinaus, das Gefühl erleben, faktisch miteinander zu verschmelzen. So erklärte Charles Williams: «Dich lieben? Ich *bin* du!», vielleicht ein Echo der berühmten Worte Cathys: «Nelly, ich *bin* Heathcliff.» Als Ausdruck eines solchen inneren Einswerdens verschmelzen Liebende oft spielerisch ihre Namen miteinander.

Der Impuls, mit dem anderen eins werden zu wollen, drückt sich oft im Bild der Einverleibung aus: «Ich könnte dich fressen», «Er sog jedes Detail von ihr in sich auf», «Sie verzehrte ihn mit den Augen». Jedes Stadium der Nähe weist über sich hinaus auf das nächst intensivere: Reden wird zur Berührung, Berührung zum Liebesakt und der Liebesakt zu einer seelischen Verschmelzung. Sex dient nicht nur der Lust, sondern zugleich dem Wunsch, zu verschmelzen, herauszutreten aus den Schranken des Selbst. Der Drang, eins mit dem Anderen zu werden, läßt die Liebenden den eigenen Körper bewußter wahrnehmen. Jeder von beiden lebt in seinem Körper und ist dankbar für ihn, denn er ist das Vehikel, das seinem Verlangen nach Einssein Erfüllung bietet. Er gestattet nicht nur die körperliche Vereinigung, sondern eröffnet – in der heterosexuellen Beziehung – zugleich die Möglichkeit, die Verschmelzung in einem Kind Fleisch und Blut werden zu lassen. Der Körper ist sowohl Metapher als auch Instrument der Sehnsucht nach Verschmelzung. Er wird zum Werkzeug der Seele.

Liebe steigert die sexuelle Lust. In der Liebe werden uns die tiefsten sexuellen Erlebnisse unseres Lebens zuteil. Jeder sexuelle Akt ist mit Entzücken, Zärtlichkeit und Ehrfurcht erfüllt. Andere Männer, andere Frauen interessieren die Liebenden nicht mehr. In der Phase der idyllischen Liebe sind sie leidenschaftlich monogam – selbst wenn sie faktisch mit anderen schlafen. (Für manche Menschen bezieht sich «Objektkonstanz» darauf, an wen sie beim Liebesakt denken, und nicht darauf, mit wem sie zusammen sind.)

Im Liebesakt, dem Akt gleichzeitigen Lustempfindens und Lustbereitens, erreicht der Liebende ein besonders intensives

79

Gefühl der Nähe zu der geliebten Person, das er als Verschmelzung empfinden kann. Sex ist ein heiliger Ritus in der Religion der beidseitigen Liebe.

Im Augenblick der inneren Vereinigung – gleichgültig, ob er über sexuelle Nähe oder auf andere Weise erreicht wurde, und unabhängig von seiner Dauer – tritt die Zeit außer Kraft. Der Moment ist zeitlos, ewig. Die Grenzen des Selbst lösen sich auf. Paradoxerweise bedeutet dies aber nicht den Verlust oder auch nur eine Schwächung, sondern im Gegenteil eine Bestärkung und Bereicherung des Selbst. Die sinnliche Wahrnehmung ist extrem intensiv, und das emotionale Erleben prägt sich dem Gedächtnis ein. Für einen solchen Augenblick ist man bereit, Vergangenheit und Zukunft hinzugeben. Die Erinnerung daran läßt sich vielleicht verdrängen, aber nicht wirklich auslöschen. Sie kann unerwartet wieder aufleben und ist jederzeit abrufbar.

Streit und Prüfungen. Die meisten Liebenden empfinden ihre erste Auseinandersetzung als einschneidendes Ereignis. Zu Beginn ihrer Liebesbeziehung notieren sie staunend, daß zwischen ihnen niemals Ärger oder Streit aufkommt. Sie führen dies darauf zurück, daß sie so perfekt miteinander harmonieren. Wenn sie dann aber doch den ersten Streit hinter sich haben, atmen sie befreit auf. Sie haben die Bedrohung durch Ärger und Wut überlebt, ihre Liebe hat sich als stark genug erwiesen. Sie versichern einander, daß Streit und Einmütigkeit überhaupt nichts mit einer Trübung der grundsätzlichen Harmonie zu tun haben, sondern allenfalls Kontrapunkte in der Musik der Liebe darstellen.

Diese große Bedeutung, die dem ersten Streit zukommt, sagt einiges über das Wesen der romantischen Liebe aus. Eines der Wunder, die die Liebe wirkt, ist die Befreiung von der Ambivalenz, die unsere meisten Beziehungen kennzeichnet. In der romantischen Liebe wird nicht abgewogen und aufgerechnet. Man empfindet Liebe ohne Beimischung von Groll, Wut oder Ablehnung. Vor allem Zwangscharaktere, die von ihrem Wesen her noch stärker zur Ambivalenz neigen als die meisten anderen Leute, empfinden die Eindeutigkeit der Liebe als enorme Befreiung. Ihre Liebe ist wie ein klarer Gebirgsbach oder wie ein Fluß, der den Damm durchbricht. Ein solches Strömen von positiven Emotionen ist eine Revolution, eine Wonne, eine Erlösung.

Nach dem ersten Streit reagieren Liebende auf nachfolgende Auseinandersetzungen unterschiedlich. Gerade weil die Liebe die Erlösung von der Ambivalenz bedeutet hat, kann das Auftauchen von Kritik und Ärger in der Beziehung bitter sein. Für manche Menschen markiert es das Ende der idyllischen Phase, die Rückkehr zum emotionalen «Normalzustand». Für andere ist, solange die Auseinandersetzungen leidenschaftlich geführt werden, die Aussöhnung (die oft im Bett stattfindet) jedesmal eine neue symbolische Austreibung der Ambivalenz. Streitigkeiten sind in ihren Augen so etwas wie periodische Bacchanalien oder wie der jährliche Karneval: ein Ventil, das notwendig ist, um die Leidenschaft am Leben zu erhalten. Die Gefahr liegt für solche Paare darin, daß statt ritualisiertem Zorn echte Aggressionen zum Ausbruch kommen können. Nicht selten sind Liebende entsetzt, wenn sie merken, wie dicht unter der Oberfläche der Leidenschaft die nackte Wut lauert.

Es gibt aber auch Liebende, für die Kabbeleien eine Form der Koketterie sind, die sie genießen, ein Liebestanz, bei dem es um die Ritualisierung der Ambivalenz geht und nicht um ihre Austreibung. Die Gefahr liegt dabei vor allem darin, daß diese Rituale sich totlaufen.

Und schließlich sind leidenschaftliche Zornesausbrüche und selbst Gewalt für manche die sichersten Erkennungszeichen der Liebe. Sie beweist sich in ihren Augen erst wirklich durch solche heftigen Gefühlsausbrüche. Diese Einstellung findet sich natürlich am häufigsten bei Liebenden mit starkem sadomasochistischem Einschlag. Sie rationalisieren Verhaltensweisen als blindwütige Liebe, die andere als aggressive Neigungen alarmieren würden.

Aber selbst wenn es keinen Streit gibt, bleiben den Liebenden Prüfungen, die es zu bestehen, Barrieren, die es zu überwinden gilt. Die Institutionalisierung ihres gemeinsamen Lebens ist keine leichte Aufgabe. Jeder hat seine Prioritäten und Verpflichtungen, und jeder hat eigene Ziele. In diesem Stadium kommt es gewöhnlich zur ersten großen Belastungsprobe.

Die beiden sind jetzt zwar ein Paar, eine Einheit, aber sie haben gemerkt, daß es trotzdem für jeden eigene wichtige Dinge im Leben gibt. Unterschiede kristallisieren sich heraus. Sie meint, wenn er sie liebte, würde er ihre Wünsche erfüllen. Er meint, wenn sie ihn liebte, würde sie nicht solche unmöglichen Forderungen stellen. Jeder empfindet Liebe für den anderen, spürt aber auch, daß es Grenzen gibt – obgleich beide denken, daß es keine geben dürfte. Ein Partner fürchtet vielleicht um seine Autonomie und will ausbrechen. «*Die* Erfahrung habe ich jetzt gemacht», erklärt er, womit er meint, daß in der Beziehung ohnehin nichts Neues mehr passieren wird. Zugleich will er die geliebte Person durch ein Duplikat ersetzen, um ihre Einzigartigkeit und sein Verlangen nach *ihr* zu leugnen. Naiv versucht er, sich in jemand anderen zu verlieben. Meist wird er aber zu der geliebten Person zurückkehren. Er wird versuchen, sich in ihre Sicht und ihre Intentionen hineinzudenken und sich darauf einzustellen. Dann ist es an ihr, sich zwischen Stolz und Liebe zu entscheiden.

Wenn die Paarbindung weiter bestehen soll, müssen solche Probleme gelöst oder beiseite geschoben werden. Die Kernvorstellungen beider von der Beziehung oder vom Leben im allgemeinen müssen wenigstens teilweise zusammenpassen. Damit die Liebe sich weiterentwickeln kann, müssen sie Kompromisse schließen, die strittigen Punkte regeln und ihre Zusammengehörigkeit bekräftigen. Das Paar, das «Wir», muß obenan gestellt werden.

Veränderung und Befreiung in der Liebe

Im Zusammensein mit der geliebten Person entdeckt der Liebende eine ganze Welt neuer Gefühle und Bedeutungen. Aber wie sich bald herausstellt, erweitert die Liebe nicht nur den Erfahrungshorizont des Liebenden; sie verändert auch diesen selbst. Zu Beginn stehen das ekstatische Hochgefühl und die ständige Beschäftigung mit der geliebten Person so sehr im Vordergrund, daß dieser wesentliche Aspekt der romantischen Liebe leicht untergeht: sie verwandelt den Liebenden – fast immer, aber nicht zwangsläufig, zu seinem Vorteil. Die Theoretiker der Liebe sind zumeist so sehr auf das fixiert, was sich in der Wahrnehmung des Liebenden abspielt, daß sie die Veränderungen, die in seiner Psyche vor sich gehen, ganz außer acht lassen. Sie konzentrieren sich auf die Idealisierung der geliebten Person und die nachfolgende Entidealisierung, wenn der banale Alltag die Illusion zerplatzen läßt. Aber nicht jede Liebe mündet in die Entidealisierung des anderen Teils, während tatsächlich jede Liebe zu einer Veränderung des Liebenden selbst führt, sei sie groß oder klein, positiv oder negativ.

Emerson sagt von der Liebe, daß sie «gleich einem göttlichen Eifer und Enthusiasmus den Menschen zu einer Zeit ergreift und in seinem Geist und Körper eine Umwälzung bewirkt, ihn seinem Geschlecht vereinigt, ihn den häuslichen und zivilen Beziehungen verpflichtet, ihn mit neuer Sympathie in die Natur trägt, die Kraft der Sinne erhöht, die Vorstellungskraft freimacht, seinem Charakter heroische und heilige Attribute beifügt, die Ehe begründet und der menschlichen Gesellschaft Dauer verleiht». Diese verändernde Wirkung der Liebe auf den Liebenden ist so offensichtlich, daß es sich eigentlich erübrigen müßte, auf sie aufmerksam zu machen, aber sie wird dennoch kaum gewürdigt. Genau wie es in unserer kulturellen Vorstellung eine aufsteigende Stufenleiter der Liebe von der Ebene des Animalischen bis in die Sphäre des Göttlichen gibt, so gibt es auch eine Stufenleiter der Veränderungen durch die Liebe, die auf der rein körperlichen Ebene beginnt und sich in immer ätherischere Dimensionen fortsetzt.

Oft hört man Leute sagen, man könne es an den Augen eines Menschen ablesen, wenn er verliebt ist. Die Hochzeitsgäste sind geradezu schockiert, wenn die Braut jenes Strahlen vermissen läßt, das wir mit Liebe assoziieren. Es ist eine Binsenweisheit, daß Liebe schön macht. Man mag es der seelischen Veränderung zuschreiben, deren äußerer Abglanz die Erscheinung verändert, oder, praktischer gedacht, dem gesteigerten Selbstvertrauen und der größeren Lust am Experimentieren mit dem eigenen Äußeren. Frauen merken es oft intuitiv, wenn eine gute Freundin ein neues Liebesverhältnis eingeht, und in vielen Fällen liegt der entscheidende Hinweis darin, daß die Betreffende plötzlich etwas Strahlendes hat.

Umgekehrt werten es Außenstehende oft als Hinweis darauf, daß in einer Beziehung etwas nicht stimmt, wenn sich das Äußere eines Partners oder beider plötzlich in negativer Weise verändert. Nimmt eine Ehefrau auf einmal rapide an Gewicht zu, werden oft Vermutungen laut, daß in der Ehe sexuell oder emotional etwas im argen liegt.

Wenn Liebende sich zum «Wir» zusammenfinden, verändert sich damit häufig ihre Lebenssituation. Diese Veränderungen stellen sich meist als rein äußerlich dar, auch wenn sie noch so einschneidend sind. Man denke etwa an all die Variationen des Aschenputtel-Märchens: die Bürgerliche, die den König heiratet, das Au-pair-Mädchen, das den Millionenerben bekommt, oder auch umgekehrt den Prinzen, der auf seinen Thronanspruch verzichtet, um die Frau zu ehelichen, die er liebt. Aber Veränderungen der *äußeren* Situation bringen veränderte Rollenerwartungen mit sich – und sich auf neue Verpflichtungen und Rollenerwartungen einzulassen, verlangt wiederum eine Erweiterung der eigenen Potentiale, wie sie ohne tiefergehende *innere* Veränderungen gar nicht möglich ist. Es gehört zu den Klagen, die der Liebe gegenüber vorgebracht werden, daß sie ihre «Opfer» dazu treibe, Versprechungen zu machen und Verpflichtungen auf sich zu nehmen. Das kann zwar der Anfang vom Ende der Liebe sein, aber es kann auch neue Orientierungen schaffen.

Auf einer noch fundamentaleren Ebene verändert die Liebe aber auch das Selbstgefühl der Beteiligten. Sie erweckt in uns das Positive: Im Idealfall gibt sie uns das Gefühl, heil zu werden, in Harmonie mit dem Anderen und uns selbst zu stehen. Indem jeder Liebespartner im anderen das Beste sieht, fördert er gewissermaßen das Wertvolle in ihm zutage, auch wenn es bislang verschüttet war oder brachlag. Dieses Gute zu realisieren ist das Bestreben der Liebe. Der Liebende fühlt sich in seinen Möglichkeiten erweitert, spürt in sich neue Fähigkeiten und ein neugewonnenes Gefühl, gut zu sein. Er bemüht sich, sein Bestes zu geben, nicht in dem Sinne, daß er sich immer von der besten Seite zeigt, wie er es vielleicht in der Zeit des Werbens getan hat, sondern in einem tieferen Sinne, indem er auf die Herausforderung eingeht und zuläßt, daß eine neue, ans Innere rührende Erfahrung ihn über seine bisherigen Grenzen hinausführt. Die geliebte Person sieht in dem Liebenden Gutes, von dem er selbst nur eine schemenhafte Ahnung hatte. Was es uns erlaubt, uns zu verlieben, ist oft genug das positive Bild von uns selbst, das uns die Augen der anderen Person zurückspiegeln. Dieses Bild ermöglicht es uns, uns selbst – und deshalb auch einen anderen Menschen zu lieben. Nicht selten werden wir dadurch, daß wir geliebt werden, tatsächlich liebenswerter. Das neue Selbst ist vielseitiger und reichhaltiger.

In der Liebe können sich sexuelle Hemmungen verlieren. Für Celie, die Heldin in Alice Walkers Roman *Die Farbe Lila*, die zuerst als Kind und dann als Ehefrau mißbraucht und mißhandelt wurde, kommt das sexuelle (und geistig-seelische) Erwachen mit der Idealisierung der großen Liebe ihres Mannes, der Bluessängerin Shug, und der Öffnung ihr gegenüber. In einem an Gott adressierten Brief schildert Celie diese Erweckung:

> Meine Mama is gestorben, erzähl ich Shug. Meine Schwester Nettie is davongelaufen, Mr. ——— is gekommen und hat mich geholt, daß ich mich um seine frechen Kinder kümmere. Hat mich nie was über mich gefragt. Er is auf mich drauf und hat gefickt und gefickt, auch wenn ich am Kopf einen Verband gehabt hab. Mich hat noch nie einer geliebt, sag ich.
> Sie sagt, ich lieb dich, Miss Celie. Und dann dreht sie sich her und küßt mich auf den Mund.
> Mm, sagt sie, wie wenn sie überrascht is. Ich küß sie wieder, sag auch mm. Wir küssen und küssen, bis wir kaum mehr küssen können.
> Dann fassen wir uns gegenseitig an.

Aber nicht nur sexuelle Hemmungen können sich in der Liebe auflösen, sondern auch andere psychische Einschränkungen. So gestand mir ein Mann, der nach langer Ehe seiner Frau noch immer in leidenschaftlicher Liebe verbunden ist, sie sei die erste Person in seinem Leben gewesen, die ihm zu verstehen gegeben habe: «Nicht aufhören», wodurch sie ihm nicht nur Hemmungen, sich seiner Sinnlichkeit hinzugeben, sondern auch seine Scheu vor Nähe genommen habe.

Bezeichnend ist, wie Anna, die Hauptperson in Sue Millers Roman *Die gute Mutter*, ihr erstes intensives sexuelles Erlebnis schildert:

> Was mich betraf, so war das, was mich an ihn fesselte, woran es mir fehlte, seine Wildheit, seine Offenheit für alles … es war auch die Tatsache, daß ich, wenn wir miteinander schliefen, jedes Gefühl für die Grenzen zwischen uns verlor, seinen Schwanz als ein Gefühl in mir empfand, meine Möse als einen Teil seines Körpers, seines Mundes. Und weil ich bei ihm endlich eine leidenschaftliche Frau wurde.

Der Roman *Die gute Mutter* versucht, über die Darstellung des sexuellen Erwachens der Protagonistin Anna hinaus jene fundamentale Befreiung nachfühlbar zu machen, die Liebe mit sich bringen kann (obgleich die Liebe in diesem Roman letztlich problematisch ist). In ihrer Ehe hatten Annas Mann und sie aufgehört, «die Eigenständigkeit des anderen zu bemerken und wertzuschätzen». In ihrer leidenschaftlichen Beziehung zu Leo, einem freisinnigen Künstler, war das, wie Anna erklärt, gänzlich ausgeschlossen:

> Mit Leo passierte das nicht, es konnte gar nicht passieren, aber manchmal sehnte ich mich nach der Bewußtlosigkeit, dem Selbstvergessen, das es ermöglicht hätte. Von Anfang an stritten wir uns und liebten uns dann, beides mit einer leidenschaftlichen Intensität, die ich, genau wie die Fähigkeit, großartig zu musizieren, für mich verloren geglaubt hatte. Ich hatte das Gefühl, mein ganzes bisheriges Leben lang umhergeirrt zu sein, auf der Suche nach ihm, bis ich ihn dann getroffen hatte, bis ich durch ihn erlöst worden war. Es war das, was Babe mir verheißen hatte, was meine

Großeltern Gray mir verheißen hatten, was die Musik mir verheißen hatte: eine neue Spielart meiner selbst, eine neue Daseinsform.

Selbst wenn die Liebe sich als problematisch erweist, spüren die Liebenden doch die nachhaltige innere Veränderung, die sie in ihnen bewirkt hat. Maria Callas sprach sicher vielen Liebenden aus dem Herzen, als sie erklärte, was es für sie bedeutet hatte, sich in Aristoteles Onassis zu verlieben: «Mir war, als sei ich unendlich lange in einem Käfig gehalten worden... Und als ich Aristo kennenlernte, ihn, der so voller Leben war, wurde ich eine andere Frau.» – «Ich war vorzeitig stumpf und alt geworden. Wie beschränkt war ich doch – dachte nur an Geld und Position.» Durch die Begegnung mit ihm wurde alles anders: «Das Leben begann für mich mit vierzig – oder doch fast vierzig.»

Eine als positiv empfundene, tiefgehende Veränderung eines Partners oder beider kann auch über das Ende der Liebesbeziehung hinaus anhalten. In Milan Kunderas Roman *Die unerträgliche Leichtigkeit des Seins* verändert und bereichert die Affäre mit Sabina deren Liebhaber Franz, obgleich sie ihn jäh verläßt. Durch die Beziehung zu Sabina wird es ihm möglich, sich aus einer erdrückenden Ehe zu befreien und emotional weiterzuentwickeln:

> Sabinas Gegenwart war viel weniger wichtig, als er geglaubt hatte. Wichtig war die goldene Spur, die Zauberspur, die sie seinem Leben aufgedrückt hatte, diese Spur, die ihm niemand nehmen konnte. Bevor sie aus seinem Blickfeld verschwand, hatte sie die Zeit gefunden, ihm den Herkulesbesen in die Hand zu drücken, mit dem er all das aus seinem Leben gefegt hatte, was er nicht mochte. Dieses unverhoffte Glück, dieses Wohlgefühl, diese Freude an der Freiheit und an seinem neuen Leben, sie waren ein Geschenk, das sie ihm zurückgelassen hatte.

Die Möglichkeit zu innerer Veränderung, unabhängig davon, ob die Beziehung anhält oder nicht, ist gewiß eins der größten Geschenke der Liebe und ein Aspekt, den wir ahnen und vielleicht sogar bewußt oder unbewußt suchen. Ich werde auf dieses

Thema später noch genauer eingehen. Auf der anderen Seite darf aber nicht unterschlagen werden, daß leidenschaftliche Liebesbeziehungen auch destruktiv sein können. In diesem Fall leidet der Liebende nicht nur – er kann sogar sein Selbstwertgefühl einbüßen, in seinen Möglichkeiten eingeengt werden und alles in allem eine negative Veränderung durchmachen, die zwar meist vorübergehender Art sein wird, aber auch anhalten kann.

In Francesca Stanfills Roman *Shadows and Light* verändert sich die Heldin Allegra im Zuge ihrer unbesonnenen und leidvollen Leidenschaft für den Schwindler Alexander, dessen betrügerische Geldgeschäfte kurz vor der Aufdeckung stehen, in mehrerlei Hinsicht. Zu Anfang erlebt sie ein sexuelles Erwachen und tiefe Erfüllung. Aber unter Alexanders Bevormundung und uneindeutiger Zuwendung büßt sie sichtlich ihren Elan ein. Ihre Freundin Emily bemerkt die Veränderung und notiert in ihrem Tagebuch:

> Das ist ganz offensichtlich nicht das Mädchen, das ich letzten September getroffen habe… Da liegt, wie die Franzosen sagen, *une espèce de lassitude* in ihrem Blick – etwas ausweglos Gefangenes. So als ob das innere Strahlen zu hartem Funkeln verfallen wäre… Nicht jeden Tag bekommt man diese Art pervertierter Metamorphose zu Gesicht.

Und Allegra selbst fühlt sich seit ihrer Rückkehr aus Europa müde:

> Sie war jetzt in ihrer Körperlichkeit – einschließlich ihrer Größe – befangen und begann, in Gegenwart zierlicher Frauen daran zu denken, daß Alexander sich wünschte, sie sähe auch wie ein kleines Dresdener Püppchen aus…
>
> Wenn sie zusammen aßen, gab es Augenblicke, in denen sie ein inneres Schweigen überkam, so als wäre etwas in ihr plötzlich gefroren. Und paradoxerweise geschah es oft in solchen Momenten, daß sie die Hand nach seiner ausstreckte oder sein Gesicht oder sein Haar berührte, wie um sich zu vergewissern, daß er da war und daß zwischen ihnen alles, was immer es sein mochte, heil war.

Allegra erholt sich allmählich wieder und beweist damit, daß der Schaden, den sie genommen hat, reparabel ist. Aber etwas in ihr hat sich für immer verändert. Auch wenn ihre Verwandlung nicht spektakulär ist, so ist sie doch weiser geworden, und ihre erwachte Sexualität wird sich nicht mehr unterdrücken lassen.

Durch welche Mechanismen kommen solche Veränderungen bei Liebenden zustande? Zum einen bedeutet die Bestätigung durch die geliebte Person für den Liebenden eine Art innerer Erlösung. Es ist schon oft konstatiert worden, wie sehr der innere Frieden und das Selbstvertrauen, die Liebende verspüren, dem Grundgefühl von Menschen ähneln, die religiöse Gewißheit erlangt haben. Die Erweiterung der psychischen Möglichkeiten manifestiert sich in einer Erweiterung des äußeren Handlungsraumes. Die Woge des Selbstvertrauens, die den Liebenden trägt, erlaubt es ihm, neue Risiken einzugehen, sich in neuer Weise zu behaupten und sich an neue Projekte zu wagen. Die Kräftigung seines Ichgefühls schlägt sich in seiner Stimmung, einer neuen Großzügigkeit und einem positiveren Bild seiner selbst nieder. Es verändert sich nicht nur sein Selbstgefühl, sondern auch die Art seiner Auseinandersetzung mit der Welt. Der Liebende mag sich fragen, ob er der geliebten Person tatsächlich würdig ist, aber er wird nicht mehr an seinem grundsätzlichen Wert und seinen Fähigkeiten zweifeln.

Hinzu kommt, daß der Liebende Züge der geliebten Person übernimmt, zumindest aber in einem gewissen Maß die Fähigkeit erwirbt, die Welt mit ihren Augen zu sehen. Seine Interessen erweitern sich, und oft wird er sich die der geliebten Person zu eigen machen. Er entwickelt neue Fertigkeiten und Einsichten. Durch die Beziehung erhält er unzählige Geschenke – eine Begeisterung für alte Filme, mehr Spontaneität im intimen Zusammensein, die Fähigkeit, zu vertrauen und sich zu öffnen, mehr Humor. Und je nachdem, wie offen und aufnahmefähig die geliebte Person ist, wird der Liebende ihr seinerseits auch mancherlei schenken. (Zu dieser Art Austausch kommt es nicht nur zwischen Liebenden, sondern auch zwischen Freunden, aber in einer Liebesbeziehung ist er intensiver und umfassender.)

Noch weitreichender können die psychischen Auswirkungen sein. Obgleich die Liebe ein Kind der Imagination ist, fördert sie doch ganz reale Veränderungen der Persönlichkeitsstruktur. Durch das Gefühl des Verschmelzens mit der geliebten Person und die Identifikation mit ihr geschieht etwas mit den Grenzen des eigenen Selbst. Liebe vermag nicht nur den Bruch zwischen Körper und Seele zu heilen, sondern auch die Kluft zu überbrükken, die das eigene Selbst vom Anderen trennt. Dem Liebenden gelingt das beinahe Unmögliche: er strebt nach Inbesitznahme des Anderen und gibt sich gleichzeitig selbst hin. Dabei verliert er sich paradoxerweise nicht, sondern sein Selbst erweitert und verändert sich, da er bestimmte Aspekte des Anderen in sich aufnimmt und zugleich verschüttete Teile seiner selbst wieder integriert.

3
LUST UND SCHMERZ:
DIE ZWIESPÄLTIGE NATUR DER LIEBE

Meine Leidenschaften haben mich zum Leben erweckt
und haben mich getötet.
Jean-Jacques Rousseau

Liebende können vor ekstatischer Begeisterung und Wonne
überschäumen, sich aber auch vor Verzweiflung, Eifersucht und
Wut verzehren. Es gibt einige klassische Geschichten, die jeweils
eines dieser beiden Extreme – die beseligende, erhebende Liebe
auf der einen und die schmerzliche und zerstörerische Liebe auf
der anderen Seite – zum Thema haben. Sie schildern entweder
den Triumph oder die Tragödie der Liebe. In *Die Schöne und das
Tier* nimmt das Monster dadurch, daß die Schöne sich für es
entscheidet, wieder seine eigentliche Gestalt an: die eines
schmucken Prinzen. Und genauso ist es im Märchen vom
Froschkönig. Die Liebe zähmt das Rohe im Menschen, erhebt
ihn über seine animalische Natur, setzt hehre Strebungen in ihm
frei und verhilft seiner höheren, geistigen Natur zum Durchbruch.

Aber es gibt auch warnende Exempel, Geschichten, deren
Moral genau auf das Gegenteil hinausläuft. So läßt sich im Alten
Testament Samson, nachdem er in blinder, sklavischer Liebe zu
der Philisterin Delilah entbrannt ist, dazu verleiten, ihr das Geheimnis seiner Stärke zu enthüllen. Von ihr verraten und seiner
Haarpracht beraubt, wird er schließlich von seinen Feinden tatsächlich geblendet und versklavt. Nur durch inbrünstiges Beten
erhält er seine Kraft zurück, so daß er die Säulen des Tempels der
Feinde niederreißen und diese mit sich in den Tod nehmen kann.
Auch Adam erlag den Lockungen der Liebe – mit nur zu gut
bekannten Folgen. In diesen warnenden Beispielen ist die Liebe
keine Macht, die den Menschen zum Höheren hinanzieht: sie

betört ihn und hält ihn von Pflicht und Verantwortung ab; sie verleitet ihn, seiner eigentlichen Bestimmung untreu zu werden, reduziert ihn von seiner gottähnlichen auf seine sterbliche und letztlich tierische Natur.

Diese beiden konträren Auffassungen, eine wie die andere der männlichen Perspektive entwachsen, basieren auf den beiden traditionellen patriarchalischen Bildern der Frau als Erlöserin und als Versucherin. Parallel dazu existieren jedoch auch Geschichten, die die Liebe für die Frau als Segen beziehungsweise Fluch darstellen. Auch für sie kann die Liebe Erweckung und Erlösung bedeuten (wie für Dornröschen oder Aschenputtel), aber ebensogut den Untergang (wie für Blaubarts Gemahlinnen).

Beide Versionen, die ermutigende wie die abschreckende, enthalten eine gewisse Wahrheit. Liebe kann in der Tat erretten und zerstören. Was entscheidet darüber, ob sie für einen Menschen zur Erlösung oder zur Verdammnis wird? Ist es ein in unserer Psyche begründetes, vorherbestimmtes Schicksal oder eine Frage des Glücks? Ich werde an späterer Stelle noch ausführlich auf diese Frage eingehen. Hier geht es mir vorerst nur darum, festzuhalten, daß selbst in einer im Grunde glücklichen Beziehung Liebe in komplexer Weise mit Lust und Schmerz verwoben ist.

Auch der «normalen» romantischen Liebe wohnt eine Reihe spezifischer Probleme und schmerzlicher Momente inne. Bekanntermaßen ist das Stadium der leidenschaftlichen Gefühle meist kurz, Dauer die seltene Ausnahme. Manche Menschen sehen sogar neben der Intensität und der Zentralität eben diese Kurzlebigkeit als ein entscheidendes Wesensmerkmal der romantischen Liebe an, ganz unabhängig davon, ob sie sich zu einer dauerhaften Beziehung entwickelt oder nicht.

In der Regel hält die überwältigende Intensität der Leidenschaft länger an, wenn der Verbindung der Liebenden äußere Hindernisse im Wege stehen – wie etwa die strengen Konventionen der viktorianischen Gesellschaft, die Unmöglichkeit alltäglichen Zusammenseins in außerehelichen Liebesaffären, in der

Lebenssituation der Liebenden begründete oder von der Familie ausgehende Zwänge. Steht der Liebe dagegen äußerlich nichts im Wege, erweist es sich oft bald als schwierig, die Leidenschaft am Leben zu halten – eine Erfahrung, die viele Liebende und Theoretiker der Liebe veranlaßt, den Wert einer so fragilen und flüchtigen Emotion in Zweifel zu ziehen.

Aber ob mit Hindernissen verstellt oder nicht – es scheint keine leidenschaftliche Liebe zu geben, in der nicht Leid den Kontrasthintergrund der Lust bildete. Dieses Thema klingt unter anderem in folgendem Lied aus Purcells *Fairy Queen* an:

> Wenn Liebe süß ist, woher kommt dann meine Pein?
> Wenn bitter, wie kann sie dann so beglückend sein?
> Wenn ich freudig leide, was sollte ich klagen,
> mit eitlem Jammer mein Schicksal tragen?
> So sanft ist der Pfeil, so lieblich der Schmerz:
> wohlig erschauert mein getroffenes Herz.

Die Intensivierung der Liebeslust durch ebendiese Verquickung mit Leid hat Emerson hervorragend beschrieben: «Zum Mittag und zum Nachmittag des Lebens klopft uns noch das Herz bei der Erinnerung an Tage, wo das Glück nicht glücklich genug war, sondern mit dem Geschmack von Furcht gemischt werden mußte; denn der berührte das Geheimnis der Sache, der sagte: ‹Alle anderen Vergnügen sind ihres Schmerzes nicht wert›.» Der Schmerz kann vielerlei Formen annehmen. Der Liebende mag sich in quälendem Verlangen verzehren, wenn seine Liebe unerwidert bleibt, oder von Frustration zerfressen werden, wenn es nicht möglich ist, das sexuelle Verlangen auszuleben. Die Zeit des Liebeswerbens ist erfüllt von der Angst vor Zurückweisung und Demütigung, und diese Befürchtungen halten auch dann noch an, wenn die Liebe erwidert wird. Der Liebende wird von Eifersucht gepeinigt und von jähen Aufwallungen unbegründeter Aggression gegen die geliebte Person übermannt, die zu allem anderen, was ihn plagt, auch noch Schuldgefühle hinzutreten lassen. Selbst in der Hochphase glücklicher, erwiderter Liebe spürt der Liebende, daß im Wesen seines Verlangens etwas liegt, das sich womöglich der Erfüllung immer entziehen wird, und das macht ihn traurig.

Diese seltsame Mischung aus Lust und Schmerz ergibt sich zum Teil aus der Tatsache, daß Liebe eine überaus komplexe Emotion ist, die sich oft aus widersprüchlichen Motiven speist und auf unterschiedliche Ziele gerichtet ist.

Wenn schon die glückliche Liebe ein beträchtliches Maß an Schmerz mit sich bringt, kann das Leid, das mit unglücklicher Liebe einhergeht, so groß sein, daß es den Liebenden in den Wahnsinn treibt. David, der junge Protagonist des Romans *Endlose Liebe*, steckt das Haus der Familie seiner Freundin Jade in Brand, nachdem ihm deren Vater für einen Monat den Umgang mit ihr verboten hat. Er hofft, wieder in Gnaden aufgenommen zu werden, wenn er das Feuer «entdeckt» und Jade und ihre Angehörigen «rettet». Nachdem es fast zur Katastrophe gekommen ist, geht ihm auf, was er getan hat:

> Ich war, das wurde mir in diesem Augenblick klar, das Mitglied einer riesigen Gemeinde zur Schuld verdammter Männer und Frauen: Aus irregeleiteten Gefühlen heraus hatte ich mich selbst ins Unglück gebracht. Ich war nicht besser als die Zeitgenossen, die anonyme Anrufe tätigen, auf der Straße Frauen nachlaufen, ihre ehemalige Freundin belästigen, sich die Ohren abschneiden, auf sensationelle, anklagende Art Selbstmord verüben oder Privatdetektive engagieren, nicht besser als ein mittelalterlicher König, der ein Heer von zehntausend Mann ins Feld schickt, um die Gunst einer fernen Maid zu gewinnen – und wenn die Felder verbrannt sind und die Leichname sich unter der Sonne zu Haufen türmen, legt der König die Hand aufs Herz und sagt: Ich tat es aus Liebe.

Doch trotz dieser Einsicht vermag nicht einmal die Einweisung in eine psychiatrische Klinik seine glühende Leidenschaft für Jade zu dämpfen.

Der Drang, die geliebte Person ganz zu besitzen, kann so übermächtig werden, daß er das Verhalten des Liebenden in zwingender Weise bestimmt. In Davids Fall duldet er keine Einschränkung, und er begreift die Bereitschaft ein, nicht nur der eigenen Person, sondern auch anderen Schaden zuzufügen.

Obwohl die meisten von uns das negative Potential der Liebe fürchten, lassen wir uns trotzdem nicht davon abbringen, sie als etwas Positives zu bewerten und zu erstreben. Wir tun es in der Überzeugung, daß *unser* Fall die Ausnahme ist, daß *wir* ihre Freuden genießen und ihren Leiden entgehen werden. Wir glauben, daß *unsere* Liebe besonders ist und allen Widrigkeiten trotzen wird (oder auch dem Nichtvorhandensein von Widrigkeiten, das noch gefährlicher sein kann). Und selbst wenn nicht, halten wir es immer noch mit Tennyson, der meint: «Wohl ihm, dem Liebes scheiden mag, / Vor dem, der stets der Liebe bar.» Wir ahnen instinktiv, daß die Liebe uns nachhaltig zu bereichern, zu verändern und innerlich wachsen zu lassen vermag, und wir sind willens, dafür das Risiko von Leid und Verlust auf uns zu nehmen.

Der deutlichste Beweis dafür sind jene extremen Fälle, in denen Liebende sich dafür entscheiden, zusammenzubleiben, obgleich sie wissen, daß sie damit nach üblichen Maßstäben ihr Lebensglück verwirken. Es kommt gar nicht so selten vor, daß Liebende die geteilte Armut (etwa die Enterbung) dem Reichtum ohne den anderen vorziehen. Manche sind sogar bereit, lieber zusammen zu sterben als ohne den anderen weiterzuleben, und die meisten würden dies zumindest behaupten. Darauf bezieht sich auch Denis de Rougemont, wenn er die Liebe (wie ich glaube, zu Unrecht) als die Magd des Todes und nicht der Freuden bezeichnet. Ob wir ihm darin beipflichten oder nicht, wir müssen uns zumindest seiner Erkenntnis beugen, daß der Wunsch zusammenzusein bei Liebenden stärker sein kann als der Trieb, sich an das, was wir üblicherweise für wichtig erachten, und sogar ans Leben selbst zu klammern. Dieses Festhalten an der Liebe um jeden Preis ist es denn auch, was viele Theoretiker so schlimm finden und als selbstzerstörerisch oder masochistisch bezeichnen. Für die Liebenden hingegen macht gerade diese absolute Priorität das Wesen der Liebe aus.

Liebe beinhaltet Lust, bringt aber auch Leid mit sich, und

vielleicht gehört das Leid sogar zu ihrem Wesen. Was immer der Kern der Liebe sein mag – es ist mehr als das bloße Streben nach Lust und Schmerzvermeidung oder nach Glück im üblichen Sinne.

Lust und Liebe

Nicht nur ist Liebe mehr als das Streben nach Lust, auch Lust ist in ihrem Wesen komplex und keineswegs eine so selbstverständliche Größe, daß sie keiner näheren Betrachtung bedürfte. Da Liebe Lust beinhaltet, auch wenn sie sich nicht im Streben nach ihr erschöpft, ist es wichtig, das Wesen der Lust klarer herauszuarbeiten.

Für Freud war Lust der Abfluß von Spannung, insbesondere sexueller Art, während er Leiden als Frustration oder Unfähigkeit zur Spannungsminderung begriff. Dieses Konzept, das auch als «Lustprinzip» bezeichnet wird, geht davon aus, daß Menschen nach Lust streben und Schmerz vermeiden. Es ist eine der grundlegenden Prämissen der Psychoanalyse. Im Grunde basierte die frühe psychoanalytische Theorie auf der Annahme einer hedonistischen Triebregulation, auch wenn sie dem Luststreben ein mäßigendes «Realitätsprinzip» zur Seite stellte. In diesem Schema ist Liebe vor allem eine sublimierte Ausdrucksform der Libido oder des Sexualtriebs, weshalb die mit ihr verbundene Lust letztlich auf den Sexualtrieb zurückzuführen ist.

Aber Spannungsabfluß allein ist eine zu enge Erklärung, um all den verschiedenen Formen der Lust gerecht zu werden. C. S. Lewis unterscheidet zwei Arten der Lust. Die erste definiert er als Befriedigung eines vorhandenen Verlangens. Hierzu wäre zweifellos die Aufhebung sexueller Spannung ebenso zu zählen wie das Austrinken eines Glases Wasser, wenn man Durst hat. Die zweite Kategorie dagegen umfaßt Erlebnisse, die als solche lustvoll sind, ohne daß vorher ein Bedürfnis oder eine Spannung bestand. Als Beispiel nennt Lewis die Lust, die es uns bereitet, unerwartet den Duft von Blumen zu riechen. Diese Lust kann intensiv sein, ohne daß wir sie zur Stillung eines Verlangens erstrebt hätten. Lewis bezeichnet diese beiden Kategorien als «Bedürfnis-Lüste» und «wertschätzende Lüste». Die «wertschätzenden Lüste» befriedigen kein Bedürfnis, unser Gefallen stellt sich ein, ohne daß wir danach verlangt haben, *hervorgerufen durch das Objekt.*

Die Lust, die Menschen einander schenken, kann von beiderlei Art sein. Während wir die Lust, die ein Kind durch die Mutter erfährt, als Bedürfnis-Lüste einstufen können, würde man wohl bei der romantischen Liebe spontan eher sagen, daß es sich um wertschätzende Lüste handelt, die aus dem Entzücken über die geliebte Person erwachsen. Aber wie wir noch sehen werden, ist romantische Liebe durch beide Lustformen charakterisiert. Sie ist zugleich egoistisch (auf die Befriedigung der eigenen Bedürfnisse und die eigene Spannungsabfuhr ausgerichtet) und altruistisch (darauf gerichtet, die geliebte Person wertzuschätzen und ihr Lust zu schenken).

Aber Lust umfaßt mehr als Triebbefriedigung und auch mehr als Wertschätzung. Auch wenn sie in der Tat viel mit sinnlichen und ästhetischen Reizen zu tun hat, muß sie doch im Zusammenhang mit unseren frühesten Beziehungen gesehen werden. Wie Freud aufgezeigt hat, lernt das Kind, daß die Befriedigung seiner Bedürfnisse von der ständigen Verfügbarkeit einer ihm wohlwollenden Bezugsperson abhängt. Deshalb erkannte Freud, wenn er auch zuweilen zärtliche Gefühle genau wie die Sexualität für Ausdrucksformen, «Repräsentanzen» der Libido erklärte, doch an anderen Stellen an, daß das Bedürfnis, geliebt zu werden, eine psychische Reaktion auf die biologische Abhängigkeit im Säuglings- und Kleinkindalter sei: «Der biologische [Faktor] ist die lang hingezogene Hilflosigkeit und Abhängigkeit des kleinen Menschenkindes… Dies biologische Moment stellt also die ersten Gefahrensituationen her und schafft das Bedürfnis, geliebt zu werden, das den Menschen nicht mehr verlassen wird.» In diesen frühen Beziehungen verwandelt sich die Lust durch Symbolisierung und Imagination von simplem sinnlichem Erleben in ein komplexeres Phänomen.

Da sich unsere frühesten Lusterfahrungen so untrennbar an den Anderen knüpfen, sind unser Wohlgefühl und unser Selbstgefühl fortan mit dem Anderen verquickt. Da wir uns selbst in der Beziehung zu einer anderen Person erfahren, bleibt unser Selbstgefühl immer an unsere engen Beziehungen gebunden. Letztlich steht und fällt unsere Fähigkeit, uns selbst positiv anzunehmen, mit der Bestätigung durch einen anderen Menschen. Pascal hat dieses scheinbar so sonderbare Bedürfnis, in der Gedankenwelt eines anderen Menschen zu existieren, prägnant beschrieben: «Wir geben uns nicht mit dem Leben, das wir für uns und als unser eignes Dasein leben, zufrieden: wir wollen in der Vorstellung der anderen ein Scheinleben führen, und deshalb bemühen wir uns zu scheinen. Unaufhörlich arbeiten wir daran, unser wahngebildetes Sein zu verschönern und zu erhalten, und wir vernachlässigen das wirkliche. Und wenn wir ruhigen Gemütes oder großzügig und treu sind, bemühen wir uns, es wissen zu lassen, damit man diese Tugenden unserm Schattendasein anhafte.» Unser innerstes Selbstwertgefühl ist abhängig von der Interaktion mit anderen Menschen, denen wir Wichtigkeit beimessen, und von ihrer Wertschätzung.

Die Wichtigkeit unserer Beziehungen kann simplere Freuden in den Hintergrund treten lassen. Das Glück, das wir in wechselseitiger Nähe suchen, kann Vorrang vor anderen Formen der Lust gewinnen, die wir als begrenzter empfinden. Marilyn French schreibt: «Wechselseitige und geteilte Lust ist das heilige Herzstück des Lebens: Essen, Wärme, Liebe und Sexualität. Diese elementaren Dinge sind heilig, weil sie lebensnotwendig sind, weil sie Geber und Empfänger so viel Lust bereiten, daß nicht mehr zu unterscheiden ist, wer der gebende und wer der nehmende Teil ist. Sie befriedigen tiefste Bedürfnisse, und das bei zwei Menschen zugleich.» Einige der tiefsten Lusterfahrungen, die wir erlangen können, sind an Gegenseitigkeit gebunden und nur in der Liebe zu finden.

Auf der anderen Seite gibt es aber auch nicht minder intensive Formen der Lust, die nicht auf Wechselseitigkeit beruhen, sondern an Handeln geknüpft sind, das uns unsere Eigenständigkeit als Person bestätigt, unser Selbstgefühl stärkt oder unsere Ambitionen befriedigt, zu denen auch der Wunsch gehört, gut zu sein. Wir ziehen Lust daraus, etwas zu können, etwas zu erreichen und Gutes zu tun – aus allem, was unsere Selbstachtung erhöht und unser Selbstgefühl aufbaut.

Und hier stoßen wir auf einen der zentralen Widersprüche der menschlichen Selbstverwirklichung – unser Bedürfnis, gleichzeitig Nähe und Unabhängigkeit zu erlangen, unsere nebeneinander existierenden und widerstreitenden Strebungen nach Einswerden und aktivem Handeln. In diesem Sinne könnte man Freuds Diktum interpretieren, daß seelische Gesundheit sich in der Fähigkeit zeigt, zu lieben und zu arbeiten. Mit anderen Worten: Freuds Konzept von seelischer Reife impliziert die Fähigkeit, zwei ganz verschiedene Formen von Lust zu genießen: die Lust, die aus der Befriedigung des Bedürfnisses nach wechselseitiger Nähe und Einswerden erwächst (und ihren Ausdruck in der Liebe und Bindungsfähigkeit findet), und jene, die mit der Befriedigung des Bedürfnisses nach Autonomie und tätigem Handeln einhergeht (und sich in der Arbeit verkörpert). Leider geraten diese beiden Arten von Bedürfnissen zuweilen in Konflikt. Eine These am Rande: Möglicherweise ist es so, daß jedes der beiden Geschlechter dazu neigt, einen dieser Stränge auf Kosten des anderen verstärkt zu verfolgen. Viele Frauen zieht es vor allem zu den mit Nähe und Wechselseitigkeit verknüpften Formen der Lust hin, während viele Männer vor allem Lust in Leistungen suchen, die ihre Autonomie erweisen.

Alle diese unterschiedlichen Formen von Lust sind jedoch häufig mit Angst und Schmerz vermischt. Die Lust an körperlicher Verausgabung geht häufig mit Schmerz einher und mit dem Triumph, den es bedeutet, ihn zu überwinden und zu jenem Hochgefühl vorzustoßen, das nur Sportler kennen. Die Kehrseite der Ambition ist das Versagen oder die Angst davor. Vorfreude und Zukunftsträume sind oft untermischt mit Leistungsängsten und der Angst vor Enttäuschung. Die Freuden kreativen Schaffens gehen gewöhnlich mit Leiden und Anstrengung einher, und die Vision, die am Ende steht, kann düster und niederschmetternd sein.

Wir sehen also, daß Lust und Schmerz nicht die Gegensätze sind, für die sie gemeinhin gelten; sich der Lust öffnen bedeutet Schmerz riskieren. So kann C. S. Lewis' Beschreibung dessen, was wir in der sexuellen Vereinigung suchen, paradigmatisch für Lust überhaupt in ihrer ganzen Komplexität und Widersprüchlichkeit stehen: «Zum Äußersten getriebene Lust zerbricht uns wie Schmerz. Die Sehnsucht nach einer Vereinigung, die nur das Fleisch vermitteln kann, während sie das Fleisch, die uns gegenseitig ausschließende Körperlichkeit, je und je unerreichbar macht – diese Sehnsucht kann die Größe metaphysischer Zielsetzung erlangen.»

Diese kurze Passage ist sicherlich eine der eindringlichsten Darstellungen des unauflöslichen Verflochtenseins von Lust und Schmerz in unserem metaphysischen Sehnen überhaupt, egal ob es sich auf der körperlichen Ebene ausdrückt oder im Streben nach Liebe.

Liebe, so können wir festhalten, beinhaltet also vielerlei Formen von Lust – sinnliche, ästhetische, aus der Wechselseitigkeit erwachsende und egoistische. Erst die Einsicht in diese Komplexität macht verständlich, weshalb Liebende bereit sind, Leid und Opfer auf sich zu nehmen. Das Glück oder die Lust, die sie darin finden, ist von anderer Art als das, was man gemeinhin darunter versteht: wesentlich, ja, unabdingbar für ihr Selbstgefühl und ihr Einssein mit sich.

Liebe und sexuelle Begierde

Wie mit Lust ist Liebe auch mit sexueller Begierde verbunden, ohne sich allein auf diese eingrenzen zu lassen (weshalb ich auch im vorangegangenen Kapitel zwischen leidenschaftlicher und sexueller Liebe unterschieden habe). Liebe machen und Lieben sind nicht das gleiche, aber auch in der keuschesten, idealisiertesten Liebe scheint immer eine Spur sexuellen Verlangens vorhanden zu sein. Der Liebende wird jedoch in diesem Fall, auch wenn er sich die sexuelle Vereinigung wünscht, die Abstinenz ertragen, wie er Schmerz erträgt. Das Glück, das wir in der Liebe suchen, ist mehr als Lust und mehr als sexuelle Befriedigung. Auch wenn wir uns wünschen, daß die Liebe beides einbegreifen möge, ist doch weder das eine noch das andere unerläßlich für ihr Fortbestehen.

Sexuelle Begierde ist vor allem auf den Liebesakt als solchen gerichtet. Natürlich ist es nicht völlig egal, mit wem er stattfindet, aber die Bandbreite ist doch groß. Tatsächlich ist eine persönliche Beziehung gar nicht zwingend notwendig. Der Sexualpartner kann auch einfach als Gelegenheitsobjekt betrachtet und allein für das eigene Vergnügen funktionalisiert werden. Für manche Menschen spielen dabei die sexuellen Bedürfnisse der anderen Person keine Rolle. Sie wird ihrer äußeren Qualitäten wegen begehrt, aber was in ihr vorgeht, ist unwichtig. (Und schon manch nichtsahnendes Sexualobjekt mußte erleben, wie der Partner, der im Bett so leidenschaftlich war, sich nie wieder meldete oder, schlimmer noch, sich nicht mehr an den Namen erinnern konnte, wenn man sich ein paar Monate später zufällig begegnete.)

In der romantischen Liebe dagegen geht es nicht nur um die Befriedigung eines körperlichen Dranges, sondern um die Person, den Anderen. In der Liebe ist es die eine, bestimmte Person, die begehrt wird, und zwar vor allem aufgrund der Eigenschaften, die das Besondere an ihr ausmachen, und nicht so sehr wegen der Merkmale, die sie mit anderen Angehörigen ihres Geschlechts gemeinsam hat. Liebende wünschen sich die geschlechtliche Vereinigung auch als Symbol und Mittel der ersehnten seelischen Vereinigung.

Im subjektiven Empfinden sind Sex und Liebe oft miteinander verquickt, aber grundsätzlich ist uns der Unterschied klar: «Eine Tat, die Herkules zugeschrieben wird, war es, im Laufe einer einzigen Nacht fünfzig Jungfrauen zu ‹lieben›. Dafür mag er als Aphrodites Liebling gelten, aber einen Liebenden würde man ihn gewiß nicht nennen.» Beim Sex aus purer geschlechtlicher Begierde geht es gewöhnlich um die eigene Lust und manchmal auch um Macht. Sex als Ausdruck von Liebe beinhaltet dagegen in der Regel ein Gefühl für die Subjektivität der geliebten Person.

Aber nicht für jeden Menschen ist der Sexualakt die intensivste Ausdrucksform der Liebe. In Kunderas Roman *Die unerträgliche Leichtigkeit des Seins* kommt Tomas zu dem Schluß: «Mit einer Frau schlafen und mit einer Frau einschlafen sind nicht nur zwei verschiedene, sondern geradezu gegensätzliche Leidenschaften. Liebe äußert sich nicht im Verlangen nach dem Liebesakt (dieses Verlangen betrifft unzählige Frauen), sondern im Verlangen nach dem gemeinsamen Schlaf (dieses Verlangen betrifft nur eine einzige Frau).»

Für Teresa (die Frau, die Tomas liebt) spielt der Unterschied zwischen Sex und Liebe ebenfalls eine wichtige Rolle, aber die Konsequenzen sind für sie andere. Ihre Sehnsucht, der Welt, die ihr die Mutter repräsentiert hat, zu entkommen – einer Welt, in der alle Körper gleich sind und seelenlos in Reih und Glied marschieren –, schlägt in heftige Eifersucht angesichts der wiederholten Seitensprünge ihres Geliebten um. «Sie war zu ihm gekommen, um der Welt... zu entrinnen, wo alle Körper gleich waren. Sie war zu ihm gekommen, damit ihr Körper einzigartig und unersetzlich würde. Und auch er hat ein Gleichheitszeichen zwischen sie und die andern Frauen gesetzt: er küßt sie alle auf die gleiche Weise, er streichelt sie alle auf die gleiche Weise, er macht keinen, aber auch gar keinen Unterschied zwischen Teresas Körper und den anderen Körpern. Er hat sie zurückgeschickt in die Welt, aus der sie entrinnen wollte» – eine Welt, in der sie sich nicht als besonders und einzigartig anerkannt fühlt.

Die meisten Menschen sind offenbar eher wie Teresa: Sie empfinden, daß Sex, wenn er durch Liebe getragen ist, eine neue Qualität annimmt, etwas anderes ist als nur bloße Befriedigung eines physischen Verlangens, und sexuelle Treue spielt für sie als Ausdruck wahrer Liebe eine sehr wichtige Rolle. Ein Mann, der in seinem Leben kaum eine Erfahrung ausgelassen hatte, formulierte den Unterschied so: «Zeitlebens habe ich mich immer für einen Sexbolzen gehalten, aber dabei wußte ich überhaupt nicht, was Sex ist. Erst als ich verliebt war, wurde mir klar, daß ich vorher im Grunde bloß masturbiert hatte.»

Die gleichzeitige emotionale und sexuelle Vereinigung ist eine der ekstatischsten Erfahrungen, die wir machen können. Wenn Sex in Liebe eingebettet ist, wird der Körper zum Instrument seelischen Einswerdens: «Wenn Seel in Seele sich ergießt,/ Muß sie zuerst durch Körper dringen.» Der Einklang von Sex und Liebe hebt die Spannung zwischen Körper und Geist auf, die wir so oft empfinden. Im Liebesakt kann es dem einzelnen gelingen, über die Grenzen seines Körpers hinauszugelangen und, wenn auch nur für den Moment, seiner Doppelnatur und seinem Alleinsein zu entkommen.

Wenn auch die meisten Leute sicherlich akzeptieren würden, daß das Verlangen nach Sex dasein kann, ohne daß der Wunsch nach Liebe und Nähe besteht, erscheint das Umgekehrte – die Sehnsucht nach Liebe ohne jedes sexuelle Verlangen – nicht recht möglich. Für uns ist Eros ohne Venus kaum zu denken, das Verlangen nach seelischer Vereinigung ohne körperliche Vereinigung kaum vorstellbar, zumindest nicht in unserer Zeit. Es hat jedoch in der Geschichte Epochen gegeben, da Sexualität und romantische Liebe als zwei verschiedene (wenn auch häufig miteinander verknüpfte) Kategorien menschlichen Verhaltens und Erlebens galten. Man denke nur an die keusche Minne der mittelalterlichen Troubadoure, an die metaphysische Liebe Petrarcas zu Laura oder Dantes zu Beatrice. Oder auch an Montaignes vielzitierte Beschreibung seiner leidenschaftlichen (nichtsexuellen) Freundschaftsbeziehung zu einem Mann, Éstienne de La Boëtie, in der es heißt: «Was wir im übrigen gemeinhin Freunde und Freundschaft nennen, sind nur vertraute Verhältnisse, bei guter Gelegenheit oder günstiger Aussicht angebahnt, dank der sich unsere Seelen unterhalten. In der Freundschaft jedoch, von der ich spreche, vermischen und vereinigen sie sich eine in der andern zu so vollkommener Einheit, daß sie die Nahtstelle, durch die sie verbunden sind, unkenntlich machen und nicht mehr finden können.»

So wie Liebe mehr umfaßt als bloß Lust und Lust wiederum etwas weitaus Komplexeres ist, als es auf den ersten Blick scheinen mag, so läßt sich auch Sexualität nicht einfach auf Spannungsabfuhr reduzieren. Sie beinhaltet oft genug, genau wie die Liebe, ein Transzendenzstreben. Das meint auch Simone Weil, wenn sie schreibt:

> Wenn man den Leuten sagte, der gebieterische Charakter des Begehrens ergebe sich nicht aus dem körperlichen Moment, sondern vielmehr aus der Tatsache, daß dabei ein wesentlicher Teil eurer selbst mit einfließt – das Bedürfnis nach Einswerden, das Bedürfnis nach Gott –, dann würden sie es nicht glauben. Es erscheint ihnen sonnenklar, daß dieser gebieterische Charakter dem körperlichen Begehren als solchem innewohnt. Genauso erscheint es dem Geizhals sonnenklar, daß die Eigenschaft des Goldes, begehrenswert zu sein, der Materie selbst anhaftet und nicht ihrem Tauschwert.

Die Sehnsucht nach Verschmelzung

Worum aber geht es in der Liebe, wenn nicht allein um das schlichte Streben nach Lust, Sex, Glück? Auf einer tieferen Ebene scheint ihr Ziel die Befreiung aus den Schranken des Selbst zu sein. Ihre Macht, uns zu bereichern oder zu reduzieren, uns Freude oder Leid zu bescheren, wird erst vor dem Hintergrund des Wunsches nach Verschmelzung mit der geliebten Person verständlich. Die tiefstempfundenen Freuden erleben wir nicht im Alleinsein, sondern im seelischen Einssein mit einem anderen Menschen. Das Ziel der Liebe ist kein geringeres als die Überwindung der Getrenntheit und die Vereinigung oder Verschmelzung mit der geliebten Person. In dieser Verschmelzung (oder vielleicht besser: *imaginierten* Verschmelzung) erlebt der Liebende Ekstase und zugleich ein tiefes Gefühl der Befreiung und Entspannung. Die Sehnsucht nach Vereinigung und nach der schwer beschreibbaren, vielschichtigen Befriedigung, die wir uns davon erhoffen, ist so mächtig, daß wir bereit sind, dafür auf unwichtigere Freuden zu verzichten und alle möglichen leidvollen Konsequenzen auf uns zu nehmen. Der Liebende stellt um der Erfüllung dieses Wunsches willen alles andere hintan – sogar die Gebote des Verstandes. Deshalb scheinen Liebe und Wahnsinn manchmal eng beieinander zu liegen.

Dieses Streben nach Verschmelzung offenbart sich bereits in der Sprache, das heißt in unserem Gebrauch des Wortes «Liebe». Auf den ersten Blick mag es sehr unspezifisch erscheinen, als Bezeichnung für einen ganzen Komplex von Gefühlen. Wir sprechen nicht nur von romantischer Liebe, sondern auch von Vaterlandsliebe, Freundesliebe, Tierliebe, Geschwisterliebe, Liebe zu Gott und selbst davon, daß jemand Erdbeeren oder Schokolade liebt. In der Sprache ist das Denken einer Kultur gespeichert, und es wäre ignorant, dieses akkumulierte Wissen zu mißachten.

Für Freud hat «die Sprache mit dem Wort ‹Liebe› in seinen vielfältigen Anwendungen eine durchaus berechtigte Zusammenfassung geschaffen». Freuds Werk deckt die tiefer liegenden Gemeinsamkeiten der verschiedenen unter der Bezeichnung Liebe subsumierten Phänomene auf. Entgegen der verbreiteten Behauptung, er habe Eros mit Libido (sprich: reinem sexuellem Begehren) gleichgesetzt, betrachtete Freud in Wirklichkeit die Sexualität nur als *eine* Ausdrucksform der Libido. Für ihn fällt Libido «mit dem Eros der Dichter und Philosophen zusammen ... der alles Lebende zusammenhält». Sie gilt ihm als «alles erhaltenden Eros» und schließt auch den Narzißmus ein, der die Erhaltung des Selbst gewährleistet. Das Ziel des Eros, des Liebestriebs, sieht er darin, «immer größere Einheiten herzustellen und so zu erhalten, also Bindung». Explizit formuliert er den Zusammenhang zwischen den verschiedenen Formen von Liebe: «Den Kern des von uns Liebe Geheißenen bildet natürlich ... die Geschlechtsliebe mit dem Ziel der geschlechtlichen Vereinigung. Aber wir trennen davon nicht ab, was auch sonst an dem Namen Liebe Anteil hat, einerseits die Selbstliebe, anderseits die Eltern- und Kinderliebe, die Freundschaft und die allgemeine Menschenliebe, auch nicht die Hingebung an konkrete Gegenstände und an abstrakte Ideen.»

Einen der frühesten sprachlichen Hinweise auf die grundlegende Wesensverwandtschaft aller Formen von Liebe finden wir in der hebräischen Bibel. Anders als die Griechen, die verschiedene Wörter für die unterschiedlichen Arten von Liebe besaßen (etwa *eros* und *agape*), bezeichneten die Hebräer mit dem einen Wort *ahavah* sowohl religiöse als auch weltliche Liebe. Indem das *Wort* Liebe scheinbar ganz verschiedene Phänomene zusammenfaßt, bringt es zum Ausdruck, daß sie alle auf das gleiche Ziel gerichtet sind: den Liebenden und das Objekt seiner Liebe miteinander zu vereinen.

Ob man nun sämtliche Manifestationen der Liebe auf die Liebe zu Gott, auf den Sexualtrieb oder irgendeine sonstige *prima causa* zurückführt – in jedem Fall scheint die Sprache recht zu haben, scheint allen diesen Formen tatsächlich etwas Gemeinsames zugrunde zu liegen. Alle Arten von Liebe lassen uns nach Vereinigung streben, sind die Zentripetalkräfte in unserem Leben. Das Ziel der romantischen Liebe ist die Verschmelzung mit dem Anderen, und deshalb bringt die Sprache, wenn sie die romantische Liebe mit allen Formen von Liebe in Beziehung setzt, deren wir fähig sind, ein tiefes kulturelles Wissen zum Ausdruck.

Das klassische Bild für den Wunsch nach Vereinigung, der den Kern unserer Sehnsucht nach Liebe bildet, ist die berühmte Passage in Platons *Symposion*, in der Aristophanes einen alten Mythos über die Liebe aufgreift. Diesem Mythos zufolge war der Mensch ursprünglich rund, mit vier Armen und vier Beinen und «zwei Angesichtern auf einem kreisrunden Halse… und einem gemeinschaftlichen Kopf». Diese mächtigen Wesen waren von solchem Hochmut besessen, daß sie es wagten, die Götter herauszufordern. Sie zogen natürlich den kürzeren, aber Zeus beschloß, sie nicht zu vernichten, sondern zu bestrafen, indem er sie zweiteilte. Bis zu diesem Trauma war jeder Mensch in sich vollständig, und es gab keine Liebe. Seit der Zweiteilung jedoch sehnt sich jede Hälfte nach ihrem Gegenstück, und wenn «einmal einer seine wahre eigne Hälfte antrifft… dann werden sie wunderbar entzückt zu freundlicher Einigung und Liebe».

Sooft sich die Hälften hinfort begegneten, suchten sie wieder zusammenzuwachsen, aber es gelang ihnen nicht. Da erbarmte sich Zeus und ordnete ihre Geschlechtsorgane so an, daß sie sich zeitweilig vereinigen konnten. Aber ihr Drang zur Verschmelzung ging über die sexuelle Begierde hinaus: «Denn dies kann doch wohl nicht die Gemeinschaft des Liebesgenusses sein, daß um deswillen jeder mit so großem Eifer trachtete, mit dem andern zusammen zu sein; sondern offenbar ist, daß die Seele beider, etwas anderes wollend, was sie aber nicht aussprechen kann, es nur andeutet und zu raten gibt.» Für dieses unvollständige Geschöpf ist «das ... wonach er immer schon strebte, durch Nahesein und Verschmelzung mit dem Geliebten aus zweien einer zu werden. Hiervon ist nun dies die Ursache, daß unsere ursprüngliche Beschaffenheit diese war und wir ganz waren, und dies Verlangen eben und Trachten nach dem Ganzen heißt Liebe». Einen neueren Ausdruck fand diese mythische Vorstellung von der Wiedervereinigung des Getrennten in dem Glauben der Romantiker an die «Seelenverwandtschaften»: der Überzeugung, daß für jeden von uns irgendwo auf der Welt ein Mensch existiert, der ihm zum Liebespartner bestimmt ist.

Der Mythos, den Platon Aristophanes überliefern läßt, definiert eindeutig Bedürftigkeit als die Triebfeder der Liebe und die Wiederherstellung der Ganzheit als ihr Bestreben. Er bezieht die Sexualität in den Eros ein, aber nur als Mittel zu Vereinigung und Überwindung des Getrenntseins, nicht als Wesensbestandteil der Liebe. Der Mythos besagt weiter, daß die Liebe in einer früheren menschlichen Seinsform wurzelt, auch wenn das zweigeteilte Geschöpf sich dieser Ursprünge seiner Sehnsucht nicht mehr bewußt ist.

Die meisten nachfolgenden philosophischen Erörterungen der Liebe fußen auf Platons Darstellung und gehen ebenfalls davon aus, daß Liebe dazu da ist, der emotionalen Bedürftigkeit und Einsamkeit des Menschen entgegenzuwirken. «Verschmelzung» (oder «Vereinigung») erfüllt demnach den Zweck, aus zwei unvollständigen und unvollkommenen Wesen ein «Ganzes» zu machen.

Eine aktuelle und besonders extreme Verknüpfung von Verliebtheit und Bedürftigkeit stellt Francesco Alberoni her:

> Niemand verliebt sich, wenn er auch nur teilweise mit dem Bestehenden zufrieden ist! Verliebtheit entsteht nur dann, wenn das alltägliche Leben mehr oder weniger unerträglich geworden ist. Wenn es unmöglich geworden ist, ihm einen wie auch immer gearteten Wert zuzumessen. Das «Syndrom» der Bereitschaft, sich zu verlieben, ist nicht der bewußte, intensive Wunsch, das Leben, das man führt, zu bereichern: Es ist das tiefe Wissen, daß wir selbst nichts Wertvolles sind und nichts Wertvolles haben, und es ist die Scham, die dieses Wissen begleitet.

Wenn Alberonis Argumentation auch gewiß etwas Wahres enthält – und seine Analyse zweifellos auf viele Menschen zutrifft –, erscheint es doch zu eng und übertrieben, Liebe ausschließlich als Droge gegen die eigene Schwäche und Neurose zu begreifen. Alberoni unterschätzt die Triebkraft der Einsamkeit und Verletzlichkeit, die unser menschliches Los sind.

Liebe ist nicht nur eine Droge gegen die individuelle Bedürftigkeit, sondern zugleich Medizin gegen die existentiellen Ängste, die aus dem Bewußtsein der Fragilität und Flüchtigkeit unseres Lebens resultieren. Halb Tier, halb Gott, wurde der Mensch von den Philosophen immer wieder als ein paradoxes Geschöpf dargestellt. Wir alle sind nicht nur dazu verurteilt zu sterben, sondern auch dazu – und das macht die Tragik unserer Situation aus –, uns dieser Sterblichkeit bewußt zu sein. Dieses Wissen um unsere Bedeutungslosigkeit innerhalb des Universums und um die Unausweichlichkeit unseres Todes ist es, was uns veranlaßt, nach dem Überschreiten unseres Selbst in der seelischen Verschmelzung mit einem geliebten Menschen zu streben.

Die Erkenntnis, daß es andere Innenwelten gibt und daß wir von ihnen getrennt sind, setzt in der frühen Kindheit ein. Unsere eigene, nach außen abgeschlossene Innenwelt gewährt uns einen «Freiraum» und ist wichtig für die Entfaltung unserer Individualität, Phantasie und Kreativität. Das Getrenntsein schützt uns vor der Einmischung anderer. Aber für viele von uns wird dieses Abgeschlossensein auch zur Fessel: Es verdammt uns zur Einsamkeit. Andere betrachten uns unter dem funktionalen Gesichtspunkt und akzeptieren uns nur in der Uniform unserer jeweiligen Rolle. Unser Innenleben ist ihnen bestenfalls unwichtig, manchmal sogar lästig und im Wege. Manchmal gelingt es uns, über die Kluft, die uns von anderen trennt, Berührung aufzunehmen, aber diese Erfahrung wird uns nicht oft zuteil. Unser existentielles Gefühl der Isolation und Einsamkeit, abgeschnitten zu sein vom direkten Kontakt mit anderen, angewiesen auf den Körper als einziges Mittel, zu ihnen vorzudringen, ist der Motor, der uns dazu treibt, die Schranken unserer Einsamkeit zu überspringen und die Vereinigung in der Liebe zu suchen.

Vermittelt über die Erfahrung der Isolation begreifen wir die Begrenztheit unseres Selbst. Wir streben danach, über seine Grenzen hinauszugelangen, um Erlösung von dem Schmerz zu finden, den diese Begrenztheit mit sich bringt. Von Natur aus sind wir klein und schwach und sterblich, aber unsere Wünsche sind grenzenlos. Die Liebe ermöglicht es uns, unsere Unwichtigkeit und unser Alleinsein zu überwinden. Sie umgibt uns mit einem Schutzmantel gegen Kälte, Einsamkeit und Leere.

Transzendenz und Schmerz

Die Sehnsucht nach Ganzheit, Vollständigkeit, Verschmelzung und Transzendenz ist der schmerzliche Wesenskern der Liebe – schmerzlich deshalb, weil dieser Wunsch nie völlige Erfüllung finden kann. Es gibt kein absolut wirksames Heilmittel gegen unser existentielles Leiden, aber die Liebe ist die Suche nach solcher Linderung und die Erfahrung, aus den Grenzen des Selbst erlöst zu werden, das einzige, was uns das Gefühl geben kann, sie gefunden zu haben.

Liebe ist zwar eine der wichtigen Erfahrungen, die es uns ermöglichen, die Begrenzungen des Selbst zu überschreiten, aber keineswegs die einzige. Hans Morgenthau sieht das Transzendenzstreben des Menschen «in der Erweiterung seiner selbst in der Nachkommenschaft – dem Werk seines Körpers; in der Fertigung von Gegenständen – dem Werk seiner Hände; in Philosophie und Lehre – dem Werk seines Geistes; in Kunst und Literatur – dem Werk seines Vorstellungsvermögens; in der Religion – dem Werk seines reinen Verlangens nach Transzendenz».

Eine weitere leidenschaftliche – wenn auch zwangsläufig zum Scheitern verurteilte – Form dieses Strebens ist der Hunger nach Macht. In André Malraux' Roman *So lebt der Mensch* stellt Gisors überaus klarsichtige Betrachtungen zum Thema Macht an: «Was sie bei dieser Vorstellung lockt, das ist nicht die reale Ausübung der Gewalt, sondern die Illusion, sich nach Belieben alles leisten zu können. Die Macht eines Königs besteht im Herrschen, nicht wahr? Der Mensch hat aber gar keine Lust zu herrschen: er hat Lust, Zwang auszuüben... innerhalb einer Welt von Menschen mehr als nur ein Mensch zu sein, sich der *menschlichen Bedingtheit* zu entziehen. Nicht nur mächtig zu sein: allmächtig. Der moderne Größenwahn, eine Hirnerkrankung, die der ‹Wille zur Macht› in ein geistiges System zu bringen versucht hat – in Wirklichkeit ist es der Wille zu überirdischer Gewalt; jeder Mensch träumt davon, Gott zu sein.»

Es gibt noch weitere Formen des Strebens nach Überschreitung des Selbst. So ist für den religiösen Eiferer nicht nur die Religion selbst, sondern auch der Religionskrieg ein Mittel, die Begrenztheit und Bedeutungslosigkeit seines Erdenlebens zu überwinden. Andere Menschen greifen in diesem Streben nach Drogen und Sex, wofür Aldous Huxley den treffenden Begriff «abwärtsgerichtete Selbstüberschreitung» geprägt hat.

Der Wert, der der romantischen Liebe von einer Kultur beigemessen wird, richtet sich danach, welche Formen von Transzendenzstreben diese am höchsten bewertet und welche Bedeutung sie der Veränderung und Entfaltung des Individuums zuerkennt. Welches Heilmittel bevorzugt wird, hängt vom gesamten kulturellen Kontext ab. So heißt es in *So lebt der Mensch*: «Es ist sehr selten, daß ein Mensch – wie soll ich es ausdrücken? – die Gegebenheit seines Daseins erträgt...» – «Überall muß man sich mit Giften betäuben: China hat sein Opium, der Islam den Haschisch, der Westen die Frau... Vielleicht ist ‹Liebe› nichts als der verzweifelte Versuch des Westens, sich vom Zwange des Gegebenen, des der Menschheit Auferlegten, zu befreien…»

Das Potential für romantische Liebe existiert jedoch in jeder Gesellschaft, da die grundlegenden Entwicklungserfahrungen und existentiellen Gegebenheiten allen Menschen gemeinsam sind, und es ist durch zahllose Beispiele belegt, daß es auch unter widrigsten Bedingungen immer wieder zum Durchbruch kommt.

Leidenschaftliche Liebe ist, auch wenn viele Menschen sie gern so sehen wollen, weder irrational noch schlicht hormonell bedingt. Sie wurzelt zwar in unserer biologischen Natur, ist aber gleichzeitig Ausdruck unseres höchsten Strebens. Liebe ist nicht nur etwas Körperliches, sondern auch etwas Seelisches, und diese Doppelnatur ist wohl auch der Grund dafür, daß wir sie mit großzügigen moralischen Maßstäben messen: Der Liebe gilt das einzige Verlangen, das auch im Exzeß verzeihlich ist. Während wir Völlerei und andere Ausschweifungen verurteilen, haftet selbst dem Verbrechen aus Leidenschaft noch etwas Faszinierendes an: In vielen Kulturen genießt es Straffreiheit oder sogar Respekt. Wir assoziieren Liebe mit Wahnsinn und nennen sie doch eine Himmelsmacht.

Nichtsdestoweniger können doch Leid und Qual Begleiterscheinungen des Strebens nach Liebe sein, und vielleicht gehören sie sogar zu seinem Wesen. Selbst enthusiastische Fürsprecher der Liebe erkennen die ihr grundsätzlich innewohnenden Probleme an. Die Getrenntheit der Liebenden ist nie völlig überbrückbar (wie ja auch Aristophanes' zweigeteilte Wesen ihre tiefste Sehnsucht nicht auf Dauer zu stillen vermögen), und das macht die tragische Komponente des erotischen Verlangens aus. Carson McCullers beschreibt diese der Liebe eigene Traurigkeit: «Liebe ist… ein gemeinsames Erlebnis zweier Menschen; die Tatsache jedoch, daß es ein gemeinsames Erlebnis ist, bedeutet noch nicht, daß es für die Beteiligten ein ähnliches Erlebnis ist. Es geht immer um den Liebenden und den Geliebten – doch stammen die beiden aus verschiedenen Landen. Oftmals löst die Geliebte nur all die aufgespeicherte Liebe aus, die bis dahin so lange im Liebenden geschlummert hat. Und irgendwie ahnt das auch jeder Liebende. Er fühlt es in seinem Herzen, daß seine Liebe ihn vereinsamt. Er erlebt eine neue, seltsame Einsamkeit, und er leidet unter dieser Erfahrung.»

Der Liebende, der nach Verschmelzung strebt, wird dieses Ziel nie ganz erreichen, und je näher er ihm kommt, desto stärker wird er sich in seiner Autonomie bedroht fühlen. In diesem Dilemma gründet die Stärke, aber auch die Zerbrechlichkeit der Liebe.

Aber die Risiken der Liebe erschöpfen sich nicht in der Gefahr der Enttäuschung oder vorübergehenden Leids. Jedes Streben, das, von einer elementaren Kraft gespeist, auf Selbstüberschreitung und -veränderung gerichtet ist, kann auch zum Zerbrechen des Selbst, in den Wahnsinn oder zur Freisetzung barbarischer Impulse führen. Der Liebe wohnt auch etwas Dämonisches inne, das sich unter unglücklichen Umständen in Zerstörung verkehren kann. Die irrationale Kraft im innersten Wesenskern der Liebe, die so unerläßlich für ihre transzendierende und verändernde Funktion ist, kann auch Amok laufen. Aus diesem Grund wird Liebe so oft mit Wahnsinn assoziiert. Leidenschaftliche Liebe ist, wie jede Erfahrung, die das Selbst aufschließt, immer auch eine Wanderung am Rande des Abgrunds. Tatsächlich birgt jedes große kreative Unterfangen die Risiken der Selbstzerstörung und der Entfesselung von Aggression. So selten das Abgleiten von der Leidenschaft in den Wahnsinn auch vorkommen mag – die bloße Möglichkeit ist der Hauptantrieb der skeptischen Einstellung zur Liebe, die Triebfeder des vergeblichen Bemühens, Liebe zu rationalisieren und zu domestizieren, die «vernünftige», reife Liebe für die überlegene Alternative zur leidenschaftlichen Liebe zu erklären.

2

WOHIN LIEBE STREBT

4
LIEBESDIALOGE UND LEBENSZYKLUS

Da der Beginn einer Liebesbeziehung so oft als radikaler Bruch mit der Vergangenheit erlebt wird, mag es abwegig erscheinen, die Wurzeln der Liebe in der frühen Kindheit zu suchen. Verzückt beteuern die Liebenden die Einzigartigkeit ihrer Empfindungen: «Vorher habe ich nie wirklich geliebt», oder: «Bisher habe ich mir immer nur eingebildet zu lieben.» Ihre Gefühle und die Beziehung erscheinen ihnen so anders als alles, was sie je erlebt haben, daß sie die Liebe als radikalen Umbruch in ihrem zuvor so prosaischen Dasein empfinden und nicht als Echo oder Variation eines alten Themas. Aus der Sicht der Liebenden hat die Liebe keine Vorgeschichte. Sie ist – sonst wäre es keine Liebe – ganz und gar neu, und sie macht auch den Liebenden zu einem anderen und neuen Menschen.

Die Theoretiker der Liebe sind dagegen flink mit Verweisen auf die regressiven oder restaurativen Aspekte der Liebe bei der Hand, die auf ihre Verwurzelung in früheren Lebensphasen hindeuten. Wenn wir uns verlieben, so meinen sie, wird dieses psychische Geschehen immer, auch wenn wir uns dessen nicht bewußt sind, von früheren Erfahrungen gespeist. Und tatsächlich haben Liebende oft das Gefühl, daß das, was sie erleben, in irgendeiner Weise «paßt» oder «stimmt». Ihnen ist häufig, als ob sie die geliebte Person schon ewig kennen, als sei die gegenwärtige Liebe lediglich die Erneuerung einer lang vermißten und nur in sehnsüchtigen Träumen noch schemenhaft erinnerten Beziehung.

Freud sah in der romantischen Liebe und in den emotionalen Beziehungen des Erwachsenenalters generell Neuauflagen früherer Gefühle: unseres emotionalen Erlebens zunächst in der Beziehung zur Mutter und später dann in der ödipalen Konstellation. Aus psychoanalytischer Sicht ist die Fähigkeit zu reifer Liebe von der erfolgreichen Verarbeitung bestimmter früherer Erfahrungen abhängig. Gelingt diese nicht, bleibt die Liebesfähigkeit eingeschränkt.

Im Mythos erscheint die Liebe als die Suche des Menschen nach seiner anderen Hälfte, nach verlorenen Teilen seiner selbst. Die psychoanalytische und die mythische Erklärung treffen sich in der Deutung der Liebe als Wiederherstellung, als krönenden Abschluß einer lebenslangen Suche nach etwas, das uns durch eine – individual- oder menschheitsgeschichtlich – lange zurückliegende Abtrennung verlorengegangen ist. Die Vereinigung zweier Liebender ist die symbolische Wiedergutmachung dieses Verlustes. Die Liebe lindert den weit zurückreichenden Verlustschmerz und kann uns verschüttete Teile unserer Persönlichkeit wieder zugänglich machen.

Auch wenn das Empfinden der Liebenden und die (mythologischen wie psychoanalytischen) Deutungen der Liebe in Widerspruch zueinander zu stehen scheinen, ist eine Synthese beider Sehweisen doch möglich und wichtig. Zwar kann der Liebende auch ohne das Wissen um die individualgeschichtlichen Hintergründe der Liebe auskommen, aber wenn die Theoretiker der Liebe das subjektive Gefühl des radikalen Neuanfangs nicht wichtig nehmen, resultieren daraus merkwürdig sterile und reduktionistische Modelle, so etwa die Meinung, wir sollten in der Liebe nicht mehr suchen als stabile gegenseitige Zuneigung. Leidenschaftliche Liebe ist viel mehr. Wenn wir die Liebe erklären wollen, müssen wir einerseits die gefühlsmäßige Wahrnehmung des Liebenden berücksichtigen, daß es sich dabei um eine neue Qualität von Erleben handelt, und andererseits die Erkenntnis außenstehender Beobachter akzeptieren, daß sie ein Geschehen ist, in dem frühere Erfahrungen kulminieren.

Tief empfundene Liebe ist immer auch Lösung von der Vergangenheit; man könnte sogar sagen, daß darin ein Teil ihrer

116

Funktion besteht. Wenn der Liebende sich auf die geliebte Person einläßt, entscheidet er sich, ein neues Leben zu beginnen: Er läßt die vorgegebene Welt seines Elternhauses (oder die selbstgeschaffene Welt, die ihm jetzt zu eng erscheint) hinter sich und wagt den Sprung in ein Leben, das er gemeinsam mit der geliebten Person erschaffen wird. Deshalb ist die Wahl eines Menschen, in den wir uns verlieben, mehr als nur die Entscheidung für eine bestimmte Person. Sie ist die Entscheidung für einen Weg und – wenn wir noch jung genug sind – ein Schritt, der unsere weitere persönliche Entwicklung prägen kann. Milan Kundera: «Solange die Menschen noch jung sind und die Partitur ihres Lebens erst bei den ersten Takten angelangt ist, können sie gemeinsam komponieren und Motive austauschen… Begegnen sie sich aber, wenn sie schon älter sind, ist die Komposition mehr oder weniger vollendet, und jedes Wort, jeder Gegenstand bedeuten in der Komposition des einzelnen etwas anderes.» Über Franz' Beziehung zu einer jüngeren Frau dagegen heißt es: «Die Studentin ist viel jünger als Sabina, die Komposition ihres Lebens ist kaum skizziert, und sie webt dankbar Motive ein, die sie von Franz übernimmt.» Aber in welchem Alter wir uns auch verlieben, es wird immer zumindest einige neue Motive und eine gewisse Veränderung bedeuten. Das Gefühl, daß plötzlich alles neu und anders ist, kann so stark sein, daß es dem Liebenden völlig abwegig erschiene, wenn man ihm sagen würde, daß seine Verliebtheit etwas ist, das aus ihm selbst hervortritt. Er erlebt sie als etwas Äußeres, das plötzlich über ihn gekommen ist – daher auch die Bilder vom Blitz und von Amors Pfeil, der Glaube an die Zauberwirkung eines Liebestranks oder, prosaischer, die Zurückführung der Liebe auf die unwiderstehlichen Reize der geliebten Person.

Das Erleben der Liebe als etwas von außen über uns Kommendes gestattet es uns, sie als etwas radikal Neues zu erfahren. Aber ein Verständnis dieses Phänomens, das wir Liebe nennen, eröffnet sich uns erst dann, wenn wir uns darüber klarwerden, daß es unsere innersten und ältesten Wünsche sind, die darin nach Erfüllung streben. Gerade weil die romantische Liebe

Wünsche und Gefühle in unserem tiefsten Innern aktualisiert, ist sie so intensiv und die Erfüllung, die wir in ihr finden, so beglükkend.

Liebe ist in gewisser Weise ein Wiederfinden. Aber sie ist auch – und darin besteht ihr eigentlicher Triumph – die Erschaffung von etwas Neuem. Liebe wirkt nicht nur restaurativ – sie wirkt als Katalysator für die Veränderung des Selbst. Liebe mag regressiv sein, aber sie beinhaltet auch progressive Momente, da sie dem Reifungsprozeß des Selbst Richtung und Inhalt gibt.

Idealisierung und Familienroman

Da das Verliebtsein ein so komplexer psychischer Akt ist, liegt die Frage nahe, ob es nicht bereits in unserer Kindheit und Jugend Vorformen dieses Liebesgeschehens gibt. Und in der Tat zeichnet sich unsere Entwicklung durch eine Abfolge von «Liebesdialogen» aus, die schließlich in einer reifen, wechselseitigen Liebesbeziehung gipfeln.

Ein zentrales Element all dieser Vorformen der Liebe ist die Idealisierung. Sie spielt, wie sich zeigen wird, eine wesentliche Rolle bei der Herausbildung der Persönlichkeit.

Schon sehr früh erschafft sich das Kind das Vorstellungsbild von der guten Mutter, die alle seine Bedürfnisse erfüllt. Dieses Bild gründet zwar darauf, daß die Mutter tatsächlich viele der kindlichen Bedürfnisse zu stillen vermag, stülpt ihr aber darüber hinaus die Phantasie von der allesspendenden Instanz über. Diese früheste Idealisierung in unserem Leben wird von den Psychoanalytikern damit erklärt, daß das Kind seine (enttäuschten) Omnipotenzphantasien auf die Mutter projiziert. Wenn es auch selbst nicht allmächtig ist, kann es sich diese Allmacht doch verschaffen, indem es jemanden kontrolliert, der sie *besitzt*. (Erst später erlangt das Kind die Fähigkeit, auch negative Züge in das Bild der Mutter zu integrieren und die absolute Aufspaltung in die gute/schlechte, die allmächtige/entwertete Mutter aufzugeben.)

118

Vom Beginn unseres Lebens an sind also die Idealisierung der geliebten Person und unser Verlangen nach ihr eng miteinander verwoben. In ganz ähnlicher Weise erschaffen wir uns auch in allen folgenden Liebesbeziehungen, von der Orientierung an Mutterfiguren bis hin zur «großen Leidenschaft» unseres Erwachsenenlebens, ein Idealbild von der jeweiligen geliebten Person, das vollkommen und, zumindest am Anfang, frei von Ambivalenz ist. Drei Elemente sind allen unseren Liebesbeziehungen in sämtlichen Entwicklungsstadien gemeinsam: die Wahl eines idealisierten Liebesobjekts (wobei die Möglichkeiten im Säuglings- und Kleinkindalter natürlich sehr begrenzt sind), der Wunsch nach Interaktion mit dem Objekt und eine daraus erwachsende Veränderung der eigenen Person.

Trotzdem ist das Geschehen nicht immer dasselbe, da die Idealisierung an verschiedenen Punkten unseres Lebens mit unterschiedlichen Wünschen verknüpft ist. Manchmal geht es dabei vor allem um Identifikation: den Wunsch, Züge der bewunderten Person zu übernehmen. Aber Idealisierung kann auch in den Wunsch nach Vereinigung münden, in das Streben, eine enge Verbindung mit der geliebten Person einzugehen und von ihr Befriedigung zu erlangen. Der Wunsch nach Identifikation und der nach Ergänzung sind oft zwei getrennte Strebungen, von denen je nach Entwicklungsstadium die eine oder andere dominiert, aber sie können sich auch überlappen und vermengen, wie es offenbar in der reifen Liebe geschieht.

In den ersten Lebensjahren sind die emotionalen Wünsche des Kindes vor allem auf die Eltern gerichtet. Sie sind in dieser Zeit nicht nur die Garanten für seine Bedürfnisbefriedigung und Sicherheit, sondern zugleich auch idealisierte, über magische Kräfte verfügende Wesen, durch die das Kind indirekt Macht und Stärke erlangt. Es sehnt sich nach ihnen, ist am glücklichsten, wenn es mit ihnen zusammensein kann, und fürchtet die Trennung von ihnen. In den ersten Jahren sind die Eltern zugleich Objekte des Verlangens (nach Befriedigung) und der Identifikation. Der kleine Junge hängt an des Vaters Lippen, prahlt, das *sein* Papi größer und stärker ist als alle anderen Väter, spielt, daß er sich rasiert wie er, vergöttert ihn in jeder Hinsicht. Er wünscht sich, mit dem idealisierten Objekt *zusammen*zusein, *von ihm* Befriedigung zu erhalten und irgendwann *so zu werden* wie das Muster an Vollkommenheit, das er in seiner Vorstellung erschaffen hat. Aber gleichzeitig richtet er seine ödipalen Strebungen auf die Mutter. Er wird vielleicht versuchen, ihre Aufmerksamkeit allein auf sich lenken, und ihr versichern, daß er einmal stärker sein wird als Papa, wenn er erst groß ist.

Um autonom und wirklich frei für die Liebe zu werden, muß der junge Mensch aufhören, seine Eltern zu idealisieren. Dabei wird jedoch die Idealisierung selbst nicht aufgegeben, sondern nur auf eine Reihe von Ersatzfiguren übertragen, an deren Ende schließlich die Figur der geliebten Person steht. Die Geschichte unserer leidenschaftlichen Beziehungen läßt sich an den aufeinanderfolgenden Idealisierungen in unserem Leben ablesen.

In der Latenzphase – den Jahren nach der manifesten Auflösung des Ödipuskomplexes, aber noch vor der Pubertät (etwa zwischen sechs und zwölf) – beginnt das Kind, seine Wünsche und sein Idealisierungsbedürfnis von der Kernfamilie abzuziehen und auf andere Objekte zu verlagern. Enttäuscht über das Unvermögen der Eltern, alle seine Wünsche zu erfüllen, und die Unvollkommenheiten der realen Familiensituation immer klarer erkennend, entwickelt das Kind eine Reihe von Phantasien, die auch als «Familienroman» bezeichnet werden. So legen sich Kinder etwa in ihren Tagträumereien zurecht, daß sie als Baby adoptiert oder entführt wurden und ihre richtigen Eltern viel vornehmer und angesehener sind als die gewöhnlichen und glanzlosen falschen Eltern, zu denen es sie verschlagen hat. Sie glauben, daß ihre richtigen Eltern sie uneingeschränkt und ohne jede Kritik lieben und ihnen alle ihre Wünsche erfüllen würden.

Im Familienroman kommen sehnsüchtige Wünsche zum Ausdruck, bei denen es sich allerdings nach Freud um ein Echo früherer Gefühle handelt:

Es ist nur scheinbare Treulosigkeit und Undankbarkeit: denn wenn man die häufigste dieser Romanphantasien, den Ersatz beider Eltern oder nur des Vaters durch großartige Personen, im Detail durchgeht, so macht man die Entdeckung, daß diese neuen und vornehmen Eltern durchweg mit Zügen ausgestattet sind, die von realen Erinnerungen an die wirklichen niederen Eltern herrühren, so daß das Kind den Vater eigentlich nicht beseitigt, sondern erhöht. Ja, das ganze Bestreben, den wirklichen Vater durch einen vornehmeren zu ersetzen, ist nur der Ausdruck der Sehnsucht des Kindes nach der verlorenen glücklichen Zeit, in der ihm sein Vater als der vornehmste und stärkste Mann, seine Mutter als die liebste und schönste Frau erschienen ist.

Auf der Bewußtseinsebene hat das Kind jedoch die Idealisierung jetzt von den Eltern abgezogen und entweder auf Phantasiegestalten oder auf andere ihm bekannte Personen übertragen. Diese Phantasien dienen ihm zur Aufrechterhaltung seines Narzißmus, da es sich in der Identifikation mit den grandiosen Phantasie-Eltern selbst aufwertet. Außerdem ermöglichen es ihm diese Phantasien, der enttäuschenden Gegenwart die Hoffnung auf Errettung, auf bessere Zeiten entgegenzusetzen.

Der Familienroman spiegelt sich auch im Mythos. Viele unserer mythischen Heldengestalten – Ödipus, Moses, Superman – wuchsen als Adoptivkinder heran, weil ihre richtigen Eltern sie ausgesetzt hatten, um irgendein Unheil abzuwenden. In vielen Märchen finden sich ebenfalls mit dem Familienroman verwandte Themen. Ein verbreitetes Motiv ist das des jungen Mädchens, das unter schlimmen Bedingungen heranwächst, dann aber, weil es so gut und tüchtig ist, gerettet wird und seinen ihm zustehenden Platz einnimmt. (Als zwei der berühmtesten Beispiele seien Schneewittchen und Aschenputtel genannt.) Parallel dazu finden wir den jungen, um seine Erbrechte gebrachten Helden, der durch seine einzigartige Tapferkeit und Stärke (etwa weil nur er allein das Schwert aus dem Stein zu ziehen vermag) seinen legitimen Anspruch auf das Königreich unter Beweis stellt.

Nach und nach erlangt das Kind jedoch das nötige Rüstzeug, um sich mehr Befriedigung in der Realität zu holen, und der Familienroman verblaßt oder wird anderen Phantasien – vor allem solchen ödipaler Art – untergeordnet. Er kann sich aber auch bis ins frühe Erwachsenenalter und sogar, in modifizierter Form, das ganze Leben lang halten, wobei er vor allem in Phasen der Stagnation reaktiviert wird.

Ein mir bekannter Mann, mittlerweile Mitte Fünfzig, kann sich noch lebhaft an den Familienroman erinnern, den er als Kind sponn, und Derivate dieser Phantasie bis in sein Erwachsenenleben hinein verfolgen. Etwa mit sechs Jahren begann er zu glauben, daß er in Wahrheit der Sohn eines Maharadscha sei. Unglücklich über seine Eltern, die seinen älteren Bruder vergötterten, pflegte er nachts wach zu liegen und unter Tränen zu beten, daß sein richtiger Vater kommen und ihn retten möge. Warum er gerade auf eine indische Herrscherdynastie verfiel, weiß er nicht, aber er ist ein dunkler Typ, und wenn man will, kann man ihm einen kleinen orientalischen Einschlag zusprechen. Die Maharadscha-Phantasie verblaßte, aber als er etwa elf war, trat ein verwandtes Motiv an ihre Stelle. Nach seinem eigenen Gefühl mehr und mehr Außenseiter in der Familie, zornig und rebellisch, identifizierte er sich in jenen ersten Jahren des Zweiten Weltkriegs mit den japanischen Feinden – ihren Werten, ihrer Art zu leben, ihrem Haß auf die Amerikaner. Wenn dieser Mann heute als ein sehr ausgeglichener Mensch erscheint, so liegt das nicht zuletzt daran, daß es ihm gelungen ist, seine kindliche Rebellion in konstruktive Bahnen zu lenken. Ableger jener früheren Phantasien leben noch heute in seinem profunden intellektuellen und ästhetischen Interesse für Japan fort. Er hat das Land ausgiebig bereist, Japanisch gelernt, sich einer orientalischen Religion zugewandt und fühlt sich von Orientalen sexuell angezogen. Das Gefühl, als Kind nicht genug Liebe erfahren zu haben, scheint er durch eine sehr fürsorgliche Haltung seinen Liebespartnern gegenüber zu kompensieren (eine recht häufige Umkehrung, auf die ich an späterer Stelle noch eingehen werde).

Wir alle haben in irgendeiner Form solche Familienroman-

Phantasien gehegt. Eine junge Frau erinnert sich, sich mit etwa dreizehn Jahren detailliert ausgemalt zu haben, wie ihr geheimnisumwitterter, alleinstehender Onkel sie zu sich holen und in die schönen Dinge des Lebens einführen würde. Der Auslöser war offenbar die Tatsache, daß er ihr einmal fünfzig Dollar schenkte und ihr auftrug, sich dafür irgendeinen kleinen Luxus zu leisten. Das stand in krassem Kontrast zu den Prinzipien, nach denen ihre praktisch denkenden, bildungsorientierten Eltern sie erzogen. Der Onkel wurde für sie zur Verkörperung des Lebensgenusses. Ihre Phantasien begannen damit, daß sie sich ausmalte, was sie sich von dem Geld kauft – vielleicht eine echte Lederhandtasche – und wie sie ihm in einem geschickt abgefaßten, herzbewegenden Brief davon berichtet. Er ist von ihrem guten Geschmack beeindruckt und schlägt ihr vor, sich doch noch passende Schuhe dazu zu kaufen und anschließend eine komplette Reisegarnitur. Irgendwann kommt er dann auf die Idee, sie einzuladen und so weiter und so fort. Diese Mischung aus Familienroman und ödipalen Phantasien ermöglichte es ihr, eine Welt zu entwerfen, die auf anderen Idealen als denen ihrer Eltern gründete und in die ihre eigenen, keimhaften Vorstellungen von dem einflossen, was es außerhalb der begrenzten Welt ihres Elternhauses noch geben mochte.

(Familienroman-Phantasien können sich auch an einem leiblichen Elternteil festmachen, wenn dieser – etwa nach einer Scheidung oder weil er sich nicht um die Familie kümmert – im Alltag abwesend ist. Eine solche Idealisierung trifft natürlich den anwesenden Elternteil, der sich abmüht, um das Kind großzuziehen, besonders hart.)

Familienroman-Phantasien helfen, das Leben zu bewältigen, weil sie Hoffnung geben und sich manchmal zu Lebensentwürfen weiterentwickeln. Im Kern geht es dabei um die Phantasie, von besseren Eltern adoptiert zu werden. (Es ist erstaunlich, wie vielen Menschen man im Laufe langjähriger therapeutischer Praxis begegnet, die aus verheerenden Familienverhältnissen kommen und es geschafft haben, einen Menschen zu finden – etwa einen Lehrer, eine Arbeitgeberin, jemanden aus der Verwandtschaft oder einen Elternteil eines Freundes –, der die Rolle eines Ersatzvaters oder einer Ersatzmutter einnahm.) Die Verbindung zwischen solchen «Romanen» und erotischen Errettungsphantasien ist nicht schwer zu erkennen. Der Familienroman geht oft in nachfolgenden romantischen Liebesphantasien auf, aber bei manchen Erwachsenen existiert er auch in irgendeiner Form daneben fort. Ein Beispiel wäre etwa der junge Firmenangestellte, der davon träumt, in seinem Chef den ersehnten liebenden Vater zu finden, und sich ausmalt, wie dieser ihn fördern und schließlich zu seinem Nachfolger machen wird.

In der frühen Familienroman-Phantasie finden wir Elemente, die sich bis in die reife Liebe durchziehen: das «Objekt», das uns nährt (liebt), muß idealisiert werden, damit es unser Selbstwertgefühl stärken und, vermittelt über unsere Identifikation mit ihm, unsere Omnipotenzwünsche befriedigen kann. In den ersten Entwürfen erscheint diese Idealisierung in Phantasien von Edlen, Reichen oder Berühmten. Sie erretten uns aus einer Lebenssituation, in der wir uns ungeliebt oder nicht genügend geschätzt fühlen, und über die Verbindung mit ihnen finden wir unsere wahre Identität, lösen wir uns aus den prosaischen Verhältnissen, die sich für unsere Realität ausgeben. Welch augenfällige Parallelen zur romantischen Liebe, in der wir endlich unser wahres Selbst entdecken! Von frühester Kindheit an erlangen wir die Bestätigung unserer wahren (gewünschten) Identität, indem wir eine enge Verbindung mit einem begehrten Objekt eingehen und ein neues Leben beginnen.

Mit dem Ausgestalten des Familienromans gehen bei vielen Kindern beängstigende Phantasien einher, die wir vielleicht als Familien-Thriller bezeichnen können und die gewöhnlich in Form von Tagträumereien oder auch Alpträumen auftreten. Darin werden die Eltern (oder Vater- beziehungsweise Mutterfiguren) als böse oder bedrohlich erlebt. Die Szenarien sind vielfältig. Eine Frau erinnert sich, daß sie als Kind oft kurz vor dem Einschlafen von der Phantasie heimgesucht wurde, ihre Mutter sei gar nicht wirklich ihre Mutter, sondern ein verkleideter Indianer, der sich in der Nacht an sie heranschleichen und sie skalpieren würde. Ein kleiner Junge aus meiner Bekanntschaft litt häufig unter Alpträumen von Reptilien, die sich als seine Eltern verkleidet hatten und ihm etwas antun wollten. Solche Phantasien sind zum Teil Ausdruck von Kastrationsängsten aufgrund ödipaler Wünsche, zum Teil aber auch eine Ausgeburt der Wut, mit der das Kind auf die allmählich einsetzende Erkenntnis reagiert, daß viele seiner Wünsche unerfüllt bleiben werden. Die eigenen wuterfüllten, zerstörerischen Phantasien, die es gegenüber den versagenden Objekten seines sehnsüchtigen Verlangens entwickelt, lassen es deren Rache fürchten. So kann sich etwa die gehaßte böse Mutter in der Phantasie des Kindes in eine Hexe verwandeln, die ihm Leid zufügen will. Der Familienroman und die Familien-Thriller sind Vorläufer zweier typischer Reaktionen in späteren unglücklichen Liebesbeziehungen: der Suche nach einem neuen Liebesobjekt und der wütenden Wendung gegen das alte, das die Erwartungen so schwer enttäuscht hat (was auch erklärt, weshalb die große Liebe so oft in Haß umschlägt, statt lediglich Distanz und Gleichgültigkeit zu weichen).

Probezeiten der Liebe: Schwärmerei, Flirts und Phantasien

In dem Maße, wie sich das Kind von den Eltern löst, hört es auf, sie zu idealisieren. Wenn die Identifikation mit den idealisierten Eltern sein Selbstwertgefühl aufzublähen vermochte, so schrumpft dieses jetzt proportional ihrer Entwertung. Der Familienroman ist letztlich kein zureichender Ersatz für die nicht mehr haltbare Idealisierung der Eltern. Je älter das Kind wird, desto stärker sieht es sich in seinen Phantasien selbst als Hauptperson und nicht mehr nur als abhängiges Wesen, dessen Problem es ist, daß es bessere Eltern haben möchte. Es orientiert sich jetzt an den Maßstäben seines eigenen internalisierten Ich-Ideals (der psychischen Instanz, die die Nachfolge der frühkindlichen Vollkommenheitswünsche antritt und die Richtschnur für das weitere Streben darstellt). Außerdem wird es ihm jetzt immer wichtiger, daß seine Träume sich einigermaßen auf das wirkliche Leben projizieren lassen, und so bekommt die Realität immer mehr Gewicht gegenüber dem Familienroman. Da die Natur die Leere verabscheut, bevölkert das Kind seine Welt rasch mit neuen Helden und Heldinnen, die nunmehr Projektionen seines eigenen Ich-Ideals darstellen. Sie sind keine positiven Elternfiguren mehr, sondern Vorbilder: sie repräsentieren das, was der junge Mensch selbst einmal zu werden hofft. Kinder in der Vorpubertät übertragen ihre Wünsche auf die Welt außerhalb der Familie und beginnen, Jugendliche oder Erwachsene des eigenen Geschlechts zu idealisieren. Dabei handelt es sich oft um Personen, die sie persönlich kennen und zu denen sie eine wirkliche Beziehung – und sei sie auch noch so marginal – herstellen können. (Manchmal beschränkt sich die Suche nach Vorbildern aber auch auf die reine Phantasieebene, etwa in Form intensiver Beschäftigung mit literarischen Figuren oder berühmten Persönlichkeiten. Wir konstituieren uns selbst über andere – teils reale, teils imaginäre Personen.) Vielfach entwickeln Heranwachsende gegenüber solchen Personen, denen sie es eines Tages gleichzutun hoffen, eine schwärmerische Verliebtheit. Diese gleichgeschlechtliche Verliebtheit ist meistens nicht sexueller Art. In diesem Lebensstadium ist das Ziel, das hinter der Idealisierung steht, eher reine Identifizierung als irgendeine Form der Vereinigung. Dazu ist zu sagen, daß Idealisierung grundsätzlich das ganze Leben hindurch zweierlei sein kann: ausschließlich Stimulus für Neid und Nachahmung, aber auch wesentliches Moment der Beziehung zu einem Liebesobjekt. Um es in der psychoanalytischen Terminologie auszudrücken: Idealisierung ist der Auftakt sowohl der Liebesidentifizierung als auch der Objektliebe.

Ein Beispiel für solche Liebesidentifizierung wäre etwa der Junge, der seinem Sporttrainer nicht von der Seite weicht, seine Art zu reden imitiert und seine Eßgewohnheiten übernimmt. Eine mir bekannte Frau erinnert sich, daß sie mit elf die junge Nachbarsfrau zu ihrem Ideal erkor und den Kontakt zu ihr und ihrer Familie suchte, indem sie sich ihr als Babysitter anbot. Die Nachbarsfamilie war zwar nicht so großartig, wie es die Phantasiefamilie des Familienromans typischerweise ist, aber dafür bot sie die Möglichkeit wirklicher Interaktion und Nähe. Alles lief wunderbar, bis eine Kinderlähmungsepidemie einsetzte (Polio-Impfungen gab es noch nicht) und die Nachbarn dem Mädchen, weil sie es mit Freundinnen spielen sahen, jeden Kontakt mit ihrem Baby untersagten. Damit war auch die Beziehung zu der jungen Mutter abgeschnitten. Die Frau erinnert sich noch genau an ihren tiefen Kummer über diesen Verrat, der eindeutig zeigte, daß sie für die idealisierte Freundin allenfalls die zweite Geige – nach dem Baby – spielte. Im allgemeinen liegt solchen schwärmerischen Beziehungen in erster Linie der Wunsch zugrunde, so zu sein wie die «angebetete Person». Das gilt wohl auch für diesen Fall, obgleich das Mädchen zweifellos auch Zuwendung, Nähe und Zärtlichkeit suchte.

Manchmal wird aber auch eine Figur zum Objekt der Schwärmerei erkoren, die der Heranwachsende nicht persönlich kennt. Heute scheinen sich dafür besonders Rock-Stars anzubieten. In diesem Fall geht es eindeutig um Identifizierung und nicht um Nähe. Allerdings schafft diese Schwärmerei oft ganz reale Bande zwischen Gleichaltrigen, die sie teilen. Besonders offensichtlich wird dieser gemeinschaftliche Aspekt der Idealisierung im plötzlichen Aufkommen von «Wellen» wie etwa der Beatlemania. Das Gruppengefühl und die Identifizierung mit den Altersgenossen sind dabei meist genauso wichtig wie die Bewunderung des Idols selbst, denn sie steuern den Aspekt der Nähe bei, der sonst bei einer solchen Idealisierung aus der Ferne fehlen würde. Ähnliche Konstellationen gibt es auch im späteren Leben, etwa wenn zwei Frauen, die denselben Mann lieben, nicht (nur) konkurrieren, sondern Freundinnen werden. Was sie im Grunde verbindet, ist die Nähe, die sich über die gemeinsame Idealisierung herstellt. Ich weiß von einem solchen Fall, in dem die beiden Frauen einander, als der gemeinsame Geliebte starb, die wichtigste emotionale Stütze wurden.

Aber obwohl Heranwachsende aus solchen einseitigen

Schwärmereien vielfältige Formen von Befriedigung ziehen können, hungern sie doch nach intensiveren und vor allem auf Gegenseitigkeit beruhenden Beziehungen, die wirkliche Erfahrungen und Nähe zulassen. In diesen Jahren spielt die Identifizierung mit Vorbildern außerhalb des Elternhauses eine immer größere Rolle, und eine Möglichkeit dazu sind intensive Freundschaften. Heranwachsende idealisieren ihre Freunde oder Freundinnen, imitieren ihre Verhaltensweisen, ihre Art, sich zu kleiden, und versuchen, sich genauso großspurig und «cool» zu geben wie sie. Manche Eltern macht es traurig, zu spüren, wie ihre Kinder aufhören, sie zu idealisieren, und die Bewunderung, die einst ihnen galt, auf die immer mehr zur Autorität werdende Peer-Group verlagern. In diesen idealisierten Beziehungen streben die Heranwachsenden danach, selbst die bewunderten Eigenschaften zu übernehmen: Sie ahmen nach, identifizieren sich und suchen Bestärkung.

In der Pubertät (und auch schon in der Vorpubertät) beginnen Jugendliche, schwärmerische Gefühle für Angehörige des anderen Geschlechts zu entwickeln – Derivate der ödipalen Wünsche, die jetzt in den Vordergrund treten. In diesem Übergang von den nichtsexuellen Schwärmereien zum nächsten Stadium wiederholt sich jener Prozeß, der schließlich in den Ödipuskomplex mündete. (Im ödipalen Stadium führt die Konsolidierung der Identifikation mit dem gleichgeschlechtlichen Elternteil dazu, daß das Kind den gegengeschlechtlichen Elternteil begehrt.) Beim heterosexuellen Jugendlichen findet der Übergang dann statt, wenn die hormonellen Veränderungen im Körper die sexuellen Wünsche dringlicher werden lassen und das Selbstgefühl einen Punkt erreicht hat, von dem an die weitere Entwicklung besser über *komplementäre* als über *Identifikations*beziehungen erfolgen kann. (Ein Mädchen kann lernen, eine Frau zu werden, indem es sich mit einer Frau identifiziert – oder indem es mit einem Mann zusammen ist.)

Im normalen Entwicklungsverlauf unterliegt jetzt die hinter der Idealisierung stehende Sehnsucht einem Wandel: an die Stelle des Wunsches, so zu sein *wie die idealisierte Person* (oder deren Platz einzunehmen), tritt der Wunsch, *mit der Person zusammen* zu sein. Hat sich das Selbstgefühl einigermaßen konsolidiert, verschiebt sich das Verlangen in Richtung Komplementarität. Aber Identifizierung bleibt während der gesamten Entwicklung ein wichtiges Moment, weshalb sich das «Begehren» Jugendlicher oft auf die Freundin des besten Freundes oder umgekehrt richtet. Genau wie in der ödipalen Phase wird das Verlangen durch Identifizierung ausgelöst: wir wollen *auch* das, was unser Idol hat.

Manche Menschen bleiben für immer auf diese Stufe fixiert. Sie bleiben hin- und hergerissen zwischen der bewundernden Verehrung für den Freund/die Freundin und dem Begehren der Person, die diese/r liebt. Dazu gehören die ewigen Hausfreunde, der junge Mann, der gleichermaßen in den Herrn und die Dame des Hauses verliebt ist, die junge Frau, die ihre Mentorin zärtlich verehrt und gleichzeitig ihren Ehemann begehrt. Manchmal richtet sich der Wunsch aber auch darauf, ganz die Stelle des idealisierten Objekts einzunehmen. Nie jedoch sind Komplementarität und Identifizierung völlig getrennte Beziehungsformen. Auch in komplementären Beziehungen fährt der Liebende (wenngleich in geringerem Maße) fort, sich mit der idealisierten geliebten Person zu identifizieren und Eigenschaften von ihr zu übernehmen.

Wenn Jugendliche anfangen, sich in Angehörige des anderen Geschlechts zu verlieben, dann suchen sie sich als Objekt oft jemanden aus dem engeren Freundeskreis der Familie oder aus der Verwandtschaft, der altersmäßig etwa in der Mitte zwischen ihnen selbst und ihren Eltern steht. Sie durchleben Phasen heftiger jugendlicher Schwärmerei mit allen damit verbundenen Ängsten und Sehnsüchten. Sie verspüren Verlangen, haben aber noch nicht den Drang, es sexuell umzusetzen. Ergibt sich ein Kontakt mit der/dem «Angebeteten», dann kann es sein, daß sie rot werden, ins Stottern geraten und sich «danebenbenehmen», während sie den betreffenden Menschen am liebsten ganz mit Beschlag belegen würden und eifersüchtig auf jeden sind, dem er seine Aufmerksamkeit schenkt.

Der Altersunterschied deutet auf eine Beteiligung von ödipalen Inzestphantasien hin, stellt aber zugleich auch einen Schutz vor einer wirklichen sexuellen Begegnung dar. Genau wie dem Familienroman eine verborgene Kontinuität zwischen den Hauptpersonen und den geliebten Eltern der frühen Kindheit zugrunde liegt, basieren die schwärmerischen Phantasien des Jugendalters auf einer verborgenen Kontinuität zwischen dem Objekt des Verlangens und dem Elternteil, auf den sich die ödipalen Wünsche richteten.

In Isaak Babels Erzählung «Meine erste Liebe» schildert der Ich-Erzähler die schwärmerische Liebe, die er mit zehn Jahren für die Nachbarin Galina empfand, und seine Reaktion, wenn er sie heimlich mit ihrem eben erst aus dem russisch-japanischen Krieg heimgekehrten Ehemann beobachtete:

> Galina Apollowna hielt den ganzen Tag ihren Gatten an den Händen. Sie wandte den Blick nicht von ihm, da sie ihren Mann anderthalb Jahre nicht gesehen hatte – aber ich erschrak vor ihrem Blick, wandte mich ab und zitterte. In der Seligkeit und sklavischen Treue ihrer Augen gewahrte ich die rätselhafte Schande der seltsamen, geheimsten Beziehungen im Leben aller Menschen auf Erden… Den ganzen Tag ging sie verträumt umher, mit einem sinnlosen, zärtlichen Lächeln auf ihren feuchten Lippen. Sie stieß gegen die vollen Koffer und die Turngeräte, die auf dem Fußboden umherlagen. Galina stieß sich dabei wund, hob den Schlafrock bis übers Knie und sagte zu ihrem Mann: «Küsse mich hier, wo es weh tut – – –»
> Und der Offizier bog seine langen Beine in Dragonerhosen und enganliegenden, gespornten Lackstiefeln und ließ sich auf den schmutzigen Fußboden nieder. Dann kroch er auf den Knien zu ihr hin und küßte dort, wo das Bein vom Strumpfband eine leichte Schwellung zeigte, die verletzte Stelle. Ich sah diese Küsse aus meinem Fenster. Sie verursachten mir schmerzhafte Qual. Ausschweifende Phantasien quälten mich…

Aber es geht in der jugendlichen «Verknalltheit» nicht nur um schwärmerische Gefühle für den Anderen oder die Auseinandersetzung mit einer Situation des Ausgeschlossenseins, die auf die ödipale Situation zurückweist. Oft bedeutet sie für den jungen

Menschen auch ein hohes Maß an Beschäftigung mit sich selbst, ein Experimentierstadium, in dem neue Rollen geprobt und die eigene Macht als Objekt des Begehrens und der Bewunderung anderer getestet werden. Die Kunst des Flirtens wird erlernt. (Hierbei kommt der entwicklungsfördernde Effekt der Komplementarität zum Tragen – neben der Identifikation ein weiterer Weg, auf dem das Selbst Erweiterung erfährt.)

In seiner Novelle *Das Genie und die Göttin* schildert Aldous Huxley die ganze Intensität schwärmerischer jugendlicher Verliebtheit, ihren Rollenspielcharakter und ihr Hinundherpendeln zwischen der geliebten Person und der eigenen neuen Rolle, von beiden vollkommen absorbiert. Die vierzehnjährige Ruth ist verliebt in den Kollegen ihres Vaters, John Rivers, der sich seinerseits zu ihrer Mutter hingezogen fühlt. Die Mutter ist verreist, um *ihre* Mutter zu pflegen, und Ruth nutzt die neue Freiheit, um ihr Äußeres zu verändern und in eine neue Identität zu schlüpfen. John Rivers, der Erzähler, beschreibt diesen Prozeß so:

> Ruth schien keine Notwendigkeit zu empfinden, ihre Rolle zu *spielen*; es genügte ihr, bloß wie sie *auszusehen*. Sie war schon zufrieden mit den Zeichen und Emblemen der großen Leidenschaft. Wenn sie ihre Baumwollunterwäsche parfümierte, im Spiegel dieses ungeheuerlich rougierte Gesichtchen betrachtete, konnte sie sich als eine zweite Lola Montez sehen und riechen, ohne irgend etwas tun zu müssen, um ihren Anspruch auf den Titel geltend zu machen. Und nicht nur der Spiegel sagte ihr, was sie geworden war; es sagte es ihr auch die öffentliche Meinung – ihre erstaunten und neidischen und spöttischen Mitschülerinnen, ihre empörten Lehrerinnen. Deren Blicke und Bemerkungen bestätigten ihre privaten Phantasien. Sie war nicht die einzige, die es wußte; auch andre Leute erkannten, daß sie nun die *grande amoureuse* geworden war, die *femme fatale*. Es war alles so neu und aufregend und fesselnd, daß ich eine Zeitlang, Gott sei Dank, fast vergessen blieb.

Doch dann erfährt Ruth, daß ihre Mutter wieder nach Hause kommt:

Es war, als hätte sie sich plötzlich erinnert, wer ich sei – ihr Sklave und ihr vorbestimmter Blaubart, der einzige Grund dafür, daß sie in die Doppelrolle der dämonischen Versucherin und des demütigen Opfers geschlüpft war.

Diese Passagen schildern eindringlich den Schwebezustand zwischen ichzentrierten Wünschen (die oft darauf gerichtet sind, so zu sein *wie* jemand anders – in Ruths Fall wie die *grande amoureuse*, von der sie kurz zuvor gelesen hatte) und um den Anderen kreisende Wünsche (die auf Erfüllung durch den Anderen gerichtet sind). Ruth befindet sich an der Schwelle, fällt aber zeitweise noch so weit in die Ich-Zentriertheit zurück, daß sie den Geliebten völlig *vergißt*. Huxley hat diesen entscheidenden Moment eingefangen, Ruth eben noch im Bild festgehalten, ehe der definitive Schritt – die innere Konsolidierung der Identität – vollzogen ist, der ihr erlauben würde, den Anderen in seiner ganzen Subjektivität zu lieben und nicht nur als eine Figur in ihrem eigenen Stück.

Teenager sind unendlich erfinderisch, wenn es darum geht, Liebe zu spielen, verschiedene Beziehungselemente zu «proben», ehe sie sich auf die umfassendere Erfahrung der ersten Liebe einlassen, ehe sie bereit sind, Idealisierung, Verlangen, Sexualität und Nähe übereinzubringen. Ein vierzehnjähriges Mädchen, das sich nach einem romantischen Abenteuer sehnte, aber vorsichtig war, ersann einen raffinierten Weg, der immerhin zu einem Teilerfolg führte: Unter einem Pseudonym und dem Vorwand, für eine Schülerzeitung zu schreiben, rief sie den Football-Star ihrer Stadt an (der schon siebzehn und damit in Wirklichkeit viel zu alt für sie war), um ihn zu «interviewen». Sie schaffte es, aus diesem Interview eine Telefonromanze zu machen, die sich über mehr als ein Jahr hinzog. Sie rief ihn zu vereinbarten Zeiten an, gab ihm aber nie ihre Nummer. Die Dinge gediehen prächtig. Sie hatten bald ein besonderes Lied, bei dem sie aneinander dachten, und genossen eine Art verbaler Intimität – bis sie eines Tages nach einem Football-Match leibhaftig auf ihn zu ging. Da sie sich erheblich von der Geliebten unterschied, die *er* sich ausgemalt hatte, stand ihm der Schock ins Gesicht geschrieben, und sie verzichtete künftig darauf, ihn anzurufen. Manchen Menschen genügen solche partiellen Liebschaften in der einen oder anderen Form ihr Leben lang. Man denke etwa an die berühmten Briefromanzen George Bernard Shaws oder auch an die Kafkas, deren Ende besiegelt war, sobald der Schriftsteller dem unausbleiblichen Drängen der Angebeteten auf nichtschriftliche Begegnung nachgab. Für andere Menschen sind solche partiellen Romanzen ein Durchgangsstadium, eine behutsame Einführung in die Liebe.

Die Abfolge der verschiedenen Entwicklungsphasen der Liebe ist variabel. Schwärmerei ist zwar etwas, wozu besonders pubertierende Jugendliche und junge Erwachsene neigen, aber sie kann auch später im Leben auftreten und dann ebenso als Gelegenheit dienen, in der Vorstellung «probeweise» etwas durchzuspielen, wofür wir in der Realität noch nicht ganz bereit sind. In der Schwärmerei machen sich Derivate ödipaler Phantasien am Objekt der Idealisierung fest. Sie kombiniert in gewisser Weise Elemente des ödipalen Dramas und des Familienromans.

In der Schwärmerei stecken die Sehnsucht und Idealisierung, die Liebe in all ihren Entwicklungsphasen kennzeichnen, zugleich aber auch die dem Selbstschutz dienende Distanz und die Abschottung gegen sexuelle Forderungen, die typisch für schwärmerische Phantasien sind. Lieben wollen heißt, bereit zu sein, Risiken einzugehen, aber manchmal ist Schwärmerei unseren Kräften eher angemessen, auch wenn wir schon erwachsen sind. Sie ist ein wichtiger Probelauf für die Liebe, und wir können davon profitieren, egal ob wir noch unerfahren sind und dem Unbekannten furchtsam gegenüberstehen, oder ob wir schon unsere Narben davongetragen haben und vor dem zurückschrecken, was wir nur zu gut kennen.

Im Anfangsstadium ähnelt jede Liebesbeziehung der Schwärmerei: Die Phantasie malt sich aus, was alles werden kann – ein Probehandeln ohne wirkliches Risiko. Der Verliebte sondiert das ganze Spektrum der Möglichkeiten. Indem er seine Phantasie spielen läßt, bereitet er sich auf die erneute Zusammenkunft mit der geliebten Person vor. Manchmal schlägt die Phantasie dabei allerdings auch über die Stränge: Eine Frau erzählte mir, das Szenario, das sie sich zwischen dem Anruf ihres neuen Verehrers und dem ersten Rendezvous ausgemalt habe, sei von so drastischer Detailliertheit gewesen, daß sie dem Ärmsten, als er schließlich vor ihrer Tür stand, gar nicht mehr in die Augen habe schauen können.

Intuitiv wissen wir alle um die Rolle der Phantasie in der Liebe. Deshalb sprechen wir so stark auf Liebesgeschichten an, in denen diese Komponente hervorgehoben wird, auch wenn die Story äußerlich betrachtet weit hergeholt erscheint. Da sind etwa die Geschichten, in denen sich jemand in einen Menschen verliebt, noch ehe er ihn persönlich kennengelernt hat, oder solche, in denen es um einseitige oder verhinderte Liebe geht. In dem 1944 gedrehten Film *Laura* untersucht ein Kriminalbeamter (Dana Andrews) den Mord an einer jungen Frau. Er glaubt, daß es sich bei dem Opfer um Laura (Gene Tierney) handelt. Im Laufe seiner Ermittlungen verliebt sich der Kriminalbeamte in Laura, deren Bild er in ihrer Wohnung hängen sieht. Das Publikum findet es offenbar nicht weiter sonderbar, daß der Kriminalbeamte sich in eine Tote verliebt, ein Mädchen, das er nie gekannt hat – im Gegenteil: es scheint sich mit ihm zu identifizieren. *Laura* ist ein sehr romantischer Film und bis heute beliebt. Die Tatsache, daß sich Generationen von Kinogängern mit dem Helden einer so unplausiblen Handlung identifizieren konnten, kann nur bedeuten, daß alle diese Menschen intuitiv spüren, welch entscheidende Rolle die Phantasie auch bei ihren eigenen Herzensangelegenheiten spielt. Das Happy-End des Films – der Held entdeckt, daß das Opfer gar nicht Laura war und daß diese noch lebt – ist zugleich ein Loblied auf die Phantasie des Liebenden, die sich über den Verstand erhebt. Hier wird nicht zur Vorsicht gemahnt – der Film ermutigt dazu, der Phantasie nachzugeben, furcht- und vorbehaltlos zu lieben, auch wenn der gesunde Menschenverstand dagegen spricht. Der große Erfolg dieses Films beruht darauf, daß er es schafft, Traumliebe zu wirklicher Liebe werden zu lassen.

Ein ähnliches Thema behandelt auch der Film *Somewhere in Time*. Ein Schriftsteller (Christopher Reeves) verliebt sich auf einer Zeitreise in die Vergangenheit in eine Schauspielerin (Jane Seymour). Er beschließt, lieber in der Vergangenheit zu bleiben, als ohne die Geliebte in die Gegenwart zurückzukehren. Wer einigermaßen in psychoanalytischer Theorie bewandert ist, wird sicher bemerken, daß sowohl *Laura* als auch *Somewhere in Time* letztlich an ödipale Phantasien anknüpfen: Es geht um eine aussichtslose Liebe, die sich auf wundersame Weise doch erfüllt. Die Tragödie des Knaben, der die Mutter begehrt, liegt darin, daß ihn unüberwindliche Hindernisse von ihr trennen: nicht nur die Inzest-, sondern auch die Zeitschranke. Ihre Zeit und seine Zeit sind ungleichzeitig. Beide Geschichten lassen sich deshalb letztlich als Ausgestaltung kindlicher Sehnsüchte, als Phantasien von der Erfüllung ödipaler Wünsche deuten.

Solche Phantasien sind offenbar so weit verbreitet, daß ihre Thematisierung einer großen öffentlichen Resonanz sicher sein kann. Ein ähnliches Motiv findet sich oft in der Phantasiewelt von Töchtern früh verwitweter Mütter (wobei es egal ist, ob das Mädchen aus zweiter Ehe stammt oder ob der leibliche Vater starb, als es noch klein war). Die Tochter verklärt und idealisiert das Bild des verstorbenen Mannes der Mutter und die Liebe zwischen den beiden. Auch wenn sie nicht in diesen Mann verliebt ist, nimmt er doch in ihrer Vorstellungswelt einen zentralen Platz ein. Solche Phantasien sind ebenfalls bewußte Derivate unbewußter ödipaler Wünsche und eng mit der Schwärmerei verwandt.

In gewisser Weise sind alle schwärmerischen Episoden der Kindheit und Jugend nicht mehr und nicht weniger als dem Entwicklungsstadium angemessene Phantasie-Liebschaften. Die ideelle Natur dieser Liebe ist den «Liebenden» genug – und schützt sie faktisch. Ist die Pubertät aber erst einmal abgeschlossen, geben wir uns im allgemeinen solchen Träumen von der unmöglichen Liebe nur noch im Kino oder bei der Lektüre von Romanen hin oder auch in Momenten nostalgischer Erinnerung an frühere Liebesgefühle. Oder aber wir genießen fortan solche schwärmerischen Episoden als das, was sie sind: Erkundungsausflüge der Phantasie.

Im wirklichen Leben versuchen wir dagegen früher oder später, die Phantasielust mit handfesteren Formen der Befriedigung zu koppeln – im Rahmen einer intimen Beziehung. Wollen wir in den Genuß von Nähe, Zärtlichkeit und Sexualität, also von «richtiger» Liebe, kommen und uns nicht mit den minderen Freuden der schwärmerischen Verliebtheit begnügen, dann müssen wir unsere Gefühle der Realitätsprobe aussetzen, unsere Wünsche in Handeln münden lassen und uns bemühen, auf irgendeine Weise eine wechselseitige Beziehung zwischen uns und dem Objekt unseres Verlangens herzustellen. Die Möglichkeit dazu schaffen wir, indem wir es zulassen, daß wir leidenschaftliche Gefühle für einen Menschen empfinden, der potentiell erreichbar ist.

Erste Liebe

Idealisierung ist unser ganzes Leben hindurch ein wesentlicher Bestandteil der Liebe, aber sie ist nur *ein* notwendiges Moment. Die eigentliche treibende Kraft sind alte Wünsche, die wieder geweckt, neu verarbeitet und auf neue Objekte gerichtet werden – solche, bei denen grundsätzlich die Chancen größer sind, daß sich unsere Sehnsucht nach Vereinigung erfüllt. So wie die reife Sexualität bekanntlich Elemente verschiedener – auch prägenitaler – Entwicklungsstufen der Lust einbegreift, so integriert auch die Liebe viele verschiedene Wünsche und Sehnsüchte, die aus früheren Entwicklungsphasen stammen. Indem sie es tut, wird sie zu etwas qualitativ Neuem, das mehr ist, als nur die Summe seiner Einzelbestandteile oder der Kulminationspunkt einer Entwicklungslinie.

Die radikal neue Qualität und verändernde Kraft der ersten Liebe sind wohl nirgendwo so gut beschrieben wie in Turgenjews Erzählung «Frühlingsfluten»: «Sanin und [Gemma] waren beide zum erstenmal verliebt; alle Wunder der ersten Liebe vollzogen sich an ihnen. Die erste Liebe ist wie eine Revolution: Die bisherige geregelte, einförmige Lebensordnung wird mit einem Schlag zertrümmert und zerstört, die Jugend steht auf den Barrikaden, hoch flattert ihr leuchtendes Banner, und was immer dort vorne auf sie wartet – Tod oder neues Leben –, allem sendet sie ihren begeisterten Gruß.»

Wer liebt, läßt sich auf einen neuen Lebensentwurf ein, entscheidet sich für einen neuen Weg, den er zusammen mit der geliebten Person gehen will. Damit diese Bindung an ein neues Liebesobjekt möglich wird, müssen alte Liebesobjekte aufgegeben werden. Auch in diesem Punkt ist *Romeo und Julia* eine sehr genaue Darstellung der Liebe im allgemeinen und der ersten Liebe im besonderen. Das Drama zeigt eindringlich, wie die Liebe die Lösung von der Vergangenheit fördert, eine neue Gegenwart und eine neue Orientierung für die Zukunft schafft und so als Katalysator der Veränderung fungiert. In der Liebe befreien wir uns – genau wie auch schon in den Familienroman-Phantasien der Kindheit – von dem, was bisher war, um eine neue Bindung einzugehen, die als Gegenkraft zu den alten Banden wirkt. Die erste Liebe ist ein entscheidender Lebenseinschnitt, da sie häufig die Funktion übernimmt, uns die «endgültige» psychische Ablösung von den Eltern zu ermöglichen.

Eine Liebesbeziehung einzugehen bedeutet immer, daß alte Bindungen zurücktreten müssen, aber für die erste Liebe gilt dies in besonderem Maße. In *Romeo und Julia* findet diese Notwendigkeit der *inneren* Ablösung ihren metaphorisch zugespitzten Ausdruck in dem *äußeren* Konflikt zwischen den verfehdeten Familien der beiden Liebenden, den Capulets und den Montagues. Ihre Feindschaft macht die junge Liebe zu einem Wagnis auf Leben und Tod. Im Verlauf der Handlung löst sich Julia nach und nach von allen wichtigen Personen ihrer Kindheit – von den Eltern, der Amme, dem Klosterbruder –, bis sie schließlich ganz frei von der Vergangenheit ist, an niemanden und nichts mehr gebunden als an den Geliebten und ihrer beider Liebe. Auch Romeo wendet sich von den Freunden und der Familie ab. Beide machen sich von den Fesseln frei, die sie daran hindern, sich aufeinander einzulassen.

Der Zusammenhang zwischen der ersten Liebe und der Ablösung vom Elternhaus wird auch in vielen populären Romanen thematisiert. So verliebt sich in dem Roman *Society* von Dominick Dunne der heranreifende Junior deshalb in Ann Arden, weil sie frei ist von den erstickenden Konventionen der (gehobenen) Gesellschaftsschicht, der er angehört, und weil er Unterstützung braucht, um sich davon zu lösen. Sie hingegen verliebt sich – soweit sie es überhaupt tut – in ihn, weil er für sie den ersehnten Schritt nach oben bedeutet. Die Enttäuschung kann für beide nicht ausbleiben, da ihre Erwartungen letztlich konträr sind.

Aber Liebe – und auch erste Liebe – bedeutet nicht nur Ablösung. Sie bewirkt zwar, daß wir Altes hinter uns lassen, setzt aber an die Stelle überlebter Bindungen neue. Liebe ist nicht nur eine loslösende, sondern auch eine heilende und wiederherstellende Kraft. Ebenso sicher, wie sie trennend wirkt, überwindet sie auch Trennung; sie entidealisiert alte Liebesobjekte und idealisiert neue.

Liebe schenkt dem Liebenden das Gefühl, mit sich selbst einig zu sein, endlich die wahre eigene Identität gefunden zu haben. Und sie gibt ihm das Gefühl wieder, wichtig zu sein, einen zentralen Platz einzunehmen. Die erste Liebe, ob kurz oder von längerer Dauer, ist ein wichtiger Meilenstein auf dem Weg des Reifungsprozesses, der erste einer (gewöhnlich) längeren Reihe von Liebesdialogen auf der Erwachsenenebene, in deren Verlauf es zur Integration und Konsolidierung vieler Partialwünsche, -impulse und -gefühle kommt.

Die erste Liebe gilt als eines der wichtigsten Erlebnisse im Leben und nimmt in der Erinnerung vieler Menschen einen hervorgehobenen Platz ein. So sagt Liv Ullmann rückblickend über ihre frühe Ehe, die fünf Jahre hielt: «Mit niemand anders kann ich je noch einmal so jung sein.»

Liebe in späteren Lebensphasen

Gewöhnlich bricht die Serie der Liebesdialoge mit der ersten Liebe nicht ab. Unser Leben lang behalten wir die Fähigkeit, uns zu verlieben, und wir können sie in jedem Alter entfalten, auch wenn die Faktoren, die uns für dieses Gefühl empfänglich machen, nicht immer die gleichen sind. Liebe bringt viel Schönes mit sich: Nähe und Zärtlichkeit verbunden mit Sexualität, Bestärkung, ein gesteigertes Selbstwertgefühl und anderes mehr. In ihrer Eigenschaft als verändernde Kraft scheint sie jedoch vor allem zwei Funktionen zu übernehmen: Sie kann vorangegangene Enttäuschungen überwinden helfen, aber sie kann auch als Katalysator für die Erprobung neuer Möglichkeiten aktiviert werden, wenn das Selbst nicht genügend Stimulation erfährt und man das Gefühl hat, im Meer des Immergleichen unterzugehen. In jungen Jahren und vor allem zu Beginn des Erwachsenenlebens hungert das Selbst nach Erfahrung – nach den Motiven des Lebens, um Kunderas Metapher zu zitieren. Deshalb neigen junge Menschen in besonderem Maße dazu, sich zu verlieben. Der schmachtende Jüngling, die liebeskranke junge Frau sind so prototypische Figuren, daß sie zum Grundinventar bestimmter Literaturgenres gehören.

Es heißt, daß der Mensch in späteren Jahren, wenn das Selbst klarer umrissen ist, nicht mehr so sprunghaft in seinem Verhalten und seinen Entscheidungen ist, sondern aus gewachsener Stabilität und Stärke heraus realistischer mit Verlusten, Krisen etc. umzugehen vermag und deshalb relativ immun gegen Aufwallungen von Leidenschaft ist. Das mag für manche stimmen, und es gibt Fälle, in denen die eine, einzige Liebe ein Leben lang anhält. Aber für andere – und vielleicht besonders für Männer – ist erst die in reiferen Jahren erreichte Stabilität sichere Basis genug, um jene alten, halbverschütteten Wünsche emporkommen zu lassen, die in leidenschaftliche Liebe einfließen. Deshalb erleben manche Menschen sie erst um die Lebensmitte oder noch später.

Der Schriftsteller C. S. Lewis, immerhin eine bedeutende

Autorität in Sachen Liebe, verliebte sich selbst erst in reifen Jahren ernsthaft. Nach Aussage seines ehemaligen Schülers und späteren Mitarbeiters Peter Bayley meinte Lewis selbst zu diesem späten Eheglück: «Wissen Sie, ich erlebe jetzt etwas, wovon ich immer geglaubt habe, es werde mir nie zuteil. Ich hätte nie gedacht, daß ich mit sechzig noch nachholen würde, was mir in den Zwanzigern entgangen ist.» Der scheinbar so überzeugte Junggeselle, der mit seinem gleichfalls in Oxford lehrenden Bruder zusammenlebte, begann einen Briefwechsel mit der Amerikanerin Joy Gresham, die sich für seine Arbeit interessierte. Ein Jahr später traf er mit ihr zusammen, als sie nach England kam, um dort ein «Studienjahr» zu verbringen. Sie erklärte ihm, seine Bücher seien ihr eine wichtige Hilfe auf ihrem spirituellen Entwicklungsweg gewesen, der sie vom Judentum über den Marxismus zur wahren Begegnung mit Gott geführt habe. Die beiden freundeten sich nach und nach an, da sie die gleichen Interessen hatten. Während ihres Englandaufenthalts erhielt Mrs. Gresham einen Brief von ihrem Mann, in dem dieser ihr eröffnete, er habe sich in eine andere Frau verliebt. Sie kehrte in die Staaten zurück, um sich scheiden zu lassen. Wieder in England, pflegte sie die Freundschaftsbeziehung zu Lewis weiter, die zu der Zeit noch eindeutig platonischer Natur war. Als ihr Visum nicht mehr verlängert wurde, erbot sich Lewis, eine Zweckehe mit ihr einzugehen, damit sie und ihre beiden Söhne die britische Staatsbürgerschaft erlangen könnten. Kurz nach der standesamtlichen Trauung brach sich Joy, gerade erst Anfang Vierzig, die Hüfte. Es stellte sich heraus, daß sie Brustkrebs hatte und ihre Knochen bereits befallen waren. Ihre Krankheit entfachte in Lewis eine völlig unerwartete Leidenschaft. Erst jetzt war er bereit, eine echte Ehe einzugehen. Er arrangierte die kirchliche Trauung (für ihn im Unterschied zur standesamtlichen Trauung Symbol einer wirklichen Eheschließung), die an Joys Krankenhausbett stattfand. Die Eheleute empfanden jetzt beide tiefe Liebe füreinander, und ehe Joy starb, waren ihnen noch drei gemeinsame Jahre beschieden – nach Aussage aller, die sie miterlebten, eine Zeit strahlenden Glücks.

Wie kommt es dazu, daß ein Mann wie Lewis so spät im Leben einen solchen emotionalen Durchbruch erlebt? Das bislang vorliegende biographische Material gibt nur wenige Anhaltspunkte. Vielleicht hatte ihn die Übersiedlung nach Cambridge offener oder auch bedürftiger gemacht. (Vielleicht war der Umzug aber auch das erste Anzeichen einer Veränderung und nicht die Ursache.) Eine wichtige Rolle spielten offenbar sowohl die gemeinsamen Interessen, die ihn mit Joy verbanden, als auch deren Erkrankung. Ich vermute, daß Joys Krankheit bei ihm alte Gefühle wachrief. (In einer Fernsehsendung wurde die These vertreten, daß sie ihn den frühen Tod seiner Mutter noch einmal durchleben ließ.) Es ist anzunehmen, daß die Erkrankung auch sein Bild von ihr veränderte, am ehesten wohl, indem sie ihr etwas Reines und Geläutertes verlieh. (Von Hause aus Jüdin und obendrein geschieden, war sie ja eine ungewöhnliche Wahl für einen tiefgläubigen Christen.)

Manchmal eröffnet einem der Einblick in das Leben von Freunden oder Bekannten Erkenntnisse darüber, welche speziellen Bedingungen Liebe wecken können. Ein Witwer von über *achtzig* heiratete eine Frau, mit der er schon fünfzehn Jahre lang zusammengelebt hatte, verliebte sich aber erst in sie, nachdem die Ehe geschlossen war. Für ihn war (wie für viele andere Menschen auch) Liebe erst auf dem Boden der Verbindlichkeit möglich. Natürlich ist damit noch nicht erklärt, weshalb er sich entschloß, diese Ehe einzugehen, nachdem er so viele Jahre eine Wiederverheiratung aktiv vermieden hatte. Offenbar waren dabei zwei Auslösefaktoren maßgeblich: der Tod eines ihm sehr nahestehenden Verwandten und – wie auch schon bei Lewis – die Erkrankung seiner Lebensgefährtin. Durch den Tod des Verwandten verlor er einen der wichtigsten Ankerpunkte seines Lebens, und wir wissen ja bereits, daß schmerzhafte Verluste ein Anstoß für neue Liebe sein können. Die Krankheit der Freundin hatte jedoch in seinem Fall eine ganz spezielle emotionale Bedeutung: die Frau hatte, genau wie Joy Gresham, Brustkrebs und unterzog sich ebenfalls einer Brustamputation, allerdings mit einer günstigeren Prognose. Die Besonderheit liegt darin, daß seine erste Frau mehr als dreißig Jahre zuvor an derselben Krankheit gestorben war, nachdem sie sich gegen die Amputation gesträubt hatte. *Ihr* gegenüber hatte er überhaupt erst tiefere Gefühle entwickelt, als sie tot war, und er machte sich Vorwürfe, weil er zugelassen hatte, daß sie sich über den Rat der Ärzte hinweggesetzt hatte, und weil er ihr nach seinen Maßstäben kein «guter Ehemann» gewesen war. Er schien sich so sehr verpflichtet zu fühlen, «ihr Andenken zu wahren», daß es den Anschein hatte, als käme eine Wiederverheiratung für ihn niemals in Frage. (Seine Freunde und Verwandten waren einigermaßen erstaunt, daß er im nachhinein mit einer Liebe an seiner Frau hing, die man ihm zu ihren Lebzeiten nie angemerkt hatte.) Als sich ihm dann aber in seiner neuen Beziehung die Gelegenheit bot, sein Versagen wiedergutzumachen, indem er eine andere Frau mit der gleichen Krebskrankheit pflegte und stützte, konnte er sich der Anforderung stellen und sich gleichzeitig verlieben. Nachdem die zweite Ehe geschlossen war, erklärte er, er fühle sich glücklicher denn je zuvor, was sicher auch damit zu tun hatte, daß er sich selbst als gebend und liebend und als besseren Mann erlebte. Erfolgreich und wohlhabend, wie er war, hatte er menschliche Güte bislang nie als mögliche Grundlage seines eigenen Selbstwertgefühls in Betracht gezogen, auch wenn sie die Eigenschaft war, die er an anderen am meisten bewunderte.

Es gibt viele verschiedene Lebensumstände, die uns auch in den mittleren oder in reiferen Jahren noch ein Anstoß sein können, uns zu verlieben. Das Gefühl, daß das eigene Leben zu eintönig ist oder der eigene Gesichtskreis immer enger wird, kann den Wunsch nach Veränderung wecken, der sich nicht selten in die «Suche» nach leidenschaftlicher Liebe umsetzt. Ebenso kann aus dem Verlust einer wichtigen Beziehung oder aus einer das Selbstgefühl bedrohenden Krise die Bereitschaft erwachsen, sich zu verlieben. Oft besteht ein solcher Verlust darin, daß ein Elternteil stirbt – nicht wenige Menschen verlieben sich erst dann, wenn der alte Vater oder die Mutter tot ist.

Manchmal ist es ziemlich offenkundig, woher der Impetus

zu einer späten Liebe kommt: Der Betreffende steckt in einer tiefen Krise, mit der er sich allein fühlt, und sucht einen Rückhalt. So hatte etwa der britische Premierminister Herbert Henry Asquith auch schon vor seinem Liebesverhältnis mit Venetia Stanley die Neigung, bei jungen Frauen Trost zu suchen, aber diese Freundschaften schienen nie sonderlich intensiv, ernsthaft oder ausschließlich. Seine Beziehung zu Venetia Stanley dagegen war, zumindest auf seiner Seite, leidenschaftliche Liebe (auch wenn diese mit großer Sicherheit nie sexuell ausgelebt wurde). Sie dauerte von 1912 bis zu Venetia Stanleys Hochzeit mit Edwin Montagu im Jahr 1915. (Als sie begann, war Asquith fast sechzig, Venetia Mitte Zwanzig.) Am 8. März 1915 schrieb er ihr:

Meine Liebe zu Dir ist von Tag zu Tag & von Monat zu Monat und [inzwischen schon] von Jahr zu Jahr größer geworden: so weit, daß sie jetzt mein ganzes Leben ausfüllt und beseelt. Ich könnte, selbst wenn ich wollte, und wollte, selbst wenn ich könnte, weder ihren Strom aufhalten noch ihrem Ausmaß Grenzen setzen, noch ihre Intensität auch nur um eine Spur drosseln, noch dafür sorgen, daß sie ein weniger zentraler & beherrschender Faktor in meinem Denken, Trachten & Hoffen würde. Sie hat mich (auch wenn das außer Dir kaum jemand weiß) aus Sterilität, Impotenz, Verzweiflung *errettet*. Sie ermöglicht es mir, unter der täglichen Last schier unerträglicher Bürden & Sorgen noch an Visionen festzuhalten & Träume zu haben.

Asquiths Liebe zu Venetia begann in einer für ihn schwierigen Lebensphase: Er war in eine schwere politische Krise geraten – und das gerade nachdem sich seine zweite (nach dem Tod seiner ersten Frau eingegangene) Ehe, obgleich ursprünglich von ihm aus eine Liebesheirat, als Enttäuschung und zudem als schwere Belastung erwiesen hatte. Seine Frau kränkelte ständig, und man sagte ihr nach, daß sie es an dem in ihrer Position nötigen Takt fehlen ließ. Das Schlimmste aber war, daß ihr Verhältnis zu Asquiths Kindern aus erster Ehe und besonders zu seiner Tochter Violet (als deren Freundin Venetia in Asquiths Gesichtskreis trat) überaus gespannt war. Offenbar begannen Asquith und

Montagu, Venetia zu bewundern, als sie mitbekamen, wie warmherzig sie sich um Violet kümmerte, nachdem deren Verlobter tödlich verunglückt war. Beide verliebten sich in sie. In einem Kommentar heißt es, die Liebe zu Venetia hätte ihm gutgetan: er sei besserer Stimmung gewesen und habe weniger getrunken. Als Venetia überraschend Montagu heiratete, sah sich Asquith fortan außerstande, ihr zu schreiben. Nach Montagus Tod nahm er aber den Kontakt zu ihr behutsam wieder auf, und seine letzte Unternehmung, ehe er starb, war ein Besuch bei ihr.

Es gibt noch andere Faktoren, die Menschen in den mittleren Jahren dafür prädisponieren können, sich zu verlieben. Vielleicht der wichtigste, wenn auch am seltensten eingestandene, sind die Neidgefühle angesichts der erwachenden Sexualität der eigenen Kinder. Es kann bei Eltern ein heftiges Wiederaufflammen ödipaler Gefühle auslösen, wenn ein Sohn oder eine Tochter sich verliebt und aus dem Haus geht, um ein eigenes Leben zu leben. Je heftiger der eigene ödipale Konflikt erlebt und je mangelhafter er gelöst wurde, desto eher werden im späteren Leben ödipale Neid- und Eifersuchtsgefühle reaktiviert. Es kommt nicht selten vor, daß die erste ernsthafte Liebesbeziehung oder die Heirat eines Kindes die Eltern in eine massive Krise stürzt.

Es kann aber auch genau das Gegenteil passieren: Wenn die Kinder verheiratet – oder wenigstens aus dem Haus – sind, haben die Eltern die Möglichkeit, wieder eine glückliche Beziehung zu zweit zu führen, unbelastet von den Dreieckskomplikationen, die das Leben mit Kindern mit sich bringt. Zu den erfreulichsten Aspekten der «Liebe um die Lebensmitte» gehört die Tatsache, daß sie auch die bereits erloschen geglaubte Leidenschaft zwischen langjährigen Ehepartnern wieder aufflammen lassen kann.

In jüngster Zeit ist allgemein zu beobachten, daß mit dem Wandel der sozialen Normen und der immer permissiveren Einstellung zu erotischen Impulsen auch ältere Menschen in zunehmendem Maße emotionale Beziehungen eingehen, die denen der Jugend an Intensität nicht nachstehen. Eine der Stärken des Romans *Memento mori* von Muriel Spark liegt in der eindringlichen Illustrierung der Tatsache, daß unsere tiefsten Sehnsüchte und zentralen Phantasien bis ins hohe Alter hinein lebendig bleiben können. Außerdem bleibt die Komponente der Imagination – die Fähigkeit, Liebesphantasien zu entwickeln – als solche auch dann noch etwas sehr Wichtiges in unserem Leben, wenn sie nicht mehr als Generalprobe für wirkliche Liebe (oder als deren Vorspiel) fungiert. Sie spendet Trost, macht unser Leben bunter, weist uns einen Weg der Wunscherfüllung und ermöglicht es uns, uns mittels unserer Vorstellungskraft mit anderen zu identifizieren. Ich denke da zum Beispiel an eine energische, aktive Mittsiebzigerin, eine vitale Frau, die es fertiggebracht hatte, über vierundzwanzig Jahre ein ausgefülltes berufliches und privates Leben zu führen, ohne wieder zu heiraten oder auch nur besonders erpicht darauf zu wirken. Diese Frau liebt es, jüngeren Kollegen gegenüber zu bemerken: «Ich wünschte, ich hätte Sie kennengelernt, als ich siebzehn war», und auf diese Weise ihre spielerischen Wenn-dann-Phantasien kundzutun. Die jungen Männer sind natürlich von soviel Charme und Koketterie entzückt und der alten Dame in Bewunderung ergeben.

Damit ein Mensch eine wechselseitige Liebesbeziehung eingehen kann, muß er alle vorangehenden Liebesdialoge durchlebt haben, ohne zu sehr verletzt worden zu sein oder zuviel Angst entwickelt zu haben. Sonst bleibt er in irgendeinem Entwicklungsstadium der Liebe stecken oder gänzlich in seiner Liebesfähigkeit gehemmt. Wer in der Kindheit auch negative Züge in das Bild der Mutter integrieren konnte, wird auch dann, wenn der erste Höhenflug der romantischen Liebe vorbei ist, in der Lage sein, negative Momente in das positive Bild der geliebten Person zu integrieren, ohne daß dieses grundsätzlich ins Wanken gerät. Der Liebende muß imstande sein, die geliebte Person mit all ihren Schwächen zu akzeptieren, in dem Wissen, daß sie nicht alle seine Wünsche erfüllen kann. Kann er das nicht, wird die Erkenntnis ihrer Unvollkommenheit eine radikale Entidealisierung zur Folge haben, und es ist absehbar, daß seine Liebesbeziehungen von sehr kurzer Dauer sein werden. Ein anderes typisches Szenario: Die junge Frau, die ihren Vater – in welcher Mischung aus realen und phantasierten Eigenschaften auch immer – weiterhin idealisiert, wird mit großer Wahrscheinlichkeit Probleme haben, einen Geliebten zu finden, der sich mit ihrem überhöhten Vaterbild messen kann.

Idealisierung ist nur eine Vorbedingung für Liebe, eine Vorstufe – für sich allein ist sie noch keine Liebe. Idealisierung kann sich auch in sich selbst verrennen, indem sie zwar Bewunderung und Nachahmung – oder auch Neid – hervorruft, sich aber nicht mit dem Verlangen nach Vereinigung verbindet. Nur Beziehungen, in die diese frühkindliche Sehnsucht einfließt, können zu romantischer Liebe erblühen. *Fühlen* darf der Liebende diesen Zusammenhang zwischen frühesten Wünschen und Strebungen und dem Liebesverlangen allerdings nicht. Nur wenn, dank jener wundersamen schöpferischen Synthese, die das Alte gänzlich neu erscheinen läßt, die «niedere Herkunft» unseres Verlangens dem Bewußtsein verborgen bleibt, können wir uns über die alten Tabus hinwegsetzen und uns der Macht der Liebe ergeben.

5
DIE SCHÖPFERISCHE SYNTHESE

Liebe wird oft so dargestellt, als bestünde sie in einem Kern aus physischer Leidenschaft, um den sich eine Vielzahl anderer Gefühle gruppieren – Bewunderung, Achtung, Zuneigung, Vertrautheit und Verbundenheit. Aber in Wahrheit ist es die Sehnsucht nach dem Anderen, die das Herzstück der Liebe bildet, den Kern, um den sich die übrigen Gefühle scharen.

Die Sehnsucht nach dem Anderen ist so mächtig, daß sie alles beiseite drängt, was dem Liebenden bisher wichtig war, und wie ein Destillat aus sämtlichen Wünschen seines Lebens erscheint. Sie wird zu einer Kraft, die sich aus seinem tiefsten Innersten speist. Francesco Alberoni beschreibt die leidenschaftliche Liebe so: «...eine unendliche Kraft [wächst], die jeden von uns unaustauschbar und für den anderen einzigartig macht. Der andere, der Geliebte, kann nur noch dieser einzige Mensch sein, er wird zu etwas Außergewöhnlichem. Das geschieht oft gegen unseren Willen, oft merken wir es nicht und glauben noch eine lange Zeit, ohne den anderen auskommen zu können oder mit einer anderen Person gleich glücklich zu sein.» Man fühlt sich an den von Aristophanes erzählten Mythos erinnert: Jedes der beiden Teile des ursprünglich ganzen runden Menschen sehnt sich nach der anderen Hälfte, und wenn «einmal einer seine wahre eigne Hälfte antrifft... dann werden sie wunderbar entzückt zu freundschaftlicher Einigung und Liebe».

Obwohl es schon sehr lange Allgemeingut ist, daß sich leidenschaftliche Liebe vor allem durch den Drang der Liebenden kennzeichnet, einander nahe zu sein, lag doch der Ursprung die-

147

ser mächtigen Kraft völlig im Dunkeln, bis Freud erkannte, daß es dabei um ein Wiederfinden geht. Freuds große Leistung war es, die Kontinuität aufzuzeigen, in die die Liebe, allem Augenschein zum Trotz, eingebunden ist, und Platons Einsicht, daß die Vereinigung der Liebenden in Wahrheit eine Wiedervereinigung ist, konkret zu füllen. Ihm verdanken wir die geniale Erkenntnis, daß alle unerfüllten Wünsche des Liebenden auf die geliebte Person übertragen werden, was dazu führt, daß diese als Inkarnation alles Guten erlebt wird. Die enorme Macht der geliebten Person über den Liebenden läßt sich zu einem guten Teil damit erklären, daß sie mit dem Nimbus aller verlorenen früheren Objekte ausgestattet wurde.

Auch wenn der Liebende in der Liebe Erneuerung sucht, greift er auf Vergangenes zurück, knüpft er an alte, oft unbewußte Wünsche und Phantasien an. In der Liebe trachten wir danach, frühkindliche Enttäuschungen gutzumachen. Genauso wie «unbefriedigte Wünsche… die Triebkräfte der Phantasien [sind] und jede einzelne Phantasie… eine Wunscherfüllung, eine Korrektur der unbefriedigenden Wirklichkeit» ist, wohnt der Liebe das (unbewußte) Bestreben inne, frühe Verluste zu kompensieren, unerfüllte und verbotene Kindheitswünsche Wirklichkeit werden zu lassen. Der Liebende gewinnt die verlorene Allmacht zurück, nimmt die geliebte Person ganz in Besitz und erringt den ödipalen Triumph. Durch die Vereinigung mit der geliebten Person macht er die Entbehrungen, Verluste und Demütigungen von früher ungeschehen. Er kann sich mit den überlegenen Rivalen seiner Kindheit identifizieren und seinen verletzten Narzißmus wieder stärken.

Warum nimmt das Bestreben, das verlorene Objekt «wiederzufinden», die Form leidenschaftlicher Sehnsucht an? Man kann sich nur nach etwas sehnen, von dem man wenigstens eine schwache Ahnung hat. Theodor Reik gibt uns einen wichtigen Hinweis darauf, worin die Triebkraft der Liebe besteht, indem er darauf hinweist, daß *Sehnsucht* nicht allein aus der Erinnerung an Liebe erwachsen kann, sondern voraussetzt, daß diese Erinnerung sich mit dem Gefühl des Verlustes paart: Früher einmal fühlten wir uns als Objekt bedingungsloser Liebe, aber jetzt nicht mehr. «Liebe wäre nicht möglich ohne das vorausgegangene Erlebnis des Geliebtwerdens und das andere – vielleicht noch wichtigere – Erlebnis, nicht mehr geliebt zu werden. Der Eifer, das Paradies zurückzugewinnen, entspringt der Erinnerung, daß es der Mensch einmal besaß und verlor.»

Liebessehnsucht ist Sehnsucht nach der Stillung unerfüllter Wünsche, aber sie ist auch Sehnsucht nach der Versicherung, daß wir, weil wir so wertvoll und wichtig sind, nie mehr Gefahr laufen, verlassen zu werden und ohne Liebe zurechtkommen zu müssen. (Wir sehnen uns nach bedingungsloser Liebe, aber paradoxerweise wollen wir zugleich unserer besonderen Qualitäten wegen geliebt werden. Die einzig befriedigende Antwort auf die Frage «Würdest du mich auch dann lieben, wenn ich nicht hübsch wäre?» lautet: ja *und* nein.) Jeder unserer Liebesdialoge eröffnet uns eine neue Möglichkeit, frühere Frustrationen wiedergutzumachen und sowohl Befriedigung als auch Bestätigung zu finden. In der Liebe erwacht der Traum von der Erfüllung der halbvergessenen, zwangsläufig frustrierten Wünsche nach vollkommener Harmonie und totaler Gegenseitigkeit – die alte, verschüttete Phantasie von der perfekten Mutter, die uns unbeirrbar und unentwegt liebt.

Aber in der romantischen Liebe werden nicht nur generelle frühkindliche Phantasien angesprochen: Die Wahl der geliebten Person (die «Objektwahl», um es in der Sprache der Psychoanalyse auszudrücken) erfolgt nach dem Urbild der frühesten Liebesobjekte. Die neuen Objekte «werden immer noch nach dem Vorbild (der Imago) der infantilen gewählt werden, aber sie werden mit der Zeit die Zärtlichkeit an sich ziehen, die an die früheren [die Eltern] gekettet war». Und damit kommen wir zu einer potentiellen Konfliktquelle – der ersten von vielen, die die Liebe zu einem Unterfangen voller Widersprüche machen. «*In jeder Liebesbeziehung muß das neue Liebesobjekt die Erinnerung an die alten Liebesobjekte wachrufen, aber wenn daraus eine glückliche Liebe entstehen soll, darf dabei nicht das Inzest-Schuldgefühl reaktiviert werden.*» Mit anderen Worten: Liebeserregung setzt voraus, daß bestimmte ödipale Erinnerungen evoziert werden, aber wenn dies nicht weit genug unterhalb der Bewußtseinsschwelle passiert, können daraus lähmende Hemmungen resultieren. Im glücklichen Fall ruft Liebe die Vergangenheit wach, während sie uns gleichzeitig über sie hinausführt und gegen zuviel Muttermilchgeruch abschirmt. (Natürlich ist das Bestreben, ein verlorenes Objekt wiederzufinden, nicht das einzige Kriterium für die «Wahl» der geliebten Person. Ich habe bereits darauf hingewiesen, daß das Liebesobjekt auch verschüttete Aspekte des eigenen Selbst verkörpern kann.)

Woran kann man merken, daß Liebe, auch wenn sie vorwärtsgerichtet ist, gleichzeitig einen Rückgriff auf Vergangenes darstellt? Die Suche nach dem verlorenen «Objekt» und das Gefühl, es wiedergefunden zu haben, finden häufig sehr deutlichen Ausdruck in den verschiedenen Liebesdialogen des Erwachsenenalters. So sagen Liebende oft: «Mir ist, als ob ich dich schon ewig kenne.» Dieses Gefühl des Wiederfindens ist wohl auch die unbewußte Grundlage des Glaubens an Wahlverwandtschaften, des Sprichworts von den Ehen, die «im Himmel geschlossen werden», und der Überzeugung vieler Liebender, daß sich ein ihnen vorgezeichnetes Schicksal erfüllt. «Wir sind füreinander bestimmt» ist ein gängiger Ausdruck dieses Gefühls.

Das Moment des Wiederfindens kann sich aber auch in Gestalt bizarrer «Zufälle» bemerkbar machen. Eine verheiratete Freundin von mir hatte eine leidenschaftliche Liebesaffäre mit einem gleichfalls verheirateten Mann, der behauptete, für seine exzentrische, emotional unzugängliche Frau nur noch negative Gefühle zu hegen. Er konnte oder wollte jedoch seine noch ziemlich kleinen Kinder nicht verlassen, und meine Freundin, die sich von ihrem Mann getrennt hatte, sagte sich schließlich voller Wut von ihm los. Sie gingen im Streit auseinander. Nun waren sie aber beide im gleichen beruflichen Bereich tätig, und es hätte leicht sein können, daß sie sich ab und zu zufällig begegnet wären. Er hielt sich jedoch von allen Veranstaltungen fern, bei denen die Gefahr bestand, daß ihre Wege sich kreuzten.

Im Lauf der Jahre entwickelte er jedoch (zumindest nach

Darstellung meiner Freundin) ein interessantes Verhaltensmuster. Er blieb bei seiner «gräßlichen» Frau und tröstete sich mit einer ganzen Reihe von Affären, wobei er es jedesmal fertigbrachte, «zufällig» mit meiner Freundin zusammenzutreffen, wenn er gerade im Begriff war, sich zu «verlieben». Dann pflegte er ihr von seiner neuen Leidenschaft zu erzählen. Beim ersten Mal dachte sie, er wollte ihr eins auswischen. Mit der Zeit gelangte sie dann zu der Auffassung, er wolle ihr (die inzwischen glücklich wieder verheiratet war), damit sagen, bei ihm stünde auch alles bestens und sie bräuchte ihn weder zu bemitleiden noch sich ihm überlegen zu fühlen. Schließlich geschah jedoch etwas, das sein sonderbares Verhalten erhellte. Er hatte sie wieder einmal bei einer öffentlichen Veranstaltung «getroffen», diesmal, um ihr zu sagen, er sei jetzt wirklich verliebt, zum *ersten* Mal in seinem Leben (eine Spitze, die ihr nicht entging). Nach der Veranstaltung und dem sich anschließenden Empfang, wo sie eine Weile miteinander geredet hatten, wollte er ihr in den Mantel helfen, um sie dann zu ihrem Taxi zu bringen. Beim Anblick des Mantels entfuhr ihm ein entzückter Aufschrei – seine neue Geliebte hatte genau den gleichen. Als sie sah, mit welcher Freude ihn dieser Zufall erfüllte, glaubte sie endlich zu begreifen, warum er sie jedesmal gesucht hatte, wenn er verliebt war: Er hatte seine neue Liebe mit ihr vergleichen wollen, nicht um ein Konkurrenzverhältnis herzustellen, sondern um sich zu vergewissern, daß eine emotionale Korrespondenz oder Kontinuität zwischen dem Alten und dem Neuen bestand. Es schien ihn tief zu bewegen, daß seine neue Geliebte sich den gleichen Mantel ausgesucht hatte wie sie.

Ihr fiel wieder ein, daß ihre Kleidung für ihn immer schon eine zentrale Rolle als Ausdruck ihres Wesens gespielt hatte. In der Anfangszeit ihrer Beziehung hatte er die Phantasie entwickelt, daß sie mit seiner Frau einkaufen gehen, ihr eine komplette Garderobe aussuchen und sie nach ihrem Bild formen würde. Anscheinend wollte er, daß seine Frau *sie* werden sollte, damit er nicht mehr in dem Konflikt stünde, *sie* zu wollen, aber die Scheidung zu scheuen. (Letztlich schaffte es aber nicht einmal die

Mantel-Episode, ihn von der Richtigkeit seiner neuen Wahl zu überzeugen. Seine Kinder waren zwar mittlerweile groß, aber er blieb immer weiter bei seiner Frau.)

Auch Außenstehende bemerken oft die Kontinuität der Objektwahl: «Sie ist genau wie seine erste Frau. Ich frage mich, ob er das merkt!» – «Sie macht immer wieder den gleichen Fehler. Man sollte doch meinen, daß sie sich endlich mal jemanden sucht, der ganz anders ist.» (Auf der anderen Seite klammern sich manche Menschen an eine – auch für sie selbst – offensichtlich unpassende, einengende oder selbstzerstörerische Beziehung, weil sie glauben, daß sie nur den gleichen Fehler wieder machen würden. Diese Befürchtung ist manchmal insofern begründet, als die betreffende Person spürt, daß ihre neurotischen Bedürfnisse auch weiter bestimmend sein würden. Manchmal ist es aber die schiere Rationalisierung der Angst vor einer Trennung.)

Das Motiv des Wiederfindens und der Gefahren, die sich daraus ergeben können, spielt natürlich auch in der Mythologie eine wichtige Rolle. Das klassische Exempel ist Ödipus, dem es bestimmt war, seine Mutter Jokaste in buchstäblichem Sinne «wiederzufinden», was nur tragisch enden konnte.

Solch tragische Folgen sind jedoch nicht die Norm – zum Glück, denn wenn an der Liebe wirklich etwas dran ist, wird die geliebte Person immer, wenn auch manchmal indirekt, an Vergangenes rühren. Liebe erfüllt die Aufgabe, ein Stück weit alte Schmerzen und Wunden zu heilen, indem sie eine Verbindung zwischen der Vergangenheit und der Gegenwart herstellt. Sie macht die noch immer nachwirkenden Demütigungen der frühen Kindheit gut, läßt die Sinnlichkeit mit der Zärtlichkeit, den Körper mit der Seele verschmelzen und stellt Kontinuität her, während sie gleichzeitig die Lösung von der Vergangenheit ermöglicht.

Die wechselseitige Identifizierung in der Liebe

Liebe ist aber mehr als nur das Streben nach der Erfüllung halb-verschütteter Wünsche oder die Suche nach einem verlorenen Objekt. Liebende erschaffen sich *per definitionem* auch eine ge-meinsame Identität – das macht ja gerade einen Kernaspekt ihres Erlebens aus. Aus diesem Grund will der Liebende, ebenso wie er die Erfüllung seiner Wünsche durch die geliebte Person ersehnt, auch deren Wünsche erfüllen. Dieses Bestreben zeigt sich deut-lich in dem glühenden Eifer, mit dem er versucht, der geliebten Person alles zu geben: er will ihr Freude machen, für sie sorgen, ihr emotionale und körperliche Lust schenken. So sagt David in *Endlose Liebe* über seine Liebe zu Jade: «Wenn man jemanden liebt, ist man natürlich unermüdlich von seiner Leidenschaft be-herrscht die Lust des anderen zu sehen und mitzuerleben, vor allem seine sexuelle Lust. Von all den vielen Perversionen war der Voyeurismus diejenige, der ich am ehesten selbst hätte erlie-gen können – solange der Gegenstand meines Voyeurismus Jade gewesen wäre. Ihre Äußerungen sexueller Lust hatten mich im-mer gerührt.»

Was die Erwachsenenliebe in erster Linie von den Liebesdia-logen der Kindheit unterscheidet, ist die Gegenseitigkeit. In der entfalteten Liebe aktivieren, ja erschaffen sich die Liebenden in der Vereinigung mit dem Anderen einen neuen Komplex von Identifikationen, in den bei aller Neuheit zugleich auch Altes eingeht. Die Liebenden identifizieren sich im Geiste miteinander, wobei jeder der Subjektivität des Anderen die gleiche Geltung einräumt wie der eigenen.

Die Liebenden in O. Henrys Erzählung «Das Geschenk der Weisen», ein in ärmlichen Verhältnissen lebendes Paar, rühren uns, weil jeder der beiden seinen kostbarsten Besitz verkauft, um ein Weihnachtsgeschenk für den anderen zu erstehen, das in un-mittelbarem Bezug zu dessen kostbarstem Gut steht. Della läßt sich ihr herrliches langes Haar abschneiden, um von dem Geld, das sie dafür bekommt, eine Platinkette für Jims goldene Ta-schenuhr zu kaufen. Indessen hat Jim die Uhr, die schon seinem

Vater und Großvater gehörte, veräußert, um Della die Schildpattkämme schenken zu können, die sie sich als Haarschmuck erträumt hat. Für O. Henry sind die beiden gut und weise, weil ihre Gaben von Herzen kommen.

Wie stark der Wunsch sein kann, der geliebten Person Gutes zu tun, illustrieren jene Liebesgeschichten, in denen sich die Tiefe der Liebe im Verzicht auf die Erfüllung der eigenen Wünsche beweist. Der Liebende stellt die eigene Befriedigung hinter dem Wohl der geliebten Person und manchmal auch dem Allgemeinwohl zurück. Das kann so weit gehen, daß er darauf verzichtet, die geliebte Person zu besitzen oder mit ihr zusammenzusein. Damit beweist er, jedenfalls soweit *sie* es betrifft, seinen Altruismus, seine Menschlichkeit und seinen Opfermut. Er findet zu dem moralisch höherstehenden Handeln und einer «reineren» Form der Liebe: der Bereitschaft, die geliebte Person über alles andere zu stellen.

In dem Film *Casablanca* verzichtet Rick (Humphrey Bogart) auf die wiedergefundene Geliebte Ilsa Lazlo (Ingrid Bergman), weil sein persönliches Ehrgefühl es ihm verbietet, sie ihrem Mann, einem Widerstandskämpfer, wegzunehmen. In seinem durch die Liebe geweckten Edelmut gibt er seine glamouröse Existenz als Café-Besitzer auf, um selbst in den Untergrund zu gehen. Es ist kein Wunder, daß Bogart sich vor allem mit dieser Rolle einen Platz unter den großen romantischen Hollywood-Helden eroberte.

In Charles Dickens' *Geschichte zweier Städte* lieben die beiden zum Verwechseln ähnlich aussehenden Männer Charles Darnay und Sidney Carton dieselbe Frau, Lucie Manette. Lucy liebt Darnay. Sidney Carton, in mancherlei Hinsicht ein zurückgenommener Mensch, erklärte Lucie seine Liebe nie, geht aber um ihretwillen für Darnay aufs Schafott. Generationen von englischen und amerikanischen Schulkindern haben sich seine hehren Worte eingeprägt: «Was ich tue, ist etwas viel, viel Besseres, als ich je getan; die Ruhe, zu der ich eingehe, ist weit, weit seliger, als ich sie je gekannt habe.»

Die bewegendste unter all diesen Geschichten von selbstloser Liebe erzählt für mich der Chaplin-Film *Lichter der Groß-stadt*. Der Tramp (Charlie Chaplin) kratzt das Geld für die Operation zusammen, die allein dem blinden Mädchen das Augenlicht wiederzuschenken vermag. Sie erfährt nicht, daß sie ihm die Rettung verdankt, weil sie frei sein soll, ihr Leben zu leben und die Liebe zu finden. Der Film rührt unweigerlich zumindest Teile des Publikums zu Tränen, wohl deshalb, weil die Zuschauer sich gleich doppelt identifizieren: mit dem selbstlosen, gutherzigen kleinen Tramp und mit dem kleinen Blumenmädchen, das er rettet.

Meistens sind es Männer, die einem als Beispiele für solch edlen Verzicht einfallen. Aber es gibt auch Geschichten dieser Art, in denen Frauen ihr eigenes Glück opfern. Die klassische selbstlose Liebende ist Camille, die Kameliendame. Dumas' tragische Heldin ist eine schöne Kurtisane, die auf den einzigen Mann, den sie wirklich liebt, verzichtet, um sein Leben nicht zu zerstören, und erst wieder mit ihm vereint wird, als sie im Sterben liegt.

Selbstaufopferung aus Liebe kann zweierlei Formen annehmen: Der Liebende verzichtet auf die Geliebte um ihretwillen oder einer hehren Sache wegen, oder aber er hält an der Beziehung fest und opfert ihr die eigene Selbstverwirklichung. Soweit sich geschlechtsspezifische Muster der Verzichtsbereitschaft erkennen lassen, neigen Männer offenbar eher dazu, ihr Beziehungsglück zu opfern, während Frauen eher die Tendenz zeigen, Verzicht zugunsten der Beziehung zu leisten.

Das Maß an Selbstlosigkeit, das Liebende aufbringen können, beweist, daß es in der Liebe um mehr geht als nur um die eigene Befriedigung. Die Besorgtheit um das Wohl des anderen, das Engagement, die emotionale Nähe und die Opferbereitschaft, die die entwickelte Liebe kennzeichnen, deuten darauf hin, daß zwischen den beiden Liebenden ein Prozeß intensiver gegenseitiger Identifikation stattfindet. Jeder erlangt ein Gefühl für die Subjektivität des Anderen, ein Wissen um seine Sicht der Dinge, der das gleiche Gewicht beigemessen wird wie der eigenen.

Während Freud den Ursprung des Bedürfnisses, geliebt zu werden, in der Abhängigkeit des Kindes von den Eltern ortete, war er hinsichtlich der Herkunft des Bedürfnisses zu lieben, des aktiven Aspekts der Liebe, weniger eindeutig. Woher kommt der Drang, der geliebten Person Gutes zu tun? Man kann natürlich Gegenseitigkeit als ein rein funktionales Übereinkommen zwischen zwei Parteien erklären. Aber die Bereitschaft Liebender, einseitig Opfer zu bringen, zeugt von tieferen Motiven. Um sie zu ergründen, müssen wir uns noch einmal den frühesten emotionalen Banden im menschlichen Leben zuwenden und die aus ihnen erwachsenden Identifikationsprozesse betrachten.

Viele Autoren, die sich mit der Liebe befassen, registrieren die Verklärung der geliebten Person als eine offenbar unverzichtbare Voraussetzung. Aber was in der Liebe wirklich idealisiert wird, ist nicht einfach die Person, so wie sie ist, sondern ihr Vermögen, die Wünsche des Liebenden zu erfüllen. Das Urbild für diese idealisierende Sicht der geliebten Person ist das Bild der wirklichen oder imaginierten guten Mutter, jenes unbegrenzt gebende, allesspendende Wesen unserer Träume. Dieses Bild gründet sich letztlich auf die reale (oder erhoffte) Befriedigung der kindlichen Bedürfnisse durch die Mutter und nicht auf irgendwelche anderen Qualitäten ihrer Person. Das Kind internalisiert schon sehr früh das Bild des guten, liebenden Wesens und beginnt, sich mit ihm zu identifizieren. Es spielt mit Puppen, hätschelt Haustiere und lernt, zu anderen zärtlich zu sein, so wie es sich selbst Zärtlichkeit wünscht. Diese Identifizierung mit dem internalisierten Bild eines gebenden Wesens sorgt dafür, daß das Kind später in der Liebe die Fähigkeit – und den Wunsch – haben wird, nicht nur die passive, sondern auch die aktive Rolle zu übernehmen. So wie das Kind sich über die Imagination mit der Mutter (oder des ersehnten «nährenden Wesens») identifiziert, identifiziert sich der Liebende mit der geliebten Person.

Es ist mir sehr wichtig, nachdrücklich darauf hinzuweisen, daß eine solche Identifizierung mit einer gebenden, nährenden Figur nicht notwendig voraussetzt, daß man in der Kindheit tatsächlich eine solche Mutter (oder sonstige Bezugsperson) gehabt hat. Es gibt viele sehr fürsorgliche Liebende, die im Gegenteil kompensieren, was sie *nicht gehabt haben*. Man könnte auch argumentieren, daß das Wunschbild vom liebenden Wesen um so stärker entwickelt ist, je mehr man auf die Phantasie angewiesen war. Und vielleicht ist ja sogar die Tatsache, daß wir alle in der Realität Frustrationen erlebt haben, der eigentliche Grund dafür, daß wir Phantasien von der allesspendenden Mutter entwickelt haben – Phantasien, die in unser Bild von der Person eingehen, die wir sein wollen und manchmal auch tatsächlich werden.

Indem der Liebende die Rolle des Umsorgenden, Nährenden übernimmt, überwindet er die nackte kindliche Bedürftigkeit. Er wird zum Gebenden *und* hat gleichzeitig (über die Identifikation mit der geliebten Person) Teil an der Lust des Empfangens. Letztlich ist es nicht nur die geliebte Person, die idealisiert wird, sondern die Liebesbeziehung selbst und die Gegenseitigkeit, die sie beinhaltet. Der Liebende sucht zweierlei: die Erfüllung seiner Wünsche (durch die magische Person des geliebten Menschen) und die Bestätigung, daß er selbst eine solche magische Person ist, weil er über die Gabe verfügt, Wünsche zu erfüllen.

Befriedigung zu empfangen und gleichzeitig Befriedigung zu geben ist eine beseligende Kombination. Der Liebende kann sich umsorgen lassen, ohne sich infantil zu fühlen, weil er selbst auch ein Gebender ist. Seine Impulse, für die geliebte Person zu sorgen, werden insofern noch verstärkt, als er ahnt, daß die Erfüllung seiner eigenen Wünsche gesicherter ist, wenn er die geliebte Person weiter zufriedenstellt. Das Resultat ist eine Art Perpetuum mobile. Einmal angestoßen, bringt es grundsätzlich genügend Gratifikationen hervor, um sich selbst in Gang zu halten, auch wenn das System faktisch oft genug zusammenbricht.

Indem die Liebe den einzelnen dazu veranlaßt, für einen anderen Menschen zu sorgen und nicht nur unmittelbar für sich selbst, wirkt sie als verändernde Kraft. Der Liebende wird fähig, aus seinem Solipsismus herauszutreten und ein anderes Bewußtsein als einen zweiten, außerhalb seiner selbst liegenden und gleichwertigen Weltmittelpunkt anzuerkennen. Dadurch verlagert sich gewissermaßen sein persönliches Gravitationszentrum. Viele Menschen können für andere Dinge tun, die sie für sie selbst nicht tun können, weil dieses Handeln, wenn es für den anderen geschieht, einen höheren moralischen Wert repräsentiert: etwa Opferbereitschaft, Großzügigkeit, Rücksichtnahme. Da Liebe nach außen, zu dem Anderen hin, gerichtet ist, gibt sie unserem Leben buchstäblich eine Richtung, einen Sinn, der uns in der isolierten Individualität abgeht. Dieses Sinngefühl trägt auch zur Veränderung des Selbstgefühls bei, da es uns unser Vermögen spüren läßt, über uns selbst hinauszuwachsen.

Dem Liebenden, der durch die Identifizierung mit dem Anderen über die eigenen Grenzen hinausgelangt ist, eröffnen sich neue Möglichkeiten: Er ist nicht mehr an alte Verhaltensmuster, Gewohnheiten und andere verfestigte Reaktionen gebunden. Das ist ein Grund, weshalb Menschen, denen es gelungen ist, eine wechselseitige Liebesbeziehung herzustellen, oft einen plötzlichen Energie-, Entwicklungs- und Veränderungsschub erleben und das Gefühl haben, daß sich ihnen eine Fülle neuer Wege auftut.

In der gegenseitigen Liebe wird der Liebende von zwei konträren, aber nicht zwangsläufig konfligierenden oder einander ausschließenden Motiven getrieben: dem Wunsch zu lieben und dem Wunsch, geliebt zu werden. Allerdings kann dabei der eine über den anderen Impuls dominieren. Die beiden Extreme sind der noble Verzicht auf der einen und das eiskalte Beharren auf den eigenen Wünschen, um welchen Preis auch immer, auf der anderen Seite. Den Verzicht habe ich bereits anhand einer Reihe von Beispielen illustriert. Das Beharren auf seinen Wünschen könnte etwa darin bestehen, daß sich ein Ehemann darauf versteift, ein eigenes Kind haben zu wollen, obgleich es für seine Frau lebensgefährlich werden kann, eines zu bekommen. In der idyllischen Liebe gelingt den Liebenden ein ausgewogener Wechsel zwischen Geben und Empfangen, aktiver und passiver Rolle, Befriedigen und Befriedigtwerden, der kindlichen Rolle und der Rolle des sorgenden Elternteils. Dadurch, daß der Liebende zwischen beiden Rollen hin- und herpendelt, erlebt er die vitalen Bedürfnisse der geliebten Person als seine eigenen und genießt ihr Glück ebensosehr wie sein eigenes. Seine Identifizierung mit ihr geht so weit, daß sie für ihn so wichtig wird wie er selbst.

Das «Wir» und das Bild des Elternpaars

Die Liebenden vertrauen sich nicht nur einem Prozeß wechselseitiger Identifizierung an, sondern identifizieren sich zugleich auch als Teile eines Paars. Sie geben das Festhalten an den eigenen Ich-Grenzen auf und bekennen sich zu einer neuen autonomen Einheit – dem durch die Liebe hervorgebrachten «Wir». In dieser neuen Identität als Teil eines Paars schwingen die Erinnerungsbilder aller wichtigen Paare mit, die sie in der prägenden Zeit ihrer Persönlichkeitsentwicklung erlebt haben, insbesondere aber das der Eltern.

Der Status als Paar wird Teil ihrer Identität: das «Wir» gewinnt eine eigenständige Bedeutung. Aber das Paradoxe daran ist, daß das Ich durch die wechselseitige Identifikation in der Beziehung nicht geschwächt, sondern gestärkt wird. Lewis Hyde beschreibt in seinem Buch *The Gift* den «Trick» unserer Psyche, sich eine andere Identität einzuverleiben, das eigene Selbst auf diese Weise zu erweitern und doch die eigene, separate Identität zu bewahren: «Ich finde es hilfreich, sich den Ich-Komplex als etwas vorzustellen, das sich immer mehr erweitert, und nicht als etwas, was es zu überwinden oder abzulegen gilt. Wenn wir in die Pubertät eintreten, hat sich gewöhnlich in uns ein Ich herausgebildet und gefestigt, aber es ist ein kleines Ich, ein Einzel-Ich. Später dann, zum Beispiel, wenn wir uns verlieben, erweitert sich die Identitätskonstellation, und das Einzel-Ich wird zu einem Zweier-Ich. Der junge Liebende hört sich oft zu seinem eigenen Erstaunen ‹wir› statt ‹ich› sagen.»

Hyde drückt in dieser Passage sehr gut aus, wie die beiderseitige Identifizierung mit dem Anderen in der Beziehung zwangsläufig zum integralen Bestandteil der jeweils eigenen Identität wird.

Der Liebende identifiziert das neue Paar, das er mit der geliebten Person bildet, mit dem mächtigen Elternpaar der eigenen Kindheit. Wie so viele andere Aspekte des Liebeserlebens auch, steht die Bedeutung des «Wir» in Zusammenhang mit frühkindlichen Erfahrungen. Obgleich das Kind in der ödipalen Phase bekanntlich in dem sexuellen und emotionalen Szenario der Elternbeziehung die Rolle eines Elternteils einnehmen möchte, ist es nicht allein die Verdrängung des Vaters oder der Mutter, nach der es strebt; genauso wichtig ist der Wunsch, die Paareinheit, die Gegenstand von Neid ist, für sich selbst herzustellen. Der Liebende, der eine neue Identifizierung als Teil eines Paars eingeht, identifiziert sich über sie zugleich mit den Eltern (als Paareinheit).

Teil eines Paars zu werden, ist eine wichtige Etappe auf dem Weg zu dem Ziel, selbst den zentralen Platz in der Generationenkette einzunehmen. Das bedeutet zwar einen Schritt der Lösung von den Eltern, aber zugleich auch die Bestätigung ihrer positiven Vorbildfunktion und elterlichen Liebe. Wir zeigen damit, daß wir genügend Liebe von ihnen bekommen haben, um über die Verletzungen und die Zurückweisung hinwegzukommen, die wir im Zuge der Abnabelung von ihnen zwangsläufig haben einstecken müssen, daß wir ein grundlegendes Vertrauen in die Welt, in uns selbst und andere erworben haben und uns ein zweites Mal der Liebe und dem mit ihr verbundenen Risiko der Ablehnung öffnen können. Wir heißen die Entscheidung der Eltern für den gemeinsamen Weg (ihre Vereinigung zu einem Paar) gut, indem wir es ihnen nachtun. So signalisieren wir ihnen im gleichen Akt, durch den wir uns von ihnen lösen, unsere Identifikation und Verbundenheit nicht nur mit der geliebten Person, sondern auch mit ihnen. Wir reihen uns ein in den Reigen des Lebens, denn wir haben uns selbst einen Partner gesucht.

Liebe heilt Wunden, nicht nur in der Beziehung zur geliebten Person, sondern auch indirekt in der zu den eigenen Eltern (selbst wenn es sich ihnen nicht so darstellen mag und uns selbst vielleicht auch nicht). Erst wenn wir selbst «erwachsen» sind, können wir unsere Eltern besser verstehen – zum Teil deshalb, weil wir ihre Erfahrungen wiederholen – und ihnen verzeihen, was wir als Unrecht uns gegenüber wahrgenommen haben. So gesehen ist die Integration der negativen Aspekte in unser Traumbild von der vollkommenen mütterlichen/väterlichen Figur ein langer und vielleicht sogar, wie manche sich selbst eingestehen, ein nie endender Prozeß. Romantische Liebe ist Teil des fundamentaleren Prozesses der Ablösung und Individuation und bietet zugleich die Chance, frühere Verluste zu kompensieren. (Beide Aspekte, der der Ablösung und der der Wiedergutmachung, kommen im traditionellen Hochzeitszeremoniell zum Ausdruck, etwa in der Sitte, daß der Brautvater die Braut dem Bräutigam zuführt. Die Brautmutter weint und wird meist erklären: «Ich bin ja so glücklich.» In Wahrheit weint sie, weil sie instinktiv spürt, daß dieser Moment für sie einen Verlust bedeutet. Soweit ihre Tränen tatsächlich auch vor Glück fließen, ist dieses komplexer Art. Sie weint vielleicht, weil sie intuitiv weiß, daß ihre Tochter die gleichen Erfahrungen erwarten, die sie selbst durchlebt hat, mit all ihren Höhen und Tiefen, und daß es ihr dadurch möglich werden wird, sich mit ihr zu identifizieren. Sie weiß, daß diese Trennung sein muß, damit sie und ihre Tochter sich näherkommen und einander wirklich verstehen können. Aber dieses Wissen ist bittersüß.)

Das Streben, selbst Abbild des mächtigen Elternpaars zu werden, ist auch das Streben nach Machtübernahme. Der Drang, diese neue Identifizierung einzugehen, ist zwar teilweise regressiver Natur, letztlich aber vor allem vorwärtsgerichtet. Er zielt auf eine wichtige Form erwachsener Stärke – die Stärke der Paareinheit – ab und trifft sich zugleich mit dem kindlichen Glauben, daß Stärke in der Symbiose mit der Mutter gründet. Die alte Sehnsucht, in einer Einheit aufzugehen, wird in die romantische Liebe integriert und erhält gleichzeitig eine neue Qualität.

Der Liebende hat allen Grund, die Liebe nicht als regressiv, sondern als Fortschreiten zu etwas Neuem zu erleben. In der

Liebe fügen wir Wünsche und Strebungen, die aus verschiedenen Stadien unserer Entwicklung stammen, zu einer schöpferischen Synthese, aber der Rückgriff auf das Alte ist so indirekt und komplex, daß die ursprünglichen Motive in der Wiederbelebung transformiert werden. Der Liebende nimmt sowohl die aktive als auch die passive Rolle ein. Er kann sich, psychologisch gesehen, mit zwei zentralen Vorstellungsbildern identifizieren, dem der Mutter und dem des Kindes, und außerdem mit dem ödipalen Bild der mächtigen Paareinheit. Indem alle diese Prozesse gleichzeitig ablaufen, ermöglichen sie es dem Liebenden, viele bruchstückhafte und widersprüchliche Identifizierungen zu integrieren. Die große Leistung der Liebe besteht darin, daß sie ganz verschiedene Strebungen aufnimmt und neu organisiert, so etwa die nach der Wiederherstellung des ozeanischen Gefühls der Mutter-Kind-Diade, nach der Erfüllung der ödipalen Wünsche und nach der Macht des Elternpaars. Der Liebende hat aus alledem eine großartige neue Synthese geschaffen und die Traumata und Deprivationen seiner Kindheit überschritten.

Verschmelzung

Liebe antwortet aber nicht nur auf psychische Bedürfnisse, sondern auch auf unsere Sehnsucht nach Transzendenz. In der leidenschaftlichen Liebe versuchen wir, den Schmerz des Getrenntseins und der Vereinzelung, die spürbare Begrenztheit unseres Einzel-Selbst, in der Verschmelzung mit dem Anderen zu überwinden. Wenn sie weit genug geht, können wir die wechselseitige Identifizierung der Liebenden als die psychologische Entsprechung zu Platons philosophischem Konzept der Verschmelzung begreifen.

Den Kern der Liebe bildet die Sehnsucht nach Verschmelzung, ganz wie es der Mythos des Aristophanes in bildhafter Form beschreibt. Aber was ist Verschmelzung? Singer hilft uns durch die Gegenüberstellung idealistischer und realistischer

Auffassungen von Liebe, den Unterschied zwischen Verschmelzung und dem bloßen Eingehen einer Verbindung klarer zu fassen:

> Der Realist sagt: Menschen tun sich zusammen, weil jeder davon profitiert: Männer und Frauen gehen Lebensgemeinschaften ein, weil sie eine praktische Form der Bedürfnisbefriedigung darstellen. Diese Art der Vereinigung, ob auf gesellschaftlicher Ebene oder in der Liebe zwischen Mann und Frau, sieht der Realist als Interessengemeinschaft und nicht als Verschmelzung von Persönlichkeiten. In der idealistischen Tradition ist es dagegen gerade diese Verschmelzung in der Liebe, die verherrlicht wird. Ein äußerer Bund ist leicht wieder aufzulösen. Die Verbündeten mögen gut zusammenpassen, aber der eine kann nie ein wesentlicher Teil des anderen werden, und in diesem Sinn bleibt die Überwindung des Getrenntseins unvollständig. Verschmelzung dagegen beinhaltet ein gemeinsames Element, eine Identität, die beide Beteiligten gleichermaßen definiert. Indem er die geliebte Person findet, findet jeder der Liebenden die verborgene Realität seiner selbst…

Liebe ist nach Singer mehr als nur die rein praktische Zweckgemeinschaft, als die sie die Realisten sehen möchten. Zwar ist der Zusammenschluß zum beiderseitigen Vorteil durchaus ein Moment der Liebe, aber er ist fast immer ein Nebenaspekt des eigentlichen Kerns. Dieser ist im Empfinden der Liebenden *realer* als jede andere Realität: «Ich machte aller Welt klar, daß das, was Jade und ich ineinander gefunden hatten, realer war als jede andere Welt, realer als der Tod, realer sogar als sie und ich.»

Diese höhere Realität, die die Liebenden entdecken, ist das Erlebnis der Verschmelzung. Wenn wir unter Verbindung den Willen der Liebenden verstehen, zusammenzusein, zusammenzugehören, dann geht Verschmelzung sehr viel weiter: sie beinhaltet eine gegenseitige Durchdringung der Persönlichkeitskerne. Dieser Identifikationsvorgang ist nicht so einfach nachzuvollziehen. Er beinhaltet sowohl das Moment des Aufgehens in der geliebten Person als auch das Moment der Ausdehnung des eigenen Selbst.

Für dieses Erleben der Verschmelzung gibt es so viele Zeugnisse, daß es sich dabei um mehr handeln muß als eine überschwengliche Redefigur, zumal diese Belege aus unterschiedlichsten Quellen – von Liebenden wie aus Untersuchungen über die Liebe – stammen. Nehmen wir etwa Shelleys «Epipsychidion»:

> Ich bin nicht dein – ich bin ein Theil von *dir*.

Oder Catherine in *Sturmhöhe* über ihre Liebe zu Heathcliff:

> ...weil er mehr ich selbst ist, als ich es bin. Aus welchem Stoff auch unsere Seelen gemacht sind, die seine und die meine sind gleich...
>
> Ich vermag es nicht zu erklären, aber sicher haben Sie, wie jedermann, die unbestimmte Vorstellung, daß es etwas in Ihrer Existenz gibt, geben muß, das über Sie hinausreicht. Wozu wäre ich denn geschaffen, wenn ich ganz in dem enthalten wäre, was Sie da vor Augen haben? Meine großen Leiden in dieser Welt sind Heathcliffs Leiden gewesen, und ich habe jedes von ihnen von seinem Beginn an verfolgt und miterlebt: der Sinn meines Daseins ist er. Wenn alles andere zugrunde ginge und er allein bliebe, so würde auch ich weiterdauern; bliebe aber alles bestehen, und er würde vernichtet, dann wäre die Welt für mich fremd geworden: ich wäre kein Teil mehr von ihr... Nelly, ich *bin* Heathcliff! Immer, immer liegt er mir im Sinn, nicht zu meinem Vergnügen, sowenig wie ich selbst für mich immer ein Vergnügen bin, doch als mein eigenstes Sein.

Oder die Liebenden in Ernest Hemingways Roman *Wem die Stunde schlägt*:

> «Nachher werden wir wie *ein* Tier des Waldes sein und so nahe beisammen sein, daß keiner mehr wissen wird, daß der eine von uns der eine ist und nicht der andere. Fühlst du nicht, daß mein Herz dein Herz ist?»
>
> «Ja. Es ist kein Unterschied.»

Das Korrelat dieser psychischen Verschmelzung auf der Verhaltensebene ist das Phänomen, daß der Liebende ebenso bereitwillig für die geliebte Person handelt wie für sich selbst, und zwar ganz spontan und automatisch, nicht aus irgendeinem Gefühl der Verpflichtung oder bewußter Aufopferung heraus. Montaignes Schilderung seiner Freundesliebe zu Étienne de La Boëtie kommt einer Beschreibung des Verschmelzungserlebens in der

romantischen Liebe sehr nahe (und deutet auf die enge Verwandtschaft von leidenschaftlicher Freundschaft und leidenschaftlicher Liebe hin):

> Unsere Seelen sind so einträchtig eines Wegs gezogen, sie haben
> sich in so inbrünstiger Zuneigung gegenseitig bis in den letzten
> Winkel des Herzens gesehen, daß ich nicht allein seine Seele so gut
> kenne wie die meine, sondern daß ich mich gewiß viel lieber auf
> ihn verlassen hätte als auf mich selbst. Man stelle mir ja nicht die
> anderen Freundschaften, wie sie gemeinhin üblich sind, auf die
> gleiche Ebene…

Es gibt keinen Unterschied zwischen den Interessen des Freundes
und den eigenen. Sie sind eins.

Wenn alles gut läuft, gehen die Liebenden eine Verbindung
ein, die sich durch bleibende Wärme, Engagiertheit, Nähe und
Gegenseitigkeit sowie durch ein gewisses Maß an wechselseitiger Identifizierung kennzeichnet. Eine bleibende, vollständige
Verschmelzung (die wir auch als Fusion bezeichnen können)
werden sie dagegen nie erreichen, selbst wenn sie sich darum
bemühen. Wenn sie Glück haben und es *leidenschaftliche* Liebe
ist, was sie miteinander verbindet, wird es zwischen ihnen immer
wieder zu ekstatischen *Momenten* der Verschmelzung kommen.
Auch wenn die Ich-Grenzen sich nicht völlig auflösen, werden
sie doch zumindest durchlässig. Das vorübergehende Verschmelzungserlebnis ist etwas völlig anderes als jenes Gefühl des
Ich-Verlustes, das im Zuge psychotischer Schübe auftreten kann
und etwas sehr Erschreckendes ist. Im Verschmelzungserlebnis
bleibt das Selbst intakt.

Leidenschaftliche Liebe kann nur dauern, wenn die Liebenden zwischendurch solche Augenblicke erleben, in denen sie das
Gefühl haben, miteinander eins geworden zu sein. Die Intensität
der Beziehung speist sich nicht zuletzt aus dem beiderseitigen
Verlangen, noch mehr solcher Offenbarungsmomente zu erleben. Bei vielen Menschen konzentriert sich das Streben nach
Selbstüberschreitung vor allem in der Sexualität, aber sie ist keineswegs die einzige Möglichkeit. Verschmelzungserlebnisse

können auch in Momenten großer Nähe eintreten, in denen sich der physische Austausch auf einen Blick, eine leise Berührung der Fingerspitzen, ein Arm-um-die-Schultern-Legen beschränkt. Vielleicht wird in solchen Augenblicken etwas von dem ozeanischen Gefühl des Einsseins wiederbelebt, das Mutter und Kind in der ersten Zeit ihrer Beziehung durchflutet. Bei Roland Barthes findet sich eine sehr schöne Beschreibung des Pendants zu dieser Urwonne in der romantischen Liebe: «Außer der eigentlichen geschlechtlichen ‹Paarung›... gibt es jene andere Art von Umarmung, die reglose Umschlingung: wir sind verzaubert, betört: wir liegen im Schlaf, ohne zu schlafen; wir sind in der kindlichen Wonne des Einlullens befangen: das ist der Augenblick des Geschichtenerzählens, der Augenblick der Stimme, die mich bannt, mich entrückt, es ist die Heimkehr zur Mutter... In diesem verlängerten Inzest ist dann alles außer Kraft gesetzt: die Zeit, das Gesetz, das Verbot: nichts müht sich ab, nichts wird gewollt: alle Begierden sind aufgehoben, weil sie endgültig gestillt scheinen.» Zwar läßt sich dieser Zustand in Wirklichkeit nicht ewig aufrechterhalten, aber wenn er nicht als zu bedrohlich wahrgenommen wird, kann er immer wieder momentweise zurückgerufen werden.

Die Verschmelzung mag zwar bevorzugt körperlichen Ausdruck annehmen, aber tatsächlich geschieht sie auf der psychischen Ebene. Hier macht die Fluidität des Ich die wechselseitige Durchdringung des Selbst des Liebenden und des Selbst der geliebten Person möglich. Der Sinn liegt dabei im Akt der Verschmelzung selbst, in dem, was im Innern des Liebenden geschieht. Verschmelzung ist auch Hingabe an eine Person, aber in erster Linie ist sie Hingabe an die Macht der Liebe. Sie gestattet dem Liebenden nicht nur, die Grenzen zu überschreiten, die sein Selbst von der geliebten Person trennen, sondern ermöglicht es ihm zugleich, indem er sein begrenztes, alltägliches Selbst hinter sich läßt, ein früheres Selbst, das uns mit dem Zuwachs an Jahren und Erfahrung (und der Ausprägung der Persönlichkeit) verlorengegangen ist, wiederzufinden.

Im Verschmelzungserlebnis wird der Liebende für einen

Moment in ein Stadium zurückversetzt, in dem die Persönlichkeit noch undifferenziert war. Es ist, als würden sein Ich und Über-Ich vorübergehend aufgelöst oder außer Kraft gesetzt, und er erlangt leichteren Zugang zum Unbewußten und zu verschütteten Gefühlen. Es ist der gleiche Vorgang, den Otto Kernberg als Überschreiten der Grenzen des Selbst beschreibt, und es ist meiner Meinung nach auch die «Ganzheit», die die Liebenden bei Aristophanes suchen. Der Liebende erlangt in diesem Augenblick der Entrückung einen ursprünglichen, spannungslosen Bewußtseinszustand wieder, das gleiche ozeanische Gefühl, das zuweilen auch in der Meditation erreicht wird. Die meisten Menschen finden es, wenn überhaupt, in der leidenschaftlichen Liebe.

Der Selbstfindung in der Liebe von Erwachsenen wohnt allerdings ein Paradox inne: Der Liebende muß sich seiner selbst und seiner Eigenständigkeit sicher genug sein, um so weit loslassen zu können, daß er das Gefühl der Verschmelzung erreicht. Er findet sich selbst, indem er sich verliert.

Das berauschende Lustgefühl der Liebe läßt sich nur als Entrückung beschreiben. Es ist ein so außergewöhnliches Erleben, daß man es als veränderten Bewußtseinszustand ansehen kann. Die Verschmelzung, die von außen betrachtet als Illusion erscheint, wird durch das ekstatische Hochgefühl zu einer inneren Realität. Liebe mag aus der Illusion und Imagination geboren werden, aber im Erreichen der Entrückung wird sie wirklich. Und diese Exaltation scheint wesentlich daran beteiligt, daß Liebe den Liebenden zu verändern vermag.

Liebe ist mehr als nur ein Echo frühkindlicher Wonne. Das Hochgefühl, das der Liebende empfindet, resultiert zum Teil daraus, daß unerfüllte Kindheitswünsche endlich doch nicht in Erfüllung gehen. Zum Teil geht es auf den erregenden Reiz des Strebens nach dem Unbekannten und Verbotenen zurück. Und zu einem weiteren Teil erwächst es aus der Fähigkeit, gleichzeitig zu geben und zu empfangen und so endlich über die infantile Haltung hinauszuwachsen, die so lange in unserer Sehnsucht, geliebt zu werden, steckte. Aber das Hochgefühl der Liebe ist vor allem auf das neue, erweiterte Selbstgefühl zurückzuführen, das aus dem Einswerden zweier getrennter Individuen erwächst.

In dem exaltierten Zustand des Ich sind dessen Schutzmechanismen weniger rigide. Hinzukommen kann, daß sich der Einfluß früherer Erfahrungen abschwächt und neue Lösungen für alte Konflikte gefunden werden, was es für den Liebenden auch weniger dringlich macht, an diesen Schutzmechanismen festzuhalten. Diese Lockerung der Abwehrvorkehrungen bedeutet eine größere Fluidität der Persönlichkeit, die wiederum eine kreative Synthese ermöglicht: verschüttete Persönlichkeitsaspekte können wiederentdeckt und zusammen mit neu entwikkelten Bestandteilen des Selbst und neuen Identifizierungen integriert werden. Auf diese Weise erweitert sich das Spektrum der Möglichkeiten beträchtlich.

Selbst wenn die Liebesbeziehung endet, halten diese Veränderungen an. Die Entrückung wird oft als eine Art verzauberter Zustand erinnert. Dank der Intensität der mit ihr verbundenen Gefühle nimmt die Erinnerung an eine entwickelte Liebe im Gedächtnis der meisten Menschen einen prominenten Platz ein. Sie wird dort gewissermaßen als «persönlicher Liebesfilm» eingelagert. In Abständen läuft dieser Film dann wieder ab, manchmal ohne daß wir es wollen. Er kann sich aber auch in zusammengeschnittener oder neu bearbeiteter Form präsentieren, je nach den Auslösereizen und den aktuellen Bedürfnissen. Ganz egal, ob die Liebesbeziehung in der äußeren Realität fortdauert oder nicht – die Erinnerung bleibt und bereichert den Liebenden für alle Zeit.

Selbstdurchsetzungswille und Selbstveränderung in der Liebe

Viele Liebende, aber auch viele Schriftsteller und Biographen wissen intuitiv um diese Katalysatorfunktion der Liebe für Persönlichkeitsveränderungen und spüren oft sogar, daß dieser Effekt wichtiger sein kann als die Liebe selbst. Sie ahnen, daß die Macht der Liebe eine innere Macht ist, daß ihr Zauber letztlich

aus dem inneren kreativen Fluß erwächst – nicht aus den Qualitäten der geliebten Person (auch wenn sie noch so groß sein mögen), nicht aus der Inbesitznahme und nicht aus der Gegenseitigkeit. Selbst im Stadium höchster Verzückung behalten manche
Liebenden durchaus im Bewußtsein, daß die Liebe oft von kurzer Dauer, der geliebte Mensch nicht unbedingt beständig ist,
aber das hindert sie nicht, in ihren Gefühlen zu schwelgen. So
weiß Rosalinde in *Wie es euch gefällt* sehr wohl um die Grenzen
der Liebe und auch um die ihres Geliebten Orlando, aber das
schmälert nicht die Wonne, mit der sie sich dem Sturm der Emotionen in ihrem Innern hingibt – der Vorbehaltlosigkeit und Exzessivität, die Befreiung völligen Loslassens. Aus dieser Befreiung scheint die Fröhlichkeit hervorzugehen, die sich durch das
ganze Stück hindurchzieht, immer wieder emporperlt und Rosalinde mitten in ihren geistreichen Ausführungen über die Liebe
überkommt. Sie mag zwar darüber spotten, wenn der Geliebte
schwört, sie «immerdar und einen Tag» zu lieben («Sagt: ‹Einen
Tag› und laßt ‹immerdar› weg»), aber ihr strömen die Tränen
und schwinden die Sinne wie jedem Landmädchen, sie schmach-
tet und ist genauso liebeskrank wie der einfache Schäfer Silvius.
Sie sagt es sogar selbst: «O Jupiter! O Jupiter! Dieses Schäfers
Leidenschaft ist ganz nach meiner Eigenschaft.» Sie liebt mit der
gleichen Inbrunst wie alle Liebenden im Ardenner Wald. Der
Realismus vermag ihre Leidenschaft nicht zu dämpfen, er
scheint allenfalls die Wonne des rückhaltlosen Fühlens zu steigern.

Vielleicht bedarf es eines Künstlernaturells, um so vorbehaltlos die innere Befreiung auszukosten, die sowohl Ursache als
auch Folge der Liebe ist, um zu spüren, daß das Geliebtwerden
zwar die eigene Eitelkeit befriedigt und auch sonst viele ange-
nehme Seiten hat, die größere Lust aber aus dem Lieben erwächst. Zum großen Teil rührt diese Lust aus der Tatsache her,
daß Liebe, um es mit Carson McCullers zu sagen, kein honigsü-
ßer Zufall ist, sondern «ein schöpferisches Erleben». Viele Dichter haben offenbar erkannt, daß die Freuden der Liebe in erster
Linie dem Liebenden und nicht so sehr der geliebten Person zu-

teil werden. So bittet W. H. Auden: «Wenn es ausgewogene Liebe nicht gibt, / Will ich der sein, der inniger liebt.» Und der Duc de la Rochefoucauld verleiht wohl dem gleichen Gefühl Ausdruck, wenn er in seinen *Maximen* bemerkt, «daß die Freude der Liebe im Lieben liege und daß man glücklicher sei durch die Leidenschaft, die man fühlt, als durch die Leidenschaften, die man in anderen entfacht». Extremer noch formuliert es Philine in Goethes Roman *Wilhelm Meisters Lehrjahre*: «Und wenn ich dich lieb habe, was geht's dich an?»

Wer verliebt ist in die Liebe – auf diesen Nenner kann man die aufgeführten Beispiele bringen – hat oft das Bedürfnis nach Veränderung. Was die zitierten Dichter angeht, kann ich das nicht belegen. Aber Rosalinde ist ein gutes Beispiel. Zu Beginn des Stücks ist sie unglücklich. Ihre Cousine Celia drängt sie, doch fröhlich zu sein, und Rosalinde verspricht, ihr Bestes zu tun: «Das will ich von nun an, Mühmchen, und auf Späße denken. Laß sehen, was hältst du vom Verlieben?» Gesagt, getan. Nur Minuten später verliebt sie sich in Orlando. Und schon nach ein paar weiteren Minuten hat sich ihr Leben von Grund auf verändert. Nicht immer zeitigt die Liebe so dramatische Effekte, aber in jedem Fall wandelt sie den Liebenden, da sie sein Selbstgefühl erweitert oder verändert.

Diese Veränderung des Selbstgefühls ist es, die den Liebenden die Liebe als etwas völlig Neues, Nie-Dagewesenes erleben läßt. Sie macht den eigentlichen Kern der Liebe aus. Großenteils erwächst sie aus den vielfachen Identifikationsprozessen, die in Gang gesetzt werden, wenn wir uns verlieben. Die Liebe treibt uns dazu, neue Bindungen einzugehen und uns aus alten zu lösen. Dieses Faktum erkennen der Bräutigam und die Junggesellen unter seinen Freunden an, wenn sie vor der Hochzeit feuchtfröhlichen Abschied feiern. Und auch der Brautvater akzeptiert es, wenn er die Braut zur Kirche führt, um sie ihrem Mann zu übergeben. Aber egal, ob es die Eltern sind, von denen wir uns lösen, ob es eine alte Liebe ist, die wir zugunsten einer neuen hinter uns lassen, oder die Sterilität eines Daseins, in dem Liebe keinen Platz hatte – Liebe ist immer ein Werkzeug der Veränderung. Die Dialektik, die ihr innewohnt, ist die von Trennung und Vereinigung, Lösung und neuer Verbindung. Und diese Veränderung betrifft in erster Linie das innerste Selbst des Liebenden.

Inneres Wachstum erfolgt über das Verlangen und den Selbstdurchsetzungswillen, der dieses Verlangen zu befriedigen trachtet. Das Selbst wächst durch das Verlangen nach dem Anderen, das Verlangen, sich mit dem idealisierten Objekt des Begehrens zu vereinen, und durch die neue Identifikation (und die Konsolidierung alter Identifikationen), die die Verbindung mit der geliebten Person mit sich bringt.

Neue Liebesdialoge sind nur dann möglich, wenn unser Eigenwille groß genug ist, um uns vom Alten lösen und neue Bindungen eingehen zu können. Lösung bedeutet, daß zwischen uns und unserer Vergangenheit ein Einschnitt besteht. Das heißt aber, daß wir auf der emotionalen Ebene den Sprung über eine Kluft wagen müssen. Liebe ermöglicht es uns (und fordert vielleicht sogar von uns), dieses Wagnis auf uns zu nehmen. Romantische Liebe befähigt uns zu dem paradoxen Kunststück, unsere Getrenntheit und Eigenständigkeit zu behaupten und doch nicht allein zu sein. Sie erlaubt es uns, uns von einem Objekt (oder aus einem Komplex von Bindungen) zu lösen und eine neue Bindung einzugehen. Diese Abfolge von Lösung und neuer Verschmelzung bildet den Kern der Persönlichkeitsentwicklung des Kindes und jungen Menschen und auch den Kern der Erwachsenenliebe. Sie ist das dramatische Plot, das Margaret Mahler in ihrer Darstellung der Individuation des Säuglings und Kleinkindes entfaltet. Dieses Plot wird wieder aufgegriffen, wenn wir in die zweite Individuationsphase, die Adoleszenz, eintreten, und auch später, sooft wir uns verlieben.

Da romantische Liebe so eng mit dem Selbstdurchsetzungswillen verknüpft ist, ist es nur logisch, daß sie vor allem in Kulturen eine wichtige Rolle spielt, die Autonomie und Individualität hoch bewerten, und weniger dort, wo Konformismus im Mittelpunkt steht. So wird in Japan, wo Konformität und die Identifikation mit der Gruppe oberste Werte sind, der Liebe keine große Bedeutung beigemessen. Dennoch halten gerade die Japaner eine hochgradig romantische Sitte hoch: Liebende, die im Leben nicht zusammenkommen können, vereinigen sich im Tod – durch Suizid. Im kulturellen Kontext der Japaner ist Eigenwille (der leicht in Konflikt mit den Sitten und Normen des Kollektivs geraten kann) nicht zulässig. Deshalb ist die einzig akzeptable Form der Liebe (die ja vom Selbstdurchsetzungswillen abhängig ist) die tragische Liebe, bei der die Liebenden, indem sie in den Tod gehen, ihr Selbst gleichzeitig behaupten und auslöschen und so sicherstellen, daß das Kollektiv durch ihren Individualismus keinen Schaden nimmt. Geschichten über tragische Liebesbeziehungen gelten als kulturell zulässig, weil sie verbotene Wünsche in Bahnen kanalisieren, die mit der Forderung nach Konformität und Pflichtbewußtsein vereinbar sind. Die Japaner weinen über das traurige Los der Liebenden in den Geschichten und romantisieren und exorzieren auf diese Weise indirekt die eigenen Liebesimpulse. Wenn wir diesen Mechanismus verstehen, können wir uns auch besser erklären, warum im Abendland in bestimmten Epochen die tragische Liebe ein so populäres Thema war, nämlich dann, wenn sich – wie vor allem im Mittelalter – Autonomie als Wert zu etablieren begann, das Verhalten der einzelnen aber noch durch die strikten Gesetze der Gefolgschaftstreue und -pflichten geregelt war. In solchen Zeiten konnte die Konsequenz unbeugsamer Liebe nur der *Liebestod* sein.

Ohne Eigenwillen kann keine psychische Ablösung stattfinden. Das heißt aber, daß sich überhaupt kein hochgradig individuiertes Selbst entwickeln kann. Das Selbst gewinnt seine Konturen allein durch die Trennung, aber das Gefühl des Getrenntseins erweist sich als unerträglich. Das vereinzelte Selbst fühlt sich isoliert, allein, hilflos. Es fühlt den Drang, mit einem neuen Objekt zu verschmelzen, und tut es in der Liebe.

Liebe ist ein schöpferischer Prozeß, da sie Wünsche und Sehnsüchte aus allen Phasen der Persönlichkeitsentwicklung zu einer neuen Synthese fügt und durch die neuen Identifikationen, die sie ermöglicht, das Selbst des Liebenden erweitert und bereichert. Auch wenn die Liebe insofern illusionär ist, als sie darauf beharrt, daß der Besitz der geliebten Person auf magische Weise zur ewigen Glückseligkeit führen wird, ist sie doch *tatsächlich* eine magische Kraft. Sie wird zum organisierenden Prinzip unseres mentalen Lebens.

Aristophanes' Mythos von den getrennten Hälften, die sich in der Liebe wieder vereinigen, enthält eine tiefe psychologische Wahrheit. In der Liebe eignen wir uns verschüttete Teile unseres Selbst wieder an. Aber wir haben diese Teile nur deshalb abgespalten, weil sie uns zuviel Schmerz verursacht haben: weil sie uns entweder nach dem Unerreichbaren streben ließen oder zu unserem ursprünglichen undifferenzierten Selbst gehörten. So muß beispielsweise der frühkindliche Wunsch, der sich auf das Gefühl des Einsseins mit einem anderen Menschen richtet, begraben werden, wenn eine Persönlichkeitsdifferenzierung und Entwicklung zur Autonomie stattfinden soll. Er kann nur in der Liebe oder in der religiösen Entrückung wieder zugelassen werden. Wenn aber ein so tiefsitzender Wunsch Erfüllung erfährt, ist das Glücksgefühl überwältigend. Wenn wir uns endlich genügend geliebt und genügend als Liebende fühlen, um unsere tiefsten Bedürfnisse zu offenbaren, die lange verschütteten Teile unseres Selbst wieder ans Licht gelangen zu lassen, dann wird in uns Energie freigesetzt, und diese Energie ist es, die das überschwengliche Hochgefühl der Liebe speist. Das Gefühl der Erlösung und des Friedens mit uns selbst und der Welt erwächst daraus, daß wir mit unseren tiefsten Gefühlen ins reine gekommen sind, daß wir in der geliebten Person unsere «bessere Hälfte» gefunden haben – das, was wir bislang in uns selbst unterdrückt haben. Letztlich ermöglicht Liebe nicht nur die Identifikation mit der geliebten Person, dem frühkindlichen Vorstellungsbild von dem allesspendenden Wesen und dem «Wir»: die eigentliche große Neuentdeckung ist das eigene Selbst. Damit der Liebende durch die Liebe wieder heil werden kann, muß er all die Identifikationen, die sie ihm ermöglicht, so vollständig eingehen, daß er seine normalen Schranken sprengt, sein engbegrenztes Selbstgefühl vergißt und dadurch zum umfassenderen Selbst vordringen kann. Das ist das essentielle Paradoxon der Liebe.

3

DIE KAMPFARENEN DER LIEBE –
PARADOXIEN UND KONFLIKTE

6
SELBSTÜBERSCHREITUNG
UND SELBSTERNIEDRIGUNG

Der erste immanente Widerspruch der Liebe ist im Streben nach Verschmelzung enthalten. In der Verschmelzung sucht der Liebende die trennenden Schranken zwischen dem eigenen Selbst und der geliebten Person aufzuheben. Da diese Schranken die Grenzen des eigenen Selbst sind, ist es letztlich eine Form von Transzendenz, die da angestrebt wird. Deshalb ergibt sich auch eine augenfällige Überschneidung zwischen der Sprache der Liebe und der Sprache der Religion, insbesondere des religiösen Mystizismus. Ein gewisses Maß an Selbstaufgabe zugunsten einer Läuterung und Wandlung der eigenen Person ist eine notwendige Komponente der Verschmelzung, jener Offenbarungserlebnisse, die ein wesentlicher Bestandteil der leidenschaftlichen Liebe sind. Aber genau darin liegt das Problem. Bedauerlicherweise steht der Verschmelzungsimpuls in Widerspruch zu anderen Bestrebungen des Liebenden. Wir suchen zwar die Verschmelzung, aber wir suchen sie mit dem Anderen. Könnten wir eine totale Verschmelzung (die wir in diesem Fall als Fusion bezeichnen würden) erreichen, dann gäbe es keinen Anderen mehr. Die faktische Erfüllung der Verschmelzungsphantasie beinhaltet immer zugleich die Gefahr der symbolischen Vernichtung des Selbst und des Anderen. Liebe, die von ihrem Wesen her die geliebte Person ebenso wie das Selbst erhalten will, darf ihr Ziel nicht mit aller Macht verfolgen. Der politische Theoretiker Hans Morgenthau formuliert dieses Dilemma so:

… Wenn wir die Liebe als Wiedervereinigung zweier zusammengehöriger Menschen verstehen, dann kann diese Wiedervereinigung nie über längere Zeit vollständig sein. Außer im *Liebestod*, der die Liebenden auslöscht, indem er sie vereinigt, kann die Vereinigung nie bis zur völligen Verschmelzung der individuellen Identitäten der Liebenden gehen. Es ist das Paradoxon der Liebe, daß sie die Vereinigung zweier Individuen erstrebt, gleichzeitig aber deren Individualität wahren will. A und B wollen eins sein, müssen aber gleichzeitig um ihrer Liebe willen danach trachten, einander ihre Individualität zu belassen. So steht die Liebe selbst ihrer restlosen Erfüllung im Wege.

Dieser Konflikt ist einer der existentiellen Widersprüche, die die Liebe so instabil machen. Er führt oft dazu, daß Probleme entstehen, weil der Liebende die Verschmelzung zu zementieren sucht, entweder durch Selbstaufgabe (wie ich sie in diesem Kapitel erörtern will) oder durch die Kolonisierung des Anderen, indem er Macht über ihn erlangt (worauf ich im nächsten Kapitel näher eingehen werde). Wenn das Streben nach Verschmelzung unreflektiert bleibt, wird der Liebende entweder zum Sklaven oder zum Tyrannen.

Das bedeutet, daß Verschmelzungserlebnisse immer flüchtiger Natur bleiben müssen. Während der Impuls zur Selbstaufgabe – als Teil des Impulses zur Verschmelzung – als wesentliche Komponente der leidenschaftlichen Liebe betrachtet werden muß, kommt er doch immer nur momentweise zum Tragen. In solchen Augenblicken der Entrückung erleben die Liebenden ihr eigenes, separates Selbst als mit dem Selbst des Anderen verwoben. Sie empfinden diese gegenseitige Durchdringung als Bereicherung ihres Selbst, ohne daß dessen Autonomie und Integrität dadurch bedroht ist. Indem die Grenzen des Selbst durchlässig werden, wird dieses nicht etwa geschwächt oder gar ausgelöscht, sondern gestärkt und erweitert. Paradoxerweise kann also periodische Selbstaufgabe eine Form der Selbstbehauptung sein. Man gibt sich selbst als höchsten Ausdruck selbstbestimmten Handelns. Diese Form der Hingabe wird nicht als Schwäche, sondern als ein stärkender Akt empfunden. Das mag seinen

Grund darin haben, daß der Liebende sich nicht so sehr der Macht des Anderen als vielmehr der Macht der Liebe ausliefert.

Der Verschmelzungsimpuls, der den Liebenden momentweise eine neue, erweiterte Identität erleben läßt, kann jedoch zu einer anderen Art der Selbstaufgabe degenerieren – dem Bestreben, die eigene Identität in der des Anderen aufgehen zu lassen. Diese Form der Selbstaufgabe ist nicht kontinuierlich, auf periodisch wiederkehrende Augenblicke beschränkt, nicht beiderseitig, sondern einseitig. Der Liebende strebt nicht so sehr danach, das Selbst zu überschreiten, es geht ihm vielmehr darum, es künstlich «aufzupolstern», Schwachstellen der eigenen Persönlichkeit zu kompensieren.

Auch anhaltende – und selbst pervertierte – Selbstaufgabe kann manchmal noch ein ganz zweckmäßiges Verhalten sein, da der Liebende immerhin Selbstwertgefühl aus seiner devoten Hingabe an die geliebte Person zieht. Er hat zwar seine autonome Identität teilweise aufgegeben, kann sich aber möglicherweise eine zentrale Restidentität als gebende und sorgende Person bewahren und stolz darauf sein. Zwischen der flüchtigen Verschmelzung und der Versklavung liegt ein ganzes Spektrum verschiedener Formen von Selbstaufgabe, die zwar mehr oder weniger kontinuierlich, aber nicht auf masochistische Selbsterniedrigung gerichtet sind, sondern auf Selbsterhöhung: Das Selbst erlangt seine Bedeutung erst in der Bezogenheit auf den Anderen.

Ins Extrem gesteigert, hat die Selbstaufgabe jedoch keine Bereicherung des Selbst, sondern dessen Verarmung zur Folge. Es kann leicht passieren, daß dem Liebenden das positive Gefühl abhanden kommt, ein gebender, nährender Mensch zu sein, der sich ganz in den Dienst einer seiner Hingabe würdigen Person und Sache gestellt hat, und daß er schließlich nichts mehr ist als ein Anhängsel des geliebten Menschen.

Selbst in der nicht neurotisch gefärbten Liebe gerät der Impuls zur Selbstaufgabe häufig in Konflikt mit dem Impuls zur Selbstbehauptung. Alles, was wir bisher über die tiefsten Ursprünge menschlicher Sehnsüchte in Erfahrung gebracht haben, weist zum einen auf ein Grundbedürfnis nach Selbstüberschreitung hin, zum anderen aber auch auf ein damit konkurrierendes Grundbedürfnis nach Selbstbehauptung. Aldous Huxley faßt diese beiden so tief in der menschlichen Natur verwurzelten widersprüchlichen Strebungen prägnant in Worte: «Es verlangt die Menschen, ihr Bewußtsein davon, daß sie das sind, was sie als ‹sie selbst› zu betrachten gelernt haben, zu verstärken, aber es verlangt sie auch – und das sehr oft und mit unwiderstehlicher Heftigkeit – nach dem Bewußtsein, jemand anders zu sein. Mit einem Wort, sie sehnen sich danach, aus sich selbst herauszugelangen, die Grenzen dieses kleinen Inseluniversums zu überschreiten, von welchen sich jeder einzelne Mensch eingeschlossen fühlt.»

In diesem Sinne verstehe ich letztlich auch Freuds Aussage, die motivierenden Kräfte unseres Lebens seien Eros *und* Thanatos (der Todestrieb).

Es ist eine weitverbreitete Überzeugung, daß Frauen in der Liebe stärker zur Selbstaufgabe neigen als Männer. Wenn ich nun die *Fähigkeit* zur Selbstaufgabe als notwendiges Moment der Selbstbefreiung und der Fähigkeit zur Liebe darstelle, kann man mir leicht den Vorwurf machen, daß ich damit eine unselige weibliche Verhaltenstendenz legitimiere. Aber da muß ich widersprechen. Ich unterscheide die Fähigkeit zur Selbsthingabe als Voraussetzung für leidenschaftliche Liebe von dem psychischen Bedürfnis nach einseitigem Aufgehen im Anderen und dem Impuls zur Selbstversklavung. Es mag wohl sein, daß die neurotischen Verzerrungen dieser Fähigkeit zur Selbstaufgabe geschlechtsspezifisch verteilt sind: bei Männern ist sie oft gehemmt, bei Frauen oft überentwickelt. Deshalb ist es kein Wunder, wenn Männer oft in ihrer Fähigkeit, sich zu verlieben, vergleichsweise reduziert sind (vor allem in den Jahren beruflichen Strebens), während Frauen allzu bereitwillig die Selbstaufgabe als wichtigstes Mittel der Identitätskonstituierung wählen. Aber die männliche Tendenz, Selbstaufgabe zu meiden, ist ebensosehr ein Handicap wie die weibliche Neigung, sich kopfüber hineinzustürzen. Für viele Männer ist der Drang zur Selbstbehauptung um jeden Preis (als Bestätigung ihrer männlichen Identität) offenbar eine solche Zwangsjacke, daß ihnen die Erfahrung der leidenschaftlichen Liebe und ihrer verändernden Kraft entgeht. Wenn aber Frauen auf der anderen Seite hingebungsvoll zu Männern aufschauen und dabei eine entsprechende Abwertung des eigenen Selbst in Kauf nehmen, dann konzentrieren sie sich so einseitig auf den Selbstveränderungsaspekt der Liebe, daß der Kern ihres Selbst in Gefahr gerät.

Bei alledem gibt es jedoch in diesem Punkt keinen absoluten Unterschied zwischen Männern und Frauen. Auch wenn Frauen vielleicht eher dazu neigen, ihre Identität auf die nährende und gebende Rolle zu gründen, sind doch offensichtlich beide Geschlechter anfällig für masochistische Verzerrungen der Liebe. Und umgekehrt können Männer und Frauen so eifersüchtig die Vorrangstellung ihres Selbst hüten, daß sie nicht fähig sind, sich zu verlieben.

Der Drang zur Selbstaufgabe

Warum die einseitige Selbstaufgabe in der Liebe eine Versuchung und Verlockung ist, erklärt Simone de Beauvoir treffend, wenn sie schreibt: «Der blinde Gehorsam ist die einzige Möglichkeit einer radikalen Änderung, die ein Menschenwesen kennenlernen kann.» Die Selbstaufgabe in der Liebe kann als Möglichkeit erscheinen, den Schranken des Selbst ganz zu entfliehen oder in ein neues Selbst zu schlüpfen, was natürlich eine noch extremere Form der Flucht darstellt. Den Anderen zu idealisieren, sich mit ihm zu identifizieren oder gar indirekt über ihn zu leben, sind Möglichkeiten, ein unbefriedigendes Selbst durch etwas anderes zu ersetzen. Hierin liegt die Verbindung zwischen Liebe und Religion. In der Religion liegt das Hauptgewicht auf der Selbstaufgabe in der Beziehung zu Gott, dem Symbol der Vollkommenheit und Macht, vor dem jedes menschliche Selbst unvollkommen ist, auch wenn es nach seinem Ebenbild erschaffen wurde. In der Vereinigung mit Gott trachten Menschen danach,

Erlösung von ihren Unvollkommenheiten zu finden und ihre Sterblichkeit zu transzendieren. Der Liebende sucht ebenso wie der Mystiker die Erlösung durch die Selbstaufgabe, daher auch die schon erwähnten Übereinstimmungen zwischen der Sprache der Liebe und der des religiösen Mystizismus (Ich bete dich an, ich will dein Diener/deine Dienerin sein, du bist meine Rettung etc.). Im Bewußtsein seiner Schwächen und seiner Begrenztheit hofft der Liebende, Bedeutung, Stärke und Lebenssinn aus der Identifikation mit der geliebten Person zu ziehen. Deshalb wird die Selbstaufgabe manchmal auch dann, wenn sie einseitig ist, als süß und beglückend empfunden.

Auch wenn die Extremformen der Selbstaufgabe – Selbstversklavung, Masochismus, Selbstzerstörung in der Liebe, wie immer man sie nennen will – bei beiden Geschlechtern anzutreffen sind, assoziiert unsere Kultur sie vor allem mit der Frau. Natürlich haben Frauen in der Geschichte unter einer besonders drastischen Beschneidung ihrer Entfaltungsmöglichkeiten zu leiden gehabt, und oft genug war die Liebe der einzige ihnen offenstehende Weg, diesen enggesteckten Grenzen zu entfliehen. (Deshalb will ich in diesem Kapitel von «*der* Liebenden» sprechen.) Aber auch Männer erfahren früher oder später die Begrenztheit des Selbst und können sich daraufhin ebenfalls der Liebe als einem Weg der Selbstüberschreitung zuwenden.

Es gibt in der Literatur, vor allem der des neunzehnten Jahrhunderts, eine große Zahl biographischer und fiktiver Werke, in denen die liebende Heldin die eigenen Ziele denen des Geliebten unterordnet und durch die Selbstaufgabe glücklich wird. Der Geliebte ist in ihren Augen des Opfers würdig, und wenn es sich um einen Mann von besonderen Qualitäten handelt, wird sie oft auch von Freundinnen und anderen Dritten darin bestärkt, daß ihr Verzicht nicht nur gerechtfertigt ist, sondern sie auch menschlich adelt. Zweifellos trug gerade im neunzehnten Jahrhundert auch die Machtlosigkeit der Frauen im wirklichen Leben dazu bei, daß die Selbstaufgabe in der Liebe zum weiblichen Rollenideal werden konnte.

Eine solche Frau war etwa die 1813 geborene Isabel Arundell, die spätere Ehefrau des berühmten Forschungsreisenden, Orientalisten, Sprachwissenschaftlers und Abenteurers Sir Richard Burton. Schon als junges Mädchen entwickelte sie ein starkes Faible für alles Exotische, das sich vor allem auf einige zufällige Begegnungen mit Zigeunern und auf die intensive Lektüre von Disraelis Roman *Tancred* gründete. Dieses Buch blieb ihr zeitlebens ein wichtiger Begleiter. Schon vor ihrer «ersten ‹Saison›» gesteht sie in einem Tagebucheintrag ihre sehnsüchtige Begeisterung für «Zigeuner, Beduinen und alles Mystische und Östliche», vor allem «für ein wildes und zügelloses Leben». Angesichts ihrer konventionellen Erziehung und der engen Begrenztheit ihrer Welt schien dies eine unerfüllbare Sehnsucht. Doch nachdem sie während eines Sommeraufenthalts Burton begegnet war, verschrieb sie ihm ihr Leben, ohne daß er es ahnte. Sie verfolgte seine wagemutigen Unternehmungen aus der Ferne und hielt treu an ihrer fast schon zur Obsession gewordenen Zukunftsphantasie fest – daß sie Burton wiedertreffen und heiraten würde. Ihre Träume erhielten dadurch Nahrung, daß eine Zigeunerin ihr prophezeit hatte, sie werde durch ihre Heirat «den Namen unseres Stammes tragen» und außerdem eine Verbindung mit einem Mann eingehen, in der «eine Seele ... zwei Körper bewohnen» würde.

Es ist in der Tat bemerkenswert, wie genau Burton der Phantasie entsprach, die Isabel schon als junges Mädchen gehegt hatte. Jahre später trafen die beiden sich wieder, und diesmal gelang es ihr, Burton durch ihre rückhaltlose Bewunderung für sich einzunehmen. Für sie war er die lebende Projektion ihrer eigenen Träume. Sie schrieb später an ihre Mutter: «Ich wünschte, ich wäre ein Mann. Dann wäre ich Richard Burton. Aber da ich nur eine Frau bin, möchte ich Richard Burtons Frau sein.» Es vergingen noch ein paar weitere Jahre, aber schließlich wurden die beiden Mann und Frau. Auch wenn *sie* ihn zu ihrem Lebensinhalt erkor, blieb *sein* Lebensinhalt doch der Orient. Ihr Zusammenleben währte über dreißig Jahre – oft unterbrochen durch seine ausgedehnten Reisen –, aber ihre hingebungsvolle Bewunderung erlahmte nie. Es heißt sogar, sie habe durch ihren unermüdlichen Einsatz seinen Ruhm erst wirklich zementiert. Aber natürlich kann eine solche Form der Selbstaufgabe, wie Isabel sie praktizierte, leicht kannibalische Züge annehmen. Am Ende war Burton nach der Darstellung eines seiner Biographen ein Gefangener ihrer hingebungsvollen Fürsorge. Nach seinem Tod tat sie etwas, was vielen Zeitgenossen unverzeihlich erschien: Sie verbrannte, offenbar aus Angst vor Enthüllungen, die seiner Person (oder ihrer Ehe) den Glorienschein hätten nehmen können, seine Tagebücher und ein Manuskript mit dem Titel *The Scented Garden*, das er als sein Meisterwerk betrachtet hatte. Sie handelte damit seinem ausdrücklichen Wunsch zuwider. Vielleicht ist dieser Schritt als letzter, zugespitzter Ausdruck der Vereinnahmung zu sehen: Sie machte ihn endgültig zu ihrem Eigentum und sorgte dafür, daß der Nachwelt ihr eigenes idealisiertes Bild von ihm überliefert wurde, ungetrübt durch irgendwelche Spuren seiner wirklichen Person.

Ein anderes Beispiel für die Bereitschaft einer Frau, die eigene Identität völlig in der eines großen Mannes aufgehen zu lassen, ist die Geschichte der Schauspielerin Juliette Drouet, die sich, nachdem sie zunächst ein bewegtes, eigenständiges Leben geführt hatte, ganz ihrer Ergebenheit zu Victor Hugo verschrieb. Hugo, bis dahin offenbar ein recht gehemmter Mensch, erlebte die Anfangsphase ihres Verhältnisses als eine Art Rausch, ausgelöst durch die Erfahrung der Liebe und vermutlich auch durch ein gestärktes sexuelles Selbstgefühl. Dennoch gab er weder seine Ehe auf, noch suchte er je den Zugang zu Juliettes Welt. Er holte sie vielmehr aus ihrer Welt heraus, indem er sie in einer recht spartanischen Wohnung einquartierte und ihr über ein Dutzend Jahre lang praktisch alle sozialen Kontakte untersagte. In dieser Zeit der Isolation schrieb sie ihm, während sie unablässig nur auf seinen Besuch wartete, etwa siebzehntausend Briefe, die eine minutiöse Chronik ihres überschwenglichen Glücks, aber auch ihres tiefen Leidens enthalten. Es heißt, ihre Karriere sei schon sehr wacklig gewesen, ehe sie Hugo begegnete, und sie habe ohnehin keine rechte Möglichkeit für eine eigene künstlerische Zukunft mehr gesehen. Dennoch scheint ihre hingebungsvolle Bewunderung für Hugo echt gewesen zu sein. Sie hielt durch alle Höhen und Tiefen seiner persönlichen Lebensumstände und ihrer Beziehung treu zu ihm und brachte es sogar fertig, seine acht Jahre während Liaison mit einer anderen Geliebten zu ignorieren. Schließlich erlangte sie ein mehr heiter-gelassenes und wohl recht befriedigendes Verhältnis zu ihm und nahm, nach dem Tod seiner Frau, den Platz als wichtigster Mensch in seinem Leben ein.

Die anhaltende Idealisierung eines Liebesobjekts und die völlige Selbstaufgabe um seinetwillen können natürlich durch Bestärkung von außen enorm gefördert werden. Vergessen wir nicht, daß Hugo, wie vor ihm Byron, das literarische Idol seiner Zeit war und Juliette Drouets hohe Meinung von ihm reichlich Bestätigung erfuhr. In den Augen von Menschen, die zur Selbstaufgabe neigen, verleiht Prominenz eine geradezu magische Anziehungskraft – daher der geradezu fanatische Kult um «Stars» jeder Art in allen Epochen der Geschichte.

Manchmal nimmt die Selbstaufgabe nach einer gewissen Zeit ein Ende. Es kann sein, daß das Objekt sich auflehnt, weil es sie als Last empfindet, aber auch die Liebende kann ihre Haltung ändern. Letzteres gilt etwa für die Beziehung Virginia Haggards zu Marc Chagall – ein Beispiel aus dem zwanzigsten Jahrhundert, von der Liebenden selbst als ihre «sieben Jahre der Fülle» geschildert. Virginia Haggard, Frau eines armen Malers und Mutter eines kleinen Kindes, übernahm nach dem Tod der Frau Chagalls bei ihm den Posten der Haushälterin. Bald schon wurde sie auch seine Geliebte, und dem Maler schien es, als habe seine verstorbene Frau Bella ihm Virginia geschickt, damit sie für ihn sorge. Sie ging ganz in ihm auf, gebar ihm einen Sohn und schickte ihre Tochter in ein Internat, damit sie dem Meister nicht zur Last fiele. (Viel später bekannte die Tochter, daß die sieben glücklichen Jahre, als die ihre Mutter diese Zeit ansah, für sie genau das Gegenteil gewesen waren: sie hatte sich völlig beiseite geschoben gefühlt.) Virginia Haggard fand sich jedoch mit der Zeit in ihrer Rolle als Geliebte eines berühmten Mannes eingeschränkt und löste das Problem schließlich, indem sie mit einem belgischen Regisseur, der einen Film über Chagall drehte, auf und davon ging. Der Meister selbst war zwar perplex und wütend, fand aber natürlich bald ein neues hingebungsvolles Wesen, das sie ihm ersetzte.

Die Zahl der Beispiele für die völlige Unterordnung von Frauen unter die künstlerischen und kreativen Ziele anderer ist Legion. In manchen Fällen ist die Liebende selbst sehr kreativ, aber ihr eigenes Talent verkümmert, weil sie völlig hinter die geliebte Person zurücktritt. Selbst eine so energiegeladene und begabte Frau wie Alma Schindler gab ihre künstlerischen Ambitionen zugunsten eines Gustav Mahler auf. Zum Zeitpunkt ihrer Verlobung mit Mahler war Alma Schülerin des Komponisten und Dirigenten Alexander von Zemlinsky (der auch der Lehrer Arnold Schönbergs war). Wie Alma selbst berichtet, erklärte sie Mahler einmal in einem Brief, sie könne jetzt nicht mehr weiterschreiben, da sie noch zu arbeiten habe. Sie meinte damit das Komponieren, das für sie «bis dahin das Leben bedeutet» hatte. In ihren *Erinnerungen an Gustav Mahler* schreibt sie: «Es empörte ihn, daß irgend etwas in der Welt mir wichtiger sein könne als ihm zu schreiben. Er sandte mir einen langen Brief, in dem er mir verbot, weiterhin zu komponieren. Was aber hat er mir damit angetan!... Ich habe damals meinen Traum begraben. Vielleicht ist es besser so gewesen. Ich habe, was ich an produktiven Gaben besaß, in andern größeren Hirnen ausleben dürfen. Irgendwo aber brannte eine Wunde in mir, die niemals ganz verheilt ist.» Mahler starb neun Jahre nach ihrer Hochzeit, und Alma war noch jung genug, um eine ganze Reihe illustrer Affären und Ehen einzugehen, die schließlich ihren eigenen Ruhm begründen sollten. In gewisser Weise zimmerte sie sich eine Karriere aus sexuellen und romantischen Beziehungen zu berühmten Männern.

Im allgemeinen sind die Protagonisten solcher Dramen um Liebe und Selbstaufgabe jedoch keine berühmten Persönlichkeiten. Der Drang, in einem anderen Menschen aufzugehen, kommt aus dem eigenen Innern, und die Berufung auf die (manchmal in dem Maße gar nicht existenten) besonderen Gaben der geliebten Person dient oft nur seiner Rationalisierung. Tschechows Erzählung «Herzchen» ist eine klassische Schilderung der Selbstaufgabe als Mittel weiblicher Identitätsbegründung. «Herzchen» findet ihre Identität, ihre einzige Form des Selbstausdrucks und ihre *raison d'être* in der Hingabe an einander ablösende Liebesobjekte. Ohne Liebe versinkt sie in der Depression. Tschechow beschreibt sie so: «Sie liebte ständig irgend jemanden und konnte ohne Liebe nicht sein.» Nachdem die die Frau von «Wanetschka» Kukin geworden ist, dem Inhaber eines Vergnügungsparks, übernimmt sie dessen Meinungen und Vorlieben. Sie wird zur glühenden Advokatin des Boulevardtheaters und seiner künstlerischen und gesellschaftlichen Meriten. Ihren Gedanken pflegt sie durch so häufige Berufung auf die Übereinstimmung mit den Ansichten ihres Gatten Nachdruck zu verleihen, daß die Schauspieler sie scherzhaft «Wanetschka und ich» nennen, oder auch liebevoller «Herzchen». (Für sie ist Kukin ein ebenso erhabenes Genie, wie es Picasso für Françoise oder Jacqueline war.) Dann aber stirbt Kukin plötzlich, und «Herzchen» fällt in tiefe Trauer.

Sie erholt sich allerdings schon ein paar Monate später dank ihrer erneuten Heirat mit einem Holzhändler. Sie übernimmt jetzt *seine* Werte und stürzt sich ins Geschäftsleben. Selbst ihre Haltung zum Theater wandelt sich. Als eine Freundin vorschlägt, zur Entspannung und Belustigung eine Aufführung zu besuchen, entgegnet sie, für solchen Unsinn habe sie keine Zeit. Sie verlebt sechs wunderbare Jahre an der Seite des Holzfällers, ehe sie abermals Witwe wird.

Diesen Schlag überwindet sie erst, als sie eine Beziehung mit dem Regimentsveterinär Smirnin eingeht. Wieder eignet sie sich über ihn neue Interessen und Werte an, und diesmal verficht sie mit Inbrunst die Notwendigkeit tierärztlicher Kontrolluntersuchungen zur Eindämmung von Viehseuchen. Aber ihrem Geliebten ist es peinlich, daß sie redet, als sei sie selbst vom Fach. Er verläßt sie schließlich, und wieder fällt sie in eine Depression, die erst nachläßt, als Jahre später der Sohn des Veterinärs in ihre Obhut gegeben wird. Sie geht jetzt ganz in dem Jungen auf und findet mit diesem neuen Lebensinhalt ihre Contenance und Heiterkeit wieder.

Die Leserreaktionen auf «Herzchen» waren und sind sehr unterschiedlich. Ich selbst habe die Geschichte zum ersten Mal in den fünfziger Jahren gelesen, nachdem mir ein Onkel, ein entschiedener Nonkonformist, das Buch geschenkt hatte. Er pflegte die Erzählung als Beispiel dafür zu zitieren, wie schlimm es einer Frau ergehen kann, wenn sie auf ihre Eigenständigkeit verzichtet. Zunächst reagierte ich auf «Herzchen» so, wie Tschechow es für mein damaliges Gefühl auch tat: mit Abscheu angesichts der inneren Leere der Protagonistin. Aber nach traditionellen Maßstäben verkörpert Herzchen durchaus ein nobles Ideal: das der Aufopferung und des Verzichts zugunsten geliebter Menschen. Tolstoi betrachtete die Geschichte unter dieser Perspektive und kritisierte Tschechows Einstellung zu seinem Geschöpf: «Der Verfasser will sich augenscheinlich über das – was ihm sein Verstand, nicht aber sein Gefühl sagt – klägliche Wesen ‹Herzchen› lustig machen…» Tolstoi räumt zwar die Absurdität dieser Aneinanderreihung von glorifizierenden, auf Identifizierung beruhenden Beziehungen ein, kommt aber zu dem Schluß, daß Tschechow Herzchen entgegen seinen manifesten Absichten doch ein positives Denkmal gesetzt habe: «…nicht lächerlich… sondern heilig und bewunderungswürdig ist ‹Herzchens› Seele mit ihrer Fähigkeit, sich dem, den sie liebt, mit ihrem ganzen Wesen hinzugeben».

Wenn ich heute «Herzchen» wiederlese, verblüfft mich der nach modernen Maßstäben streng feministische Tenor – die Ablehnung der Werte, die solch augenscheinlich unterwürfigem weiblichem Verhalten zugrunde liegen. Aber Tolstois Argumentation hat, trotz der zeitweilig durchschimmernden Misogynie, manches für sich. Es geht in dieser Geschichte nicht um Machtverhältnisse, die aus der gesellschaftlichen Situation der Frau resultieren. Sie handelt von dem psychischen Bedürfnis Herzchens, völlig in einem geliebten Menschen aufzugehen und in seine Identität zu schlüpfen. Es ist eine Geschichte über die Hingabe, nicht über die Unterwerfung. Die Selbstaufgabe ist hier Ausdruck der Persönlichkeit, nicht Produkt der äußeren Umstände.

Angenommen, Herzchens erster Ehemann wäre nicht so früh gestorben – würde dann irgend jemand etwas an ihrem Verhalten auszusetzen haben, oder würde man sie nicht vielmehr als ein Musterbeispiel hingebungsvoller, altruistischer Liebe preisen? Nur weil sie zweimal Witwe wird, offenbart sich, daß ihre Ergebenheit nicht in der Person des geliebten Menschen begründet ist, sondern in ihr selbst – daß sie tatsächlich eines jener Geschöpfe ist, für die die Selbstaufgabe der wichtigste Inhalt der Liebe ist, und daß sie immer wieder jemanden finden wird, in dem sie aufgehen kann. Natürlich muß diese Darstellung jedem gegen den Strich gehen, der sich im Geist mit der geliebten Person identifiziert, die ja ihrer einzigartigen und unersetzlichen Qualitäten wegen geliebt werden will und der Liebenden nicht nur als Projektionsleinwand für deren auf Selbstaufgabe gerichteten Wünsche dienen möchte. Und ebenso irritierend muß sie auf Liebende wirken, die ihre Liebe als einzigartig und in der Person des geliebten Menschen begründet empfinden. Für Herzchen hingegen scheint fast jeder Mann die Rolle des Geliebten übernehmen zu können. Ihr Verhalten kommt der promisken Liebe nahe, und das ist der Grund für die Irritation, die es hervorruft.

Auch wenn wir als Liebende den geliebten Menschen idealisieren und glauben, daß nur diese eine konkrete Person eine solche Reaktion in uns hervorzurufen vermag, ist Selbstaufgabe doch teilweise auch etwas Unpersönliches. Wer den Hang dazu hat, wird auch ein «geeignetes» Objekt finden. Herzchen ist nur ein extremes Beispiel für diese Neigung.

Das entgegengesetzte Extrem sind diejenigen Menschen, die sich überhaupt nicht gehenlassen können und denen niemand (zumindest keine verfügbare Person) gut genug erscheint, um ihrer Liebe, der Hingabe ihrer selbst, wirklich würdig zu sein. Sie können sich überhaupt nicht richtig verlieben und nicht von dem kreativen Potential der Liebe profitieren.

Die meisten von uns stehen wohl irgendwo zwischen diesen

Extremen: nicht jeder x-beliebige kommt als Liebesobjekt in Frage, aber es gibt doch eine gewisse Bandbreite. Diese Erkenntnis überkommt Tomas, den Helden in Milan Kunderas Roman *Die unerträgliche Leichtigkeit des Seins,* als er seine Geliebte Teresa mit einem anderen Mann tanzen sieht:

> Sie bewegten sich wunderbar auf dem Parkett, und Teresa erschien ihm schöner denn je. Verblüfft beobachtete er, mit welcher Präzision und Fügsamkeit sie dem Willen ihres Partners um Sekundenbruchteile zuvorkam. Dieser Tanz schien ihm zu verraten, daß ihre Opferbereitschaft, ihr leidenschaftlicher Wunsch, alles zu tun, was sie Tomas von den Augen ablesen konnte, nicht notwendigerweise an seine Person gebunden war, sondern daß sie bereit gewesen wäre, dem Ruf jedes Mannes zu folgen, den sie an seiner Statt getroffen hätte. Es fiel ihm nicht schwer, sich Teresa und seinen Kollegen als Liebespaar vorzustellen. Gerade diese Leichtigkeit, mit der er sich das vorstellen konnte, verletzte ihn.

Teresa selbst mag sich einer solchen, in ihr selbst existierenden Bereitschaft gar nicht bewußt sein und ihre Gefühle allein Tomas' Eigenschaften zuschreiben. Tomas aber erkennt in einem hellsichtigen Moment Teresas vom Objekt nahezu unabhängiges Bedürfnis nach Hingabe, und diese Einsicht versetzt seinem Stolz einen schweren Schlag.

Tomas erinnert mich an einen Mann, mit dem ich einmal zu tun hatte und der sich selbst damit quälte, daß er sich ausmalte, wie sich seine Frau im Falle seines Todes als guterhaltene reiche Witwe rasch durch eine neue Liebe trösten würde. Er hätte gern die Sicherheit gehabt, daß sie nur ihm gegenüber so empfinden konnte, wie sie empfand, daß ihre Fähigkeit zur Hingabe ganz speziell an seine Person gebunden war. Sobald er sich vorstellte, daß sie einen anderen Mann lieben könnte, bekam ihre Liebe in seinen Augen etwas Nuttenhaftes, und er zog sich mürrisch von ihr zurück.

Der Impuls der Selbstaufgabe, der in früheren Zeiten offenbar von Frauen viel stärker ausgelebt wurde, steckt zwar nach wie vor in uns, aber er erfährt längst nicht mehr so viel positive Verstärkung von außen. Das rührt zum Teil daher, daß in unserer gegenwärtigen Kultur Autonomie sehr hoch bewertet – und letztlich überbewertet – wird. Außerdem wird Hingabe vielfach mit Unterordnung verwechselt. Beides ist keineswegs identisch, auch wenn Überlappungen möglich sind. Worin besteht der Unterschied? Bei der Hingabe kommt der Impuls von innen. Ihr Ziel ist die Erweiterung des Selbst durch die Überschreitung seiner Grenzen und die Identifikation mit den Attributen des Anderen. Aus der Hingabe geht das Selbst gereinigt und «ganzer geworden» hervor: Der Akt der Hingabe selbst ist eine Art Wiederherstellung der ursprünglichen Unschuld. Kein Eigen-Wille steht mehr zwischen der Liebenden und ihrem weltlichen Gott. Darin besteht die Ähnlichkeit mit der religiösen Überantwortung. Hingabe ist ein eigenständiger Akt – ihr liegt weder ein Zwang zugrunde noch verfolgt sie irgendein indirektes Ziel wie etwa die Manipulation der geliebten Person. Sie ist auf Verschmelzung gerichtet, auf die Aufgabe des Selbst und gleichzeitig auf seine Erweiterung. Um es mit Dante zu sagen: «In la sua volontade e la nostra pace» (In seinem Willen liegt unser Friede).

Bei der Unterwerfung handelt es sich dagegen um eine Reaktion auf ein äußeres Machtgefälle: Sie ist der Versuch, eine überlegene und dominierende Macht unter Kontrolle zu bringen und dabei den eigenen Willen und die eigene Autonomie so weit zu bewahren, wie es möglich ist. Unterwürfigkeit impliziert das Vorhandensein einer – realen oder imaginierten – dominierenden äußeren Macht, und sie impliziert auch Manipulation. Sie verfolgt das heimliche Ziel, den Anderen zu beherrschen, um das eigene Selbst zu erhalten. Hingabe und Unterwürfigkeit vermengen sich zwar oft, aber sie sind nicht identisch. Tiere können sich unterwürfig verhalten – sich hingeben kann nur der Mensch. Hingabe kann beglückend sein, Unterwürfigkeit nicht.

Hingabe läßt sich auf einer existentiellen Ebene als Versuch begreifen, der Einsamkeit und dem Solipsismus des Selbst zu entfliehen. Sie kann aber auch als Bedrohung des Selbst und deshalb als problematisch erlebt werden. Außerdem kann der Impuls zur Hingabe zu einem mehr oder minder hohen Anteil aus bewußten oder unbewußten Gefühlen der Unzulänglichkeit, Abhängigkeit, Ohnmacht oder gar Wertlosigkeit erwachsen und einen Kompensationsversuch darstellen. In diesem Fall ist der motivierende Antrieb der Liebenden nicht in erster Linie der Wunsch nach Selbstüberschreitung. Diese Art der Hingabe verfolgt andere Ziele – es geht darum, sein schwaches Selbst zu stützen, sein beschädigtes Selbst zu «reparieren», sein verarmtes Selbst zu glorifizieren, sein fragmentiertes Selbst zu kitten, seinem ohnmächtigen Selbst Macht zu verschaffen oder sein verhaßtes Selbst abzustreifen. Liebe, die sich aus solchen Motiven speist, ist regressiv – ein Versuch, sich den Schutz und die Fürsorge zu verschaffen, die man in einer frühen Lebensphase entbehrt hat. Selbstaufgabe in diesem Sinne ist problematisch und ein Symptom für eine psychische Schwäche. Kurzfristig mögen solche Verzerrungen des Impulses, sich hinzugeben, einigermaßen zweckdienlich oder sogar lukrativ sein, aber auf lange Sicht werden die Folgen meist fatal sein. Manchen dieser Liebenden mag es zwar gelingen, durch neue Identifizierungen die Grundlage für eine autonome Weiterentwicklung ihrer Persönlichkeit zu legen, aber die Mehrzahl wird nur erreichen, daß ihre persönliche Entwicklung ganz stagniert und ihr Selbstwertgefühl noch weiter unterminiert wird. Wenn die Liebende den Geliebten als sehr viel besser, fähiger und mächtiger wahrnimmt, kann es dahin kommen, daß sie ihr eigenes Selbstwertgefühl *nur* noch auf die Identifizierungen mit dieser idealisierten Person gründet. In diesem Fall hat das Bedürfnis, im Anderen aufzugehen, die in der Verschmelzung angelegte Möglichkeit zur Selbstüberschreitung und damit zur Veränderung des Selbst völlig überwuchert.

Hingabe – eine ambivalente Erfahrung

Es gibt Menschen, für die die bedrohlichen Aspekte der Hingabe so gewichtig sind, daß sie sie davon abhalten, sich zu verlieben. Die Angst vor dem Verliebtsein wurzelt gewöhnlich in frühen Kindheitserfahrungen. Wenn die Eltern als allzu besitzergreifend und dominierend erlebt werden und die eigene Autonomie nur mühsam errungen werden konnte, wird leicht jede Art von Liebe als bedrohlich erscheinen, besonders aber die romantische Liebe, weil das Moment der Hingabe als Unterordnung oder Autonomieverlust wahrgenommen wird.

Oft scheitern schon die ersten tastenden Vorstöße in das Terrain der Liebe, weil sie reale oder symbolische Bedrohungen für das Selbst heraufbeschwören. Auch wenn dieses nicht – wie bei der Selbstversklavung – in seinem Kern bedroht ist, kann doch leicht der Stolz oder die Selbstachtung in Gefahr geraten (oder gefährdet erscheinen). Es kann sein, daß der Liebende vor der Stärke seiner eigenen Wünsche, sich hinzugeben, und dem in seinen Augen unvermeidlich daraus folgenden Autonomieverlust erschrickt und alles daransetzt, sich aus der Beziehung herauszuziehen. Oder aber er sucht sich aus Selbstschutz von vornherein einen Menschen aus, der seine Gefühle nicht erwidert und damit seinen Verschmelzungswünschen äußere Grenzen setzt. Die gleichen Motive stecken auch dahinter, wenn jemand gerade nach Augenblicken großer Nähe – und vor allem nach intensiven sexuellen Begegnungen – seine Eigenständigkeit hervorkehrt, indem er auf Distanz geht oder einen Streit entfacht. Je inniger das sexuelle Beisammensein war, desto größer ist oft hinterher die Angst vor dem Selbstverlust, der Selbstauflösung oder auch der inneren Leere – und desto heftiger damit auch die Traurigkeit oder die Distanzierung. (Manche Menschen können sich überhaupt nur dann sexuell gehenlassen, wenn eine emotionale Distanz besteht, da sie es als zu beängstigend empfinden, sich auf beiden Ebenen gleichzeitig hinzugeben. Ein Beispiel wäre etwa die Frau, die erzählt, daß sie zum ersten Mal einen Orgasmus erlebte, als die Beziehung sich schon aufzulösen begann.)

In der Hingabe wünscht sich der Liebende, völlig in der geliebten Person aufzugehen. Extreme oder einseitige Formen von Hingabe können dazu führen, daß die eigenen Vorlieben, Interessen, Überzeugungen und Werte zurücktreten und die der geliebten Person entweder (wie von «Herzchen») gänzlich übernommen werden oder auch zumindest absoluten Vorrang erhalten. Der Liebende sucht den Sinn seines Lebens allein in der Verbindung und Identifikation mit der geliebten Person und empfindet dies zunächst auch als beglückend.

Leider ist dieses Glück aber oft von kurzer Dauer, da die radikale Selbstaufgabe sowohl für den Liebenden als auch für die geliebte Person letztlich schwer zu ertragen ist. Der Liebende riskiert die totale Vernichtung, wenn die geliebte Person ihn abwertend oder abschätzig behandelt. Was als Streben nach Transzendenz begann, endet leicht in Knechtschaft oder gar Sklaverei. Oder aber der Liebende entdeckt, daß die geliebte Person gar nicht so ein göttliches Wesen ist, und reagiert enttäuscht.

Die Selbstaufgabe kann sich aber auch deshalb in einen unglücklichen Zustand verkehren, weil der Liebende merkt, daß sein Selbst, das er läutern und erweitern wollte, statt dessen verarmt ist, daß er zuviel von sich aufgegeben hat und die Grundlage seiner Selbstachtung zerbröckelt ist. Er fürchtet die völlige Regression in ein Stadium kindlicher Abhängigkeit, aus dem er womöglich nicht mehr herausfinden wird. Das kann zur Folge haben, daß er sich abrupt dem eigenen Impuls, sich hinzugeben, widersetzt, und das oft so erbittert, daß die geliebte Person bestürzt ist. Ein Mann, den seine Geliebte mit solchen jäh umschlagenden Gefühlen konfrontierte, beklagte sich: «Zuerst hat sie sich mir hingegeben, und dann hat sie's mir gegeben.»

Der Liebende kann aber auch zu noch radikaleren Mitteln Zuflucht nehmen, um die Angst vor dem Selbstverlust abzustellen. In manchen Fällen wird er ganz die Flucht ergreifen und die Beziehung abbrechen, oder aber er geht ein anderes Liebesverhältnis ein, das es ihm ermöglicht, sich noch eine von der geliebten Person getrennte Identität zu bewahren. In James Salters Roman *Light Years* kann sich der Ehemann, nachdem er sich eine Geliebte zugelegt hat, wieder zärtliche Empfindungen für seine Frau leisten:

> Er sah sie einen flüchtigen Moment lang, wie sie durch die Diele ging, und ein warmes Gefühl überkam ihn, sein Blick streifte zärtlich ihre Hüften, ihr Haar, die Armbänder an ihrem Handgelenk.

Er war ihr plötzlich in gewisser Weise ebenbürtig; seine Liebe war nicht mehr allein an sie gebunden, sie war umfassender, eine Liebe zu den Frauen, größtenteils unerfüllt, eine Liebe, die sich nicht verwirklichen ließ und sich für ihn in diesem einen launischen und rätselhaften Geschöpf verdichtete, aber nicht nur in dem einen. Er hatte seine Pein aufgeteilt, sie war endlich zerspalten.

Dieser Mechanismus wird häufig bemüht, wenn ein Verhältnis die Funktion bekommt, eine Ehe zu «retten». Er erklärt, weshalb eine außereheliche Affäre manchmal eine ganz andere Bedeutung hat, als es auf den ersten Blick scheint. Sie kann zwar die Suche nach einer Alternative sein und damit für eine bereits zerrüttete Ehe tatsächlich eine Bedrohung, aber oft ist sie auch nur ein ausgleichendes Moment, das dem Liebenden ein neues Gefühl der Autonomie gibt und so das Fortbestehen der Ehe ermöglicht.

Die Versuche des Liebenden, seine Autonomie zu erkämpfen oder zu wahren, können aber auch dezent, symbolisch und indirekt sein. Eine hochintelligente und sehr gebildete Frau war leidenschaftlich in einen weltberühmten Wissenschaftler verliebt, brachte es aber einfach nicht fertig, irgendeine seiner Publikationen zu lesen. Sie hatte Angst, seine Gedanken könnten sie einschüchtern und ihr Minderwertigkeitsgefühle einflößen; deshalb schirmte sie sich gegen jede direkte Konfrontation mit seinem als genial geltenden Intellekt ab. Aber auch so wußte sie genau, daß ihr Selbstwertgefühl von seiner Wertschätzung und Liebe abhängig war. Sie sonnte sich in seinem Glanz, fürchtete sich jedoch gleichzeitig davor, von ihm in den Schatten gestellt zu werden. So verharrte sie in der Schwebe zwischen dem Impuls zur Hingabe und dem zur Flucht.

Wenn der Liebende eine «Liebesbeziehung» hinter sich hat, die er als verschlingend erlebte, kann es sein, daß er künftig jeder Art von Nähe ausweicht. Ein Bekannter von mir heiratete, kurz nachdem er einer leidenschaftlichen, aber von ihm (ohne daß es ihm zu der Zeit selbst bewußt war) als bodenlos empfundenen Liebesbeziehung entronnen war, eine extrem schüchterne und gehemmte Frau. Erst nach dem Scheitern dieser von Anfang an unter unseligen Vorzeichen stehenden Ehe war er in der Lage, sich klarzumachen, was geschehen war. In der Zeit seiner intensiven Beziehung hatte er nur seine eigene Leidenschaft und das Gefühl der Befreiung wahrgenommen. Er selbst sagte: «Ich war viel zu beschäftigt damit, meine Gefühle zu fühlen, um sie auch noch zu beobachten.» Später jedoch, als er fähig war, zu reflektieren – und nicht mehr nur zu reagieren –, merkte er, daß sein Verhalten nach dem Ende dieser Beziehung von Angst bestimmt gewesen war. «Danach fing ich an, mich mehr oder weniger gegen Frauen abzuschotten, meist nur emotional, aber manchmal auch sexuell. Und im nachhinein ist mir dann klargeworden, daß ich mich überschwemmt fühlte... deshalb habe ich diese Frau geheiratet. Sie war in keiner Weise bedrohlich.»

Ein Standardmechanismus, um dem Konflikt zwischen den eigenen Hingabewünschen und dem Streben nach Autonomie zu entgehen, ist die Wahl eines von sich aus Distanz haltenden Liebesobjekts. Man kann dem eigenen Drang zur Hingabe getrost nachgeben, wenn man dadurch abgesichert ist, daß der Partner einem nicht entgegenkommt, selber nicht losläßt. Deshalb ist das Sturmlaufen gegen ein unzugängliches Liebesobjekt gar kein so ausschließlich selbstzerstörerisches Verhalten, wie es oft den Anschein hat. Ein solches Objekt setzt der Selbstaufgabe des Liebenden äußere Grenzen.

Nach diesem Prinzip funktioniert eine sehr häufig zu beobachtende Beziehungsform, die Ähnlichkeit mit einer Wippe hat, weil abwechselnd der eine und dann der andere Partner offensichtlich einseitig, aber um so heftiger in den anderen verliebt ist. Erst dann, wenn der unglücklich verliebte Teil sich zurückzuziehen beginnt, wagt der andere, seinen eigenen Hingabewünschen nachzugeben. Solche Beziehungen erscheinen Außenstehenden bizarr, aber gerade die Ungleichzeitigkeit ermöglicht es beiden Beteiligten, sich hinzugeben. Sie scheinen zwar darunter zu leiden, stehen aber sichtlich im Bann einer heftigen, alles andere überlagernden Leidenschaft, die wichtiger ist als banale Zufriedenheit.

Obgleich man das Innenleben von Menschen, die schon

lange tot sind, nie in seiner ganzen Komplexität ergründen können wird, scheint doch die Beziehung zwischen George Sand und Alfred Musset, so wie sie von den Biographen nachgezeichnet wurde, ein drastisches Beispiel für diese Art Liebe gewesen zu sein. Im Jahre 1833 reisten die beiden, getrieben von dem Wunsch, Italien kennenzulernen, nach Venedig, wo sie sich im Hotel Danieli einquartierten. Aber ihr Aufenthalt dort war alles andere als eine Zeit trauter Zweisamkeit. Musset beeilte sich, George Sand zu erklären, daß er sie nicht mehr liebe, und stürzte sich – um die Formulierung des Sand-Biographen Maurois zu benutzen – in eine Phase «romantischer Ausschweifung». Obgleich tief getroffen, blieb sie bei ihm. Als er erkrankte, rief sie einen jungen italienischen Arzt, Doktor Pagello, der bald darauf ihr Geliebter wurde. Nun erst erwachten Mussets leidenschaftliche Gefühle für sie wieder. Er kehrte nach Paris zurück und schrieb ihr: «Ich gebe mich daran, einen Roman zu verfassen. Ich habe große Lust, unsre Geschichte niederzuschreiben: mich dünkt, dies würde mich heilen und mir das Herz wieder aufrichten. Ich möchte Dir einen Altar erbauen, und sei es aus meinem Gebein... sei stolz, mein großer und tapferer George, Du hast ein Kind zu einem Mann gemacht...» Natürlich war ihre Beziehung noch lange nicht zu Ende. Nach ein paar Monaten gab George Sand Pagello den Laufpaß, und nachdem sie und Musset wieder zusammengekommen waren, «begann das Wechselspiel der schmählichen Auftritte und der leidenschaftlichen Billets» von neuem. George trennte sich wieder von Alfred, doch dann veränderten sich ihre Gefühle. Maurois schreibt: «Der Mensch ist nun einmal so geschaffen, daß er das verachtet, was sich ihm anbietet, und nach dem strebt, was sich verweigert. George mußte mit Überraschung erkennen, daß Musset diesmal den Bruch hinnahm. Alsbald hörte sie auf, die Trennung zu ersehnen.»

George Sand schnitt sich ihr Haar ab und schickte es ihm. Da erst war er bereit, sie zu empfangen. Und wieder begann der Tanz von vorn: «Von Trennung zu Trennung, von Versöhnung zu Versöhnung zuckte ihre moribunde Liebe immer wieder auf, aber es waren nur die Zuckungen der Agonie. Sand und Musset glichen damals jenen Ringkämpfern, die sich aneinanderklammern, gebadet in Schweiß und Blut, und von den Zuschauern nicht getrennt werden können.»

Ungleichzeitigkeit – die Tatsache, daß ein Partner jeweils weniger offen ist als der andere – ist oft die «Sicherung», die den Kopfsprung in die ungezügelte Leidenschaft, die rückhaltlose Hingabe erlaubt. Eine ähnliche Schutzfunktion können aber auch äußere Schranken übernehmen. So kommt es, daß die Liebe oft am heftigsten lodert und am längsten hält, wenn das ständige Beisammensein durch irgendwelche Umstände verhindert wird. Diese Situation ermöglicht beides: Hingabe (in kleinen, aber konzentrierten Dosen) und Autonomie. Das ist das Geheimnis der besonderen Intensität von Beziehungen über große Distanzen, von heimlichen Stelldicheins, von Liebe im Zeichen des Abschieds oder gar des Todes. Eines der tragischsten Beispiele, die ich kenne, ist die Geschichte eines Mannes, der eine als unheilbar krebskrank diagnostizierte Frau heiratete, die nach Meinung der Ärzte nur noch drei bis fünf Jahre zu leben hatte. Es war eine große Leidenschaft, bis sie durch ein Wunder genas. Ihr Krebs und seine Liebesglut schwanden proportional.

Es passiert oft, daß der Liebende nach der Scheidung oder Trennung, wenn er keine Angst mehr vor dem Verschlungenwerden zu haben braucht, anfängt, von Wiederannäherung, Versöhnung und Neubeginn zu träumen. Manchmal erblüht die Liebe zum Partner sogar erst nach dessen Tod richtig. Das hat seinen Grund nicht nur darin, daß keine untergründige Angst vor Ablehnung mehr da ist, sondern hängt auch damit zusammen, daß die Gefahr des Selbstverlustes, des Überschwemmtwerdens durch den anderen, nicht länger existiert. Oft übernimmt der Liebende nach dem Tod der geliebten Person deren Ansichten und Eigenheiten. Dieses Phänomen hat Freud bereits im Zusammenhang mit Trauer beschrieben: Das verlorene Objekt wird mittels Einverleibung und Identifikation bewahrt. Diese psychischen Mechanismen gestatten es, symbolisch an der geliebten Person festzuhalten. Außerdem kann es sich der hinterbliebene

Teil jetzt auch leisten, dem in jeder engen Beziehung bestehenden Impuls nachzugeben, bestimmte Attribute des geliebten Menschen zu übernehmen; es ist keine Bedrohung der eigenen Autonomie oder der eigenen Grenzen mehr damit verbunden. Eine Frau, mit der ich zu tun hatte, bemerkte voller Verblüffung, wie ihre Mutter nach Tod des Vaters dessen Meinungen (denen sie noch kurz zuvor heftig widersprochen hatte) nicht nur zu ihren machte, sondern sogar in seinem Tonfall zum besten gab.

Selbstversklavung und Masochismus

Bei der Hingabe in der Liebe geht es, auf einer allgemeineren Ebene, um Erlösung oder eine Erhöhung des Selbst, und selbst wenn dabei auch Ambivalenz im Spiel ist, kann doch letztlich der positive Aspekt zum Tragen kommen.

Bei der Selbstversklavung dagegen (worunter ich zwanghafte, selbstzerstörerische Liebe, masochistische Selbstaufgabe oder beides verstehe) kann zwar das Ziel letztlich das gleiche sein, aber der drängende Charakter und die Unersättlichkeit des Bedürfnisses führen fast unausweichlich ins Debakel. Es kann auch sein, daß sich der Drang zur Hingabe mit dem Bedürfnis nach Selbstbestrafung verquickt. Wenn dies der Fall ist und der Liebende sich schließlich leer und wertlos fühlt und nur noch über die Beziehung aufrecht hält, dann hat er sich in eine verzweifelte, sklavische Liebe verstrickt. Die Grenze zwischen Selbstveränderung und Selbstaufgabe ist fließend, und die Pervertierung der Hingabe in Selbstzerstörung kann sehr schnell gehen. Kritiker der romantischen Liebe pflegen darauf zu verweisen, daß sie nur zu häufig zur Selbstversklavung entartet. Wenn der Liebende nicht über einen stabilen Identitätskern und ein abgesichertes Selbstwertgefühl verfügt, verkehrt sich der Wunsch nach Verschmelzung leicht in den Wunsch, in der geliebten Person aufzugehen. Dieser Impuls kann so stark sein, daß der Liebende dem vergeblichen Streben, ihn umzusetzen, seine Autonomie, ja sogar sein Leben opfert. Es kann passieren, daß er die Verschmelzung im Tod sucht oder, wenn er zurückgewiesen wurde, dem Getrenntsein im Leben durch den Freitod zu entfliehen versucht. (Daher auch die paradoxe romantische These von der Liebe als Verliebtheit in den Tod. Beispiele: Tristan, Werther und auch Antonius.) Von den masochistischen Verzerrungen der Liebe sind beide Geschlechter betroffen.

Die masochistische Selbstaufgabe in der Liebe kann sich in die pornographische Phantasie von der totalen Reduktion auf ein willenloses Objekt steigern, wie sie etwa in der *Geschichte der O* ihren Ausdruck gefunden hat. Im Extremfall wird der geliebten Person ein gottähnlicher Status zuerkannt: die absolute Macht über die eigene Person und manchmal sogar über das eigene Leben. Diese Art der Selbstaufgabe ist offenbar nicht nur durch existentielle oder individuelle Gefühle der Unzulänglichkeit, Ohnmacht oder Bedeutungslosigkeit motiviert, sondern auch durch Schuldgefühle und regelrechten Selbsthaß. Zwar kann man sie immer noch als ein Streben nach Erlösung begreifen, aber es ist eine Erlösung durch Selbstbestrafung und -erniedrigung.

Wenn ein Mensch das Gefühl der Wichtigkeit nicht aus sich selbst ziehen kann und es auch nicht innerhalb eines sozialen Bezugssystems findet (die traditionelle Form der Begründung von Wichtigkeit), dann kann es sein, daß er versucht, sich Bedeutung zu sichern, indem er sich in die Objektrolle begibt, sich instrumentalisieren läßt. Das Selbst, das sich machtlos oder wertlos fühlt, überantwortet sich einer anderen Person: es läßt sich von einer fremden Macht kolonisieren. Völlige Selbstaufgabe, die nicht auf flüchtige Augenblicke beschränkt bleibt, sondern über längere Zeit andauert, ist ein Eingeständnis des Gefühls, bedeutungslos zu sein.

Es gibt Menschen, die nach Unterwerfung unter eine gute und liebevolle beherrschende Figur streben und nur versehentlich an Tyrannen geraten, aber es gibt offenbar auch solche, die sich nach einem tyrannischen Gegenüber sehnen. In solchen Fällen der Selbstversklavung ist das Objekt, dem das Selbst ausgeliefert wird, oft so offensichtlich un-gut, daß der Liebende die

Pervertierung seiner Hingabewünsche selbst spürt. Es geht nicht mehr um die Verschmelzung mit einem idealisierten Anderen, sondern um ein komplexeres Bedürfnis, dessen uneinlösbarer und selbstzerstörerischer Charakter sich in der Wahl der geliebten Person offenbart. Die folgende Geschichte einer solchen, drei Jahre währenden «Liebe» erzählte mir eine ambitionierte Schauspielerin. In ihrem Fall besaß das Objekt von vornherein nicht die «Erlösereigenschaften», wie sie Juliette Drouet, die ja ebenfalls Schauspielerin war, in Victor Hugo verkörpert gesehen haben mag. Im Rückblick begreift diese Frau die Beziehung, von der hier die Rede ist, als eine lange unglückliche Phase der Selbstaufgabe. Ich gebe die Geschichte in ihren eigenen Worten wieder, so gut sie mir in Erinnerung geblieben sind:

Ich will nicht sagen, daß Liebe und leidenschaftliche Besessenheit nie Hand in Hand gehen, weil das nicht stimmt. Aber in meinem Fall war es keine Liebe. Ben war sieben Jahre älter als ich. Ich lernte ihn kennen, als ich als Serviererin in einem Lokal in der Upper East Side arbeitete. Ich erinnere mich noch genau an die Szenerie. Sonntag, Brunch-Zeit: Pfannkuchen, Räucherlachs und Frühstücksgebäck. Meine Uniform bestand aus schwarzen (und ziemlich fleckigen) Bügelfaltenhosen und einem rosafarbenen, bis oben zugeknöpften Hemd. Ich trug mein Haar damals hochgesteckt, und irgendwo hing immer eine Strähne runter, das Markenzeichen der emsigen Bedienung. Ich hatte flache Schuhe an und zuviel Rouge aufgelegt. Er saß da und leerte einen Mimosa nach dem anderen und bestellte sich Essen, das er nicht anrührte. Es war klar, daß er Alkoholprobleme hatte, aber ich wollte das natürlich nicht sehen. Er hatte etwas sehr Jungenhaftes, mit glatten, blonden Haaren und ein bißchen übereinanderstehenden Zähnen, und er war damals extrem mager. Er meinte, es läge an seinem Kokainkonsum. Er hatte immer sein kleines silbernes Döschen dabei und verschwand ab und zu in Richtung Herrentoilette. Dabei kam er immer bei mir am Tresen vorbei, und ich schenkte ihm Sekt nach.
Ich wartete immer schon die ganze Woche auf diesen Sonntagmorgen-Brunch, weil mich diese Erscheinung so faszinierte: ein echter Party-Boy. Das selbstzerstörerische Muster fing schon an, sich abzuzeichnen. Samstags ging ich zu Bloomingdale's, um mir einen

neuen Lippenstift zu kaufen. Er sagte nämlich immer, die Form meiner Lippen nehme ihm den Appetit. (In Wahrheit war es aber das Kokain.) Ich gab ein kleines Vermögen für Lip-Gloss und Konturenstifte aus. Mein Leben drehte sich die ganze Woche über um die anderthalb Stunden mit diesem exzessiven, gestörten, zerquälten Menschen. Wenn mir heute so ein Typ begegnete, würde ich zusehen, daß ich Land gewinne. Aber er war wie ein angeschlagenes Stück Steuben-Glas – wenn man die kaputte Seite zur Wand drehte, merkte man nichts. Ich wollte ihn in ein Salmiakbad stecken und ihn zum Funkeln bringen. In meinen Phantasien ging es nie darum, daß er Sex mit mir wollte. Ich war immer der aktive Teil, wollte ihm die strapazierten Nasenflügel streicheln, die angeschlagene Leber und die geschundene Seele mit dem Balsam der Liebe salben. Ich machte mir mein Verhalten als Bedürfnis schmackhaft, zu helfen und zu heilen. Vielleicht brauchte ich einfach ein mitleiderweckendes Geschöpf, das ich retten konnte. Es war, wenn man so will, meine «Jeanne d'Arc-Phase».

Zwischen uns entspann sich eine Beziehung. Er war der Sohn und ich die Mutter, die ihn an der Brust wiegte wie ein Baby. Er war der Laufbursche und ich der Boss. Ich gab die Anweisungen und war platt, wenn er sie nicht ausführte. Meistens war er einfach zu high, um groß was zu tun. Er war der Gefangene, und ich hatte die Schlüssel. In Wirklichkeit war ich aber diejenige, die eingesperrt war. Hinter den Gittern, die ich selbst um mich errichtet hatte, litt ich unter einer erdrückenden Platzangst. Ich konnte an nichts anderes mehr denken als an ihn. Was machte er? Mit wem war er zusammen? War er auf dem Heimweg von der Arbeit noch irgendwo hängengeblieben? Ging er allein nach Hause? Rief er jemanden an, wenn er daheim war? Für mich existierte überhaupt nichts anderes mehr. Ich brachte mein Leben kaum noch über die Runden. Ich lebte für die Stunden, die er bei mir verbrachte; das waren die einzigen Zeiten, in denen ich genau wußte, wo er war. Meine Eifersucht war durch nichts begründet. Er war nicht einmal besonders auf Sex aus. Die Initiative ging immer von mir aus, und er fügte sich meist einfach nur. Er ließ es zu, daß ich ihn liebte. Er hatte nichts dagegen, daß ich versuchte, ihn auf Touren zu bringen, aber er stand gewöhnlich so unter Alkohol, Koks oder Valium, daß sich bei ihm nichts rührte. Ich dachte, ich sei nicht sexy genug. Das ganze letzte Jahr hatten wir gar keinen Sex mehr. Wir ließen es stillschweigend so laufen. Ich putzte ihm statt dessen die Schuhe und ging einmal in der Woche zu ihm, um sein Badezimmer zu schrubben.

Wenn er schlief, stöberte ich oft in seiner Brieftasche, um herauszufinden, ob er mich betrog. Heute bin ich selbst entsetzt darüber. Ich wachte oft mitten in der Nacht auf und goß mir dann ein Wasserglas mit Schnaps voll, um mich davon abzuhalten, bei ihm anzurufen und zu kontrollieren, ob er zu Hause war. Um drei oder vier Uhr morgens wohlgemerkt. Ich ging wie ein lahmer Puma in meiner Wohnung auf und ab, setzte in Gedanken lauter Puzzle-Stückchen zusammen und spann mir alle möglichen Sachen aus. Was habe ich für Energien auf diese Beziehung verschwendet!

Aber wo war die Liebe geblieben, die doch angeblich dazugehörte, vor allem in der Anfangszeit einer Beziehung? Ich weiß gar nicht, ob sie überhaupt je dagewesen ist, aber damals glaubte ich das wohl. Später ist mir bewußt geworden, daß ich von meinen Katzen mehr Zärtlichkeit bekommen habe. Er war wie eine lebende Statue, die an an meinen Kissen lehnte. Als dann das Ende kam, habe ich es wundersamerweise überlebt. Ich stand zwar schon auf dem Sims, aber ich habe mich dann doch für die Treppe entschieden statt fürs Fenster.

Rückblickend sehe ich diese Liebesaffäre als eine Art Zusammenbruch, eine Krankheit, weiter nichts. Es war ein Leiden, ein seelisches Siechtum. Genauso gefährlich wie Alkohol- oder Drogenabhängigkeit. Ich kann wirklich sagen, es war das übelste Gefühl, das ich je erlebt habe. Das ist so, als wenn man im Aufzug feststeckt. Es ist, als ob das Böse plötzlich die ganze Regie über dein Leben übernommen hat und du nichts mehr tun kannst, als dich fügen und deinem eigenen Untergang zuschauen, so als sähst du dich und alles, was du tust, auf einem kleinen Fernsehschirm vor dir: Hier ist der Dämonen-Kanal! Deine ganze Selbstachtung, dein Selbstwertgefühl, deine Würde und Integrität werden weggeschwemmt wie eine Sandburg. Du bist total hilflos. Du hörst die Leute im Chor auf dich einreden: «Was heißt hier hilflos? Ohnmächtig? Ausgeliefert? Du hast ja nicht mehr alle Tassen im Schrank! Mach doch einfach Schluß damit.» So wie man sagt: «Wirf diese Süßigkeiten weg! Drück die Zigarette aus! Schmeiß die Tabletten ins Klo! Schluß damit!» Es ist wirklich so, als wäre man verrückt. Man fühlt sich wie verhext und sieht sich plötzlich die seltsamsten Dinge tun. Du merkst auf einmal, wie du zum heimlichen Schnüffler wirst. Du schleichst herum wie ein Spion, auf der Suche nach Spuren von Untreue und Betrug, nach Beweisen für all die Verbrechen, die du dem anderen unterstellst. Solange es dauert, denkst du, es ist Liebe. Aber wenn dann die Katastrophe kommt und du sie überlebst, merkst du rückblickend, daß es gar keine Liebe war, sondern nur totale Bedürftigkeit.

Die Schauspielerin war nach dieser krassen Erfahrung so erschüttert, daß sie sich für mehrere Jahre ganz von Männern fernhielt. Sie bezeichnete sich selbst als Liebes-Anorektikerin, analog der Magersüchtigen, die das Essen verweigert. Ihre Geschichte ist die Geschichte einer zwanghaften und zweifellos masochistisch getönten Liebe, aber eine zentrale Rolle spielt dabei der Impuls, den Geliebten zu retten. Sie suchte sich keine Person aus, die in ihren Augen besonders grandios war, sondern einen Mann, den sie als bedürftig erlebte. Das läßt erkennen, wie komplex die der sklavischen Liebe zugrundeliegenden Motive sein können. Der manifeste Wunsch, die geliebte Person zu retten, ist ein immer wiederkehrendes Moment in Schilderungen selbstzerstörerischer Liebesbeziehungen.

Wenn der Impuls, sich hinzugeben, pervertierte Formen annimmt, Kommt es vor, daß die geliebte Person nicht ideale Eigenschaften verkörpert, sondern die schlechten (und meist unterdrückten) Seiten des Liebenden selbst. In der Wahl der geliebten Person spiegelt sich gleichsam das negative Selbstbild des Liebenden. Indem dieser sich bemüht, die geliebte Person zu retten, versucht er in Wahrheit, sich selbst zu retten. In diesem Fall wird die Selbstläuterung nicht über die Hingabe an eine verklärte Person erstrebt, sondern über eine Märtyrerhaltung. Das Motiv kann aber auch darin bestehen, einen Aspekt der eigenen Person zu «erlösen», der auf den anderen projiziert wurde.

So wie allgemein unterstellt wird, daß die Liebe im Leben von Frauen eine größere Rolle spielt als im Leben von Männern, ist es auch eine verbreitete Ansicht, daß Frauen eher bereit sind, in der Liebe zu leiden. Männer schmeicheln sich oft, vergleichsweise gefeit gegen masochistische Verzerrungen der Liebe zu sein (wie sie sich auch gern für immun gegen das verzweifelte Verlangen nach Liebe halten, das angeblich unter Frauen epidemisch grassiert). Das ist jedoch ein Irrtum, der möglicherweise daher kommt, daß Frauen ihr Leiden offener zeigen. In meiner therapeutischen Praxis, wo alle Patienten unabhängig vom Geschlecht ihre Gefühle offen zu äußern versuchen, habe ich die Erfahrung gemacht, daß Männer nicht weniger leiden und auch nicht weniger zur Selbstversklavung neigen.

Ein klassisches Beispiel für die Selbstversklavung eines Mannes aus Liebe schildert W. Somerset Maughams Roman *Der Menschen Hörigkeit*. Der junge Medizinstudent Philip Carey ist fasziniert von einer ziemlich gewöhnlichen, aber bis zur Überheblichkeit von sich eingenommenen Kellnerin. Durch ihr geringschätziges Verhalten ihm gegenüber verletzt und zugleich provoziert, verliebt er sich in sie. Aber es ist eine sonderbare Liebe. «…es schien ihm unfaßbar, daß er nun Mildred Rogers liebte. Ihr Name war grotesk. Er fand sie unschön… Sie war gewöhnlich… Er entsann sich ihrer Unverschämtheit… Er hatte sich die Liebe als eine Verzückung vorgestellt, die einem die ganze Welt frühlingshaft erscheinen ließ, als eine überschwengliche Glückseligkeit; aber dies war kein Glück, es war ein Hungern der Seele, ein schmerzvolles Sehnen, eine bittere Qual, wie er sie nie zuvor erfahren hatte.» Sie läßt sich seine Bemühungen widerstrebend gefallen und gibt ihnen erst nach, als sie feststellt, daß sie ein Kind von einem anderen Mann erwartet. Obgleich er sehr gut zu ihr ist, betrügt sie ihn immer wieder. Auch als sie ihn verläßt und er herausfindet, daß sie Prostituierte geworden ist, kann ihn das nicht davon abhalten, sie und ihr Kind bei sich aufzunehmen. Obgleich seine Leidenschaft inzwischen abgekühlt ist und er sie mehr denn je auch abstoßend findet, übt sie noch immer große Macht auf ihn aus.

Ebenso wie die junge Schauspielerin, deren Geschichte ich eben wiedergegeben habe, überwindet auch Philip schließlich seine Obsession. Aber was hat ihn soweit getrieben? Mildred scheint keinen Aspekt seines geheimen Selbst zu verkörpern; er ist nicht in einer für ihn zentralen Weise mit ihr identifiziert. Maugham akzentuiert insbesondere eine Ebene, auf der für Philip ein Gefälle zwischen Mildred und ihm besteht, das sie für ihn anziehend macht: er ist durch seinen Klumpfuß psychisch gehandikapt, introvertiert, zaghaft und leicht zu demütigen, was ihn ihr autarkes, unverschämtes und hochtrabendes Auftreten bewundern läßt. Aber Mildred ist nicht die typische destruktive *Femme fatale*. Sie ist ebenfalls notorisch selbstzerstörerisch in ihren Leidenschaften und verwirkt ihre Glückschancen durch ihre Affären mit zwei unbeständigen und unaufrichtigen Männern, von denen sie ebensowenig lassen kann wie Philip von ihr.

Maugham hat erklärt, inwiefern *Der Menschen Hörigkeit* ein autobiographischer Roman ist: «...die Gefühle sind meine eigenen, aber nicht alle Vorfälle wurden so erzählt, wie sie sich ereignet hatten. Einige von ihnen, die ich nicht selbst erlebte, sondern Menschen, mit denen ich eng befreundet war, wurden auf den Helden projiziert.» Er behauptete, das Buch sei für ihn ein Akt der Befreiung von eigenen Leiden und schlimmen Erinnerungen gewesen. (Es ist interessant, daß die beiden großen literarischen Verkörperungen männlicher Selbstversklavung in der Liebe – Maughams Carey und Prousts Swann – von homosexuellen Männern erschaffen wurden.) Sklavische Liebe kann überwindbar, aber auch ausweglos sein, die Selbstzerstörung reversibel wie in Philips Fall oder aber endgültig wie bei Mildred.

Es gibt, wie unter anderem Leslie Fiedler dokumentiert hat, viele literarische und andere kulturelle Belege dafür, daß auch Männer der Gefahr (und der Faszination) der selbstzerstörerischen Liebe erliegen können. Männliche Schriftsteller haben zwar einerseits das Weibliche in Gestalt der Reinen Jungfrau verklärt, andererseits aber auch die Dunkle Dame zum festen Bestandteil ihres Repertoires gemacht: die große Versucherin, die den Helden nicht selten sogar in den Tod lockt. Von Lilith bis Delilah, von der Dunklen Dame der Shakespeareschen Sonette («Und schwör' auf deiner Schönheit lichte Pracht/ Die schwarz wie Hölle, finster wie die Nacht.») über die romantische *Belle dame sans merci* bis hin zu den modernen Frauengestalten spiegelt die Literatur die Tatsache, daß romantische Liebe für den Mann in Selbstzerstörung münden kann (und die männliche Angst davor). Allerdings geht diese Gefahr für viele männliche Schriftsteller von der Frau aus, und nicht von einer im Mann selbst angelegten selbstzerstörerischen Neigung. Das ist jedoch eine Fehldeutung, die Projektion einer psychischen Bereitschaft nach außen. Wie Leslie Fiedler aufzeigt, ist F. Scott Fitzgerald unter den Romanciers vielleicht das krasseste Beispiel für die Angst, daß auch die Reine Jungfrau nur eine getarnte Version der Dunklen Dame ist. Genau wie Dick Diver in *Zärtlich ist die Nacht* schließlich durch die Beziehung zu Nicole zugrunde gerichtet wird, wird auch Jay Gatsby die Liebe zu Daisy zum Verhängnis. Über Fitzgeralds Gesamtwerk meint Fiedler resümierend:

> Es gibt nur eine Geschichte, die Fitzgerald erzählen kann, und wie er sich auch dreht und wendet, er muß sie immer wieder erzählen. Der Ritter ohne einen Pfennig in der Tasche, der arme, dumme Hans, Balljunge oder Schmuggler oder Medizinstudent, zieht aus, sein Glück zu suchen, und findet es zu seinem Unglück auch. Sein Lohn, ganz wie im Märchen, ist das goldene Mädchen im weißen Schloß; aber anders als im Märchen bedeutet das ganz und gar kein glückliches Ende. Er findet in seinem Bett nicht die Weiße Braut, sondern die Dunkle Zerstörerin; in Wahrheit gibt es die weiße Braut überhaupt nicht, denn dunkle und Weiße Dame, Hexe und Erlöserin, sind in eine Person zusammengefallen.

Fitzgerald sah sich selbst offenbar ebenso als Opfer der Liebe wie Gatsby oder Diver. Über sein eigenes Leben schrieb er: «Meine Fähigkeit zu hoffen ließ ich auf den schmalen Straßen, die zu Zeldas Sanatorium führten.»

Der blaue Engel von Josef von Sternberg nach der Vorlage von Heinrich Manns Roman *Professor Unrat* ist die klassische filmische Darstellung der Selbstzerstörung eines Mannes aus Liebe. Es geht darin um einen Professor, der seine Studenten beim Betrachten von Bildpostkarten der aufreizenden Varietékünstlerin Lola Lola ertappt und sich aufmacht, um die Dame wegen ihres schlechten Einflusses auf die jungen Leute zu tadeln. Er sucht sie zu diesem Zweck in ihrer Garderobe auf, erliegt aber rasch ihrem verführerischen Charme, der seine schlummernden sexuellen Wünsche weckt. Nachdem er die Nacht mit ihr verbracht hat, macht er ihr überstürzt einen Heiratsantrag. Er gibt seine Lehrtätigkeit auf, um mit ihr durch die Lande zu tingeln. Der Film erzählt die Geschichte des steilen Niedergangs des Professors, der schließlich als komische Nummer in der Truppe der Geliebten endet. Lola Lola ist als einer der großen Vamps in die Filmgeschichte eingegangen, als eine *Femme fatale*, deren unwiderstehliche erotische Ausstrahlung einen Mann in die Selbsterniedrigung und Demütigung und schließlich sogar in den Tod treibt.

Das Verlangen nach Selbsterniedrigung und Selbstbestrafung findet seinen sexuellen Ausdruck oft in der Phantasie von der vollbusigen, gestiefelten, «phallischen» Frau mit der Peitsche. Aber ebenso häufig schlägt er sich in dem erotischen Sog nieder, der von der Gestalt des Vamps ausgeht. Sie gehört zum Grundrepertoire männlicher Phantasien. Und häufig genug wird es einem Mann, dessen erotische Träume um den Vamp kreisen, auch im wirklichen Leben gelingen, auf eine solche Frau zu treffen. Männer sind ebensogut wie Frauen fähig, Liebesbeziehungen zur Befriedigung ihres unbewußten Bedürfnisses nach Erniedrigung, Selbstbestrafung oder Selbstzerstörung zu benutzen.

Die Auswirkungen sklavischer Liebe auf die geliebte Person

Übersteigerte Selbstaufgabe hat nicht nur zerstörerische Auswirkungen auf den Liebenden selbst, sondern ist auch für die geliebte Person bedrohlich. Sie wird den Liebenden häufig als allzu abhängig empfinden und sich schließlich durch diese Art von Liebe eingesperrt fühlen. Was der Liebende selbst als Begehren idealisiert, kann der geliebten Person leicht als Kannibalismus erscheinen.

Außerdem wird der Impuls zur Selbstaufgabe, dem der Liebende folgt, auch insofern oft zur Entfremdung führen, als die geliebte Person die Selbsterniedrigung des Partners abstoßend findet und ihn nicht mehr wertschätzen oder auch nur achten kann. Tatsächlich läuft der Liebende Gefahr, gerade dadurch bei

der geliebten Person Verachtung und ablehnende Gefühle wachzurufen, daß er ihre Phantasien in zu hohem Maße *erfüllt*. Wenn
der Liebende bemüht ist, alle materiellen und emotionalen Bedürfnisse der geliebten Person zu befriedigen, kann dies leicht
dazu führen, daß sie ihn entweder zu sehr als Mutterfigur sieht
und sich erdrückt fühlt oder daß sie ihn wie ein ergebenes Hündchen behandelt. Die geliebte Person ihrerseits kann den Partner
nicht mehr idealisieren, wenn dieser jede Eigenständigkeit aufgegeben hat. Sie fühlt sich nicht mehr stimuliert, empfindet einen
Mangel an Spannung. Sie hat das Gefühl, daß sie den Partner in-
und auswendig kennt, daß von ihm nichts mehr kommt, woran
sie geistig oder emotional wachsen könnte. Die Beziehung gerät
in Gefahr – nicht weil zwischen zwei eigenständigen Menschen
Spannungen bestehen, sondern weil sie fehlen.

Die geliebte Person wird sich durch die offensichtliche Abhängigkeit des Partners oft ausgesaugt oder überfordert fühlen.
Manchmal kann die Bedürftigkeit des Liebenden regelrecht er-
schreckend wirken. Eine Lehrerin, achtundzwanzig und geschieden, flehte ihren Geliebten an, sie nicht zu verlassen, wobei sie
sich ebenso eindringlich wie auf ihre Liebe darauf berief, wie
sehr sie ihn brauchte: Ihr kleiner Sohn war krank, sie bemühte
sich um eine Beförderung und war auf Unterstützung angewiesen. Ihr Freund beruhigte sie, beklagte sich aber verbittert bei
einem Freund, ihre Liebeserklärung habe sich eher wie eine De-
klaration der Bedürftigkeit angehört. Und doch erwarten wir,
daß ein beschwörendes «Ich brauche dich so sehr» als Äußerung
der Liebe verstanden wird. Die Sätze «Ich brauche dich», «Ich
will dich», «Ich kann ohne dich nicht leben» und «Ich liebe
dich» sind (zumindest für den, der sie sagt), wenn auch nicht
rational, so doch emotional kohärent. Aber wenn die Bedürftigkeit zu heftig geltend gemacht wird und sich darin ein zu er-
drückendes Maß an Abhängigkeit äußert, kann dies leicht dazu
führen, daß die geliebte Person sich gefangen fühlt und in einen
Teufelskreis von Fluchtgedanken und Schuldgefühlen gerät.
Auch wenn es ihr gelingt, den Fluchtimpuls niederzukämpfen,
wird sie voller unterdrückter Aggression sein. Sie empfindet sich

als streng in ihrer Autonomie beschränkt, auch wenn sie pflicht-schuldig die Rolle des Retters, der Mutter oder des Vaters und des Kindermädchens übernimmt.

Es ist gewiß schwer, sich einem bedürftigen Liebespartner zu entziehen, aber die engste Schlinge ist wohl doch die der übereifrig bemühten Liebe. Wir alle kennen die Geschichten von überfür-sorglichen Müttern, deren Liebe so erdrückend war, daß die Fa-milienmitglieder erst nach ihrem Tod aufatmen und sich entfalten konnten. In ähnlicher Weise kann sich die geliebte Person in ein klebriges Gespinst aus übereifriger Fürsorglichkeit eingegarnt fühlen. Der Liebende wird für sie zum Gefängniswärter und der Ehering, einst Unterpfand ewiger Liebe, zur symbolischen Fessel.

In Huxleys Erzählung «Das Lächeln der Gioconda» heißt es über Mr. Hutten, der mit seiner ihm in Treue und Dankbarkeit ergebenen zweiten Frau in Florenz weilt:

> Er hatte das Bedürfnis, allein zu sein. Es tat gut, ab und zu Doris und der rastlosen Unruhe ihrer Leidenschaft zu entfliehen. Er hatte niemals die Qualen hoffnungslosen Liebens kennengelernt, aber jetzt erlebte er die Qualen des Geliebtwerdens. Diese letzten Wo-chen waren eine Zeit wachsenden Unbehagens gewesen. Doris war stets um ihn wie eine Heimsuchung, wie ein schlechtes Gewis-sen. Ja, es tat wohl, allein zu sein!

Und bei Benjamin Constant finden wir (in *Adolphe*) die Klage: «Sie rechnete die Opfer nicht, weil sie damit beschäftigt war, sie mir aufzuerlegen.»

Wenn der Liebende beharrlich seine Selbstaufgabe als Ge-schenk hinzustellen versucht, steckt darin die stillschweigende (oder manchmal auch explizite) Forderung, daß die geliebte Per-son sich dafür dankbar zeigen soll. In vielen mühsam aufrecht-erhaltenen, emotional abgestorbenen Ehen nimmt ein Partner für sich die moralisch höherwertige Rolle des sich selbstlos auf-opfernden Teils in Anspruch. Der andere Partner ist durch sein Pflicht- oder Schuldgefühl gebunden. Er kann sich nicht rühren und sieht keinen Ausweg, befindet sich aber innerlich in einer ständigen Revolte.

Die geliebte Person fühlt sich in einem solchen Fall nicht nur erstickt und gelähmt, sondern auch durch die an sie gerichteten Erwartungen erdrückt. Sie kann der übertrieben hohen Meinung, die der Liebende von ihr hat, nicht gerecht werden, und das ständige Bemühen ist ungeheuer anstrengend. Manchmal verspürt die geliebte Person vor allem deshalb den Drang auszubrechen, weil sie gegen das überhöhte Bild ankämpft, das ihr übergestülpt wird. Sie wird sich vielleicht anderswo Stimulierung suchen und es vor sich selbst damit begründen, daß sie ihren Horizont erweitern möchte. Sie greift auf frühere Formen der Ablösung von der «verschlingenden» Familie zurück und findet jetzt den Liebespartner genauso borniert, provinzlerisch und einengend wie einst die Eltern.

Der Liebende, der spürt, wie die geliebte Person sich von ihm zurückzieht, merkt wohl, daß er sich durch die Selbstaufgabe verändert hat. Seine Freiheit und Unabhängigkeit sind sklavischer Unterwürfigkeit gewichen, und er hat für die geliebte Person nichts Faszinierendes oder Begehrenswertes mehr. Es kann sein, daß der Liebende, wenn er dies erkennt, den Versuch unternimmt, sich seinerseits zurückzuziehen und den Unzugänglichen zu spielen, «sich rar zu machen». Das ist der klassische Rat, den Mütter ihren Töchtern für solche Situationen zu geben pflegen, und unzählige Hollywood-Komödien leben davon. Im Film funktioniert dieser Trick immer, im Leben nur manchmal. Aber selbst wenn es klappt, ist der Liebende um eine unangenehme Erfahrung reicher: Er weiß jetzt, daß er seinem Drang zur totalen Selbstaufgabe nicht gefahrlos nachgeben kann.

Wenn beide Liebenden völlig ineinander aufzugehen versuchen, existiert für keinen von ihnen mehr ein eigenständiger Anderer als Möglichkeit, über das eigene Selbst hinauszugelangen. Solche Beziehungen, die fast nur noch Spiegelungscharakter haben, versanden, wenn keine Impulse von außen hinzukommen, in grauer Langeweile. Dieses Los ereilt viele Paare, was auch daher rührt, daß der Materialfundus des Selbst nicht unerschöpflich ist. Manche Liebenden versuchen der Langeweile zu wehren, indem sie gemeinsame Vergnügungen kultivieren, ihr

211

Miteinander durch äußere Strukturen wie gemeinsame Freizeit-beschäftigungen oder gesellige Aktivitäten sichern und ihr Le-ben möglichst kurzweilig zu gestalten suchen. Sie begegnen der drohenden Leere damit, daß sie sich ein Stützkorsett aus äußeren Gemeinsamkeiten schaffen.

Hingabe ist ein integraler Bestandteil der Liebe, da sie wenig-stens für kurze Momente und annäherungsweise Verschmel-zungserlebnisse ermöglicht. Liebe kann nicht dauern ohne solche periodisch wiederkehrenden Augenblicke, in denen die Lieben-den das Gefühl haben, eins zu sein.

Für Menschen, die zur Hingabe fähig sind, wird diese nur dann problematisch statt beglückend und bereichernd, wenn sie zum einzigen Inhalt der Liebe wird. Denn dann geht es dabei paradoxerweise nur noch um das eigene Selbst und nicht mehr um die geliebte Person. Wahre Liebe beinhaltet letztlich die volle Anerkennung der Subjektivität des Partners und setzt voraus, daß jeder der Liebenden genügend eigenständige Identität be-wahrt, um dem anderen als Objekt der Hingabe und des Stre-bens nach Selbstüberschreitung dienen zu können. Der Liebende muß nicht nur die geliebte Person idealisieren können, er muß auch selbst ein idealisierbares Objekt bleiben. Einseitige Hin-gabe ist immer zum Scheitern verurteilt. Liebe kann kein Reli-gionsersatz sein; der Liebende kann durch Hingabe allein keine Erlösung finden. Er wird enttäuscht werden oder die geliebte Person überfordern. Was immer davon als erstes eintritt, die Liebe wird zerbrechen oder zu obsessiver Selbstquälerei degene-rieren. Deshalb muß die Hingabe, obgleich unabdingbarer Be-standteil der leidenschaftlichen Liebe, maßvoll, auf Momente beschränkt und beiderseitig bleiben.

Die Glückspilze unter den Liebenden verstehen es, sich mit relativer Leichtigkeit auf dem Kontinuum zwischen Verschmel-zung am einen und Getrenntheit am anderen Pol hin und her zu bewegen. Sie sind besonders gut für die Bewältigung der parado-xen Aufgabe gerüstet, die Verschmelzung einzugehen und doch ihre Eigenständigkeit zu bewahren. Der Impuls, sich in der Liebe hinzugeben, ist weder bei allen Menschen gleich stark, noch muß er bei einem Menschen das ganze Leben hindurch gleich bleiben. Für die einen kommt Liebe der völligen Selbstaufgabe sehr nahe, für andere steht eine solche Selbstaufgabe überhaupt nicht an. Diese Unterschiede sind, wie ich im elften Kapitel zeigen werde, alters-, geschlechts- und kulturbedingt und von der psychischen Struktur des einzelnen abhängig. Diese Variablen bestimmen entscheidend über die Fähigkeit und Unfähigkeit zu lieben (das heißt im Kern: sich fallenzulassen) und auch über das Ausmaß der Bedrohung, die es für den Betreffenden bedeutet, sich in der Liebe zu öffnen.

7
Liebe und Macht

Man sollte eigentlich meinen, daß Liebe und Macht einander ausschließen. Eine Liebesbeziehung kann nur dadurch zustande kommen, daß beide Partner sich frei füreinander entscheiden, und das setzt voraus, daß sie selbstbestimmte Subjekte sind. Selbst wenn eine sozial hochgestellte Person sich in eine sozial niedriggestellte Person verliebt, verschwindet im Akt des Liebens das äußere Machtgefälle. Ein Machtverhältnis dagegen gründet sich darauf, daß eine Person eine andere dominiert und durch die Ausübung von Herrschaft oder Kontrolle das herzustellen versucht, was der Liebende über freiwilliges gegenseitiges Schenken erreichen will. Aber trotz dieser logischen Unvereinbarkeit existiert Liebe nie völlig losgelöst von Machtverhältnissen, und viele Liebesbeziehungen werden durch sie korrumpiert.

Sobald es um konkurrierende Interessen geht, spielt sich entweder irgendeine Form der Machtverteilung ein oder es entspinnt sich ein Machtkampf. Machtverhältnisse sind eine Grundtatsache unseres Lebens. Macht kann rollenbedingt sein wie im Verhältnis von Lehrer und Schüler, oder altersbedingt, wobei sehr junge und sehr alte Menschen im Nachteil sind. Sie kann sich auf soziale, geschlechtsspezifische, physische oder finanzielle Faktoren gründen oder auch einfach auf die Stärke einer Persönlichkeit. Da Machtverhältnisse in allen zwischenmenschlichen Beziehungen eine Rolle spielen, gilt dies natürlich auch für Liebesbeziehungen, egal ob die Liebenden sie jemals thematisieren oder nicht, und selbst dann, wenn sie ihnen überhaupt nicht bewußt sind.

Liebende, deren Beziehung einigermaßen glücklich und stabil ist, haben zwangsläufig auch eine Machtverteilung zwischen sich ausgehandelt, mit der sie leben können. Diese kann so subtil und scheinbar organisch sein, daß weder die Liebenden selbst noch Dritte sie überhaupt bemerken. Manchmal sehen aber auch die Partner die Machtstrukturen ganz anders als Außenstehende. Bei einem Paar, das ich sehr gut kenne und bei dem die Frau dominiert, sind beide Partner fest davon überzeugt, daß *er* derjenige ist, der «die Hosen anhat». Beiden ist es wohler bei der Vorstellung, daß ihre Beziehung den in unserer Kultur gängigen Erwartungen entspricht. Die Arrangements, die Liebende hinsichtlich der Machtverteilung treffen, sind vielfältig, kompliziert und manchmal verblüffend. Das einzige Kriterium, nach dem wir sie beurteilen können, ist die Frage, ob beide damit zufrieden sind und keiner sich über Gebühr ausgenutzt fühlt.

Die Machtbalance ist immer labil, und die kleinste innerpsychische oder interpersonelle Veränderung kann sie stören. Selbst wenn sie gut eingespielt erscheint, kann sie doch umkippen und in einen Machtkampf übergehen. (Außerdem gilt es zu bedenken, was uns die Frauenbewegung gelehrt hat: Die Machtverteilung, die sich scheinbar natürlich einpendelt und die Beziehung stabilisiert, kann gleichzeitig einen der Partner oder beide in der persönlichen Entwicklung behindern.)

Die am weitesten verbreitete Äußerungsform der Korrumpierung von Liebe durch Machtstreben ist wohl jenes «Tauziehen», das so oft einsetzt, wenn es mit der Beziehung abwärtsgeht. Wenn die in der leidenschaftlichen Liebe geweckten Erwartungen nicht erfüllt werden, verwandelt sich der Impuls, zu geben und für die geliebte Person Opfer zu bringen, leicht in Groll und den Wunsch, mehr zu bekommen. Es entspinnt sich ein Machtkampf, der sich aus der Angst speist, betrogen oder übervorteilt zu werden. Wechselseitiges Geben weicht dem Gerangel darum, wer die Oberhand behält. Es handelt sich hierbei im Grunde nicht um eine Verquickung von Liebe und Macht: Der Machtkampf ist eine Reaktion auf das Scheitern der Liebe.

Aber die Liebe muß nicht erst tot sein, damit das Moment

der Macht ins Spiel kommen kann. Im Gegenteil – es ist von vornherein in einer ganz spezifischen Weise präsent. So wie Liebe den Impuls zur Hingabe beinhaltet – «Ich bin dein» –, so beinhaltet sie auch das Verlangen nach Inbesitznahme des Anderen: «Ich will, daß dein Körper und deine Seele mir gehören.» Dieser Drang, in Besitz zu nehmen, ist zwar am ausgeprägtesten und heftigsten in der Sexualität, aber bis zu einem gewissen Grad ist er auch einfach ein Grundelement der Liebe. Der Liebende hungert *per definitionem* nach Trost, zärtlichem Umsorgtwerden und Anerkennung durch die geliebte Person und ist daher gewissermaßen von ihr abhängig. Weil dem so ist, will er die geliebte Person besitzen, für immer an sich binden und kontrollieren, um sich ihre «Liebe» zu sichern. Liebe kann einen unersättlichen Hunger wecken: den Wunsch, die geliebte Person zu verschlingen. Dieser Hunger setzt sich in den Drang, zu erobern und zu beherrschen, um. Das meint, bezogen auf die Knabenliebe, letztlich auch Sokrates mit seiner – bereits im Vorwort erwähnten – Warnung: «Dieses also mußt du bedenken... daß nur nach Art der Speise um der Sättigung willen, gleichwie Wölfe das Lamm, so den Knaben Liebhaber lieben.»

Aber während der Liebende tyrannische Macht über die geliebte Person auszuüben trachtet, ist er gleichzeitig selbst besessen, gefesselt und versklavt. Er ist der Gefangene der geliebten Person und seines Hungers nach ihr. Je stärker er sich durch sein eigenes Gefühl der Ohnmacht bedroht fühlt, desto heftiger wird oft sein Machtstreben werden, und es entsteht leicht ein Teufelskreis, dem zu entkommen immer schwerer wird. Unersättlichkeit und Einverleibungsdrang einerseits und Ausgeliefertsein andererseits – oder anders gesagt: der Drang, Macht auszuüben, und das Gefühl der Ohnmacht – sind offenbar Wesenselemente der leidenschaftlichen Liebe.

Wenn Machtstreben auch demnach als integraler Bestandteil der Liebe anzusehen ist, gilt es doch, es von Aggression und Haß zu unterscheiden. Liebe kann zwar ein Moment untergründiger Wut über die mit ihr verbundene Abhängigkeit beinhalten, und sie kann sich auch in Haß verkehren, aber ein fundamentaler Zusammenhang besteht nur zwischen Liebe und Machtstreben. Wenn Liebe mit Aggression verquickt ist, findet dies seinen Ausdruck gewöhnlich nicht in einem bestimmten Verhältnis von Dominanz und Unterordnung, sondern in einer regelrecht sadomasochistischen Beziehung.

Der Drang, die geliebte Person zu dominieren, kann in den Dienst einer ganzen Reihe verschiedener, aber doch letztlich miteinander verwandter Strebungen treten: des Besitzwunsches, des Strebens nach Selbstbehauptung und Bewahrung der eigenen Autonomie (angesichts der eigenen Hingabewünsche), des zwanghaften Bedürfnisses, an erster Stelle zu stehen, oder auch (insbesondere dann, wenn die erste Glut der Liebe schon zu verlöschen droht) des Kampfes darum, nicht zu kurz zu kommen. Dominanzstreben und Unterordnung sind letztlich zwei unterschiedliche Manöver zur Realisierung dieser Ziele – gewissermaßen zwei Seiten derselben Medaille.

Die verschlingende Natur der Liebe

Liebe setzt in uns primitive Strebungen und Phantasien frei. Dazu gehört auch der gierige Hunger nach der geliebten Person, der, zusammen mit der Neigung zur sklavischen Selbstaufgabe, die dunkle Kehrseite der Liebe ausmacht. Diese Impulse resultieren aus der Tatsache, daß leidenschaftliche Liebe den Liebenden stets von der geliebten Person abhängig macht, die *allein* die Erfüllung seiner Wünsche verheißt. Da Liebe sich auch aus Bedürftigkeit und Abhängigkeit speist, beinhaltet sie immer ein Machtgefälle. Der Liebende, der sich ausgeliefert fühlt, spürt den Drang, die geliebte Person ganz zu besitzen. Er geht in seinem tiefsten Innern davon aus, daß nur ihr Besitz ihm die Erfüllung seiner Wünsche zu garantieren und das «Rad des Verlangens» anzuhalten vermag.

Die Bedrohung, die das Gefühl bedeutet, einem anderen Menschen ausgeliefert zu sein, treibt den Liebenden dazu, dieser anderen Person im Gegenangriff seinen Willen aufzuzwingen, um das Machtgefälle auszugleichen. Ohnmacht erzeugt Wut und Bitterkeit, Gefühle, die tendenziell die Liebe zerstören, durch die sie auf den Plan gerufen wurden. Morgenthau stellt dazu eine erschreckende, aber nichtsdestoweniger stichhaltige These auf: «Ein gewisses Machtmoment ist unabdingbar, wenn Liebe eine stabile Beziehung sein soll, denn ohne sein Vorhandensein wäre sie weiter nichts als eine Abfolge flüchtiger Begeisterungszustände. Ohne Macht hat Liebe keine Dauer. Durch die Macht aber wird sie korrumpiert und tendenziell zerstört.»

Der Drang, die geliebte Person ganz besitzen zu wollen, ist zwar eine unvermeidliche Komponente des Hungers der Liebe, aber er ist zugleich auch ein Moment, das die Liebe pervertieren kann. Das Streben nach Vereinnahmung ist der Versuch, die Menschenwürde, das Subjektsein, die Person (oder wie immer man es sonst nennen will) des Anderen zu negieren. Es unterminiert die Achtung, die der Liebende ihm entgegenbringt, und damit den Wert der Anerkennung und Bestätigung, die er von ihm will.

Auch treibt dieser Drang den Liebenden oft dazu, von ihr zu fordern, daß sie nur ihn allein lieben soll. Das ist aber letztlich ein Ding der Unmöglichkeit. W. H. Auden schreibt in seinem Gedicht «September 1, 1939»:

> Was der besessene Nijinski
> Über Diaghilew schrieb
> Trifft jedes Herz
> Denn dein und mein
> Und unser aller
> Hoffnungsloses Sehnen
> Ist Liebe, die nicht allen gilt,
> Nur uns allein.

Der Liebende weiß natürlich, auch wenn er nicht durch konkrete Indizien darauf gestoßen wird, daß die geliebte Person nicht nur für ihn allein existiert. Ausschließliche Liebe liegt nicht in der Natur des Menschenherzens. Selbst wenn die geliebte Person sich selbst hintanstellt, empfindet sie doch immer noch zärtliche Regungen für andere. Diese «Treulosigkeit» macht dem Liebenden zu schaffen.

Der Wunsch, den geliebten Menschen ganz zu besitzen, kann unbewußt sein und dem Liebenden sogar völlig abwegig erscheinen. Das ändert sich jedoch in dem Moment, in dem dieser Besitz plötzlich bedroht erscheint. Malraux' zu Beginn der chinesischen Revolution spielender Roman *So lebt der Mensch* enthält eine der ersten literarischen Darstellungen einer – wie man heute sagen würde – «offenen» Ehe. Zu seiner eigenen Überraschung und Bestürzung findet sich jedoch der Ehemann Kyo tief getroffen, als seine Frau May ihm einen Seitensprung gesteht. Er empfindet ihre Untreue als einen Keil zwischen sich und ihr.

> «Ich muß dir etwas sagen, was dich vielleicht ein bißchen quälen wird...»
> Auf den Ellenbogen gestützt, sah er sie fragend an. Sie war intelligent und tapfer, aber nicht immer sehr geschickt.
> «Ich habe heute nachmittag nun doch mit Langlen geschlafen.»
> Er zuckte die Achseln, als wolle er sagen: ‹Das ist deine Sache.› Aber seine Bewegungen und der gespannte Ausdruck seines Gesichtes paßten schlecht zu dieser Gleichgültigkeit.

Die Freiheit, die er ihr eingeräumt hat, war dafür bestimmt, *nicht* genutzt zu werden. Unter der Oberfläche seiner Toleranz will er, daß sie ihm gehören soll.

> Das Wesentliche – das, was ihn aufwühlte bis zum Entsetzen –, das war, daß er plötzlich von ihr getrennt war, nicht durch Haß (obwohl auch Haß in ihm war), auch nicht durch Eifersucht (oder bestand Eifersucht vielleicht gerade darin?), sondern durch ein Gefühl, das keinen Namen hatte, aber so zerstörerisch war wie Zeit und Tod: es gelang ihm nicht, seine Frau wiederzufinden...
> Sie war ihm völlig entschlüpft. Und – vielleicht gerade deswegen – verblendete ihn ein wütendes Verlangen nach einem heftigen Kontakt mit ihr, nach einer Berührung, wie sie auch immer sei: Schreck, Schreie, Schläge. Er erhob sich, näherte sich ihr. Er wußte, daß er in einem Zustand der Krise war und daß er morgen vielleicht nichts mehr von dem begreifen würde, was er jetzt empfand. Aber er ging gegen diese Frau an, wie er gegen den Todeskampf angegangen wäre, wie gegen eine Agonie; so warf der Instinkt ihn gegen diese Frau: berühren, betasten, festhalten das, was uns verlassen will, sich daran klammern...

Andere Liebende erleben den Besitzwunsch sehr viel bewußter. Hinter dem Streben, den anderen Menschen ganz mit Beschlag zu belegen, steckt der Wunsch nach der absoluten Diade; alles, was einen Keil zwischen den Liebenden und die geliebte Person treiben könnte, wird bekämpft. Der totale und ausschließliche Besitzanspruch wird als ganz legitim empfunden. Der Liebende geht davon aus, daß die geliebte Person ganz allein für ihn dazusein hat. Diese nie hinterfragte Vereinnahmungsgier erinnert unübersehbar an die grenzenlose Anspruchshaltung des Säuglings oder des Kindes in der ödipalen Phase. Der Liebende empfindet es als sein Anrecht, daß die geliebte Person ihm gibt, was er will, und diese Grundüberzeugung führt dazu, daß er sich verraten und betrogen fühlt, wenn ihm seine Wünsche nicht erfüllt werden.

Die folgende Passage aus Henry James' Roman *Bildnis einer Dame*, in der Isabel Archer über die Entfremdung nachsinnt, die in ihrer Ehe mit Gilbert Osmond eingetreten ist, läßt das Bild eines Mannes erstehen, der es nicht verwinden kann, daß sein Vereinnahmungsstreben enttäuscht wurde:

> … sie konnte erkennen, wie unauslöschlich er sich ihrer schämte … Die eigentliche Beleidigung, das erkannte sie letztlich, lag aber darin, daß sie überhaupt eine eigene Meinung hatte. Ihre Meinung sollte ihm gehören – der seinen wie ein Gärtchen einem Wildpark angegliedert sein. Dort würde er den Boden sanft bearbeiten und die Blumen begießen; er würde die Beete jäten und sich gelegentlich einen Blumenstrauß pflücken. Für einen bereits sehr wohlhabenden Besitzer würde es ein hübsches Gütchen abgeben. Er wünschte sie sich ja nicht dumm. Im Gegenteil, sie hatte ihm ja wegen ihrer Klugheit gefallen. Aber er erwartete, daß ihre Intelligenz ausschließlich zu seinen Gunsten arbeitete … Er hatte von seiner Frau erwartet, daß sie mit ihm und für ihn fühle, daß sie seine Meinung, seinen Ehrgeiz, seine Vorlieben teile …

Welche psychischen Voraussetzungen sind dazu angetan, den Vereinnahmungsdrang in der Liebe derart krasse Formen annehmen zu lassen? Liebe ist immer überschattet von der Angst, der geliebten Person nicht mehr zu genügen, es mit ihr zu verderben und sie womöglich zu verlieren, und manchmal sind diese Befürchtungen ja auch durchaus gerechtfertigt. Es gibt jedoch Menschen, die eine besondere psychische Verwundbarkeit mitbringen und deshalb in der Liebe schon eine Gefährdung wittern, wo gar keine ist. Wenn der Liebende besonders große Angst vor Zurückweisung hat (etwa weil er sich minderwertig fühlt) oder überstarke Abhängigkeitswünsche, dann wird er sich um so leichter bedroht und enttäuscht fühlen und Zuflucht zu Machtmitteln nehmen. Die Angst vor Abhängigkeit kann, besonders bei Menschen mit neurotischen Zügen, zu regelrechter Panik führen. Im verzweifelten Bemühen, die Katastrophe hinauszuschieben, versucht der Liebende, die geliebte Person an sich zu binden, indem er sie kontrolliert oder manipuliert. Es handelt sich dabei um die gleichen Mechanismen, wie sie von manchen Menschen auch schon in der Anfangsphase von Beziehungen eingesetzt werden, um die mit der inneren Öffnung verbundenen Gefahren abzuwehren, aber in diesem Fall werden sie erst später mobilisiert. Menschen, deren Bedürfnisse in der Abhängigkeitsphase ihrer Kindheit zureichend befriedigt wurden, werden sich dagegen im späteren Leben nicht so leicht bedroht fühlen, wenn sie eine Beziehung eingehen und sich damit erneut von einer anderen Person abhängig fühlen. Sie werden deshalb nicht so schnell aus Selbstschutz zu Machtmitteln greifen.

Je unsicherer ein Mensch ist, desto eher wird er in der Liebe zu irrationalen und unkontrollierten Gefühlsreaktionen neigen. Es besteht die Gefahr, daß er in seiner Panik versucht, die Beziehung mit Macht aufrechtzuerhalten und sich an die geliebte Person zu klammern. Aus Angst vor Zurückweisung, in dem verzweifelten Bemühen, das Ende hinauszuzögern, oder auch aus einer narzißtischen Kränkung heraus setzt er alle ihm zu Gebote stehenden Machtmittel – psychische, körperliche, finanzielle, soziale – ein, um die geliebte Person an sich zu binden und unter Kontrolle zu halten. Es kann sein, daß er sich der Ängste, die die Liebe in ihm weckt, überhaupt nicht bewußt wird, da es ihm die Machtmittel, die er anwendet, gestatten, sich selbst stark zu fühlen und die geliebte Person als schwach wahrzunehmen. (In ähnlicher Weise gelingt es auch Süchtigen, die Angst oder Depression, die hinter ihrem Drogenkonsum steht, so weit niederzuhalten, daß diese Gefühle gar nicht in ihr Bewußtsein dringen.)

Dominanz und Kontrolle als Mittel der Vereinnahmung

Der Vereinnahmungsdrang des Liebenden kann vielerlei Formen annehmen. Er wird sich entweder als Machtstreben oder als Unterwürfigkeit äußern. Um die geliebte Person zu beherrschen und zu kontrollieren, kann der Liebende ihr Vorteile (finanzieller oder sozialer Art) in Aussicht stellen oder ihr, für den Fall, daß sie sich widersetzt, mit negativen Folgen drohen. Er kann physische Gewalt anwenden oder sich auf einen höheren Wert (Religion, Gesetz, Familie) berufen. Vielleicht wird er auch versuchen, sie sich über die Sexualität gefügig zu machen. Und manchmal wird er auch auf Schmeichelei oder auf seinen persönlichen Charme setzen.

Aus dem Wunsch heraus, die geliebte Person ganz für sich allein zu haben, wird der Liebende oft versuchen, sich zwischen sie und alle anderen Menschen, die ihr wichtig sind, zu schieben. Es wird ihm vielleicht ein Dorn im Auge sein, daß sie sich um ihre Eltern oder Kinder kümmert. Er lehnt ihre guten Freunde und Freundinnen ab und versucht womöglich, offen oder heimlich, die Beziehungen zu hintertreiben. Er wird eifersüchtig, wenn sie etwas Positives über einen anderen Menschen sagt. Er versucht, sie von ihren Interessen abzubringen, um sie besser kontrollieren zu können. Er will immer wissen, wo sie ist. Wenn er in der Öffentlichkeit den Arm um sie legt, ist es nicht Zärtlichkeit, sondern eine Besitzergeste. Sieht er sie auf einer Party mit jemandem reden, wird er sofort einen Rivalen wittern und an ihre Seite eilen. Später wird er ihr womöglich deshalb eine Szene machen. Er wacht darüber, wie sie sich kleidet, und will nicht, daß sie das enganliegende schwarze Kleid anzieht. Er findet, daß es zu sexy ist, rationalisiert aber seine Ängste, indem er sagt, es sei vulgär.

Im letzten Kapitel habe ich bereits von Juliette Drouets bereitwilliger Selbstaufgabe in der Beziehung zu Victor Hugo gesprochen. Dazu ist zu ergänzen, daß Hugo sein Teil dazu beitrug. Zu Beginn ihrer Beziehung, die für ihn offenbar zunächst nur eine leichtherzige Affäre bedeutete, erklärte er ihr: «Wenn es je totale, tiefe, zärtliche, brennende, unerschöpfliche, unendliche Liebe gegeben hat, so ist es meine.» Dabei war es für Juliette keineswegs leicht, seinen Ansprüchen zu genügen, und er entpuppte sich als ein eifersüchtiger Liebhaber, der sie ganz für sich haben wollte und ihre früheren Liebesbeziehungen und ihren leichtfertigen Umgang mit Geld nicht verwinden konnte. Die beiden quälten einander, trennten sich und versöhnten sich wieder. Dann ersann Hugo jedoch ein Konzept für ihre «Seelenrettung», und sie entwickelte ihrerseits eine glühende Sehnsucht nach «Absolution». Er verordnete ihr spartanische Beschränkung. Aber damit nicht genug. Einer seiner Biographen erklärt: «Das Allerschlimmste war die klösterliche Abgeschiedenheit, die der tyrannische Geliebte ihr jetzt auferlegte. In dem Maße, wie Hugo sich an sie band und sie zu einem festen Bestandteil seines Lebens wurde, begann er, sie mit seiner ‹spanischen› Eifersucht zu verfolgen. Er isolierte sie von ihren früheren Freunden und Freundinnen, beobachtete sie heimlich und tauchte unerwartet bei ihr auf. Er verlangte, daß sie allein lebte und ihm über ihre Zeit lückenlos Rechenschaft ablegte. Sie lebte eingesperrt wie die Konkubine eines orientalischen Despoten und empfing niemanden außer ihrem Herrn und Meister.» Er zwang sie sogar, so sparsam zu heizen, daß die Wohnung, in die er sie einsperrte, oft kalt war. So hielt er seinen Feuervogel die zwölf Jahre von 1834 bis 1846 im Bauer. Sie durfte an seinem öffentlichen Leben nicht teilhaben, aber er probierte seine Reden an ihr aus, präsentierte sich ihr vor seinen Auftritten im Galastaat und liebte sie allem Anschein nach. Warum ließ er sie überhaupt je wieder aus dem Käfig? Eine Erklärung besagt, er habe sie schließlich für geläutert gehalten, aber böse Zungen meinen, es habe damit zu tun gehabt, daß ihre Schönheit verblüht war. Juliette befürchtete, wohl zu Recht, daß er sie nicht mehr so liebte wie früher. Mit seiner «Treue» zu ihr war es vorbei, obgleich das starke Band zwischen ihnen überdauerte, solange sie beide lebten.

Extrembeispiele dieser Art gibt es genug. Françoise Gilot beschreibt in ihrem Buch über ihr Leben mit Picasso den Künstler als Meister der Machtausübung. Mit Dora Maar, seiner Geliebten vor Françoise (und auch noch zu Beginn ihrer Zeit), hatte Picasso nie zusammengelebt, aber sie hatte sich stets auf Abruf für ihn bereithalten müssen. Die Nachfolgerin berichtet: «Sie wußte nie, ob sie mit ihm zu Mittag oder zu Abend essen würde – nicht von einer Mahlzeit bis zur nächsten –, doch sie mußte sich ständig zur Verfügung halten. Rief er an oder kam er vorbei, wollte er sie daheim antreffen. Sie durfte jedoch nie einfach in seine Wohnung kommen oder anrufen, um etwa zu sagen, sie könne abends nicht mit ihm essen.» Ganz zu Anfang hatte Picasso die Idee, Françoise solle heimlich mit ihm zusammenleben, in einem schwarzen Kleid, das bis zum Boden reiche, und verschleiert, damit andere sie «noch nicht einmal mit den Augen besitzen» könnten. «Er glaubte, daß er jemanden, der ihm teuer war, für sich allein haben müsse, weil alle zufälligen Berührungen mit der äußeren Welt jenen beflecken und bis zu einem gewissen Grade für ihn verderben würde.» Aber selbst der totale Besitz *einer* Frau genügte ihm nicht – er hatte offenbar immer mehrere Eisen im Feuer. Außerdem scheint er nie fähig gewesen zu sein, die Beziehungen zu seinen «abgelegten» Geliebten ganz abzubrechen. Er schürte ihre Hoffnungen immer wieder gerade weit genug, um sie an sich gebunden zu halten. Françoise Gilot war offenbar insofern eine Ausnahme, als es ihr gelang, endgültig mit ihm zu brechen.

Picasso war mit seinem Anspruch auf totale Verfügbarkeit keineswegs ein Einzelfall. Viele Männer und auch manche Frauen haben solche Erwartungen, vor allem im Bereich der Sexualität. In meiner Jugendzeit, den fünfziger Jahren, sprachen die Männer dieses Streben nach völligem Besitz der Frau und totaler Kontrolle über sie noch ungeniert aus: «Sorge dafür, daß sie im Sommer schwanger und im Winter barfuß geht.»

Eine andere Phantasie von der völligen Verfügungsgewalt

über die geliebte Person spiegelt sich in dem Mythos von Galatea und Pygmalion beziehungsweise seinen verschiedenen Neuauflagen. In der griechischen Originalversion fertigt der König und Bildhauer Pygmalion, der sonst für Frauen nicht viel übrig hat, eine Frauenstatue aus Elfenbein, in die er sich verliebt. Er fleht die Göttin Aphrodite an, die Statue zum Leben zu erwecken, und heiratet, nachdem ihm sein Wunsch erfüllt worden ist, sein eigenes Geschöpf. Variationen dieses Motivs finden sich unter anderem in Ovids *Metamorphosen*, W. S. Gilberts *Pygmalion und Galatea* sowie in Shaws *Pygmalion* und seiner Musical-Version *My Fair Lady*. Die Geschichte von Trilby und Svengali ist eine Negativ-Version des gleichen Themas: Svengali kontrolliert Trilbys Gesang mittels seiner hypnotischen Kräfte. In gewisser Weise lassen sich alle diese Geschichten als pervertierte Abwandlungen des Märchens von der Wandlung durch Liebe begreifen: Die geliebte Person macht keinen inneren Veränderungsprozeß durch, sie wird durch den Liebenden geformt.

Diese Pygmalion-Phantasie spiegelt sich keineswegs nur in Mythos und Dichtung. Sie wird nur zu oft auch im wirklichen Leben in der einen oder anderen Form ausagiert. Aber die jeweilige Galatea fügt sich nicht immer in ihre Rolle: sie wird womöglich rebellieren, die Flucht ergreifen oder den Spieß umkehren. Am häufigsten tritt das Pygmalion-Motiv in der Theater- und Filmszene in Erscheinung, wenn Regisseure, Agenten oder Produzenten darangehen, einen Star zu formen. Edward Judson verordnete Rita Hayworth eine neue Frisur, stilisierte sie zum Sex-Idol und heiratete sie. John Derek wird die Gestaltung einer ganzen Reihe berühmter Glamour-Stars zugeschrieben, darunter seine beiden Ehefrauen Linda Evans und Bo Derek. Sonny formte Cher. Die interessanteste Version des Pygmalion-Themas innerhalb der Filmwelt ist für mich jedoch die Beziehung zwischen Marlene Dietrich und Josef von Sternberg, nicht zuletzt wegen der gegenseitigen Durchdringung von Realität und filmischem Schaffen. Diese Geschichte läßt besonders deutlich die Komplexität und Ambiguität der Motive beider Beteiligten erkennen und illustriert zugleich, wie leicht sich ein solches Verhältnis umkehren kann. (Wie ich später noch ausführen werde, ist der Kitzel der Pygmalion-Rolle offenbar auch maßgeblich daran beteiligt, daß manche männlichen Therapeuten dazu neigen, sich in ihre Patientinnen zu verlieben oder sich zumindest emotional in das Therapiegeschehen zu verstricken.)

Nachdem Josef von Sternberg Marlene Dietrich hatte spielen sehen, setzte er sich dafür ein, daß sie die Rolle der Lola in dem Film *Der blaue Engel* bekommen sollte, für den bereits Emil Jannings als Hauptdarsteller verpflichtet war. Marlene Dietrich war damals noch eine unbedeutende Kleindarstellerin, Jannings dagegen einer der größten Stars seiner Zeit. Von Sternberg beharrte auf seinem Besetzungsvorschlag, gegen den Widerstand aller übrigen Beteiligten, Jannings eingeschlossen. Jahre später soll die Dietrich erklärt haben: «Er hatte nur einen Gedanken im Kopf: mich von der Bühne zu holen und eine Filmschauspielerin aus mir zu machen – mein Pygmalion zu werden.» Sie behauptete, er sei deshalb so fasziniert von ihr gewesen, weil er eine gewisse innere Zurückhaltung in ihr gespürt habe. Sie habe gar keine Chance gesehen, die Rolle zu bekommen, und sich deshalb auch nicht sonderlich darum bemüht. Es entbehrt nicht der Ironie, daß von Sternberg für seine Galatea ausgerechnet die Rolle der Lola Lola vorgesehen hatte, des Inbegriffs der Verführerin und kastrierenden Frau. Einem seiner Biographen zufolge wirkte er, «schon jetzt in seinen Star verliebt, ... während der Dreharbeiten wie besessen und berauscht». Die Liebes- und Arbeitsbeziehung zwischen den beiden war von Anfang an kompliziert. Es heißt, von Sternberg habe zu obsessiven, schwärmerischen Beziehungen geneigt, die dadurch nicht eben erleichtert wurden, daß er zugleich von einer Macho-Position aus auf Frauen herabsah.

Der blaue Engel machte Marlene Dietrich zum Star. Von Sternberg holte sie nach Hollywood und machte sich daran, sie von Grund auf neu zu formen. Er wies sie an, dreißig Pfund abzunehmen, ließ ihr etliche Backenzähne ziehen, damit ihre Wangenknochen stärker hervorträten, und verordnete ihr ein Makeup, daß diesen Eindruck optisch unterstrich. Man zupfte ihr die

Augenbrauen aus und ersetzte sie durch hochangesetzte, aufgemalte Brauenbögen. Ihre Nase wurde so geschminkt, daß sie schmaler wirkte, ihr Haar mit Goldpuder bestäubt. Während von Sternberg mit ihr die Szenen drehte, die ihrer beider Ruhm begründen sollten, erfand er zugleich das Image, das sie, neben der Garbo, zu einem der ganz großen Glamour-Stars ihrer Zeit machte. Er war berüchtigt für die unzähligen Wiederholungen, die er forderte, ehe er mit einem Take zufrieden war, und er legte den allergrößten Wert darauf, daß Marlene stets in einer Weise ausgeleuchtet wurde, die ihre Schönheit optimal zur Geltung brachte. (Diese Art der Beleuchtung bewährte sich so gut, daß die Dietrich noch bei den Showauftritten in ihren Sechzigern und Siebzigern darauf bestand.) Dem Schauspieler und Produzenten Sam Jaffe zufolge ließ von Sternberg sämtliche Szenen mit Marlene «ungezählte Male wiederholen», doch «tat er es nicht, um sie zu demütigen – er wollte nur sichergehen, daß ihr Zauber vollkommen war. Ich bin überzeugt davon – für die Dietrich, so wie alle Welt sie kennt, ist einzig und allein er verantwortlich.»

Bezeichnenderweise hatte von Sternberg schon 1924, fünf Jahre vor seiner ersten Begegnung mit Marlene, eine eigene Version des Pygmalion-Galatea-Themas verfaßt und veröffentlicht: die Kurzgeschichte «Die wächserne Galatea». Darin geht es, wie Donald Spoto resümiert, um einen schüchternen Mann, der sich in eine Schaufensterpuppe aus Wachs verliebt. Sehnsuchtsvoll betrachtet er jeden Tag die Figur. Schließlich begegnet er einer Frau, die das lebende Ebenbild der Wachspuppe ist. Gebannt folgt er ihr, nur um gedemütigt zusehen zu müssen, wie sie sich mit einem anderen Mann trifft. Tief getroffen schwört er sich, nie wieder etwas anderes zu lieben als eine leblose Puppe. Spoto kommentiert: von Sternberg «malte das düstere Schicksal des hingebungsvoll Liebenden, der dazu verdammt ist, eine idealisierte und unerreichbare Liebe in sich zu nähren, in kräftigen Farben aus». Diese Geschichte scheint von Sternbergs spätere Beziehung zu Marlene Dietrich in geradezu prophetischer Weise vorwegzunehmen. Zweifellos standen ihrer Liebe äußere Hindernisse im Wege, nicht zuletzt der Umstand, daß sie beide verheiratet waren. Als von Sternbergs Frau die Scheidung einreichte, wurden Marlenes Mann und ihre Tochter aus Deutschland herbeigeholt, um den Schein zu wahren, daß da nichts war, was das Ehe- und Familienglück des Stars hätte trüben können. Aber davon ganz abgesehen, war die Beziehung zwischen der Dietrich und von Sternberg offenbar auch in sich schwierig, nicht zuletzt wegen seiner auf Beherrschen und Besitzen gerichteten und gleichzeitig ambivalenten Haltung. Es heißt, er habe in den Zeiten, da er Marlene zu verlieren fürchtete, nicht mehr geschlafen und kurz vor dem Nervenzusammenbruch gestanden. Mitte der dreißiger Jahre kam es dann schließlich zum definitiven Bruch. Böse Zungen behaupten, Marlene habe von Sternberg in schändlicher Weise fallenlassen. Er verkraftete die Trennung beruflich nie, während sie, nachdem sie eine Reihe erfolgreicher Filme unter seiner Regie gedreht hatte, auch ohne ihn ihre glanzvolle Karriere fortsetzen konnte.

Von Sternbergs widersprüchliche Gefühle Frauen gegenüber und die Faszination, die das Spiel von Macht und Unterwerfung auf ihn ausübte, kommen nicht nur in seiner Beziehung zu Marlene Dietrich zum Ausdruck, sondern auch in den Filmgestalten, die er für sie schuf. Nichts vermag das Thema Unterjochung in der Liebe besser zu illustrieren als die Sternberg/Dietrich-Filme.

Die Handlung von *Der blaue Engel* habe ich bereits im sechsten Kapitel umrissen. Das gleiche Thema findet sich in verschiedenen Variationen in allen Sternberg-Filmen mit Marlene Dietrich wieder. Der zweite, *Morokko*, ist fast schon eine Neufassung seiner Galatea-Geschichte. Die von Marlene gespielte weibliche Hauptfigur erscheint zunächst als eine Art zweite Lola Lola, die den schwerreichen, eleganten Adolphe Menjou emotional völlig in der Hand hat. Aber die Entwicklung der Handlung nimmt einen anderen Verlauf als im *Blauen Engel*. Marlene zerstört Menjou nicht, sondern verliebt sich in einen jungen Legionär (Gary Cooper) und folgt ihm schließlich, unter Verzicht auf alle weltlichen Güter, in die Wüste, indem sie sich einer Gruppe von Eingeborenenfrauen anschließt. Es ist öfters bemerkt worden, daß Sternberg in Menjou, dem erfolgreichen Weltmann, der seine Geliebte verliert, sich selbst darstellte und dieser Figur sogar äußerlich seine eigenen Züge verlieh. In *Morokko* wird die *Femme fatale* jedoch selbst ein Opfer der Liebe, das um ihretwillen alles andere aufgibt. Auch in anderen Sternberg-Filmen ist die Vielschichtigkeit der menschlichen Psyche eingefangen, die ein und dieselbe Person veranlassen kann, abwechselnd die Verführer- und die Opferrolle einzunehmen, bald dominierend und grausam (oder zumindest distanziert) zu sein und bald wiederum nur zu bereit, alles hinzugeben. Auch in dem theatralischen Film *Shanghai Express* tritt Marlene zunächst als *Femme fatale* auf. Vor Jahren ist ihre Beziehung zu einem Mann durch ein Mißverständnis zerbrochen. Nun trifft sie ihn wieder, und es kommt zu folgendem Dialog: «Ich habe meinen Namen geändert, Doc.» Er fragt sie, ob das heißen soll, daß sie geheiratet hat, und sie erwidert: «Nein, es hat mehr als einen Mann gebraucht, um aus mir Shanghai Lily zu machen.» Sie erklärt: «Die weiße Blume Chinas, du hast sicher von mir gehört – und du hast immer schon alles geglaubt, was du gehört hast.» Aber bei aller Härte und Sprödigkeit, die sie an den Tag legt, gibt sie doch den Avancen des chinesischen Schurken nach, um den Mann zu retten, den sie noch immer liebt (ein weiteres Beispiel für edelmütige Selbstaufopferung). Hier zeichnet Sternberg die Hure als Maria Magdalena, und damit der Zuschauer es auch ganz bestimmt merkt, ist Shanghai Lilys wirklicher Name Magdalen – die Dunkle Dame läutert sich zur Reinen Jungfrau. In Sternbergs Filmen drückt sich unter anderem die intuitive Einsicht aus, daß sich psychische Verletzlichkeit paradoxerweise oft in Handlungs- und Verhaltensweisen kleidet, die das Gegenteil suggerieren.

Im Leben wie im Film vermag das Dominanzgebaren des Liebenden die Bedürftigkeit, die hinter seiner Besitzgier steckt, nicht wirksam zu überdecken. Auch wenn er so tut, als sei er sich der geliebten Person absolut sicher, straft doch sein eigenes Verhalten diese zur Schau getragene Gewißheit Lügen. Indem er zu erzwingen sucht, was von allein dasein sollte, offenbart er gerade in der Demonstration seiner Stärke seine Schwäche. Die Unsicherheit und Bedürftigkeit, die ihn treiben, sind oft für andere klar erkennbar, und manchmal vermag er sie auch vor sich selbst nicht zu verbergen. Wenn der Liebende das Gefühl, ausgeliefert zu sein, durch Ausübung von Macht von sich wegzuschieben versucht, verstrickt er sich in einen Teufelskreis.

Machtausübung mag zwar den Besitz der anderen Person sichern, aber für die Liebe ist sie in zweifacher Hinsicht fatal. Zum einen wertet der Liebende, indem er ständig seine Überlegenheit hervorkehrt, die geliebte Person ab. Damit zerstört er letztlich selbst die Grundlage dafür, sie bewundern und idealisieren zu können. Manche Menschen können Liebe überhaupt nur in der Form unerfüllten Verlangens erleben, da sie Entgegenkommen immer als Unterwerfung interpretieren, die unweigerlich Entwertung bedeutet. Ein typisches Beispiel: Ein Sänger war bekannt für seine charmante und leidenschaftliche Art, Frauen zu umwerben. Das Problem lag darin, daß er jedes Interesse verlor, sobald er sie erobert hatte. Man sagte ihm nach, daß er sich während seiner unseligen Affären damit aufmunterte, daß er beim Sex Tonbänder mit seinem eigenen Gesang laufen ließ. (Darin drückte sich aber vielleicht nicht nur sein Narzißmus aus: es mag sein, daß er das Bedürfnis empfand, den Frauen zu demonstrieren, wer er wirklich war.) Der wertlos gewordenen Eroberungen entledigte er sich, indem er sie an seine Freunde weiterreichte. Seine größte Liebe war eine Frau, die nie auch nur so lange stillhielt, daß er das Gefühl hätte haben können, sie zu besitzen, und die noch promisker war als er.

Und zum zweiten: Selbst wenn der Liebende fähig ist, die geliebte Person weiter zu idealisieren, kann er doch ihrer Liebe nicht mehr trauen. Nachdem er sie mit Macht gefordert hat, kann er sie nicht mehr als ein freiwilliges Geschenk erleben. Indem er versucht, zu manipulieren, was sich nicht manipulieren läßt, zu erzwingen, was sich nicht erzwingen läßt, verdirbt er sich, ohne es zu wollen, selbst die Möglichkeit, sich geliebt zu fühlen. Jeder Liebende will spontan und um seiner selbst willen geliebt werden, nicht aufgrund von Zwang oder Bestechung.

Sartre erfaßt das Dilemma des Liebenden im Kern, wenn er sagt, daß dieser die geliebte Person als Objekt besitzen will und sich gleichzeitig wünscht, daß sie ein freies Subjekt bleibt – frei, ihn zu lieben.

Der Versuch, sich Liebe durch Machtausübung zu sichern, muß jedoch noch aus einem weiteren Grund scheitern. Das Ziel ist der Besitz der Person, aber die Seele selbst ist ungreifbar, sie äußert sich nur im Verhalten. Daher muß das oberste Ziel der Machtausübung die Kontrolle über das Verhalten des anderen sein. Diese allein genügt dem unsicheren Liebenden jedoch nicht; er fürchtet die unsichtbare Verweigerung: «Meinen Körper besitzt du vielleicht, aber nicht meine Seele!» Der einzige Ausweg für den Liebenden liegt darin, die Herrschaft auf die metaphysische Ebene auszudehnen. Er muß danach trachten, die Seele des Anderen ganz und gar im Körperlichen zutage zu zwingen, damit keine geheime Verweigerung mehr möglich ist. Wo Herrschaft sich auf das Metaphysische auszuweiten trachtet, gilt der Körper nicht mehr nur als Vehikel der Seele – er wird mit ihr identifiziert. (Wenn Menschen ihr Transzendenzstreben mittels der Macht zur Geltung zu bringen versuchen, wird diese oft die Form sexueller Versklavung annehmen. Die klassische Illustration dieses Mechanismus liefern einige Romane des Marquis de Sade.)

Aus den genannten Gründen kann das Streben nach totaler Bemächtigung mittels der Herrschaftsausübung nie zu völliger Befriedigung führen. Entweder wird die Liebe vergehen, oder aber der Drang, den Anderen zu beherrschen, wird immer krassere Formen annehmen, da er sein Ziel nie wirklich erreicht. Diese Eskalation ist ein Teufelskreis, da sie unweigerlich zu immer neuer Eifersucht führt, unabhängig davon, ob in dem, was die geliebte Person tut, oder in ihren geheimen Wünschen tatsächlich ein Grund dafür gegeben ist oder nicht. Der Drang, ihren Besitz und das Vereintsein mit ihr für alle Zeit sicherzustellen, kann sogar zu einem extremen Verzweiflungsakt führen: Um jede Möglichkeit unabhängigen Denkens oder Handelns ihrerseits auszutilgen, tötet der Liebende die geliebte Person (und sich selbst) in einer pervertierten Variante des Liebestods.

Die Ausübung von Herrschaft nimmt manchmal sadistische Züge an. Manche Menschen sind, sei es aufgrund frühkindlicher Erfahrungen oder vielleicht auch von ihrem Wesen her, einfach nicht fähig, über ambivalente Beziehungen hinauszugelangen. Für sie ist Wut ein zentraler und unabdingbarer Bestandteil jeder Beziehung, der sich in Form von Sadismus äußern kann. Während das Motiv des dominierenden Liebenden darin besteht, die geliebte Person abhängig zu halten, kommt beim Sadismus noch das Bestreben hinzu, sie zu demütigen und der eigenen Aggression Luft zu machen. Sadismus hat die Funktion, durch Erniedrigung anderer das eigene Selbst aufzublähen. Die extremen Schwankungen im Verhalten solcher Liebender lassen manchmal ihre wahren Motive durchscheinen. Ein Beispiel: Ein Liebender beschwört die Geliebte im Augenblick der ekstatischen sexuellen Umarmung, ihr ein Kind zu schenken. Als sie tatsächlich schwanger wird, besteht er jedoch auf einer Abtreibung. Oder: Ein Mann hängt mit glühender Liebe an seiner Frau und ist in irrationalem Maße eifersüchtig auf die Beziehungen, die sie hatte, ehe sie sich kennenlernten. Dennoch verlangt er gelegentlich, daß sie in seinem Beisein mit einem seiner Freunde schläft und sich vor seinen Augen dem anderen Mann leidenschaftlich hingibt. Er will ihre Sexualität voll und ganz besitzen, sie aber gleichzeitig auf ein willenloses Geschöpf reduzieren, eine Sklavin, die ergeben seiner Befehle harrt. Später beschimpft er sie als schamloses Flittchen. Da potentiell Kinder beiderlei Geschlechts Erfahrungen ausgesetzt sind, die die Liebesfähigkeit beeinträchtigen können, findet sich die Neigung zu sadistischen wie masochistischen Beziehungsvarianten bei Männern und bei Frauen. Der Rückgriff auf Gewalt als Machtmittel und Ausdrucksform von Aggression ist jedoch bei Männern sehr viel häufiger anzutreffen.

Und wie reagiert die geliebte Person auf den Versuch, sie zu beherrschen? Oft genug wird das Objekt solcher Zuwendung die Flucht ergreifen. Es gibt jedoch auch Menschen, die nicht den Mut und das Selbstbewußtsein haben, sich aus einer derartigen Beziehung zu lösen. Außerdem kommt es häufig vor, daß die geliebte Person die schiere Bedürftigkeit hinter dem Dominanz-streben des Liebenden spürt und dieses somit als Ausdruck von Liebe deutet. (Sozialarbeiterinnen, die mißhandelte Frauen be-treuen, müssen in der Regel feststellen, daß einige ihrer Klientin-nen es tatsächlich als ein Zeichen von Liebe werten, wenn ihre Männer sie schlagen.)

Noch ein Wort zu der Macht, die die geliebte Person ausübt, indem sie die Rolle des unerreichbaren Objekts der Begierde übernimmt. Diese Macht ist fragil, da sie voraussetzt, daß das Interesse des Liebenden nicht erlahmt. Sie beruht darauf, daß dem Liebenden die Befriedigung seines Verlangens nach In-besitznahme vorenthalten wird. Am häufigsten wird sie darüber ausgeübt, daß die geliebte Person die sexuelle Hingabe verwei-gert. Bei einem gesunden Menschen wird das unbefriedigte Be-gehren jedoch früher oder später nachlassen. Wie unverläßlich diese Macht ist und welche Phantasien dabei auf beiden Seiten im Spiel sind, illustriert in hervorragender Weise der Film *Ménage* von Bertrand Blier. Bob (Gérard Depardieu) mischt sich in eine Auseinandersetzung zwischen Antoine (Michel Blanc) und seiner Frau Monique (Miou Miou). Es entsteht eine Drei-ecksbeziehung. Antoine vergöttert Monique, aber sie verachtet ihn. Bob verleitet die beiden zu kriminellen Aktivitäten. Wäh-rend Monique zunehmend Gefallen am neuen Lebensstil und an Bob findet, verliebt dieser sich in Antoine. Um sich den neuge-wonnenen Lebensstandard und Bob zu erhalten, ermuntert Mo-nique Antoine, Bobs Avancen nachzugeben. Das Herzstück des Films bilden Bobs sehnsüchtiges Verlangen nach Antoine, des-sen (gegen die homosexuellen Implikationen gerichtete) Abwehr und schließliche Kapitulation und das vorhersehbare Resultat – Bobs Bemühen, Antoine zu domestizieren, um sich auf diese Weise selbst aus der emotionalen Abhängigkeit von ihm heraus-zuziehen. Antoine, der sich verraten fühlt, schlägt zurück. Beide, Bob und Antoine, sinken im Zuge der fortschreitenden Mobili-sierung von Machtmitteln immer tiefer. Eine Stärke des Films liegt darin, daß er das Thema der Leidenschaft, die aufhört, Lei-denschaft zu sein, sobald sie sich erfüllt – und der Zerstörung der

Liebe durch das Streben nach Macht – aus dem üblichen heterosexuellen Rahmen löst und die Wirkungsweise von Macht-
mechanismen in der Liebe unabhängig vom Geschlecht der
Protagonisten aufzeigt.

Unterwerfung als Mittel der Vereinnahmung

Unterwürfiges Verhalten kann ebenso der Vereinnahmung des
Anderen dienen wie Dominanzstreben. Es wird zwar meist als
realistische oder sogar einzig adäquate Reaktion des schwäche-
ren Teils in einem faktisch bestehenden Ungleichheitsverhältnis
gesehen, ist aber in Wahrheit oft ein Machtmanöver, auch wenn
das Machtstreben sich «passiv» äußert. Die Unterwerfung stellt
in diesem Fall eine Strategie dar, die genau wie das Dominanzstreben entweder darauf abzielt, den anderen zu kontrollieren
oder die Befriedigung der aus der eigenen Abhängigkeit erwachsenden Bedürfnisse zu sichern. Der Unterschied liegt darin, daß
bei der Unterwerfung die Kontrolle nicht über Zwangsmittel,
sondern durch Manipulation erreicht werden soll. Der Liebende
versucht, der geliebten Person gefällig zu sein und sich unent-
behrlich zu machen oder aber sie über Schuldgefühle an sich zu
binden. Zum Repertoire der Mittel, die dabei aufgeboten werden, gehören unter anderem Verführung, Liebedienerei und
Schmeichelei, das eifrige Bemühen, der geliebten Person jeden
Wunsch von den Augen abzulesen, und die demonstrative Bereitschaft, ihre Interessen über die eigenen zu stellen.

Die Tatsache, daß die geliebte Person ihn braucht und von
ihm zehrt, gibt dem Liebenden ein Gefühl der Unentbehrlichkeit
und damit Sicherheit. Er ordnet sich ihr unter, um sie zu halten
und ab und zu an ihrer Macht teilhaben zu können. Er kann sich
selbst wichtig fühlen, wenn eine wichtige Person ihn braucht.
Aber in dieser Beziehungsform muß das eigene Selbst des Liebenden zwangsläufig verarmen. Es wird geopfert, um die Beziehung zu sichern. Während der Impuls zur Hingabe aus dem Verlangen nach Selbstüberschreitung erwächst, ist das Motiv, das

hinter dieser Art der Selbstaufopferung steht, weniger erhaben. Der Liebende trachtet nicht danach, über die Schranken seines Selbst hinauszugelangen, um eine Erneuerung oder Erweiterung zu erfahren. Er versucht vielmehr, sein verstümmeltes Selbst abzusichern. Unterordnung untergräbt das Selbstwertgefühl, so daß der Liebende häufig zu Kompensationsmitteln wie etwa Affären neben der Beziehung Zuflucht nehmen wird.

Eine sehr subtile Form der Machtausübung ist das Streben nach Kontrolle im Gewand der Fürsorglichkeit. Manche Liebenden verbergen ihre für sie selbst nicht akzeptablen Abhängigkeitswünsche hinter einer extrem fürsorglichen Art. Sie fördern die Abhängigkeitstendenzen der geliebten Person, indem sie ihr gegenüber – auf der emotionalen wie auf der materiellen Ebene – die Versorgerrolle einnehmen. Dahinter verbirgt sich manchmal Herablassung oder Verachtung, häufiger jedoch eine starke Identifikation mit den Abhängigkeitswünschen der geliebten Person.

In solchen Fällen scheint das «Wir» aus einem gereiften, in sich ruhenden Teil und einem von diesem dominierten bedürftigen und infantilen Partner zu bestehen. Gelegentlich kann man allerdings eine drastische Verkehrung der Rollen erleben, die die Schwäche, die hinter dem Dominanzstreben steht, deutlich zutage treten läßt. Eine der eindringlichsten literarischen Schilderungen einer solchen Dynamik bietet Scott Fitzgeralds Roman *Zärtlich ist die Nacht*.

Der Psychiater Dick Diver lernt Nicole als Patientin in einem Nervensanatorium kennen. Nicole leidet an psychischen Störungen und vielleicht sogar (infolge ihrer inzestuösen Beziehung zum Vater) an Schizophrenie. Dank einer Reihe von Briefen, die sie dem brillanten, gutaussehenden Dr. Diver schreibt, bessert sich ihr Zustand jedoch zunehmend.

Nach Nicoles Genesung heiraten die beiden. Äußerlich betrachtet, scheint Dick Nicole Halt zu geben, in Wahrheit aber bildet sie das Zentrum, um das herum sich ihrer beider Leben strukturiert. Als Dick sich für eine andere Frau interessiert, erleidet Nicole einen Rückfall. Dick nimmt einen Posten als Leiter eines Sanatoriums an, um für sie beide einen Lebensrahmen zu schaffen, in dem er sich selbst um ihre Wiederherstellung kümmern kann. In dem Maße, wie er sie heilt, verfällt er selbst einer inneren Leere und Haltlosigkeit (tritt seine immer schon vorhandene eigene Schwäche zutage?), und die Verkehrung der Rollenaufteilung zwischen ihnen kündet sich in zwei kleinen, aber bedeutsamen Dialogszenen an.

Dick, der immer offensichtlichere Anzeichen eines Verfalls seiner seelischen Kräfte zeigt, hat angefangen, zuviel zu trinken. Nicoles künftiger Liebhaber Tommy Burban erklärt ihr:

> «Es gibt Menschen, die es vertragen, und solche, die es nicht vertragen. Dick verträgt es offensichtlich nicht. Du solltest ihm sagen, es sein zu lassen.»
> «Ich!» rief sie verblüfft aus. «*Ich* soll Dick sagen, was er tun soll und was nicht!»

Nicht lange danach ist Tommy zu Besuch bei den Divers. Er klagt über Halsschmerzen. Nicole setzt sich über Dicks Einwände hinweg und gibt ihm das letzte Töpfchen mit einer Spezial-Kampfersalbe zum Einreiben. Es ist das erste Mal, daß sie sich Dick entgegenstellt, und ein bedeutsames Vorzeichen.

> «Diese Geste war unnötig», sagte Dick. «Wir sind hier zu viert – und seit Jahren haben wir immer, wenn jemand Husten hatte – –»
> Sie sahen einander an.
> «Wir können jederzeit einen neuen Tiegel bekommen – –» Dann verließ sie der Mut, und sie folgte ihm nach oben, wo er sich auf sein eigenes Bett legte und schwieg.

Dick begreift die Bedeutung dieses Vorfalls sofort. Als sie später beschließen, sich zu trennen, geht alles ganz undramatisch vonstatten: «Nicole fühlte sich durchschaut, es war ihr jetzt klar, daß Dick seit der Episode mit der Kampfersalbe alles vorausgesehen hatte.»

Sie, die Labile und Kranke, entpuppt sich schließlich als der lebenstüchtigere Teil. «Nicole war für den Wechsel, für das Fliegen geschaffen, mit Geld als Flossen und Flügel. Die neue Lage der Dinge konnte nichts anderes sein, als wenn das Fahrgestell eines Rennautos, das jahrelang unter der Karosserie einer Familienlimousine verborgen war, bis zu seinem ursprünglichen Selbst freigelegt würde.» Er hingegen – der charmante, gewinnende und tüchtige Dick Diver – ist müde, leer, kaputt und ausgebrannt. Im Verlauf ihrer Beziehung hat sie, allem äußeren Anschein zum Trotz, an Stärke gewonnen, während seine anfangs vorhandene äußere Stärke nach und nach zerbröckelt und die dahinterliegende Schwäche zum Vorschein gekommen ist.

Manchmal versuchen Liebende, den anderen mittels Schuldgefühlen zu kontrollieren. Dieses Manöver schlägt jedoch fast immer fehl, da es die Entfremdung nur fördert. Der Rückgriff auf die Erzeugung von Schuldgefühlen als Mittel der Kontrolle und der Glaube an die Wirksamkeit dieser Taktik stellen eine Regression auf eine frühere Interaktionsstufe dar: Kinder und Eltern bedienen sich des schlechten Gewissens als Machthebel. Tatsächlich weckt der Versuch, Schuldgefühle zu erzeugen, in den meisten Fällen nur Ärger. Dennoch kann es mit diesem Mittel gelingen, den anderen in der Beziehung festzuketten, auch wenn diese eindeutig unglücklich ist.

Edith Wharton erzählt in *Winter* die schaurige Geschichte einer Frau, die sich durch übergroße Fürsorglichkeit die Macht über ihren Sohn Ethan sichert, um dann durch ihr Leiden und ihre Vorwürfe ihrer beider Leben zu zerstören. Zeena, eine Verwandte Ethans, kommt in dessen Haus, um seine im Sterben liegende Mutter zu pflegen. Ihre Munterkeit erfüllt die stille Gruft mit neuem Leben. «Zeena schien seinen Fall mit einem Blick zu erfassen. Sie lachte ihn aus, weil er nicht einmal die einfachsten Verrichtungen an einem Krankenbett kannte, und sagte ihm, er solle ‹doch ruhig rausgehen› und die Sorge ihr überlassen. Es genügte ihm schon, ihren Anweisungen Folge zu leisten, in aller Freiheit wieder seinen Geschäften nachzugehen und mit anderen Menschen zu sprechen, damit sich sein erschüttertes Gleichgewicht wiederherstellte und sein Dankgefühl ihr gegenüber ins Riesenhafte wuchs.» Als die Mutter stirbt, fürchtet sich Ethan davor, wieder einsam zu sein. Doch die Befreiung, die Zeena für ihn bedeutet hat, erweist sich als ein kurzes Zwischenspiel. Binnen eines Jahres ist Zeena, inzwischen seine Frau, ebenfalls krank, wobei ihre Leiden gutenteils eingebildet sind. Sie ist jetzt der neue Mühlstein um seinen Hals, der ihn abermals in die erdrückende Stille hinabzieht. Sieben Jahre später kommt Zeenas junge Cousine Mattie zu ihnen ins Haus. Ethan lebt auf. Er spürt eine lang vermißte Wärme und die ersten Regungen der Liebe in seinem Herzen. Aber Zeena wird eifersüchtig. Sie reagiert mit einer Verschlimmerung ihrer Leiden und noch heftigeren Vorwürfen und schmiedet Pläne, um Mattie wieder loszuwerden. «Ethan sah voll Abscheu auf seine Frau. Das war nicht länger das teilnahmslose Geschöpf, das in dumpfer Selbstversunkenheit an seiner Seite dahingelebt hatte, sondern eine rätselhafte Fremde, ein böser Geist, der aus den langen Jahren schweigenden Brütens erstanden war. Und das Gefühl seiner Hilflosigkeit verschärfte noch seine Abneigung.» Dennoch hat Ethan nicht die Kraft, sich ihr entgegenzustellen. In der Nacht, ehe Mattie abreisen soll, unternimmt er mit ihr eine letzte Schlittenfahrt. Er hat vor, sie und sich umzubringen, weicht aber im letzten Moment dem tödlichen Aufprall aus. Beide überleben, jedoch mit schweren Verletzungen. Mattie bleibt an den Rollstuhl gefesselt und wird von Zeena gepflegt. Alle drei sind in einer ewigen Agonie aneinandergekettet.

Im ganzen gesehen gibt es offenbar geschlechtsspezifische Vorlieben für bestimmte Kontrollstrategien, auch wenn diese Aufteilung keineswegs durchgängig ist. Frauen operieren häufiger mit Unterordnung oder Fürsorge. Indem sie unterwürfig alles für den Partner tun, demonstrieren sie ihre moralische Höherwertigkeit und erzeugen Schuldgefühle, die sie manipulativ nutzen. Sie umgarnen und verstricken den Partner durch ihre Aufopferung und Ergebenheit. In der althergebrachten Frage: «Wie konntest du nur?» schwingen gleichzeitig Vorwurf, Hilflosigkeit und moralische Überheblichkeit. Ein anderes traditionell weibliches Kontrollmittel ist die Gewährung oder Verweigerung sexueller Lust. Männer hingegen bevorzugen im allgemeinen dominierendes Verhalten, das heißt, Zwang oder Lenkung direkterer Art, etwa mittels körperlicher Gewalt, verbaler Einschüchterung, finanzieller, sozialer oder sonstiger Sanktionen. In diesen unterschiedlichen Kontrollstrategien spiegeln sich sowohl geschlechtsspezifische Sozialisationsformen und -inhalte als auch das faktische Machtgefälle zwischen Männern und Frauen in unserer Gesellschaft.

Grundsätzlich können jedoch Männer wie Frauen jede dieser Strategien der Machtausübung anwenden. Und jede dieser Techniken kann scheinbar Erfolg zeitigen und die Beziehung stabilisieren. Aber der Rückgriff auf Machtmittel, gleich ob in Form von Dominanzstreben oder Unterwerfung, bringt für den Liebenden zwangsläufig – selbst wenn er die Beziehung sichert – das traurige Gefühl mit sich, daß die Liebe ihm nicht von selbst zuteil wird, daß er sie sich mit Gewalt oder List holen muß. Wer sich Liebe erzwingt oder erschleicht, schneidet sich die Möglichkeit ab, sich um seiner selbst willen geliebt zu fühlen.

Dominanz – Unterwerfung: Muster einer Beziehungsform

Menschen, für die der Abhängigkeitsaspekt in der Liebe eine vorrangige Rolle spielt, neigen oft dazu, sehr problematische, aber zählebige Beziehungen einzugehen, die sich offensichtlich auf ein starkes Gefälle zwischen der Dominanz auf der einen und der Unterordnung auf der anderen Seite gründen. Oft versuchen in diesem Fall beide Beteiligten, die Fiktion aufrechtzuerhalten, daß der dominante Teil stark und autonom ist, weil dann auch der andere Partner an dieser scheinbaren «Stärke» teilhaben kann. Aber wer in einer Beziehung das Machtspiel spielt, egal auf welcher Seite, ist immer hochgradig abhängig vom Partner. Übernimmt er die unterwürfige Rolle, braucht er den anderen Teil als Basis eigener Stärke; verkörpert er den dominierenden Part, benötigt er die geliebte Person als Garantin seiner Überlegenheit. In jedem Fall spürt er, wie abhängig er ist. Und so sehr er sich auch bemühen mag, es von sich wegzuschieben – dieses Wissen um die eigene Verletzlichkeit wird seinen Drang, sich an die geliebte Person zu klammern, noch verstärken. Die Folge ist, daß er noch heftiger zu dominieren versucht oder sich noch unterwürfiger verhält. Es entsteht ein Teufelskreis, der nur noch sehr schwer zu durchbrechen ist.

Beide Rollen in einer solchen Beziehung schwächen das Selbst, und das Ergebnis von Machtmanövern in der Liebe ist in den meisten Fällen Abwehr, Ärger und sogar Aggression auf beiden Seiten. Aber obgleich Machtspiele die Liebe tendenziell korrumpieren, können sie doch gelegentlich auch stabilisierend wirken. Es wäre naiv, leugnen zu wollen, daß etliche enge und intensive Liebesbeziehungen im Rahmen von Verhältnissen gedeihen, die ganz offensichtlich auf Macht und Unterordnung gegründet sind, und ihre Leidenschaftlichkeit gerade aus der elektrisierenden Mischung von Liebe und Macht ziehen. Und interessanterweise werden solche Liebenden oft alles daransetzen, aneinander festzuhalten, auch wenn dies Rollenverkehrungen zur Folge hat. Mit anderen Worten: Der Herr wird manchmal die Sklavenrolle übernehmen, wenn die Beziehung durch das Aufbegehren des Sklaven bedroht ist. Und für manche Menschen funktioniert diese Strategie offenbar nicht einmal schlecht.

Eine gute Bekannte von mir war zweifellos eine talentierte Geschäftsfrau, konnte ihre eigene Karriere jedoch nicht recht verfolgen, weil sie in sklavischer Ergebenheit an einem prominenten Anwalt hing. Sie arbeitete jeden Abend für ihn, spielte die Gastgeberin, wenn er wichtige Leute einlud, und verwandte ihre Energie darauf, ihm hochkarätige Klienten zu vermitteln. Als ihre Beziehung schon einige Jahre dauerte, mußte sie zu ihrer Bestürzung feststellen, daß er außer ihr noch eine andere Geliebte hatte. Er beließ es bei ein paar fadenscheinigen Ausreden und zeigte nicht den Willen, etwas zu verändern. Sie tat, obgleich verletzt, weiter alles für ihn, in der Einbildung, nur über ihn ihre eigenen Ambitionen verwirklichen zu können. Irgendwann fand sie aber doch den Mut, sich auf eine heimliche Affäre einzulassen. Nach einiger Zeit faßte sie ins Auge, diesen anderen Mann zu heiraten, und offenbarte dem Anwalt ihre Absichten. Die Folge war ein verblüffender Wandel ihrer wie seiner Person und der Beziehung.

Der Anwalt, zuvor dominierend, fordernd und kontrollierend, schrumpfte jetzt zu einer jämmerlichen Gestalt. Während er bislang behauptet hatte, seine andere Geliebte nicht aufgeben zu können, weil er befürchten müsse, sie könnte sich etwas antun, beschloß er jetzt, sich von ihr zu trennen. Er war so verzweifelt, daß er sogar drohte, sich umzubringen, falls meine Bekannte nicht *ihn* heiraten würde. Sie dagegen entfaltete jetzt auf einmal ein Maß an Selbstachtung, Standfestigkeit und Würde, wie sie es seit Jahren nicht mehr gezeigt hatte, und legte sich vorläufig nicht fest. Schließlich ließ sie sich, bei aller Vorsicht, doch durch die Veränderung, die allem Anschein nach in ihm vorgegangen war, und durch seine inbrünstigen Versprechungen erweichen. Sie kehrte zu ihm zurück, und die beiden heirateten. Natürlich schlichen sich nach und nach die alten Muster wieder ein. Aber sooft sie jetzt merkte, daß er sich zu intensiv anderweitig engagierte, reagierte sie, indem sie mit Scheidung drohte oder sich selbst auf eine Affäre einließ. Das genügte jedesmal, ihn in eine neue, bis zur Lebensmüdigkeit gehende Krise zu stürzen, die dadurch beendet wurde, daß sie sich gegenseitig beteuerten, wie sehr sie sich liebten.

Die Moral von der Geschicht ist also nicht, daß er sie nur umgarnte, um sie dann wieder sitzenzulassen. So weit kam es nie. Vielmehr schien dieses intensive Hin und Her beiden prächtig zu bekommen. Ihre Beziehung war, bei allem Schmerz, der darin fast ständig mitschwang, doch nicht distanziert, sondern sehr emotional. Sie hielt sich immer auf der Kippe zu einem Dominanz-Unterordnungs-Verhältnis. Meine Bekannte investierte sowohl ihre Energien als auch ihre gesamten Hoffnungen und Zukunftserwartungen in ihren Geliebten, während er den leidenden Getriebenen und Sensiblen spielte, der ihr so gern treu sein wollte, aber leider von seiner Natur her nicht fähig dazu war. Die Spannung und Intensität zwischen ihnen blieb jedoch durch das auf beiden Seiten vorhandene Wissen erhalten, daß sie jederzeit wieder aufbegehren konnte.

Im engeren Freundeskreis der beiden gab es einige Leute, die sich beklagten, ihnen sei in ihrer Gegenwart (obgleich sie nette, unterhaltsame Menschen waren) immer ein wenig seltsam zumute – da stimme doch etwas nicht. Tatsächlich konnte einem die Unterordnungsbereitschaft meiner Bekannten gegen den Strich gehen, aber gleichzeitig schien ihre Beziehung intensiver als die der meisten anderen Paare. Und beide bekannten sich offen zu einem Gefühl unantastbarer Zusammengehörigkeit, einer tiefen seelischen Verbundenheit. Er bedauerte zwar, daß ihr Treue so wichtig war, verfluchte aber gleichzeitig den Don Juan in sich. Sie glaubte fest daran (oder redete es sich zumindest ein), daß trotz der periodischen Leidensphasen, die sie durchzumachen hatte, zwischen ihnen eine tiefe Liebesbindung existierte und daß er sich irgendwann schon noch ändern würde. Die Beziehung war beiden wichtig, und sie mobilisierten eine Vielzahl von Strategien, um sie aufrechtzuerhalten, darunter auch diese sich wechselseitig bestärkenden Rationalisierungen seines Verhaltens. Und ihres Verhaltens nicht minder! Ein Bestandteil ihres Paktes war nämlich auch die Hervorkehrung ihrer psychischen Gesundheit und Stabilität und ihrer mütterlichen Fürsorglichkeit. Sie rationalisierten alle beide ihre Unterwürfigkeit als eine höhere Form der Hingabe, die sie über andere Frauen und ihre trivialen Vorstellungen von ehelicher Treue und Pflicht erhob.

Zu dieser fast schon ritualisierten Rollenverteilung und den Rationalisierungen kam noch hinzu, daß sie es darauf anlegten, die meiste Zeit einen befreundeten Dritten um sich zu haben. Das konnte ein älterer Berufskollege und Mentor von ihm sein oder auch eine gute Freundin von ihr, in jedem Fall aber jemand, der ihnen beiden zugetan war und sie als liebendes Paar betrachtete. Dieser Dritte fungierte teils als Vertrauensperson, teils als Friedensstifter, erfüllte aber vor allem *eine* wichtige Aufgabe: Er konnte die Existenz ihrer Liebe bestätigen, falls ihr eigener Glaube daran ins Wanken geriet. Obgleich durch dieses Manöver ständig Dreiecke hergestellt wurden, lag ihm kein ödipales Muster zugrunde – die dritte Person war nie ein potentieller Rivale für einen der beiden. Sie erfüllte vielmehr die Funktion des nach außen verlagerten Gewissens und Garanten der Beziehung. Einen sehr hohen psychischen Stellenwert hatte in diesem Fall für beide Partner die Paareinheit selbst, das «Wir», das sie der Welt gegenüber darstellten.

Diese Beziehung ist ein Beispiel für einen «geglückten» Tanz um Macht und Unterordnung. Manchmal ist es eine genau austarierte Balance zwischen Macht und Unterordnung (in der die Positionen wechseln können), die bewirkt, daß Beziehungen über lange Zeit intensiv und leidenschaftlich bleiben. In diesem Fall ist es, als würden beide Partner die Choreographie der Macht intuitiv begreifen und als könnte sie ein minder komplizierter Tanz überhaupt nicht reizen.

Existentielle und individualgeschichtliche Zusammenhänge

Liebe und Machtstreben sind oft eng miteinander verquickt, was zum einen darauf beruht, daß sich die darin zum Ausdruck kommenden Strebungen teilweise überschneiden, und zum anderen in der Persönlichkeitsentwicklung begründet ist.

Im Grunde sind Liebe und Machtstreben auf sehr ähnliche Ziele gerichtet, auch wenn die Mittel, diese Ziele zu erreichen, verschieden sind. Hans Morgenthau erklärt: «Beide, die Liebe wie auch die Ausübung von Macht, sind Versuche des Menschen, durch die Verdopplung seiner Individualität die Einsamkeit und das dieser entwachsende Gefühl der Unzufriedenheit zu überwinden.» In der Liebe wie im Streben nach Macht wird der Andere zur Bestätigung und Bestärkung der eigenen Person herangezogen. Es liegt auf der Hand, daß das eine wie das andere zugleich der Versuch ist, das eigene Gefühl der Schwäche zu überwinden und eigene Abhängigkeitswünsche zu befriedigen. Angesichts der Tatsache, daß diese Ziele so ähnlich und dabei nie völlig erreichbar sind, bietet es sich an, Liebe und Macht miteinander zu koppeln, um ihnen näherzukommen.

Die Verquickung von Liebe und Macht wird außerdem durch den Verlauf der Persönlichkeitsentwicklung gefördert. Unser emotionales Erleben in Beziehungen hat seine Wurzeln in der frühen Kindheit und ist eng mit der kindlichen Abhängigkeit verknüpft. Die Sozialisation des Kindes baut teilweise darauf auf, daß es fürchten muß, die Liebe der Eltern zu verlieren, wenn es ihnen nicht gehorcht. Viele Erwachsenen gehen in der Liebe in ganz ähnlicher Weise innerlich davon aus, daß sie es der geliebten Person recht machen müssen, damit sie für sie da ist. Aufgrund der Verknüpfung von Liebe und Abhängigkeit in der frühesten Erfahrung schwingt in späteren Liebesbeziehungen häufig die tiefsitzende Vorstellung mit, daß Liebe immer ein Machtgefälle beinhaltet. Rieff geht in seiner Argumentation noch weiter. Aus der Tatsache, daß Liebe mit «elterlicher Dominanz» verknüpft ist, leitet er ab: «Macht ist der Vater der Liebe, und in der Liebe setzt der einzelne das Machtexempel in eine Beziehung um, in der einer herrscht und einer sich unterordnet.» Und er behauptet weiter, während das Christentum verkünde, daß die höchste Autorität der Quell der Liebe sei, habe Freud die «Liebe zur Autorität» entdeckt. (Damit erklärt sich auch zumindest teilweise der starke Impetus zur Entwicklung von Liebesgefühlen, der von der Therapiesituation ausgeht: die enge Verknüpfung von Liebe und Liebe zur Autorität führt leicht dazu, daß der Patient/die Patientin sich in den Therapeuten/die Therapeutin verliebt glaubt.) Der Liebende kann sich entweder mit der allmächtigen Mutter- oder Vaterfigur oder mit dem hilflosen Kind identifizieren. Liebesgefühle erwachsen häufig aus irgendeiner Spielart dieses Machtgefälles – wobei es nahezu egal ist, aus welcher. Den Hang zu dieser Form von Liebe wird nur der Mensch überwinden, der es schafft, seine eigene Autorität zu werden.

Bislang habe ich vor allem von den problematischen Aspekten der Verknüpfung von Macht und Liebe gesprochen. Es gibt jedoch, wie ich bereits angedeutet habe, zwischen Liebenden immer, ob sie es sich eingestehen oder nicht, eine Phase, in der sie eine bestimmte Machtbalance aushandeln. Es wird geregelt, wer welche Ansprüche durchsetzen kann und wer in welcher Hinsicht zurückstecken muß. Das subtile Arrangement, das schließlich am Ende steht, zementiert nicht einfach eine generelle Priorität eines Partners, sondern schreibt vielmehr fest, wer in welchen Bereichen Wert darauf legt, den Ton anzugeben (wobei allerdings im ganzen meist der Teil die Oberhand gewinnt, der weniger Angst davor hat, den anderen zu verlieren). Zum Machtkampf kommt es erst dann, wenn diese Balance ins Wanken gerät (gewöhnlich weil ein Partner den einseitigen Versuch unternimmt, die «Spielregeln» zu ändern). Es kann sein, daß es gar nicht soweit kommt und die Machtverteilung überhaupt nie thematisiert zu werden braucht. Erst dann, wenn unausgesprochene Übereinkünfte über die Machtverteilung verletzt werden, entspinnt sich ein für die Liebe zerstörerisches Ringen.

Was die Dominanzimpulse anbelangt, die der Liebe von ihrem Wesen her innewohnen, so läßt sich der Drang zur Eroberung und Bemächtigung zwar zügeln, aber nicht ausmerzen. Der Wunsch, von der geliebten Person Besitz zu ergreifen, scheint ein essentieller Bestandteil leidenschaftlicher Liebe zu sein. Wenn der Liebende nicht den Versuch totaler Bemächtigung unternimmt, dann oft deshalb, weil er intuitiv ahnt, daß er scheitern würde. Außerdem verspürt er ja nicht nur den Drang, die geliebte Person zu besitzen: er hat sie sehr gern und möchte sich auch selbst ganz an sie hingeben. Er zügelt deshalb seinen Vereinnahmungsdrang, und er wehrt auf der anderen Seite seinem eigenen zur Selbstaufgabe drängenden Impuls. Leidenschaftliche Liebe oszilliert um einen Punkt in der Mitte zwischen diesen beiden diametral entgegengesetzten, aber doch in enger Verbindung miteinander stehenden Polen.

Bei alledem wird Liebe aber doch am ehesten gedeihen und dauern, wenn jeder der beiden Beteiligten frei und selbstbestimmt fühlt und handelt. Das ist auch eines der zentralen Themen in Chaucers höchst komplexer «Erzählung des Weibes von Bath». In dieser Geschichte wird ein junger Ritter an König Artus' Hof zum Tode verurteilt, weil er ein Mädchen vergewaltigt hat. Die Königin verspricht ihm sein Leben unter einer Bedingung: Binnen zwölf Monaten muß er ihr folgende Frage beantworten können: «Was ist es, das zumeist ein Weib begehrt?» Der Ritter zieht kreuz und quer durch die Lande und bekommt die verschiedensten Antworten: Frauen wollen «Putz», «Liebesleckereien», «Witwen werden und von neuem frein» – alle möglichen Dinge. Aber nie sind sich auch nur zwei der Befragten einig. Als das Jahr fast vorbei ist und er schon um sein Leben fürchtet, trifft er auf ein altes Weib. Sie verspricht, ihm die Antwort zu verraten, wenn er ihr zu Willen ist, sobald er sein Leben zurückgewonnen hat. Er läßt sich auf den Handel ein und überbringt der Königin, was ihm die Alte gesagt hat: «Zu herrschen ist des Weibes Hauptbegehren!» Alle anwesenden Frauen – Ehefrauen, Witwen und Jungfern – stimmen dem zu, und der Ritter wird begnadigt.

Die Alte fordert ihren Lohn ein und befiehlt dem Ritter, sie zu heiraten. Obgleich sie ihm zuwider ist, fühlt er sich verpflichtet, ihr zu gehorchen. Sie bemerkt jedoch seinen Widerwillen und stellt ihn vor eine Wahl: Sie wird ihm entweder als alte Vettel eine treue Gattin sein, oder aber sie wird, wenn ihm das lieber ist, jung und schön sein, aber dann wird er um ihre Treue bangen müssen. Und wie entscheidet sich der Ritter? Er handelt – eingedenk dessen, was er gerade über die Wünsche der Frauen gelernt hat – sehr weise: Er überläßt die Entscheidung ihr. Die Alte reagiert großmütig und verwandelt sich in eine sowohl schöne als auch treue Frau. So erfährt der Ritter am eigenen Leib, was es mit dem Herrschen auf sich hat, das sich die Frauen vor allem anderen wünschen. Und sie – durch das Vertrauen, das er in sie setzt, und die uneingeschränkte Entscheidungsfreiheit, die er ihr läßt, von Grund auf verwandelt – wird so, wie er sie haben will, aber aus eigenem freien Willen.

Der Ritter kann erst Befriedigung in der Liebe finden, nachdem er über das wahre Wesen der Frauen «belehrt» wurde. Er, der sich eine extreme Form von Verfügungsgewalt über eine Frau angemaßt hat, indem er sie vergewaltigte, gewährt jetzt seinem Gegenüber totale Selbstbestimmung und gewinnt so eine Frau, die ihm «war gehorsam und tat jedes Ding, / Was er begehrte, stets auf Wort und Wink. / So lebten beide fröhlich bis ans Ende.»

8
DESILLUSIONIERUNG

Viele Liebende wünschen sich sehnlich, daß die leidenschaftliche Intensität der ersten Zeit ihrer Liebe anhalten möge. Aber Wünschen allein hilft nicht immer. Selbst die der Liebe wohlwollend gegenüberstehenden Autoren weisen auf die in ihren Augen unausweichliche Vergänglichkeit der stürmischen Emotionen und deren – im Idealfall stattfindende – Ablösung durch eine mehr heiter-gelassene, stabile Gefühlsbindung hin. Leidenschaft gilt allgemein als das Eingangsstadium der Liebe, als Auftakt zu einer reiferen Beziehungsform, die man vielleicht am besten als zärtliche Zuneigung bezeichnen kann. Es gibt aber auch Leute, und zu diesen gehöre ich, die glauben, daß sich grundsätzlich ein gewisser Kern an Leidenschaftlichkeit auch über die Phase der Verliebtheit hinaus bewahren läßt, auch wenn es leider in den seltensten Fällen glückt. Gelingt es nicht, kann es passieren, daß die Liebe einfach erstirbt, sobald die Leidenschaft nachläßt – sei es, weil sie in der Langenweile und nervösen Unrast untergeht, die so häufig den entstehenden Raum einnehmen, oder sei es, weil sie an dem Gefühl des Betrogenseins, der Angst vor dem Verlassenwerden oder dem Ärger zerbricht, die sich einstellen können, sobald die Idealisierung bröckelt oder das beiderseitige Verlangen abkühlt.

Die Leidenschaft speist sich anfänglich aus der erregenden Ungewißheit des Werbens. Und genau darin liegt das Problem: für manche Liebenden wiegen die Freuden der Erfüllung den Kitzel der Eroberung nicht auf. Aber es ist nur menschlich, beides zu wollen: Der Liebende ersehnt die Ruhe und Geborgenheit der engen, vertrauten und verläßlichen Beziehung – die pastellfarbene Idylle – und hungert zugleich nach den heftigen Sensationen der Unsicherheit – dem Feuerwerk der Gefühle vor einem Sturmhimmel. Er will den sicheren Hafen und die elektrisierende Atmosphäre, den Frieden und den Kampf, die Vertrautheit und das Geheimnisvolle. Das eine zu finden, bedeutet zwangsläufig, auf das andere zu einem gewissen Grad (wenn auch nicht unbedingt völlig) verzichten zu müssen, und diese Widersprüchlichkeit bringt einen Moment der Unrast in die Liebe, das Gefühl, daß die Wünsche, die sie schürt, letztlich unerfüllbar sind. Manchen gelingt es, mit diesen Widersprüchen auf andere Weise umzugehen als durch die ständige Suche nach neuen Liebesobjekten. Für sie erwächst aus der kreativen Synthese der Liebe eine Vielschichtigkeit und Fülle des inneren Erlebens, die sie mindestens genauso erregend finden wie den Kitzel des Neuen und Ungewissen. Aber diese Liebenden scheinen in der Minderheit zu sein.

Für die Mehrheit sind Intensität und Spannung dagegen an die Ungewißheit und die aufgeregte Erwartung des Werbens, an die geheimnisvolle Neuheit des Anderen oder die Leidenschaftlichkeit des sexuellen Begehrens gebunden. Alle diese Quellen von Erregung sind jedoch wenig verläßlich. Das Werben ist von seiner Natur her darauf angelegt, sich selbst überflüssig zu machen, das Geheimnisvolle weicht der Vertrautheit, und das Begehren ist eine äußerst störanfällige und oft kurzlebige Komponente der Liebe.

So kommt es, daß viele Liebende, die die Extreme der Machtausübung und der Selbstaufgabe glücklich umschifft haben, doch einer anderen Form von Absolutheitsstreben erliegen, die andere Probleme und Enttäuschungen mit sich bringt. Wenn dann auch noch die Idealisierung und die Harmonie – verglichen mit der Intensität nicht minder wichtige Aspekte der leidenschaftlichen Phase – nachlassen, dann kann das leicht bedeuten, daß die Liebe gänzlich abstirbt und Gleichgültigkeit oder Haß an ihre Stelle treten. Der sichere Hafen wird zur Falle, zu einem Ort, wo man sich unter einer Glocke oberflächlicher Nähe erstickt fühlt.

Alle diese Erscheinungen – das Schwinden der Idealisierung,

der Harmonie und der Erregung – sind Resultate der inneren Dynamik der Liebe, der widersprüchlichen Strebungen und Bedürfnisse, die sie enthält. Jede davon kann jedoch außerdem neurotisch kompliziert werden, so daß sich die Probleme verschärfen. Gelingt es dagegen, sie angemessen zu handhaben, eröffnet sich den Liebenden die Chance, eine der größten Freuden zu erleben, die für uns erreichbar sind: anhaltende Liebe.

Das Schwinden der Idealisierung

Wenn die Liebe bereits ein Stück weit unterminiert ist, weicht die Idealisierung der geliebten Person nicht selten einer radikalen Entidealisierung. Nach diesem Muster verlief (wie die Callas-Biographin Arianna Stassinopoulos meint) auch Aristoteles Onassis' Beziehung zu Jacqueline Bouvier Kennedy: «Nun nannte er Jackie ‹kaltherzig und flach›, während er zwei Jahre zuvor noch der Ansicht gewesen war, sie gliche ‹einem Diamanten, kalt und scharf an den geschliffenen Rändern, feurig und heiß unterhalb der Oberfläche›.»

Da romantische Liebe auf Idealisierung gründet und diese *per definitionem* in einer aus der Imagination geborenen Überhöhung der geliebten Person besteht, argumentieren die Skeptiker, daß Liebe unweigerlich abkühlen muß, sobald sie mit den Realitäten des täglichen Lebens konfrontiert ist. Es scheint fast unausweichlich, daß der Liebende dahin gelangt, die geliebte Person zu entidealisieren, und daß mit der neuen, realistischen Wahrnehmung auch das Ende der Liebe kommt. Aus dieser Sicht ist die anfängliche Idealisierung der geliebten Person nichts weiter als eine Verzerrung der Tatsachen, eine Projektion der eigenen Vollkommenheitswünsche. Tatsächlich ist das Schicksal der Idealisierung weit weniger festgelegt: sie kann erhalten bleiben, modifiziert oder reduziert werden oder völlig zerplatzen.

Schon das Ausmaß der Idealisierung kann unterschiedlich sein. Manchmal handelt es sich offensichtlich um eine extreme

Überbewertung, in anderen Fällen sogar um eine völlige Fehl-wahrnehmung, und deshalb heißt es nicht ganz zu Unrecht, daß Liebe blind macht. So kraß ist die Wahrnehmung aber nicht immer verzerrt. Wenn die geliebte Person nicht völlig überhöht gesehen wird, kann die Idealisierung – und damit die Liebe – durchaus andauern.

Im Laufe einer jeden Beziehung ändern sich Art und Inhalt der Idealisierung. Fitzgerald stellt in seinem Roman *Der große Gatsby* sehr treffend dar, wie nicht nur Personen, sondern auch Dinge anders wahrgenommen werden können, wenn die Liebenden endlich zueinandergefunden haben. In einer Szene des Romans hat Gatsby es mit viel Aufwand geschafft, ein Zusammentreffen mit Daisy zu arrangieren, seiner großen Liebe, die einen anderen geheiratet hat, während er bei der Armee war. Sie besucht ihn auf seinem großen Landbesitz, den er nur deshalb erworben hat, weil er von hier aus quer über die Bucht zu dem Haus hinüberschauen kann, in dem Daisy wohnt.

> «Wenn der Regendunst nicht wäre, könnten wir Ihr Haus drüben über der Bucht sehen», sagte Gatsby. «Am Ende Ihres Stegs haben Sie immer ein grünes Licht brennen, die ganze Nacht.»
> Daisy schob unvermittelt ihren Arm unter seinen, doch Gatsby schien noch ganz mit dem beschäftigt, was er eben gesagt hatte. Vielleicht kam ihm zum Bewußtsein, daß die ungeheure symbolische Bedeutung jenes grünen Lichts jetzt für immer dahin sei. An der großen Entfernung gemessen, die ihn von Daisy trennte, war das Licht ihr nahe gewesen, berührte sie fast. Es schien ihr so nahe zu sein wie ein Stern dem Mond. Und jetzt war es ein beliebiges grünes Licht an einem Bootssteg. Sein Leben war um ein verzaubertes Symbol ärmer geworden.

In diesem Fall steht die Auflösung der romantischen Überbesetzung der Dinge im Dienst der Liebe. Aber sie kann ihr auch abträglich sein.

Auch in den besten Liebesbeziehungen ist die Idealisierung nicht konstant. Den Liebenden überkommen ab und zu feindselige Anwandlungen gegenüber der geliebten Person, manchmal als Reaktion auf völlig unbedeutende Vorfälle. Sie nehmen gewöhnlich die Form vorübergehender Ernüchterung an, kurz aufblitzender negativer und sogar mit Geringschätzung untermischter Gefühle und Gedanken. Wie kommt es zu diesen Wahrnehmungs- und Gefühlsschwankungen? Zum einen ist die Entidealisierung sicherlich in der Idealisierung immer schon angelegt: sie harrt nur darauf, zum ersten Mal Anlaß zu Ärger über die geliebte Person zu haben oder von einer neuen Seite ihres Wesens zu erfahren. Zum anderen hat sie mit dem latenten Zorn zu tun, der in der Liebe immer mitschwingt und sich vielleicht als Abwehr gegen die Bedrohung der eigenen Autonomie erklären läßt, die der Sog der Liebesgefühle darstellt. Möglicherweise erwachsen die negativen Gefühle aber auch aus untergründigem Neid auf die Vorzüge der geliebten Person, eben jene Qualitäten, die den Liebenden angezogen haben.

Salter hat in seinem Roman *A Sport and a Pastime* diese plötzliche Ernüchterung ebenso großartig eingefangen wie das darauf folgende, nicht minder plötzliche Wiederaufleben der Bewunderung. Dean nimmt einen Moment lang seiner französischen Freundin gegenüber eine distanzierte Beobachterhaltung ein:

> Dean ist ein bißchen gelangweilt. Es ist anstrengend, Französisch zu sprechen. Er ist es leid, und Englisch ist auch nicht besser, ihres ist so holprig. Ihre Fehler gehen ihm langsam auf die Nerven, und außerdem scheint sie ohnehin nur über triviales Zeug reden zu wollen: Schuhe, ihre Arbeit im Büro. Als sie schweigt, schaut er sie mit einem Lächeln an. Sie lächelt nicht zurück. Sie spürt es, denkt er. Plötzlich fühlt er sich durchsichtig. Die Augen, die seinen etwas mechanischen Blick erwidern, sind die Augen eines wissenden Kindes, und alle Ausflüchte, Posen, Tricks bekommen etwas Törichtes. Die Windschutzscheibe ist bläulich streifig wie Luft. Während er hindurchschaut, auf die Straße vor ihnen, spürt er, wie sie still aufnimmt. Sie versteht alles ohne Mühe. Das Leben ist völlig klar für sie. Sie ist eins mit ihm. Sie bewegt sich darin wie ein Fisch, ohne sich je Gedanken darüber zu machen, ob es einen Grund hat, Ufer, ob es Welten darüber gibt…

Dieses Aufwallen und Abflauen der Idealisierung kennt jeder Liebende gut. Wie oft erleben wir an einem einzigen Abend, was die geliebte Person betrifft, ein Gemengsel aus Stolz, Peinlichkeitsgefühlen, Ärger, Langeweile und Zärtlichkeit.

Etwas ganz anderes ist dagegen die radikale Entidealisierung, die das Ende der Liebe ankündigt. Das in der Idealisierung immer vorhandene Entidealisierungspotential kann durch jede tiefgreifende Veränderung der Gefühle des Liebenden aktualisiert werden, egal ob sie aus Verletztheit, Enttäuschung, Ärger oder der Hinwendung zu einem anderen Menschen erwächst. Als Anna Karenina nach dem Zusammentreffen mit dem anziehenden Wronskij nach St. Petersburg zurückkehrt, fallen ihr die abstehenden Ohren ihres Mannes und seine Angewohnheit, die Fingergelenke knacken zu lassen, stärker denn je auf. Genauso neigt unser aller Wahrnehmung dazu, sich nach unseren Gefühlen zu richten. (Das gleiche gilt im übrigen auch für die Selbstwahrnehmung: Manchmal finden wir uns, wenn wir morgens in den Spiegel schauen, häßlich, und an anderen Tagen sind wir zufrieden mit dem Anblick.)

Die Entidealisierung kann auch dadurch ausgelöst werden, daß der Liebende an der geliebten Person Mängel entdeckt, von denen er bislang nichts ahnte. So zerbrach die Liebe eines gewieften, aber ehrenhaften Geschäftsmannes, als seine Freundin ihm gestand, daß sie Kunden «schmierte». Er sah sich nicht mehr imstande, sie zu heiraten. Sie wiederum konnte seine schockierte Reaktion überhaupt nicht begreifen, da sie immer davon ausgegangen war, daß ihre Praktiken durchaus in Einklang mit seiner Geschäftsmoral standen. Ein homosexueller Mann war bestürzt, als er merkte, daß sein Freund Frauen haßte. An diesem Frauenhaß entzündete sich zunächst die Entidealisierung und schließlich die Ablehnung. Was Onassis anbelangt, so werden für den radikalen Umschwung seiner Gefühle gegenüber Jacqueline zwei Gründe genannt: «Im ersten Ehejahr gab Jackie etwa anderthalb Millionen Dollar aus. Überdies entfernte sie von der *Christina* seine geliebten allegorischen Friese, und auf Skorpios gestaltete sie das Haus von Grund auf um, sehr extravagant und keineswegs immer nach seinem Geschmack. Mehr und mehr hatte Onassis das Gefühl, daß nunmehr er in seiner Freiheit beschnitten – und ausgenützt – wurde... Im Februar 1970 kam es zu einer Art Wende. Alle Briefe, die Jackie an einen ihrer früheren Begleiter geschrieben hatte, fielen einem sogenannten Autographenhändler in die Hand, und bevor Roswell Gilpatrick erfolgreich auf Herausgabe seiner Briefe klagen konnte, waren sie längst in aller Welt veröffentlicht.» Obgleich die Briefe nichts über Onassis selbst enthüllten, sprach daraus doch ein Grad an Intimität zwischen Jackie und Gilpatrick, der Onassis offensichtlich sehr zuwider war.

Manchmal wird die Entidealisierung auch dadurch in Gang gesetzt, daß veränderte Umstände die geliebte Person in einem neuen Licht erscheinen lassen. (Für diese Form der Enttäuschung sind vor allem solche Liebenden anfällig, die zu übertriebener Idealisierung neigen.) Eine Frau hatte ihren Vater stets bewundert, weil er anerkanntermaßen viel für seine Heimatgemeinde getan hatte. In den siebziger Jahren verliebte sie sich erstmalig – in einen erfolgreichen Musiker. Er besaß in ihren Augen die gleiche Vitalität und die gleiche kreative Tatkraft wie ihr Vater. Sie setzte alles daran, den Musiker zu halten, verzehrte sich nach ihm, verzieh ihm seine Treulosigkeit und Taktlosigkeit und empfand es schließlich als einen großen Triumph, daß sie ihn dazu gebracht hatte, sie zu heiraten. Fünfzehn Jahre später hatte sich ihre Meinung über ihn merklich geändert – von der Bewunderung und Idealisierung war herzlich wenig übrig geblieben. Rührte diese Abkühlung ihrer Gefühle tatsächlich, wie sie meinte, nur daher, daß er sich als ein innerlich kalter Mensch entpuppt hatte? Oder hatte sie auch damit zu tun, daß die besonderen Talente und der musikalische Stil ihres Mannes keine rechte Resonanz mehr fanden und er mittlerweile hauptsächlich von seinen früheren Erfolgen zehrte? Wie auch immer, ihr inneres Bedürfnis, jemanden zu idealisieren, wurde nicht geringer, sondern verlagerte sich lediglich auf eine ganze Reihe anderer Objekte. Ihre Freunde schrieben die zunehmende Entfremdung zwischen den Eheleuten jedenfalls ebensosehr ihrer «Prominentengeilheit» zu wie ihrer Enttäuschung über die Gefühlskälte ihres Mannes.

Allgemein betrachtet sagt uns das Phänomen der Entidealisierung vor allem etwas über die begrenzte Tragfähigkeit der Imagination. Die Entidealisierung im konkreten Fall kann jedoch auch einiges über die spezifischen psychischen Selbstbehinderungsmechanismen des jeweiligen Liebenden aussagen. Ein geschiedener Mann verliebte sich nacheinander in eine Reihe bemerkenswerter Frauen, die er jeweils wegen ihrer einzigartigen und herausragenden Persönlichkeit idealisierte. Alle waren jedoch entweder über das gebärfähige Alter hinaus oder nicht willens, noch weitere Kinder zu bekommen. An der Schwelle zum Altar stellte er jedesmal fest, daß er einfach nicht auf die Möglichkeit verzichten konnte, noch einmal Vater zu werden. Beim ersten Mal schien es noch ganz plausibel, daß ihm plötzlich bewußt wurde, wie sehr er sich wünschte, noch einmal eine Familie zu gründen, und daß diese Erkenntnis seine Begeisterung dämpfte. Man hätte nun erwarten können, daß er sich künftig jüngeren Frauen zuwenden würde. Als die nächsten Beziehungen jedoch praktisch nach dem gleichen Muster abliefen, kam seinen Freunden langsam der Verdacht, daß er entweder Frauen gegenüber irgendwelche tiefsitzenden Rachephantasien hegte oder sich schlicht vor einer dauerhaften Beziehung fürchtete. Was immer der Grund sein mochte – seine schwärmerischen Romanzen zerplatzten daran.

Manchmal ist die rapide Entidealisierung ganz offensichtlich neurotischen Ursprungs. Wir alle kennen Menschen, die immer wieder neu in schwärmerischer Leidenschaft entbrennen, auf die unweigerlich eine radikale Abwertung und schließlich Abkehr folgt. Das Ganze geht oft so schnell, daß die Beziehung schon zu Ende ist, ehe der Liebende überhaupt Gelegenheit hatte, die geliebte Person wirklich kennenzulernen.

Wenn die Idealisierung ganz offensichtlich übersteigert ist, sind dabei neurotische Muster am Werk, und die nachfolgende Desillusionierung wird aller Wahrscheinlichkeit nach ebenfalls kraß sein. Jeder Psychoanalytiker ist mit der tiefer liegenden ex-

tremen Ambivalenz vertraut, die solche Schwankungen hervor-
treibt, indem sie unter der übersteigerten Idealisierung eine ge-
ballte Wut produziert, die sich beim geringsten Anlaß Bahn
bricht.

Es können verschiedene Probleme sein, die – oft im Verbund
miteinander – den Liebenden dafür prädisponieren, die Objekte
seiner Liebe in krasser Weise zu entwerten. Häufig ist die Ursache die Reaktivierung des Zorns auf frühere Liebesobjekte (eine
chronische Ambivalenz) oder ein Mangel an Selbstwertgefühl,
der im Zuge der Identifizierung mit der geliebten Person auf
diese projiziert wird.

Die Projektion eigener Minderwertigkeitsgefühle auf die geliebte Person ist wohl der Faktor, der am häufigsten zur Destabi-
lisierung von Liebesbeziehungen beiträgt. Dieser vergleichsweise leicht zu durchschauende Mechanismus wurde von Groucho Marx prägnant in den berühmten Ausspruch gefaßt: «Ich
würde niemals einem Klub beitreten, der mich als Mitglied
akzeptiert.» Auf den Bereich der Liebe übertragen, heißt das einfach, daß ein Liebender, dessen Selbstwertgefühl gering entwik-
kelt ist, jeden Menschen, der ihn wirklich gern hat, für minderwertig und anspruchslos hält. Ich kenne eine Frau, die ständig
mit diesem Dilemma zu kämpfen hat und es auch artikuliert,
aber die Zusammenhänge nicht wirklich sieht. Sie pflegt über
ihren jeweiligen Liebhaber zu spötteln: «Ich weiß auch nicht,
warum ich ihn liebe. Er tut alles für mich. Ich brauche jemanden,
der schwierig ist und mich strampeln läßt. Er ist viel zu pflege-
leicht.» Um seinen Wert unter Beweis zu stellen, müßte er zu-
rückhaltend, schwer zu erobern, schwer zufriedenzustellen und
weniger bemüht sein. Auf dem gleichen Mechanismus basiert
auch die erotische Faszination, die oft von Menschen ausgeht,
die eher reserviert und unnahbar wirken und das besitzen, was
man die Anziehungskraft der narzißtischen Distanziertheit nennen könnte.

Ein Mann, der eigentlich ein sehr großzügiger und nachsich-
tiger Mensch war, merkte selbst, daß er sich, genau wie auch
schon in seiner ersten Ehe, just seiner Frau gegenüber hyperkri-

tisch verhielt. Er begriff nach und nach, daß er immer dann streng war, wenn es um ihn selbst ging oder um Menschen, die ihm sehr nahe standen und die er als Teil seiner selbst ansah. (Es ist immer schwer, mit jemandem zu leben, der ein strenges Über-Ich hat: solche Menschen können ihre Strafimpulse sich selbst *und* geliebten Personen gegenüber nur selten zügeln.) Der Selbsthaß und die Urteilssucht, die Menschen mit einem strengen Über-Ich kennzeichnen, haben schon viele Theoretiker der Liebe, darunter als prominentesten Erich Fromm, zu dem Schluß gelangen lassen, daß ein gesundes Maß an Selbstliebe Bedingung für stabile Liebesbeziehungen zu anderen ist. Starke Schwankungen der Selbstachtung und des Selbstwertgefühls können leicht die gesunde Idealisierung der geliebten Person sabotieren.

Entidealisierung kann jedoch auch noch andere Ursachen haben. Manchmal gerät die Idealisierung deshalb ins Wanken, weil sich tatsächlich etwas verändert hat – meistens jedoch nicht in der Person des geliebten Menschen, sondern in der Psyche des Liebenden selbst. So begannen beispielsweise mit dem Einsetzen der Frauenbewegung viele Frauen, die bis dahin ihre «starken» Ehemänner bewundert hatten, den gleichen Männern ihren Unwillen zu verübeln, die Hälfte der Entscheidungsgewalt aus der Hand zu geben. Probleme können auch daraus erwachsen, daß der Liebende zwar nach außen hin eine tatsächlich vorhandene Eigenschaft der geliebten Person idealisiert, in Wirklichkeit jedoch, ohne daß es ihm selbst bewußt ist, etwas ganz anderes will. Ein Beispiel wäre der Mann, der die Geliebte wegen ihrer Eigenständigkeit idealisiert, sich gleichzeitig aber in seinem Innersten dadurch bedroht fühlt.

Die Entidealisierung betrifft oft nicht nur die geliebte Person, sondern auch das «Wir», die gemeinsame Identität, die das Paar sich erschaffen hat. Im positiven Fall deckt sich dieses «Wir» so weitgehend mit dem Ich-Ideal beider Partner, daß es als Grundlage für eine dauerhafte, beiderseitige Liebe dienen kann. Aber der freudige Stolz auf das «Wir» kann auch in jähe Entwertung und Entidealisierung umschlagen. Für verheiratete Partner kann das Auftreten psychischer Probleme bei einem

Kind zum destabilisierenden Faktor werden, der die Beziehung schließlich zerbrechen läßt. Oft machen die Eltern eine negative Dynamik zwischen ihnen selbst, einen bestimmten Aspekt des «Wir», für die Schwierigkeiten des Kindes verantwortlich, oder aber sie geben das internalisierte «Wir»-Konzept völlig auf und schieben die ganze Schuld dem Partner zu. Beides kann dazu führen, daß von dem ursprünglichen Stolz auf die Beziehung nichts mehr bleibt.

Krankheit kann ebenfalls zum destabilisierenden Faktor in einer bis dahin funktionierenden und glücklichen Beziehung werden. Es kann sein, daß sie nicht nur für den betroffenen Partner selbst, sondern auch für die Definition der Beziehung tiefgreifende Veränderungen bedeutet. Das kann man etwa oft dann beobachten, wenn ein Mann, der bisher geradezu militant auf seiner Autonomie beharrt hat, einen Herzinfarkt erleidet. Zwar gelingt es vielen Paaren, sich rasch auf die neue Situation einzustellen, aber andere scheitern an der Aufgabe, das «Wir» neu zu definieren, wenn der Mann in seinen Möglichkeiten eingeschränkt ist und die Frau für ihn sorgen muß (was natürlich auch umgekehrt gelten kann).

Manchmal haben die Liebenden auch bestimmte Ansprüche an sich selbst als Paar. Das Feedback erfolgt für sie in der Regel auf der gesellschaftlichen Ebene: Wenn sie beliebt und überall gern gesehen sind, bestätigt ihnen das ihre Qualität als Paar. Das soziale Umfeld wird so zum Prüfstein für das «Wir»; es kann es positiv bestärken, aber auch mit Nichtachtung strafen oder herabsetzen. Findet das Paar bei anderen Paaren wenig Anklang, kann sich das für beide Partner negativ auf die Bewertung ihrer Beziehung auswirken. Schiebt dann ein Teil dieses (vermeintliche oder reale) Ungenügen dem anderen in die Schuhe, leidet sowohl die Idealisierung des Partners als auch die des «Wir».

Es kann aber auch sein, daß die Idealisierung deshalb brüchig wird, weil sie von Anfang an schwach war. In diesem Fall hatte die «Liebe» von vornherein mehr mit dem Wunsch nach Umhegt- und Bewundertwerden zu tun als mit der Bewunderung der geliebten Person. Man könnte auch sagen, daß *romantische*

Liebe überhaupt nie im Spiel war. H. G. Wells beschreibt diese Art Liebe, die gar nicht mit der Idealisierung der geliebten Person einhergeht: «Bei mir nahm die Schattengeliebte nie, wie es so oft der Fall ist, die Gestalt einer Heiligen oder Göttin an. Da ich schon immer sehr von mir überzeugt war und meine Ichbezogenheit schon bald von sozialistischen und politischen Ideen eingebunden und durchdrungen wurde, war es für mich völlig undenkbar, meine *Persona* der Schattengeliebten unterzuordnen. Diese holde und liebliche Person, die die Hauptfigur in meinem Leben werden würde, mußte nett und verständnisvoll sein ... Ich erinnere mich nicht ... daß es mir auch nur im Traum in den Sinn gekommen wäre, ich könnte an ihr etwas verwunderlich finden und mich bemühen, sie zu verstehen.» Er behauptet, die gleichen Impulse hätten auch dahintergesteckt, als Rebecca West ihn drängte, seine Frau zu verlassen und sie zu heiraten. «‹Jane ist eine Ehefrau›, argumentierte ich, ‹und du könntest nie eine sein – du willst selbst eine Ehefrau haben. Du wünscht dir genau wie ich ein vernünftiges, fürsorgliches, tapferes und geduldiges Wesen, das hinter dir steht.›» (Es ist bemerkenswert, daß er bei allem Beharren auf seinen Vorrechten als Mann und Genie in dieser Formulierung einen Slogan der Frauenbewegung – «Ich will auch eine Ehefrau» – um immerhin vierzig Jahr vorwegnimmt.)

Beziehungen von der Art, wie Wells sie beschreibt, sind vor allem durch den einseitigen Wunsch getragen, bewundert – und umsorgt zu werden. Sie erweisen sich oft als sehr labil, weil die Idealisierung der geliebten Person so dürftig, die Wertschätzung ihrer Eigenschaften so gering ist, daß umgekehrt ihre Bewunderung ebenfalls keinen großen Wert hat. Wer die geliebte Person für minderwertig hält, den wird ihre Wertschätzung nicht wärmen können.

Wenn die Phantasien des Liebenden vor allem darauf gerichtet sind, geliebt und umhegt zu werden, und wenig mit gegenseitiger Liebe zu tun haben, kann man ihn als narzißtisch bezeichnen. Bei Männern scheint dieser Narzißmus zuweilen weniger ein individueller pathologischer Zug als vielmehr Produkt der geschlechtsspezifischen Sozialisierung zu sein. Viele Männer suchen aufgrund anerzogener Erwartungen in der geliebten Frau die Amme, Mutter, Ehefrau, Geliebte und Muse – kurz: alles, nur kein eigenständiges Subjekt. Aber das ist eindeutig nicht das, was wir gemeinhin unter gegenseitiger, leidenschaftlicher Liebe verstehen. Auch wenn Beziehungen, die auf einem deutlichen Dominanz-Unterordnungs-Verhältnis gründen, zuweilen sehr intensiv sein können, bedeutet die Ungleichrangigkeit der Partner doch, daß die Idealisierung (sofern überhaupt vorhanden) auf Dauer nur einseitig sein kann. Damit schwindet die Möglichkeit echten Interesses aneinander. Es kann sich allenfalls eine andere Form gegenseitiger Verbundenheit entwickeln, bei der ein Partner «im anderen aufgeht» und beide aus diesem Arrangement vordergründig eine gewisse Befriedigung ziehen. Aber im großen und ganzen sind Beziehungen, die auf einem beträchtlichen Machtgefälle basieren, lau und formal, zumindest auf seiten des dominanten Partners. Das Problem ist dabei nicht fehlende äußere Harmonie, sondern fehlende Begeisterung, der mangelnde Wunsch, sich dem anderen hinzugeben, was bedeutet, daß das Heraustreten aus den Schranken des eigenen Selbst und das Teilhaben an einer anderen, umfassenderen Identität (sei es die des Anderen oder die des «Wir») unmöglich wird.

Bewertungen haben es an sich, sich im Laufe der Zeit zu ändern, und das gilt natürlich auch für die Idealisierung. Aber das heißt nicht, daß sie zwangsläufig schwinden muß. In vielen Beziehungen tut sie es, in anderen wird sie sich entwickeln und differenzieren. Auch wenn Enttäuschungen nicht ausbleiben, kann sich doch durch positive gemeinsame Erfahrungen die Wertschätzung auch vertiefen. Und selbst wenn sich die Beziehung bereits in einer Abwärtsspirale bewegt, kann sich das immer noch ändern, sobald in einer Krisensituation ein Partner die angestauten Aggressionen beiseite schiebt, tut, was zu tun ist, und auf diese Weise im anderen wieder Bewunderung weckt.

Der Verlauf der Beziehung und das Maß an Idealisierung, das sich jeder Partner bewahren kann, sind von vielen Faktoren abhängig. Entscheidend sind nicht nur die psychischen Voraussetzungen, die die Partner mitbringen, sondern auch die äußeren Ereignisse, die auf jeden von ihnen und auf beide als Paar einwirken. Das wichtigste Kriterium ist aber wohl, wieweit sie wirklich «zusammenpassen», das heißt, ob sich langfristig ihre (bewußten und unbewußten) Wünsche, Bedürfnisse und Werte als überwiegend kompatibel erweisen und in einer positiven Weise wechselseitig bestärken oder ob sie vor allem konfligieren. Zur Illustration will ich einmal von einem hypothetischen Beispiel ausgehen und drei verschiedene Entwicklungen konstruieren. Nehmen wir also ein glückliches und redlich bemühtes Paar. Die Frau ist ganz zufrieden damit, eine Art Erdmutter-Part innezuhaben: sie knapst und spart, sorgt dafür, daß es für das Notwendige reicht, ohne sich je zu beklagen, und sieht es als ihre Aufgabe, ihren Mann bei der Entfaltung seiner kreativen Fähigkeiten zu fördern. Er seinerseits ist ihr sehr dankbar und präsentiert sie allen Freunden stolz als Musterbeispiel einer Ehefrau. Beide idealisieren und vergöttern einander aufrichtig.

Im ersten Fall, den wir annehmen wollen, wird ihr Glück schließlich dadurch zerstört, daß der Mann es zu Erfolg, Prominenz und Geld bringt. Auf der bewußten Ebene beklagt die Frau seinen zunehmenden Materialismus und seine Abkehr von den wahren Werten des Lebens, unbewußt aber ist sie neidisch, weil er seine schöpferischen Fähigkeiten entfalten konnte, und unglücklich darüber, daß ihre Rolle als verläßliche Stütze und Förderin ihres Mannes überlebt ist. Außerdem hat die Freisetzung von ihren bisherigen Aufgaben zur Folge, daß sie sich der unangenehmen Frage nach ihren eigenen Lebenszielen stellen muß. Die Ehe zerbricht. Beim nächsten Mann achtet sie (unbewußt) sehr genau darauf, sich jemanden auszusuchen, dessen künstlerischen Ambitionen durch seine Fähigkeiten Grenzen gesetzt sind. Beide leben ganz zufrieden am Rande der literarischen Szene, wo man sie wieder als die mustergültige Ehefrau preist und sie ihren neuen Mann als noch unerkanntes und unverdorbenes Genie idealisieren kann.

In der zweiten Variante geht das Glück des Paares ebenfalls in die Brüche, aber aus anderen Gründen. Die Frau ist überglücklich über den Erfolg ihres Mannes, sie freut sich für ihn und genießt die neuen Möglichkeiten, die sich ihnen beiden eröffnen. Er jedoch sieht sie jetzt, da er nicht mehr so sehr auf sie angewiesen ist, mit anderen Augen. Er fühlt sich durch ihre mütterliche Fürsorge nachträglich infantilisiert und entwürdigt und ist deshalb ärgerlich auf sie. Er will niemanden mehr um sich haben, der ihn an die mageren Zeiten erinnert. Er findet sie jetzt beschränkt und kleinkariert und wünscht sich eine Partnerin, die seiner würdiger ist.

In der dritten Version schließlich freuen sich beide Partner über die große Wende. Er ist ihr aufrichtig dankbar für alles, was sie für ihn getan hat, und sie findet auch weiterhin Erfüllung in ihrem gebenden Part. Nun, da sie nicht mehr so viel Zeit darauf zu verwenden braucht, mit ewig knappen Mitteln über die Runden zu kommen, kann sie einen Teil ihrer kreativen Energien auf die Mitarbeit in einem wichtigen gemeinnützigen Projekt verwenden, und er bewundert sie jetzt erst recht für ihre genuine Selbstlosigkeit. Sie schätzen einander noch mehr als früher, und die ursprüngliche wechselseitige Idealisierung entwickelt sich zu einer noch tiefer gehenden und realistischeren Würdigung ihrer jeweiligen Stärken und guten Eigenschaften.

Natürlich gibt es, was die Art und die Entwicklung der Idealisierung in der Liebe anbelangt, ein breites Spektrum an Varianten. An einem Ende steht die völlig unrealistische, kindliche Verherrlichung, am anderen eine differenzierte und weitgehend angemessene Wertschätzung. Je unrealistischer oder neurotischer die Idealisierung ist, desto leichter wird sie zusammenbrechen und desto mehr Wut wird dabei frei werden. Aber wie im Beispiel von der aufopfernden Ehefrau und ihrem nur begrenzt talentierten zweiten Mann angedeutet, kann ein neurotisches Ineinandergreifen manchmal durchaus haltbar sein und das Fortbestehen der wechselseitigen Idealisierung ermöglichen.

Doch obgleich «reife» Formen der Idealisierung vergleichsweise dauerhaft sind, können auch sie ins Wanken geraten, wenn die Liebenden in eine Krise stürzen, die ihre Werte und Arrangements erschüttert. Mein Großvater heiratete seine zweite Frau mit fünfundsechzig (wobei er schwindelte und sich für sechzig ausgab). Er liebte sie (im Unterschied zu seiner ersten Frau) leidenschaftlich, und vierunddreißig Jahre lang vermochte nichts seinen Gefühlen für sie Abbruch zu tun. Als er neunundneunzig war und noch immer sein Antiquariat führte, wollte seine inzwischen kränkliche achtzigjährige Frau nicht mehr weiter Tag für Tag in der Küche stehen. Sie wollte mit ihm in ein Altersheim ziehen. Das machte seiner bislang so unerschütterlichen Idealisierung ihrer weiblichen Tugenden fast den Garaus. (Kein Apfelstrudel mehr!) Vierunddreißig Jahre ungetrübter Liebe schlugen jäh in gegenseitige Vorwürfe und Anschuldigungen um. Erst eine Eheberatung half, ihre Krise zu überwinden. Sie zogen ins Altersheim, und mein Großvater ließ sich jeden Tag zur Arbeit fahren. Vor allem aber war die Liebe wiederhergestellt. Mein Großvater starb ein Jahr später, und meine Großmutter entglitt rasch in die Senilität.

Das Schwinden der Harmonie

Am Anfang erschaffen sich Liebende gemeinsam die Illusion *vollkommener* Harmonie. Sie umhegen einander mit aller Zärtlichkeit und Fürsorglichkeit, deren sie fähig sind, sowohl in physischer Hinsicht (mit Streicheleinheiten und Liebkosungen oder auch mit Tee und Hühnerbrühe) als auch auf der emotionalen Ebene (in Form von Unterstützung, spontanem Mitgefühl, Verständnis und Bestärkung). Jeder vermittelt dem anderen, daß er dessen Wünsche und Bedürfnisse achtet und liebt und als einen zentralen Bestandteil der gemeinsamen Welt empfindet – nicht als lästig, unwichtig oder irritierend. Aus der harmonischen Interaktion zieht der Liebende das Gefühl, daß in der Beziehung jedes einseitige Streben nach Befriedigung aufgehoben ist, daß er und die geliebte Person von Natur aus in ihren Gefühlen und Wünschen aufeinander eingestimmt sind und ihnen nur spontan zu folgen brauchen. Beide betonen deshalb immer wieder, wie gut sie doch zusammenpassen.

Paradoxerweise wird diese völlige Übereinstimmung aber auf der anderen Seite oft als bedrohlich empfunden. Totale Harmonie kann leicht zuviel des Guten werden, da sie die Gefahr mit sich bringt, daß sich der Partner (oder der Liebende selbst) erdrückt und eingeengt fühlt und daß Mutter- oder Vater-Imagos samt dem mit ihnen verbundenen Inzesttabu evoziert werden. Solche Folgen können für die Liebe tödlich sein. Zum Glück ist die Harmonie aber nur sehr selten tatsächlich in bedrohlichem Maße vollkommen.

Viel häufiger werden sich die Liebenden in ihren Harmonie-Erwartungen enttäuscht finden. Das Gefühl der vollkommenen Übereinstimmung erweist sich meist als genauso illusorisch und vergänglich wie die psychische Grundlage, auf der es fußt: das Gefühl des Einsseins mit der Mutter in der ersten Säuglingszeit und die natürliche Harmonie der Beziehung zur guten Mutter (oder zum guten Vater) in der frühen Kindheit. Gewöhnlich werden diese Erwartungen frustriert, weil die geliebte Person irgendwann zwangsläufig ihre Grenzen offenbart, weil die Wünsche und Forderungen des Liebenden in sich widersprüchlich sind und weil ohnehin kein Mensch in der Lage ist, einem anderen alles zu geben, was er sich wünscht. Als Reaktion verliert der Liebende die Hoffnung, daß die geliebte Person seine Wünsche erfüllen wird (wenn er auch an dem Glauben festhalten mag, daß jemand anders es vielleicht doch kann). Er ist von ihr enttäuscht. Hinzu kommt, daß der Optimismus der Liebenden letztlich auch von dem Wissen um die Endlichkeit aller Dinge – des Lebens selbst und damit auch der Liebe – überschattet wird. So schreibt Troyat über Lewin, den glücklichen Liebenden in *Anna Karenina*: «Im Anfang seiner Ehe konnte er glauben, er sei vor Trauer und Angst geschützt. Aber die Liebe ist nur ein schwacher Wall gegen den drohenden Tod.» Und Lewin, der für Tolstoi selbst steht, sucht dann letztlich auch wirksamere Befreiung von seiner existentiellen Angst im Glauben.

Manchmal sieht der Liebende seine Phantasie von der vollkommenen Harmonie noch nicht einmal in der idyllischen Phase der Liebe verwirklicht. In diesem Fall wird sich die anfängliche

Leidenschaft nie zu wirklicher Liebe entwickeln können. H. G. Wells liefert in seiner Autobiographie ein sehr anschauliches Beispiel für eine solche Beziehung. (Da Wells ständig von dem Drang beseelt war, leidenschaftliche Verhältnisse einzugehen, die er dann nicht aufrechtzuerhalten vermochte, sind seine Memoiren hinsichtlich der Aufzählung entscheidender Mängel von Liebesobjekten eine wahre Fundgrube.) Er erinnert sich an das kurze Zwischenspiel mit Dorothy Richardson:

> Sie wollte, daß ich voller Staunen und Entzücken ihre Seele ergründete. Aber auf der geistigen Ebene irritierte mich ihr Hang zu einem egozentrischen, schwer greifbaren Mystizismus. Sie hatte ein reizendes Grübchen, wenn sie lächelte, und eine faszinierende Behaarung am Körper, aus lauter feinen, goldenen Härchen, und dann – begann sie, all die öden, klugen Dinge zu intonieren, die ihren wohlgeformten, ziemlich großen, flachsblonden Kopf füllten.

Er hatte nicht nur keine Lust, ihr Denken und Fühlen zu ergründen, sondern fand sie obendrein auch prätentiös. Es fehlte nicht nur an der Idealisierung, sondern überhaupt an Sympathie. Natürlich konnte eine Beziehung, in der die Wünsche und Erwartungen auf beiden Seiten so ungleich waren, nicht gedeihen. Außerdem wissen wir ja schon aus Wells' Reflexionen über seine Beziehung zu Rebecca West, daß er im Grunde seines Herzens eine Frau suchte, die ihn umhegte und umsorgte, und nicht umgekehrt.

Aber selbst wenn zu Anfang einer Liebesbeziehung ein hohes Maß an Übereinstimmung und Harmonie vorhanden scheint, läßt sich dieser vollkommene Zustand nicht auf Dauer aufrechterhalten. In meinen Augen ist dies der Punkt, aus dem die größten Gefahren für die Liebe erwachsen, und nicht, wie allgemein angenommen, das Abflachen der Leidenschaft, sobald die Beziehung eine verbindliche Form annimmt. Anders gesagt: Routine bedroht die Liebe weniger als das Schwinden der Harmonie.

Auch in den glücklichsten Liebesbeziehungen gibt es zwei Dinge, die das harmonische Miteinander leicht gefährden können: die Sexualität und die Geburt eines Kindes. Beides kann zwar einerseits Ausdruck und Symbol der Nähe (und sogar Verschmelzung) sein, auf der anderen Seite aber auch leicht Disharmonie hervorrufen.

Die Sexualität ist für die Liebenden ein wunderbares Geschenk, da sie die Spannung zwischen Körper und Seele aufhebt, die jeder von ihnen fühlt. Wenn die Liebe sich der Sexualität als Mittel der Verschmelzung bedient, tritt der Körper in den Dienst der Seele. Aber die Sexualität birgt zugleich auch die Gefahr der Entzweiung.

Ein häufiges Problem liegt darin, daß die sexuellen Wünsche der Partner nicht gut zusammenpassen. Dadurch wird die sexuelle Begegnung, statt höchster Ausdruck von Harmonie zu sein, leicht zum Anlaß, unüberbrückbare Verschiedenheiten festzustellen, oder doch zumindest solche, die rationale Vermittlung und «Arbeit» erforderlich machen.

Je offener über weibliche Sexualität gesprochen wird, desto klarer stellt sich heraus, daß die sexuellen Bedürfnisse von Frauen erheblich von denen der Männer abweichen können. Manche Frauen mögen oralen Sex, ihre Partner dagegen nicht, und umgekehrt. Oft ist auch der sexuelle Rhythmus unterschiedlich: der Mann kommt zu schnell zum Orgasmus, oder die Frau braucht zuviel Zeit, je nachdem, von welcher Seite man es betrachtet. Selbst wenn beide Liebenden aufrichtig auf die Lust des Partners bedacht sind und dafür gern die eigene Befriedigung zurückstellen, zerstören solche Probleme und Verzichtleistungen doch die Phantasie von der vollkommenen Wesensgleichheit und Harmonie, da sie Ausdruck von Unterschieden in den Bedürfnissen und im Temperament sind. Deshalb ist vielen Liebenden die Vorstellung, an der Sexualität «arbeiten» zu müssen, ein Greuel.

Aber die in der Sexualität potentiell enthaltenen Probleme gehen über bloße unterschiedliche Vorlieben hinaus. Der Sexualität wohnt immer ein Moment des Aneignens, der Bemächtigung inne, das sich in einer Form körperlicher Liebe niederschlagen kann, die nichts mehr von der zärtlichen Vereinigung zweier harmonisierender Seelen hat. Bei manchen Menschen sind die sexuellen Wünsche darüber hinaus in einer Weise aggressiv getönt oder mit Perversionselementen untermischt, die in Widerspruch zum phantasierten harmonischen Gleichklang zweier Seelen steht.

Außerdem ist Sexualität, ungeachtet ihrer zur Selbstüberschreitung führenden Intensität in der Liebe, etwas Körperliches, und der Körper ist wahrem Transzendenzstreben immer ein Hindernis. Das Problem rührt teilweise daher, daß der Körper so eng mit den Exkrementen assoziiert ist. In den Augen vieler Menschen gibt ihm das etwas Unwürdiges, wenn nicht gar Ekelerregendes, und dieses negative Verhältnis zum Körper färbt auch auf die Sexualität ab. Freud prägte das geflügelte Wort: Anatomie ist Schicksal. Dieser Satz wird allgemein mißverstanden, da man ihn gewöhnlich auf die «Kastriertheit» der Frau bezieht. Freud meinte eindeutig etwas anderes: Sexualität ist für viele deshalb etwas Beschämendes, weil die Sexualorgane in unmittelbarer Nachbarschaft der Ausscheidungsorgane liegen.

Aber darin allein erschöpft sich das Problem der Körperlichkeit noch nicht. Unsere sterbliche animalische Natur ist die Widersacherin unserer höheren geistigen Natur, da sie bedeutet, daß wir dem Tod unterliegen. Ernest Becker sieht in der Angst vor dem Tod die zentrale Antriebskraft unseres Lebens. In seinem Buch *Dynamik des Todes* schreibt er: «So ist der Mensch buchstäblich in zwei Hälften gespalten: Er weiß um seine eigene, herrliche Einmaligkeit, weil er sich überall von der Natur abhebt und sie überragt, und doch braucht er nur ein paar Meter unter die Erde zu gehen, um blind und stumm zu verwesen und für immer zu verschwinden.» Die Sexualität mag zwar Erlösung von den Schranken des Selbst verheißen, aber sie erinnert uns zugleich an unsere unüberwindbare Tiernatur.

In ähnlich paradoxer Weise kann auch die Geburt eines Kindes die Harmonie zwischen Liebespartnern empfindlich trüben. Auch wenn das Kind buchstäblich die Sehnsucht nach dem Einswerden verkörpert, kann es doch die leidenschaftliche Intensität der Beziehung gefährden. Es mag zwar – vor allem beim ersten Kind – durchaus sein, daß beide Partner die Schwangerschaft als gemeinsam ersehntes Ereignis erleben und feiern, aber selbst in diesem Fall «gehört» die Erfahrung in der Regel doch mehr der Frau als dem Mann. Hinzu kommt, daß gewöhnlich die Mutter (aber gelegentlich auch der Vater) nach der Geburt eine neue Liebesbeziehung eingeht – mit dem Kind. Jetzt ist es nicht mehr der Partner, der die Hauptperson ist und dessen Bedürfnisse zuerst kommen. Er mag die Frau in ihrer mütterlichen Rolle bewundern, aber sie ist jetzt weiter von ihm entfernt. Selbst wenn der frischgebackene Vater sein Gefühl, ausgeschlossen zu sein, überwinden kann, wird ihn die junge Mutter oft, ohne es zu wollen, noch zusätzlich belasten, indem sie von ihm fordert, daß er das Kind mit der gleichen Intensität und Hingabe liebt wie sie. Gelingt ihm das nicht, wird sie ihm womöglich Egoismus vorwerfen. Je mehr sie darauf beharrt, daß seine Gefühle genau die gleichen sein müßten wie ihre, desto eher wird er sie seinerseits als selbstgerecht und kontrollierend erleben. Die neue Dreiecks-konstellation rührt an eine alte ödipale Wunde. Eifersucht und Neid komplizieren die Gefühle zusätzlich. Die Harmonie der Wünsche und Interessen schwindet zusehends. Ist sie aber erst einmal in einem Teilbereich dahin, greifen die Unstimmigkeiten leicht auf andere Ebenen über – nicht selten auf die Sexualität. Daß die Geburt eines Kindes häufig sexuelle Probleme oder sogar eine tiefgehende Entfremdung der Partner nach sich zieht, erfahren wir nicht nur im täglichen Leben, sondern auch aus der Literatur.

In der Kurzgeschichte «Eine Frau, jung und alt» von Grace Paley macht eine Mutter die Ankunft der Kinder für das Scheitern ihrer Ehe verantwortlich. Ihre Tochter erinnert sich:

Mein Vater, hat man mir einige hundertmal gesagt, war ein richtig umwerfender Romane. Voller *savoir-faire, joie de vivre* und so weiter. Sie liebten sich ganz tief und unwiderruflich, bis Joanna und ich alles widerrufen haben. Mutter will nicht, daß ich mich zurückgestoßen fühle, aber sie will sich selbst auch nicht zurückge-stoßen fühlen, darum sagt sie, daß *ich* zu laut war und jede Nacht geschrien habe. Und dann war Joanna die endgültige Katastrophe und wollte den Titi [die Brust] den ganzen Tag *und* die ganze Nacht.

In einer anderen Geschichte derselben Autorin stellt sich eine verlassene Ehefrau noch einmal der Erinnerung an den Augenblick, in dem ihr Glück zerbrach:

> Es war, als ob man versuchte, in das trockene Maul eines Alptraums zurückzukriechen, wenn ich mich daran erinnerte, daß der letzte Tag, an dem ich glücklich war, die Mitte einer Märzwoche war, als ich meinem Mann erzählte, daß ich Linda erwartete. Barbara war fünf Monate alt auf die Stunde genau. Die Jungen waren drei und vier. Ich mußte es ihm sagen. Es war der letzte Tag, an dem noch irgendwas Glückliches dran war.

Sie hatte befürchtet, daß diese Eröffnung ihren Mann vertreiben würde, und sie hatte recht behalten...

Die Geburt eines Kindes kann jedoch die Liebe auch noch aus anderen Gründen überschatten, die nicht mit der unmittelbaren Bedrohung der Harmonie zu tun haben. Sie ist ebenfalls etwas sehr Körperliches und von daher ein Hinweis auf die eigene Sterblichkeit. In die Freude mischt sich deshalb leicht Traurigkeit. Viele frischgebackene Eltern stellen bei allem Entzücken über ihr neues Leben als Familie mit Bestürzung fest, daß das Baby in ihren Armen ihnen ihre Sterblichkeit zu Bewußtsein bringt, weil es ihnen vor Augen führt, daß sie nur ein Glied in der endlosen Kette des Lebens sind. Der Beginn des neuen Lebens kann das Ende des eigenen in greifbarere Nähe rücken lassen.

In jeder länger andauernden Beziehung gibt es eine Fülle von Situationen, die das Einfühlungsvermögen der Partner auf eine harte Probe stellen. Es bleibt nicht aus, daß einer der Partner sich (aus welch minimalem Anlaß auch immer) unverstanden fühlt. Es passiert irgend etwas, was ihn zutiefst trifft; er zieht sich in sich zurück und schmollt, darauf wartend, daß die geliebte Person die Verletzung sieht, empört, weil sie nicht merkt, wie er leidet und warum, und zu stolz und zu gekränkt, um sich zu beklagen. Er gleitet immer tiefer in die Verzweiflung und findet selbst im Bett, an der Seite der geliebten Person, keine Linderung. Frustrationen, Achtlosigkeiten, dahingeworfene Bemerkungen, zerstörte Hoffnungen – alle diese im einzelnen kleinen Dinge unterhöhlen sein Gefühl der Harmonie. Zu seiner Verletztheit kommt die schmerzliche Erkenntnis, daß die geliebte Person nicht in seine Seele sieht; vielleicht, so fürchtet er, wird sie ihn nie wirklich kennen und verstehen.

Womöglich noch schlimmer ist die Verletzung, wenn die geliebte Person den Liebenden zwar verstanden hat, aber nicht liebevoll auf ihn eingegangen ist, vielleicht weil sie gerade müde und erschöpft war oder weil sie ihn inzwischen als ständig bedürftig erlebt und sich überfordert fühlt. Manchmal brüskiert auch ein Partner den anderen aus eigenen neurotischen Abwehrtendenzen heraus, so etwa im Fall des Mannes, der, weil er selbst schreckliche Angst vor Krankheit und Tod hatte, seine Frau zu der vereinbarten Brustbiopsie zu begleiten «vergaß». Sie konnte es ihm nie wirklich verzeihen und fand fortan immer neue Beweise für seinen (dem Selbstschutz dienenden) Egoismus.

Manchmal wird der Partner willentlich verletzt, aber oft geschieht es auch ganz unabsichtlich. Wenn das Beziehungsgefüge komplex ist, weil auch noch Kinder da sind, ist die Gefahr besonders groß, daß es zu ungewollten Verletzungen kommt. In Judith Rossners Roman *August* hat Nathan die Tochter seiner Frau Lulu adoptiert. Lulu, so heißt es, pflegte zu erklären, «daß Nathan zuerst Sascha adoptiert und dann erst ihre Mutter geheiratet hatte, und wenn das auch ein Scherz war, so war Sascha doch eindeutig ein wichtiger Teil des Pakets gewesen». Sie führen ein einträchtiges Leben zu dritt. Als dann aber Jahre später Lulu ein Kind erwartet, erklärt Sascha wütend, sie wolle den Sommer bei ihrem *richtigen* Vater verbringen. Nathan ist tief getroffen und schockiert: «Er starrte seine Adoptivtochter ungläubig an. In seinen Augen standen Tränen. Seine Unterlippe zitterte.» Ihn erwartet noch ein weiterer Schlag, denn Lulus Reaktion besteht darin, Sascha darauf hinzuweisen, «daß dies wohl kaum der rechte Ort und Zeitpunkt für unser erstes Gespräch über deinen Vater ist». Sobald die Worte ausgesprochen sind, merkt sie, was sie damit angerichtet hat. «Sie brauchte Nathan gar nicht anzuschauen, um den Vorwurf des Verrats in seinen Augen zu sehen. Nachdem die Wahrheit zwölf Jahre lang sorgsam verstaut in ihrer Kiste geruht hatte, war sie plötzlich herausgesprungen und hatte ihnen allen einen kräftigen Hieb versetzt.» Eine der beruhigenden Illusionen ihrer Ehe ist für immer zerschlagen, ohne daß Lulu es gewollt hat.

Ein gewisses Maß an Enttäuschung auf beiden Seiten ist in einer Liebesbeziehung fast unvermeidlich, denn es ist bereits in dem Konflikt zwischen dem Wunsch nach Nähe und dem Bedürfnis nach Selbstverwirklichung angelegt, den jeder der Partner mitbringt. Im Anfangsstadium der Liebe tritt dieser Konflikt zeitweilig zurück, da das intensive Erleben des Verliebtseins und das Begründen einer gemeinsamen Identität die Liebenden völlig absorbieren. Das gemeinsame Unterfangen, ein «Wir» zu erschaffen, hat Vorrang vor allem anderen. Es erfüllt *per definitionem* die Doppelfunktion, Zusammengehörigkeit herzustellen und gleichzeitig die Selbstverwirklichung jedes der beiden Partner – als Teil eines Paars – zu ermöglichen. Sobald das «Wir» jedoch etabliert ist, ergibt sich die Notwendigkeit neuer gemeinsamer «Projekte».

Nähe aufrechtzuerhalten ist eine anstrengende und zeitraubende Liebesmüh. Je umfangreicher die getrennten Verpflichtungen und Interessen der Partner sind, desto knapper ist die Zeit bemessen, die sie füreinander zur Verfügung haben. Es ist schwer, den genauen Punkt zu bestimmen, von dem an getrenntes Erleben die Liebe nicht intensiviert, sondern untergräbt. Ist dieser Punkt jedoch erreicht, spüren die Liebenden eine gewisse Entfernung, und es kann leicht ein Teufelskreis entstehen: Der Rückzug auf die eigenen Interessen fördert das Mißtrauen und dieses wiederum weiteren Rückzug.

Nicht selten geraten die nach außen gerichteten Interessen des Liebenden in einen ganz realen Konflikt mit dem, was sich der Partner wünscht. So kann es beispielsweise sein, daß eine Frau sich von ihrem Partner aufgrund seines beruflichen Ehrgeizes vernachlässigt fühlt, während er selbst sich in seinen Augen in ihrer beider Interesse um sein Vorwärtskommen bemüht. Er wiederum wird sich womöglich allein gelassen fühlen, wenn sie von ihrer eigenen Arbeit beansprucht ist und ihn nicht in der Weise unterstützt, wie er es seiner Meinung nach bräuchte, um seine Ziele zu erreichen. (Natürlich speisen sich solche Oberflächenkonflikte oft zusätzlich aus unbewußten Konkurrenz-, Eifersuchts- und Neidgefühlen. Deshalb können neurotische Persönlichkeitsanteile die in jeder Paarbeziehung unvermeidlichen Konflikte erheblich verschärfen und geringfügige Probleme in unüberwindliche Barrieren verwandeln.) Erfolg kann entzweiend wirken, aber Mißerfolg ebenso.

Da die separaten Ziele und Wünsche der Liebenden unweigerlich Konflikte aufwerfen, muß jedes Paar bestimmte habituelle Verfahrensweisen entwickeln, um Differenzen in den Griff zu bekommen. Wenn es das nicht tut, wird die harmonische Nähe der idyllischen Phase den Irritationen und Verletzungen erliegen, die aus konfligierenden Einstellungen und Interessen erwachsen.

Ernstliche Gefahr droht der Liebe dann, wenn es zu gegenseitigen Vorwürfen kommt, der andere sei egoistisch, weil jeder der beiden Liebenden das Gefühl hat, er habe Opfer gebracht, die nicht gewürdigt wurden. Oft provozieren solche Vorwürfe die Entgegnung, der andere habe nicht aus Liebe gehandelt, sondern um etwas zu erreichen, in manipulativer Absicht oder in Erwartung einer Gegenleistung. Irgendwann im Zuge dieses Schlagabtausches spürt meist ein Partner, daß der Punkt nahe ist, an dem es kein Zurück mehr gibt und der Bruch unvermeidlich ist. Die Phase, in der die Beziehung schon auf der Kippe steht, aber noch nicht verloren ist, kann sich hinziehen, aber sobald ein Partner die drohende Gefahr erkennt, wird er oft mit dem Impuls reagieren, den Streit zu schüren und die Liebe des anderen auf die entscheidende Probe zu stellen. Die dramatischsten Auseinandersetzungen zwischen Liebenden finden oft an diesem Scheidepunkt statt. Dabei wird das Schicksal mit einer Radikalität und Todesverachtung herausgefordert wie beim russischen Roulett. Es werden keine Opfer mehr gebracht, sondern gebieterische Forderungen gestellt: «Wenn du mich wirklich liebtest, würdest du deine Tochter enterben!», «Storniere diese Reise!» oder: «Schick diese Person zum Teufel.» Der Liebende wartet ängstlich darauf, daß sich zeigt, ob er den Bogen endgültig überspannt hat, oder ob er seinen Willen durchsetzen kann und die Beziehung weitergeht.

In solchen Situationen bricht sich meist die ganze Wut der Enttäuschung Bahn. Oft vermischt sie sich noch mit Wut, die aus früheren Lebensphasen stammt, vor allem der auf die versagende Mutter oder den versagenden Vater. Deshalb hat der Partner oft gar nicht unrecht, wenn er sich beschwert: «Du behandelst mich, als ob ich deine Mutter/dein Vater wäre.»

Manchmal begnügt sich ein Partner, der sich ungerecht behandelt fühlt, nicht damit, seinem Ärger Luft zu machen: Er rächt sich, indem er ein Verhältnis eingeht, das gleichzeitig seine Autonomie unterstreicht und ihn in seiner Unzufriedenheit mit dem Partner bestätigt. («Mir wird jetzt klar, daß sie mich nie wirklich verstanden hat.») Er zieht seine Energie von den eigentlichen Problemen ab und spielt die Beziehung in ihrer Bedeutung herunter. Eine andere Möglichkeit ist es, daß ein Partner sich sexuell verweigert, um seine Macht zu demonstrieren.

Zuweilen nimmt ein Partner auch Zuflucht zu einer Dreieckskonstellation, die nicht erotischer Art ist: der Hinzuziehung einer äußeren Instanz. Er wendet sich an einen Freund oder einen mitfühlenden Zuhörer, um ihm sein Leid zu klagen. Meist handelt es sich um eine ältere Vertrauensperson aus der Verwandtschaft, aber es kann auch ein/e Eheberater/in sein. Die Absicht ist dabei, das Urteil der äußeren Instanz in die Zweierbeziehung zurückzutragen. Häufig verspricht sich der betreffende Partner davon einfach nur eine Stärkung der eigenen Position, aber er kann natürlich auch ernsthaft bestrebt sein, herauszufinden, wo die Ursachen für den «Schlamassel» wirklich liegen. Der hilfesuchende Partner gibt intime und heilige Geheimnisse einem Dritten preis, was unweigerlich eine gewisse zusätzliche Komplikation bedeutet. Dennoch kann sich die Herstellung solcher Dreieckskonstellationen als nützlich und sogar von Zeit zu Zeit notwendig erweisen. Sie bedeutet jedoch eine fundamentale Veränderung im Verhältnis des Paares zur Außenwelt: das «Wir» ist keine hermetische Einheit mehr, seine Grenzen sind durchlässig geworden. Unter besonders unglücklichen Umständen kann sich das Wesen der Beziehung so radikal verändern, daß die Partner überhaupt kein erwachsenes «Wir» mehr bilden. Sie suchen nicht mehr wirklich Hilfe, sondern sind auf die Stufe zankender und konkurrierender Geschwisterkinder regrediert, die auf das schlichtende oder bestätigende Eingreifen eines Erwachsenen hoffen.

Wenn ein Partner enttäuscht und unzufrieden ist, aber seine Gefühle selbst nicht recht zu fassen bekommt, wird er sich in der Regel in sich zurückziehen und apathisch, deprimiert und gelangweilt sein. Manche Menschen schreckt die Vorstellung, den Partner nicht mehr zu lieben, so sehr, daß sie negative Gefühle oder Gedanken überhaupt nicht zulassen. Sie werden jedoch vielleicht statt dessen einen körperlichen Widerwillen gegen den Partner verspüren, der, auch wenn er scheinbar nichts mit der Gefühlsebene zu tun hat, oft ein ernst zu nehmendes Warnzeichen ist. Eine weitere gängige Möglichkeit ist die Verlagerung des Unmuts auf andere Personen. Andere enttäuschte Liebende behalten ihre Gefühle für sich und lassen sich nichts anmerken, beginnen aber, sich nach Alternativen umzusehen: einem neuen Partner, neuen Möglichkeiten. Sie werden eigennützig und investieren nur noch eben genug, um die Beziehung «über Wasser zu halten», bis sich ihnen eine Absprungmöglichkeit bietet.

Eine der häufigsten Reaktionen auf die Enttäuschung der eigenen Erwartungen durch die Beziehung besteht jedoch weder in Ärger noch in Gleichgültigkeit, sondern in tiefer Beunruhigung und Angst, die sich als Befürchtung kundtut, um eines nur in der Phantasie existierenden Rivalen willen verlassen oder zurückgestoßen zu werden. Auch wenn sich in der Beziehung äußerlich überhaupt nichts ändert, kann doch ein Partner beim anderen ein Nachlassen der emotionalen Zugewandtheit spüren oder zu spüren meinen, das sich in seinem Kopf zur fixen Idee von der unvermeidlichen Katastrophe verdichtet: der *Gewiß-*

heit, daß der andere ihn verlassen wird. Diese zwanghaften Gedanken und die mit ihnen einhergehenden Affekte können solche Ausmaße annehmen, daß sie das Erscheinungsbild einer agitierten Depression bieten. Aber trotz seiner Pein wird sich der Betreffende meist angestrengt – wenn auch in der Regel erfolglos – bemühen, seine Gefühle nicht zu zeigen, da er fürchtet, daß sie die geliebte Person nur noch weiter von ihm entfernen würden. Gibt er dennoch dem Impuls nach, der geliebten Person Vorwürfe zu machen, scheinen sich, wenn diese defensiv reagiert, seine schlimmsten Befürchtungen zu bestätigen. Sein Ärger verkehrt sich in Selbstvorwürfe und Schuldgefühle – und den erneuten vergeblichen Versuch, die Verzweiflung in Schach zu halten und die geliebte Person zu beschwichtigen.

Tolstoi schildert in bewegenden Szenen die allmähliche Erosion der Liebe zwischen Anna Karenina und Graf Wronskij. Anna leidet, weil sie meint, daß Wronskijs Leidenschaft abgekühlt ist, und er verübelt ihr, daß sie sich nicht mit der Begrenztheit ihrer Situation abfinden kann, die das Zusammenleben mit ihm bedeutet. Anna wird von wachsender Verzweiflung übermannt, die sie durch Morphium, bedeutungslose Tändeleien und krampfhafte Aktivität in Schach zu halten sucht. Aber trotz ihrer Anstrengungen schwindet ihr Selbstvertrauen immer weiter dahin.

> Für sie war er, mit all seinen Gewohnheiten, Gedanken, Wünschen, seiner ganzen seelischen und körperlichen Veranlagung die Verkörperung eines einzigen Triebes: der Liebe zum Weibe, und diese Liebe sollte ihrem Gefühl nach einzig auf sie gerichtet sein. Diese Liebe hatte nachgelassen; also, folgerte sie, mußte er einen Teil dieser Liebe auf andere oder auf eine andere Frau übertragen haben – und darum war sie eifersüchtig…
> Anna war eifersüchtig und zürnte ihm deswegen und suchte überall nach Anlässen, ihrem Zorn Luft zu machen. An allen Schwierigkeiten ihrer Situation sollte er schuld sein.

Natürlich gibt es psychische und situative Faktoren, die es begünstigen, daß der Liebende auf die unausbleiblichen Enttäuschungen der Liebe in einer bestimmten Weise reagiert: mit ungebrochener Hoffnung, stoischem Gleichmut, Apathie, Zorn oder Angst vor dem Verlassenwerden. Die Angst, abgelehnt und verlassen zu werden, scheint bei Frauen häufiger im Vordergrund zu stehen, was sich mit der stärkeren Einschränkung durch soziale Zwänge und der geschlechtsspezifischen Sozialisation (vgl. elftes Kapitel) erklären läßt. Besonders ausgeprägt sind solche Ängste jedoch meist bei Menschen, die in der frühen Kindheit einen gravierenden Verlust erlebt haben oder mit emotionaler Distanziertheit konfrontiert waren, oder auch bei Personen, die selbst so voller feindseliger Gefühle sind, daß sie fürchten, zur Strafe verlassen zu werden.

Unglücklicherweise haben solche Reaktionen auf das Nachlassen der Liebe sehr oft den Effekt, die Auflösung der Beziehung noch zu beschleunigen, da beiden Partnern die Empathie abhanden kommt, die es ihnen ermöglichen könnte, sich in den Anderen hineinzuversetzen.

Das Gefühl der Harmonie in der Beziehung ist, genau wie die Idealisierung, oft zerbrechlich. Es kann sich aber auch als überraschend zählebig erweisen und sich immer mehr vertiefen, je länger und besser die Partner einander kennen. Manchmal läßt es sich auch wiederherstellen, nachdem es bereits ernstlich getrübt war. Das ist es ja auch, was Paare versuchen, wenn sie sich «zweite Flitterwochen» oder einfach nur ein paar Tage ganz für sich allein gönnen: sie hoffen, ihr Zusammengehörigkeitsgefühl als Paar in Abgrenzung von der übrigen Welt wieder festigen zu können. Manchmal schaffen es die Liebenden, das Gefühl der harmonischen Nähe und die wechselseitige Zugewandtheit über alle Phasen einer engen und verbindlichen Beziehung zu bewahren, aber oft gelingt die Wiederherstellung dieser zentralen Beziehungsaspekte auch erst dann, wenn die Kinder groß und aus dem Haus sind und die Dreieckskonstellation sich wieder in die Paar-Dyade zurückverwandeln kann. Genau wie bei der Idealisierung hängt auch hier die Entwicklung in hohem Maße davon ab, inwieweit die bewußten und unbewußten Phantasien, Bedürfnisse und Werte der Partner tatsächlich harmonieren.

Das Nachlassen der sexuellen Leidenschaft

Die sexuelle Begierde ist ein wichtiges Moment der leidenschaftlichen Liebe, aber eben nur ein Teilaspekt. Dennoch kann ihr Nachlassen problematische Folgen für die gesamte Liebesbeziehung haben. Obgleich es sehr schwierig ist, die physische Hochspannung in einer dauerhaften Liebesbeziehung aufrechtzuerhalten, erleben Liebende das Nachlassen des sexuellen Verlangens meist als etwas Beängstigendes oder gar als Katastrophe. Es fällt ihnen oft sogar so schwer, der Tatsache ins Auge zu sehen, daß sie sie lange beiseite schieben und erst dann zur Kenntnis nehmen, wenn sich ihnen Vergleiche mit anderen Beziehungen aufzwingen. In Sue Millers Roman *Die gute Mutter* sind Anna und ihr Mann Brian zu Besuch bei Freunden.

> In dieser Nacht lagen wir weit voneinander entfernt im Bett, unsere Körper waren voneinander weg gekrümmt, zwei Halbmonde, jeder in einem eigenen Universum. Wir hörten Louise und Mark miteinander schlafen, ihre gierigen Schreie – «Ja! Ja!» – wurden immer lauter und drangen durch die Wand. Ich lag bewegungslos da und atmete gleichmäßig, damit Brian glaubte, ich sei eingeschlafen, und fragte mich, wann es eigentlich passiert war, wann wir aufgehört hatten, die Eigenständigkeit des jeweils anderen wahrzunehmen und zu achten.

Ein Jahr darauf sind sie geschieden.

Die leidenschaftliche Begierde ist in der Liebe deshalb so fragil, weil es leicht passieren kann, daß die bösen Geister der ödipalen Phase geweckt werden. In der entfalteten Liebe besetzt der Liebende ein und dasselbe Objekt emotional und sexuell, und auf diese Weise erlebt er sexuelle Leidenschaft. Rührt das Liebesobjekt auch an alte inzestuöse Wünsche, so werden das Gefühl des Wiederfindens und der Reiz des Verbotenen, der in der Sexualität mitschwingt, anfänglich die Intensität der Leidenschaft und der Lust nur steigern. Auf Dauer werden jedoch die inzestuösen Fixierungen oft in stärkerem Maß wiederbelebt, und es besteht die Gefahr, daß die mit ihnen verknüpften Tabus die sexuelle Begierde hemmen.

Das Moment des Wiederfindens mag eine wesentliche Voraussetzung dafür sein, daß die «Chemie» zwischen den Liebenden stimmt, aber zuviel Ähnlichkeit erzeugt Probleme. In Freuds Schriften ist immer wieder die Rede von der Aufspaltung von Sexualität und Gefühlen aufgrund von Hemmungen, die auf das Inzesttabu zurückgehen. Warum kommt dieses Inzesttabu gerade in einer anhaltenden Liebesbeziehung zum Tragen, in der es doch überwunden scheint? Zu dieser Reaktivierung kommt es dann, wenn ein Partner beim anderen in zu starkem Maße die Mutter- oder Vater-Imago evoziert und schließlich zu ihrer Inkarnation wird. Oft wird dieser Verwandlung dadurch Vorschub geleistet, daß das Paar ein Kind bekommt. (Eheleute mit Kindern nennen sich nicht selten gegenseitig «Mutter» und «Vater».) Sie kann jedoch auch durch andere Entwicklungen gefördert werden – etwa dadurch, daß die geliebte Person dem Liebenden gegenüber so viel Mütterlichkeit und Fürsorglichkeit entfaltet, daß sie überstarke Assoziationen zum Mutter-Kind-Verhältnis weckt, oder auch durch altersbedingte äußerliche Veränderungen.

Neben der Reaktivierung des Inzesttabus durch eine übergroße Ähnlichkeit zwischen dem neuen und dem ursprünglichen Liebesobjekt gibt es noch andere Mechanismen, über die die Vergangenheit die Gegenwart trüben kann; sie werden durch eine bestimmte Partnerwahl aktiviert. Freud hat nicht nur die der Abfolge der Liebesobjekte innewohnende Kontinuität aufgezeigt, sondern auch demonstriert, daß bestimmte unbewußte Erinnerungen und Erfahrungen im Zusammenhang mit den frühesten Liebesobjekten das spätere Erleben der Liebe prägen und oft genug einschränken. Als Beispiel sei das Kind genannt, das von der Mutter mit erdrückender Fürsorglichkeit umhegt wird. Erlebt es die mütterliche Zuwendung als bedrängend, wird es wahrscheinlich auch als erwachsener Mensch Nähe als Vereinnahmung empfinden.

Sexuelle Hemmungen können auch als Abwehr gegen die in der Sexualität mobilisierte Aggression entstehen. Sex kann alte Wut wachrufen, die sich gegen den Partner als den Stellvertreter des früheren Liebesobjekts richtet. Es kann aber auch sein, daß für den Liebenden auf längere Sicht sexuelle Erregung nur möglich ist, wenn sie mit Aggression untermischt ist. In beiden Fällen wird die Sexualität leicht als bedrohlich für die Integrität der Beziehung empfunden werden.

Der Liebende, der Angst davor hat, an das schlummernde Aggressionspotential in sich selbst (oder in der geliebten Person) zu rühren, hält sich zurück und wird unfähig, sich im Liebesakt gehenzulassen. Wenn aus Liebe oder aus moralischen Gründen das Über-Ich dafür mobilisiert wird, das eigene Selbst oder die geliebte Person zu schützen, halten Hemmungen die Leidenschaft in Schach. Deshalb kann Zärtlichkeit, obwohl sie ein unabdingbares Moment der Liebe ist, gleichzeitig zentrale Quellen der Leidenschaft zuschütten. In diesem Sinne existiert vielleicht ein grundlegender Widerspruch zwischen Liebe (die nach Zärtlichkeit als Ausdruck strebt) und Leidenschaft (die auf Vereinnahmung gerichtet ist).

Die meisten Analytiker und Psychologen gehen davon aus, daß sexuelle Leidenschaft typisch für das Anfangsstadium von Beziehungen ist und dann, vor allem aus den genannten Gründen, allmählich nachläßt. Einige vertreten aber auch die Auffassung, daß sie anhalten kann. So meint etwa Kernberg: «Sexuelle Leidenschaft ist ein Grundbestandteil dessen, was das Paar zusammenhält; ein Ausdruck (wie auch ein Garant) der aktiven und schöpferischen Funktionen der Liebe.» Für ihn wird der Ödipuskomplex nie ganz aufgelöst. Er trägt vielmehr immer weiter seinen Teil zur sexuellen Erregung und Leidenschaft bei. Aber Kernberg fährt fort: «Als Voraussetzung für die Beständigkeit des Paars ist die sexuelle Leidenschaft auch eine potentielle Bedrohung für das Paar: eine höchst entwicklungsfähige und schöpferische Liebesbeziehung ist konsequenterweise auch stärker bedroht als eine, die durch eine vergleichsweise stille Harmonie und ein Gefühl der Sicherheit bestimmt ist.»

Der Rhythmus der Liebe

Manche Menschen sind bereit, in der Liebe auf leidenschaftliche Intensität zugunsten der stilleren Freuden stabiler, zärtlicher Zuneigung zu verzichten. Anderen gelingt es, die Intensität auch im Rahmen einer dauerhafteren Beziehung zu bewahren. Wieder andere scheinen dagegen ständig einen gewissen Pegel an Erregung und Intensität zu brauchen, der an einen sich ständig erneuernden Situationskitzel gebunden ist. Sie fallen dadurch auf, daß sie Beziehungsmuster «suchen», die besonders dazu angetan sind, die Spannung auf einem hohen Niveau zu halten. Zu dieser Gruppe gehören die «Verliebtheitssüchtigen», die sich ständig verlieben, aber nie eine Liebesbeziehung über längere Zeit aufrechterhalten können, die Don Juans und die Juanitas, die sexuelle Erregung von emotionaler Nähe abspalten und ein sexuelles Abenteuer nach dem anderen haben, sowie die Menschen, die sich unerreichbare Liebesobjekte suchen und auf diese Weise die erregende Ungewißheit des Liebeswerbens endlos ausdehnen.

Es gehört zum normalen Verlauf jeder Liebesbeziehung, daß die Leidenschaft nachläßt und wieder auflebt. In einer funktionierenden Beziehung kommt es immer wieder zu intensiven Gefühlsaufwallungen, die manchmal sogar die anfängliche Glut in den Schatten stellen. Sie ermöglichen es sogar zuweilen, daß scheinbar längst «eingeschlafene» Beziehungen zu neuem Leben erwachen.

Harmonie, Idealisierung und Leidenschaftlichkeit hängen zwar eng zusammen und gehen meist auch mehr oder minder gleichzeitig verloren, aber sie sind doch keineswegs identisch. Deshalb sind auch die Chancen, sie wiederherzustellen, unterschiedlich. Ich habe den Eindruck gewonnen, daß sich harmonische Nähe manchmal auch dann wieder einstellen kann, wenn sie schon eine Zeitlang verschwunden schien. Und auch das Nachlassen der Intensität erweist sich häufig als ein reversibler Vorgang. Man braucht sich nur vor Augen zu halten, wie oft die Leidenschaft durch das Auftauchen eines potentiellen Rivalen oder eine drohende Trennung wieder entfacht wird. Das Schwinden der Idealisierung bedeutet dagegen eine schwerwiegendere, wenn auch nicht unbedingt irreparable Erschütterung der Liebe. Solange der Liebende noch einen Rest von Achtung oder Bewunderung für die geliebte Person empfindet, kann seine Liebe, auch wenn sie sich scheinbar in Haß verwandelt hat, doch wieder aufleben. Rettungslos verloren ist sie dagegen dann, wenn sich die Wahrnehmung der geliebten Person so radikal verändert hat, daß sie nur noch als langweilig, minderwertig oder schlecht gesehen wird. Deshalb können wir wohl festhalten, daß eine dauerhafte Idealisierung für die Liebesbeziehung wichtiger ist als harmonische Nähe oder leidenschaftliche Intensität.

Wie ich bereits ausgeführt habe, sind Idealisierung und das Gefühl der Seelenverwandtschaft nicht nur Einbildung oder «Projektion». Soweit sie einen Kern an korrekter Wahrnehmung, echter Wertschätzung und vor allem emotionalem «Zueinanderpassen» enthalten, sind diese Empfindungen sehr viel zählebiger, als es die Skeptiker wahrhaben wollen. Nicht umsonst empfinden Liebende das zufällige Wiederauftauchen einer Person, die der Partner früher einmal geliebt hat, als bedrohlich. Selbst nach einer traumatischen Trennung oder nach langer Zeit, auch wenn scheinbar längst jede Glut erloschen ist, kann doch noch plötzlich wieder ein «Funke» überspringen.

Ich kenne etliche Frauen, die, trotz aller statistisch nachweisbaren Handicaps und aller gesellschaftlichen Doppelstandards im Hinblick auf Alter, Attraktivität und Sexualität, als Mittsechzigerinnen die große Leidenschaft erlebten – mit Partnern, in die sich sich schon Jahrzehnte zuvor einmal verliebt hatten, aber unter Umständen, die einer Entfaltung der Liebe entgegenstanden. (Interessanterweise scheint die Anziehung, die sich aus der Erinnerung an eine jüngere «Version» der Betreffenden speist, mächtig genug zu sein, um das typische Nachlassen sexueller Gefühle bei älteren Frauen zu überwiegen.)

Wenn die Beziehung keine tägliche Realität mehr ist, sind oft die Probleme vergessen, und aus der Erinnerung an die leidenschaftlichen Gefühle erwachsen sehnsüchtige Phantasien – ein weiteres Beispiel für die fortdauernde Stimulierung von Wünschen durch verlorene Objekte. So kommt es gar nicht so selten vor, daß ein Partner sich nach der Scheidung – auch wenn sie von ihm selbst ausgegangen ist – einsam und verlassen fühlt und feststellen muß, daß seine Gedanken und Gefühle ständig um den Ex-Partner kreisen. Manchmal erweist sich in dieser Situation die Versöhnung doch noch als möglich. Es erstaunt uns nicht sonderlich, wenn wir von Ehepartnern hören, die sich scheiden ließen und nach einer Zeit anderweitigen Experimentierens wieder zusammengefunden haben. Manchmal klappt der zweite Anlauf, in anderen Fällen geht er wieder schief. Ein gewisser Zuwachs an Selbsterkenntnis – auf beiden Seiten oder auf einer – und an Bereitschaft, den anderen zu akzeptieren, vermag manchmal nicht nur den Funken wieder zur Flamme entfachen, sondern sogar das Feuer auf Dauer am Lodern zu halten. Waren die Probleme allerdings fundamentaler Art, hat die Versöhnung keine Perspektive, und der reumütige Partner wird über kurz oder lang zu dem Schluß kommen, daß nicht die Trennung ein Fehler war, sondern die Wiederaufnahme der Beziehung. Ein Mann erzählte mir, wie erleichternd es für ihn gewesen sei, daß seine Frau ihn, nachdem die Beziehung auseinandergebrochen war, angerufen und am Telefon halb zum Wahnsinn getrieben habe. Er habe bereits sehnsüchtigen Versöhnungsphantasien nachgehangen, aber durch das Gespräch sei ihm wieder klargeworden, «wie sie einen rasend machen kann, weil alles, was sie sagt, so total unlogisch ist». Das habe ihn darin bestätigt, daß es ein weiser Entschluß gewesen sei, sich von ihr zu trennen.

Ein klassisches Beispiel für einen solchen Spannungsbogen von der Wiederbegegnung über die neu erwachende Hoffnung hin zur jähen Desillusionierung ist Katherine Mansfields Kurzgeschichte «Dillgurke». Zwei Menschen, die sich einmal geliebt haben, treffen sich nach sechs Jahren zufällig in einem Café. Er lädt sie ein, sich zu ihm zu setzen, und es entspinnt sich ein Gespräch, das sich vor allem darum dreht, was er in der Zwischenzeit erlebt hat, während sie sich eher zurückhält, über die letzten Jahre zu reden. Ihre Gedanken wandern in die Zeit ihrer Beziehung zurück, und sie schauen sich innig an. «In früheren Zeiten hatten sie, wenn sie einander so anblickten, immer solch unbegrenztes Verstehen gefühlt, daß ihre Seelen einander gleichsam umarmten.» Obwohl ihr seine ordinäre und unsensible Art, die sie an ihm so gestört hatte, noch gut in Erinnerung ist, erliegt sie seiner romantischen Vergangenheitsbeschwörung und seiner scheinbar gewachsenen Sensibilität, mit der er die Dinge sieht. Sie beginnt schon zu glauben, daß sie mit der Trennung von ihm ihr Lebensglück weggeworfen hat. Da ändert sich plötzlich seine Stimmung, und er macht eine kurze, rohe Bemerkung, die den Zauberbann jäh bricht. Sie, schlagartig in all ihren einstigen Vorbehalten gegen ihn bestätigt, entschuldigt sich, steht auf und geht. Er bleibt völlig perplex zurück und ordert die Rechnung. Der Schock geht allerdings nicht so tief, daß er vergäße, der Kellnerin zu sagen, sie möge die Sahne nicht berechnen – schließlich sei sie unberührt.

Obgleich sich in Katherine Mansfields Geschichte die Wege der beiden Hauptpersonen wieder trennen, geht es darin doch unter anderem um die Aussage, daß Anziehung keineswegs etwas so Beliebiges ist, wie viele Leute glauben. Die Idealisierung des Anderen mag noch so fragil und schlecht fundiert erscheinen – sie ist doch oft beharrlich genug, um auch dann noch zumindest augenblicksweise wieder zum Tragen zu kommen, wenn die Beziehung schon vor Jahren auseinandergegangen ist und die Gründe, die dazu geführt haben, weder vergessen sind noch an Gewicht verloren haben. Das rührt daher, daß Idealisierung häufig auf der korrekten Wahrnehmung aufrichtig geschätzter Eigenschaften aufbaut. Außerdem kann sich die Idealisierung im Laufe der Zeit zu einer reiferen Form modifizieren und vertiefen. Sie ist daher vitaler als gemeinhin angenommen, und das ist einer der Faktoren, die es ermöglichen, daß Liebe unter günstigen Umständen zwar phasenweise nachläßt, aber auch wieder erstarkt und nicht einfach verschwindet.

Wenn die Bewunderung und Idealisierung wieder auflebt, erwacht oft auch die Hoffnung auf harmonische Nähe erneut, und manchmal gelingt es den Partnern tatsächlich, die alte Intensität der Beziehung wiederherzustellen. Aber es gibt auch Glückspilze unter den Liebenden, deren auf Harmonie hinauslaufenden Wünsche die zu Konflikten führenden so weit überwiegen, daß die Idealisierung und die harmonische Nähe erhalten bleiben und die Intensität gar nicht erst verlorengeht. Es mögen wenige sein, aber ihr Beispiel beweist die grundsätzliche Überlebensfähigkeit und Lebbarkeit der Impulse, die Liebe ausmachen.

9
LIEBE ZU DRITT

Dreiecksgeschichten üben eine Faszination aus, die der von Liebesgeschichten mit nur zwei Hauptpersonen kaum nachsteht. Es beschäftigt uns, wie eine Rose Kennedy auf die langjährige Affäre ihres Mannes Joseph mit Gloria Swanson reagiert (beziehungsweise nicht reagiert), es läßt die Wogen der öffentlichen Meinung hochschlagen, wenn eine Ingrid Bergman ihren Mann wegen eines Roberto Rossellini verläßt, und wir bleiben kaum je unbeteiligt, wenn wir von einer derartigen «Triangel» hören. Wir sind deshalb so fasziniert, entsetzt oder beunruhigt, weil wir uns in die Lage eines oder einer der Beteiligten versetzen und uns ausmalen, wie es wäre, wenn uns so etwas passieren würde.

Beziehungsdreiecke fesseln unser Interesse, und in Anbetracht unserer persönlichen Entwicklungsgeschichte ist das nicht weiter verwunderlich. Dreieckskonstellationen rühren an das Erleben unserer frühen Kindheit und an unsere tiefsten Wünsche und Ängste. Die erste Dreiecksbeziehung, die wir in unserem Leben eingehen, das ödipale Dreieck, markiert unsere Lösung aus der kleinkindlichen Abhängigkeit von der Mutter und unseren Eintritt in die Welt der eigenständigen, konkurrierenden Individuen. Die Liebesdialoge unserer Kindheit führen uns von der paradiesischen Mutter-Kind-Dyade der Säuglingsphase über die trianguläre Ödipuskonstellation, die in der Pubertät noch einmal reaktiviert wird, hin zu deren schließlicher Auflösung in der ersten Liebe, bei der die Zentralität der Dyade wiederhergestellt wird. Tatsächlich durchzieht das Wechselspiel zwischen Dyade und Dreieck, ob in der Realität oder nur in der

Phantasie, ob in bereichernder oder behindernder Weise, unser gesamtes Leben.

Obwohl romantische Liebe oft als «Religion zu zweit» bezeichnet wird, können doch Dreiecke in die Paarbeziehung hineinspielen und sie manchmal sogar ganz überlagern. Dreiecke können aber auch eine positive Rolle spielen: manchmal entwickelt sich eine Paarbeziehung im Rahmen eines Dreiecks. In anderen Fällen kann eine eingefahrene Paarbeziehung durch ein Dreieck neu belebt werden. Außerdem waren viele berühmte Liebesbeziehungen ehebrecherische Verhältnisse – man denke nur an Tristan und Isolde, Lancelot und Ginevra, Paolo und Francesca. Manchmal ist ein Dreieck nicht nur ein Durchgangsstadium im Verlauf der Suche nach einer Paarbeziehung oder der Lösung aus einer solchen und auch kein Hilfsmittel, um Nähe zu vermeiden oder Spannung wiederherzustellen, sondern tatsächlich Selbstzweck. Der Liebende ist auf das Dreiecksmuster fixiert und kann nur innerhalb solcher Konstellationen überhaupt Befriedigung finden.

Neid und Begehren

Wer selbst allein ist, während die ganze Welt nur aus Paaren zu bestehen scheint, den überkommen leicht Gefühle von Verlassenheit, Einsamkeit und Traurigkeit und zugleich ein nagender Neid, so als wäre er in irgendeiner Weise zurückgesetzt worden: «Warum ich nicht? Bin ich der einzige Mensch, der allein ist?» Wer in einer formellen Beziehung lebt, in der Liebe entweder überhaupt nie vorhanden war oder zumindest schon lange nicht mehr da ist, den quälen oft nicht nur Neidgefühle, sondern auch Verzweiflung und Verbitterung, weil er spürt, daß er die wichtigsten Möglichkeiten des Lebens – vielleicht für immer – verwirkt hat.

Neid ist der Bruder des Wunsches. Wenn wir sehen oder uns vorstellen, wie zwei andere Menschen sich körperlich oder emotional nah sind, wollen wir auch einen Liebespartner haben.

Wenn wir eine Liebesgeschichte lesen oder uns einen Liebesfilm anschauen, versetzen wir uns in die Phantasie hinein: wir wollen diese Geschichte oder eine ähnliche selbst erleben. So erging es auch Francesca und Paolo. Im zweiten Kreis der Hölle fragt Dante Francesca, wie sie sich in Paolo verliebt hat, und sie antwortet:

> Wir lasen eines Tages zum Vergnügen
>> Von Lancelot, wie ihn die Liebe drängte;
>> Alleine waren wir und unverdächtig.
> Mehrmals ließ unsre Augen schon verwirren
>> Dies Buch und unser Angesicht erblassen,
>> Doch eine Stelle hat uns überwältigt.
> Als wir gelesen, daß in seiner Liebe
>> Er das ersehnte Antlitz küssen mußte,
>> Hat dieser, der mich niemals wird verlassen,
> Mich auf den Mund geküßt mit tiefem Beben.
>> Verführer war das Buch und der's geschrieben.
>> An jenem Tage lasen wir nicht weiter.

Die Geschichte von Lancelot stößt Francesca und Paolo auf die Möglichkeit der Liebe.

Natürlich gibt es auch den Fall, daß das Verlangen als direkte Reaktion auf die Eigenschaften des Anderen erwacht und die Dyade ohne den Umweg über eine dritte Person entsteht. Aber bei vielen Menschen erwächst das Begehren vermittelt über den Bezug zu einem Paar. Anders gesagt: Wir begehren, was ein anderer hat, der so ist wie wir, oder was ein Paar in unseren Augen miteinander hat. Aber der Neid und der Nacheiferungsdrang können auch eine andere Form annehmen – die des Verlangens nach *eben* dem, was der andere besitzt, und nicht nach etwas Ähnlichem. Dann äußert sich unser Begehren als Impuls, das beneidete Paar auseinanderzudrängen und selbst die Stelle eines der Partner einzunehmen. In solchen Fällen scheint es, als würde das Begehren dadurch hervorgerufen (oder zumindest verstärkt), daß das Objekt bereits vergeben ist oder von jemand anderem begehrt wird. Es mag darum gehen, die geliebte Person für sich zu gewinnen, aber außerdem spielt offensichtlich auch das Moment der Rivalität eine Rolle. Wir können sagen, daß in diesem Fall zwei Strebungen in die Liebe eingehen: das erotische Sehnen nach der Inbesitznahme der geliebten Person verbindet sich mit dem Wunsch, den Rivalen auszustechen.

Berufstätige Frauen stellen immer wieder fest, daß sie für ihre männlichen Kollegen offenbar attraktiver werden, sobald sie verheiratet sind. Ein Grund dafür mag darin liegen, daß manche Männer mehr aus sich herausgehen, wenn sie sich davor geschützt fühlen, daß sich tatsächlich eine Beziehung entspinnt. Aber als mindestens genauso wichtig erweist es sich, daß der Ehemann-Rivale ständig im Hintergrund ist und die Frau dadurch begehrenswert wird. Oft ist sie dabei allerdings kaum mehr als die Trophäe in einem «phallisch-narzißtischen» Wettstreit.

Außerdem kann in einer solchen Situation der Liebhaber *in spe* jede Abfuhr, die er sich holt, leicht rationalisieren. Die folgende Passage aus *Anna Karenina* schildert, wie Wronskij sich zu einer heroischen Figur stilisiert, um sich nicht lächerlich fühlen zu müssen, während er sich vergebens nach Anna verzehrt: «Er wußte sehr gut, daß er durchaus keine Gefahr lief, sich in den Augen Betsys und der ganzen vornehmen Welt lächerlich zu machen. Er wußte sehr gut, daß bei diesen Leuten der unglückliche Liebhaber eines jungen Mädchens und überhaupt einer frei dastehenden Frau wohl eine lächerliche Rolle spielen kann, daß aber die Rolle eines Mannes, der einer verheirateten Frau nachstellt und sein ganzes Leben daransetzt, sie zum Ehebruch zu verleiten, etwas Schönes, Erhabenes an sich hat und nie lächerlich wirken kann.»

Männliche Jugendliche unternehmen zwar mancherlei Vorstöße in das Neuland der Sexualität gemeinsam, respektieren aber gewöhnlich die Hoheitsrechte ihrer Freunde so weit, daß deren Freundinnen für sie sexuell tabu sind. Allerdings gibt es unter jungen Männern (und auch unter älteren) immer einige, die auf das «Abstauben» spezialisiert sind. Manche Männer sind offenbar auf diese Beziehungsform fixiert: das Moment des Rivalisierens spielt ihr Leben lang eine entscheidende Rolle in ihrem Liebesleben. Im Amerikanischen existiert für das «Abstauben» das Wort «buddyfucking». Es enthüllt, daß es dabei oft mehr um den «Buddy», den Kumpel, geht, als um die betreffende Frau; ihn auszustechen ist das Wichtigste an der ganzen Sache. Männer, die das Tabu respektieren, ersetzen die Rivalität durch eine gemeinsame Identifikation: Sie akzeptieren die Regeln, die jedem von ihnen seinen rechtmäßigen Besitz garantieren. Bei vielen von ihnen ist diese Loyalität befreundeten Männern gegenüber stärker entwickelt als die gegenüber ihren Frauen. Es ist für sie undenkbar, mit der Frau eines guten Freundes zu schlafen, aber die Vorstellung, mit der besten Freundin ihrer Frau ins Bett zu gehen, schreckt sie nicht weiter. Das Leitprinzip ihres Moralkodex ist die Solidarität unter Männern (was meiner Ansicht nach eine Strategie zur Bewältigung der aus der ödipalen Rivalität mit dem Vater erwachsenen Ängste darstellt).

Die Tatsache, daß Alma Mahler-Werfel mit einer ganzen Reihe bedeutender Männer ihrer Zeit – darunter Gustav Mahler, Walter Gropius, Franz Werfel, Oskar Kokoschka und Max Burckhardt – liiert oder verheiratet war, läßt sich möglicherweise auch mit männlichen Rivalitätsmechanismen erklären. Entweder war sie eine begnadete *Femme fatale*, oder aber die Leidenschaft, die sie in jedem ihrer Liebhaber weckte, hatte auch damit zu tun, daß das Prestige der Vorgänger auf sie abfärbte und sie zum begehrenswerten Objekt erhob (oder beides). Mir fällt dazu die Geschichte von dem Mann ein, dessen Frau Lord Byrons Geliebte gewesen war und der ein Porträt des Dichters in seinem Salon hängen hatte, weil er sich durch diese indirekte Verbindung selbst aufgewertet fühlte.

Manche Menschen können sich *nur* in Personen verlieben, die bereits anderweitig gebunden sind. Für sie scheint Neid eine wesentliche Vorbedingung für Begierde zu sein. Sie brauchen die Dreieckskonstellation, um romantische Gefühle entwickeln zu können. Unter weiblichen Singles scheint ein Hang zu verheirateten Männern zu grassieren – oder zumindest läßt dies die Zahl der Illustriertenartikel vermuten, die sich mit diesem «Problem» beschäftigen. Diese Neigung wird oft als selbstzerstörerische

Fixierung auf unerreichbare oder ungeeignete Objekte gedeutet und auf der gleichen Stufe angesiedelt wie Alkoholismus, chronisches Versagen und die Angewohnheit, sich zu Männern mit einer tiefsitzenden Angst oder Ablehnung gegenüber allem Weiblichen hingezogen zu fühlen. Aber diese eingängige Formel läßt die spezielle Fixierung auf die Dreieckskonfiguration als solche außer acht.

Doch selbst wenn sich der Liebende von der geliebten Person aufgrund ihrer Eigenschaften angezogen fühlt und Dreieckskonstellationen dabei keine primäre Rolle spielen, steigert der Gedanke an einen Rivalen oft die Begierde. Dieser Rivale braucht nicht einmal in der Gegenwart zu existieren: oft stellt der Liebende sich nur vor, daß er eines Tages auftauchen werde, oder er konstruiert ihn sich aus dem, was er über die Vergangenheit der geliebten Person weiß. In Fitzgeralds Roman *Zärtlich ist die Nacht* fühlt sich Dick Diver unter der Last seiner Ehe mit der kranken Nicole zu der jungen Schauspielerin Rosemary hingezogen. Einer ihrer Verehrer vertraut ihm zufällig an, daß sie keineswegs so unschuldig oder kühl ist, wie es den Anschein hat. Er erzählt, sie und ein junger Mann hätten sich einmal in einem Eisenbahnabteil eingeschlossen und die Jalousien heruntergelassen, um sich zu lieben, seien jedoch durch den Schaffner gestört worden. Bei Dick löst diese Geschichte heftige Reaktionen aus:

Sich jede Einzelheit ausmalend, sogar die Gemeinsamkeit des Paares im Unglück im Gang des Zuges beneidend, spürte Dick, wie sich ein Wandel in ihm vollzog. Das bloße Bild einer dritten Person, selbst einer längst verschwundenen, die in seine Beziehungen zu Rosemary trat, genügte bereits, um ihn aus dem Gleichgewicht zu bringen und Wellen des Schmerzes, des Unglücks, des Verlangens und der Verzweiflung durch ihn hindurchzujagen. Die deutlich vorgestellte Hand auf Rosemarys Wange, der raschere Atem, die weiße Erregung des Vorfalls, von außen gesehen, die unverletzliche, geheime Wärme von innen.

Von nun an setzen Dicks träumerische Phantasien über Rosemary bei dem Gespräch an, von dem er sich vorstellt, daß es in jenem Zugabteil stattgefunden hat:

– Stört's dich, wenn ich den Vorhang zuziehe?
– Bitte tu's doch. Es ist zu hell hier drinnen.

Selbst in einer entfalteten Liebesbeziehung können den Liebenden plötzliche Anfälle von Eifersucht überkommen, die ihn veranlassen, in der Vergangenheit der geliebten Person nach Indizien dafür zu gründeln, daß eine frühere Liebe überwältigender,
aufregender oder tiefer war. Es wird gebohrt: «Liebst du mich
mehr, als du jemals irgend jemand anderen geliebt hast?»,
«Denkst du immer noch an sie?» und dergleichen Fragen mehr.
Wenn wir die stimulierende Wirkung von Dreieckskonstellationen nicht mit bedenken, scheint es erstaunlich, daß die *falsche*
Antwort, die nicht beruhigt, oft die Liebe, das Verlangen und vor
allem die sexuelle Erregung intensiviert. Aber hinter den Zweifeln an der Verläßlichkeit der geliebten Person verbergen sich
auch eigene Ausbruchstendenzen. Oft genug wird die Eifersucht
gar nicht durch eine Bedrohung provoziert, die mit dem anderen
zu tun hat, sondern durch unterschwellige eigene Impulse. Anders gesagt: Mit Eifersucht reagieren wir manchmal nur auf die
Projektion der eigenen Gelüste auf die geliebte Person.

Wie eng Begehren und Neid miteinander verknüpft sind,
spiegelt sich auch in der zentralen Rolle, die der Ehebruch in der
gesamten abendländischen Literatur spielt. Nach Tony Tanner
ist «die instabile Dreieckskonfiguration des Ehebruchs viel mehr
als die statische Symmetrie der Ehe das Urmotiv der westlichen
Literatur, wie wir sie kennen». Diese Literatur, so erklärt Tanner,
beginnt bereits mit einer Ehebruchsgeschichte. In der *Ilias*, dem
Epos Homers über den Trojanischen Krieg, wird der Konflikt
dadurch ausgelöst, daß Paris die schöne Helena, die Gattin des
Königs Menelaos, entführt. Im höfischen Mittelalter spielt die
mit Ehebruch verbundene Liebe weiterhin eine wichtige Rolle,
auch wenn sie in der Troubadourlyrik keusch bleibt. Wie Leslie
Fiedler aufgezeigt hat, stand der allgemeinen Ansicht, die Heirat
bedeute das baldige Ende der Liebe, das Faktum gegenüber, daß
in der höfischen Liebesdichtung die Geliebte *immer* verheiratet
war, ja verheiratet sein mußte, wenn auch mit einem anderen als

dem Liebenden. Diese extrem stilisierten Liebesdichtungen wiederholen ziemlich exakt das ödipale Dreieck der Kindheit. Die Geliebte wurde zwar stark idealisiert, aber sie war zugleich mit einem Äquivalent des Inzesttabus umgeben. Der Ritter mochte sich sehnsuchtsvoll zu seiner Dame hingezogen fühlen, aber er respektierte doch die Treuepflicht seinem Herrn gegenüber, der zumeist der Gatte der Angebeteten war. Folglich blieb seine Liebe ideell und die Gefolgschaftstreue dem symbolischen «Vater» gegenüber gewahrt.

Erst später wurde das *Durchbrechen* des Ehebruchtabus zu einem zentralen Thema der westlichen Literatur. Denis de Rougemont meint spöttisch: «Jemandem, der uns nach unseren Literaturen beurteilt, müßte der Ehebruch als eine der bemerkenswertesten Beschäftigungen erscheinen, denen sich der Abendländer hingibt», und Alberoni geht noch weiter, wenn er behauptet: «Jahrhundertelang präsentierte sich die Verliebtheit als eine Störung des Ehelebens: als Ehebruch.»

Das literarische Interesse am Ehebruch läßt sich bis in die Gegenwart verfolgen. Für Denis de Rougemont steht die zum Ehebruch führende Liebe zwischen Tristan und Isolde paradigmatisch für Liebe in der Literatur überhaupt. Tanner weist nach, daß der Ehebruch eines der Hauptthemen in Shakespeares späten Dramen und in den Schauspielen aus der Zeit der Restauration ist. Viele der großen Romane des neunzehnten Jahrhunderts behandeln ihn ebenfalls. Die wohl prominentesten Beispiele sind *Madame Bovary* und *Anna Karenina*. In diesen Romanen verdichtet sich im Ehebruch die Problematik von Normen und Normverletzung nicht nur auf der individuellen, sondern auch auf der gesellschaftlichen Ebene. Wenn dem Impuls zum Ehebruch stattgegeben wird, bedeutet dies eine Verletzung persönlicher Besitzrechte und gesellschaftlicher Eigentumsregelungen, die meist fatale Folgen hat.

Nichtsdestotrotz entspinnen sich im Leben und in der Literatur die leidenschaftlichsten Liebesgeschichten oft genug dann, wenn einer der Partner verheiratet ist. Die Intensität der Leidenschaft in einer solchen Liebe speist sich offenbar zu einem Teil aus dem Kitzel des Verstoßes gegen gesellschaftliche und psychische Tabus. Ehebruch ist deshalb nicht immer nur ein Nebeneffekt der Liebe, sondern manchmal auch deren unerläßliche Voraussetzung.

Dreieckskonstellationen und Ödipuskomplex

Der «Triangel» übt in allen Entwicklungsphasen der Liebe eine gewisse Sogwirkung auf uns aus. Auch Liebende, die ohne die Beteiligung einer dritten Person zusammengefunden haben und nichts weiter wollen, als eine enge Zweierbeziehung zu schaffen, können in diesen Sog der «Triangulation» geraten.

Dreiecke dienen oft als Schutz vor den Risiken der Dyade. Einer der Liebenden versucht, sich durch die Einführung einer dritten Person allzu großer Intensität zu entziehen, die Gefahr des Selbstverlustes abzuwenden, die die Hingabe an die geliebte Person beinhaltet. Manche beschränken ihre Liebesaffären auf gelegentliche «Gastspiele» in Dreieckskonstellationen.

In anderen Fällen mag die Hinwendung zu einer dritten Person dazu dienen, den Partner zu bestrafen, weil er nicht so ist, wie er sein soll, oder weil er anderswo herumschnuppert. Oder aber der Liebende will dem Partner etwas heimzahlen. Ein Ehemann glaubt, seiner Frau verziehen zu haben, nachdem sie ihm einen Seitensprung gebeichtet hat, läßt sich aber kurze Zeit später ebenfalls auf eine Affäre ein. Oder die neue Beziehung dient der Stärkung des Selbstbewußtseins als Mann beziehungsweise Frau, zumal wenn dieses durch eine Niederlage erotischer oder nichterotischer Art unterminiert wurde. So wird vielleicht ein Mann, der eine berufliche Schlappe erlitten hat, besonders zugänglich für die hingebungsvollen Bemühungen seiner Sekretärin sein. Eine andere Möglichkeit liegt in dem Versuch, durch die Beziehung zu einer dritten Person das Interesse des Partners neu zu entfachen und die Intensität der Beziehung wiederzubeleben. Und schließlich kann hinter der Initiierung eines Triangels auch ein Bedürfnis nach Selbstbestrafung stecken. Es kommt vor, daß allzu strahlendes Liebesglück bei einem Partner Schuldgefühle weckt und er eine Liaison eingeht, um zu zerstören, was er seiner tiefsitzenden Überzeugung nach nicht verdient. (Eine Affäre einzugehen wird oft nicht nur als moralisches Vergehen empfunden, sondern – wegen der Ängste und seelischen Qualen, die damit verbunden sind – zugleich als Selbstbestrafung.)

Soviel wissen wir alle von Freud, daß wir bei der Erwähnung von Dreieckskonstellationen unweigerlich an *das* fundamentale Dreieck denken: den Ödipuskomplex. Da sich zu Beginn der ödipalen Phase erstmalig erotische und sexuelle Wünsche verbinden, ist es leicht nachvollziehbar, wieso Begierde oft eng mit Dreieckskonstellationen assoziiert ist und inwiefern die sekundäre Triade Ehefrau–Ehemann–Geliebte/r ein Derivat der primären Triade Mutter–Vater–Kind darstellt. Aber *jede* Liebe, die sich über ein Tabu hinwegsetzt, gleichgültig ob es sich um Klassen-, Rassen-, Religions- oder Inszestschranken handelt, hat diesen Aspekt des erneuten Durcharbeitens des ursprünglichen ödipalen Tabus. Tatsächlich hat Liebe immer etwas mit der ödipalen Konstellation zu tun.

Es bringt uns aber noch nicht sehr viel weiter, nur zu konstatieren, daß Dreieckskonstellationen wesentlich ödipaler Natur sind. Es ist wichtig, zwei Arten von Dreiecken zu unterscheiden: Rivalitäts- und Objektaufspaltungsdreiecke. Diese Differenzierung ist wichtig, weil sich beide Typen von ihrem psychologischen Kern her fundamental unterscheiden. Beim Rivalitätsdreieck konkurriert der Protagonist um die Liebe der geliebten Person. Beim Objektaufspaltungsdreieck teilt er seine Zuwendung auf zwei Objekte auf. Ein Mensch kann im Laufe seines Lebens beide Konstellationen eingehen und sogar – wie ich später noch ausführen werde – gleichzeitig an Dreiecken beider Art beteiligt sein.

Jeder Typus steht für eine der beiden verschiedenen Perspektiven, unter denen der Triangel erlebt wird, und deren spezifischen psychischen Gehalt. Es liegt auf der Hand, daß die Beteiligten an einem Dreieck unterschiedliche Hoffnungen und Ängste haben. Obwohl sie objektiv an ein und demselben Triangel beteiligt sind, ist das subjektive Dreieck (das heißt, die Bedeutung, die dieses Dreieck im psychischen Erleben der betreffenden Person hat) jeweils ein anderes. Alle diese subjektiven Inhalte stehen in Bezug zum Ödipuskomplex, repräsentieren aber verschiedene Varianten desselben.

Betrachten wir einmal eine simple Dreieckskonstellation: ein Ehepaar und eine dritte Person, mit der einer der Partner ein Liebesverhältnis hat. Nehmen wir an, der Ehemann hat eine unverheiratete Geliebte. Aus der Perspektive der anderen Frau (und auch der Ehefrau, sofern sie von der Geliebten weiß), gründet die Spannung innerhalb des Dreiecks auf einem Rivalitätsverhältnis. Es handelt sich um ein eindeutiges «Rivalitätsdreieck», eine Reinkarnation des ödipalen Dreiecks der Kindheit, und die Hauptemotionen, die damit einhergehen, sind Eifersucht und gelegentlich auch Zorn. (Wobei anzumerken ist, daß diese Konstellation manchmal nicht nur Leid, sondern auch gesteigerte Intensität mit sich bringt.) Die Beteiligung an Dreiecken dieses Typus stellt oft nur eine vorübergehende Phase dar, aber manche Menschen sind auf solche Rivalitätsdreiecke fixiert.

Aus der Sicht des Ehemannes ist der Inhalt des Dreiecks ein ganz anderer. Für ihn handelt es sich um ein Objektaufspaltungsdreieck, das *keine* Neuauflage des ödipalen Dreiecks ist. Die Spannung, die er erlebt, erwächst aus dem emotionalen Splitting zwischen zwei Frauen, das vorherrschende Gefühl ist meist das Schuldgefühl. Das Objektaufspaltungsdreieck kann verschiedene Funktionen erfüllen, mit am häufigsten sicherlich die Vermeidung von Nähe. Manchmal ist es auch eine Re-Inszenierung der Situation, in der das Kind die Eltern gegeneinander ausspielen konnte, somit also ein Manöver zur Sicherung von Machtvorteilen. Und manchmal schließlich ist es einfach nur das Produkt der Unzufriedenheit mit der Beziehungsrealität und des unstillbaren Hungers nach vollkommener Wunscherfüllung.

Der Triangel des Ehemannes kann aber auch eine speziellere Konstellation verkörpern, die ich «Umkehrungsdreieck» nennen möchte. Dabei handelt es sich um eine Unterform des Objektaufspaltungsdreiecks, hinter der ein spezifisches Motiv steckt. Sie stellt den Versuch dar, die Demütigung eines verlorenen Rivalitätskampfes zu kompensieren, wobei es sich um die ödipale oder auch um eine spätere Niederlage handeln kann. Anders gesagt: Das Objektaufspaltungsdreieck und das Umkehrungsdreieck unterscheiden sich äußerlich nicht, aber das letztere hat eine ganz besondere unbewußte Bedeutung. Während das Objektaufspaltungsdreieck eine Lösung oder Pseudolösung gegenwärtiger Probleme und Konflikte darstellt, ist das Umkehrungsdreieck Ausdruck der noch immer fortbestehenden Verbitterung darüber, ein ödipaler «Verlierer» gewesen zu sein, und der Versuch, sich für diese Ungerechtigkeit zu rächen. Das Umkehrungsdreieck kehrt die ödipale Situation um: der Betreffende muß nicht mehr rivalisieren, sondern ist selbst Gegenstand eines Rivalitätskampfes. Um in einem konkreten Fall zu entscheiden, ob es sich um ein Objektaufspaltungs- oder ein Umkehrungsdreieck handelt, muß man also die dahinterstehende psychische Dynamik berücksichtigen. Wenn das bisherige Liebesleben des/der Betreffenden eine deutliche Neigung zur Objektaufspaltung zeigt, drängt sich die Vermutung auf, daß eine tiefer liegende Verbitterung über die ödipale Niederlage besteht, die zur Herstellung von Umkehrungs- und Vergeltungsszenarien führt.

Die verschiedensten psychischen Manöver in der Liebe werden über das Wechselspiel von Dyade und Dreieck ausgetragen. Manche Menschen neigen von ihren psychischen Voraussetzungen her besonders dazu, im Dreieck den Reiz des Verbotenen zu suchen oder eine bestehende Dyade als inzestuös zu erleben. Andere empfinden die dyadische Beziehung besonders leicht als einengend und flüchten sich deshalb in Dreieckskonstellationen. Wieder andere brauchen das Gefühl der Macht, das ihnen das Umkehrungsdreieck verleiht. Und manche Menschen schließlich übertragen (oder projizieren) ihre ödipale Fixierung auf andere, indem sie Dreiecke mit zwei Mitgliedern einer anderen Familie herstellen – eine spezielle Variante des Umkehrungsdreiecks, die man als «verlagertes inzestuöses Dreieck» betrachten kann. Jede dieser Hauptformen von Dreieckskonstellationen weist ganz spezifische Merkmale auf. Wie wir noch sehen werden, kann aber dennoch ein Liebender von einem Rivalitätsdreieck in ein Objektaufspaltungsdreieck überwechseln und umgekehrt.

Rivalitätsdreiecke

Auch wenn die geliebte Person verheiratet oder in anderer Weise gebunden ist, wird der Liebende im Anfangsstadium der Beziehung genau wie jeder andere frisch Verliebte in seinen Gedanken und Gefühlen hauptsächlich mit ihr beschäftigt sein. Aber in einem Rivalitätsdreieck (um das es sich in diesem Fall ja handelt) nimmt mit der Zeit oft die Rivalitätsebene im Gefühlsleben des Liebenden genausoviel Raum ein wie das erotische Verlangen nach der geliebten Person. Beides, die erotische Sehnsucht und die Konkurrenz, spielen in Konfigurationen dieses Typs eine zentrale Rolle, und das Rivalitätsverhältnis hat eine ganz eigenständige Bedeutung.

Zu Anfang mögen die Forderungen des Liebenden noch bescheiden sein: «Du schläfst mit ihm, und ich verstehe, daß du nicht anders kannst. Aber bitte tu *das* (was immer es sein mag) nicht mit ihm, das ist etwas ganz Besonderes, was nur uns beiden gehört.» Aber meist werden die süßen Träume von der Liebe mit der geliebten Person dennoch früher oder später durch Phantasien verdrängt, die darum kreisen, wie es wohl sein mag, wenn sie mit dem Rivalen zusammen ist. Die Eifersucht wird immer verzehrender, und der Liebende entwickelt Haß auf den Rivalen. Seine Gedanken kreisen zunehmend um ihn: Was hat der andere zu bieten, was kann ich selbst dagegensetzen? Daß die geliebte Person ihn liebt (oder es zumindest behauptet), ist nicht genug, denn der Rivale hat die Vorteile ständigen Zusammenseins, gemeinsamer Urlaube, materieller Verflechtung und offizieller Zusammengehörigkeit.

Das zwanghafte Kreisen um den Rivalen kann aber auch die Form quälender persönlicher Vergleiche annehmen. Eine Frau fürchtet vielleicht, nicht so hübsch zu sein wie die Ehefrau des Geliebten. Ein Mann zweifelt daran, ob er so gut für die Geliebte sorgen könnte wie deren Ehemann. Der Liebende hat schreckliche Angst davor, im stillen mit dem Rivalen verglichen zu werden. Seine ständigen Qualen und Selbstzweifel, seine Eifersucht und sein Neid können so krasse Formen annehmen, daß man dahinter Masochismus vermuten könnte. Aber etwas haben zu wollen, was einem anderen gehört, kann allein schon genügen, um Schuldgefühle, Bestrafungsängste und in der Folge selbstquälerische Grübeleien auszulösen.

Wenn der betrogene Ehepartner von der Affäre weiß, wird er ebenfalls mit Eifersucht und Neid reagieren. Nicht selten wird er die geliebte Person sogar lieber tot wünschen, als sie dem verhaßten Rivalen zu überlassen. Gewöhnlich wird aber der ganze Haß auf den Rivalen konzentriert, so daß die Gefühle für die geliebte Person erhalten bleiben können. Die beiderseitige Eifersucht zwischen dem einen Partner und dem/der Geliebten kann sogar über den Tod des anderen Partners hinaus andauern. So kommt es beispielsweise vor, daß die betrogene Ehefrau es der Geliebten ihres Mannes verwehrt, an dessen Beerdigung teilzunehmen. In Arthur Millers Drama *Nach dem Sündenfall* hat Maggie, wie sie Quentin anvertraut, diese Erfahrung machen müssen: Ihre Liaison mit einem Richter fand durch dessen Tod ihr Ende, und die Familie schloß sie von den Trauerfeierlichkeiten aus.

Solche Rachegelüste können extreme Blüten treiben. Bei einer mir bekannten hübschen, jungen Frau überdauerte das Rivalitätsverhältnis zu der «anderen» jedes erotische Verlangen nach dem Mann, um den es ging. Dennoch verwandte sie plötzlich eine ganze Woche darauf, sich so attraktiv wie möglich herzurichten, um zu einem Kongreß zu fahren, wo sie, wie sie wußte, dem Ex-Geliebten begegnen würde. Ein Jahr zuvor hatte sie, während sie noch leidenschaftlich in ihn verliebt gewesen war, herausgefunden, daß er sie betrog. Nach einer hitzigen Auseinandersetzung war es zum Bruch gekommen, und er war mit der anderen Frau zusammengezogen. In der Zwischenzeit hatte sie sich einen Racheplan zurechtgelegt. Sie wollte ihn nicht zurückhaben, aber sie wollte der anderen das gleiche antun, was diese ihr angetan hatte. Die andere Frau, nicht der treulose Geliebte, war die Zielscheibe ihres Hasses. Sie fuhr zu dem Kongreß und bereitete ihren Triumph sorgfältig vor. Sie schlief mit dem Ex-Geliebten in dessen Hotelzimmer und schaffte es, das Telefon abzunehmen, als die neue Lebensgefährtin anrief. Diese reagierte prompt wie vorgesehen und brach die Beziehung ab. Die junge Frau hatte erreicht, was sie sich so lange ausgemalt hatte: die verhaßte Verbindung der beiden existierte nicht mehr. Sie erklärte jedoch, selbst kein Interesse mehr an einer Liebesbeziehung oder auch nur an einem sexuellen Verhältnis mit diesem Mann zu haben und auch keinerlei bewußten Wunsch, ihm weh zu tun. Ihr leidenschaftlicher Drang, sich an der Rivalin zu rächen, hatte ihre Liebe überlebt. Anzumerken ist allerdings, daß sie faktisch dem Geliebten sehr wohl Schaden zugefügt hatte. Auch wenn das nicht ihre bewußte Absicht war, mag der unbewußte Wunsch durchaus eine Rolle gespielt haben.

Was aber geschieht in der Regel in einem Rivalitätsdreieck, wenn der Protagonist «gewonnen» hat? Wenn es ihm gelungen ist, die geliebte Person aus einer anderen Dyade herauszulösen, kann es sein, daß er das überschwengliche Hochgefühl eines ödipalen Triumphs erlebt, und oft genug lebt das neue Paar tatsächlich glücklich und zufrieden, bis daß der Tod es scheidet. Der Sieg ist sicherlich dann am süßesten, wenn die Liebe nicht durch die Dreieckskonstellation als solche geweckt wurde, wenn also die Komplikation durch die Dreieckssituation für die Gefühle des Liebenden keine wesentliche Rolle spielt. Es kommt aber auch vor, daß der ödipale Triumph mit selbstbehinderndem oder gar selbstzerstörerischem Verhalten quittiert wird. Das passiert vor allem dann, wenn der Liebende eine Vorliebe für Dreieckskonstellationen hat, die von einer Fixierung auf den ödipalen Konflikt zeugt. Bei manchen Menschen führt eine solche Fixierung im Verbund mit masochistischen Tendenzen dazu, daß sie Dreieckssituationen konstruieren, wo faktisch gar keine bestehen. Die folgende, für solche Fälle recht typische Geschichte illustriert sehr gut den Zusammenhang zwischen dem zwanghaften Konstruieren von Dreieckskonstellationen und masochistischer Selbstquälerei beziehungsweise -erniedrigung.

Eine Frau rief, in stark betrunkenem Zustand und kaum noch in der Lage, sich zusammenhängend zu artikulieren, ihren Geliebten an, mit dem sie Streit gehabt hatte. Sie beschuldigte ihn völlig grundlos, er sei mit einer anderen Frau zusammen. Da er fürchtete, sie könnte Tabletten genommen haben, eilte er zu ihrer Wohnung. Als er dort ankam, war sie noch immer betrunken, aber ihre Sprache war nicht mehr ganz so verschwommen wie am Telefon. Sie redete auch nicht mehr wirr und unzusammenhängend, sondern versuchte in sehr zudringlicher Weise, ihn «anzumachen», flehte ihn an, mit ihr zu schlafen, und bettelte, daß er mit ihr machen solle, was immer er wolle. Sie bot sich auf eine Art an, die bis zur Selbsterniedrigung ging: mit vulgären Worten und Gesten, schmeichelnd und unterwürfig. Zugleich versuchte sie jedoch, Zwang auszuüben. Ihr Verhalten war ein Balanceakt zwischen extremer Selbsterniedrigung und Erpressung («Ich kann ohne dich nicht leben!»).

Ähnliche Episoden durchzogen in Intervallen die gesamte Beziehung. Im Hintergrund lauerte bei ihr stets das Gefühl, durch Konkurrentinnen bedroht zu sein – seine früheren Ehefrauen oder Freundinnen. Sie war besessen davon, Vergleiche aus ihm herauszuholen. War seine frühere Freundin hübscher, besser im Bett? Sie erfand Dreiecke, wo keine waren, setzte sich selbst im Vergleich zu nicht mehr aktuellen oder eingebildeten Konkurrentinnen herab, forderte alles und versprach alles und schaffte es doch letztlich nur, den Geliebten durch ihren nackten Haß auf die «Rivalinnen», ihre bodenlose Bedürftigkeit und ihre untergründige Wut auf ihn selbst abzustoßen. Als es ihr schließlich gelungen war, die Beziehung kaputtzumachen, fühlte sie sich von ihm um seiner alten Bindungen willen verlassen und verstoßen, und es war ihr überhaupt nicht bewußt, daß sie selbst es war, die seine Liebe untergraben hatte.

In vergleichsweise «stabilen» Dreieckskonstellationen scheint der Liebende die geliebte Person ohne jeden Anflug von

Ambivalenz zu lieben, während sich sein Ärger und sein Haß allein auf den Rivalen beschränken. Aber diese Aufteilung aufrechtzuerhalten, ist mühsam. Die folgende Geschichte schildert einerseits einen klassischen Fall von ödipalem Triumph, ist aber gleichzeitig auch ein mahnendes Exempel. Sie ist nicht erfunden, sondern spielt sich in verschiedenen Variationen nur zu häufig ab, und vielleicht wird sie in ihren Grundzügen auch Ihnen bekannt vorkommen.

Eine ehrgeizige Firmenangestellte hatte über lange Jahre ein Verhältnis mit ihrem Chef. Beide reisten zusammen in der Welt herum, während die Ehefrau scheinbar nichts ahnte. Der Chef wollte sich nicht scheiden lassen, ehe sein jüngerer Sohn nicht auf dem College wäre, und die Geliebte akzeptierte seine Entscheidung, das Doppelleben vorläufig weiterzuführen. Er hatte seine Versprechungen ernst gemeint, und als sein Jüngster (fünf Jahre nach Beginn der Beziehung) aus dem Haus ging, verließ er seine Frau, um die Geliebte zu heiraten. Sie schien überglücklich, vor allem, als ein Kind kam. Aber sie war eine stolze und auch ziemlich schwierige Frau und konnte ihm die Demütigung nicht verzeihen, die es für sie bedeutet hatte, so lange «die andere» gewesen zu sein. Ihre untergründige Verbitterung und Wut brachen plötzlich hervor: Sie beschimpfte ihn und ließ kein gutes Haar an ihm. Der ganze Zorn, der sich vorher auf die Rivalin gerichtet hatte, kehrte sich jetzt gegen ihn. Ihre Rache bestand schließlich darin, daß sie ein neues Verhältnis zu einem anderen Mann einging und ihren Ehemann verließ. (Sie bestrafte ihn für die im Rivalitätsdreieck erlittene Demütigung, indem sie ihn in die gleiche Situation brachte. Anders gesagt: Sie wechselte von einem Rivalitätsdreieck zu einem Objektaufspaltungsdreieck über.) Dabei konnte sie sich sogar einer gewissen Genugtuung nicht erwehren, ihrem Mann das gemeinsame Kind wegzunehmen, weil ihm seine anderen Kinder wichtiger gewesen waren als ihr Leiden in der Rolle der heimlichen Geliebten.

Der Chef und verlassene Ehemann war nach dieser Erfahrung ziemlich niedergeschlagen, und wir wissen nicht, welchen weiteren Fortgang sein Liebesleben genommen hätte, wäre er nicht wenige Jahre später gestorben. Der Haß seiner Ex-Frau hatte sich immer nur auf die Geliebte gerichtet und nie auf ihren Mann, in dem sie das Opfer einer skrupellosen Verführerin sah. Sie erschien fast strahlend auf der Beerdigung. Ihr fiel die Rolle der trauernden Witwe zu, und sie betrachtete sich auch als solche, da sie fest davon überzeugt war, daß ihr Ex-Mann (mit dem sie wieder zu einem herzlichen Verhältnis gefunden hatte) zu ihr zurückgekehrt wäre, wenn er dazu noch Zeit gehabt hätte.

Es gibt aber auch Fälle, in denen Derivate der ödipalen Rivalitätssituation hergestellt werden, ohne daß eine erkennbare erotische Rivalität besteht. Wenn ein Partner Kinder mit in die Ehe bringt, kann die Rivalität zwischen Stiefmutter und Stieftochter (oder Stiefvater und Stiefsohn) so heftig und vergiftend sein, daß der Ehemann (oder die Ehefrau) davon immer mehr abgestoßen wird oder die Gefühle des Stiefvaters/der Stiefmutter selbst sich daran aufreiben. Ich bin zu dem Eindruck gelangt, daß diese Form ödipaler Rivalität so verbreitet und so problematisch ist, daß sie die Hauptquelle von Konflikten in Zweitehen darstellt (wobei diese Konflikte häufig über Geldfragen ausgetragen werden). In Familien mit einem Stiefelternteil treten Rivalitätsmuster offener zutage als in «normalen» Familien. Allgemein läßt sich sagen, daß Menschen, die selbst als Kinder heftige ödipale Kämpfe durchgemacht haben, dazu neigen, diese mit ihren Stiefkindern (oder auch ihren eigenen Kindern) zu wiederholen. Aber nicht nur ödipale Rivalität, sondern auch präödipaler Neid kann solchen Spannungen zugrunde liegen. Eine mir bekannte Frau ließ sich schließlich von ihrem Mann scheiden, weil ihm in ihren Augen sein Sohn (ihr Stiefsohn) wichtiger war als sie. Der Streit ging allein um die Verteilung von Zeit und Geld und hatte mit erotischer Rivalität nichts zu tun.

Viele Menschen geraten irgendwann in ihrem Leben in ein Rivalitätsdreieck hinein, sei es, weil sie sich in jemanden verlieben, der anderweitig gebunden ist, sei es, weil ihr Partner ein anderes Liebesverhältnis eingeht, während er gleichzeitig die Beziehung aufrechterhält. Für die meisten sind solche Rivalitätssituationen, so schmerzlich sie sein mögen, doch nur Knoten-

punkte – wenn auch manchmal entscheidende – auf ihrem erotischen Lebensweg. Selbst wenn dabei ungelöste ödipale Konflikte mitspielen, gelangen sie doch oft im Zuge der Wiederholung zu einer Auflösung, oder aber sie werden als so schmerzlich
erlebt, daß der Betreffende ihre Aktualisierung künftig sorgfältig
meidet.

Auf der anderen Seite gibt es aber auch Menschen, deren
gesamtes Liebesleben – zumindest eine weite Strecke – sich im
Rahmen von Dreieckskonstellationen abspielt. Zu diesen gehörte auch Iwan Turgenjew. Triangel spielten nicht nur in seinem Leben eine zentrale Rolle, sondern auch in seinem Werk –
wie der Literaturwissenschaftler Leonard Shapiro nachweist. Im
Jahre 1843 begegnet der fünfundzwanzigjährige, noch unbe-
kannte Turgenjew der zweiundzwanzigjährigen Pauline Viardot, die, verheiratet und bereits eine berühmte Sängerin, nach
Rußland gekommen ist, um auch hier die Opernbühnen zu erobern. Trotz allem, was in der Folge zwischen ihnen geschah,
hing er «in tiefster, ihn vollkommen absorbierender Liebe vierzig Jahre an ihr, bis sein Tod sie schied». Es fing alles gut an. Bei
ihm war es Liebe auf den ersten Blick, und sie erwiderte seine
Gefühle. Sieben Jahre lang waren sie ein Liebespaar. Dann jedoch verließ sie ihn, um zu einer Aussöhnung mit ihrem Mann
zu finden. Offenbar nahmen sie ihre Beziehung in der alten leidenschaftlichen Form nie wieder auf, aber mit Ausnahme von
zwei Jahren (1857–1859) hielt er ständigen Kontakt mit ihr.
1863 übersiedelte er nach Baden-Baden, um nahe bei ihr und
ihrer Familie zu sein, und von da an war der Viardotsche Haus-
halt der emotionale Mittelpunkt seines Lebens. Allgemein gilt
Pauline als der dominierende Teil in ihrer Beziehung. Sie besaß
offenbar jenen starken Willen, den Turgenjew so bewunderte
und offenbar schon an seinem Vater bewundert hatte, der ihm
aber selbst abging. Turgenjew bemerkte selbst, er habe es nie
geschafft, «sich ein Nest zu bauen», sondern immer nur am
Rand fremder Nester gehockt.

In «Frühlingsfluten» betrügt Sanin (der für Turgenjew steht)
seine Verlobte Gemma mit der *Femme fatale* Maria Nikola-

jewna. Turgenjews Beschreibung von Maria: «Und dieser ‹gute Kamerad› [so bezeichnet sich Maria Nikolajewna in ihrer Beziehung zu Sanin] spazierte nun mit katzenhaften Bewegungen an seiner Seite dahin, lehnte sich leicht an ihn und schaute ihm ins Gesicht; in Gestalt eines jungen weiblichen Wesens spazierte er [der ‹gute Kamerad›] dahin, von dem ganz stark jene zwingende und quälende, stille und leidenschaftliche Verführung ausging, durch die einzig und allein Frauen eines gewissen... slawischen Typs unsereinen, den schwachen, sündigen Mann, zum Äußersten treiben können.» Hinzu kommt, daß Maria verheiratet ist. Sie demütigt ihn und verbannt ihn schließlich aus ihrer Nähe, aber damit ist er noch lange nicht aus der Verstrickung in dieses Dreieck erlöst. Jahre später findet er, inzwischen allein, deprimiert und ausgezehrt, zufällig Gemmas Granatkreuz, was ihn veranlaßt, an die reine Liebe zurückzudenken, die ihm einmal beschieden war. Er geht auf die Suche nach Gemma und findet heraus, daß sie geheiratet hat und in Amerika lebt. Am Ende der Geschichte sticht er in See, zweifellos um sich, wie Turgenjew selbst, als Freund der Familie in der Nähe der einstigen Geliebten niederzulassen, am Rand eines fremden Nestes Zuflucht zu suchen.

Rivalitätsdreiecke werfen oft zudem auch noch einen Sekundärgewinn ab. So können sie einen Schutz vor verbotenen Impulsen darstellen. Wenn das Dreieck ein Derivat inzestuöser Wünsche ist, wird es vielleicht diese Impulse gleichzeitig in Schach halten, indem es sie wie ein Objekt lenkt, das weitgehend unerreichbar ist. Oder das Dreieck schützt den Liebenden vor seinen Hingabeängsten, vor allem der Angst, verschlungen zu werden. Es erlaubt ihm, sich gerade so weit gehenzulassen, daß er sich verliebt, bewahrt ihn aber vor dem gefürchteten Selbstverlust, da die Umstände eine enge Verbindung verhindern.

Ein Mann in den Vierzigern, der bei seinen Kollegen als ein ausgesprochener Erfolgsmensch galt, hatte selbst von sich ein völlig anderes Bild. Für ihn diente sein Auftreten nach außen hin nur der Abwehr alter und tiefsitzender Gefühle gänzlich anderer Art. Als Kind hatte ihn die Mutter vergöttert, aber der Vater war ein einschüchternder, strenger und bestimmender Mann gewesen – ein echter Teutone, wie der Sohn meinte. Ihm gegenüber war er sich hilflos, minderwertig und unmännlich vorgekommen, und diese Gefühle waren noch dadurch verstärkt worden, daß er als jüdisches Kind in einer offen antisemitischen Umgebung aufgewachsen war. Er erinnert sich immer noch schmunzelnd, wie er sich als Junge aufgewertet fühlte, als in einer Warteschlange einer der Honoratioren des Städtchens mit ihm geplaudert hatte. Er ging eine Vernunftehe ein, die mit Liebe nicht viel zu tun hatte. In dem Maße, wie er es zu Erfolg und Ansehen brachte, tat er sich anderweitig um, wenn seine sexuellen Affären auch immer nur beiläufiger Natur waren. Seine berufliche Stellung und der Umstand, daß er viel auf Reisen war, machten ihm solche Abenteuer vergleichsweise leicht.

Eher zufällig stolperte er in eine Beziehung, die sich zur großen Liebe seines Lebens entwickelte. Er stellte nicht nur fest, daß die Frau, um die es dabei ging, genauso dachte und urteilte wie er, sondern bewunderte außerdem ihre exotische und gebieterische Persönlichkeit. Bei ihrer ersten Begegnung sagte er ihr, daß er sie faszinierend fände. Statt sich zu bedanken, nahm sie es als eine ihr zustehende Huldigung hin. Sein Interesse war geweckt und wurde noch mehr angestachelt, als sie ihm erklärte, sie könne sich nicht mit ihm treffen: er sei verheiratet, und sie suche einen jüngeren Mann, mit dem sie ein Ehe- und Familienleben begründen könne. Immerhin geruhte sie aber, sich umwerben zu lassen, und er versprach ihr alles mögliche, was er ernst meinen mochte oder auch nicht, und würzte seine Liebeserklärungen mit Blumen, Geschenken und gemeinsamen Reisen. Die Affäre gab ihm, was er brauchte, und er hätte vielleicht ganz zufrieden in diesem Objektaufspaltungsdreieck dahingelebt, da sein Interesse allmählich etwas abkühlte und vor allem durch das Machtspiel am Leben gehalten wurde. Plötzlich brach jedoch die ganze Konstruktion zusammen, weil sie überstürzt einen anderen Mann heiratete. Für ihren Verehrer war das ein Schock – nun erst entbrannte er in heißer Liebe, und das Leben erschien ihm auf einmal sinnlos ohne sie. Nach einigem heftigem Hin und Her endete die Geschichte damit, daß sie ihn gewissermaßen in ihre Ehe integrierte (aus Gründen, auf die ich bei der Erörterung des Objektaufspaltungsdreiecks noch eingehen werde). Er trennte sich schließlich von seiner Frau und vermag sich dem Bann der Geliebten bis heute nicht zu entziehen. Er fand paradoxerweise die erste leidenschaftliche und dauerhafte Liebesbeziehung seines Lebens, indem er aus der bislang in seinem Leben vorherrschenden Konstellation des Objektaufspaltungsdreiecks in ein Rivalitätsdreieck überwechselte.

Vielleicht sind solche Metamorphosen nie völlig erklärbar, da man dazu die Persönlichkeitsstruktur in ihrer gesamten Komplexität heranziehen müßte. Ich glaube aber, daß in diesem Fall der Wechsel von einem Beziehungsmuster zu einem anderen zumindest zum Teil durch den beruflichen Erfolg bedingt war. Erst nachdem sich das Selbstgefühl dieses Mannes so weit gefestigt hatte, konnte er seinem innersten Streben nach Passivität und seiner problematischen Art, sich von «Stärke» angezogen zu fühlen, nachgeben. Allerdings bot ihm die Dreieckskonstellation, auf die er sich nun einließ, gleichzeitig einen gewissen Schutz vor totaler Selbstaufgabe.

Objektaufspaltungsdreiecke

Manchmal wird ein Ehepartner, der ein Verhältnis eingeht, darin nur eine Art Spielerei sehen, die die Ehe nicht weiter tangiert. Aber wenn die außereheliche Affäre nicht mehr nur ein Abstecher ist, sondern sich zu einer leidenschaftlichen Liebesbeziehung entwickelt, entsteht ein Objektaufspaltungsdreieck, bei dem die emotionale Gewichtung sich verschiebt. Der Partner wird jetzt, wenn nicht völlig abgelehnt, so doch zumindest in vielem für unzulänglich befunden, die Ehe, wenn nicht als schlecht, so doch wenigstens als einengend erlebt. Der Liebende identifiziert den Ehepartner mit einer abgewirtschafteten Ehe und die Geliebte/den Geliebten mit einer neuen, blühenden Liebesbeziehung. Das kann so weit gehen, daß er das Gefühl hat, in zwei Welten zu leben, von denen die eine «gut» und die andere «schlecht» ist. Aber selbst dann wird er oft von Schuldgefühlen geplagt, weil er in seinen eigenen Augen ein moralisches Unrecht begeht.

Bei der Beurteilung der Motive, die ein solches Dreieck hervorbringen, gilt es allerdings, sehr vorsichtig zu sein. Der Impuls eines verheirateten Menschen, sich anderweitig zu verlieben, kann sich als sehr gesund erweisen; viele Ehen sind tot, und andere sind schrecklich. Aber der Impuls auszubrechen kann auch Ausdruck der Unfähigkeit sein, eine stabilere Liebesbindung zu entwickeln oder Ambivalenz in einer Liebesbeziehung auszuhalten. Manche Menschen sind einfach nicht imstande, sich auf eine enge Bindung an einen anderen Menschen einzulassen. In einer erklärtermaßen verbindlichen Beziehung wie der Ehe fühlen sie sich in ihrer Autonomie bedroht oder stauen Aggressionen in sich an.

Bei der außerehelichen Liebe nehmen die für die erste Verliebtheitsphase typischen Erscheinungen krassere Formen an als in einem «normalen» Liebesverhältnis. Die Gedanken des Liebenden kreisen nicht nur um die geliebte Person, sondern zwangsläufig auch um Fragen der Strategie und Taktik. Er muß seine Zeit neu einteilen *und* sich gleichzeitig Ausreden für seine Abwesenheit von zu Hause überlegen – unerwartete Verzögerungen, Verpflichtungen. Das Bemühen, die Affäre vor dem Ehepartner zu verbergen, kann sehr energieaufwendige – und manchmal lächerliche – Formen annehmen. Die Ehefrau bangt, ob ihr Mann wohl bemerkt, daß ihr Diaphragma nicht am üblichen Platz liegt, der Ehemann geht, um verräterische Gerüche zu beseitigen, so oft unter die Dusche, daß man meinen könnte, er habe einen Hygienetick. Die Ehefrau ist besorgt, ob es ihrem Mann auffällt, daß sie immer mittwochs ihre verlockendste Unterwäsche trägt. Aber damit nicht genug: der Liebende muß Mittel und Wege ersinnen, mit der geliebten Person zu kommunizieren. Heimliche Telefonate müssen sorgsam geplant werden. Kann der Liebende es wagen, sich zu Hause anrufen zu lassen, und wenn ja, wann und unter welchem Vorwand?

Bis zu einem gewissen Grad wird diese ständige Beschäftigung mit organisatorischen Fragen für den Liebenden zu einer ersatzweisen Ausdrucksform seiner Liebe. Sie erleichtert es ihm, das öde Leben ohne die geliebte Person auszuhalten, da sie ja dazu dient, das Zusammensein zu ermöglichen. (Sie kann aber auch Unmut hervorrufen. Das ständige Organisieren wird, wenn die geliebte Person es nicht genügend zu würdigen weiß, leicht zu neuer Verpflichtung und Belastung.) Ferien fern von der geliebten Person sind vielleicht überhaupt das Schlimmste. Sie sind nicht nur nicht erholsam, sondern geradezu quälend. Die Trennung ist schwer zu ertragen, die Kommunikation oft so gut wie abgeschnitten. Trotz aller Schwierigkeiten wird der Liebende doch häufig einen großen Teil der Urlaubszeit darauf verwenden, eine Möglichkeit zu einem verstohlenen Anruf zu finden. Er macht sich Gedanken darüber, welche Folgen es wohl haben werde, daß er die geliebte Person allein gelassen hat, und bekommt es mit der Angst, daß sie Schluß machen könnte.

Häufig wird den Liebenden das Gefühl quälen, daß er eine Entscheidung treffen muß. Er ist hin- und hergerissen zwischen den Schuldgefühlen seiner Frau und den Kindern gegenüber und den Selbstvorwürfen, die er sich macht, weil er sich nicht entschließt, die Bindung an die geliebte Person zu festigen. Er verzehrt sich vor Sehnsucht nach ihr. Er macht, vor allem in Zeiten der Trennung, heftige Gefühlsschwankungen durch (da ihn immer wieder die Unsicherheit überkommt, ob er sie auch wirklich liebt) und ebenso heftige Zweifel an ihrer Liebe. Ihn plagen Gewissensbisse, und er macht sich Sorgen um seine Familie. Er wird seine Frau noch immer ab und zu begehren und seine Kinder manchmal hassen, weil sie zwischen ihm und seiner neuen Liebe stehen. Vielleicht wird er es seinen Kindern obendrein verübeln, daß sie sich auch schon in seine bestehende Ehe gedrängt haben. Er will seine Kinder schonen und hätte sie doch am liebsten aus dem Weg. Und er macht sich Gedanken darüber, daß er der geliebten Person vielleicht etwas antut, indem er ihre besten Jahre mit Beschlag belegt.

Soweit bewegt sich der Liebende in einer Dreieckskonstellation, deren Problematik aus der Objektaufspaltung erwächst. Aber seine Position kann sich schlagartig ändern, wenn er anfängt, sich Sorgen zu machen, ob die geliebte Person womöglich allmählich die Hoffnung aufgibt und mit dem Gedanken spielt, eine andere Beziehung einzugehen. In diesem Fall verwandelt sich der von Schuldgefühlen geplagte Liebende rasch in den eifersüchtigen Liebhaber und das Objektaufspaltungsdreieck in ein Rivalitätsdreieck.

Genau wie der Protagonist in einem Rivalitätsdreieck manchmal selbst Aggressionen mobilisiert, um der unerträglichen Eifersucht und Verlustangst zu wehren, kann es im Objektaufspaltungsdreieck geschehen, daß der Liebende den Zorn des betrogenen Ehepartners provoziert, um seine eigenen Aggressionen zu legitimieren und mit seinen Schuldgefühlen fertig zu werden. Ein betrogener Ehemann erklärte mir einmal, wenn er eine Affäre gehabt hätte, wäre er doch erst recht nett zu seiner Frau gewesen und nicht, wie sie, besonders ekelhaft. Aber das zeigte nur, daß ihm der Einblick in die Psychodynamik des schlechten Gewissens fehlte. (Seine Frau machte für das Scheitern der Ehe vor allem sein mangelndes Einfühlungsvermögen verantwortlich.)

Ein Mann hörte, als er ein leidenschaftliches Verhältnis einging, ganz auf, mit seiner Frau zu schlafen. Sie kam sonderbarerweise überhaupt nicht auf den Gedanken, daß er ihr untreu sein könnte, sondern führte diese Veränderung auf eine Depression zurück. Er begann, an ihr herumzukritteln, und sie zahlte in gleicher Münze zurück. Ihre Ehe war bald kaum noch mehr als ein ständiges Hickhack. Aus dem Gefühl heraus, zu kurz zu kommen, begann die Frau, immer größere materielle Forderungen zu stellen. Mittlerweile fühlte sich der Ehemann hinsichtlich seines Verhältnisses völlig im Recht – schließlich war er mit einer Xanthippe verheiratet. Er ließ sich scheiden, heiratete seine Geliebte und gab seiner Frau im Brustton der Überzeugung die Schuld am Scheitern der Ehe. Wäre sie freundlich und geduldig gewesen, so meinte er, wäre es bestimmt nie zum endgültigen Bruch gekommen. Um es mit J. Osborne zu sagen: «Wer ein schlechtes Gedächtnis hat, erspart sich viele Gewissensbisse.»

Im konkreten Fall ist es gewöhnlich schwer vorherzusagen, ob der Ehepartner, der ein Verhältnis hat, an seiner Ehe festhalten wird oder nicht. Selbst wenn der Ehemann die andere Frau wirklich liebt, kann es doch sein, daß die Bindung an seine Frau einfach zu stark ist, als daß er sie verlassen könnte. Außerdem besteht in manchen Dreiecken das eigentliche Liebesverhältnis zwischen den Ehepartnern. Ihre Liebe mag vielleicht in der Alltagsroutine untergegangen sein und sich für den Augenblick nur als starke emotionale Bindung darstellen, aber sobald sie bedroht ist, erwacht sie wieder. In dem Film *Die Frauen* nach dem Stück von Claire Boothe-Luce erklärt Mary, die Mutter der betrogenen Ehefrau (Norma Shearer), ihrer Tochter, daß ihr Mann sie noch immer liebt und in Wirklichkeit nicht ihrer überdrüssig ist, sondern *seiner selbst*, und daß er es deshalb braucht, sich in den Augen einer anderen Frau gespiegelt zu sehen. Frauen, so meint sie, würden sich, wenn sie sich selbst satt hätten, etwas Neues zum Anziehen kaufen oder sich eine neue Frisur zulegen und auf diese Weise einen neuen Menschen aus sich machen, aber Männern fehle dazu die Phantasie, weshalb sie sich einen neuen Spiegel suchten, anstatt das Bild zu verändern.

Oft genug klammert sich die Geliebte an die Hoffnung, daß der Mann sich schließlich doch für sie von allem freimachen wird, während die Ehefrau sich damit beruhigt, daß er irgendwann die Geliebte leid werden wird. Man sollte meinen, daß das eine oder das andere schließlich eintreten muß. Aber es kann auch sein, daß das Objektaufspaltungsdreieck überhaupt nicht zu einer Auflösung gelangt und einfach immer weiter dauert (manchmal sogar, bis eine der beteiligten Personen stirbt, wie etwa im Fall Victor Hugo, Adèle Hugo und Juliette Drouet). Dann kann man wohl davon ausgehen, daß diese Konstellation als solche für den Liebenden wichtig ist und die psychische Funktion eines Umkehrungsdreiecks erfüllt, zumindest aber einen Schutz vor der Gefahr darstellt, verlassen oder gedemütigt zu werden.

Manchmal aber wird der Liebende zum Entsetzen seiner Frau und seiner Geliebten irgendwann mit beiden Schluß machen und sich einer Dritten zuwenden, um sie schließlich zu heiraten. Ein Mann, den es sehr verbitterte, daß seine Frau keinerlei Interesse für seine Arbeit zeigte, war längere Zeit in ein Liebesverhältnis mit seiner Assistentin verstrickt. Er empfand jedoch das Doppelleben, das sich daraus ergab, zunehmend als nervenaufreibend, und verstand es (unbewußt) so einzurichten, daß seiner Frau ein unumstößlicher Beweis seiner Untreue in die Hände fiel. Außerstande, noch länger die Augen zu verschließen, forderte sie ihn auf zu gehen, was er auch tat. Er zog jedoch nicht mit der Assistentin zusammen, vielleicht, wie er heute meint, weil er sich davor scheute, sein Berufs- und sein Privatleben mit ein und derselben Person zu verquicken. Vielleicht war er aber auch einfach zu erbost, weil die Geliebte ihn ständig unter Druck gesetzt hatte, er solle endlich seine Frau verlassen. Oder aber er hatte begonnen, sie wegen ihrer immer hervorragenderen beruflichen Leistungen als Konkurrentin zu fürchten. Es mag auch sein, daß er sich von ihr dazu benutzt fühlte, ihr den beruflichen Weg zu ebnen. Was auch der Grund sein mochte – binnen eines Jahres war er bis über beide Ohren verliebt in eine Frau, die er auf einer Geschäftsreise kennengelernt hatte und die er bald darauf heiratete.

Es sind aber nicht nur Männer, die Objektaufspaltungsdreiecke herstellen. Auf Bitten einer Kollegin las ich einen von ihr verfaßten Artikel über «Die Karrierefrau» vor der geplanten Veröffentlichung. Darin schrieb sie, daß alle ihrer qualifiziert-berufstätigen Patientinnen mindestens eine bedeutsame außereheliche Beziehung hatten. Ich riet ihr davon ab, die Arbeit so zu veröffentlichen, da sie damit ihre Patientinnen in beträchtliche Schwierigkeiten bringen könne, falls deren Ehemänner den Artikel läsen (von den juristischen Folgen einmal ganz abgesehen). So kam es, daß ein wirklich hochinteressanter Aufsatz nie publiziert wurde. Trotz ihrer Befunde und auch eigener klinischer Erfahrungen, die diese bestätigen, glaube ich doch, daß Männer stärker dazu neigen, Umkehrungsdreiecke herzustellen, und zwar nicht weil Frauen zurückhaltender oder moralischer wären, sondern aus Gründen, die in der Persönlichkeitsentwicklung liegen und die ich im elften Kapitel eingehender erörtern werde.

Manche Menschen gehen eine Sonderform von Dreieckskonstellationen ein, die ich als imaginäre Objektaufspaltungsdreiecke bezeichnen möchte. Sie führen ein konventionell-monogames Leben, sind aber der festen (manchmal artikulierten und manchmal stillschweigenden) Überzeugung, noch immer in tiefer Liebe mit einer Person verbunden zu sein, die früher einmal eine wichtige Rolle in ihrem Leben gespielt hat. Ein älterer Herr, der in den Augen der meisten seiner Freunde und Bekannten eine mustergültige Ehe führte, vertraute mir einmal an, er habe in der Frühzeit seiner Ehe eine andere Frau geliebt, habe aber als Ehrenmann seine Frau nicht verlassen wollen. Natürlich sei diese ein überaus bemerkenswerter Mensch, aber seine tieferen Gefühle – nun ja, so versicherte er, das stünde auf einem ganz anderen Blatt. Solchen Geständnissen können zwei verschiedene Motivationen zugrunde liegen. Manchmal spürt man deutlich, daß die Gefühle, die da artikuliert werden, tatsächlich echt und tief sind und – in weniger riskanten Bahnen – ein Äquivalent zu einem faktischen Objektaufspaltungsdreieck darstellen. Aber manchmal handelt es sich auch um eine Art Vorfühlen, ein Austasten von Möglichkeiten, ein Testen der Reaktion des Gegenübers.

Es gibt eine wichtige Variante des Objektaufspaltungsdreiecks, die viele Menschen (häufiger Männer als Frauen) in die Therapie führt. In diesen Dreieckskonstellationen wird die Ehefrau (um diesen Fall zu nehmen) vom Partner allmählich, aber unaufhaltsam von der geliebten Person in ein Monster verwandelt. Der Ehemann empfindet ihr gegenüber keine bewußten Schuldgefühle, sondern haßt und fürchtet sie nur. Er sieht sie als eine feindliche und potentiell bedrohliche Figur, aber zugleich auch als Verkörperung von Stabilität, als jemanden, der durch Einschränkungen und Zwänge Sicherheit gibt. Sie erfüllt die Funktion der Wärterin, die den Mann vor sich selbst beschützt. Die Geliebte dagegen wird als Inbegriff von Freiheit und Spontaneität wahrgenommen, wenn auch vielleicht als nicht stabil oder reif genug, um verläßlich zu sein. Freud beschrieb den «Madonna-Hure»-Komplex, der darin besteht, daß der Mann seine Frau durchaus liebt, ihr aber seine schmutzige Triebhaftigkeit nicht zuzumuten wagt und daher seine sexuellen Wünsche auf die «Hure» verlagert. Der Dreieckstyp, von dem ich hier spreche, ist anders. Die Ehefrau wird nicht zur asexuellen Madonna verklärt, sondern als überstark kontrollierende, omnipräsente, allmächtige Mutterfigur gesehen. Sie wird schließlich als bedrohlich erlebt und dafür gehaßt, daß sie das Recht für sich in Anspruch nimmt, Forderungen an ihren Ehemann zu stellen und ihm Einschränkungen aufzuerlegen. Je abhängiger er von ihr ist, desto größer wird sein Haß sein.

Der Protagonist in solchen Dreiecken wird jedoch zuweilen selbst bemerken, daß sich das Problem ständig wiederherstellt, und diese Tatsache als alarmierend empfinden. Sobald er sich nämlich von seiner tyrannischen Frau freigemacht und sich ganz auf die Geliebte eingelassen hat, verwandelt sich diese ebenfalls in eine Megäre und er hat wieder die gleiche Situation wie in seiner Ehe. Und erneut fühlt er sich zu einer jüngeren, lockereren und scheinbar weniger fordernden Frau hingezogen. Wenn er nur ein klein wenig zur Selbstreflexion fähig ist, wird es ihm schließlich dämmern, daß nicht alle die Frauen, in die er sich nacheinander verliebt hat, mit der Heirat einen schrecklichen Persönlichkeitswandel durchgemacht haben, sondern daß ihre Veränderung eine Reaktion auf seinen Rückzug und sein abweisendes Verhalten war oder, schlimmer noch, daß sie sich überhaupt nicht wirklich verändert haben, sondern nur in seiner Einbildung. (Allerdings gehört allzu intensive Selbstreflexion nicht zu den Dingen, die uns am häufigsten zu schaffen machen.) Umgekehrt wird die Geliebte vielleicht befürchten, daß der Mann, der seine Frau betrogen hat, nun auch sie betrügen wird. Françoise Gilot bemerkt anläßlich ihrer Betrachtungen über zwei ihrer Vorgängerinnen, weder die fordernde Art der einen noch die Fügsamkeit der anderen habe verhindern können, daß Picassos Wertschätzung sich in Abwertung verwandelte. Deshalb sei sie darauf vorbereitet gewesen, daß auch sein Bild von ihr sich wandeln würde.

Manchmal scheint es, als ob es irgendein tiefsitzendes psychisches Bedürfnis gäbe, das Liebende dazu treibt, die geliebte Person zu entidealisieren und sich schließlich von ihr abzuwenden. Aber die meisten von uns sperren sich gegen einen solchen Schluß. Wir ziehen es vor, die Trennungen, die wir selbst initiieren, die wir miterleben oder von denen wir (in der Rolle der/des neuen Geliebten) profitieren, mit oberflächlichen Begründungen zu rationalisieren: «Ich mußte ihn verlassen, ehe mich seine stumpfsinnige Muffelei vollends kaputtgemacht hätte», «Er konnte sie einfach nicht mehr ertragen, weil sie eine langweilige, spießige Hausfrau geworden war» usw. Aber ob wir es nun sehen wollen oder nicht – manche Menschen sind psychisch vorprogrammiert, die Menschen, die sie lieben, zu verraten. Gewöhnlich haben sie sich selbst einmal verraten gefühlt. Sie identifizieren sich mit dem Aggressor und sind bereit, eine ganze Serie von geliebten Menschen unglücklich zu machen, um sich für das in der Vergangenheit erlittene Unrecht zu entschädigen (wobei der entscheidende Verrat meist in der Kindheit erlebt wurde).

Als Beispiel sei hier noch einmal die bereits erwähnte junge Frau angeführt, die ihren älteren Liebhaber in ihre Ehe miteinbezog. Sie hatte sich als Kind wegen ihrer wenig einnehmenden Mutter fast zu Tode geschämt, während sie auf ihren charmanten, allseits beliebten Vater ungeheuer stolz gewesen war. Leider wurde das Verhältnis zu ihm jedoch dadurch getrübt, daß er, wie sie meinte, ihre ältere und weniger begabte Schwester vorzog. Dennoch suchte sie Bestätigung und Rückhalt bei einer ganzen Reihe fürsorglicher und väterlicher Männer. Ihre erste ernsthafte Liebesbeziehung entpuppte sich als Enttäuschung, und sie stürzte sich, auf der Suche nach intensiveren Emotionen, in die Affäre mit ihrem verheirateten Chef. Dieses Verhältnis mit einem Ehebrecher war für sie die Einführung in die Freuden der leidenschaftlichen Liebe, auch wenn es sich nicht zu einer dauerhaften Beziehung entwickelte. Ihr latenter Zorn auf den Vater (der es gewagt hatte, ihr die Schwester vorzuziehen!) fand jetzt

Ausdruck in der Enttäuschung und dem Ärger darüber, daß der Chef sie nicht heiratete, und veranlaßte sie, Männern gegenüber grundsätzlich auf der Hut zu sein. Ihr Versuch, das Problem – den Konflikt zwischen ihrem Bedürfnis nach väterlicher Zuwendung und ihrem tiefsitzenden Mißtrauen Männern gegenüber – zu lösen, bestand in der Herstellung einer Serie von Objektaufspaltungs- und Umkehrungsdreiecken. Daher war es für sie nur folgerichtig, auch nach ihrer Heirat noch das Verhältnis mit ihrem älteren, väterlich um sie bemühten Liebhaber fortzusetzen. Und in der Tat schien sie unter der großzügigen Zuwendung zweier ihr ganz und gar ergebener Männer förmlich zu erblühen. Obgleich sie scheinbar als die treibende Kraft in diesem Objektaufspaltungsdreieck die Machtposition innehatte, ist doch offensichtlich, daß sie (wie viele andere Menschen in ähnlichen Konstellationen) im Grunde an einer fundamentalen Schwäche litt: der Unfähigkeit, alles zu riskieren und aus vollem Herzen zu lieben.

Der leidende Liebende, der in einem Rivalitätsdreieck steckt, mag zwar den Protagonisten eines Objektaufspaltungsdreiecks um seine scheinbare Unverletzlichkeit beneiden, aber letzterer hat sehr wohl seine Probleme, von denen manche immer an den Kräften zehren. Allein schon das Schuldgefühl, das aus dieser Konstellation erwächst, steht in Widerspruch zu dem Gefühl des Gutseins, das der Liebende in einer glücklichen Beziehung erlebt und erstrebt. Die Komplikationen können sich rasch häufen, und der innerlich in Stücke gerissene Liebende kommt leicht an den Punkt, an dem er sich völlig ausgelaugt fühlt und nur noch allein sein will – was nicht selten bedeutet, daß er beide Beziehungen abbricht und sich in eine der klassischen Phantasien von hehrer Einsamkeit flüchtet (sei es der Rückzug in eine entlegene Berghütte oder der Dienst in irgendeinem zeitgemäßen Äquivalent der Fremdenlegion). So ergeht es auch dem Helden in Isaac Singers Roman *Feinde – die Geschichte einer Liebe*. Der Protagonist, ein Überlebender des Holocaust, heiratet eine Christin, die ihn unter großen Risiken gerettet hat. Er legt sich bald eine Geliebte zu und kommt endgültig in Bedrängnis, als auch noch seine totgeglaubte erste Frau auftaucht. Die aus dieser Situation resultierende völlige Zersplitterung seiner Person läßt ihm kaum eine andere Wahl, als unterzutauchen. Für manche Menschen ist das Leben ein endloses Hin und Her zwischen Alleinsein und Zweierbeziehung, Dyade und Dreieck, Dreieck und Alleinsein, bei dem sie niemals zur Ruhe kommen.

Verlagerte inzestuöse Dreiecke

Bei verlagerten inzestuösen Dreiecken geht es nicht um Liebe oder Sex zwischen zwei Mitgliedern einer Familie, sondern vielmehr um eine Konstellation, in der zwei Familienmitglieder die gleiche Person lieben (sei es gleichzeitig oder nacheinander). Woody Allens Film *Hannah und ihre Schwestern* schildert das komplizierte Ineinandergreifen von Dreiecken und Emotionen innerhalb einer Familie. Die beiden zentralen Dreiecke überschneiden sich in der Person Hannahs (dargestellt von Mia Farrow), der augenscheinlich glücklichsten und reifsten der drei Schwestern, die von den anderen beiden beneidet wird. Hannahs Ehemann (Michael Caine) stellt ihrer schönen und verführerischen Schwester Lee (Barbara Hershey) nach, die seinen Avancen schließlich nachgibt. (Am Ende bleibt er jedoch bei Hannah, die er, wie sich herausstellt, trotz allem die ganze Zeit geliebt hat.) In der Zwischenzeit verkuppelt Hannah ihren Ex-Mann (Woody Allen) mit ihrer Schwester Holly, die sich dank reichlichen Drogenkonsums nur selten im Besitz ihrer geistigen Kräfte befindet. Das Ergebnis ist katastrophal. Der mißliche Vorfall wird allerdings wiedergutgemacht, da Holly und Hannahs Ex-Gatte sich zufällig wiederbegegnen, sich ineinander verlieben und zu heiraten beschließen. Letztlich schläft also jede der beiden Schwestern Hannahs mit einem ihrer Ehemänner. (Es gibt in dem Film noch weitere Dreiecke. So bitten etwa Hannah und ihr anscheinend unfruchtbarer erster Mann einen gemeinsamen guten Freund, ihnen durch eine Samenspende zu einem Kind zu verhelfen.)

Die Stärke des Films liegt in der Darstellung des komplexen Gemenges von Gefühlen, das wirkliche Menschen und Beziehungen ausmacht. Die Schwestern konkurrieren miteinander und sind erotische Rivalinnen, aber zugleich sind sie untereinander liebevoll, hilfsbereit und mitfühlend. Indem Hannah der Schwester ihren Ex-Mann zuzuschanzen versucht, setzt sie sich über die Geschwisterrivalität hinweg (und damit über die ödipale Rivalität, aus der Geschwisterrivalität sich zum Teil ableitet). Ein solcher Akt kann eine Verbrämung – und zugleich verschlüsselte Offenbarung – homosexueller Neigungen sein, die über einen gemeinsamen Mann symbolisch ausagiert werden.

Aber was bedeuten diese Dreiecke für Hannahs Männer? Was ist das für ein Impuls, der manche Menschen dazu treibt, sich mit zwei oder mehr Mitgliedern einer Familie emotional und sexuell einzulassen? Ganz allgemein drückt sich darin eine Vorliebe für emotional komplexe, dichte und intensive Situationen aus. Diese Komplexität mag für den Betreffenden ein notwendiger Stimulus sein. Genauer betrachtet handelt es sich um den Drang, eine bestimmte Variante des Objektaufspaltungsdreiecks herzustellen, bei der der Liebende unaufgelöste inzestuöse Fixierungen auf die Objekte seines Interesses überträgt. Wenn solche verlagerten inzestuösen Dreiecke im Liebesleben eines Menschen großen Raum einnehmen, kann man davon ausgehen, daß sie von ödipalen Fixierungen und Wünschen gespeist werden, die sich vielleicht auch noch auf andere Weise manifestieren. In der klinischen Praxis kann man in solchen Fällen oft außerdem eine besondere Vorliebe für das Ausgefallene und Verbotene (eine andere Form der Verlagerung ödipaler Wünsche) beobachten.

Der Erfolg des Films *Die Reifeprüfung* hatte sicher damit zu tun, daß er als einer der ersten die weitverbreitete Männerphantasie von einer erotischen Beziehung mit Mutter *und* Tochter aufgriff (bei der es sich um ein besonders deutliches Umkehrungsdreieck handelt: der Mann konkurriert nicht mit dem Vater um die Mutter, sondern Mutter und Tochter konkurrieren um ihn). Die inzestuöse Phantasie ist hier nach außen verlagert, und der Protagonist «spielt» aus einer gewissen Distanz damit. Es kommt vor, daß Mutter und Tochter ein Liebesverhältnis mit demselben Mann haben, genau wie es vorkommt, daß Vater und

316

Sohn dieselbe Frau lieben. Ich kenne selbst zwei Männer, die jeweils die Tochter einer Ex-Geliebten geheiratet haben – oder umgekehrt betrachtet, zwei Töchter, die jeweils den Ex-Liebhaber der Mutter geheiratet haben.

Der erotische Aspekt der Rivalität und die Anziehungskraft von Paaren

Menschen, die an erotischen Dreiecksbeziehungen beteiligt sind, erwartet manchmal eine schockierende Erkenntnis: sie stellen fest, daß sie sich von dem Rivalen/der Rivalin sexuell stark angezogen fühlen, auch wenn diese Anziehung zunächst vielleicht nur in scheinbar unerklärlichen Traumfragmenten oder flüchtig aufblitzenden Phantasien zutage tritt. In erotischen Dreiecksbeziehungen spielen häufig auch der negative Ödipuskomplex und auf den Rivalen gerichtete homosexuelle Wünsche eine Rolle.

Eine meisterhafte Darstellung der ganzen Komplexität von Dreieckskonstellationen finden wir in Milan Kunderas Roman *Die unerträgliche Leichtigkeit des Seins*. Teresa liest die Post ihres Geliebten Tomas und entdeckt auf diese Weise sein immer noch bestehendes Verhältnis mit Sabina. Sie hat einen Alptraum, in dem sie alle drei in einem Raum sind und Tomas ihr befiehlt, ihm zuzusehen, während er Sabina auf einem podestartig erhöhten Bett liebt. Sie wacht auf und erzählt Tomas von ihrem Traum. Am nächsten Tag entdeckt dieser in einem der Briefe Sabinas eine Passage, in der es heißt: «Ich möchte Dich in meinem Atelier lieben wie auf einer Bühne. Ringsherum stehen Leute...», und ihm wird klar, daß Teresa in seiner Post gestöbert hat. Er verzeiht es ihr. Sie hingegen ist weder willens noch in der Lage, ihm seine fortgesetzte Untreue zu verzeihen, sieht sich aber auch außerstande, ihn aufzugeben, und so bleibt ihr nur, Qualen zu leiden. Später beginnt sie jedoch, das Bild von dem erhöhten Bett und Sabina in die sexuelle Begegnung mit Tomas zu integrieren. «Im Laufe der Zeit verlor dieses Bild seine ursprüngliche Grausamkeit und begann, sie zu erregen. Manchmal, während

der Liebe, rief sie Tomas diese Situation flüsternd in Erinnerung.»
Und wieder einige Zeit darauf kommt es zu einer deutlich sexuell
getönten Begegnung der beiden Frauen in Sabinas Studio. Beide
empfinden die Situation als erregend, auch wenn sie schließlich
vor sexuellen Konsequenzen zurückweichen. Und, was noch interessanter ist: Teresa gründet schließlich ihre berufliche Identität
als Fotografin auf das, was sie von Sabina gelernt hat.

Das Wissen, daß der Mensch, den man liebt, eine andere
erotische Beziehung hat, ist schmerzlich, kann aber auch sexuelle Erregung erzeugen. Eine solche Reaktion weist, ebenso
wie das momentweise Zutagetreten auf den Rivalen gerichteter
sexueller Wünsche, auf eine Verquickung der aktuellen Liebesbeziehung mit unaufgelösten ödipalen Relikten hin. Konkret
lassen homosexuelle Wünsche dem Rivalen gegenüber auf einen
stark entwickelten negativen Ödipuskomplex neben dem positiven schließen. (Dabei handelt es sich um eine Manifestation der
grundsätzlich in uns allen angelegten Bisexualität.) Der Liebende fühlt sich gleichzeitig von beiden Teilen des Paares, mit
dem er ein Dreieck bildet, angezogen und ist auch auf beide eifersüchtig, genau wie dies einst den Eltern gegenüber galt.

Manche Liebenden schaffen es tatsächlich, ein herzliches
Verhältnis zu ihren Rivalen herzustellen und mit ihnen dauerhafte und wichtige Beziehungen zu unterhalten. Es gibt aber
auch Menschen, die bevorzugt erotische, halberotische oder
auch asexuelle Beziehungen zu Paaren, das heißt zu beiden Partnern, eingehen.

Manchmal ist völlig unklar, wen der Liebende als das Objekt seiner Begierde und wen er als Rivalen betrachtet. Die bevorzugte Masturbationsphantasie mancher Männer ist die Vorstellung von einem Paar beim Liebesakt. Der Protagonist selbst
ist dabei auf die Voyeurrolle beschränkt. Natürlich hat eine bestimmte Phantasie nicht unbedingt für alle, die sich ihr hingeben,
dieselbe Bedeutung, aber hinter dieser Vorstellung steckt doch in
vielen Fällen eine Fixierung auf das eigene Elternpaar. Was dabei
erotisiert wurde, ist gerade das Ausgeschlossensein aus dem elterlichen Schlafzimmer und die phantasierte Primärszene.

Keine Liebesdyade ist völlig gegen das Hinzutreten triadischer Momente gefeit. Meist gelingt es jedoch, diese in die Zweierbeziehung zu integrieren, ohne daß sie sich zersetzend auf sie auswirken. Vor allem dann, wenn sie sich lediglich in Gestalt flüchtiger Phantasien manifestieren, können solche triadischen Neigungen die Paarbeziehung sogar bereichern.

Wenn Dreiecksphantasien allerdings in Form außerehelicher Liebesaffären (oder auch nur rein sexueller Verhältnisse) ausgelebt werden, entfalten sie oft eine zerstörerische Wirkung, da solche Dreieckskonstellationen bestimmte «eingebaute» Bruchlinien und Gefahrenquellen enthalten. Diese immanenten Probleme ergeben sich aus der Instabilität solcher Konfigurationen, ihren verdeckten Motiven und Wirkungsmechanismen, ihrer Verknüpfung mit Machtstrategien und der unausbleiblichen Frustration und Verunsicherung, die sie für alle drei Beteiligten bedeutet. Das soll nicht heißen, daß ein Paar, das sich zu einer Dreieckskonstellation auflöst, nicht die Dyade wiederherstellen und als Paar weiterexistieren könnte. Das ist durchaus möglich, aber es besteht doch auch dann die Gefahr, daß die Liebe gelitten hat. Das Vertrauen und die Gewißheit, für den anderen an erster Stelle zu kommen, sind so tief erschüttert worden, daß sie sich vielleicht nie mehr völlig wiederherstellen lassen.

Und doch gibt es auch Fälle, in denen das Dreieck sich als tragfähige Lebensform erweist oder die außereheliche Liebesbeziehung eine lebenserhaltende Funktion erfüllt. Und außerdem kann es natürlich auch sein, daß die ursprüngliche Dyade durch eine neue ersetzt wird.

Während für viele Liebende Dreiecke lediglich vorübergehende, aus einer bestimmten Situation oder Unzufriedenheit erwachsende Konstellationen sind, haben sie für andere eine zentrale Bedeutung. Ein Mensch, der auf Dreiecksbeziehungen fixiert ist (also etwa eine Frau, die sich nur in verheiratete Männer verliebt), ist in einem auf Scheitern gerichteten Verhaltensmuster befangen und vergällt sich selbst die Freuden der Liebe.

4

DIE LIEBE DER FRAUEN – DIE LIEBE DER MÄNNER

10
ÜBERTRAGUNGSLIEBE
UND ROMANTISCHE LIEBE

Wenn gegenwärtig Untersuchungen über die Liebe Eingang in die psychoanalytische Literatur zu finden beginnen, so ist diese Tatsache vor allem dem wachsenden theoretischen Interesse an der Übertragung zu verdanken. Freud begriff zwar ursprünglich die erotische Übertragung – das Phänomen, daß sich der Patient / die Patientin in den Therapeuten / die Therapeutin verliebt – als ein Therapiehindernis, eine Entwicklung, die es sorgsam zu vermeiden gelte, weil daran die gesamte Therapie scheitern könne, doch erkannte er schließlich an, daß diese Übertragungsliebe als paradigmatisch für die Übertragung überhaupt angesehen werden könne und letztlich sogar eng verwandt mit dem Vorgang des Sich-Verliebens im «wirklichen» Leben sei.

Seither hat sich das psychoanalytische Verständnis der Übertragung erweitert. Die Entstehung einer Übertragungsbeziehung und deren Analyse gilt heute keineswegs als mißliches Hindernis, sondern als der eigentliche Kern des psychoanalytischen Prozesses. Die Übertragungsanalyse hat in gewisser Hinsicht sogar die Traumanalyse als den «Königsweg zum Unbewußten» abgelöst. Tatsächlich scheint die Fähigkeit des Patienten, eine Übertragungsbeziehung zum Analytiker herzustellen, ein ganz entscheidender Faktor von Veränderungsprozessen zu sein.

Es mag als Umweg erscheinen, sich mit der Übertragungsliebe zu befassen, um sich einem Verständnis der Liebe zu nähern; aber die Tatsache, daß das subjektive Erleben der Übertragungsliebe so große Ähnlichkeit mit dem der romantischen

Liebe aufweist, hat die Psychoanalyse zu der Annahme geführt, daß beide Phänomene, psychologisch gesehen, eng miteinander verwandt, wenn nicht gar identisch sind. Sie gleichen sich in mehreren zentralen Punkten: nicht nur in den subjektiven Gefühlen, die sie hervorrufen, sondern auch in ihrer offensichtlich sehr engen Verknüpfung mit den innersten Wünschen, Gefühlen und Phantasien des Betroffenen (Patienten oder Liebenden) und ihrem persönlichkeitsverändernden Potential. Genau wie die Übertragungsliebe kann auch die Liebe den Wunsch nach tiefgreifender Selbstveränderung wecken und zugleich zu deren Vehikel werden. Die Untersuchung jenes sonderbaren Phänomens der Übertragungsliebe, auf das schon die ersten Analytiker stießen, eröffnet uns Einblicke in die Dynamik der Liebe aus einer scheinbar distanzierteren Perspektive. Vielleicht fühlen sich viele Analytiker – mich selbst eingeschlossen – einfach sicherer dabei, über die Übertragungsliebe zu sprechen, weil sie ein beobachtbares Phänomen ist, etwas, das wir, relativ unbeteiligt, aus nächster Nähe studieren können.

Die Übertragungsliebe läßt bestimmte Unterschiede zwischen Frauen und Männern erkennen und wirft von daher Licht auf die geschlechtsspezifischen Aspekte der leidenschaftlichen Liebe: die unterschiedlichen Umstände, die Liebe bei Männern beziehungsweise Frauen gedeihen läßt, und die verschieden gearteten grundlegenden Probleme, für die jedes der beiden Geschlechter besonders anfällig ist. Und was genauso wichtig ist: Wenn man die Entstehung von Liebe in der Therapiesituation und im «wirklichen Leben» vergleicht, lassen sich einige Faktoren identifizieren, die in jedem Fall eine wichtige Rolle spielen, wenn ein Mensch sich verliebt.

Mit dem Begriff Übertragung werden ganz allgemein bestimmte Gefühle bezeichnet, die der Patient im Laufe der Therapie dem Therapeuten gegenüber entwickelt, wobei die erotische Übertragung nur eine (wenn auch wichtige) Unterform darstellt. Wodurch unterscheiden sich nun Übertragungsgefühle von anderen Emotionen, die eine unmittelbare Reaktion auf die Person (und die Persönlichkeit) des Analytikers darstellen? Sie sind, wie Freud aufgezeigt hat, «Neuauflagen» jener Gefühle, die der Patient gegenüber den wichtigsten Bezugspersonen seiner frühen Kindheit gehegt hat. Viele Kliniker benutzen den Terminus Übertragung nur im strengsten Sinne, das heißt ausschließlich bezogen auf die Therapiesituation. Die Entdeckung der Übertragung hatte zunächst vor allem wichtige Implikationen für die Analysetechnik. Aber Analytiker und Sozialwissenschaftler erkannten schon bald, daß das Konzept der Übertragung zugleich hilfreich für das Verständnis einer ganzen Reihe auf den ersten Blick disparater Phänomene außerhalb der Therapiesituation ist, etwa der Neigung so vieler Menschen, sich einem Führer oder einer Sache in der gleichen Weise emotional zu verschreiben wie einer geliebten Person. Für die Soziologen, die sich mit den psychischen Ursachen sklavischer Gefolgschaftstreue befassen, bedeutet das Konzept der Übertragung einen unersetzlichen Schlüssel.

Freud selbst benutzte es unter anderem dazu, die Wurzeln der Religiosität zu erklären. Für ihn ist der emotionale Kern der Übertragung – sei es auf eine Mutter- oder Vaterfigur oder auf Gott – das kindliche Verlangen nach einer mächtigen Elterngestalt oder Ersatzfigur, die ihm «Schutz gegen fremde Übermächte» bieten kann. Beim Kind, wie später auch beim Erwachsenen, entspringt die Übertragung dem «Bedürfnis nach Schutz gegen die Folgen der menschlichen Ohnmacht». Übertragung ist also demnach eine natürliche Reaktion auf die Fährnisse und beängstigenden Aspekte der Conditio humana – ein Mittel zur «Bezähmung des Schreckens». Im Grunde sagt Freud, daß wir alle nach der Vereinigung mit Verkörperungen elterlicher Macht streben, und zwar nicht nur aufgrund erotischen (libidinösen) Verlangens, sondern auch aus Angst und dem Gefühl der Schwäche.

So wie das Kind die Elternfigur mit gewaltiger Macht ausstattet, verfährt der Erwachsene im späteren Leben mit dem Übertragungsobjekt. Ist dieses aber erst einmal mit jener Macht ausgestattet, wird es (genau wie die elterliche Figur, deren Reinkarnation es ist) zugleich auch eine kontrollierende Instanz. Das Kind, und später der Erwachsene, versucht das Übertragungsobjekt durch Nachgiebigkeit und Anpassung oder durch Manipulation zu befrieden. Das Übertragungsobjekt, von dem wir uns wünschen, daß es uns vor einem befürchteten Schicksal bewahren möge, wird faktisch selbst unser Schicksal (genau wie die geliebte Person, von der wir uns die Befreiung aus dem Gefängnis unseres bisherigen Lebens ersehnen, oft genug unser Gefängniswärter wird). Sobald wir uns an ein Übertragungsobjekt binden, damit es für uns sorgt und uns beschützt, sehen wir uns mit einer ganzen Reihe neuer Ängste konfrontiert: Wir haben immer noch keine Kontrolle über unsere Sicherheit und unser Wohlergehen, und wir konzentrieren nun unsere Ängste auf das Übertragungsobjekt. Wir fürchten, es zu verlieren oder uns mit ihm zu überwerfen und allein nicht überleben zu können – kurz: das Schreckgespenst unserer Hilflosigkeit und Abhängigkeit ist nicht gebannt. Positive Übertragung enthält immer auch den Keim negativer Gefühle, weil wir das Objekt so dringend brauchen und unsere Abhängigkeit so groß ist. Es kann leicht passieren, daß wir unseren gegen die Eltern gerichteten kindlichen Zorn und Groll auf das Übertragungsobjekt projizieren und es vielleicht sogar mit der Zeit als Hauptursache all unserer Unzufriedenheit und unseres Unglücklichseins erleben.

Je weniger Macht ein Individuum selbst hat oder zu haben meint, desto stärker wird die Übertragung sein. So gesehen, würde ohne die Übertragung und ihre Derivate die Welt wohl kaum funktionieren.

Die Übertragungsliebe

Auch wer von Psychoanalyse nicht viel weiß, wird doch meist schon mitbekommen haben, daß sich nicht selten Leute in die Ärzte oder Krankenschwestern verlieben, die sich während körperlicher Erkrankungen um sie kümmern. Eines von vielen Filmbeispielen: *Opfer einer großen Liebe*. Bette Davis spielt darin eine verwöhnte, reiche junge Frau, die unter mysteriösen Ohnmachtsanfällen leidet. Im Verlauf ihrer Behandlung verliebt sie sich in den Neurologen und schließlich auch er in sie. Durch die Liebe und die Auseinandersetzung mit dem unheilbaren Gehirntumor, der, wie sich herausstellt, die Ursache ihres Leidens ist, verwandelt sich das verzogene Gör in eine gereifte, glückliche, empfindungsfähige Frau. In ganz ähnlicher Weise verlieben sich im wirklichen Leben oft ältere oder kranke Männer in Krankenschwestern, die sie betreuen. Es ist schon vorgekommen, daß Männer ihre Angehörigen zugunsten einer Pflegerin enterbten, obgleich sie dem Tod schon nahe waren und kaum Aussicht auf eine Umsetzung ihrer Liebe in eine «normale» Beziehung bestand. (Ein verwandtes Phänomen sind die Liebesaffären zwischen älteren Männern und ihren Haushälterinnen.) Umgekehrt haben viele Frauen die Phantasie, einen kranken Mann gesund zu pflegen oder sich in einen verletzten oder behinderten Mann zu verlieben. Die Geschichte der Jane Eyre ist ein klassisches Beispiel für diese Pflegephantasien. Auf der anderen Seite verlieben sich, wie der Neurologe in *Opfer einer großen Liebe* auch Ärzte in ihre Patientinnen (das gleiche gilt natürlich auch für Ärztinnen und deren Patienten). Ähnlich gelagert ist auch der Fall des Flugzeugpiloten, der nach einem katastrophalen Absturz eine der Passagierinnen heiratete: die Sängerin Jane Froman, die beide Beine verloren hatte. Retten und Gerettetwerden ist zweifellos eines der großen romantischen Themen.

In der psychoanalytischen Behandlung passiert es so häufig, daß sich die Patientin in den Arzt (hier und im folgenden stellvertretend für den Patient/die Patientin und der Arzt/die Ärztin) verliebt, daß es für dieses Phänomen, wie bereits gesagt, einen besonderen Terminus gibt – die *erotische Übertragung oder Übertragungsliebe*. Gemeint ist damit eine Mischung aus zärtlichen, erotischen und sexuellen Gefühlen, die die Patientin für den Analytiker empfindet. Diese ist grundsätzlich Teil einer positiven Übertragung, beinhaltet aber natürlich, wie das bei der positiven Übertragung immer der Fall ist, auch latente negative Gefühle. Sexuelle Wünsche oder eine reine sexuelle Übertragung

– ohne das Element der zärtlichen Gefühle – stellen dagegen eine verstümmelte Form der erotischen Übertragung dar, bei der diese entweder nicht voll entwickelt ist oder nicht voll erlebt wird. Übertragungsliebe hat vor allem mit dem Wunsch zu tun, vom Analytiker geliebt zu werden. Dieser mag im einen oder anderen Fall reziproke Gefühle für die Patientin entwickeln, die durch deren Bewunderung und Bedürftigkeit stimuliert werden und die man als erotische Gegenübertragung bezeichnet. (Vereinfacht gesagt: Die Patientin sehnt sich danach, gerettet zu werden, der Analytiker sehnt sich danach, der Retter zu sein.)

Heute, da die Psychoanalyse etabliert ist und viele ihrer Erkenntnisse Eingang ins Alltagsdenken gefunden haben, nehmen es viele Leute als ganz selbstverständlich hin, daß Patienten sich in ihre Analytiker «zu verlieben haben». Aber bei Licht betrachtet ist es doch höchst erstaunlich, daß sich Menschen mit einiger Regelmäßigkeit in ihren behandelnden Arzt verlieben. Die Analytiker mögen diese Empfindungen «Übertragung» nennen, aber der Patient wird sie doch oft als echte Liebesgefühle erleben.

Freud hat als erster das Phänomen der erotischen Übertragung beschrieben, seine Funktion innerhalb der psychischen Entwicklung und innerhalb des therapeutischen Prozesses analysiert und den Zusammenhang zwischen Übertragungsliebe und romantischer Liebe hergestellt. Aber auch ihm enthüllte sich die Bedeutung der Übertragungsliebe nicht sofort. Seine erste Bekanntschaft mit diesem Phänomen machte er, als ihm sein Mentor und Mitarbeiter Josef Breuer von einer Reihe sonderbarer Vorfälle berichtete.

Die «talking cure», eine Vorform der psychoanalytischen Methode, entwickelte sich mehr oder minder zufällig im Verlauf von Breuers Behandlung der Anna O., einer Frau mit vielerlei hysterischen Symptomen. Von der Patientin initiiert, bildete sich eine Methode des freien Assoziierens heraus, wobei das Sprechen über die Ursachen der Symptome diese auf wundersame Weise zum Verschwinden brachte. Entwicklungen außerhalb des Sprechzimmers veranlaßten Breuer jedoch, die Behandlung abzubrechen, und erst dieser Abbruch führte zur Entwicklung des Konzepts der Übertragung, insbesondere der erotischen Übertragung und ihrer Gefahren für Ärzte und Patienten.

Breuer war offenbar so fasziniert vom Fall Anna O. und seiner Behandlung, daß er seine Frau vernachlässigte und diese eifersüchtig wurde. Nachdem er sehr spät erst erkannt hatte, was seiner Frau zu schaffen machte, beendete er die Behandlung der Anna O. Kurz darauf wurde er zu ihr gerufen und fand sie in hysterischen Geburtswehen liegend. Er beruhigte sie, trat jedoch am nächsten Tag mit seiner Frau eine zweite Hochzeitsreise an. Freud berichtete seiner Frau Martha brieflich von der Geschichte. Dem Freud-Biographen Ernest Jones zufolge identifizierte sich Martha Freud «sofort mit Breuers Frau und gab der Hoffnung Ausdruck, es werde ihr nie etwas Ähnliches passieren, worauf er [Freud] sie zurechtwies, wie sie sich einbilden könne, andere Frauen würden sich in *ihren* Mann verlieben: ‹Um Schicksale zu haben wie Frau Mathilde, muß man die Frau eines Breuer sein.›» Er bestritt damit, daß ein solches Phänomen auch bei einer seiner Patientinnen auftreten könne, während Martha die Erklärung von sich wies, daß diese schwärmerischen Empfindungen allein auf Breuers Prestige und persönliches Charisma zurückzuführen wären, und wohl intuitiv den allgemeinen Charakter dieser Dynamik erkannte. Freud gelangte erst später dahin, in der Reaktion der Anna O. nicht die Ausnahme, sondern die Regel zu sehen und sein Augenmerk auf deren theoretische Bedeutung zu richten. (Es ist vielleicht interessant, daß es sich bei Anna O. in Wirklichkeit um Bertha Pappenheim handelte, die spätere Kämpferin für soziale Gerechtigkeit und Pionierin der europäischen Frauenbewegung.)

Einer plausiblen These Thomas Szasz' zufolge konnte das Phänomen der Übertragung überhaupt nur von jemandem erkannt werden, der nicht selbst als Therapeut in die Behandlungssituation involviert war. Anders gesagt: Da Anna O. Breuers und nicht Freuds Patientin war, konnte Freud von seiner Beobachterposition aus ihre sexuellen und erotischen Botschaften besser wahrnehmen, als ihm dies möglich gewesen wäre, wenn sie sich an ihn selbst gerichtet hätten. Aber auch so war es schwierig genug. Allein schon die Tatsache, daß er ein Kollege Breuers war, verstrickte ihn offenbar so tief in das Geschehen, daß der Blick verstellt war, und er konnte nur sehr allmählich akzeptieren, was seine Frau sofort intuitiv erkannt hatte. Sein Zögern ist wohl als Indiz für die Macht und Bedrohlichkeit der erotischen Übertragung zu werten.

Bis 1905 hatte Freud dann aber doch das Konzept der Übertragung so weit formuliert, daß er zwischen den Reaktionen des Patienten auf den Therapeuten und seiner Beziehung zu den signifikanten Personen der Kindheit einen Zusammenhang herstellte. Er beschrieb Übertragungen als «Neuauflagen, Nachbildungen von den Regungen und Phantasien, die während des Vordringens der Analyse erweckt und bewußt gemacht werden sollen, mit einer für die Gattung charakteristischen Ersetzung einer früheren Person durch die Person des Arztes».

In dieser Formulierung liegt die Betonung auf dem Wiederholungscharakter der Übertragung und nicht auf deren subjektiver Realität für den Patienten. Ein bekannter Analytiker unserer Tage meint dazu: «Daß Freud das Wiederholungsmoment so stark betonte, war zum Teil eine Reaktion auf Äußerungen und Drohungen, die darauf hindeuteten, daß die erotischen Übertragungen, die Patientinnen ihren Analytikern gegenüber entwickelten, Anstoß in der Öffentlichkeit zu erregen begannen» (womit zugleich implizit anerkannt wird, daß dieses vermeintlich universelle Problem in der Praxis weit häufiger zwischen Patientinnen und männlichen Analytikern auftritt als im umgekehrten Fall). Aber welche Gründe Freud auch immer veranlaßt haben mögen, nachdrücklich hervorzuheben, daß es sich bei den Übertragungsgefühlen «nur» um eine Wiederbelebung früherer Gefühle handelt – die Wahrheit bleibt doch, daß der Patient die «Übertragung» als eine sehr mächtige, gegenwärtige Realität erlebt. Selbst eine Patientin, die sich nacheinander in zwei Analytiker verliebt hat, wird nur schwer akzeptieren können, daß ihre Gefühle nichts weiter als Übertragungen sind. Nur der Analytiker kann die Gefühle der Patientin von dieser olympischen

Warte aus betrachten – und, wie das bereits erwähnte Phänomen der Gegenübertragung zeigt, oft genug nicht einmal er. Gewöhnlich hält der Therapeut solche Gefühle bei sich selbst jedoch in Schach, nicht zuletzt mit Hilfe des Übertragungskonzepts, das er auf diese Weise nicht nur als Hilfsmittel zum besseren Verstehen der Patientin einsetzt, sondern zugleich auch zur Abwehr von Impulsen, die für ihn selbst bedrohlich sind.

Freud entging es nicht, daß die Übertragung sich dem Patienten anders darstellt als dem Arzt. Im Jahre 1915 hatte er bereits in Ansätzen begonnen, eine Therapie über die Beziehung zwischen Übertragungsliebe und Verliebtheit zu formulieren. Er hielt aber noch immer an seiner Überzeugung fest, daß die Übertragungsliebe nur ein Therapiehindernis darstelle, und riet dem Analytiker, der Patientin aufzuzeigen, daß es sich bei den Liebesgefühlen, die sie für ihn entwickle, um eine Form des Widerstands gegen die Therapie handle, ein Mittel, bevorstehenden schmerzlichen Erkenntnissen auszuweichen. Bei alledem erkannte er jedoch an, daß deutliche Gemeinsamkeiten zwischen Übertragungsliebe und Liebe existierten:

Ich meine, wir haben der Patientin die Wahrheit gesagt, aber doch nicht die ganze, um das Ergebnis unbekümmerte... Der Anteil des Widerstandes an der Übertragungsliebe ist unbestreitbar und sehr beträchtlich. Aber der Widerstand hat diese Liebe doch nicht geschaffen, er findet sie vor, bedient sich ihrer und übertreibt ihre Äußerungen. Die Echtheit des Phänomens wird auch durch den Widerstand nicht entkräftet... es ist wahr, daß diese Verliebtheit aus Neuauflagen alter Züge besteht und infantile Reaktionen wiederholt. Aber dies ist der wesentliche Charakter jeder Verliebtheit. Es gibt keine, die nicht infantile Vorbilder wiederholt. Gerade das, was ihren zwanghaften, ans Pathologische mahnenden Charakter ausmacht, rührt von ihrer infantilen Bedingtheit her. Die Übertragungsliebe hat vielleicht einen Grad von Freiheit weniger als die im Leben vorkommende, normal genannte, läßt die Abhängigkeit von der infantilen Vorlage deutlicher erkennen, zeigt sich weniger schmiegsam und modifikationsfähig, aber das ist auch alles und nicht das Wesentliche.

Nach Freud bedeutet Liebe also immer ein Wiederfinden und eine·Wiederbelebung infantiler Reaktionen, aber die Übertragungsliebe ist noch enger in das Korsett der Wiederholung eingezwängt als die romantische Liebe. (Martin Bergmann, ein moderner Analytiker, behauptet das genaue Gegenteil. Im wirklichen Leben, so meint er, würden die negativen Gefühle der geliebten Person gegenüber verdrängt oder verlagert, so daß die Wahrscheinlichkeit groß sei, daß sie sich hinterrücks wieder in die Beziehung einschlichen und sie unterminierten. In der Analyse könnten solche Gefühle dagegen durchlebt und durchgearbeitet werden, was es ermögliche, daß aus zwanghafter Wiederholung letzten Endes eine befreiende Erfahrung erwachse.)

Die Einsicht in das Phänomen der erotischen Übertragung war eine wesentliche Voraussetzung dafür, daß Freud die Liebe als einen Akt des Wiederfindens begreifen konnte. Seine Beobachtungen im Behandlungszimmer brachten ihn zu der Erkenntnis, daß sowohl das Objekt der Übertragungsliebe als auch das der romantischen Liebe Reinkarnationen des ursprünglichen Liebesobjekts der Kindheit darstellen. Aber das Verständnis der Übertragungsliebe ist auch noch unter anderen Aspekten ein Schlüssel zum Verständnis der Liebe. Übertragung ist, wie sich zeigen läßt, ein Akt der Imagination, der Idealisierung. Vor allem aber ist sie ein *Akt* – etwas, das vom Patienten ausgeht und woran er aktiv beteiligt ist, nicht etwas, das mit ihm passiert. In all diesen Punkten erhärtet das Phänomen der Übertragung unsere bisherigen grundlegenden Annahmen über die Liebe.

Noch ein weiterer Aspekt erscheint in neuem Licht, wenn man sich mit der Übertragung befaßt: die Katalysatorwirkung der Liebe im Hinblick auf Selbstveränderung. Auch die Übertragungsbeziehung kann ein wichtiger Motor des inneren Wandels und Wachsens sein. Tatsächlich wird die Übertragung heute von den Analytikern nicht mehr als Therapiehindernis gefürchtet, sondern vielmehr als das wichtigste Vehikel des analytischen Prozesses betrachtet. Dennoch ist es bei der erotischen Übertragung, genau wie bei der Liebe, möglich, daß sie in manchen Fällen nicht konstruktive, sondern destruktive Kräfte entfaltet.

Wichtiger noch als die Gemeinsamkeiten zwischen der Übertragungsliebe und der romantischen Liebe ist aber vielleicht ein ganz entscheidender *Unterschied*: Übertragungsliebe ist in hohem Maße vorhersagbar, ein sich so regelmäßiges abspielendes Geschehen in der Analyse, daß sie schon fast unabhängig von der Person des Objekts oder gar promisk erscheint. Liebe im «wirklichen Leben» ist dagegen sehr viel wählerischer. Wenn wir verstehen wollen, warum und wozu wir uns verlieben, ist es hilfreich, uns eingehender mit dem Phänomen zu beschäftigen, daß sich in der analytischen Situation (zumindest zwischen Patientinnen und männlichen Analytikern) die Übertragungsliebe mit so großer Regelmäßigkeit einstellt, während die romantische Liebe im normalen Leben viel launischer und unberechenbarer ist.

Das persönlichkeitsverändernde Potential der Übertragungsliebe

Es ist bekannt, daß eine positive Übertragung manchmal als solche schon radikale Veränderungen bei Patienten bewirken kann, daher auch der Terminus «Übertragungsheilung». Es gibt Fälle, in denen Patienten in die Analyse kommen und allein als Resultat der Übertragung (und der Abhängigkeitsbeziehung zum Analytiker oder der Identifikation mit ihm) symptomfrei werden oder plötzlich aufleben. Die Analytiker beeilen sich zwar, zu erklären, daß solche Veränderungen nur oberflächlich sind und die Symptome aller Wahrscheinlichkeit nach wiederkehren werden, sobald die Behandlung unterbrochen wird. Aber das scheint nicht immer zuzutreffen. Viele Patienten nutzen die kurzfristige Besserung, um zu einem anderen (und positiveren) Selbstbild und Selbstwertgefühl zu finden.

Die Einstellung zur Übertragung und zur Übertragungsliebe hat wichtige Implikationen für die analytische Theorie und Technik. Roy Schafer hat die Doppeldeutigkeit und vielleicht sogar Widersprüchlichkeit der Freudschen Aussagen über die

Übertragungsliebe sehr gut resümiert und zugleich aufgezeigt, wie sich dieser Zwiespalt bis in die gegenwärtigen therapeutischen Konzepte hinein fortsetzt.

> Übertragungsliebe ist einerseits pure Wiederholung, reine Neuauflage des Vergangenen, artifiziell und regressiv (vor allem in ihren Ich-Aspekten) und therapeutisch vor allem durch Rückübersetzung in die frühkindliche Gefühlswelt anzugehen. (Daher die ständige Hervorhebung des Wiederdurchlebens, -erfahrens und -agierens in der psychoanalytischen Literatur.) Auf der anderen Seite ist die Übertragungsliebe ein Stück wirkliches Leben, das für den analytischen Prozeß adaptiert wird, ein Durchgangsstadium, das Mittel zu einem rationalen Zweck ist und genauso genuin wie normale Liebe. (Daher die Betonung der heilkräftigen Momente der therapeutischen Beziehung selbst, vor allem im Hinblick auf frühe Verlusterfahrungen und Deprivationen.) Uns geht es nicht darum, eines dieser beiden Konzepte von Übertragung, Übertragungsneurose und übertragungsgebundenen therapeutischen Effekten gänzlich in Frage zu stellen. Das Problem ist, beide zu integrieren.

Für Bergmann ist dagegen Übertragungsliebe «als solche nicht in einem positiven Sinne weiterführend. Erst die Sublimierung dieser Liebe mit Hilfe des Analytikers macht sie für den Heilungsprozeß nutzbar, dann nämlich, wenn fragendes Nachforschen an die Stelle von Wunscherfüllung tritt.» Er argumentiert, daß die Übertragungsliebe eine neue Gelegenheit eröffnet, ödipales Material durchzuarbeiten und neue und bessere Entscheidungen zu treffen.

Aber ob sublimiert oder nicht – die Übertragungsliebe scheint eine unerläßliche Vorbedingung für Veränderungen im Zuge der Analyse, ein wichtiger Motor des therapeutischen Prozesses zu sein. Als Unterkategorie der positiven Übertragung muß auch die Übertragungsliebe als potentiell nützliches, wenn auch gefährliches therapeutisches Instrument anerkannt werden.

Trotz seiner Vorbehalte und Einschränkungen hat Bergmann doch die verändernde Wirkung der Liebe und ihre wichtige Rolle in der Therapie sehr genau erfaßt:

Die Erkenntnis Freuds, daß die Übertragungsgefühle seiner Patienten eine psychische Energie enthielten, die sich für eine auf Einsicht gerichtete Behandlung nutzbar machen ließ, und daß sich die Emotion Liebe der Analyse unterziehen ließ, da sie auf dem Wiederfinden infantiler Liebesobjekte basierte, ist – im historischen Rahmen gesehen – eine bemerkenswerte säkulare Umsetzung von Platons Konzept der Liebesstufenleiter. Wenn es möglich ist, Liebe von ihrem natürlichen Ziel – Befriedigung und Wechselseitigkeit – abzulenken und in den Dienst innerpsychischer Veränderung zu stellen, so bestätigt dies Platons geniale Einsicht in die Plastizität des Eros.

Aber natürlich wird die Liebe nicht in den Dienst der Herbeiführung psychischer Veränderungen *gepreßt*. Diese Funktion ist Teil ihres ureigensten Wesens, sie *ist* «ihr natürlicher Lauf».

Es ist zweifellos gefährlich, zu verkünden, daß die Liebe, die der Patient dem Arzt entgegenbringt, als solche Veränderungen bewirkt. Die offensichtlichste Gefahr besteht darin, daß Therapeuten eine solche These zur Legitimierung erotischer und sexueller Ausbeutung von Patientinnen mißbrauchen könnten. Aber es sind auch noch andere, subtilere Probleme damit verbunden. Wenn die erotische Übertragung nicht vollständig analysiert wird, kann sie in der Tat zu einem gewichtigen Therapiehindernis werden. Solche Therapien kranken daran, daß die starke erotische Übertragung andere wichtige dynamische Prozesse und Konflikte überdeckt. Deshalb gilt es in diesem Punkt sehr vorsichtig zu sein. Auf der anderen Seite muß aber ehrlicherweise anerkannt werden, daß es Fälle gibt, in denen vor allem die Übertragung und nicht die Analyse das verändernde Moment oder zumindest ein sehr wichtiger Faktor zu sein scheint.

Ganz offensichtlich galt das auch für Sabina Spielrein, eine der frühen Patientinnen C. G. Jungs. Die Geschichte ihres Liebesverhältnisses mit Jung ist erst vor kurzer Zeit publik geworden, nachdem sie der italienische Psychoanalytiker Aldo Carotenuto anhand ihrer Briefe und Tagebücher rekonstruiert hat. Sabina Spielrein litt als Mädchen und junge Frau offenbar an einer schizophrenen Störung oder einer schweren Hysterie mit schizoiden Zügen und kam deshalb in die berühmte Zürcher Nervenklinik Burghölzli. Ich will im folgenden kurz resümieren, was bislang über ihre Person, ihre Behandlung durch Jung, damals Oberarzt an der Klinik, und ihre Liebesaffäre mit ihm bekannt ist.

Sabina Spielrein wurde 1885 als Kind eines wohlhabenden russisch-jüdischen Geschäftsmannes in Rostow am Don geboren. Obgleich ungewöhnlich intelligent und phantasiebegabt zeigte sie schon als kleines Mädchen gravierende Symptome einer psychischen Störung. Mit drei, vier Jahren – so C. G. Jung – «fing die Patientin an, den Stuhlgang so lange zurückzubehalten, bis sie durch Schmerz zur Defäkation gezwungen wurde.» In der Pubertät «entwickelten sich Phantasien durchaus perverser Art... Diese Phantasien hatten Zwangscharakter: sie konnte sich nie zu Tische setzen, ohne daß sie sich beim Essen zugleich die Defäkation vorstellen mußte; sie konnte auch niemand ansehen beim Essen, ohne an das gleiche zu denken...» Sie selbst datiert den Beginn ihrer Krankheit auf die Zeit, da sie die sechste Klasse besuchte, in der sie also knapp elf Jahre alt war; um diese Zeit starb ihre jüngere Schwester. Mit achtzehn war sie nicht mehr fähig, überhaupt noch einen Menschen anzuschauen, und heftige Wein-, Lach-, Schrei- und Heulkrämpfe lösten einander ab. Die Eltern beschlossen, sie nach Zürich zu schicken, wo dort die Möglichkeit für sie bestand, gleichzeitig Medizin zu studieren und sich in Behandlung zu begeben, und so kam sie, vermutlich 1904, zu Jung. Bruno Bettelheim meint, sie sei eine der ersten Patientinnen – wenn nicht überhaupt die erste – gewesen, die Jung nach der psychoanalytischen Methode behandelte (wobei er sie gleichzeitig anstellte, um ihm bei seinem Studium der Wortassoziationen zu assistieren). Schließlich ließen ihre Beschwerden so weit nach, daß sie die Klinik verlassen konnte, aber sie setzte die Therapie bei Jung ambulant fort. 1905 war sie bereits an der Zürcher Universität für das Medizinstudium eingeschrieben, und 1911 promovierte sie mit einer Arbeit über Schizophrenie.

Als Sabina Spielrein Jung begegnete, war sie achtzehn oder neunzehn. Er war knapp dreißig, hatte vier oder fünf Jahre am Burghölzli gearbeitet und sich gerade den Studien zugewandt, die später seinen Ruhm begründen sollten. Man schrieb ihm eine charismatische Ausstrahlung auf Patientinnen zu, und laut Carotenuto schrieb Jungs Frau an Freud: «Die Frauen sind natürlich alle verliebt in ihn…»

Es ist nicht ganz klar, wann die Liebesaffäre zwischen Sabina Spielrein und C. G. Jung begann. Carotenuto nimmt an, Jung müsse wohl Anfang 1908 bewußt geworden sein, daß er in sie verliebt war. Strittig ist, ob diese Liebe je sexuell ausgelebt wurde. Carotenuto geht davon aus, daß dies nicht der Fall war, Bettelheim dagegen ist, wie er in seinem Vorwort zur amerikanischen Ausgabe von Carotenutos Buch darlegt, ganz anderer Ansicht.

1909 war die Affäre ans Licht gekommen. Jemand – wie vermutet wird, Jungs Frau – hatte Sabinas Mutter in einem anonymen Brief mitgeteilt, daß ihre Tochter ein möglicherweise verhängnisvolles Verhältnis mit Jung unterhalte, und sie aufgefordert, dem ein Ende zu setzen. Zu diesem Zeitpunkt schreibt Jung an Freud: «…eine Patientin, die ich vor Jahren mit größter Hingabe aus schwerster Neurose herausgerissen habe, hat mein Vertrauen und meine Freundschaft in denkbarst verletzender Weise enttäuscht. Sie machte mir einen wüsten Skandal ausschließlich deshalb, weil ich auf das Vernügen verzichtete, ihr ein Kind zu zeugen.»

In einem bizarren Briefwechsel zwischen Jung und Sabinas Mutter gibt der Analytiker dieser (wenn Sabinas Darstellung in einem Brief an Freud korrekt ist) zu verstehen, sofern er für die Behandlung der Tochter bezahlt wurde – wobei sein Honorar sich auf zehn Franken pro Sitzung belaufe –, bestünde keinerlei Veranlassung zur Besorgnis wegen irgendwelcher Unregelmäßigkeiten im fraglichen Arzt-Patientin-Verhältnis. Es kam zu heftigen Turbulenzen zwischen Jung und Sabina, so unter anderem zu einer Szene, in der sie mit dem Messer auf ihn losging, was allerdings wohl nur dazu führte, daß sie sich selbst in die Hand schnitt. Daraufhin holten ihre Eltern sie aus Zürich ab.

Als Sabina 1911 ihre Doktorarbeit vorlegte, nahm sie die Gelegenheit wahr, wieder in Kontakt mit Jung zu treten. Sie schreibt zu dieser Zeit in ihr Tagebuch, er habe ihr versichert, daß niemand sie ihm ersetzen könne – es sei, als wären all seine anderen Bewunderinnen Perlen in einer Halskette, sie aber das Medaillon. Da ihrer beider Liebe, so Sabina Spielrein, «auf dem Boden tiefen seelischen Verständnisses und gemeinsamer geistiger Interessen entstanden» war, erkor sie ihn nunmehr zu ihrem Mentor. Das war der Wiederbeginn ihrer Liebe und ihrer «Poesie» (ein Wort, das nach Bettelheims Meinung eine sexuelle Bedeutung hat), wenn auch unter der klaren Voraussetzung, daß Jung seine Frau nicht verlassen würde. Auf diese Weise setzte sich ihre Beziehung ein, zwei weitere Jahre fort. Sie spielte mit der Phantasie, ihm ein Kind zu gebären, den Knaben Siegfried (als Symbol der Verschmelzung von Judentum und Christentum – ein Thema, das sie immer wieder beschäftigte).

Im Laufe der darauffolgenden Jahre bröckelte die Beziehung allmählich auseinander, aber Sabina Spielrein stand auch dann noch in einem brieflichen Gedankenaustausch mit Jung, als sie bereits ins Lager Freuds übergewechselt und es zum Bruch zwischen diesem und Jung gekommen war. Es war ein außergewöhnliches Liebesverhältnis, für beide Beteiligten. Wie immer es genau ausgesehen haben mag, Jung verdankte dieser Erfahrung – wenn nicht sogar Sabina Spielrein selbst – seine Theorie des Unbewußten. In einem seiner letzten Briefe an sie, datiert vom September 1919 (als ihr Liebesverhältnis längst zu Ende war), schreibt er: «Die Liebe von S. zu J. hat in letzterem etwas bewußt gemacht, das er vorher nur undeutlich ahnte, nämlich eine schicksalsbestimmende Macht des Ubw. [Unbewußten], die ihn später zu den allerwichtigsten Dingen führte.»

Für unsere Zwecke ist es allerdings weniger interessant, was Sabina Spielrein Jung gegeben hat. Uns geht es vor allem um die Frage, was *ihr* dieses durch Übertragungsliebe und Gegenübertragung ganz erheblich kompromittierte therapeutische Verhältnis zu geben vermochte. Im Verlauf der Beziehung schaffte sie es, von einer schweren psychischen Störung zu genesen und fortan ein produktives Leben zu führen. Obgleich Jung sich in eine intensive persönliche Beziehung mit ihr verstrickte, sich ihr gegenüber schwankend verhielt und sie im Stich ließ, als er fürchten mußte, daß eine Entdeckung ihres Verhältnisses seine Karriere gefährden würde, zerbrach die zuvor schon psychisch stark gehandikapte Frau daran keineswegs. Sie wurde vielmehr gesund und konnte sich sogar ihre Gefühle für ihn bewahren. Obendrein fand sie durch die Behandlung – was zweifellos heißt, durch die Identifikation mit dem geliebten Analytiker – auch noch ihre Lebensaufgabe. Sabina Spielrein übertrug offenbar ihre Liebe zu Jung auf ihre Arbeit, was sich auch symbolisch darin ausdrückt, daß sie den Namen Siegfried, einst für den gemeinsamen Sohn ausersehen, schließlich im Zusammenhang mit einem Aufsatz benutzte, den sie Jung 1911 übersandte: «Liebes! Empfangen Sie nun das Produkt unserer Liebe, die Arbeit ihres Söhnchens, Siegfried. Das hat eine Riesenmühe gegeben, aber für Siegfried war mir nichts zu schwer. Wenn die Arbeit von Ihnen in den Druck aufgenommen wird, fühle ich meine Pflicht Ihnen und Ihrem Söhnchen gegenüber erfüllt. Dann erst bin ich frei.»

Bettelheim mißbilligt Jungs Verhalten aufs entschiedenste, und das ist, nach allem, was wir inzwischen über die Gefahren des Ausagierens von Übertragungsliebe und Gegenübertragung wissen, nur zu verständlich. Aber er merkt ausdrücklich an, man müsse Jung doch zugute halten, daß die Behandlung die Patientin immerhin heilte, und er stellt eine Frage, die seltsam anmutet, aber trotzdem berechtigt ist: «So fragwürdig Jungs Verhalten unter moralischen Gesichtspunkten auch gewesen sein mag – rückblickend sollten wir uns fragen: Welche überzeugenden Anhaltspunkte haben wir dafür, daß es zu dem gleichen Ergebnis gekommen wäre, wenn Jung sich ihr gegenüber auf eine Weise verhalten hätte, wie wir es von einem gewissenhaften Therapeuten erwarten müssen?... Gewiß, Sabina Spielrein zahlte einen hohen Preis...»

Ich habe diese Geschichte unter anderem deshalb erzählt, weil es heute, da wir Therapeuten mehr über die Gefahren von

Übertragung und Gegenübertragung wissen als in den Anfangszeiten der Psychoanalyse, viel weniger einschlägige Beispiele gibt. Damals waren solche Wechselbeziehungen zwischen Analytikern und Patientinnen noch keine Seltenheit. Aber ich habe den Fall Sabina Spielrein auch deshalb angeführt, weil dabei beide Teile, Arzt und Patientin, tiefgreifende Wandlungen durchmachten, die offensichtlich zu einem großen Teil der verändernden Kraft der Liebe zuzuschreiben sind.

Es gibt noch eine weitere, ebenfalls erst kürzlich publik gewordene Geschichte, die einen ähnlich dramatischen Genesungsprozeß bei einer jungen Frau schildert, bei dem offenbar Übertragungsliebe eine entscheidende Rolle spielte. In dem Buch *Das denkende Herz. Die Tagebücher von Etty Hillesum* erzählt eine junge Frau, die später in einem Vernichtungslager der Nationalsozialisten den Tod finden sollte, von ihrer Beziehung zu Julius Spier, einem Jung-Schüler. Spier praktizierte «Psychochirologie» – auf deutsch: Handlinienlesen –, und Etty wurde seine Schülerin, Patient und Geliebte. Obgleich er, selbst mit bewundernden Augen seiner Schülerin gesehen, weitgehend als Scharlatan erscheint, konnte Etty Hillesum doch von der Beziehung zu ihm insofern profitieren, als sie bei ihr eine tiefgreifende Neuordnung von Werten und Prioritäten in Gang setzte. Ihr Tagebuch gibt Zeugnis von einem Prozeß der Selbstbefreiung und stetigen Erschließung neuer Möglichkeiten noch im Schatten des Holocaust.

Aber so viele derartige Ausnahmefälle es auch geben mag, bleibt es doch wichtig, festzuhalten, daß nichtanalysierte Übertragungsliebe weit häufiger Schaden anrichtet als Gutes bewirkt. Positive Wirkungen, wie sie Übertragungsliebe haben *kann*, gehen mit sehr viel größerer Zuverlässigkeit von ihr aus, wenn sie analysiert wird. Das ist natürlich genau das Argument, das Bergmann geltend macht, und auch der Grund, weshalb die Analyse der Übertragung inzwischen ein so zentrales Moment der psychoanalytischen Therapie geworden ist. Durch die Analyse der Übertragung und das Verständnis der Zusammenhänge zwischen dieser Dynamik und Erfahrungen der Vergangenheit gewinnt der Patient einen Zuwachs an Einsicht, der es ihm ermöglicht, sich nach und nach aus der Zwangsjacke nichtanalysierter emotionaler Relikte zu befreien.

Ich habe aber bereits darauf hingewiesen, daß Übertragungsliebe keineswegs immer eine positive oder therapeutisch nutzbringende Erfahrung sein muß. Genau wie in der Liebe sind auch in der Übertragungsliebe grundsätzlich Lust und Leid, Entwicklungen zum Guten wie zum Schlechten angelegt. Da sie eine sehr komplexe Emotion ist, fließen in sie – genau wie in die Liebe – auch präödipale Komponenten ein. Sie kann Abhängigkeitswünsche ebenso maskieren wie Konkurrenzstreben, Aggressionen so gut wie Selbsthaß. Innerhalb der therapeutischen Situation kann sie zur Grundlage der persönlichkeitsverändernden analytischen Arbeit werden – aber auch den Therapiefortschritt unmöglich machen oder die ganze Therapie sprengen. Übertragungsliebe kann die Energie für Veränderungsprozesse liefern, aber nur wenn sie gründlich analysiert wird, kann man sichergehen, daß diese Veränderung in eine positive Richtung führen wird. Trotz ihres enormen therapeutischen Potentials stiftet die Übertragungsliebe bis heute in der psychoanalytischen Therapie immer wieder Verwirrung und Unheil. Sie ist und bleibt sowohl Goldmine als auch Minenfeld.

Übertragungsliebe und Gegenübertragung – geschlechtsspezifische Muster

Wenn wir die Übertragung als Ausdruck unserer tiefsten Bedürfnisse und Ängste begreifen, steht eigentlich nicht zu erwarten, daß sie geschlechtsspezifische Erscheinungsformen annimmt – und doch scheint sie wesentlich häufiger bei Frauen aufzutreten und insbesondere bei Patientinnen männlicher Therapeuten. Und umgekehrt scheint die Gegenübertragung, das heißt die Entwicklung von Liebesgefühlen Patienten gegenüber, vor allem ein Problem männlicher Therapeuten zu sein. Das deutet darauf hin, daß die Geschlechter zwar zu einer unterschiedlichen Haltung der eigenen Person und der Welt gegenüber erzogen werden und im Laufe ihrer Persönlichkeitsentwicklung unterschiedliche Erfahrungen durchleben, dabei aber beide sehr wohl dafür «anfällig» sind, sich unter bestimmten Umständen zu verlieben, wenn diese Umstände auch jeweils andersgeartet sind. Indem wir die Übertragungsliebe näher untersuchen, können wir also womöglich nicht nur die Impulse und die begünstigenden Faktoren etwas näher einkreisen, die dazu führen, daß Menschen sich verlieben, sondern darüber hinaus auch einige die Liebe betreffende geschlechtsspezifische Unterschiede dingfest machen.

Eva Lester, eine Analytikerin, hat als erste auf die interessanten Unterschiede in der Verteilung von Übertragungsliebe und Gegenübertragung zwischen den Geschlechtern hingewiesen. Sie macht darauf aufmerksam, daß in der psychoanalytischen Literatur so gut wie nie von einer ausgeprägten Übertragungsliebe zwischen männlichen Patienten und Analytikerinnen die Rede ist, und berichtet, daß sie selbst zwar bei Patientinnen auf starke erotische Übertragungsreaktionen gestoßen sei, bei Patienten aber immer nur auf milde, flüchtige, gedämpfte und instabile Formen.

Wenn es in einer Patient-Therapeutin-Beziehung zu einer erotischen Übertragung kommt, scheint diese sich signifikant von der entsprechenden Dynamik in einer Patientin-Therapeut-Beziehung zu unterscheiden. Während die erotische Übertragung im letzteren Fall meist offen zutage liegt und bewußt erlebt wird, intensiv und anhaltend ist, direkt dem Analytiker gilt und mehr auf Liebe als auf Sex gerichtet ist, wird sie im ersteren Fall in der Regel weniger offen, diskontinuierlich und relativ kurzlebig sein, vor allem indirekt in Gestalt von Träumen und Dreiecksphantasien zutage treten, oft auf eine außerhalb der analytischen Situation stehende Frau verlagert werden und stärker sexuell als zärtlich getönt sein.

Die sexuellen Phantasien männlicher Patienten sind zwar oft sehr drastisch, aber meist frei von erotischem Sehnen. Oft wird eine solche sexuelle Vorstellung dem Patienten als ichfremd erscheinen und peinlich sein. Oft sind es vor allem Widerstände gegen die Übertragung, die zutage treten, und nicht so sehr die Übertragungsreaktionen selbst. Nicht selten werden männliche Patienten aber, obgleich sie jedes persönliche Interesse oder Verlangen abstreiten, überaus empfindlich auf eingebildete Zurücksetzungen reagieren, Aufmerksamkeit heischen oder besondere Zugeständnisse verlangen. Genau wie Frauen idealisieren sie oft ihr Gegenüber in der Analyse, aber sie neigen weniger dazu, die Idealisierung mit erotischem Verlangen zu vermischen (wie ja überhaupt Männer häufig unfähig sind, romantisch-erotische und zärtliche Abhängigkeit offenbarende Gefühle auf dieselbe Person zu richten).

Man könnte versucht sein, aus diesen Erfahrungen in der Therapiesituation zu schließen, daß Frauen sich einfach leichter verlieben als Männer. Dem steht allerdings die Beobachtung entgegen, daß männliche Analytiker stärker dazu neigen, sich in Patientinnen zu verlieben, als dies zwischen Analytikerinnen und männlichen Patienten der Fall ist. Aus den Anfangszeiten der Psychoanalyse, als die Gefahren der Übertragung und Gegenübertragung noch nicht bekannt und formuliert waren, sind uns zahlreiche Fälle überliefert, in denen sich männliche Analytiker in ihre Patientinnen verliebten. Tatsächlich scheint die Versuchung, in der therapeutischen Situation ein Liebesverhältnis zu beginnen, für beide Teile ganz enorm zu sein, wenn der Analytiker sich gerade an einem Tiefpunkt befindet und die Patientin jung und attraktiv ist.

C. G. Jungs Liebesverhältnis mit Sabina Spielrein ist ein solches Beispiel, aber es gab in Jungs Leben noch eine weitere Beziehung dieser Art, die emotional wie intellektuell noch mehr Gewicht besaß: die vierzig Jahre währende romantische Liaison mit Antonia Wolff, die zuerst seine Patientin und später dann seine Kollegin war. «Toni» war die Tochter Arnold Wolffs, eines reichen Geschäftsmannes aus einer der ältesten und vornehmsten Familien Zürichs. Sie kam 1910 zu Jung in Behandlung, zum einen, weil sie offenbar den Tod des Vaters nicht verkraften konnte, zum anderen wegen Schwierigkeiten mit der Mutter. Irgendwann in den Jahren 1911/12 änderte sich der Charakter der Beziehung, und das Liebesverhältnis, das sich entspann, nahm einen so ernsthaften Charakter an, daß es zu Komplikationen im Hause Jung kam. Ein Jung-Biograph schreibt: «Jungs Affäre mit Toni hätte weniger Staub aufgewirbelt, wenn er nicht darauf bestanden hätte, sie in sein Familienleben einzubeziehen und sie regelmäßig als Gast an der sonntäglichen Mittagstafel zu haben.» Jung war stolz auf die Dreieckssituation, die er geschaffen hatte und trotz aller Schwierigkeiten und Konflikte aufrechterhielt. Toni Wolff wurde, genau wie Sabina Spielrein, selbst praktizierende Analytikerin und für Jung offenbar eine wichtige Quelle der Inspiration. Sie trug zur Formulierung und Weiterentwicklung vieler zentraler Gedanken ihres großen Kollegen bei und erstellte selbst eine Frauentypologie, die vier Grundtypen unterscheidet: die Mutter und Ehefrau, die Hetäre oder Freundin und Gefährtin des Mannes, die Amazone und schließlich das Medium, die Mittlerin zwischen dem Bewußten und dem Unbewußten. Für Jung war Toni Wolff offenbar sowohl Hetäre als auch Medium.

Es gibt – bis in die heutige Zeit hinein – genügend weitere Beispiele für die ausgeprägte Neigung männlicher Therapeuten, sich in Patientinnen zu verlieben, wobei diese Gefühle natürlich nicht immer ausagiert wurden. Manche der auf diese Weise zustande gekommenen Affären sind in der Welt der Psychoanalyse berühmt und berüchtigt; andere werden nie publik. Es versteht sich von selbst, daß es sich bei den involvierten Männern keineswegs immer um Psychoanalytiker handelt. Jeder, der schon einmal auf einer psychiatrischen Station gearbeitet hat, weiß, wie oft sich Übertragungsliebe und Gegenübertragung zwischen Patientinnen und männlichen Betreuern einstellen und wie oft sie auch ausagiert werden.

Die dagegen deutlich abstechende Zurückhaltung von Therapeutinnen, erotische Kontakte zu Patienten einzugehen, hat nichts mit besonderer Tugendhaftigkeit zu tun. Die Unterschiede zwischen den Geschlechtern hinsichtlich der erotischen Gegenübertragung und ihres Ausagierens in der Therapiesituation spiegeln lediglich die unterschiedlichen Verhaltensmuster

außerhalb des Behandlungszimmers wider: Die traditionelle Reaktion einer jüngeren Frau in einer Abhängigkeitssituation auf
einen älteren Mann in einer Autoritätsposition ist verführerisches Verhalten, während erotische Gefühle zwischen einer älteren, erfahrenen Frau und einem jüngeren, unerfahrenen Mann
nicht vorgesehen sind, auch wenn sich dieses Tabu allmählich zu
lockern scheint. Kurz: Frauen neigen dazu, Beziehungen zu
Männern in einer Autoritätsposition zu erotisieren, während
Männer dahin tendieren, Sex und Abhängigkeitsgefühle voneinander zu trennen. Das gilt sowohl für therapeutische wie auch
für Alltagssituationen. Auch wenn ein Autoritätsgefälle offenbar auf beide Geschlechter erotisierend wirken kann, brauchen
Männer eher die Sicherheit des Machtvorsprungs, während
Frauen dazu neigen, sich in dem von ihnen so empfundenen
Schutz männlicher Macht zu verlieben. Deshalb wirkt sich das
Autoritätsgefälle der Therapiesituation dann am förderlichsten
auf die Entstehung einer erotischen Übertragung und Gegenübertragung aus, wenn es sich bei den Beteiligten um einen
männlichen Therapeuten und eine Patientin handelt. Diese Situation entspricht den in unserer Gesellschaft vorherrschenden
romantischen Phantasien (an denen offenbar auch die sich wan-
delnde Rolle der Frau in der Arbeitswelt bislang wenig verändert
hat). Die Frage, wieso ein Phänomen wie die Übertragung – als
Ausdruck menschlicher Grundbedürfnisse – geschlechtsspezifische Muster erkennen läßt, vermittelt uns somit einige wichtige
Erkenntnisse über Männer, Frauen und die Liebe.

Promiskuität und Selektivität:
Übertragungsliebe und romantische Liebe

Es gibt noch einen weiteren erstaunlichen Aspekt der Übertragung und der erotischen Gegenübertragung, dem auf den Grund
zu gehen sich für uns lohnt. Verliebtheit ist (oder scheint) im
normalen Leben so unplanbar, unberechenbar und unerklärlich,
daß es nicht ohne weiteres zu verstehen ist, wieso Übertragungs-

liebe so häufig und in so hohem Maße vorhersagbar entstehen kann.

Bei der Lösung dieses Rätsels können uns die oben beschriebenen geschlechtsspezifischen Muster weiterhelfen. Wir wissen, daß Übertragungsliebe weitaus häufiger zwischen Patientinnen und männlichen Analytikern auftritt als in der umgekehrten Konstellation. Und wir wissen weiter, daß erotische Anziehung in der analytischen Situation prozentual sehr viel häufiger entsteht als in beliebigen anderen Situationen (die geschlechtsspezifischen Muster mitgedacht). Wir können also versuchen, die Faktoren zu identifizieren, die in der therapeutischen Situation das Auftreten erotischer Gefühle begünstigen, und hoffen, daß uns das in der Umkehrung Aufschlüsse darüber gibt, was diese Entstehung erotischen Verlangens im «wirklichen» Leben einschränkt. Ich will mich zunächst der Frage nach den begünstigenden Faktoren aus der Sicht des Patienten zuwenden.

Was ist es, was Liebe hervorruft, und warum entsteht sie so häufig in der Therapiesituation? Wie kommt es überhaupt zur erotischen Übertragung? Fühlen wir uns schlicht und einfach zu jedem Menschen hingezogen, der fürsorglich und mächtig – ein potentieller Retter – ist, und wenn ja, warum? Und welche Verbindung besteht zwischen dieser Art von Liebe aus Anlehnungsbedürfnissen und der romantischen Liebe?

Eine Teilantwort auf diese Fragen finden wir, wenn wir uns noch einmal auf Platons entscheidende Einsicht besinnen, daß Liebe ein Akt der Wiederherstellung ist – nicht nur die Sehnsucht nach der Wiedervereinigung mit der verlorenen anderen Hälfte, sondern das Streben nach Restauration eines grandioseren Selbst. Freud formulierte diese Einsicht einige tausend Jahre nach Platon neu: «Der Mensch ... will die narzißtische Vollkommenheit seiner Kindheit nicht entbehren, und wenn er diese nicht festhalten konnte ... sucht er sie in der neuen Form des Ichideals wieder zu gewinnen.» Es ist ja inzwischen mehr oder weniger Allgemeingut, daß das Kind sein ursprüngliches Omnipotenzgefühl – das Gefühl, Zentrum und Beweger der Welt zu sein – infolge der Frustrationen und Demütigungen in der frühen

Kindheit nach und nach einbüßt: Hunger, die Entwöhnung von der Brust, wiederholtes Unwohlsein, die Sauberkeitserziehung tragen das ihre dazu bei. Das Kind reagiert auf diesen Verlust, indem es die Omnipotenz auf die Eltern projiziert und sie eine Zeitlang als vollkommen ansieht. Aber auch sie erweisen sich nach und nach als weder allmächtig noch vollkommen, und dem Kind bleibt schließlich nur, sein Bild von Vollkommenheit gewissermaßen als Leitstern zu verinnerlichen. Die «verlorenen» idealen Eltern der frühen Kindheit werden also internalisiert und bilden innerhalb der eigenen Psyche die Grundlage des Über-Ich (der einschränkenden Aspekte der elterlichen Funktion – des Gewissens) und des Ich-Ideals (der inspirierenden Aspekte der elterlichen Funktion).

Unsere Hoffnung, die «verlorene» Omnipotenz wiederherzustellen, liegt also darin, entweder selbst den Anforderungen unseres Ich-Ideals gerecht zu werden oder aber uns mit jemandem zu vereinigen, auf den wir dieses Ideal projiziert haben. Soweit es uns gelingt, unserem internalisierten Ich-Ideal gerecht zu werden, ist alles in Ordnung. Wir sind zufrieden und fühlen uns wohl. Gelingt uns dies aber nicht, sind wir deprimiert und unser Selbstgefühl leidet. In diesem Sinne kann man Liebe als Streben nach narzißtischer Wiederherstellung ansehen. Durch die Idealisierung des Anderen und die Identifikation mit ihm hoffen wir, die eigene Vollkommenheit neu erschaffen zu können. Das meint auch Alberoni, wenn er behauptet, daß Liebe immer aus Schwäche erwächst. Ich selbst meine: nicht nur (oder nicht immer) aus Schwäche, aber aus Unzufriedenheit mit sich selbst oder dem Wunsch nach mehr.

Und damit sind wir bei einem der wichtigsten Gründe dafür, daß Patienten (hier und im folgenden auch und vor allem für «Patientinnen») in der Analyse so überdurchschnittlich stark dazu neigen, sich zu verlieben. Patienten kommen ja deshalb in die Analyse, weil sie unter irgendeiner Art von Unzufriedenheit mit sich selbst oder Unwohlsein leiden. Solche Störungen des Selbstgefühls tun natürlich dem Narzißmus, dem Gefühl der Vollkommenheit, ganz erheblich Abbruch. Die Patienten sind daher auf der Suche nach einem «Heilmittel». Damit haben wir einen Faktor identifiziert, der es prinzipiell fördert, daß sich Patienten in der Analysesituation «verlieben». Tatsächlich ist es nichts Ungewöhnliches, daß zukünftige Patienten schon Phantasien oder Träume von ihrem Analytiker/ihrer Analytikerin entwickeln, *ehe* die Behandlung überhaupt begonnen hat. Es besteht gewissermaßen bereits eine Übertragung, der nur noch eine Person fehlt, die die Projektionsfläche abgibt. Der Analytiker oder die Analytikerin ist insofern die perfekte Projektionsleinwand für solche Phantasien, als ihm/ihr in der Regel Wertschätzung und Achtung entgegengebracht werden, er/sie für weise und reif gehalten wird und in der therapeutischen Situation die Führungsrolle innehat, was die spontane Idealisierung begünstigt. Diese bereits vorab existierende Übertragungsbereitschaft erinnert an einen zentralen Aspekt der Liebe – deren imaginative Komponente. Bedürftigkeit, Imagination und eine «leere» Leinwand, auf der sich die Imagination betätigen kann, scheinen manchmal auszureichen, um Liebe hervorzubringen.

Die Therapiesituation zeichnet sich jedoch noch durch weitere spezielle Merkmale aus, die das Aufkommen erotischer Wünsche und Gefühle begünstigen und die für Situationen des täglichen Lebens in wesentlich geringerem Umfang gelten. So gehört es zum einen zum Wesen der Analyse, regressive Wünsche zu fördern. Solche Wünsche sind aber ein wichtiges Moment bei der Entstehung von Liebe. Zum zweiten ist die Analysesituation durch einen hohen Grad an Intimität und Vertrautheit gekennzeichnet, auch wenn diese einseitig sind. Die Patientin hat das Gefühl, daß niemand auf der Welt sie so gut kennt wie der Analytiker (hier mit den geschlechtsspezifischen Einschränkungen auch für «der Patient» und «die Analytikerin» geltend). Zum dritten begegnet der Analytiker der Patientin urteilsfrei und akzeptierend. Viertens bringt die Therapie für die Patientin eine gewisse narzißtische Befriedigung mit sich, da sich während der Sitzungen die Aufmerksamkeit ganz auf sie konzentriert. Und fünftens und letztens befinden sich Analytiker und Patientin im Behandlungszimmer in einer von der übrigen Welt abgeschlossenen Situation. Sie bilden eine klar nach außen hin abgegrenzte Dyade, und ihre Kommunikation zeichnet sich durch Vertraulichkeit, Intensität, große Nähe, das Gefühl, eine gemeinsame Sache zu haben, und durch geteilte Geheimnisse aus. Und genau wie jedes Liebespaar seine eigene, charakteristische Art der Interaktion hat, hat auch jede therapeutische Dyade ihren ganz besonderen Rhythmus und ihre individuelle Tönung. Der Analytiker verhält sich niemals zwei Patientinnen gegenüber genau gleich, und manchmal ist die Kommunikation in einer bestimmten Dyade tatsächlich sehr speziell. (Das ist etwas, was alle erfahrenen Praktiker kennen und auch unter sich diskutieren, während die analytische Literatur zumeist suggeriert, Analytiker seien körperlose, völlig unpersönliche Wesen und nichts als «weiße Projektionsleinwände».) Außerdem trägt zur Förderung von Übertragungsliebe sicher auch die Tatsache bei, daß von der Patientin kaum etwas verlangt wird, jedenfalls weder Sex noch irgendeine emotionale Gegenleistung. Übertragungsliebe kann gewissermaßen in einem «geschützten Treibhausklima» gedeihen. In dieser Hinsicht gleicht sie anderen schwärmerischen Partialbeziehungen wie beispielsweise der erotischen Brieffreundschaft.

Würde die Therapiesituation lediglich auf die Patienten erotisierend wirken, könnte man dieses Phänomen vor allem der Förderung regressiver Tendenzen zuschreiben. Aber die Häufigkeit erotischer Gefühle auf seiten des Analytikers (der erotischen Gegenübertragung) deutet darauf hin, daß hier noch weitere wichtige Faktoren im Spiel sein müssen. Für den Therapeuten spielt es sicherlich eine große Rolle, daß er sich der Bewunderung und Idealisierung der Patientin in hohem Maße sicher sein kann. Außerdem wirken sich auf ihn natürlich ebenfalls die Intimität der Behandlungssituation, die Abgeschlossenheit der therapeutischen Dyade nach außen und das Gefühl der Gemeinsamkeit aus.

Insgesamt lassen die hochgradige Regelmäßigkeit des Auftretens von Übertragungsliebe und die immer noch überdurchschnittliche Häufigkeit der erotischen Gegenübertragung darauf schließen, daß der Impuls, sich zu verlieben, zumindest in latenter Form sehr viel verbreiteter vorhanden sein muß, als man gewöhnlich annimmt. Er kommt offenbar deshalb in der therapeutischen Situation *zum Tragen*, weil hier so viele begünstigende Faktoren gegeben sind und die Integrität des Selbst in so hohem Maße geschützt ist, daß die Patienten es mit großer Regelmäßigkeit wagen, sich fallenzulassen und dabei zu verlieben. Der Impuls, sich zu verlieben, ist, wie es scheint, ein zartes Pflänzchen, das viel Hege und Pflege braucht, um sich zu entwickeln, und der analytische Prozeß garantiert dieses Klima. Außerdem stimuliert der Aspekt der fürsorglichen Zuwendung in der Therapie (für den passiven wie für den aktiven Teil, für Patienten wie für Therapeuten) bestimmte für die Liebe konstitutive Phantasien.

Die psychoanalytische Therapiesituation ist jedoch nicht die einzige Konstellation, die in besonderem Maße die Entstehung von Liebesgefühlen fördert. Das gleiche gilt grundsätzlich für jede sich über längere Zeit erstreckende Serie von Begegnungen zweier Menschen, die von ihrer Struktur her ein hohes Maß an Intimität in einem schützenden Kontext beinhalten.

Ein Beispiel sind die Stammfreier von Prostituierten, bei denen sich die Phantasie von der Hure mit dem goldenen Herzen schließlich zur Liebe auswächst. Dieses auf den ersten Blick sonderbare Phänomen ist im Grunde leicht erklärlich. Für die Schäferstündchen mit Edelprostituierten, die in der Regel Stammkunden haben, gelten folgende Merkmale: die Begegnungen sind heimlich, exotisch und intim. Genau wie in der Therapie stehen dabei die Bedürfnisse des Klienten im Mittelpunkt, und die Beziehung ist in bestimmter Weise begrenzt. So werden vor allem keine Forderungen an den Klienten gestellt – die Situation ist ganz auf ihn zugeschnitten. Regressive Wünsche sind zulässig und werden gefördert, das Callgirl verhält sich akzeptierend und urteilt nicht. Außerdem haben gute Callgirls, genau wie gute Therapeuten, ein feines Gespür für die Wünsche und Bedürfnisse ihrer Klienten. (So kam etwa ein mit besonderer Intuition begabtes Mädchen auf den genialen Einfall, ihren nach einem Schlaganfall teilweise gelähmten Kunden zu fesseln, um auf diese Weise sein eingeschränktes Bewegungsvermögen «normal» erscheinen zu lassen.) Während in der Therapiesituation die Therapeutin oft älter ist und als mächtige Figur erlebt wird, was die Liebesimpulse männlicher Patienten eher dämpft, bietet sich das meist jüngere Callgirl dafür an, es als unterlegen und möglicherweise sogar rettungsbedürftig wahrzunehmen. Die Prostituierte ist zwar verfügbar, aber zugleich auch nicht verfügbar: sie ist nur zeitlich begrenzt zu haben, und diese Begrenzung macht sie um so begehrenswerter. Spitzen-Callgirls wissen genauso wie Analytiker um das Phänomen der Übertragung und die beste Art, mit ihr umzugehen. Tatsächlich halten sie sich dabei sogar an ganz ähnliche Prinzipien: Sie versuchen, sich als Person möglichst aus dem Geschehen herauszuhalten, verurteilen es, Klienten auszunutzen, und sind selbst viel mehr an anderen Männern (oft ihren Zuhältern) interessiert, die *ihnen* mächtiger erscheinen als ihre bedürftigen Kunden.

Eine andere Situation, in der nach meinem Eindruck, auch wenn ich es schwer belegen kann, mit einiger Regelmäßigkeit Liebe entsteht, sind die Treffen der Anonymen Alkoholiker. Elmore Leonard erzählt eine solche Geschichte in seinem Roman *Unknown Man, No. 89.* Der Gerichtsbote Ryan begegnet, als er einen Burschen namens Robert Leary ausfindig machen will, um ihm eine Vorladung zuzustellen, der jungen Alkoholikerin Denise. Sie geht ihm nicht mehr aus dem Kopf. Er muß sie wiederfinden, weil er herausbekommen hat, daß sie Learys Frau ist. Aber seine Gedanken kreisen immer wieder um sie als Person: «Er merkte, daß er nicht nur wegen des Geldes an sie dachte, den fünfzehntausend, die er bekommen sollte. Er dachte an sie als Person. Sie hatte um Hilfe gerufen, und er hatte sie im Stich gelassen.»

An diesem Punkt der Handlung erscheint es – zumindest mir – einigermaßen erstaunlich, daß Ryan sich so stark von einer Person angezogen fühlt, die sich ihm zuletzt in volltrunkenem Zustand präsentiert hat. Als er sie dann später bei einem Treffen der Anonymen Alkoholiker aufspürt, wo sie Hilfe gesucht hat, wird klar, daß er selbst ebenfalls Alkoholiker ist, und der Leser kann nun leichter nachvollziehen, woher sein Interesse an Denise rührt. Sie spricht auf der AA-Veranstaltung und erklärt:

«Ich habe das Gefühl, daß Ihnen alles, was ich hier sage, längst bekannt ist… aber das gehört wohl einfach zu dieser Einrichtung hier. Von uns kann jeder mit dem anderen fühlen, sich in seine Lage hineinversetzen.» Ryan verliebt sich in Denise, und gemeinsam schaffen sie es, das Böse zu überlisten und sich vom Alkohol freizumachen. Bei Liebesverhältnissen, die unter solchen Umständen entstehen, scheint ein wichtiger begünstigender Faktor darin zu bestehen, daß die Gleichartigkeit der Erfahrungen und der persönlichen Schwächen rasch ein Gefühl der Vertrautheit entstehen läßt. Ängste und Schamgefühle können in einem Setting offengelegt werden, in dem Verständnis und Unterstützung garantiert sind. Und natürlich fördern auch die Regelmäßigkeit und die Struktur der Treffen – genau wie bei den therapeutischen Sitzungen oder den Kontakten zwischen Prostituierten und deren Stammkunden – die Entstehung von Nähe bei gleichzeitiger Distanz, die besonders dazu angetan ist, erotische Wünsche zu stimulieren und die Kristallisation in Gang zu setzen.

Wenn wir uns diese strukturierten Situationen, die die Entstehung von Liebe offensichtlich fördern, einmal näher ansehen, dann wird uns bewußt, wie viele Impulse zu erotischen Empfindungen auch im wirklichen Leben ständig in uns erzeugt werden, aber nicht zum Tragen kommen, weil die kontrollierte Atmosphäre fehlt, die ihre Entfaltung begünstigen würde. Liebe scheint eine permanente Möglichkeit zu sein, die darauf wartet, sich zu entfalten, und romantische Phantasien können manchmal genauso plötzlich und mächtig in uns aufblitzen wie sexuelle Phantasien. Solche Liebesimpulse entstehen in Situationen, in denen ein begehrenswertes Objekt gleichzeitig zugänglich und verboten erscheint. Sie werden jedoch noch im Keim wieder erstickt, es sei denn, es wäre zugleich eine gewisse Sicherheit vor Zurückweisung und eine gewisse (begründete oder illusionäre) Hoffnung auf Erwiderung gegeben und außerdem genügend strukturell abgesicherte Distanz, so daß der imaginative Prozeß des Sich-Verliebens einsetzen kann.

11

Formen der Selbstverwirklichung: Frauen und Hingabe – Männer und Macht

Beide Geschlechter können grundsätzlich die Freuden und Leiden der romantischen Liebe in der gleichen Weise erleben. Männer und Frauen beschreiben die Liebe mit ganz ähnlichen Worten. Und das ist auch nicht anders zu erwarten, wenn wir davon ausgehen, daß die tiefsten Impulse für die Entstehung der Liebe und die Fähigkeit, diese Impulse zu einer Synthese zu fügen, in unserer menschlichen Natur begründet sind. Das Potential für ekstatische Begeisterung, für Selbstüberschreitung und -veränderung wird durch das Akzidens der Geschlechtszugehörigkeit nicht berührt. In der Liebe sind wir mehr gleich als verschieden.

Und doch gibt es einige wichtige Unterschiede zwischen Männern und Frauen im faktischen Erleben der romantischen Liebe. Sie betreffen vor allem die Verteilung der verschiedenen deformierten Formen der Liebe. Wie bereits im vorigen Kapitel erläutert, neigen Frauen in der Therapiesituation stärker zur erotischen Übertragung, während Männer offenbar leichter der Versuchung zur Gegenübertragung erliegen. Diese Beobachtung entspricht der verbreiteten Ansicht, daß Frauen generell weniger Probleme mit Nähe und Hingabe in der Liebe haben, während Männer eher dazu neigen, Nähe als Abhängigkeit zu begreifen und abzuwehren, indem sie Sex und Liebe voneinander trennen oder aber danach streben, die geliebte Person zu dominieren. Es drängt sich deshalb der Verdacht auf, daß Frauen anfälliger für solche Zerrformen der Liebe sind, die in Richtung Selbstaufgabe gehen, Männer dagegen für Entgleisungen in Richtung Machtausübung.

Diese Unterschiede scheinen manchmal so groß, daß einige Theoretiker sogar meinen, die Natur der Liebe selbst sei bei Männern und Frauen eine andere. Nietzsche hat diesen Standpunkt in seiner *Fröhlichen Wissenschaft* prägnant artikuliert:

> Mann und Weib verstehen unter Liebe jeder etwas anderes... Was das Weib unter Liebe versteht, ist klar genug: vollkommene Hingabe (nicht nur Hingebung) mit Seele und Leib, ohne jede Rücksicht, jeden Vorbehalt... In dieser Abwesenheit von Bedingungen ist eben seine Liebe ein *Glaube*: das Weib hat keinen anderen. – Der Mann, wenn er ein Weib liebt, *will* von ihm eben diese Liebe, ist folglich für seine Person selbst am entferntesten von der Voraussetzung der weiblichen Liebe; gesetzt aber, daß es auch Männer geben sollte, denen ihrerseits das Verlangen nach vollkommener Hingabe nicht fremd ist, so sind das eben – keine Männer.

Simone de Beauvoir schließt sich Nietzsche an, wenn sie erklärt: «Das Wort *Liebe* hat für die beiden Geschlechter durchaus nicht denselben Sinn, und hierin liegt eine Quelle der schweren Mißverständnisse, die sie voneinander trennen.» Allerdings sind die Schwerpunkte der Betrachtung in beiden Fällen verschiedene: Geht Nietzsche vor allem von der Angst der Männer aus, Hingabe könnte das Wesen ihrer Männlichkeit negieren, sie seien dann eben «*keine Männer*», vertritt Simone de Beauvoir die Ansicht, totale Hingabe liege den Frauen von ihren psychischen Voraussetzungen her näher, wobei sie diese Neigung allerdings nicht so sehr in der weiblichen Natur begründet sieht, sondern vor allem in der gesellschaftlichen Situation der Frau. Ihrer (und auch meiner) Meinung nach ist das Liebeserleben vom Potential her bei beiden Geschlechtern gleich, unterscheidet sich aber in seiner faktischen Ausprägung entsprechend den unterschiedlichen Erfahrungen von Männern und Frauen im Elternhaus und in der Gesellschaft. Ihre Interpretation läuft eindeutig darauf hinaus, daß die übersteigerte Neigung zur Hingabe für die Frauen schädlich sei. Das ist zu einem gewissen Grad sicher richtig, aber auf der anderen Seite ist die gestörte Hingabefähigkeit des Mannes für diesen auch ein Nachteil, da sie ihm tendenziell die Möglichkeit versperrt, die Schranken des Selbst zu überwinden.

Möglicherweise beeinflußt die Geschlechtszugehörigkeit aber nicht nur die Art der Deformationserscheinungen der Liebe, sondern auch das Liebeserleben überhaupt. Es ist eine von Laien wie Experten immer wieder bestätigte Beobachtung, daß Männer und Frauen tendenziell der romantischen Liebe (zumindest auf der bewußten Ebene) unterschiedlichen Wert beimessen, sie nach unterschiedlichen Mustern verwirklichen, die man als typisch «männlich» beziehungsweise «weiblich» bezeichnen kann, und sehr oft von vornherein unterschiedlich empfänglich für ihren Sirenengesang sind. Obwohl Männer und Frauen mit den gleichen existentiellen Grundproblemen – Tod, Einsamkeit, Unzulänglichkeit und Unvollkommenheit – konfrontiert sind, versuchen sie diese offenbar doch jeweils anders zu lösen, und das eben auch in der Liebe. Warum? Zum einen, weil in die Liebe auch eine starke kulturspezifische Komponente eingeht und in unserer Kultur für die Geschlechter unterschiedliche Rollenskripts existieren. Zum zweiten gibt der Verlauf der Persönlichkeitsentwicklung dem männlichen und dem weiblichen Individuum unterschiedliche zentrale Probleme und Lösungsstrategien vor. Und schließlich verfestigt der kulturelle Kontext, in dem sich Männer und Frauen weiterhin bewegen, die von der Persönlichkeitsentwicklung her angelegten unterschiedlichen Tendenzen.

Aufgrund ihrer unterschiedlichen Sozialisationserfahrungen sind Männer und Frauen für verschiedene Formen der existentiellen Suche prädestiniert – wobei ich mit diesem Begriff jenes leidenschaftliche Streben meine, das in der westlichen Kultur das zentrale Thema unseres Lebens ist. Die existentielle Suche liefert den Rahmen für unser Streben nach Selbstverwirklichung, Abenteuer, Erregung und schließlich Veränderung und sogar Überschreitung des Selbst. Sie ist immer eine romantische Suche im weiteren Sinne, aber nicht immer auf die romantische Liebe als solche gerichtet. Bei Frauen betrifft sie jedoch vorwiegend die zwischenmenschliche Ebene, während sie bei Männern häufiger heroischer Art, das heißt auf Leistung oder Macht ausgerichtet ist. Man könnte es auch so formulieren, daß Männern

Macht wichtiger ist als Liebe, während Frauen Macht über Liebe suchen. (Wenn auch inzwischen derartige Träume überlebt sind, war es doch noch vor kurzem eine verbreitete weibliche Größenphantasie, über die Betörung eines mächtigen Mannes als heimliche Regentin indirekte Macht auszuüben.) Im großen und ganzen gilt wohl, daß Frauen eher dazu neigen, sich über romantische Beziehungen zu definieren, Männer hingegen ihre Selbstdefinition vor allem auf den Bereich der Arbeit gründen.

Diese unterschiedlichen lebensbestimmenden Imperative bleiben zwar oft unausgesprochen, treten aber manchmal auch ganz explizit zutage, so etwa im folgenden Dialog aus *So lebt der Mensch* (in dem überdies auch noch eingefleischte rassistische Denkmuster zum Vorschein kommen.)

> «Es würden sich weit weniger Frauen hinlegen», antwortete Ferral, «wenn sie auch in aufrechter Position die ihnen unentbehrlich scheinenden – aber dem Bett reservierten – Anbetungsphrasen einheimsen könnten.»
> «Und wieviel Männer?»
> «Aber der Mann kann und soll die Frau negieren. Die Tat, die Tat allein gibt dem Leben des weißen Mannes Sinn und Berechtigung. Was würden wir sagen, wenn man uns einen Maler als ‹groß› anpriese, der keinerlei Bilder zustande brächte? Ein Mensch ist: die Summe seines Tuns, das, was er *gemacht* hat, was er machen kann. Nichts anderes. Ich bin nicht das, was die Begegnung mit irgendeiner Frau oder irgendeinem Mann aus meinem Leben formen möchte; ich bin: meine Straßen, meine…»

Die Sozialisation spielt mit Sicherheit eine wichtige Rolle bei der Generierung der unterschiedlichen Träume, an denen die Geschlechter ihr Leben ausrichten. Es gibt aber noch eine zweite konstitutive Ursache für diese unterschiedlichen Muster der Selbstverwirklichung. Sie liegt in den frühesten Phasen unserer Persönlichkeitsentwicklung. Jedes Geschlecht ist vor die grundlegende Aufgabe gestellt, seine Geschlechtsidentität zu organisieren, das heißt zu einer Art des In-der-Welt-Seins zu finden, die entweder männlich oder weiblich ist. Die Konsolidierung der psychischen Identität basiert im wesentlichen auf der grundlegenden Identifikation mit dem gleichgeschlechtlichen Elternteil. (Man kann endlos darüber debattieren, ob diese Dichotomie von männlich und weiblich eine zwangsläufige Grundtatsache unseres Lebens ist oder nicht. Sie scheint jedenfalls universell zu sein, da sie bislang in jeder uns bekannten Kultur nachgewiesen werden konnte. Der jeweilige Inhalt von Männlichkeit und Weiblichkeit ist allerdings kulturell variabel – und zwar in einem ganz erstaunlichen Maße.)

Beim Mädchen verläuft dieser Prozeß der Identitätskonsolidierung in gewisser Weise geradliniger als beim Jungen, da die Mutter, mit der es sich dafür identifizieren muß, in der Regel auch die Hauptbezugsperson ist. Die meisten Frauen verspüren den Drang, die mütterliche Identität zu reduplizieren, indem sie sich verlieben, eine Paarbindung eingehen und selbst Mutter werden. Das Mädchen erlebt die Liebe als einen Teil seiner Lebensaufgabe, als den Grundstein für die Ausbildung einer weiblichen Identität, und da es in engem Kontakt zur Mutter heranwächst, lernt es aus der unmittelbaren Anschauung, wie es diese Aufgabe verwirklichen kann. Die Fähigkeiten, die es sich anzueignen strebt, sind seelischer Natur. Das Ziel, an dem es sich ausrichtet, ist liebevolle Nähe, das Modell die fürsorgliche Mutter. Die «Berufung», die der romantischen Liebe noch am ehesten den Vorrang streitig machen wird, ist die Mutterschaft und nicht die «Arbeit».

Genau wie das Mädchen sich eine weibliche Identität erschaffen muß, steht der Junge vor der Aufgabe, zu einer männlichen Identität zu finden. Um als Mann wirklich lieben zu können, muß er zwei Dinge akzeptieren lernen: das Recht des Vaters auf die Mutter und die Tatsache, daß diese den Vater in einer Weise geliebt hat, wie sie ihn selbst, den Sohn, nicht liebt. Diese «Eigenständigkeit» kann er den Eltern aber nur dann aus ganzem Herzen zugestehen, wenn er deren Vorbild in sein eigenes Selbstbild integriert hat, wenn er selbst sein Vater geworden ist, indem er die Frau liebt, die für ihn im tiefsten Innern letztlich für die Mutter steht. Der Weg, den der Junge beschreiten muß, um sein Problem der Begründung einer männlichen Identität zu lösen, ist jedoch weniger geradlinig als der des Mädchens.

Während das Mädchen seine weibliche Identität *über* die Liebe begründet, muß der Junge seine Männlichkeit auf andere Art demonstrieren. In primitiven Gesellschaften existieren meist besondere Prüfungen und Initiationsrituale, die die Mannwerdung des Knaben einleiten und signalisieren. In entwickelteren Gesellschaften wird sein Eintritt in die Welt der erwachsenen Männer dagegen vor allem dadurch markiert, daß er finanziell auf eigenen Füßen zu stehen beginnt. Früher bedeutete das oft, daß er in die Fußstapfen des Vaters trat – denselben Beruf erlernte, die gleiche Arbeit tat. In gewisser Weise manifestiert sich also die Gleichwertigkeit des heranwachsenden Mannes mit dem Vater in der Übernahme seiner ökonomischen Rolle, die den Sohn gleichzeitig in seiner männlichen Identität bestätigt und finanziell in die Lage versetzt, das elterliche Muster zu reproduzieren. In komplexen Gesellschaften ist diese Art des Übergangs aber immer schwerer zu vollziehen.

Es mag sein, daß ein guter Teil der inneren Konflikte, die Männern heute zu schaffen machen, daraus erwachsen, daß sich die Phase der ökonomischen Abhängigkeit immer weiter über die Zeitspanne hinaus verlängert, in der sie für den Heranwachsenden psychisch noch förderlich ist, und daß sich damit die Konsolidierung der männlichen Identität – und Autonomie – verzögert. Die sich aufgrund der immer längeren Ausbildungszeiten bis ins dritte Lebensjahrzehnt hineinziehende Abhängigkeit vom Elternhaus erlegt Männern eine emotionale und psychische Belastung auf, die zu überwinden – das heißt, aus der heraus zu wirklicher innerer Autonomie und der psychischen Freiheit zur Liebe zu finden – gewiß oft sehr schwer ist.

Der Weg, auf dem der Junge seine männliche Identität konsolidiert, ist der der Leistung. Seine Lebenssuche ist daran ausgerichtet, daß er, wie er die Initiationsriten symbolisieren, zuerst eine Prüfung bestehen muß, ehe er seinen Platz in der Welt einnehmen kann. Für weibliche Übergangsriten scheint dieses Moment des Wagnisses dagegen nicht kennzeichnend zu sein.

Für den Mann ist daher die Liebe in der Regel nicht die wichtigste Bestätigung seiner Identität (wenngleich es natürlich auch hier Ausnahmen gibt). Er muß diese Bestätigung in seinem autonomen Tun suchen. Dieses behält für ihn die oberste Priorität, noch vor der romantischen Liebe. (Beim Mann ist es denn auch nicht – wie es die Analogie zur Frau wäre – die Vaterschaft, sondern die Arbeit, mit der die Liebe am häufigsten in Konflikt gerät.)

Wir sehen also, daß die psychischen Geschlechtsunterschiede nicht nur ein Produkt der Sozialisation sind, sondern vielmehr entscheidend durch das Zusammenwirken von Sozialisation und frühkindlicher psychischer Entwicklung bestimmt werden. Von fundamentaler Bedeutung ist dabei offensichtlich die Tatsache, daß das Mädchen hauptsächlich von einer gleichgeschlechtlichen, der Junge vorwiegend von einer andersgeschlechtlichen Bezugsperson aufgezogen wird. Das macht dem Mädchen die Begründung seiner weiblichen Identität leichter als dem Jungen die der männlichen. Sowohl die frühe Mutter-Kind-Dyade als auch das ödipale Dreieck sind für ihn andersgeartet als für das Mädchen. Dieser Unterschied prägt nicht nur die Grundnatur der späteren existentiellen Suche bei beiden Geschlechtern, sondern bestimmt auch die Art der jeweils für das Streben nach diesem Ziel notwendigsten Fähigkeiten sowie die jeweiligen bewußten und unbewußten Phantasien von den helfenden und den bösen Geistern, die am Wegesrand warten.

Die Geschlechter folgen also – als Antwort auf die Vereinzelung des Menschen und den Wunsch nach Wiederherstellung der Ganzheit – unterschiedlichen Wegen, um Identität zu begründen und die Grenzen des Selbst zu überschreiten. Für die Frau ist in unserer Kultur beides auf dem Weg der Liebe zu erreichen, die in Ehe und Mutterschaft mündet. Für den Mann sind es zwei verschiedene Wege: der zur Identitätsbegründung führt über die autonome Leistung, der zur Selbstüberschreitung über die Liebe oder manchmal auch (als zum Scheitern verurteilter Versuch) über die Macht. (Deshalb krankt die Liebe auch bei vielen Männern an der Verquickung mit dem Streben nach Selbstbestätigung und Macht.) Obgleich die Liebe für Männer wie für Frauen grundsätzlich eine Möglichkeit ist, gleichzeitig dem eigenen Selbst zu entkommen und es zu erweitern, neigt doch offenbar jedes Geschlecht dazu, einen dieser beiden Aspekte – Abstreifen oder Erweiterung des Selbst – zu betonen. Das Liebesleben eines Menschen – sein Bedürfnis nach Liebe, seine Fähigkeit zu lieben und seine besonderen Schwächen und Anfälligkeiten – ist immer ein kompliziertes Gewebe aus vielfältigen gesellschaftlichen und persönlichen Imperativen, Neigungen und Möglichkeiten. Viele davon sind mit der Geschlechtszugehörigkeit verknüpft, und geschlechtsspezifische Muster enthalten wiederum soziale und psychologische Komponenten.

Frauen und Liebessehnsucht

Nicht für alle, aber doch für viele Frauen ist das romantische Ziel im Leben die ideale Liebesbeziehung. Für die meisten von ihnen ist sie das einzige in Reichweite scheinende Ideal außer der Mutterschaft, und diese wird gewöhnlich (wenn auch natürlich nicht immer) vertagt, bis eine feste Paarbeziehung existiert. Was das Ziel dieser weiblichen Suche ist, hat Rachel Brownstein in ihrem Buch *Becoming a Heroine* sehr elegant formuliert:

> In den meisten Romanen, in denen es zur Heirat kommt, geht es darum, daß ein Mann der Heldin ihre Einmaligkeit und Wichtigkeit bestätigt, indem er gerade sie unter allen Frauen erwählt. Die Liebe des Mannes ist für die junge Frau der Beweis ihres Wertes als Person und das Entgelt, das ihr dafür zuteil wird. Die Suche nach der idealen Liebe in der inkohärenten und feindseligen Wüstenei des Alltags ist das Plot, das dem ziellosen Leben ein Ziel gibt.

Wie viele andere Autoren und Autorinnen auch, hebt Rachel Brownstein hervor, daß Frauen ihre Identität in der Liebe, Männer dagegen in der Leistung suchen. (Die Frau, so kann man es anders formulieren, findet ihre Identität über das Selbst-in-Beziehung.)

In den Problemen, mit denen Frauen auf ihrer Suche nach Liebe zu kämpfen haben, spiegelt sich deutlich die Geschichte ihrer psychischen Entwicklung wider. In reinster Form finden wir diese Probleme in Liebesromanen dargestellt – jenem Genre, dessen ungebrochene Popularität allein schon bezeugt, wie groß der Hunger der Frauen nach romantischer Liebe ist. Wie Janice A. Radway in ihrer Studie über Liebesromane aufzeigt, dreht sich die Handlung meist um die Frage, ob es einer schönen jungen Frau gelingen wird, das kalte, gleichgültige Herz eines verschlossenen und leicht bedrohlichen männlichen Helden zum Schmelzen zu bringen. Diese Romane rekapitulieren, genau wie Märchen, die kulturelle Direktive, daß die Aufgabe der Frau die Liebe ist, *und* die wichtigsten psychischen Barrieren, die sie zu überwinden hat, wenn sie diese Aufgabe erfolgreich lösen will.

Janice A. Radway beschreibt die typische Romanheldin als temperamentvoll, eigenständig und mutig – was paradox klingt, ist es doch ihr höchstes Ziel, auf ihre Autonomie um des starken Helden willen zu verzichten und ganz in einer romantischen Beziehung aufzugehen. Der Auserwählte zeichnet sich vor allem durch seine extrem maskulinen Züge aus (etwa so wie Rhett Butler in *Vom Winde verweht*). Diese Präferenz erstaunt, scheint sie doch die Erfüllung jener in der Liebe so zentralen Wünsche nach zärtlicher Zuwendung und Fürsorge geradezu auszuschließen. Tatsächlich verkörpert sich in diesen beiden literarischen Archetypen – der temperamentvollen, unabhängigen Heldin und dem starken, distanzierten und sogar ein bißchen furchteinflößenden Helden – ein wichtiges Prinzip: die Abtrennung des bewußten Erlebens der romantischen Liebe von seinen frühkindlichen Wurzeln. Um uns mit einer romantischen Liebesgeschichte identifizieren zu können, brauchen wir anscheinend alle, Männer wie Frauen, die Versicherung, daß die zärtliche Zuwendung, um die es hier geht, von anderer Art ist als die in der Mutterliebe enthaltene.

So wie im wirklichen Leben die wilde, jungenhafte Phase beim Mädchen ein Stück Lösung aus der Identifikation mit der Mutter (und der Abhängigkeit von ihr) signalisiert, versichert uns die Charakterisierung der Heldin als eigensinniges und lebhaftes junges Ding, daß sie bereits frei und selbständig ist. Alternativ kann die Heldin aber auch verwaist und ganz auf sich allein gestellt sein – ein anderes Mittel, ihre Eigenständigkeit hervorzuheben. Auf der anderen Seite ist auch die Klischeefigur des begehrten romantischen Helden so weit von der Imago der nährenden, fürsorglichen Mutter entfernt, daß es uns förmlich unmöglich gemacht wird, noch irgendeine Kontinuität zwischen dem Wunsch nach mütterlicher Zuwendung und dem nach romantischer Zärtlichkeit zu sehen. Die archetypische romantische Phantasie bedient uns zwar mit zärtlicher Liebe und Fürsorge, stellt aber gleichzeitig heraus, daß sich die Heldin innerlich längst von der präödipalen Mutter gelöst hat, und unterstreicht ihre Weiblichkeit und Heterosexualität. Außerdem bannt das drastische Anderssein des männlichen Helden, während es die Möglichkeit zur Selbstüberschreitung eröffnet, zugleich die gefürchtete Gefahr der Verschmelzung, den Selbstverlust. Wenn die Vereinigung mit einem Menschen erstrebt wird, der so sichtlich und eindeutig die Kennzeichen des Anderen trägt, dann scheint es leichter, selbst in der Verschmelzung noch die eigenen Grenzen intakt zu halten. (Im wirklichen Leben bewährt sich dieser romantische Lösungsweg oft nicht so gut, wenn es um die Befriedigung von Bedürfnissen geht, die auf frühere Entwicklungsstadien zurückgehen. Männer, die sich durch derart ausgeprägte Merkmale von «Männlichkeit» auszeichnen, entpuppen sich oft als zu wenig mütterlich. Deshalb müssen sich viele Frauen schließlich die Mütterlichkeit auf andere Weise verschaffen – nicht, indem sie die Mutter wiederfinden, sondern indem sie selbst Mutter werden. Aber das ist ein anderes Thema.)

Die Heldin muß nicht nur die beschriebenen Anforderungen zur Ablösung und Eigenständigkeit bewältigen, sondern, um zu sich selbst als Frau zu finden, auch innere Sexualtabus überwinden (die gewöhnlich aus der Angst vor der internalisierten ödipalen Mutter resultieren). Der Roman *Rebekka* von Daphne du Maurier illustriert hervorragend, welche Konflikte die Suche der Frau nach der romantischen Liebe mit sich bringt. Die Handlung dramatisiert den unbewußten weiblichen Wunsch, von einer Vaterfigur vor einer bösen, ödipalen Mutterfigur errettet zu werden. Die verarmte und verwaiste Heldin (interessanterweise im ganzen Buch nie mit einem Vornamen benannt), die ihr Dasein als Gesellschafterin der oberflächlichen, snobistischen und anspruchsvollen Mrs. van Hooper (der ersten einer ganzen Reihe versagender und ablehnender «böser» Mutterfiguren im Roman) fristet, begegnet in einem Kurhotel Max de Winter, dem schon älteren und seit kurzem verwitweten Eigentümer von Manderley, einem noblen englischen Landsitz. Da Mrs. van Hooper erkrankt, kann die Heldin über ihre Zeit verfügen, und zu ihrem Erstaunen sucht Max ihre Gesellschaft. Er unternimmt lange morgendliche Ausfahrten mit ihr. Sie kann es kaum fassen, als er ihr seine Liebe gesteht, sie bittet, seine Frau zu werden, und sie mit nach Manderley nimmt, wodurch er sie, wie wir nicht übersehen sollten, aus den Fängen der rundum unsympathischen und selbstsüchtigen Mrs. van Hooper errettet. Sie hat bereits gemerkt, daß Max zeitweilig in sonderbare Stimmungen verfällt und sich völlig zurückzieht, schreibt dies aber – ein fast schon tragisch zu nennender Irrtum – der Trauer um seine verstorbene Frau Rebekka zu. Auf Manderley lastet der Schatten Rebekkas noch schwerer auf ihrem Glück, nicht zuletzt wegen der Machenschaften der bösen Haushälterin Mrs. Danvers, die in Treue und Ergebenheit an Rebekka hing. Seltsamerweise – aber vielleicht auch typischerweise – kann die Heldin ihre bösen Vorahnungen und ihr Unbehagen ihrem Mann nicht anvertrauen, da sie sich als schäbiger Ersatz für die schöne Rebekka fühlt. Deshalb bedarf es erst einer Kette schauerlicher und bedrohlicher Ereignisse, ehe sie dahinterkommt, was wirklich mit Rebekka geschah.

Wie in allen Phantasien vom glücklichen, ödipalen Triumph stellt sich natürlich heraus, daß Max Rebekka überhaupt nie geliebt hat. Er ist weit davon entfernt, ihren Tod zu betrauern – im Gegenteil: nachdem sie ihm höhnisch erklärt hatte, sie erwarte ein Kind von einem anderen Mann, was aber auch nur eine ihrer infamen Lügen war, hat er ihn selbst verursacht. In

dieser weiblichen Phantasie kommt es zu keiner Wiederannäherung zwischen der Heldin und den mit ihr rivalisierenden,
bedrohlichen ödipalen Mutterfiguren, die sie verfolgen und peinigen. Vielmehr bringt der Heldin die Vereinigung mit einer be-
schützenden Vaterfigur die Erlösung und den Triumph über die
Rivalinnen. Die kindlichen Wünsche gegenüber der Mutter, die
zwar bewußt aufgegeben wurden, aber unbewußt weiter fortbestehen, sind hier in der Beziehung zum zärtlichen und fürsorglichen Vater-Ehemann aufgehoben. Aber in *Rebekka* wird zugleich deutlich, wo diese Lösung letztlich an ihre Grenzen stößt.
Der ödipale Triumph ist nicht vollständig: Mrs. Danvers steckt
Manderley in Brand, und die Liebenden verlieren ihren Garten
Eden. (Dieser Teil der Handlung könnte auch eine Illustration
der Gefahren sein, die die Übertragungsliebe der Patientin zum
Analytiker beinhaltet, wenn sie unanalysiert bleibt. Gelingt es
der Patientin nämlich nicht, zu einer positiven Identifikation mit
einer geliebten oder zumindest geachteten Mutterfigur zu fin-
den, werden die unbewußten Schuldgefühle wegen des ödipalen
Triumphes ihr Glück in der einen oder anderen Weise trüben.)

Der Roman *Rebekka*, gleich nach seinem Erscheinen 1938
ein phänomenaler Erfolg, erwies sich als Dauer-Seller. Ich wage
die Behauptung, daß kein Buch eine so gewaltige Zahl von Leserinnen erobern kann, wenn es nicht an zentrale weibliche Phantasien anknüpft. Auf diesen Zusammenhang setzten auch die
Verleger, und der Erfolg gab ihnen recht. Die Saiten der weiblichen Psyche, an die *Rebekka* und andere, simpler gestrickte
Nachfolgebücher des gleichen Genres rührten, sind die Komplexe Ablösung und ödipaler Konflikt. Diese Themen durchziehen alle erotischen Frauenphantasien, wobei die Lösung der
Konflikte gewöhnlich mit dem Auftauchen des Traumprinzen
verknüpft ist.

Genau wie Liebesromane sagen auch Märchen sehr viel
über die problematische Verzahnung präödipaler und ödipaler
Strebungen im Leben der Frau aus. Bruno Bettelheim zeigt in
seiner klassischen Studie *Kinder brauchen Märchen* auf, wie in
Märchen die unterschiedlichen ödipalen Problemkomplexe des

Jungen und des Mädchens dargestellt werden. «Was das ununterbrochene glückselige Zusammenleben des Mädchens mit dem Vater verhindert, ist eine ältere Frau mit bösen Absichten (die Mutter). Da sich aber das kleine Mädchen zugleich die liebende Fürsorge der Mutter wünscht, steht in der Vergangenheit oder im Hintergrund des Märchens eine gütige weibliche Gestalt, die nicht aus dem Gedächtnis entschwunden ist, obwohl sie keinen sichtbaren Einfluß mehr hat.» Dagegen, so Bettelheim, komme in Märchen mit einer männlichen Hauptfigur die Gestalt der bösen Stiefmutter kaum je vor. Mit anderen Worten: Das Mädchen spaltet das Bild der Mutter in die gute präödipale Mutter und die böse Stiefmutter auf. Die verinnerlichten Aspekte der bösen Mutter sind symbolisch vor allem in solchen Märchen dargestellt, in denen es um Liebeswerbung und Heirat geht. Die Heldin ist in diesen Geschichten in irgendeiner Weise an ihre Vergangenheit gekettet und unfrei, manchmal wegen der Niedertracht eines Elternteils (oder einer Ersatzfigur wie der Hexe, bösen Fee oder Stiefmutter). Erst die Liebe vermag sie zu befreien. So muß Rapunzel in ihrem Turm, in den sie die böse Zauberin gesperrt hat, der Errettung durch den Prinzen harren. Und auch Aschenputtel ist in ihrer Vergangenheit gefangen: sie muß der bösen Stiefmutter niedere Dienste leisten. Die Parallele zu Mrs. van Hooper und Mrs. Danvers in *Rebekka* drängt sich auf. In all diesen Geschichten ist der leibliche Vater, genau wie die leibliche Mutter, ausgeschaltet (was zugleich den Vorteil hat, daß eventuelle Residuen inzestuöser Wünsche nicht angesprochen werden). Die Rettung kann deshalb nur der Prinz bringen.

Daphne du Maurier, deren schriftstellerische Imagination offensichtlich aus dem tiefsten Innern der weiblichen Psyche schöpfte, spielte in ihrem ebenfalls rasch zum Bestseller avancierten Roman *Jamaica Inn* (deutsch *Gasthaus Jamaika*) noch eine weitere interessante Variante des ödipalen Themas durch. Die Heldin Mary Yellan kommt ins Haus ihrer Tante Patience, der Schwester ihrer Mutter, und ihres Gatten Joss Merlyn. Die einst so schöne Patience lebt, gealtert, ängstlich und gebrochen, in ständiger Furcht vor ihrem trunksüchtigen, tyrannischen Mann im Jamaica Inn, einem einsam und verlassen mitten im Moor gelegenen Haus, wo es keine andere Abwechslung gibt als die sporadischen nächtlichen Besuche der üblen Kumpane des gräßlichen Joss. Mary ist entsetzt über ihr neues Zuhause, und nur dank ihrer inneren Kraft und Festigkeit entkommt sie den schlimmsten Gefahren.

In diesem Buch entfaltet Daphne du Maurier ganz offensichtlich das Thema des bedrohlichen und erschreckenden ödipalen Vaters, des Rohlings und potentiellen Vergewaltigers, dem die ödipale Mutter gegenübersteht, die zwar gut ist, aber zu schwach, um die Heldin oder auch nur sich selbst zu schützen. Aber so wie die meisten von uns eine gute und eine böse Mutter-Imago in sich tragen, existiert in der Regel auch eine gute und eine böse Vater-Imago. In *Jamaica Inn* verkörpert sich der böse Vater in den Figuren des trunksüchtigen Onkels und des bösen Pfarrers Frances Davay. Der positive Held, der Mary schließlich rettet, ist der Bruder des Onkels, Jem. Er erscheint zwar anfangs als bedrohlich – und ist auch in der Tat ein Pferdedieb –, erweist sich aber als guter Mensch und kommt beim Happy-End buchstäblich als Retter herbeigesprengt. (Wenn meine Zusammenfassungen auch etwas ironisch klingen mögen, ist Daphne du Maurier doch eine großartige Erzählerin, deren Romane mich genauso fesseln wie unzählige andere Leserinnen. Diese archaischen Phantasien unterlaufen unseren kritischen Intellekt, weil sie uns auf einer viel tieferen Ebene ansprechen.)

Auch im wirklichen Leben sind wir an und durch unsere Vergangenheit gefesselt, vor allem über die internalisierten Imagos unserer Eltern, die unser Leben weiterhin beeinflussen. Erst wenn die innere Ablösung wirklich vollkommen ist, können die ödipalen Konflikte und Verbote symbolisch überwunden werden und der Liebe Raum geben. Aber während Romane und Märchen meistens gut ausgehen – wenn auch nicht immer, da ja etwa in *Rebekka* und auch in anderen Geschichten des gleichen Genres die Auflösung durchaus zwiespältig ist –, krankt in der Realität auch bei psychisch vergleichsweise gesunden Frauen das Liebesleben oft dauerhaft an ungelösten Aspekten ödipaler (und präödipaler) Konflikte. So ist etwa belegt, daß viele Frauen nichtsexuelle Zärtlichkeiten und verbale Liebesbezeugungen der sexuellen Liebe vorziehen. Wenn sich darin auch eine grundlegende Verschiedenheit der primären sexuellen Wünsche bei Männern und Frauen spiegeln mag, kann man diese Präferenzen doch auch so interpretieren, daß die Betreffenden sich nicht vollständig von der Bedrohung durch ihre persönlichen Rebekkas und Mrs. Danvers freimachen konnten und noch immer unter dem Einfluß der verbietenden ödipalen Mutter stehen. Sexuelle Hemmungen sind oft der Preis, den Frauen dafür zahlen müssen, daß sie den Abkürzungsweg zur Identitätsfindung genommen haben, das heißt, daß sie sich selbst zu finden hoffen, indem sie sich kopfüber in die romantische Liebe stürzen, statt den Weg über jene Art Autonomie zu gehen, die nur dadurch möglich wird, daß die Identifikation mit guten und starken Frauengestalten in das eigene Selbstgefühl eingeht. Indirektes Autonomiestreben über die Identifikation mit dem Geliebten kann – vor allem in unserer heutigen Welt – das Selbstvollbrachte nicht ersetzen und verhindert oft sogar die volle Entfaltung bestimmter Aspekte des eigenen Selbst.

Die Weigerung, sich dem Gespenst der ödipalen Rivalität zu stellen, kann außerdem zur Folge haben, daß die Betreffende ständig von der Angst geplagt wird, eine andere Frau könnte sich zwischen sie und den geliebten Mann drängen und ihn ihr wegnehmen. Selbst Frauen, die in einer guten und stabilen Liebesbeziehung leben, fürchten oder antizipieren oft ohne ersichtlichen äußeren Anlaß ein solches Ende, so wie ja auch die zweite Mrs. de Winter Rebekkas postume Macht über Max fürchtet. Die Furcht vor dem Liebesverlust kann sich in heftigen Ängsten davor niederschlagen, vom Geliebten verlassen oder zurückgewiesen zu werden, auch wenn faktisch kein Anlaß für solche Befürchtungen besteht. Vor allem aber neigen solche Frauen dazu, sich nicht ungeliebt zu fühlen, sondern schlecht und unliebenswert, wenn sie – zu Recht oder zu Unrecht – fürchten, verlassen zu werden.

Um zu verstehen, warum gerade bei Frauen das Streben nach einer stabilen Paarbeziehung und die Angst, sie zu verlieren, so großen Raum einnehmen, ist es hilfreich, sich die Besonderheiten der ödipalen Konstellation, wie sie das Mädchen durchlebt, vor Augen zu halten. Die Tatsache, daß das Mädchen das primäre Objekt – die Mutter – zugunsten des Vaters aufgibt, hat mehrere wichtige Implikationen. Zum einen gibt es ein Liebesobjekt auf, dessen Zuwendung bedingungslos vorhanden war, um sich einem anderen zuzuwenden, dessen Liebe es aktiv gewinnen muß. Zudem merkt es, daß die Mutter, die jetzt zur erotischen Rivalin geworden ist, noch immer die wichtigste Quelle zur Stillung seiner aus kindlicher Abhängigkeit erwachsenden Bedürfnisse ist, und diese Abhängigkeitssituation verstärkt die Angst vor Vergeltung. Die Verunsicherung gegenüber der Mutter führt zu einer panischen Angst vor dem Liebesverlust, weil damit der Verlust der Lebensgrundlage verbunden wäre. Diese Angst wird auf alle nachfolgenden Liebesobjekte übertragen. Mit dieser Darstellung will ich zum einen die Unsicherheit der Beziehung zum Vater hervorheben und zum anderen die besondere Verletzbarkeit des Mädchens in der ödipalen Situation, die daher rührt, daß seine Rivalin zugleich seine immer noch dringend gebrauchte Versorgerin ist. Damit stelle ich mich jedoch in Widerspruch zu der klassischen Darstellung, die besagt, daß das Mädchen, da es bereits «kastriert» ist und nichts mehr zu verlieren hat, im Vergleich zum Jungen die ödipale Rivalität leichter durchsteht. Meiner Ansicht nach ist das Mädchen *verletzlicher*, da in seinem Fall die Versorgung mit dem Lebensnotwendigen auf dem Spiel steht. (In diesem Dilemma sehe ich auch einen Grund dafür, daß Mädchen so anfällig für anorektische Störungen sind.)

Um es noch einmal zusammenzufassen: Das Problem des Mädchens an der Schwelle zur ödipalen Phase (die Angst vor der Rivalität) wird noch verstärkt durch die Implikationen der Tatsache, daß sie sich von der Mutter ab- und dem Vater zuwendet. Es hat das Gefühl, die Mutter zugunsten eines unsicheren Ersatzes aufgegeben zu haben, und es fürchtet ihre Vergeltung. Au-

ßerdem wird die Abwendung von der Mutter als Verlust empfunden. Man könnte daher sagen, daß alle heterosexuellen
Frauen den Verlust des primären Liebesobjekts durchlebt haben,
während dies für Männer nicht gilt. Diese frühe Verlusterfah-
rung, die auch noch mit Angst vor der Rache der Mutter verbunden ist, und die Ungewißheit hinsichtlich des neuen Ab-
hängigkeitsobjektes bilden offenbar den Kern der ausgeprägten
weiblichen Angst vor Liebesverlust. Bei manchen Frauen wird
diese Angst nicht durch irgend etwas ausgelöst, was der geliebte
Mann tut oder unterläßt, sondern durch eigene Ausbruchs-
impulse. Da dieser Mechanismus bei Frauen sehr viel häufiger zu
beobachten ist als bei Männern, kann man wohl davon ausgehen, daß sich darin eine frühere Konfusion wiederholt: Hat das
Mädchen selbst die Mutter als Objekt aufgegeben oder war
diese es, die die Tochter abgelehnt hat? Das Lebensproblem der
Frau scheint die fundamentale Unsicherheit zu sein, die Beziehungen umgibt.

Männer und Macht

Aschenputtel und der Prinz, Penelope und Odysseus: *sie* muß
gut und geduldig sein oder auch einfach nur von anrührender
Schönheit, *er* dagegen muß sein Glück oder seine Bewährung
suchen. Sein Weg zur Liebe führt über die Tat, die seinen Wert als
Mann begründet und ihn berechtigt, seine Belohnung einzufor-
dern. Die Geschlechterrollen mögen sich mittlerweile in gewissem Umfang gewandelt haben, aber die Grundszenarien der
Liebe scheinen doch beharrlich fortzuwirken.

Während es in der an Frauen adressierten Populärliteratur
vor allem um die romantische Liebe geht, scheint Männer offenbar vor allem das Abenteuer zu faszinieren (auch wenn einge-
streute Auftritte von Frauen diesem erst erotischen Pep verleihen). Ein Großteil der «männlichen» Populärliteratur lebt vor
allem von Heroismus, Abenteuer, Virilität und manchmal auch
Brutalität (darunter fallen für mich auch Autoren wie Harold

Robbins oder Norman Mailer). Ich habe schon an anderer Stelle für dieses Genre den Namen «Herotika» vorgeschlagen. So wie der «weibliche» Liebesroman manchmal auch als «Pornographie für Frauen» bezeichnet wird, könnte man meiner Meinung nach bei den «Herotika» auch von «Liebesromanen für Männer» sprechen. (Ein neuerer und in meinen Augen hervorragender Roman ist so etwas wie eine Kreuzung der Gattungen Liebesroman und Herotikon: John le Carrés *Die Libelle*, eine romantische Schauergeschichte in Thrillerform.) Die unterschiedliche Beschaffenheit dieses «Phantasiefutters» spiegelt die Verschiedenheit der in der Sozialisation vermittelten romantischen Ideale und der aus der Persönlichkeitsentwicklung hervorgehenden psychischen Prädispositionen der Geschlechter.

Wenn der männliche Held im Märchen oder auch im Roman auszieht, um Abenteuer zu bestehen, so ist dies typischerweise der Aufbruch zu seiner Suche nach Liebe: Der Mann muß seine männliche Identität finden und beweisen, *ehe* er innerlich frei für die Liebe wird. In der archetypischen Abenteuergeschichte bricht der Held allein und ein wenig naiv auf, ohne zu ahnen, welch schwierige Prüfungen ihn erwarten. Er will oft, genau wie der Liebende, etwas wiederfinden – das Zauberschwert oder den Heiligen Gral (vielleicht seine volle phallische Stärke). Er ist darauf erpicht, einen schrecklichen Drachen zu besiegen oder sonstige Gefahren (von sich und seinesgleichen, König und Vaterland oder unschuldigen Jungfrauen) abzuwenden. Die Gefahr ist externalisiert – nicht der Vater ist das Problem, sondern der böse Drache.

Dem jungen Mann stellen sich viele Hindernisse in den Weg, und indem er sie überwindet, erfährt er seine eigenen Kräfte, die ihm oft – weil er so anständig und gütig ist – von einer älteren, weisen Figur auf magische Weise verliehen wurden. (Dieser gute Geist kann als wohlwollende ödipale Vaterfigur verstanden werden, die sein Liebesstreben billigt.) Das erregende Moment für den Helden liegt in der Konfrontation mit der Gefahr, der Herausforderung und der Aktivierung bislang unbekannter Bereiche seines eigenen Selbst. Auf seiner Reise geht es um dunkle

370

Geheimnisse, um die Überschreitung von Tabus, um Illusion und Trug, Kampf und Sieg und schließlich das wundersame Happy-End. Je größer die Schwierigkeiten, mit denen der Held unterwegs zu kämpfen hat, desto größer natürlich der Triumph, wenn er seinen Preis einfordern kann. Und dieser Preis ist, wie Bettelheim gezeigt hat, sehr häufig eine gefangengehaltene Frau – welch besseres Symbol ließe sich für die Mutter denken, die doch gewiß nicht freiwillig mit dem Vater zusammen ist!

Auch der Liebende erlebt auf seiner Reise allerlei Neues und Fremdes, Geheimnisvolles, Bedrohliches und daher Erregendes. Auch er wird auf die Probe gestellt. Um von der geliebten Person Besitz ergreifen zu können, muß er Tabus und Dämonen überwinden, nur daß diese, anders als beim Märchenhelden, nicht äußerer Natur sind, sondern meist in seinem eigenen Unbewußten sitzen. So wie dem Helden dank der wohlwollenden väterlichen Figur magische Kräfte zuwachsen, muß auch der Liebende seine inneren Dämonen im Bund mit den Kräften bekämpfen, die das hilfreiche Legat seiner Kindheit sind: den positiven Identifikationen und den internalisierten wohlwollenden Elternfiguren. (Natürlich sind sowohl die Dämonen als auch die guten Geister nur verschiedene Seiten der internalisierten Eltern-Imagos. In der «Erzählung des Weibes von Bath» verwandelt sich die alte Vettel, die dem Helden das magische Geheimnis verrät, am Ende selbst in die geliebte Person – was den Aspekt des Wiederfindens in der Liebe besonders drastisch illustriert!) Der Liebende entdeckt schließlich, genau wie der Held, neue Fähigkeiten in sich selbst und gewinnt so die Grundlage für ein neues, erweitertes und gesteigertes Selbstwertgefühl. Wenn die Liebessuche glücklich verläuft, wird dabei die Persönlichkeit des Liebenden auf einem Niveau größerer Komplexität reorganisiert. Erwachsen, gereift und er selbst geworden, kann er sein Königreich übernehmen.

Genau wie die Heldin bestimmte grundlegende psychische Konflikte lösen muß, gilt dies auch für den Helden. Seine innere Reise durch Ablösung, Individuation und ödipales Drängen hin zur schließlichen Wiedervereinigung verläuft jedoch in mancherlei Hinsicht anders als die des Mädchens. Es ist sehr augenfällig, daß für den Mann das Problem, sich fürsorglicher Zuwendung zu versichern, nicht die gleiche zentrale Rolle spielt wie bei der Frau. Und warum sollte es auch? Frauen werden durch ihre Sozialisation und ihre psychische Entwicklung dahin konditioniert, fürsorgliche Zuwendung zu geben, Männer hingegen darauf vorbereitet, sie zu empfangen. Die Probleme des Helden betreffen vor allem die Begründung und Konsolidierung seiner Männlichkeit unter der Drohung der Kastration durch den Vater-Rivalen, die Entwicklung von Strategien zur Bekämpfung und Verdrängung des Vater-Rivalen und die Frage, ob er stark genug ist, einer Frau Erfüllung – Aus-Füllung im wörtlichen Sinne – zu bieten. Das gilt für Tristan ebenso wie für den verhinderten Liebenden und ewigen Verführer Don Juan.

Genau wie in den heroischen Abenteuerepen geht es auch in der psychoanalytischen Darstellung der männlichen Persönlichkeitsentwicklung vor allem um den Kampf mit dem Vater. Das Grundproblem wird im Ringen um phallische Stärke und um Macht gegenüber anderen Männern gesehen.

Um zu einem tieferen Verständnis der männlichen Entwicklung zu gelangen, müssen wir aber auch die zentrale Rolle der Mutter-Sohn-Beziehung durch die verschiedenen Entwicklungsphasen hindurch mitdenken. Zu oft erscheinen Frauen überhaupt nur als Endprämie, nicht aber als prägende Figuren in der Entwicklung zum Mann.

Tatsächlich gibt es zwei verschiedene Grundbilder der Frau, die das gesamte männliche Phantasieleben durchziehen: die Frau als Versucherin, Verführerin, Vamp, und die Frau als Nährerin, Trösterin, Erdmutter, ewige Mutter. In die erste Kategorie gehören die Sirenen, die babylonische Hure, die Medusa, Delilah, Carmen, Kleopatra, die Loreley und alle übrigen literarischen Verkörperungen der *Femme fatale*. Unter die zweite Rubrik fallen die Musen, Fortuna, Beatrice, die Reine Jungfrau oder auch Lotte, der der Jüngling Werther zum ersten Mal begegnet, als sie gerade Brot unter die jüngeren Geschwister verteilt. (Die gleichen Grundbilder verkörpern sich auch im Repertoire der populären Identifikationsfiguren für Frauen. So haben wir beispielsweise in *Vom Winde verweht* Scarlett und Melanie zur Auswahl. Seltsamerweise sind mir bislang kaum Frauen begegnet, die sich stärker mit Melanie als mit Scarlett identifiziert hätten.) Ibsen gibt diese polare Aufspaltung des Weiblichen in der männlichen Phantasie treffend wieder, wenn er in *Peer Gynt* den Protagonisten sein Leben zwischen der sinnlichen Anitra und der mütterlichen Solveig aufteilen läßt. Auch Jung unterteilte ja, wie bereits im vorigen Kapitel erwähnt, die Frauen in verschiedene Kategorien und unterhielt, dieser Logik folgend, über vierzig Jahre eine Beziehung zu einer Repräsentantin der mütterlichen Frau (seiner Gattin Emma) und einer Verkörperung der Eros-Muse (seiner Geliebten Toni).

Wie ist es aber zu erklären, daß sich die allesspendende, nährende Mutter der frühen Kindheit in der Phantasie so häufig in die verführerische Schlangenfrau verwandeln kann, deren Kuß zerstörerisch und todbringend ist? Und wie kommt es, daß offenbar so wenige Männer in der Beziehung zu *einer* Frau Befriedigung zu finden vermögen? Genau wie sich in der Psyche der Frau oft nicht nur Probleme mit der ödipalen Mutter niederschlagen, sondern auch solche, die den ödipalen Vater betreffen, erhalten sich in der Psyche des Mannes Relikte von Spannungen im Verhältnis zu *beiden* ödipalen Elternfiguren. Die Rolle der Mutter innerhalb seines psychischen Entwicklungsprozesses ist überaus komplex. Freud, Karen Horney und in jüngster Zeit auch einige französische Psychologinnen haben die These aufgestellt, der erste schwere Schlag, den der Narzißmus des männlichen Kindes erleidet, bestehe in dessen *Unvermögen*, sich die ausschließliche Liebe der Mutter zu sichern. Mit anderen Worten: Die Angst des Knaben vor dem Vater und der Kastration durch ihn sind nicht die einzigen Faktoren, die den Verzicht auf die Mutter bewirken. Der Junge zieht die emotionale Besetzung der Mutter auch deshalb zurück, weil er nicht über die nötige genitale Ausstattung verfügt, um mit dem Vater konkurrieren zu können. Er hat das Gefühl, daß die Mutter ihn zurückweist, weil sein Penis zu klein ist und er einfach keinen vollwertigen Ersatz für den Vater bieten kann. Der Knabe muß im Grunde genau wie das Mädchen die libidinöse Bindung an die Mutter aufgeben, wenn auch zu einem anderen Zeitpunkt und aus anderen Gründen – aus Angst vor Vergeltung (Kastration) und aufgrund der demütigenden Erkenntnis, daß er nicht imstande ist, den Vater zu ersetzen. Diese Verletzung seines Narzißmus kann im späteren Leben immer wieder aufbrechen und die Form von Ängsten hinsichtlich der Größe und Zulänglichkeit seines Penis annehmen. Sie ist es aber auch, die sich metaphorisch in der Suche nach dem Zauberschwert, dem Heiligen Gral etc. niederschlägt. Bei vielen Männern gärt dieses Minderwertigkeitsgefühl bezüglich ihrer Männlichkeit auch noch nach vielen Jahren normaler sexueller Aktivität und eines offensichtlich stabilen Beziehungslebens fort.

Das Gefühl, als Mann nicht zu genügen, kann sich aber auch mit Aggressionen gegen Frauen verquicken. Der Schlag, den die so empfundene Organminderwertigkeit für das Selbstwertgefühl des Jungen bedeutet, kann zugleich Wut aus früheren Versagungen (oraler und analer Art) seitens der Mutter wieder aufleben lassen. In der Logik des Talionsprinzips («Auge um Auge») ist, so Karen Horney, «die Folge, daß seine phallischen Impulse des Eindringens sich mit dieser Wut verdichten und somit eine sadistische Färbung annehmen». Diese Vermischung findet wohl bei nahezu allen Jungen statt, ist aber im Normalfall eine vorübergehende Erscheinung. Wenn der Zorn und die sadistischen Impulse aber sehr heftig sind, wird das weibliche Genital und damit das Weibliche überhaupt (wieder nach dem Talionsprinzip) zu einer sekundären Quelle von Kastrationsängsten, und die Mutter erscheint ebenso wie der Vater als potentiell kastrierend. Auf diese Weise wird die Phantasie von der Dunklen Dame geboren.

Während sexueller Sadismus und auch die Phantasie von der Dunklen Dame offenbar nicht bei allen erwachsenen Männern vorhanden sind, scheint dies doch in jedem Fall für die auf die Männlichkeit bezogenen Ängste zu gelten. So erklärt Karen Horney: «Die Angst, zurückgewiesen, ausgelacht zu werden, ist nach meiner Erfahrung ein typisches Ingrediens sämtlicher an Männern ausgeführten Analysen, ganz gleich, welche Mentalität und welche Neurosenstruktur vorliegt.» Die Angst vor Zurückweisung ist bei Männern mit der Angst verknüpft, zuwenig zu haben oder zu «bringen» – egal, ob sexuell, emotional oder finanziell. Und wie ich bereits ausgeführt habe, beinhaltet die typische romantische Männerphantasie – wie sie in Mythen oder «Herotika» ihren Niederschlag findet – den Aufbruch des Helden zu einer abenteuerlichen Reise, die dem Beweis seiner Männlichkeit dient.

Nicht Liebe zu finden, sondern sich und anderen die eigene Männlichkeit zu bestätigen, scheint das zentrale Problem des Mannes zu sein, eine Ausrichtung, die alle möglichen Bereiche seines Lebens prägt. Um die Ängste um ihre Männlichkeit zu kompensieren, greifen Männer zu Machtmitteln. Damit meine ich nicht nur Bestrebungen, männliche Rivalen zu bezwingen, sondern auch den Impuls, Frauen zu kontrollieren, um sich so die stete Verfügbarkeit der Befriedigungsquelle zu sichern, ohne die eigene Unabhängigkeit aufs Spiel zu setzen. Die Kontrolle über die Frau wird für den Mann zu einem Mittel, das aus der Kindheit resultierende Gefühl der Unzulänglichkeit und Unterlegenheit beiden Eltern gegenüber zu kompensieren. Er rächt sich, indem er die Kindheitssituation umkehrt: Er fordert jetzt sexuelle Treue und emotionale Ergebenheit, läßt sich jedoch selbst nicht darauf ein. Im Grunde handelt es sich dabei um eine kontraphobische Abwehr.

Alle diese Besonderheiten der psychischen Entwicklung in ihrer Kombination bewirken offenbar, daß Männer eher dazu neigen, Umkehrungsdreiecke herzustellen, und anfälliger für die Verquickung von Liebe und Macht sind als Frauen. In ihren kompensatorischen Phantasien oder Strebungen spalten Männer oft ihr erotisches und sexuelles Verlangen auf mehrere Frauen auf, und zwar gewöhnlich auf solche, die sie als ihnen selbst unterlegen betrachten. Das ermöglicht ihnen insofern die Kontrolle über die Quelle ihrer Befriedigung, als ihnen zur Sicherheit immer noch Reserveobjekte zur Verfügung stehen. Das gleiche Bestreben steckt auch hinter den Phantasien von total verfügbaren Frauen oder vom Sex mit zwei Frauen auf einmal. Viele Männer neigen dazu, entweder Liebesbeziehungen zu zwei Frauen zur gleichen Zeit zu suchen oder aber eine Frau mit allen Mitteln zu dominieren und zu vereinnahmen.

Die Angst des Mannes vor der Frau stammt (ebenso wie die Wut auf sie) aus verschiedenen Entwicklungsphasen. Sie ist ein Konglomerat aus der Angst, von der präödipalen Mutter der frühesten Kindheit verlassen oder verschlungen zu werden, der Angst vor der Mutter der phallisch-narzißtischen Phase, die die Männlichkeit des Knaben bestätigt/herabwürdigt, und der Angst vor der ödipalen Mutter, die er nicht zu er-füllen vermag, die ihn verführt und zurückweist und den Vater vorzieht. Aus allen diesen Ängsten erwächst die männliche Tendenz, romanti-sche Liebe und sexuelle Begierde zu trennen. Manche Männer versuchen aber auch, sich durch offene Bemächtigung der ge-liebten Person oder den Rekurs auf Umkehrungsdreiecke zu schützen.

Vereinfachend kann man sagen, daß Frauen sich in die Liebe flüchten, während Männer fürchten, in der Liebe verletzlich zu werden. Frauen gründen ihre weibliche Identität auf ihre Fähig-keit zu lieben, während Männer erst ihre männliche Identität konsolidieren müssen, um sich verlieben zu können.

Kulturelle Konditionierung

Wie bereits angedeutet, resultieren die feststellbaren Unter-schiede zwischen dem Liebeserleben von Frauen und dem von Männern jedoch nicht nur aus den jeweiligen Besonderheiten der psychischen Entwicklung, sondern auch aus der gesellschaft-lichen Konditionierung von Männern und Frauen. Aber erleben wir nicht derzeit eine Revolutionierung der Geschlechterrollen? Und müßte die sich nicht auf das Erleben der Liebe auswirken? Zweifellos können wir gegenwärtig einen Wandel der Rollen-skripts beobachten, aber er betrifft vor allem die Frauen. Während sie nach traditioneller Auffassung ihre Erfüllung auf indirektem Weg in der Sorge für Mann und Kinder zu suchen hatten, führt aus heutiger feministischer Sicht auch ihr Weg zur Selbstverwirklichung über die autonome Leistung, weshalb Arbeit und Karriere in ihrem Leben inzwischen eine sehr viel größere Rolle spielen. In der Liebe hingegen hat sich bislang weit weniger verändert. Auch wenn einzelne Männer und Frauen das Gefühl haben mögen, daß es ihnen gelungen ist, sich von äußeren und inneren Klischees freizumachen, klingen doch immer noch die meisten Liebesgeschichten sehr vertraut. Außerdem ist auch gar nicht klar, was genau sich in der Liebe verändern sollte. Es gibt offenbar zwei große Lager in dieser Debatte, von denen das eine die Meinung vertritt, die Frauen müßten sich von der verderblichen Ausrichtung auf die romantische Liebe befreien, während das andere (das zahlenmäßig wohl eher kleiner ist) darauf drängt, daß die Männer nicht mehr nur ausschließlich nach Erfolg und Prestige streben, sondern sich stärker auf die Freuden des Lebens in der Beziehung (der Vaterschaft und wohl auch der Liebe) besinnen sollten.

Viele Feministinnen erkennen zwar bereitwillig an, daß Zuneigung und Liebe grundsätzlich etwas Positives sind, wehren sich aber gegen die *romantische* Liebe, weil sie in ihren Augen die Frauen reduziert und versklavt. Sie gehen von der Erfahrung aus, daß Frauen nur allzuoft ihren einzigen Lebenssinn darin sehen, in der romantischen Liebe zu einem in seiner Souveränität unangetasteten Mann aufzugehen. Da die Liebe für sie ein zentrales identitätsstiftendes Moment sei, ordneten sie sich allen Wünschen des Mannes unter, um ihn freundlich zu stimmen und «ihrer beider» Liebe zu bewahren. Die Erhaltung der Beziehung habe Vorrang vor dem, was sie wirklich fühlten. Solange Frauen nicht den Weg der Konsolidierung ihrer eigenen Autonomie gingen, seien sie gar nicht in der Lage, wirklich zu lieben, da sie sich Spontaneität und Authentizität nicht leisten könnten und auf Manipulation durch Unterwürfigkeit und Liebedienerei angewiesen seien. Einige Feministinnen wie etwa Shulamith Firestone meinen, romantische Liebe sei eine Fiktion, die die Unterdrückung der Frau verschleiern solle, und ihre Glorifizierung diene vor allem dazu, die Unterjochung durch die Ehe zu verklären. «Wer kann schon dem Gedanken widerstehen, daß Liebe der ideologische Knochen ist, den man Frauen hinwirft, um sie von ihrer Machtlosigkeit im Leben abzulenken?» fragt Phyllis Rose, um sich gleich darauf selbst die ironische Antwort zu geben: «Nun – Millionen von Romantikern können das durchaus, und es gibt weitere Millionen, die in der Liebe den Knochen sehen, den man den Männern hinwirft, um sie von den Fesseln *ihres* Lebens abzulenken.»

Aber manche Feministinnen (darunter interessanterweise wiederum Shulamith Firestone) gehen das Problem auch von der anderen Seite her an und weisen darauf hin, daß das Machtungleichgewicht zwischen den Geschlechtern den männlichen Unterdrücker in der Entfaltung seiner Liebesfähigkeit behindert. Ich sympathisiere mit beiden Standpunkten, zumal sie gar nicht so widersprüchlich sind, wie sie auf den ersten Blick erscheinen. Im Grunde geht es doch in beiden Fällen um den Appell, geschlechtstypische Vereinseitigungen und Schwächen in der Liebe zu überwinden: Die Frauen sollen sich von ihrer Tendenz zur Selbstaufgabe und Selbstversklavung emanzipieren, die Männer sind aufgerufen, sich den bereichernden Erfahrungen von Nähe und Liebe zu öffnen. Hingabe (wohlunterschieden von Unterwerfung) ist – als Akt des Mutes, der Großzügigkeit und der Selbstbefreiung – zweifellos ein erstrebenswertes Ziel für beide Geschlechter.

Trotz des Wandels der Rollenbilder im Sinne einer größeren Angleichung der Frauen an die Männer und umgekehrt haben sich die geschlechtsspezifischen Grundmuster in der Liebe bislang als ziemlich resistent erwiesen. «Die» Frauen müssen sich den Vorwurf gefallen lassen, daß sie immer noch der Liebe einen zu großen Stellenwert einräumen und (wie immer ihre konkrete Lebenssituation aussieht) zu stark auf sie fixiert sind. Die «gewünschte» Veränderung ist aus einer Vielzahl von Gründen noch nicht eingetreten. Einer dieser Gründe ist der Umstand, daß die Gleichberechtigung bislang weder in beruflicher noch in ökonomischer Hinsicht erreicht ist, ein anderer, noch wichtigerer, die Tatsache, daß – selbst wenn diese Gleichberechtigung realisiert wäre – beruflicher Erfolg intime Nähe im Leben der Frauen nicht ersetzen kann.

Bislang können sich die Feministinnen, die auf die Selbstverwirklichung im Beruf als Weg zur Befreiung der Frau aus der sklavischen Liebesfixierung gesetzt haben, durch die Ergebnisse nicht sonderlich bestätigt fühlen. Die Behauptung, daß erfolgreichen, qualifizierten Frauen dank ihrer starken beruflichen Identität die Unwägbarkeiten der Liebe weniger zusetzen würden als anderen Frauen, hat sich noch nicht als richtig erwiesen. Da Erfolg und Ansehen im Beruf aber auch Männer nicht gegen absorbierende und quälende Liebesbeziehungen feien, ist schwer einzusehen, warum dies für Frauen gelten sollte.

Viele Frauen haben aber auch immer noch Angst vor dem beruflichen Erfolg, weil sie – nicht ganz zu Unrecht – negative Auswirkungen auf ihr Beziehungsleben fürchten. Die Psychoanalytikerin Gertrude Ticho führt den Fall einer schüchternen, zurückhaltenden Medizinstudentin an:

> Als sie von einer angesehenen medizinischen Fakultät angenommen wurde, hatte sie so große Angst zu versagen, daß sie extrem fleißig arbeitete. Zu ihrer Verblüffung wurde sie die Zweitbeste ihres Jahrgangs. Einige männliche Kommilitonen ließen sarkastische Bemerkungen über ehrgeizige Frauen vom Stapel, und von da an sorgte sie, aus Angst, abgelehnt zu werden, absichtlich dafür, daß ihre Noten nicht zu gut wurden.

Die Angst vor sozialer Ächtung, vor allem durch Männer, ist deshalb eine so wirksame «Erfolgsbremse», weil Frauen immer noch dazu erzogen werden, ihr Selbstwertgefühl darauf zu gründen, daß sie begehrt sind und einen Mann finden. Auf diese Weise wird durch die immer noch fortlebenden Weiblichkeitsvorstellungen der Status quo perpetuiert.

Nicht nur die Erziehung in der Kindheit, sondern die gesellschaftliche Realität überhaupt verstärkt die weibliche Tendenz, der Paarbeziehung einen übergroßen Stellenwert einzuräumen.

Alleinlebende Frauen gelten noch immer als sonderlich, eher als «sitzengeblieben» denn als freiwillig «single». Außerdem bedeutet es aber auch eine Reihe konkreter Nachteile für eine Frau, wenn sie «solo» ist – so etwa jene subtile Form gesellschaftlicher Diskriminierung, die sich darin ausdrückt, daß sie in bürgerlichen Kreisen seltener zu Geselligkeiten eingeladen wird, dazu die Einschränkung ihrer Bewegungsfreiheit, weil sie sich bestimmten Situationen nur unter erheblicher Gefährdung durch männliche Gewalt aussetzen kann, und oft auch finanzielle Einschränkungen, weil die Verdienstmöglichkeiten für Frauen immer noch weit schlechter sind als für Männer.

Frauen nehmen es nicht nur wichtiger, Liebesbeziehungen zu finden, sie investieren auch mehr Energie in ihre Erhaltung. Zwar kann das Scheitern von Beziehungen für beide Geschlechter ein Trauma sein, aber Frauen hatten in der Vergangenheit und haben oft auch heute noch mehr zu verlieren. Die Worte «verführt und sitzengelassen» beschwören die Gespenster einer jahrhundertelangen Geschichte herauf, die Frauen bis heute verfolgen – auch wenn uns solche Ängste heute anachronistisch vorkommen mögen. Zum Teil sind sie aber auch immer noch nur zu realistisch. Wenn auch unsere Anatomie sicherlich nicht unser Schicksal ist, kann es unsere Biologie doch manchmal werden. *Das* tragische Frauenschicksal früherer Zeiten – verführt, geschwängert und sitzengelassen – wiederholt sich auch heute noch oft genug. Frauen aus gebildeten, bürgerlichen Kreisen neigen dazu, die noch gar nicht so weit zurückliegende Vergangenheit zu vergessen, aber um uns die Nöte unserer Mütter und Großmütter vor Augen zu führen, genügt es, Augen für die Situation derjenigen Frauen zu haben, die weniger privilegiert, uninformierter oder hilfloser sind.

Abschließend möchte ich noch auf einen Punkt zu sprechen kommen, der wohl zu den wichtigsten Problemen gehört, mit denen wir Frauen heute zu kämpfen haben, und der ganz entscheidend dazu beiträgt, daß aus der eigentlich gesunden Sehnsucht nach Liebe eine fatale Obsession wird. Die überstarke Fixierung auf die Liebe, die wir bei so vielen Frauen beobachten können, ist auch Resultat eines demographischen Ungleichgewichts: Frauen leben in einer Situation der Männerknappheit – es gibt einfach nicht genügend. Dieses Problem wird noch zusätzlich dadurch verschärft, daß Frauen für die meisten Männer mit zunehmendem Alter immer weniger begehrenswert werden.

Frauen wissen, daß ihre Chancen, Liebe (und Sex) zu finden, von einem gewissen Alter an rapide sinken. Der von Susan Sontag geprägte Begriff «Doppelstandard des Alterns» bezeichnet die Tatsache, daß ältere Männer für jüngere Frauen durchaus attraktiv sind, während dies umgekehrt nicht gilt. Das bedeutet kraß ausgedrückt, daß es in unserer Gesellschaft für einen Mann viel leichter ist, Ersatz für eine Frau zu finden, als umgekehrt. Dieses Faktum ist beiden Geschlechtern sehr wohl klar, und dieses Wissen ist es, das die Frau zur «Hüterin» der Beziehung macht – nicht ihre größere Liebe, sondern die größere Angst vor dem, was kommt, wenn die Beziehung zerbricht. Männer mögen zwar ein ebenso starkes Abhängigkeits- und Anlehnungsbedürfnis haben wie Frauen (und vielleicht sogar ein größeres), aber sie brauchen weniger Angst zu haben, daß es unerfüllt bleiben könnte. Wirkliche Gleichberechtigung der Geschlechter würde daher nicht nur gleiche Berufs- und Verdienstchancen bedeuten, sondern auch gleiche Chancen im Hinblick auf Liebe und Sex in allen Lebensphasen.

Leider könnte sich die Aufhebung dieses Ungleichgewichts als sehr schwierig erweisen, falls meine Annahme zutrifft, daß die männliche Aversion gegen ältere Frauen psychisch sehr tief verwurzelt ist. Ich denke, daß Frauen von einem gewissen Alter an immer stärker eine mit dem Inzesttabu belegte Mutterfigur repräsentieren. Außerdem bietet eine Frau jenseits des gebärfähigen Alters keinen Ansatzpunkt mehr für die Phantasie, ihr «ein Kind zu machen», die für Männer ganz unabhängig von realen Kinderwünschen eine wichtige Rolle zu spielen scheint. Wie ich bereits angedeutet habe, steht die Phantasie vom gemeinsamen Kind ja auch für das ersehnte Einswerden. Für den Mann symbolisiert Schwängerung aber zugleich auch Potenz und Besitznahme. (Die zunehmende männliche Aversion gegen den alternden weiblichen Körper spielt eine so wichtige Schlüsselrolle bei jedem Versuch, die Möglichkeiten der Liebe zwischen den Geschlechtern auszuloten, daß ich mir sehnlich wünschte, sie würde endlich einer gründlichen Erforschung unterzogen, wozu die Betrachtung anderer historischer Epochen und anderer Kulturen ebenso gehören würde wie die Frage nach der Persönlichkeit von Männern, die offenbar in der Lage waren oder sind, beträchtlich ältere Frauen zu lieben. Berühmte Beispiele für solche Beziehungen sind etwa Benjamin Disraeli und Wyndham Lewis oder Claude Lanzmann und Simone de Beauvoir.)

Trotz all dieser gesellschaftlichen Faktoren, die die Fixierung auf die Paarbeziehung bestärken, spüren viele Frauen entweder intuitiv den Unterschied zwischen Liebe, die zur Selbstentfaltung führt, und solcher, die die Verarmung des Selbst bewirkt, oder aber sie lernen ihn durch Erfahrung erkennen. Das Hauptproblem der Frauen in der romantischen Liebe ist nicht eine allzu grenzenlose Hingabefähigkeit, sondern vielmehr das ökonomische und psychische Risiko, das ein Scheitern der Beziehung bedeutet. Die Chancen für eine echte Liebesbeziehung, die beiden Partnern inneres Wachstum ermöglicht, sind viel größer, wenn jeder für sich ein eigenständiger, dem Leben gewachsener Mensch ist. Die Ehe oder irgendeine andere Form von Paarbindung ist dann nicht das Endziel, sondern vielmehr eine Institution oder Lebensform, in der zwei Menschen im glücklichen Fall die Bedingungen für ihre individuelle und gemeinsame Weiterentwicklung und Selbstverwirklichung finden.

Für Männer bedeutet die Öffnung für jene Art von Nähe, die so viele Frauen ersehnen, ein Zulassen von Selbstzweifeln, Unsicherheit und Schwäche, das oft nicht mit ihren Männlichkeitsidealen vereinbar ist. Außerdem fühlen sich tatsächlich viele Frauen ungeachtet dessen, was sie sagen oder bewußt denken, eher zu Macho-Typen hingezogen als zu «verweiblichten», sanften, einfühlsamen Männern (was, wie bereits erwähnt, daran liegen mag, daß letztere zuviel Ähnlichkeit mit der «nährenden Mutter» haben). Hinzu kommt, daß zwar einige Männer sich tatsächlich ein Stück weit von den herkömmlichen Rollenvorschriften emanzipiert haben, andere aber nur ihre eigenen Männlichkeits- und Abhängigkeitsprobleme hinter einer fortschrittlichen Fassade verbergen.

In jüngster Zeit ist das Problem der geschlechtsspezifischen Liebesmuster in der psychologischen und feministischen Literatur unter neuen, wichtigen Aspekten thematisiert worden. So argumentiert Francesca Cancian in einem nachdenklich stimmenden Aufsatz mit dem Titel «Die Verweiblichung der Liebe», jene Wissenschaftler/innen und Feministinnen, die verbale Nähe zur *Conditio sine qua non* der Liebe erhöben und herausstrichen, daß die Identität der Frau auf Bindung, die des Mannes auf Eigenständigkeit beruhe, liefen, ohne es zu wollen, Gefahr, «die Unterteilung zwischen weiblicher Expressivität und männlicher Instrumentalität zu bestärken, die Ideologie von den getrennten Sphären wieder aufleben zu lassen und der verbreiteten Meinung den Rücken zu stärken, daß nur Frauen wirklich zu lieben verstünden». Tatsächlich betonen die populären Frauenzeitschriften ständig die entwickeltere Fähigkeit der Frau zu verbaler Nähe, wobei letztere fälschlicherweise mit Nähe überhaupt gleichgesetzt wird (die in Wahrheit oft wortlos ist), und es ist verdienstvoll von Francesca Cancian, auf diese Verzerrung hinzuweisen. Sie selbst schlägt ein androgyneres Konzept von Liebe vor. Ich sympathisiere sehr mit ihrer Analyse und teile ihren Unmut über jene reduktionistische Betrachtungsweise, die Frauen als besser und liebesfähiger dastehen läßt, aber mit der Lösung, die sie vorschlägt, kann ich mich nicht anfreunden, weil sie vernachlässigt, wie wichtig das Moment des *Andersseins* für die Entstehung von Liebe ist.

Das Liebesverlangen richtet sich fast immer auf ein Objekt, das als anders wahrgenommen wird. Wenn nicht, dann handelt es sich im Kern um eine narzißtische Objektwahl, und die verändernde Kraft der Liebe kann nicht zum Tragen kommen. (Welche Rolle das Anderssein als tragendes Moment der Liebe spielt, illustrieren vielleicht am deutlichsten die Beziehungen zwischen homosexuellen Männern. Da hier der Bezug auf die geschlechtliche Verschiedenheit entfällt, erfolgt die Objektwahl in sehr vielen Fällen über krasse Alters-, Bildungs-, Milieu- und Interessenunterschiede hinweg.) Damit sind wir bei einem weiteren Paradoxon der Liebe angelangt, das jeder kennt, weil es ganz besonders augenfällig ist: Gegensätze ziehen sich zwar an, aber die gleiche Verschiedenheit, die die Liebe weckt, ist oft genug auch das Problem, an dem sie schließlich zerbricht. Die eher desorganisierte Frau, der die Strukturiertheit gut gefällt, die ihr zwangsneurotischer Ehemann in das gemeinsame Leben bringt, wird dennoch mit zunehmendem Unmut auf seine Nörgeleien über ihre Schlampigkeit reagieren. Sie bewundert zwar manche Ausdrucksformen seiner grundlegenden Persönlichkeitsstruktur, aber nicht alle. Leider sind aber alle diese Eigenschaften eng miteinander verwoben. Das gleiche gilt natürlich auch für den ängstlichen, schüchternen Mann, der die abenteuerlustige Art seiner Frau nur so lange genießt, wie sie nicht darauf besteht, ihn mit in «gefährliche» Situationen hineinzuziehen oder ihn zu lange allein zu lassen, um ihren Neigungen nachzugehen. Manchmal scheint uns die Andersartigkeit als abstrakte Idee mehr zu begeistern als in ihren konkreten Manifestationen.

Lebensrhythmen von Männern und Frauen

In unserer Kultur besteht wohl einer der augenfälligsten Unterschiede zwischen den Geschlechtern im Hinblick auf die Liebe darin, daß der Höhepunkt der Liebesfähigkeit und -bereitschaft in sehr vielen Fällen bei Frauen in eine andere Lebensphase fällt als bei Männern. Diese zeitlichen Rhythmen sind sowohl sozialisationsbedingt als auch Ausdruck von Diskrepanzen in der Entwicklung der Objektbeziehungen. Obgleich beide Geschlechter die erste Liebe im großen und ganzen um die gleiche Zeit – in der Pubertät oder im frühen Erwachsenenalter – erleben, folgt die weitere Entwicklung des Liebeslebens doch häufig verschiedenen Mustern. Männer sind offenbar sehr empfindlich für die Leiden der ersten Liebe, und manchmal ist der «Knacks», den ihr männliches Selbstgefühl dadurch erleidet, so groß, daß sie künftig überhaupt jede emotionale Öffnung vermeiden, um sich nicht mehr dem Risiko der Verletzung auszusetzen. Junge Frauen haben meist eine sehr große Bereitschaft, ja geradezu den Drang, sich zu verlieben. Natürlich neigen auch viele Männer im frühen Erwachsenenalter zu mehr oder minder heftigen Liebesattacken, aber andere sind erst in den mittleren Jahren oder später wieder bereit, die Risiken der romantischen Liebe einzugehen. Nachdem sie lange Zeit durch die Angst, ihre Autonomie zu verlieren oder ihre Macht einzubüßen, in ihrem Streben nach Liebe gehemmt waren, lebt bei ihnen dieser Wunsch erst wieder auf, wenn ihnen das zwanghafte Erobern zu öde geworden ist oder wenn sie an ihre Leistungs- und Erfolgsgrenzen gestoßen sind und entweder ihre Männlichkeit bewiesen haben oder aber den Versuch aufgeben, es über diesen Weg zu tun. Bei manchen Männern kommt die Zeit der Liebe dann, wenn das Schwinden ihrer Macht das Wiederaufleben von Verschmelzungsphantasien fördert und vor allem den Traum weckt, durch die Verbindung mit einer jungen Frau selbst wieder jung zu werden. Bei Frauen läßt der Hunger nach romantischer Liebe zwar nicht unbedingt mit den reiferen Jahren nach, aber in vielen Fällen tritt er doch hinter anderen Lebensinhalten wie Mutterschaft oder Arbeit zurück. Für viele bietet sich jetzt erstmals die Gelegenheit, ihre eigenen Kräfte zu entfalten und an geistiger oder schöpferischer Aktivität zu wachsen.

Das männliche und das weibliche Liebeserleben wird durch eine Vielzahl kultureller und gesellschaftlicher, situativer, psychischer und vielleicht auch biologischer Faktoren geprägt, die so eng ineinandergreifen, daß es gar nicht möglich ist, sie einzeln zu gewichten. Die gesellschaftlichen Rollenbilder spielen dabei ebenso mit wie die frühe Entwicklung der Objektbeziehungen und die Asymmetrie der ödipalen Konstellationen. Das Hauptproblem in der (heterosexuellen) Liebe ist das Aufeinandertreffen der weiblichen Sehnsucht nach ihr und der männlichen Angst vor ihr. Die unterschiedlichen Prädispositionen haben zur Folge, daß die Liebe bei Frauen eher in Richtung Unterwürfigkeit degeneriert, bei Männern dagegen eher in Richtung Dominanzstreben – wenn diese Verteilung auch keineswegs durchgängig ist, da individuelle Persönlichkeitsstrukturen die Oberhand über gesellschaftliche Vorgaben gewinnen können. Soweit ich erkennen kann, ist die Tendenz zu Dominanz-Unterwürfigkeitsmustern zwischen homosexuellen Liebenden ebenso groß wie zwischen heterosexuellen (und mit Sicherheit gilt dies für homosexuelle Männer).

Ich persönlich bin nicht sonderlich zuversichtlich, wenn ich mich frage, ob sich das Machtgefälle je ganz aus der Liebe verbannen lassen wird. Das Bild von der Sklavin/dem Sklaven der Liebe – und als sich daraus ergebende Ergänzungsphantasie auch des Herrn/der Herrin – scheint mir zu tief verwurzelt, um es allein als sozialisiertes gesellschaftliches Zerrbild zu begreifen. Auch wenn dieser Machtaspekt nicht immer im Spiel ist, scheint mir doch sein häufiges Vorhandensein beinahe zwingend aus dem Wesen der Liebe zu resultieren. Viele Paare versuchen das Machtproblem über eine strikte Arbeitsteilung zu regeln, die so aussieht, daß ein Teil die Selbstüberschreitung per Hingabe und der andere die Selbstbehauptung per Dominanz übernimmt und beide (angeblich) die jeweils delegierten Aspekte durch eine starke gegenseitige Identifikation wieder integrieren. Die feministische Kritik an dieser «Lösung» ist jedoch eindeutig berechtigt: Der für die Hingabe zuständige Partner – gewöhnlich die Frau – ist im Nachteil, da der andere sich leichter aus der Beziehung lösen und eine neue eingehen kann und in der Regel auch finanziell nicht abhängig ist (dafür aber auch leicht um das grenzenerweiternde und verändernde Potential der Liebe geprellt wird).

Die Emanzipation von den tradierten Männlichkeits- und Weiblichkeitsklischees kann sicherlich zur Entkoppelung von Herren- beziehungsweise Sklavenrolle und Geschlechtszugehörigkeit beitragen, auch wenn es unwahrscheinlich ist, daß sie diese Rollen völlig aufheben wird. Das wäre ohne Zweifel ein wichtiger Schritt vorwärts. Wirkliche Befreiung – für Männer wie für Frauen – erfordert jedoch mehr als die Überschreitung der Geschlechterrollen – sie erfordert die Fähigkeit zur Selbstüberschreitung.

5

DAS SCHICKSAL
DER LIEBE

12
Unglückliche Liebe

Jede Liebesgeschichte ist einzigartig. Sie beginnt auf ihre besondere und einmalige Weise, und es ist nicht vorhersehbar, wie sie sich entwickeln wird. Manchmal erweist sich die Liebe für die Liebenden als das große Geschenk ihres Lebens: sie hat Bestand und wird immer tiefer. In vielen Fällen geht sie in innige Zuneigung über. Wieder andere Beziehungen verlaufen zutiefst unglücklich.

Die Liebe endet im Schmerz für den Zurückgewiesenen und in Schuldgefühlen für den anderen, oder, was wohl das Schlimmste ist, sie endet nicht, besteht aber nur noch im Festhalten an einer einseitigen, obsessiven Leidenschaft oder einer für beide Teile quälenden, zerstörerischen Verbindung. Das traurigste Ende ist es wohl, wenn die Gefühle erstorben sind, die einstigen Liebenden aber in einer hohlen, formalen Beziehung aneinandergekettet bleiben. Der Liebende, dessen Gefühle nicht erwidert werden, der zurückgewiesene Liebende, der enttäuschte Liebende und der Liebende, der sich gefangen fühlt – sie alle leiden, wenn auch auf unterschiedliche Weise.

Die Intensität, die dieses Liebesleid in seinen verschiedenen Formen annehmen kann, bezeugt, wie tief das Erleben der Liebe oft geht. Liebe erweckt Wünsche und Phantasien aus unserer frühesten Kindheit zu neuem Leben. Wenn diese enttäuscht werden, ist der Liebende im Kern seiner Person getroffen – sein Selbstwertgefühl, seine Identität, die er so eng mit der der geliebten Person verknüpft hat, stehen auf dem Spiel. Indem wir die Auflösungsprozesse der Liebe betrachten, können wir eine

Menge über deren Entstehung erfahren. Dabei spielt vor allem die Imagination eine wichtige Rolle: unablässig wirkt sie darauf hin, das Ende der Liebe hinauszuzögern (wenn nicht gar zu leugnen), oder aber sie strebt paradoxerweise danach, es herbeizuführen. Daraus erhellt sich uns zugleich auch ihre Bedeutung beim Zustandekommen von Liebe.

Doch bei allem Leid, das unglückliche Liebe mit sich bringen kann, hat sie dennoch auch in diesen Fällen oft eine positive Wirkung: Die Partner haben die befreiende Kraft der Liebe erfahren und können sich die Früchte dieser Erfahrung bewahren. Es gibt sogar den Fall, daß unglückliche Liebe zur organisierenden Kraft schöpferischen Schaffens wird: das klassische Beispiel ist Dante. Manche Menschen zehren ein Leben lang von der Erinnerung an eine Liebe, die einmal war.

Gescheiterte oder verlorene Liebe gibt uns immer wieder Anlaß zu Phantasien darüber, was hätte sein können. Wir brauchen nur an *Casablanca* oder *Vom Winde verweht* zu denken, um zu spüren, wie sehr uns solche Phantasien berühren. Der Traum von dem, was hätte sein können, erfüllt eine wichtige Wiedergutmachungsfunktion in unserem Seelenleben: er hilft, uns an veränderte Umstände anzupassen. Er lebt deshalb immer wieder auf, weil er paradoxerweise der Zukunft gilt, denn er bestärkt uns in dem Glauben, vollkommene Liebe sei möglich, und hält unsere Hoffnung am Leben, daß die alten Träume doch noch Wirklichkeit werden.

Imagination in der Liebe und imaginäre Liebe

Eine tiefe und originelle Einsicht in den Zusammenhang von Imagination und Liebe eröffnet uns Henry Troyat, wenn er beschreibt, wie sich Tolstois anfängliche Abneigung gegen seine eigene Schöpfung Anna Karenina nach und nach in Liebe verwandelte.

[Tolstois] Einstellung zu Anna wandelte sich... im Laufe der langen Arbeit, so daß es den Anschein hat, als habe das Geschöpf seinen Schöpfer verführt. Hinter dem Liebesroman von Anna und Wronskij verbirgt sich der Liebesroman Leo Tolstois und Annas. Anfangs liebte er seine Heldin keineswegs, er verurteilt sie im Namen der Moral. Er sieht in ihr die Inkarnation der Lust, und seltsamerweise will er nicht einmal, daß sie schön ist... Innerlich ist sie darauf aus, Männer zu erobern... Sie ist es, die das Böse in die Welt bringt. Ihre Opfer sind ihr Mann und ihr Liebhaber... beide sind über jeden Tadel erhaben und lassen die Seele der teuflischen Anna nur noch schwärzer erscheinen.

Dennoch, ohne daß es ihm bewußt wird, gerät Tolstoi in den Bann seiner Sünderin. Sie rührt ihn, sie beunruhigt ihn. Er ist nahe daran, sich in sie zu verlieben. Plötzlich muß er ihr gestatten, schön zu sein. Und der Kunstgriff gelingt über Erwarten. Aus dem fülligen Weib mit der Stupsnase wird eine verführerische Frau...

Jetzt sind die Rollen vertauscht. Keiner der beiden Männer verdient sie. Voll zorniger Klarsicht nimmt Leo Tolstoi ihnen nacheinander alle die guten Eigenschaften, die er ihnen spontan verliehen hatte. Er demütigt sie, um Anna zu erhöhen, zu entschuldigen.

Wir fühlen uns an Tolstois Kritik an Tschechow erinnert, dieser habe seine eigene Figur Herzchen nicht verstanden. Beide, Troyat und Tolstoi, behaupten, daß erfundene Gestalten ein Eigenleben entwickeln können – nicht nur gegenüber den Lesern, sondern auch gegenüber ihren Schöpfern.

Wenn sich ein Dichter in ein Geschöpf seiner eigenen Phantasie verliebt, ist das Ergebnis manchmal ein großes literarisches Werk. Bei gewöhnlichen Sterblichen ist das Resultat des gleichen Vorgangs dagegen meist Liebe auf den ersten Blick (und manchmal auch einseitige Liebe). Aber entscheidend beteiligt ist die Imagination an jeder Art von Liebe – ob verwirklicht, idealisiert oder ganz und gar imaginär. Unser Sehnen nach unmöglicher – oder absolut vollkommener – Liebe findet seinen Ausdruck oft in der Identifikation mit Phantasiehelden und -heldinnen (etwa in Romanen oder Filmen) oder auch in eigenen Phantasien, die wir gewöhnlich als das genießen, was sie sind: Lustpartien der Imagination.

Manche Menschen scheinen jedoch kaum oder überhaupt nicht den inneren Drang zu verspüren, ihre Sehnsüchte in irgendeiner Weise Wirklichkeit werden zu lassen. Sie begnügen sich mit ihren Phantasie-Ausflügen. In diesen Fällen kippt die imaginative Komponente der Liebe in imaginäre Liebe um. Für sehr ängstliche und schüchterne Menschen mag solche phantasierte Wunscherfüllung über kürzere Zeitspannen oder während bestimmter Entwicklungsphasen eine ganz befriedigende Lösung sein.

Es gibt eine Reihe von Motiven, die Menschen veranlassen können, sich auf Kosten des Realen an das Ideale zu klammern: der Horror vor dem Körperlichen, sexuelle Minderwertigkeitsgefühle, Angst vor Nähe, weil sich die Grenzen des Selbst auflösen könnten, übermächtige Schuldgefühle, die das Einfordern des «verbotenen» Preises nicht zulassen.

Die imaginative Komponente der Liebe zeigt sich auch deutlich in jenen sehr langlebigen, aber reduzierten Beziehungen, die sich hauptsächlich brieflich oder telefonisch abspielen. So befriedigend diese Liebesverhältnisse in mancherlei Hinsicht sein mögen, fehlt doch der Antrieb, sie in eine reale Beziehung, einen Bestandteil des täglichen Lebens zu verwandeln. Manchmal kann man schon fast sagen, daß die Liebenden alles daransetzen, das Verhältnis auf der Ebene des Idealen zu belassen. In anderen Fällen ist diese körperlose Beziehungsform das Überbleibsel einer Liebesbeziehung, die nicht mehr lebendig ist, die ganz zu lösen aber einem (dem verstoßenen) Teil oder beiden schwerfällt.

Es kommt vor, daß die Partner ihre Liebe in der Imagination immer weiter hochhalten und beschwören, wenn sie in ihrem Alltag längst keine Rolle mehr spielt. In diesem Fall ist die Liebe zwar vom täglichen Leben losgelöst, aber doch nicht völlig imaginär, weil sich beide Liebenden gegenseitig in ihrem Wunschdenken bestätigen.

Manchmal hat diese «imaginativ-imaginäre» Spielart der Liebe aber weniger mit psychischen als mit äußeren Faktoren zu tun. Man denke etwa an die Situation der verwaisten oder verarmten jungen Mädchen, die im neunzehnten Jahrhundert als Gouvernanten im Hause reicher Leute Unterschlupf fanden. In ihren Lebens- und Liebesmöglichkeiten extrem eingeschränkt, entwickelten diese Frauen oft leidenschaftliche Gefühle für den Herrn des Hauses, die kaum je erwidert wurden. An dieser (vergleichsweise nicht sonderlich extremen) Form einseitiger Liebe läßt sich sehr gut aufzeigen, wie die imaginative Komponente der Liebe «überkippt» – die Grenze zum rein Imaginären überschreitet. Unerwiderte Liebe dieser Art ist eine nicht mehr der Realität angepaßte Verselbständigung der imaginativen Komponente, die Liebe immer beinhaltet: der Liebende hält trotz des Ausbleibens einer Gegenseitigkeit verheißenden Reaktion an seiner Liebe fest.

So erging es auch Charlotte Brontë, die sich in Liebe nach Monsieur Heger verzehrte, an dessen Pensionat in Brüssel sie als Lehrerin für Englisch arbeitete. Ihre «Fixierung» war teilweise ein Produkt der Umstände, zu einem anderen Teil aber auch psychisch bedingt. Charlotte war kein Mädchen ohne Heiratschancen: zwei Bewerbern hatte sie bereits einen Korb gegeben. Nach der Ablehnung des zweiten Antrags schrieb sie an eine Freundin: «Anscheinend bin ich dazu ausersehen, das Leben einer alten Jungfer zu führen. Doch sei's drum – schon mit zwölf habe ich mich auf dieses Los eingestellt.» Neben der Trennung von zu Hause waren es wohl der Umstand, daß Heger verheiratet war, und seine charismatische Persönlichkeit, die ihre Leidenschaft schürten. Nachdem Madame Heger, die wohl ahnte, was vor sich ging, sie nach Hause geschickt hatte, beklagte Charlotte ihren «Verlust», obwohl Heger ihr nie irgendwelche Hoffnungen gemacht hatte.

In ihrem letzten Brief an Monsieur Heger, geschrieben nach ihrer erzwungenen Heimkehr, ergeht sich Charlotte in Gefühlen, wie sie typisch für alle nicht erhörten und verstoßenen Liebenden sind. Dazu gehört auch die Scham über die Hartnäckigkeit dieser Gefühle:

...ich sage Ihnen offen, daß ich inzwischen versucht habe, Sie zu vergessen, denn die Erinnerung an einen Menschen, den man wahrscheinlich nie wiedersehen wird und den man nichtsdestoweniger hochschätzt, quält zu sehr; und wenn man diese Art von ängstlicher Unruhe ein oder zwei Jahre durchlitten hat, ist man bereit, alles zu tun, um wieder Frieden zu finden. Ich habe alles getan; ich habe Beschäftigung gesucht... Es ist in der Tat demütigend, die eigenen Gedanken nicht beherrschen zu können, Sklave einer Reue zu sein, einer Erinnerung, Sklave einer fixen und übermächtigen Idee, die sich zum Herrscher über den Verstand aufwirft. Warum kann ich nicht gerade soviel Freundschaft für Sie empfinden, wie Sie für mich – weder mehr noch weniger? Dann wäre ich ruhig, so frei – dann könnte ich ohne Anstrengung zehn Jahre schweigen.

Ihr Brief wurde nie beantwortet. Charlotte Brontë genas schließlich von ihrer unglücklichen Leidenschaft, nicht zuletzt wohl dank ihres literarischen Schaffens. Ihr berühmter Roman *Jane Eyre* handelt von einer Frau, die sich in den Herrn des Hauses, in das sie als Gouvernante kommt, verliebt und ihn schließlich heiratet. In einer interessanten Rollenverkehrung (und zugleich auch Verkehrung der Geschichte der Autorin) wird aus der abhängigen, unbeholfenen Gouvernante, die sich zu einem weltgewandten, reichen und mächtigen Mann hingezogen fühlt, im Laufe des Romans eine starke, lebenstüchtige Frau, der die Aufgabe zufällt, für den inzwischen erblindeten und abhängigen, aber immer noch geliebten Mr. Rochester zu sorgen. Vielleicht war diese Geschichte der Versuch Charlotte Brontës, sich von ihren unerfüllten Sehnsüchten freizuschreiben, indem sie sie in der Phantasie zu einem «guten» Ende brachte.

Besonders häufig zu beobachten ist die einseitige Liebe in stärker sublimierter Form: etwa als hingebungsvolle Aufopferung unverheirateter Frauen für ihren Chef. Für viele dieser Frauen, die aufgrund der Umstände oder auch psychischer Faktoren ohne intensivere Liebesverhältnisse leben, werden solche Beziehungen – die zwar auf einer Ebene real sind, aber erst in der Imagination ausgestaltet und ausgeschmückt werden – zum emotionalen Lebensinhalt. Denken wir in diesem Zusammenhang noch einmal an Turgenjew und seine Klage, daß er dazu verdammt sei, am Rand fremder Nester Unterschlupf zu suchen.

Rein imaginär und selbstzerstörerisch wird die einseitige Liebe jedoch erst dann, wenn der Liebende sich mit aller Macht daran klammert und einfach nicht von seinem Traum lassen kann. Wenn der Wunsch und die Bedürftigkeit die Oberhand über die Wirklichkeit gewinnen und der Liebende die Aussichtslosigkeit seines Strebens einfach nicht einsehen will, dann hat er die Grenze zur wahnhaften, einseitigen Liebe überschritten. In extremen Fällen scheint diese Art Liebe tatsächlich eng mit Wahnsinn verwandt zu sein – dann nämlich, wenn die Wünsche und Träume die Wahrnehmung der Realität trüben und andere, wirklich lebbare Beziehungen verhindern. Das galt etwa für Adèle Hugo, die Tochter des Dichters. Ihre schaurige Geschichte hat Truffaut in seinem Film *Die Geschichte der Adèle H.* dramatisiert.

Auch wenn wir nicht genau wissen, aus welchen tieferen Ursachen Adèle Hugos bizarrer Liebeswahn und ihr Leiden erwuchsen, ist doch das wenige, was wir über ihre Biographie wissen, zweifellos bedeutsam. Sie war das letzte von fünf Kindern, die ihre Mutter innerhalb von sieben Jahren zur Welt brachte. Der Familienüberlieferung zufolge soll die erschöpfte Frau sich daraufhin ihrem Mann verweigert haben. Deshalb sei es bald auch zu einer emotionalen Entfremdung der Ehegatten gekommen und schließlich zu Victor Hugos Verhältnis mit Juliette Drouet, das bis ans Ende seines Lebens andauern sollte. Im Jahre 1843 – Adèle Hugo war dreizehn – kam ihre verheiratete ältere Schwester, Hugos Lieblingskind, bei einem tragischen Bootsunglück auf der Seine ums Leben. Hugo war nicht erreichbar, weil er inkognito mit seiner Geliebten auf Reisen war, und erfuhr erst fünf Tage später davon.

Als Adèle etwa dreißig war, folgten die Familie und auch Juliette dem Dichter nach England ins politische Exil. Für Adèle war es eine unglückliche Zeit. Es boten sich keine angemessenen Heiratskandidaten für sie, und der Umgang mit einem englischen Offizier, für den sie Interesse bekundet hatte, wurde ihr vom Vater untersagt. Sie wurde immer trauriger und apathischer und zog sich in die zweite Etage des elterlichen Hauses zurück, wo sie endlos ein und dasselbe Musikstück spielte. Sie traf ihren englischen Offizier aber offenbar heimlich, und als sie erfuhr, daß er nach Kanada delegiert werden sollte, beschloß sie, ihm zu folgen.

Von unterwegs schrieb sie der Familie, sie habe den Offizier geheiratet. Die Mutter verwandte sich beim Vater für sie, und beide kamen schließlich überein, das Geschehene zu akzeptieren und eine Heiratsanzeige in die Zeitung zu setzen. Zu ihrem Entsetzen dementierte die Familie des jungen Offiziers jedoch kurz darauf die Heirat: eine Eheschließung habe nie stattgefunden, und die beiden seien nie auch nur verlobt gewesen. Truffaut zeigt in seinem Film, wie Adèle den jungen Mann verfolgt und sich an ihn klammert und wie er sie abweist. In einer der eindringlichsten Szenen ist sie so absorbiert von dem Wunschbild, das sie sich von dem Geliebten ausmalt, daß sie ihn kaum bemerkt, als sie ihm zufällig auf der Straße begegnet.

Schließlich schrieb sie ihren Eltern, der Offizier habe sie sitzengelassen, und sie brauche Geld. Sie behauptete jedoch nach wie vor, verheiratet zu sein. Ihr Bruder wurde ausgeschickt, sie nach Hause zu holen. Adèle war aber mittlerweile schon unheilbar wahnsinnig. Sie lebte noch weitere fünfzig Jahre in einem Irrenhaus. Ihre Geschichte gehört zweifellos zu den krassesten Fällen von imaginärer Liebe.

Solcher Liebeswahn hat nichts mehr mit Realität und auch nichts mehr mit schöpferischer Imagination zu tun. Und doch finden wir selbst darin noch etwas von unserem eigenen Liebeserleben wieder. Tatsächlich kennen die meisten Liebenden das, was Adèle erlebt, in mehr oder minder ausgeprägter Form ebenfalls: die Faszination, die von einem sich entziehenden Objekt ausgeht, die totale Fixierung auf diesen einen Menschen und die Überzeugung, das ganze Lebensglück hänge von der Verwirklichung dieser Liebe ab.

Aus der psychoanalytischen Literatur zum Thema einseitige Liebe möchte ich hier zwei, wie ich finde, aufschlußreiche kurze

Fallstudien von Robert Bak anführen. Bak berichtet von «einer jungen, verheirateten Ärztin, die sich etwa ein Jahr nach dem Tod ihres Vaters in den Chefarzt verliebt». Sie galt als klug und tüchtig, und Bak zufolge ließ sich erst im nachhinein bei ihr die Neigung erkennen, Männern zu unterstellen, daß sie in sie verliebt seien – eine Art Erotomanie also. Bei Ausbruch ihrer Krankheit entwickelte sie die Überzeugung, daß der Chefarzt, in den sie verliebt war, ihre Liebe erwiderte. Sie sprach jedoch in einer so formalen und distanzierten Weise von ihrer neuen Liebe und ihrer Scheidung, daß Bak der Verdacht kam, es müsse sich um etwas anderes handeln als um Verliebtheit. Ein älterer Kollege, den er um Rat ersuchte, erklärte ihm, es handle sich um reine Einbildung und eine Form «verspäteter und verlagerter Trauer». Bak stimmte dem insofern zu, als die Trauer über den Tod des Vaters wohl der Auslöser ihrer Verwirrung war. Es stellte sich jedoch heraus, daß die beharrliche Einbildung der jungen Frau, ihre Gefühle würden erwidert, das Anfangsstadium einer schizophrenen Erkrankung, ähnlich der Adèle Hugos, darstellte. In beiden Fällen ist aus der wahnhaften Liebe eine extrem starke, aber verlagerte inzestuöse Fixierung herauszuspüren.

In Baks zweitem Fallbericht geht es um den ungarischen Dichter Josef Attila, dessen Schizophrenie erstmalig in Gestalt einer therapeutisch unzugänglichen erotischen Übertragung zutage trat. Attila wurde daraufhin an Bak überwiesen, und nach einiger Zeit schien die Schizophrenie zunächst zurückgedämmt – bis Attila sich erneut verliebte. Auch diese neue Liebe war absolut einseitig, und ihre Wahnhaftigkeit wurde eindeutig offenbar. Attila sah anscheinend keinen anderen Ausweg mehr, als sich umzubringen.

Menschen wie Attila oder die junge Ärztin sind offenbar extrem empfindlich, was den Objektverlust anbelangt. Für sie bedeuten Liebesbeziehungen nicht nur eine Linderung früherer Verlust- und Trennungsschmerzen – sie scheinen vielmehr absolut notwendig für die Aufrechterhaltung des Selbst. Wenn ein solcher Mensch sich (was kaum ausbleiben kann) zurückgewiesen fühlt, wird er – auch wenn er die geliebte Person als schlecht und böse wahrnimmt – in dem Versuch, die Integrität seines Ich zu wahren, an der unbewußten Identifikation mit ihr festhalten. Die Aggression gegen das verlorene Objekt bleibt jedoch bestehen und kehrt sich schließlich gegen das eigene Selbst, gegen den Teil der eigenen Identität, der in der Verschmelzung mit der geliebten Person besteht. Oder, wie Bak es formuliert: «An die Stelle der Selbstvergessenheit in den Armen der geliebten Person tritt als trauriger Ersatz der Freitod.»

Zurückweisung

Wenn entfaltete Liebe als Erweiterung des Selbst erlebt wird, ist es nicht verwunderlich, daß sich ihr Verlust in dem Gefühl ausdrückt, geschrumpft und beschnitten zu sein. Wird der Liebende zurückgewiesen, tritt an die Stelle des Machtgefühls, das aus der Vereinigung erwächst, zwangsläufig die Verletzlichkeit des vereinzelten Selbst. Das «Wir», das eine ganze Welt einschloß, reduziert sich auf das «Ich», das nichts ist als ein Atom. Das Gefühl, besonders und einzigartig zu sein, schwindet und weicht dem Gefühl der Leere, der Wertlosigkeit, der Sinnlosigkeit. Das Verlustgefühl kann so tief gehen, daß es den innersten Kern des Selbst erschüttert und zerbrechen läßt und den Liebenden zum seelischen Krüppel macht.

Zurückweisung kommt in vielen verschiedenen Formen vor. Sie kann den Liebenden schon im Anfangsstadium der Liebe treffen oder erst viel später, wenn die Leidenschaft längst in der Ehe institutionalisiert worden ist. Sie kann jäh erfolgen (etwa in der Form, daß die geliebte Person erklärt, sie habe sich anderweitig verliebt, und sich abrupt abwendet) oder, wie es wohl häufiger der Fall ist, ganz allmählich. Die ersten Vorboten sind vielleicht nur geringfügige Veränderungen in der Sexualität oder in der Kommunikation. Liebende, die ganz aufeinander eingestimmt sind, entwickeln bestimmte Verfahrensweisen, sich gegenseitig subtilste Botschaften mitzuteilen. Sie schaffen es sogar, sich quer durch einen mit Menschen angefüllten Raum zu verständigen, indem sie sich eines nur ihnen bekannten Codes bedienen. Zieht einer von ihnen sich zurück, ist dieser fein abgestimmte Wechselprozeß gestört. Die drohende Zurückweisung kündet sich durch einen anderen Klang der Stimme an oder auch durch den Gebrauch des Namens anstelle des gewohnten Koseworts. Am Anfang bestehen die Kränkungen oft nur in kleinen Unterlassungen.

Aber solche subtilen Veränderungen im Kommunikationsverhalten können für den zurückgewiesenen Partner Bände sprechen. Ein gutes Beispiel ist die Szene bei Tolstoi, in der Alexej Alexandrowitsch, der betrogene Ehemann Anna Kareninas, abends auf die Heimkehr seiner Frau wartet, nachdem ihm zu dämmern begonnen hat, daß er womöglich im Begriff ist, sie an einen anderen Mann zu verlieren. Als er ihr sagt, er müsse mit ihr reden, antwortet sie: «Was gibt es denn? ... Gut, reden wir, wenn es so nötig ist. Besser aber wär's, schlafenzugehen.»

Gerade die Gelassenheit und Gleichmut, mit der sie auf ihn reagiert, ist für Alexej eine vielsagende Auskunft:

> Sie sah ihn so harmlos, so heiter an, daß jemand, der sie nicht so gut kannte wie ihr Mann, nichts Unnatürliches weder im Ton, noch im Inhalt ihrer Worte bemerkt hätte. Er aber kannte sie, er wußte, daß es ihr auffiel, wenn er fünf Minuten später zu Bette ging, und daß sie ihn stets nach dem Grunde fragte; er wußte, daß sie ihm alle ihre Freuden und Schmerzen stets mitzuteilen pflegte, – und darum war für ihn die Wahrnehmung, daß sie jetzt seinen Zustand nicht beachten und über sich selbst nichts sagen wollte, von großer Bedeutung. Er sah, daß die Tiefen ihrer Seele, die sonst immer offen vor ihm gelegen hatten, ihm heute verschlossen waren. Mehr noch, ihr Ton ließ erkennen, daß sie das nicht einmal verlegen machte; sie schien ihm ohne weiteres sagen zu wollen: ja, meine Seele ist verschlossen, und das muß auch so sein und wird in Zukunft immer so sein.

Es kann sein, daß der Liebende, der zurückgewiesen wird, diese Signale wahrnimmt, ohne genau zu wissen, wie er sie deuten soll. Darauf angesprochen, wird die geliebte Person vielleicht leugnen, daß sich an ihren Gefühlen etwas geändert hat. Das ist oft nicht einmal bewußt gelogen, da die Entfernung so allmählich einsetzen kann, daß die geliebte Person sie selbst nicht wirklich registriert. Die Ablehnung wird für beide Teile erst nach und nach zum greifbaren Faktum. Der zurückgewiesene Teil spürt immer deutlicher das Schwinden der Harmonie und wird sich der grundsätzlichen Bejahung seiner Person durch den Partner immer unsicherer. Er versucht mühsam, Gespräche zu initiieren oder in Gang zu halten. Er wird immer befangener, versucht vergeblich, seine Stimme und sein Verhalten zu kontrollieren, und findet nicht mehr zu der früheren Ungezwungenheit zurück.

So ergeht es auch Alexej Alexandrowitsch, nachdem ihm der Verdacht gekommen ist, daß seine Frau den Grafen Wronskij liebt. Seine innere Pein schlägt sich in seinem Verhalten nieder, das immer gekünstelter und bemühter wird, je angestrengter er versucht, die Realität nicht zur Kenntnis zu nehmen. Als Alexej und seine Frau die Rennbahn besuchen (er, um die Fassade aufrechtzuerhalten, sie, um den Geliebten reiten zu sehen) und er das übliche gesellschaftliche Geschwätz vom Stapel läßt, das er so gut beherrscht, veranlaßt «seine feine, gleichmäßige Stimme» Anna, ihm, den sie doch schließlich betrügt, im Geiste Falschheit vorzuwerfen.

«...ich ertrage die Lüge nicht, er jedoch lebt von der Lüge. Er weiß alles, er sieht alles; was empfindet er denn, wenn er so gleichmütig reden kann? Wenn er mich tötete, wenn er Wronskij tötete, würde ich ihn achten. Aber nein! Ihm ist's nur um die Lüge und um den äußeren Anstand zu tun», sagte Anna zu sich selbst, ohne sich Rechenschaft zu geben, was sie eigentlich von ihrem Manne verlangte, wie sie ihn gern gesehen hätte. Sie verstand auch nicht, daß die außerordentliche Redlichkeit, von der Alexej Alexandrowitsch heute befallen war und die sie so nervös machte, nur der Ausdruck seiner inneren Unruhe und Gereiztheit war. Wie ein Kind, das sich gestoßen hat, durch Springen seine Muskeln in Bewegung setzt, um den Schmerz zu betäuben, so bedurfte Alexej Alexandrowitsch einer geistigen Anregung, um die Gedanken an seine Frau zurückzudrängen... Und wie es für ein Kind das Natürliche ist zu springen, so war es für ihn das Natürliche, schön und geistreich zu reden.

Wie Alexej ergeht es jedem Liebenden, sobald ihn die Unsicherheit überkommt, ob die geliebte Person ihn noch akzeptiert. Diese Unsicherheit hat zwar manches mit dem Auf und Ab der Gefühle in der ersten Zeit der Verliebtheit gemein, aber während der Liebende in jener Phase im Grunde doch voller Hoffnung war, kommt ihm diese jetzt immer mehr abhanden. Irgendwann wird dann schließlich die geliebte Person mit der Wahrheit herausrücken, oder aber der Liebende gelangt selbst an den Punkt, an dem er es vorzieht, eine Klärung herbeizuführen.

Die Phase der Verunsicherung, die diesem Augenblick der Wahrheit vorangeht, kann sich allerdings über längere Zeit erstrecken. Da der innere Rückzug der geliebten Person oft ganz allmählich erfolgt und diese vielfach nicht nur dem Partner, sondern auch sich selbst gegenüber nicht völlig ehrlich ist, können sich falsche Hoffnungen manchmal sehr lange halten. Außerdem verzerrt das Wunschdenken des Liebenden oft seine Wahrnehmung der Situation. Loslassen ist niemals leicht.

In manchen Fällen will der Verstoßene nicht einmal die eindeutigsten Äußerungen verstehen. Die Beharrlichkeit, mit der Liebende entgegen aller Vernunft an der Hoffnung auf Aussöhnung und einen neuen Anfang festhalten, demonstriert noch einmal, wie zentral das Moment der Imagination in der Liebe ist, welche Wahrnehmungsverzerrungen es mit sich bringen kann und, vor allem, welche immense Bedürftigkeit hinter solcher Realitätsverdrehung steckt. Das wird besonders deutlich, wenn der Liebende sich selbst in krassester Weise belügt, indem er auch unmißverständlichste Signale der Ablehnung nicht zur Kenntnis nehmen will. Simone de Beauvoir berichtet von einer Freundin, bei der diese Fähigkeit zur Selbsttäuschung verblüffende Ausmaße annahm. Sie weigerte sich einfach, der Tatsache ins Auge zu sehen, daß ihr Liebhaber nichts mehr von ihr wissen wollte, und meinte, nachdem er lange nichts von sich hatte hören lassen: «Wer Schluß machen will, schreibt, um den Bruch anzukündigen.» Als sie dann schließlich einen sehr eindeutigen Brief von ihm erhalten hatte, erklärte sie: «Wer wirklich Schluß machen will, schreibt nicht.»

Der Liebende biegt sich die Realität zurecht, damit seine Träume nicht zerplatzen. Er klammert sich an Nuancen, Uneindeutigkeiten, Auslassungen oder Redefloskeln – alles, was es ihm erlaubt, an der Phantasie festzuhalten, daß die gegenseitige Liebe wieder aufleben wird. Er verlängert seine Pein, indem er sich weiter falsche Hoffnungen macht. Noch nachdem die Zurückweisung offen ausgesprochen worden ist, versteht und deutet er die Situation falsch, konstruiert er Hoffnungszeichen, wo keine intendiert waren.

Aber die Realitätsverzerrung entspringt nicht immer allein dem Wunschdenken des Liebenden. Oft genug verhält sich die geliebte Person absichtlich oder unabsichtlich irreführend. Denken wir nur daran, wie in *Vom Winde verweht* Ashley Scarletts Hoffnungen und Phantasien auch dann noch weiter schürt, als er bereits Melanie geheiratet hat. Er gibt perverserweise sein verführerisches Verhalten Scarlett gegenüber erst auf, als Melanie tot ist! Was treibt die geliebte Person dazu, solche Illusionen zu nähren? Es kann sein, daß das Bemühen des anderen Teils ihrer Eitelkeit schmeichelt oder daß sie ihn sich «warmhalten» will für den Fall, daß aus anderweitigen Plänen doch nichts wird. Aber es kann auch sein, daß sie einfach nur den Schlag, den die Zurückweisung für den anderen bedeutet, abmildern will, indem sie sich bewußt uneindeutig äußert und beispielsweise erklärt: «Ich habe dich wirklich sehr gern, aber im Augenblick geht es einfach nicht.» Oder aber die geliebte Person hat Angst davor, als «böse» oder «grausam» angesehen zu werden, und verbirgt ihre wahren Gefühle, um vor dem anderen Teil (und vor sich selbst) weiter als gut dazustehen. Außerdem ist auf einer tieferen Ebene oft ihre eigene Identität, ebenso wie die des anderen Teils, immer noch eng mit dem «Wir» verwoben, aus dem sie sich gerade herauszulösen versucht.

Die folgende Geschichte ist ein sehr typisches Beispiel für die Beharrlichkeit, mit der Liebende an ihren Illusionen festhalten können. Ein netter und gütiger, aber schüchterner Mann fuhr noch immer fort, die Geliebte zu umwerben, als längst auf der Hand lag, daß sie ihn hinterging. Er sperrte sich monatelang dagegen, zur Kenntnis zu nehmen, daß sie immer seltener Zeit für ihn hatte, sich aber immer häufiger mit anderen Männern traf. Schließlich erklärte sie ihm, sie habe ihn zwar gern, liebe ihn aber nicht wirklich und könne sich deshalb nicht an ihn binden.

Er gab die Hoffnung trotzdem nicht auf und wies sogar die Avancen einer anderen Frau zurück, die sich inzwischen in ihn verliebt hatte. Seine Gedanken kreisten immer zwanghafter darum, was die Geliebte wohl denken, tun und lassen mochte. Manchmal gelang es ihm, indem er sich selbst vernünftig zuredete, für ein paar Stunden wieder «normal» zu werden. Einmal gewann er durch eine Filmszene plötzlich die Einsicht in bestimmte Aspekte seiner eigenen «Liebesbeziehung», und diese Erkenntnis erlöste ihn für eine Weile von seinen krankhaften Grübeleien. Aber die Befreiung war von kurzer Dauer. Nun kam für ihn zu dem Verlustschmerz noch das demütigende Gefühl hinzu, Sklave einer krankhaften Leidenschaft zu sein und seine Gedanken nicht mehr unter Kontrolle zu haben.

Seine Hoffnung, daß doch noch alles gut werden würde, stützte sich auf immer winzigere «Zeichen». Als die Geliebte ihm schließlich erklärte, sie wolle ihn nicht mehr sehen, forderte er von ihr eine Geldsumme zurück, die er ihr geliehen hatte. Es vergingen vier Tage, ohne daß sie das Geld zurückgab, und er redete sich ein, die Tatsache, daß sie seiner Forderung nicht sofort nachgekommen war, müsse bedeuten, daß sie an ihrem «Problem» arbeite und die Beziehung doch fortsetzen wolle. Er kam überhaupt nicht auf die Idee, daß sie einfach anderes im Kopf hatte und noch nicht dazu gekommen war – oder ihm seine Reaktion schlicht übelnahm.

Als die dann schließlich das Geld doch zurückzahlte, war er am Boden zerstört. Er artikulierte seine Gefühle mit den typischen Worten des verstoßenen Liebenden: «Ich bin ganz allein. Mein Leben hat keinen Sinn mehr.» Er sträubte sich jedoch so hartnäckig dagegen, den letzten Funken Hoffnung aufzugeben, daß er es fertigbrachte, auch in den nüchternen Brief, der dem Scheck beilag, noch etwas Ermutigendes hineinzulesen: er war, so hob er hervor, unterzeichnet mit «Deine…».

Solchen Selbsttäuschungen erliegen keineswegs nur einfältige Menschen. Der Schriftsteller Max Frisch seziert – von sich selbst in der dritten Person schreibend – das Ende einer seiner Ehen:

Oft soll er geredet haben, als wisse er Bescheid. Er fragt nicht: Wo bist Du gewesen? Sie preßt ihm Orangen, bevor sie aus dem Haus geht. Er hat ihre Zuneigung und verbietet sich jede Nachforschung; er liebt sie. Ab und zu macht er einen Scherz, um seinen Verdacht nicht ernstzunehmen; er macht es sich bequem. Das erleichtert die täglichen Irreführungen; es muß nicht viel gelogen werden, Verschweigen genügt. Übrigens kennt er den andern Mann und schätzt ihn sehr. Wenn da eine andere Liebe ist, denkt er, so wird man es ihm sagen früher oder später... Was es schwer macht für die Frau: wieder und wieder kommt er mit Plänen für eine gemeinsame Reise, werbend in Unkenntnis der Lage. Warum fragt er nicht rundheraus? Sie sagt sich, er will es nicht wissen... Langsam verliert er jeden leisen Verdacht. Es ist sein Fehler; ein Mann, der es nicht merkt, daß die Frau aus einem andern Bett kommt, ist kein zärtlicher Mann. Er merkt bloß, daß seine Arbeit sie wenig interessiert... Er merkt, wie wenig er seine Frau zu überzeugen vermag, was immer das Thema sei; sie weiß die ganze Zeit, daß er die ganze Zeit in Unkenntnis seiner Lage lebt, und wie soll sie noch glauben können, daß er nicht in allen Dingen sich ebenso irrt?

Ein Jahr später eröffnet ihm seine Frau schließlich die Wahrheit: daß sie einen anderen Mann liebe und mit ihm zusammenleben wolle. Frisch zeigt dafür Verständnis, daß die beiden ihm ihre Liebe so lange verschwiegen haben: «...er hat keine Gewähr geboten, daß er, ein Sechzigjähriger, sich nicht erschießt, vergiftet, erhängt deswegen...» Er richtet jedoch einen Teil des geleugneten Zorns auf die, die ihn betrogen haben, gegen einen guten Freund, der von der Untreue seiner Frau gewußt und ihm nichts davon gesagt hat.

Der Partner ist tatsächlich oft der letzte, der merkt, was gespielt wird. Selbst wenn es auf der Hand liegt, daß die geliebte Person ihn betrügt, wird er doch häufig die Augen davor verschließen, um an der Illusion festhalten zu können, daß seine Liebesbeziehung intakt ist: an ihr hängen seine Hoffnungen und

Ambitionen, sie ist seine *raison d'être*. Er fürchtet sich davor, sich die Vergänglichkeit dieser Liebe und die Mängel der geliebten Person einzugestehen, weil damit für ihn die Angst verbunden ist, er könnte überhaupt von Anfang an auf Sand gebaut haben. Außerdem steht auch, soweit die Beziehung für ihn Selbstverwirklichung und Selbstentfaltung bedeutet hat, sein positives Selbstgefühl auf dem Spiel. Er hat Angst, die Anerkennung der jetzigen Realität bedeute zugleich auch, daß alles, was er in der Vergangenheit als gut erlebt hat, nur Einbildung war. Er hat aus seiner Sicht nur zwei Möglichkeiten: entweder sich den Tatsachen zu stellen, den Verlust hinzunehmen und sein gestärktes Selbstwert- und Identitätsgefühl preiszugeben oder aber die gegenwärtige Realität zu leugnen, sich selbst etwas vorzumachen – und zu hoffen. Dieses Umschlagen in Selbsttäuschung ist es, was die Liebe diskreditiert und Außenstehende oft genug am Realitätssinn, wenn nicht überhaupt am Verstand Liebender zweifeln läßt. Aber gerechterweise sollten wir uns vor Augen halten, daß Selbsttäuschung nicht nur in der Liebe vorkommt. Wir neigen in allen Lebensbereichen dazu.

Wenn der verstoßene Liebende schließlich doch der Realität ins Auge sieht, wird er gewöhnlich entweder einen – oft verzweifelten – Anlauf nehmen, die geliebte Person zurückzugewinnen, oder sich von ihr abwenden. Im ersten Fall wird er sie vielleicht umwerben, ihr Geschenke und Versprechungen machen, sich ernsthaft um Selbstveränderung bemühen. Er wird alles versuchen, wovon er sich eine positive Wirkung verspricht, und sich vielleicht auch selbst betont distanziert geben, um die geliebte Person ihrerseits eifersüchtig zu machen. Verstoßene Liebende, insbesondere Ehefrauen, nehmen auch manchmal die Schuld an der Zerrüttung der Beziehung auf sich, weil ihnen dann die Hoffnung bleibt, das, was sie selbst zerstört haben, auch wieder reparieren zu können. Sie klagen: «Ach, wäre ich doch nur verständnisvoller gewesen, hätte ich doch mehr Mitgefühl gehabt, mehr gegeben.» Andere erklären die Zurückweisung damit, daß die geliebte Person vorübergehend nicht recht sie selbst oder nicht ganz bei Verstand sei: «Das ist nur seine

Midlife-crisis» oder «Das sind ihre selbstzerstörerischen Tendenzen». Der unglückliche Liebende beschwört Freunde und Verwandte, sich einzuschalten und die Beziehung retten zu helfen. Die Vermittler sollen Botschaften übermitteln. Dabei handelt es sich, je nachdem, worin der Liebende die Ursachen für den Bruch sieht, entweder um Versprechen, sich zu bessern, oder um dringliche Warnungen, was er sich Schlimmes antun wird, wenn die Scherben nicht wieder gekittet werden. Alle diese Taktiken zögern die Anerkennung der Tatsache hinaus, daß der Verlust endgültig ist.

Wenn der Verstoßene die Strategie der Abkehr wählt, wird er versuchen, sich selbst zu überzeugen, daß die geliebte Person seiner gar nicht wert ist. Er mag Selbstmordgedanken hegen, aber da das sicherste Heilmittel gegen Liebesleid eine neue Liebe ist, wird er es in der Mehrzahl der Fälle eher darauf anlegen, sich wieder zu verlieben. (Deshalb erleben wir es auch so oft, daß sich Menschen schon kurz nach einer Trennung mit einer anderen Person «trösten».) Wenn Männer offenbar weniger unter dem Verlassenwerden leiden als Frauen, dann liegt das meiner Meinung nach daran, daß ihnen diese zweite Möglichkeit – das Eingehen einer neuen Liebesbeziehung – eher offensteht. Ein komplexes Gefüge aus gesellschaftlichen und psychischen Gegebenheiten macht es ihnen, besonders in späteren Jahren, leichter, neue Partnerinnen zu finden, als dies umgekehrt für alleinstehende Frauen gilt.

Die Endphase der Liebe besteht für den verstoßenen Teil meist darin, daß er eine Zeitlang sein Leiden erduldet, irgendwann die Hoffnung aufgibt, zwischen Apathie und Depression hin- und herschwankt und sich dann langsam erholt. Im Zuge des langwierigen und schmerzlichen Prozesses des Loslassens kann es passieren, daß er sich phasenweise sonderbar benimmt und sich dafür selbst entsetzlich schämt. So wie Frauen, die befürchten, verlassen zu werden, manchmal schwanger werden, kommt es auch vor, daß verstoßene Frauen eine Schwangerschaft fingieren. Manche, die verlassen wurden, rufen bei der geliebten Person an und hängen dann ohne ein Wort wieder ein.

Solche Kontrollanrufe sind sogar eine sehr häufige Reaktion verlassener Partner. Andere beschatten die geliebte Person regelrecht, um in Erfahrung zu bringen, mit wem sie sich trifft. Sie stehen überraschend vor ihrer Wohnungstür, ersinnen immer neue Vorwände für «notwendige» Anrufe und «zufällige» Begegnungen. Auch wenn sie sich gewöhnlich für solche Verhaltensweisen schämen, können sie nicht davon ablassen. Tatsächlich handelt es sich dabei um Standardformen des Ausagierens obsessiver Phantasien — regressive Persönlichkeitsaspekte, die unweigerlich zum Vorschein kommen, wenn das Selbst unter der Zurückweisung in Trümmer geht.

Natürlich ist solches Verhalten für Freunde und Verwandte kaum verständlich. Das Schlimmste aber ist, daß der Liebende es sich selbst nicht erklären kann. Er begibt sich in entwürdigende Situationen und riskiert obendrein noch das schmerzliche Erlebnis, die geliebte Person mit einer neuen Liebe anzutreffen. Der Liebende hegt jedoch noch immer in seinem tiefsten Innern die unrealistische Hoffnung, sich durch diese Aktionen der geliebten Person in Erinnerung rufen, an ihr Unterbewußtsein rühren, einen verbliebenen Rest an Liebe neu entfachen und die Beziehung wiederbeleben zu können. Gleichzeitig ist dabei aber auch eine masochistische Komponente im Spiel. Die Selbstquälerei und Selbsterniedrigung sind auch ein Stück Wiederholungszwang, eine Form der Selbstbestrafung, die auf einen früheren Impuls zurückgeht: Das ausgeschlossene Kind dringt, in einer heftigen Aufwallung ödipalen Verlangens, ins Zimmer der Eltern ein, wird bestraft und findet sich erneut ausgeschlossen und erst recht gedemütigt.

Die selbstquälerische Obsession des zurückgewiesenen Liebenden ist in gewisser Weise das negative Gegenstück zu der überschwenglichen Besessenheit in der idyllischen Phase der Liebe. Im Gegensatz zu jener Zeit fühlt sich der Liebende jetzt aber nicht befreit und erlöst, sondern als Sklave seiner Obsession.

Wenn der verstoßene Liebende endlich den Verlust akzeptiert hat, überkommt ihn aus seinem Gefühl der Hilflosigkeit heraus nicht selten eine ohnmächtige Wut. Ist diese Wut bewußt, besteht die Möglichkeit, daß sie sich direkt äußert. Dringt sie dagegen nicht ins Bewußtsein, wird sie sich eher in Äußerungen oder Briefen niederschlagen, die darauf abzielen, im anderen Teil Schuldgefühle zu wecken. Briefe verstoßener Liebender sind oft nicht nur voller reumütiger Selbstbezichtigungen, sondern auch gespickt mit Vorwürfen und Anklagen.

Ich habe selbst einmal ein sehr krasses Beispiel für solche Aggression im Gewand devoter Ergebenheit miterlebt. Das charmante junge Au-pair-Mädchen einer Freundin hatte sich, ohne sich viel dabei zu denken, die Avancen eines unsicheren jungen Mannes gefallen lassen, der sie daraufhin mit Geschenken aller Art überschüttete, darunter auch regelmäßigen Blumenlieferungen. Sie gab ihm so taktvoll wie möglich zu verstehen, daß sie Rosen nicht möge. Da sie sich von ihm immer stärker vereinnahmt fühlte (und ihr seine obsessive Zuwendung auch unheimlich war), brach sie schließlich ganz mit ihm. Ein paar Wochen später überraschte er sie zu ihrem einundzwanzigsten Geburtstag mit einem erstaunlichen Geschenk – einundzwanzig Dutzend Rosen. Erst als sie alle ins Haus geliefert worden waren, wurde das unbewußte Motiv, das dahintersteckte, deutlich: Ihr Zimmer glich einer Leichenhalle. Später schrieb er dann ihren Namen und ihre Telefonnummer innen an die Tür einer öffentlichen Toilette, so daß sie eine Zeitlang ständig mit obszönen Anrufen geplagt wurde.

Liebende, die wegen einer neuen Liebe verlassen wurden, werden oft von rasender Eifersucht gepeinigt und von quälenden Vorstellungen verfolgt, die sich um das Zusammensein der geliebten Person mit dem Rivalen drehen. Ihre Wut richtet sich deshalb oft in erster Linie gegen den Nachfolger. Manche verstoßenen Liebenden entfalten auf einmal eine Emotionalität, die sie wie Figuren aus einem Roman Dostojewskis wirken läßt. Sie zeigen sich urplötzlich nicht nur einer *grande passion* fähig, sondern einer regelrechten *grande obsession*, und auf der anderen Seite einer nicht minder grandiosen Wut auf den anderen Mann oder die andere Frau. Indem sie ihre ganze Wut gegen den Rivalen richten, waschen sie die geliebte Person von aller Schuld rein.

Dieser Mechanismus ist zum Teil ödipaler Herkunft: böse und an allem schuld ist der Elternteil, zu dem das Kind in Rivalität steht. Auf diese Weise schafft sich auch der Liebende die Möglichkeit, seine Wut herauszulassen, ohne an das gute Bild von der geliebten Person zu rühren. Anzuerkennen, daß auch die geliebte Person Schuld trägt, hieße ja für den Liebenden, daß er die Geschichte neu schreiben und die Wichtigkeit der geliebten Person und damit der Beziehung relativieren müßte. Außerdem muß er sich das positive Bild von der geliebten Person auch deshalb bewahren, damit er weiter an der Hoffnung auf ihre Rückkehr festhalten kann, die ja für ihn das einzig vorstellbare Happy-End ist.

So wie unser Selbstwertgefühl in der Liebe gestärkt wird, kann es auf der anderen Seite, weil es so eng mit der Beziehung verknüpft ist, jäh in sich zusammenbrechen, wenn uns diese Liebe entzogen wird. Der Bruch bedeutet nicht nur den Verlust des Liebesobjekts und eine Herabwertung des (von der geliebten Person einst für so kostbar befundenen) «Ich», sondern auch die Auflösung des «Wir». Je weitergehend der Liebende seine Identität auf seine Rolle als Teil eines Paars gegründet hat, desto stärker wird er es als Identitätsverlust empfinden, auf ein Dasein als Einzelwesen zurückgeworfen zu sein. Es wird ihm schwer zu schaffen machen, daß er in der Achtung derjenigen Leute gesunken ist, die seine Paarbeziehung so bewunderungswürdig fanden, und er wird sogar fürchten, von ihnen abgelehnt zu werden. Das Gefühl, aus dem bisherigen sozialen Umfeld herauszufallen, ist ein weiterer Verlust, der vielen verstoßenen Liebenden schwer zusetzt.

Als sehr schmerzlicher Entzug wird auch der Verlust des Gefühls des Umhegt- und Behütetwerdens erlebt. Liebesbeziehungen bringen es oft mit sich, daß Wünsche nach zärtlichem Umsorgtwerden erwachen, auch wenn sie vorher lange Zeit geschlummert haben. Viele Erwachsene halten solche Wünsche für kindisch und unterdrücken sie deshalb bis in spätere Jahre. Konnten solche Wünsche dann in der Blütezeit einer innigen Liebesbeziehung wieder aufleben und zugelassen und integriert werden, bedeutet es eine schwere Frustration, wenn sie plötzlich nicht mehr erfüllt werden. In diesem Fall werden der Schmerz und die Demütigung des Verlassenwerdens besonders intensiv empfunden. Der Liebende beschimpft sich selbst als schwach und infantil und empfindet seine Bedürftigkeit als entwürdigend. Für Menschen mit einem Hang zu neurotischen Abhängigkeitsbeziehungen bedeutet diese Erfahrung natürlich noch tiefere Verzweiflung, da zu dem Schmerz noch die panische Angst vor einem Leben hinzukommt, in dem sie auf sich selbst gestellt sind. Aus diesem Gefühl hilfloser Verlassenheit heraus kann manchmal der Tod als der einzige Ausweg erscheinen.

Die schlimmste und offenbar unausweichlichste Auswirkung des Verstoßenwerdens ist aber wohl das Gefühl, daß das eigene Selbst, das ja in der Liebe in einer Weise preisgegeben wird wie sonst kaum je im Leben, gemustert und für mangelhaft befunden worden ist. Je unsicherer sich der Liebende seines Wertes als Person ist, desto mehr wird ihn die Zurückweisung in seinen tiefsitzenden Gefühlen bestärken, schlecht oder unzulänglich zu sein: Eine andere Person hat in die verborgenen Winkel seiner Seele geblickt und seine Hohlheit, seine Häßlichkeit oder seine Wut entdeckt.

Das Ausmaß des Leidens, das verstoßene Liebende durchmachen, bewegt sich auf einer gleitenden Skala zwischen Unglücklichsein und tiefster Verzweiflung. Wenn nicht nur das Selbstwertgefühl, sondern auch die eigene Identität entscheidend auf die Beziehung gegründet waren, wird deren Verlust am tiefsten gehen.

Die meisten Betroffenen leiden eine Zeitlang und erholen sich dann schließlich wieder. Zeitweilige Suizid- oder Mordphantasien sind in dieser Situation ziemlich verbreitet, aber im allgemeinen legen sie sich wieder. Zur anhaltenden Zwangsvorstellung oder gar zur tödlichen Handlung werden sie in der Regel nur bei Menschen mit einem primitiven Persönlichkeitskern, die eine sehr kleine Ausnahmegruppe darstellen. Wenn in einem solchen primitiv organisierten Individuum die unbezwingbare Wut über die Aufkündigung der symbiotischen Dyade aufbricht, regrediert es auf die Stufe des verzweifelten und wütenden Kleinkindes, das einen Objektverlust erlebt. Kleinkinder und andere Individuen mit einem noch gar nicht oder nur schwach ausgebildeten Ich reagieren auf Verlusterlebnisse mit Aufspaltung, durch die sich das ausschließlich gute Objekt in ein ausschließlich böses Objekt verwandelt. Bei einem verstoßenen Liebenden kann eine solche unzureichende Ich-Ausbildung dazu führen, daß er die geliebte Person, die er früher als grenzenlos gebend und nährend erlebt hat, jetzt als durch und durch böse und grausam wahrnimmt. Das plötzliche Kollabieren seines pathologischen Omnipotenzgefühls und seines Narzißmus können ihn in eine schwere Depression stürzen. Die Tragik solcher Menschen liegt darin, daß gerade diese primitive Liebe – mit ihren übersteigerten Forderungen nach Aufmerksamkeit und Zuwendung schon in der ersten Anfangsphase – so oft Ablehnung hervorruft.

Auch wenn der Liebende das Ende der Liebesbeziehung verwunden hat, wird er häufig die Erinnerung an sie in einer besonderen Weise speichern, die ich als inneren Liebesfilm bezeichne und von der an anderer Stelle schon die Rede war. Dort ruht sie dann, oft über lange Zeit, bis irgendwann bestimmte Auslöser den Film ablaufen lassen. Edna O'Brien porträtiert in ihrer Erzählung «Das Liebesobjekt» eine Frau, deren Liebesverhältnis mit einem verheirateten Mann in die Brüche gegangen ist. Sie hat den Schmerz überwunden, und die beiden treffen einander jetzt gelegentlich wieder, aber der Mann, dem sie sich dann gegenübersitzen sieht, ist nicht der, der die Hauptrolle in ihrem inneren Liebesfilm spielt:

Wir treffen uns von Zeit zu Zeit. Man konnte sagen, alles war wieder normal. Mit normal meine ich ein Stadium, in dem ich den Mond und die Bäume bemerke und frische Spucke auf dem Bürgersteig; ich sehe fremde Menschen an, und in ihrem Gesichtsausdruck finde ich etwas von meiner eigenen Notlage; ich bin ein Teil des alltäglichen Lebens, nehme ich an. In meinem Schlafzimmer ist eine Lampe, die jedesmal, wenn ein elektrischer Zug vorbeifährt, ein trockenes Knistern hören läßt, und in der Nacht zähle ich es, denn das ist die Zeit, in der er wiederkommt. Ich meine, der richtige *Er* – nicht der Mann, der mir dann und wann am Tisch in einem Café gegenübersitzt, sondern der Mann, der irgendwo in mir wohnt. Er steigt vor meinen Augen auf – seine Beterhände, seine Zunge, die so gerne spielt, seine schlauen Augen, sein Lächeln, die Adern auf seinen Wangen, die ruhige Stimme, die vernünftig mit mir spricht. Wahrscheinlich wundert sich mancher, weshalb ich mich so mit diesen Einzelheiten seines Seins abquäle, aber ich brauche es, ich kann ihn jetzt nicht gehen lassen, denn wenn ich es tun würde, dann wäre all unser Glück und meine darauf folgende Qual (über die seine kann ich nichts aussagen) wie *nichts* in meinem Leben gewesen, und ‹nichts› ist etwas Furchtbares, will man sich daran festhalten.

Dieser Erinnerungskomplex kann jahrelang vor sich hin schlummern, um dann auf einen geeigneten Auslösereiz hin – oft eine banale Kleinigkeit wie das Knistern einer Lampe – urplötzlich wieder aufzuleben. Das erklärt auch, weshalb die Begegnung mit einer einst geliebten Person so leicht eine ganze Flut von Erinnerungen heraufbeschwören kann und weshalb manchmal – etwa wenn die reale Person der Hauptfigur unseres «Films» stärker ähnelt – die Liebe selbst wieder erwacht.

Aber auch wenn der/die Geliebte unseres «Films» in unserem wirklichen Leben nie wieder in Erscheinung tritt, werden wir doch sehr wahrscheinlich, genau wie Edna O'Briens Heldin, feststellen, daß er/sie in unserer Erinnerung immer weiter existiert. Diese Erfahrung, die die meisten von uns kennen, entspricht einer grundlegenden Erkenntnis aus der Psychologie der Objektbeziehungen: die Erinnerungsbilder aller Personen, zu denen wir je signifikante Beziehungen hatten, gehen dauerhaft in das System unserer mentalen Repräsentation ein und bleiben ein prägender Faktor für unser Gefühlsleben und unser Selbstkonzept.

Wenn von der Liebe nichts mehr bleibt

Auch wenn der Liebende anfangs so leidenschaftlich verliebt war wie noch nie in seinem Leben, kann es doch passieren, daß die Liebe irgendwann «weg ist». Manchmal scheint sie sich einfach in Luft aufzulösen. Sie schwindet dahin, und an ihre Stelle treten Gleichgültigkeit, Langeweile oder Unruhe, wenn nicht gar Aggressionen und Wut. Der Wandel kann sich plötzlich vollziehen oder allmählich, als Folge fortschreitender Enttäuschung, still oder von offener Verärgerung begleitet. Manchmal versiegt die Liebe auf beiden Seiten. Es gibt viele Leute, die diese Ernüchterung für ganz natürlich und unvermeidlich halten und die Leere, die sie hinterläßt, nicht wahrhaben wollen. Betroffenen werden sie, vor allem, wenn es um eine Ehe geht, meist raten, «nur nichts Überstürztes zu tun», «Wege zu suchen» etc.

Viele Leute glauben, daß es für den Betroffenen selbst nicht sonderlich leidvoll ist, wenn seine Liebe versiegt. Aber wenn es auch sicherlich nicht den gleichen akuten Schmerz bedeutet wie das Verstoßenwerden, bringt es doch auch Leiden mit sich (die der Betreffende vielleicht zu lindern versucht, indem er sich anderweitig verliebt oder sich einredet, daß die Liebe von Anfang an keine war). Der Liebende, der sich auf ebenso mysteriöse Weise, wie er sich einst verliebt hat, jetzt «entliebt», fühlt sich enttäuscht, betrogen und beraubt. Was ihm einmal das Wichtigste im Leben war, hat jetzt für ihn keine Bedeutung mehr. Er trauert nicht nur um seine Liebe, sondern auch um die Zuversicht, die Hoffnung und die glückliche Naivität, die er mit ihr verloren hat. Nicht nur diese konkrete Liebe ist gestorben, sondern auch sein Glaube an die Ewigkeit der Liebe überhaupt.

Die Enttäuschung kann die produktive Phantasie des Liebenden nachhaltig lähmen, eine subtile Zersetzungswirkung auf seine Persönlichkeit ausüben und manchmal sogar die Imagination für immer versiegen lassen. Unter allen Schriftstellern hat wohl niemand diese zerstörende Wirkung so klar dargestellt wie Proust. Er zeichnet mit uneingeschränkter Sympathie und dem Blick für die feinsten Nuancen und Details die obsessive Leiden-

schaft seines Helden Charles Swann für eine Frau, die für alle –
Leser, Autor und (in klaren Momenten) sogar Swann selbst –
offensichtlich dieser Gefühle in keiner Weise würdig ist. Proust
verliert erst dann die Geduld mit seinem Geschöpf, als Swanns
objektive Vernunft endgültig über die Imagination triumphiert,
die es ihm ermöglicht hat, Odette zu lieben. Am Ende der Beziehung läßt ein Traum die Passion für Odette noch einmal vor
Swann Revue passieren. Er erwacht ernüchtert und kühl und
beklagt «fast empört» die bedauerliche Geschmacksverirrung,
die ihn Odette hat lieben lassen statt einer der rundlichen, rosi-
gen Schönheiten, zu denen er sich eigentlich viel mehr hingezogen fühlt. «Wenn ich denke, daß ich mir Jahre meines Lebens
verdorben habe, daß ich sterben wollte, daß ich meine größte
Leidenschaft erlebt habe, alles wegen einer Frau, die mir nicht
gefiel, die nicht mein Genre war!»

Für Proust ist das eigentlich Beklagenswerte nicht die Geschmacksverirrung, die Swann für Odette hat entflammen lassen, sondern das Versagen seiner Imagination. Deshalb beschreibt er Swanns schmerzliche Ernüchterung als Versagen, als
Ausdruck «jener zeitweilig bei ihm auftauchenden ‹Mufterie›,
einer gewissen derben Offenheit – sie kam besonders zum Vorschein, wenn er weniger glücklich war – die gleichzeitig sein seelisches Niveau etwas herunterdrückte». Swann versündigt sich
an der Liebe, an sich selbst und an der Imagination, weil er sich
jetzt nicht mehr in den Mann hineinzuversetzen vermag, der er
war, als er Odette noch liebte.

Manchmal wird es dem enttäuschten Partner gelingen, das
Versiegen seiner Gefühle zu rationalisieren, etwa indem er es damit erklärt, daß er einfach die falsche Wahl getroffen hat, weil er
damals noch zu unreif oder neurotisch war, daß er sich inzwischen weiterentwickelt hat und ihn die Beziehung jetzt langweilt. Manchmal ist an solchen Begründungen sogar etwas
Wahres dran. Es kann tatsächlich sein, daß ein Partner in der
Wärme und Geborgenheit einer verläßlichen Beziehung ein Maß
an Selbstbewußtsein und Kreativität entwickelt, das ihm neue
innere und äußere Bereiche und Möglichkeiten eröffnet. Der an-

414

dere Teil, der die Entwicklung gefördert und unterstützt hat, kann mit den Veränderungen nicht immer Schritt halten. Der «gewachsene» Partner wird in dieser Situation vielleicht «Opfer bringen» und in der Beziehung ausharren oder aber sich aus ihr lösen. Ein Beispiel: von den acht Gründungsgesellschaftern einer inzwischen renommierten Firma, allesamt Männer und Aufsteiger aus bescheidenen Verhältnissen, sind nur zwei noch mit ihrer ersten Frau verheiratet. Heute sind solche Entwicklungen bereits eher die Regel als die Ausnahme. Wir sind in solchen Fällen meist rasch mit simplen Urteilen bei der Hand («Sie war ihm gut genug, solange er noch ein Niemand war»), treffen damit aber oft nur einen Teil der Wahrheit.

Es gibt zweifellos Menschen, die so borniert und egoistisch denken und den Partner «abstoßen», weil er für ihr neues soziales Umfeld nicht gut genug ist oder weil sie befinden, daß sie sich mit ihrem Geld und ihrer Macht auch etwas Schickeres leisten können, als ginge es um ein Auto. Aber mit solch vordergründigen Motiven allein läßt sich noch nicht erklären, weshalb manche Menschen dem Partner gegenüber, den sie einmal geliebt haben, so heftige Aversionen entwickeln. Druck oder Versuchungen von außen mögen genügen, um eine hauptsächlich aus Konventions- oder Konvenienzgründen geschlossene Ehe zu zerstören, reichen aber nicht aus, um eine echte Liebesbeziehung ernstlich zu gefährden. Darum heißt es ja auch, daß eine dritte Person nur eine Ehe auseinanderbringen kann, in der es bereits kriselt. Liebesbeziehungen zerbrechen viel häufiger an internen Problemen und Widersprüchen als an äußeren Verlockungen oder Veränderungen.

Überwiegt das Gefühl des Ausgenutztwerdens, des Autonomieverlusts oder der Einseitigkeit (oder sonst eines der vielen Probleme, die ich erörtert habe) erst einmal die befriedigenden Aspekte der Beziehung, dann werden Verletztheit, Groll, Enttäuschung und schließlich Ärger und Deprimiertheit die Liebe früher oder später ersticken. Im typischen Fall liegt dazwischen jedoch noch eine Phase, in der der Liebende um der Bewahrung seiner Liebe und der Erhaltung des Status quo willen versucht, seine negativen Gefühle zu ignorieren oder zu verharmlosen und die Schuld für die Beziehungsprobleme bei sich selbst zu suchen. Die unausgetragenen Differenzen und Unmutsgefühle werden sich jedoch zunehmend in Depression oder Gleichgültigkeit niederschlagen. Gewöhnlich kommen die unterdrückten Gefühle erst dann zum Durchbruch, wenn sich dem unzufriedenen Partner irgendeine andere Perspektive eröffnet – oft, wenn auch nicht immer, die Möglichkeit einer neuen Liebesbeziehung. Lassen sie sich aber nicht mehr länger niederhalten, ohne daß der Betreffende eine Alternative zu der bestehenden Beziehung sieht, ist die Folge oft Verzweiflung, das erdrückende Gefühl, in einer ausweglosen Falle zu sitzen. Die siebziger Jahre brachten vielen Frauen eine neue Alternative: die Hoffnung auf Selbstentfaltung und Unabhängigkeit durch Berufstätigkeit – ein Aufbruch, der sich in einer Flut von Filmen und Romanen spiegelt, die das erfüllte Leben beruflich erfolgreicher Frauen schildern.

Auch wenn sich die neuen Lebenspläne letztlich vielleicht nicht realisieren werden, ermöglichen sie es dem enttäuschten Liebenden doch, seine negativen Gefühle an sich heranzulassen. Im glücklichsten Fall kann das Eingestehen der Unzufriedenheit sogar dazu führen, daß die Partner gemeinsam Mittel und Wege finden, ihre Probleme anzugehen und zu lösen.

Ist die Liebe aber tatsächlich unwiederbringlich zerstört, wird sie in eine immer weiter anwachsende Flut negativer Gefühle umschlagen, eine Art negativer Entsprechung zu der Woge der positiven Emotionen, die uns überwältigen, wenn wir uns verlieben. Die Abneigung, die der Liebende gegenüber dem Menschen empfindet, den er einst geliebt hat, kann heftige Formen annehmen und sich sogar zu einem regelrechten Ekel auswachsen. Der eine kann den Geruch der Partnerin nicht mehr ertragen, die andere die Angewohnheit des Partners nicht mehr aushalten, mit offenem Mund zu kauen. Der Unmut darüber nimmt Ausmaße an, die völlig übertrieben erscheinen (schließlich hat er immer schon so gekaut, ist ihr Geruch der gleiche wie früher auch). Diese Reaktionen sind von der gleichen übersteigerten Heftigkeit wie das Gefühl der Verzückung, das in den glücklichen Zeiten der ersten Verliebtheit der Anblick des kleinen Muttermals auf ihrer Schulter oder seines schiefen Grinsens zu wecken vermochte. In einem dem Sich-Verlieben gegenläufigen Prozeß äußert sich der Ablösungsvorgang oft in einem fast physischen Ekel vor dem Körper und den intimen Gewohnheiten des Partners. Dem Liebenden sind – unter anderem – die zärtlichen Gefühle für das *innere Wesen* des Partners verlorengegangen: Sein Körper ist nicht mehr die Hülle einer kostbaren Seele, sondern nur ein massives, physisches Ding, das jetzt für die ganze Person steht. Die körperliche Abneigung ist oft ein Gradmesser für den Verlust der Wertschätzung für den anderen in seiner Subjektivität.

Der ernüchterte Partner fühlt sich gelangweilt. Schweigen, das einst wortlose Kommunikation bedeutete, ist jetzt nur noch das Echo seines Gefühls der Leere. Die Stunden des Zusammenseins, früher als zeitlose Augenblicke erlebt, ziehen sich jetzt endlos hin. Im Restaurant bemerkt er die in versteinertem Schweigen vor sich hin essenden Ehepaare, und er fragt sich, wie es in seiner eigenen Beziehung zu einem solchen emotionalen Bankrott hat kommen können. Er fühlt sich vom Partner innerlich abgeschnitten, hat aber nicht den Wunsch, etwas für die Wiederherstellung der Beziehung zu tun. Es kommt ihm vor, als wäre er mit einem fremden Menschen zusammen, der allerdings nichts Geheimnisvolles oder Anziehendes hat. Er hat kein Interesse mehr.

Der ernüchterte Partner stellt sich jetzt nicht mehr die Frage, die ihn in der ersten Zeit der Verliebtheit so oft gequält hat: ob er selbst gut genug für die geliebte Person (oder zumindest genauso gut wie seine möglichen Rivalen) ist. Im Gegenteil: er stellt jetzt selbst Vergleiche an, bei denen der Partner immer schlechter wegkommt. Er hat das Gefühl, daß ihm die Beziehung Möglichkeiten versperrt. Er hackt auf den Fehlern des anderen herum, weil er darin den Ausdruck gravierender Unzulänglichkeiten sieht. Manchmal werden ihn sogar augenblicksweise brutale oder sadistische Phantasien überkommen, in denen er sich den anderen physisch oder psychisch peinigen sieht. Willkürliche Kränkungen, Herabsetzung und Demütigung vor anderen und strafendes Schweigen sind die Ausdrucksformen verärgerten Rückzugs.

So wie einst schwärmerische Träume den Liebenden absorbiert haben, beschäftigen ihn jetzt Fluchtgedanken und -phantasien. Er begehrt gegen die Verpflichtungen auf, die die Beziehung für ihn bedeutet. Er empfindet den Aufwand an Zeit, Geld und Energie, den sie ihn immer noch kostet, als Last und fühlt sich ausgesogen und ausgenommen. Scheidungsanwälte tragen diesem nahezu unausbleiblichen Widerwillen Rechnung, indem sie ihren Klientinnen raten, finanzielle Fragen rasch zu klären, solange ihre Männer möglicherweise noch ein schlechtes Gewissen haben, da «niemand für einen toten Gaul zahlen will».

Das «Sich-Entlieben» folgt einem bestimmten Muster, das die Umkehrung des Sich-Verliebens darstellt. Die Ablösung ist ebenfalls ein diskontinuierlicher Prozeß, der über Schübe negativer (statt schwärmerischer) Gefühle im Wechsel mit wiederauflebenden Versöhnungswünschen vor sich geht. Dieses Hin und Her endet schließlich damit, daß einer der Partner beschließt, die Beziehung zu lösen. Es kommt aber auch vor, daß den unzufriedenen Teil noch nach der Trennung erneut Versöhnungssehnsüchte oder sogar neue Liebesgefühle überkommen. Das «Sich-Entlieben» hat im Grunde ebenso den Charakter einer *grande obsession* wie das Sich-Verlieben, nur mit entgegengesetzter emotionaler Valenz. Gewöhnlich wird deshalb auch der Partner, der sich «entliebt» hat, das Ende der Liebe beklagen, obwohl es seine eigene «Entscheidung» war. Entgegen weitverbreiteten Auffassungen ist der Untergang der eigenen Liebe also offenbar auch für den Betroffenen selbst ein gravierendes und schmerzliches Geschehnis.

Tote und quälende Beziehungen

Manche «glücklichen» Ehen funktionieren zwar auf einer oberflächlichen Ebene in der Tat reibungsfrei, sind aber in ihrem emotionalen Kern tot. Austausch, Idealisierung und wirkliche

Nähe finden nicht mehr statt. Nicht mehr die Gebote des Herzens bestimmen die Interaktion, sondern nur noch soziale Normen. Die Partner hängen an der Wir-Identität nach außen hin, an der Geborgenheit und den kleinen Freuden des Ehealltags. Sie genießen oft die schützende Wärme der institutionalisierten Zusammengehörigkeit, obgleich ihnen die Umarmung zuwider ist. Sie kümmern sich weiter beide um die Kinder, vergeuden ihr Geld nicht durch die Finanzierung von zwei getrennten Haushalten (die eine Scheidung bedeuten würde), pflegen ein gemeinsames Sozialleben und sogar einen höflichen Umgang miteinander. Sie sind gut aufeinander eingespielt und oft ein perfektes Team – auf Reisen, als Gastgeber, bei der Bewältigung der häuslichen Arbeiten. Ihrer Beziehung fehlt nichts – außer Leidenschaftlichkeit und Nähe. Was sie darin finden, ist vor allem soziale Identität und weniger die Bestätigung ihres Selbst.

Die Partner in solchen Beziehungen verbindet aber dennoch etwas sehr Wichtiges: der unausgesprochene Wunsch, der Außenwelt gegenüber ein intaktes «Wir» zu präsentieren. Sie haben zwar wie Liebende die Fäden einer gemeinsamen «Geschichte» gesponnen, aber dieser fehlt die emotionale Grundlage. Solche Ehen sind oft noch erdrückender als Beziehungen, in denen es offen kriselt und kracht, denn in letzteren ist zumindest noch der Funke der Leidenschaft vorhanden, und die Partner können ihre Gefühle untereinander und Freunden gegenüber offener äußern, weil sie nicht unter dem Zwang stehen, die Fassade der Harmonie aufrechtzuerhalten.

Manchmal sind sich auch die Partner selbst der emotionalen Leere ihrer Beziehung gar nicht bewußt. Sie halten sich an das, was die Skeptiker von jeher erklären: daß Leidenschaft nie von Dauer ist. Da sie glauben, daß Ernüchterung unausbleiblich ist und jede Beziehung irgendwann langweilig wird, fühlen sie sich oft gar nicht betrogen. Sie konstruieren ihre Situation zu einer normalen Entwicklung um und sind stolz auf ihre Fähigkeit, die Realitäten des Lebens zu akzeptieren. Sie rüsten sich daran auf, daß kluge Köpfe Leidenschaft für etwas Oberflächliches und Menschen, die nach ihr suchen, für unreif erklären. Sie sehen eine besondere Stärke ihrer Beziehung darin, daß sie einander realistisch sehen und jeder den Partner nimmt, wie er ist: Wenn sie das Geld dazu haben, ersetzen solche Paare oft Leidenschaft durch trendbewußten Konsum: sie kaufen stets die richtige Marke, reisen an die schicken Urlaubsorte und haben das neueste Theaterstück schon gesehen. Ihr Sozialleben absorbiert sie immer mehr, und das gespannte Bangen, ob man sie zu einem bestimmten Anlaß einladen wird oder nicht, wird zum Substitut für Nähe. Wenn beide Partner gleichermaßen und unangefochten leidenschaftslos sind, kann dieses «Wir» tatsächlich dauerhaft sein. Und oft haben Menschen, die einen solchen Pakt schließen, in ihrem Streben nach Liebe – kameradschaftlicher wie leidenschaftlicher Art – längst resigniert. Bedroht sind solche Beziehungen nur dann, wenn in einem der Partner die Leidenschaft im Keim noch lebendig ist und deshalb die Gefahr besteht, daß er etwas anderes sucht und findet.

Das Leben in einer affektiv verarmten Beziehung ist aber oft nicht der einzige Preis, den die Partner für die Aufrechterhaltung einer Ehe ohne Liebe bezahlen müssen. Nicht selten fordert sie von ihnen die Abtötung der gesamten Emotionalität und Phantasie. Viele Menschen sterben auf diese Weise schon Jahrzehnte vor ihrem biologischen Tod.

Aber wie können wir uns diese Abstumpfung erklären, diese Verwandlung der überschäumenden, hoffnungsvollen Energie der frisch Verliebten in die (bewußte oder unbewußte) Resignation, innere Leere und Hoffnungslosigkeit? Das Nachlassen der Intensität allein bedeutet doch noch nicht zwangsläufig das Ende der Zuneigung. Folglich muß, wenn es zu einer solchen Leere oder gar Feindseligkeit kommt, noch etwas anderes mitspielen als nur das Abkühlen der Leidenschaft. Wie ich in den vorangegangenen Kapiteln zu zeigen versucht habe, kann die Liebe durch eine Vielzahl von Problemen zerstört werden, bei denen es sich überwiegend um zugespitzte Erscheinungsformen der in ihrem Wesen immer angelegten Widersprüche und Paradoxien handelt. Sie wird vielleicht durch Machtkämpfe erschüttert, oder sie bricht in sich zusammen, wenn wiederholte Enttäuschungen und Unzufriedenheit zur Entidealisierung und zum Verlust des Harmoniegefühls führen. Der Liebende fühlt sich womöglich kritisiert und herabgesetzt, oder er entwickelt negative Gefühle wie Zorn, Eifersucht oder Neid. Manchmal scheint es auch, als sei das «Gefühlskapital» der Partner einfach irgendwann aufgezehrt, weil es weder durch ein bereicherndes Sexualleben noch durch emotionale Nähe wieder aufgestockt wurde.

Die traurigsten unter all diesen traurigen Liebesgeschichten sind aber wohl jene Beziehungen, die mit großen Hoffnungen beginnen und zunächst auch zu einem andauernden Höhenflug abheben, um dann nicht an äußeren Umständen, sondern an essentiellen Charaktereigenschaften eines der Partner oder beider zu zerschellen. Wie wir alle (aus der Erfahrung mit anderen und auch mit uns selbst) wissen, entpuppt sich das Wesen eines Menschen oft erst im Laufe längerer Zeit: manchmal schält es sich in der Auseinandersetzung mit dem Anderen heraus, und manchmal offenbart es sich erst in Extremsituationen.

Ich habe mir jahrelang eingebildet, über die Beziehung zwischen Tolstoi und seiner Frau Sophie ganz gut Bescheid zu wissen. Mein Bild glich in etwa dem, das Simone de Beauvoir im *Anderen Geschlecht* entwirft. Im Zusammenhang mit ihrem Vorwurf, Tolstoi habe mit der Darstellung der Beziehung zwischen Pierre und Natascha im Epilog zu *Krieg und Frieden* den verlorenen Mythos vom idealen Paar zementiert, schreibt sie:

Die radikalste Verurteilung des Pierre-Natascha-Mythos liefert das Paar Leo-Sophie selber. Sophie hat eine heftige Abneigung gegen ihren Mann, sie findet ihn unerträglich. Er hintergeht sie mit allen Bäuerinnen der Umgebung, sie ist eifersüchtig und langweilt sich; ihre zahlreichen Schwangerschaften zerren an ihren Nerven, und ihre Kinder geben der Leere ihres Herzens und ihrer Tage keinen Inhalt. Der häusliche Herd bedeutet ihr eine dürre Wüste, ihm eine Hölle. Schließlich ist sie jene alte hysterische Frau, die sich nachts halbnackt in den feuchten Wald legt, und er der gehetzte Mann, der flüchtet und endlich die «Vereinigung» fürs ganze Leben verleugnet.

Macht man sich allerdings die Mühe, Tolstoi-Biographien zu studieren, ergibt sich ein wesentlich komplexeres Bild. Zwar stimmt es natürlich, daß diese Beziehung einem langen und schmerzhaften Zerfallsprozeß unterlag, aber auf einer tieferen Ebene blieb, bei allem Schwanken zwischen Haß und Liebe, doch jeder für den anderen der Angelpunkt des Lebens. Mehr noch als unter den sexuellen Problemen, den Seitensprüngen, den ständigen Schwangerschaften und der quälenden Eifersucht litt die Ehe jedoch letztlich wohl unter der schier unbezwingbaren Todesangst, die Tolstoi in den mittleren Jahren überkam und die ihn veranlaßte, sich vom literarischen Schaffen und vom mondänen Leben ab- und der Religion und dem Pazifismus zuzuwenden.

Sophie, die sich mit Freuden bemüht hatte, den Erwartungen des Schriftstellers Tolstoi gerecht zu werden, konnte die neuen Werte des Pazifisten Tolstoi nicht teilen und verübelte es ihm, daß er ihr zumutete, sich darauf einzustellen. Er wiederum warf ihr Engstirnigkeit und Materialismus vor. Dennoch bestand zwischen den beiden weiterhin eine tiefe Bindung, und bis fast zuletzt überkamen sie immer wieder starke Gefühle der Liebe und Verehrung füreinander.

Liebesbeziehungen – auch glückliche – stellen immer eine fein ausgewogene Balance dar, die beständig neu austariert werden muß, wenn sie durch Belastungen und Konflikte erschüttert wird, wie sie sich im Lauf der Jahre unweigerlich ergeben – nicht nur durch den Zeitfaktor, sondern auch durch grundlegende Veränderungen der Lebenssituation der Partner: berufliche und finanzielle Umstellungen, die Ankunft von Kindern, die Anforderungen, die sich aus dem Altwerden der Eltern und Schwiegereltern ergeben und, was vielleicht am schwersten wiegt, das eigene Älterwerden. Es ist ja bekannt, daß die sogenannte Midlife-crisis zwar in der Regel mehr mit ersten Alterserscheinungen und dem einsetzenden Bewußtsein der Endlichkeit des eigenen Lebens als mit der Einengung durch die Ehe zu tun hat, sich aber doch oft in einer außerehelichen Beziehung oder gar einer Scheidung niederschlägt.

Die Tatsache, daß es Eheleuten heute vergleichsweise leicht-gemacht wird, sich scheiden zu lassen, ist zwar sicher ein Glück für viele Menschen, die sonst in quälenden Beziehungen weiter-leben müßten, hemmt aber paradoxerweise auch in vielen Fällen die Auseinandersetzung. Manche Ehemänner und Ehefrauen reißen sich lieber zusammen, um nur ja den Partner nicht dahin zu treiben, daß er sie verläßt. Das verhindert natürlich ein pro-duktives Angehen der Probleme und erhöht die Gefahr, daß die Ehe zu einer dumpfen und von untergründigen Aggressionen ge-prägten, aber «stabilen» Lebensgemeinschaft verkommt. Vor al-lem ältere Frauen haben oft Angst davor, sich offen zu äußern und damit möglicherweise eine Trennung zu provozieren, da sie mit einiger Berechtigung davon ausgehen, daß ihren Männern immer noch viele Möglichkeiten offenstehen, die es für sie in dem Maße nicht mehr gibt.

Diese Diskriminierung älterer Frauen im Vergleich zu älte-ren Männern gibt den feministischen Autorinnen, die darauf hinweisen, daß es in der Ehe keine Gleichberechtigung gibt, trotz aller mittlerweile erreichten Fortschritte weiterhin recht. Aber wie ich schon an anderer Stelle angedeutet habe, wäre es auch naiv, zu erwarten, daß ökonomische Chancengleichheit auto-matisch schon eine gleichgewichtige Machtverteilung in der Ehe bedeutet. Ökonomische Emanzipation ist gewiß wichtig und so-gar unerläßlich, aber solange ältere Frauen als sexuell weniger begehrenswert gelten als ältere Männer, wird immer weiter ein Machtungleichgewicht bestehen, das die Frauen tendenziell dazu zwingt, den Mund zu halten, den Beziehungsfrieden zu be-wahren und sich in einseitiger Weise um die Aufrechterhaltung der Ehe zu bemühen. Solange sich an dieser Realität nichts än-dert, werden auch weiterhin viele Frauen Zuflucht zu Verhal-tensweisen nehmen, die zwar beklagenswert, aber auch ver-ständlich sind: «Vor allem aber lehrt eine ganze Tradition der Ehefrau die Kunst, ‹einen Mann zu nehmen›. Man muß seine Schwächen entdecken und ihm schmeicheln, man muß schmei-cheln und Geringschätzigkeit, Folgsamkeit und Widerstand, Wachsamkeit und Nachsicht geschickt abstimmen.»

Wahre Gleichberechtigung in Beziehungen setzt die Aufhebung der Diskriminierung älterer Frauen gegenüber älteren Männern voraus – und die wird uns nicht in den Schoß fallen.

Danach

Viele Liebesbeziehungen enden – manche in Trauer, andere in Schmerz und wieder andere in Verbitterung. Oft bleiben sie aber dennoch für den Partner weit über die Trennung hinaus wichtig und wertvoll, zum einen wegen der bleibenden Veränderungen, die sie bewirkt haben, zum anderen wegen der Erinnerung an die guten Tage. Daß eine Beziehung unglücklich endet, bedeutet also nicht zwangsläufig, daß sie überhaupt nichts Positives hinterläßt. Manche Liebe, die letztlich scheitert, war doch, solange sie dauerte, für die Beteiligten ein wichtiger Wachstums- und Selbsterweiterungsprozeß, und die Früchte der Erfahrung können das Ende der Liebe durchaus überdauern. Oft läßt sich die Bedeutung einer Beziehung erst lange nach der Trennung ermessen.

Es kann sogar sein, daß aus der tiefen Erschütterung und Verzweiflung am Ende einer Beziehung eine positive Neuorganisierung der Persönlichkeit und ein regelrechter Kreativitätsschub resultieren. Einer meiner liebsten Freunde, ein renommierter Denker, schrieb seinen – anerkanntermaßen und auch in seinen eigenen Augen – besten Essay nach der Beendigung einer schmerzlichen Liebesbeziehung, in der er tiefe Verletzungen davongetragen hatte und impotent geworden war. Er hatte das Gefühl, durch sein Leiden eine neue Klarheit des Denkens und viel tiefere Einsichten in die Zusammenhänge des Lebens – und in sich selbst – gewonnen zu haben. Vielleicht bedeuten solche Situationen für den Betroffenen manchmal etwas ganz Ähnliches wie das Phänomen der kreativen Krankheit – eine Reise in die Tiefen des eigenen Inneren, die ihn mit seinen eigenen Dämonen und Gespenstern konfrontiert und schließlich gefestigt und gestärkt wieder emportauchen läßt. Das mag auch für C. G. Jung gegolten haben, der ja (wie ich bereits ausgeführt habe) nach eigenem Bekunden einige seiner wichtigsten theoretischen Erkenntnisse seiner tiefen, aber nicht wirklich entfalteten Beziehung zu Sabina Spielrein verdankte. Um es mit W. H. Auden zu sagen: «Der weinende Eros ist der Erbauer von Städten» (was etwas völlig anderes beinhaltet als die Freudsche Erklärung der Kreativität aus der *Unterdrückung* und Sublimierung des Eros).

Selbst eine noch andauernde unglückliche oder problematische Beziehung kann offenbar Kreativität freisetzen. So heißt es beispielsweise, daß Emma Goldmans kreativste Lebensphase mit der Zeit ihrer tumultuösen Liebesaffäre mit Ben Reitman zusammenfiel. Die «Rote Emma», wie sie genannt wurde, war eine bekannte Anarchistin und Advokatin der freien Liebe, eine leidenschaftlich engagierte politische Kämpferin. Während sie in linken und feministischen Kreisen schon lange eine bekannte Figur ist, wurden ihr Name und ihre Lebensgeschichte einer breiteren Öffentlichkeit erst bekannt, nachdem 1975 die Liebesbriefe entdeckt wurden, die sie und Ben Reitman, ihre große Liebe, gewechselt hatten, und daraufhin zwei auf diesem Material basierende biographische Studien erschienen.

In ihren Briefen spricht Emma Goldman davon, daß diese Liebe für sie die «Gefängnistore» ihres Frauseins geöffnet habe. In dem knappen Jahrzehnt zwischen ihrer ersten Begegnung mit Reitman 1908 und dessen Heirat im Jahr 1917 lebte sie mit dem Geliebten ihre Vorstellungen von Liebe und Anarchie. Sie war zehn Jahre älter, er, was die gemeinsamen politischen Überzeugungen anbelangte, ein eher unsicherer Konvertit. Sie war für ihn seine «Blue Eyed Mommy», er für sie ihr «Hobo». Bei all seiner Impulsivität war Reitman, so die Goldman-Biographin Alice Wexler, «...offenbar auf der Suche nach einer Alternative zu seiner chaotischen, ungeordneten, ziellosen Art zu leben. Emma Goldmans Stärke gab seinen eigenen grandiosen Welterrettungsphantasien Inhalt und Richtung... Er bewunderte sie und fühlte sich geschmeichelt, weil sie ihm Beachtung schenkte. Ihre Verrufenheit und ihre Leidenschaftlichkeit erregten ihn. Er brauchte jemanden, der Schwung und Ordnung in sein Leben brachte. Sie brauchte jemanden, der ihr half und sie aufmunterte, der bei Tag für sie arbeitete und nachts mit ihr schlief. In gewisser Weise erfüllten sich ihrer beider Träume – aber auch ihre Alpträume.»

Die weniger beglückende Kehrseite der Beziehung war Emmas Unsicherheit hinsichtlich Bens Gefühlen und ihr ständiges Bangen, ob er ihr wohl treu bleiben würde. Zu ihrer – seelischen wie ideologischen – Erschütterung fand sie sich von Besitzansprüchen und Eifersucht getrieben. Schließlich verließ der «Hobo» seine «Mommy» mit der Begründung, er wünsche sich Kinder und ein konventionelles Familienleben. Obgleich Emma stets die Angst der Frauen vor der öffentlichen Meinung beklagt und der Offenheit das Wort geredet hatte, war sie doch, als sie daranging, ihre Memoiren zu schreiben, hin- und hergerissen, ob sie diese dunkle Seite ihres Liebeslebens einbeziehen sollte. Sie entschied sich dagegen, und das ist aus ihrer Sicht verständlich. Sexuelle Enthüllungen schreckten sie nicht, wohl aber das Eingeständnis jenes in ihren Augen so peinlichen Besitzdranges. Aber die Koinzidenz dieser verzehrenden Leidenschaft mit einem deutlichen Kreativitätszuwachs enthält ihre eigene Aussage – auch wenn diese nicht ganz im Einklang mit Emmas politischen Theorien über die zentrale Bedeutung der freien Sexualität für die Selbstbefreiung des Menschen stehen mag. (Natürlich ist eine befreite Sexualität wichtig, aber für die Befreiung des Selbst spielt die Liebe vielleicht doch die entscheidendere Rolle.)

Manche Leute bewahren sich zu den Menschen, die sie einmal geliebt haben, eine tiefe emotionale Bindung, weil sie wissen, daß niemand sonst ihre Erinnerungen und ein Stück Lebensgeschichte in der gleichen Weise mit ihnen teilt. Das mag auch der Grund dafür sein, daß man öfters von Schülerlieben hört, die nach Jahrzehnten bei einem Ehemaligentreffen plötzlich wieder aufflammen. (Die Begründungen reichen von «Sie war noch genauso, wie ich sie in Erinnerung hatte» – das Auslösemoment für den inneren «Liebesfilm» – bis hin zu «Er konnte sich sogar noch an meine Lieblingstante erinnern, die während meiner Schulzeit starb».) Geschiedene Ex-Partner betrachten einander nicht selten als immer noch irgendwie zur Familie gehörig, und ein Mann gestand mir einmal, daß er seine Ex-Ehefrau als eine Art Notfallreserve betrachte, weil er wisse, daß er sich in einer Krisensituation immer auf sie verlassen könne. Die beiden hatten zwar faktisch nichts mehr miteinander zu tun, aber als dann tatsächlich eine solche Krise – eine schwere Krankheit – eintrat und er sich an sie um Hilfe wandte, war sie prompt zur Stelle.

Wir lernen im Leben nur wenige Menschen wirklich kennen und hängen deshalb oft an den Personen, mit denen wir jene zentralen Prozesse durchlaufen haben, die für die Ausformung unserer Identität und der Zielrichtung unseres Lebens wesentlich waren. Das gilt in besonderem Maße für frühe Liebesbeziehungen, und so erklärt es sich wohl, daß die erste Liebe in der Erinnerung vieler Menschen einen so privilegierten Platz einnimmt.

Die vielleicht ungewöhnlichste und eindringlichste Geschichte einer solchen tiefen Bindung über das Ende der Liebe (jedenfalls im romantischen Sinn) hinaus erzählt Marguerite Duras in ihrem Erinnerungsroman *Der Schmerz*. Sie hat sich, verheiratet in Paris lebend, in D. verliebt, einen guten Freund auch ihres Mannes. Sie erfährt, daß ihr Mann Robert L. als politischer Kriegsgefangener bei der Befreiung des KZ Bergen-Belsen noch am Leben war, weiß aber nicht, ob er zurückkommt oder inzwischen gestorben ist. Während dieser Zeit des Wartens ist sie nervlich völlig zerrüttet – unruhig, deprimiert, zu allen normalen Verrichtungen unfähig. Sie kann nicht essen und nicht schlafen, und auch der Geliebte vermag sie nicht zu trösten. Während sie durch die Straßen geht, denkt sie: «Er ist seit drei Wochen tot. So ist es, genau das ist passiert. Ich habe eine Gewißheit. Ich gehe schneller. Sein Mund ist halb geöffnet. Es ist Abend. Er hat an mich gedacht, bevor er starb. Der Schmerz ist so groß, er erstickt, er hat keine Luft mehr. Der Schmerz braucht Platz. Auf den Straßen sind viel zu viele Leute, ich möchte in einer großen Ebene vorwärtsgehen, allein. Kurz bevor er starb, hat er sicherlich meinen Namen gesagt.»

François Mitterrand (einer ihrer Kampfgefährten im Untergrund) ruft sie an und berichtet ihr, daß Robert L. noch lebt, aber zu schwach ist, um das Lager zu verlassen, und daß damit gerechnet werden muß, daß er stirbt. Marguerite Duras schickt D. und noch einen anderen Freund aus, um Robert L. zu retten. Obgleich offiziell frei, wird er wegen Verdachtes auf Typhus in Quarantäne gehalten, und ihm droht eine Behandlung mit Spritzen, die sein Tod bedeuten sein kann. D. und der andere Freund, Beauchamp, holen Robert L. aus dem Lager und bringen ihn nach Paris, wo Marguerite, D. und der Arzt gemeinsam einen heroischen Kampf um sein Leben führen. Er ist so schwach und ausgezehrt, daß jede Nahrungsaufnahme für ihn tödlich sein kann, und muß deshalb durch tropfenweises Einflößen von Fleischextrakt vorsichtig aufgebaut werden. In dem Maße, wie seine Kräfte zurückkehren, erholt sich auch Marguerite. Sie beginnt, wieder zu essen und zu schlafen und langsam zuzunehmen. «Wir werden leben. Wie er kann ich siebzehn Tage nicht essen. Wie er habe ich siebzehn Tage lang nicht geschlafen, zumindest glaube ich, daß ich nicht geschlafen habe. Tatsächlich schlafe ich zwei bis drei Stunden am Tag. Ich schlafe überall ein. Ich wache voller Entsetzen auf, es ist furchtbar, jedesmal glaube ich, daß er während meines Schlafs gestorben ist.» Später, als Robert L. sichtlich auf dem Weg der Genesung ist, erklärt sie ihm, daß sie die Scheidung will, weil sie ein Kind von D. möchte und es ihr um den Namen geht, den es tragen wird. «Eines Tages habe ich ihm gesagt, daß wir uns scheiden lassen müssen, daß ich ein Kind von D. wolle, daß es wegen des Namens sei, den dieses Kind tragen würde. Er hat mich gefragt, ob es möglich sei, daß wir eines Tages wieder zueinander fänden. Ich habe nein gesagt, ich hätte seit zwei Jahren meine Meinung nicht geändert, seitdem ich D. kennengelernt hatte. Ich habe zu ihm gesagt, daß ich, selbst wenn es D. nicht gäbe, nicht mehr mit ihm zusammenleben würde. Er hat mich nicht nach den Gründen gefragt, derentwegen ich weg wollte, ich habe sie ihm nicht gesagt.» Das erfährt auch der Leser nicht, aber die Geschichte vermittelt eindringlich die tiefe Verbundenheit und Loyalität, die Marguerite Duras alles tun läßt, um Robert L. dem Tod zu entreißen, auch nachdem die Liebe, aus der diese Gefühle einst erwuchsen, nicht mehr existiert. Natürlich kann man ihren Einsatz auch einfach mit Schuldgefühlen erklären, aber für mich deuten der ganze Ton und die emotionale Atmosphäre ihrer Erinnerungen mehr auf eine tiefgehende Identifikation hin, ähnlich dem Gefühl, das uns handeln läßt, wenn unsere Kinder in Gefahr sind.

Bei manchen Menschen scheint die beendete Liebesbeziehung aber auch nichts weiter zu hinterlassen als gelegentliche wehmütige Gedanken und Stimmungen. Die Intensität, die diese Wehmut oft annimmt, läßt jedoch vermuten, daß in solchen Momenten komplexere Gefühle in unserem Unbewußten wachgerufen werden. Die nostalgische Erinnerung an frühere Liebesbeziehungen ist vielen Menschen so teuer, daß wir Veranlassung haben, ihr eine wichtige psychische Funktion zu unterstellen. Das würde zugleich auch erklären, weshalb wir auf wehmütige Beschwörungen verflossener Liebe im Kino wie im wirklichen Leben so heftig reagieren. Ein gutes Beispiel hierfür ist der Film *Cherie Bitter*. Es geht darin um die bewegende Geschichte einer radikalen jungen Jüdin (Barbra Streisand) und eines «Golden Boy» aus gutem Hause (Robert Redford), die sich auf dem College kennenlernen und später heiraten, deren Ehe aber schließlich an der unüberwindlichen Verschiedenheit ihrer Lebenseinstellungen scheitert – seiner Bereitschaft, seine Ideale zu verkaufen, und ihrem unbeugsamen Festhalten daran. Der Höhepunkt des Films ist ihre zufällige Wiederbegegnung nach Jahren. Sie ist politisch wie eh und je, er inzwischen mit einem «Golden Girl» zusammen. Sie durchleben eine Mischung aus wiederauflebender Erinnerung an ihre Liebe, Traurigkeit und wehmütigem Bedauern und gehen dann wieder ihrer getrennten Wege. Sie (und die Zuschauer) wissen jedoch, daß sie durch ihre Beziehung erwachsen geworden sind, weil sie sich selbst erfahren, die eigene Person akzeptieren und die Realität des anderen sehen gelernt haben, und dieses Wissen gibt ihrem neuerlichen Abschied bei aller Unvermeidlichkeit doch auch etwas sehr Trauriges.

Welche verborgenen Saiten rühren solche Geschichten in uns an, daß wir so intensiv darauf reagieren? Ich habe schon darauf hingewiesen, daß sich der Erfolg von Filmen wie *Casablanca* oder *Vom Winde verweht* vielleicht damit erklären läßt, daß sie nicht nur evozieren, was einmal war, sondern vor allem, was hätte werden können. Die anhaltende Faszination solcher Werke und auch vieler persönlicher Memoiren läßt vermuten, daß sich unter der Oberflächen-Story noch eine zweite Geschichte verbirgt, die den Betrachter oder Leser in ihren Bann zieht, auch wenn er sich ihrer Existenz gar nicht bewußt ist. In *Casablanca* geht es an der Oberfläche um eine gescheiterte Liebe, aber darunter schwingt die Beschwörung jener vollkommenen und ewigen Liebe mit, die hätte sein können, wären die Umstände andere gewesen. Wäre die Frau, die Ingrid Bergman spielt, nicht schon verheiratet, wäre ihr Mann kein edler Widerstandskämpfer, wären nicht alle drei, sie, ihr Mann und der Mann, den Humphrey Bogart spielt, so lautere, ehrenhafte Menschen, dann – so vermittelt uns der Film – hätte ihre Liebe bestimmt gesiegt und bis ans Ende aller Tage Bestand gehabt. Eric Segals *Love Story* zieht ihren Erfolg ebenfalls aus der Beschwörung der perfekten Liebe, die ewig weitergelebt hätte, wäre die Heldin nicht von ihrer Krankheit dahingerafft worden – und nicht, wie manche Kritiker meinen, aus dem Anklingen des Liebestod-Motivs. Ich habe schon einmal die Erkenntnis Davids im Roman *Endlose Liebe* zitiert: «Wenn endlose Liebe ein Traum war, dann war sie ein Traum, den wir alle teilten, der noch allgemeiner war als der Traum, nie sterben zu müssen oder uns in eine andere Zeit versetzen zu können...» Unter der manifesten Handlung, die sich um die verlorene Liebe dreht, verbirgt sich die viel faszinierendere Geschichte von der vollkommenen Liebe, die uns in unseren eigenen Hoffnungen und Träumen bestärkt.

In *Vom Winde verweht* ist die Liebe nicht nur an äußeren Umständen gescheitert, sondern auch an den besonderen Persönlichkeitsstrukturen der Beteiligten. Scarlett und Rhett haben einander geliebt, aber das Timing war schlecht. Hätte Scarlett früher zur Selbsterkenntnis gefunden, wäre Rhett großmütiger und geduldiger gewesen, hätte der Ausgang ein anderer sein können. Was (neben seinen filmischen Qualitäten) den enormen Erfolg dieses Leinwandepos begründet, ist deshalb weniger die tatsächliche Handlung als vielmehr die Suggestion dessen, was hätte sein können: zwei fröhliche, temperamentvolle, leidenschaftliche Menschen, die gemeinsam über die Schrecken und Nöte des Krieges, der Krankheit, der Armut und der Zerstörung triumphieren und Arm in Arm einem blutroten Sonnenuntergang entgegengehen. Das Bild der zurückgestoßenen Scarlett (mit dem der Film faktisch endet) verblaßt vor der wunderbaren Vision von dem, was möglich gewesen wäre. Es sind sehr spezifische Gründe, die diese Liebe scheitern lassen, und ebendieser Umstand suggeriert, daß sich sonst eine vollkommene Beziehung ergeben hätte. So behält die Liebe zwischen Scarlett und Rhett trotz allem ihre Makellosigkeit. «Was hätte sein können» triumphiert über das, was gewesen ist.

Etwas ganz Ähnliches geht manchmal vor sich, wenn wir wehmütigen Erinnerungen an vergangene Liebesgeschichten nachhängen. In dieser Erinnerung schwingen immer auch Gefühle mit, die auf unsere frühesten Verlusterfahrungen zurückgehen – den Verlust des Einsseins mit der Mutter und die Aufgabe unserer ödipalen Wünsche. Wenn wir an der Überzeugung festhalten, daß unsere früheren Liebesbeziehungen grundsätzlich aussichtsreich waren und nur an Schicksalsfügungen oder nicht unserem Einfluß unterliegenden Umständen gescheitert sind, können wir uns den Glauben an die vollkommene Liebe bewahren und damit auch die Hoffnung, daß sich in einer zukünftigen Liebesbeziehung all unsere Träume erfüllen werden.

Aber auch wenn sie keine kreativen Energien freisetzen, keine künstlerischen Meisterwerke oder positiven psychischen Veränderungen zeitigen, keine dauerhafte Freundschaft und noch nicht einmal schöne Erinnerungen hinterlassen, sind selbst extrem problematische und unglückliche Beziehungen im Ergebnis nicht unbedingt destruktiv und bedeuten vor allem nicht, daß eine nachfolgende Beziehung nicht glücklich verlaufen könnte. Man denke nur an Colette, die während der letzten zwanzig Jahre ihres Lebens die Geborgenheit einer friedlichen und harmonischen Beziehung genoß, nachdem sie zwei schwierige und kräftezehrende Ehen hinter sich gebracht hatte. Wir alle kennen Menschen, die in der Liebe gelitten und manchmal sogar tiefe Wunden davongetragen haben, denen es aber dennoch gelungen ist, positive, glückliche und vielleicht sogar von Leidenschaft getragene Beziehungen einzugehen. Tatsächlich werden Menschen, die in ihrer ersten Ehe schmerzlich gescheitert sind, oft in der zweiten glücklich. Sie haben dazugelernt, was sie selbst und was Beziehungen anbelangt.

Bei alledem soll nicht geleugnet werden, daß unglückliche Liebesbeziehungen auch langfristige negative Folgen nach sich ziehen können. Wenn ein Mensch bereits psychisch labil ist, können sich die leidvollen Erfahrungen in einer Beziehung in einer Verminderung seines Selbstwertgefühls oder einer übertrieben negativen Einschätzung seiner künftigen Möglichkeiten niederschlagen. Es kommt vor, daß Liebende eine Enttäuschung oder Zurückweisung überhaupt nie ganz verwinden oder daß sie zwar wieder auf die Beine kommen, sich aber schon kurz darauf in die nächste Horrorbeziehung stürzen. Möglicherweise idealisiert der verstoßene Liebende den Ex-Partner weiterhin und ist der Überzeugung, die beglückende Erfahrung der Liebe sei so eng an seine Person gebunden gewesen, daß sie mit einem anderen Menschen niemals wiederholbar sein werde. (So reagierte offenbar Maria Callas, nachdem Onassis sie verlassen hatte.) In diesem Fall kann es leicht passieren, daß der verstoßene Liebende sich von vornherein gegen eine neue Beziehung sperrt und in der negativen Sicht seiner eigenen (vom Ex-Partner abgelehnten) Person, der Welt im allgemeinen und der Liebe im besonderen befangen bleibt. In seltenen Extremfällen kann das Leiden des verstoßenen Liebenden auch im Suizid oder Mord enden. Was den entliebten Partner anbelangt, so kann es sein, daß er überhaupt nichts aus der ganzen Erfahrung lernt, weder was ihm wirklich wichtig ist, noch was vielleicht an ihm selbst veränderungsbedürftig sein könnte. Es ist möglich, daß er sich ebenfalls künftig verbittert gegen die Liebe sperrt oder aber blind das gleiche Beziehungsmuster wiederholt. Der Liebende, dessen Gefühle gar nicht erst erwidert werden, wird die Abweisung meist überwinden, so wie Charlotte Brontë, die schließlich den Kustos ihres Vaters heiratete und allem Anschein nach in den zehn Ehemonaten, die ihr noch vergönnt waren, ehe sie starb, sehr glücklich war. Es kann aber auch sein, daß er für immer in einer phantasierten Liebesbeziehung befangen bleibt – wie Adèle Hugo. Die Liebe nimmt wahnhafte Züge an und kann schließlich sogar in eine rein imaginäre Verbindung münden.

Wer wird an einer unglücklichen Liebe zerbrechen, wer letztlich unbeschadet daraus hervorgehen oder sogar an ihr wachsen? Wie können wir bestimmen, in welchen Fällen Liebe gewissermaßen kontraindiziert ist? Da die Schar der Menschen, die in der Liebe mehr Leid als Glück erleben, so groß und so heterogen ist, hilft es auch nicht weiter, ihr Unglück damit zu erklären, daß sie eben neurotisch sind. Tatsächlich gelingt es vielen ziemlich neurotischen Menschen, dauerhafte und befriedigende Liebesbeziehungen herzustellen. Eine Kletterpflanze behauptet sich ja schließlich auch, indem sie einen Eichbaum findet, an dem sie sich emporranken kann, und unter Menschen sind solche symbiotischen Arrangements ebenfalls möglich und manchmal auch ganz zufriedenstellend. Folglich verhält es sich wohl eher so, daß nur bestimmte psychische Probleme mit einiger Sicherheit große Schwierigkeiten in der Liebe mit sich bringen.

Wie äußern sich solche schwerwiegenden Beziehungsprobleme? Sie zu erkennen, ist nicht leicht, da die Übergänge zwischen den normalen emotionalen Tumulten der Liebe und den gravierend neurotischen Strukturen fließend sind. Es gibt aber dennoch bestimmte, jedem Kliniker wohlbekannte Hinweise auf eine Beteiligung primitiver psychischer Mechanismen oder psychopathologischer Komponenten, die für die Liebesbeziehungen des Betreffenden oder für ihn selbst zerstörerisch sind.

Dazu gehören unter anderem übermäßige Selbstzweifel und selbstquälerische Vorwürfe, wenn in der Beziehung Probleme auftreten; das unbewußte Sabotieren der Beziehung (vor allem durch unbewußte Aggressionsäußerungen), gepaart mit Ablehnungsängsten; periodische Aggressionsausbrüche, gefolgt von reuiger Zerknirschung; Selbstmordgedanken, sobald die Beziehung zu zerbrechen droht; heftige und unkontrollierbare Eifersuchtsanfälle, oft ohne jeden Anlaß; die wiederholte Wahl ungeeigneter oder unerreichbarer Liebesobjekte; die zwanghafte Wahl von Partnern, die die lebende Karikatur der eigenen Mutter- beziehungsweise Vater-Imago darstellen; die völlige Vernachlässigung aller sonstigen Interessen, Vorhaben und Verpflichtungen; die absolute Unfähigkeit, offenkundige Probleme der geliebten Person realistisch wahrzunehmen; jähes Umschlagen der Gefühle von Liebe in Haß und umgekehrt; Gefühle der Wertlosigkeit und Schlechtigkeit; im Vordergrund stehende Wünsche, gerettet zu werden oder den anderen zu retten; das Anklammern an die Beziehung um jeden Preis und ungeachtet der Erniedrigung, die es bedeutet, usw.

Diese Aufzählung umreißt in etwa, welcher Art die Verzerrungen der Wahrnehmung und des Fühlens sind, die den chronisch enttäuschten oder zum Scheitern verurteilten Liebenden kennzeichnen. In leichteren Fällen rücken sie sich manchmal mit zunehmender Lebenserfahrung oder auch einfach dank glücklicher Fügungen von selbst zurecht, in anderen weichen sie erst psychotherapeutischer Intervention, und manchmal scheinen sie selbst hartnäckigem therapeutischem Bemühen zu trotzen.

Obgleich es also zweifellos richtig ist, daß bestimmte neurotische Probleme die Liebe zum Scheitern bringen können, sehe ich doch noch eine viel fundamentalere und allgemeinere Schwäche der menschlichen Psyche, die die Liebe belastet. Das Glück (in der Liebe wie in allen anderen Lebenssphären) fällt uns nicht in den Schoß, obgleich wir anscheinend alle davon ausgehen, daß wir ein Recht darauf haben. Sobald wir aber nicht glücklich sind, neigen wir dazu, uns einen Sündenbock zu suchen, den wir dafür verantwortlich machen können. Solange wir jung sind, ist das meist ein Elternteil oder ein Bruder / eine Schwester, und später muß dann der Partner herhalten. Die Liebe ist deshalb nicht nur mit den Problemen befrachtet, die sie selbst von ihrem Wesen her beinhaltet, sondern außerdem auch noch mit der Last unserer sämtlichen Frustrationen und unerfüllten Wünsche.

Das Schicksal der Liebe, so können wir zusammenfassend sagen, hängt von vielen Variablen ab, unter anderem sicherlich vom Naturell der Liebenden, ihrer Toleranz, einer gewissen gesunden Fähigkeit, manches nicht zu sehen (oder zu übersehen), und der Bereitschaft zu verzeihen. Aber entscheidend ist nicht allein, was wir in die Liebe hineintragen. Wir müssen lernen, zwar der Liebe den ihr zukommenden wichtigen Platz in unserem Leben einzuräumen, aber dennoch auch andere Beziehungen weiterzupflegen, unserem Leben auch noch auf andere Weise Sinn zu geben. Denn wenn die Liebe am Leben bleiben soll, ist es vielleicht die wichtigste Vorbedingung, daß wir sie nicht überbürden.

13

LIEBE, DIE REICH MACHT –
LIEBE, DIE EWIG WÄHRT

Eine «gute» Liebesbeziehung ist eine Liebesbeziehung, die das Selbstwertgefühl des Liebenden stärkt und es ihm ermöglicht, die Schranken des Selbst zu überschreiten. Ob diese Liebe bis ans Ende des Jahrtausends anhält, ist dabei nicht das entscheidende Kriterium. Zu Recht überträgt Reik auf die Liebe das Bonmot eines Politikers: «Reden brauchen nicht ewig zu dauern, um unsterblich zu sein.»

Liebende wollen sich nicht mit der unsterblichen Liebe begnügen: was sie sich erhoffen, ist die ewige Liebe. (Dieses Bestreben ergibt sich aus der Tatsache, daß unsere auf Gratifikation jeglicher Art – also auch Liebe – gerichteten Wünsche dem Unbewußten entspringen, wo alles außerhalb der Zeitdimension existiert.) Und manchen Liebenden gelingt offenbar das nahezu Unmögliche: die Bewahrung der Leidenschaft in der Liebe über die Zeit hinweg. Natürlich sind Liebende wie Theoretiker der Liebe brennend an der Beantwortung der Frage interessiert, welche Faktoren es ermöglichen, daß Liebe in ihrer leidenschaftlichen Form lange Jahre überdauern kann.

Ich sage zwar, daß leidenschaftliche Liebe selbst dann wertvoll sein kann, wenn sie nicht von Dauer ist, aber ich sage nicht, daß sie die einzig wertvolle Form der Liebe ist. Es kommt häufig vor, daß sich die leidenschaftliche Liebe, nachdem sie formalisiert und institutionalisiert wurde, in eine abgeklärtere «reife» Liebe verwandelt, die mehr von Zuneigung und Respekt getragen ist als von Leidenschaft. Wenn man bedenkt, wie viele leidenschaftliche Beziehungen nach einiger Zeit mit einem großen

Knall enden und vielleicht sogar einen Scherbenhaufen hinterlassen, dann ist dieser Übergang in eine ruhigere, aber stabile
Beziehungsform sicher etwas sehr Positives. Eine andere Variante, die oft lange Bestand hat, ist eine Mischform: der eine
Partner liebt den anderen noch immer leidenschaftlich, während
dieser eher zärtliche Zuneigung empfindet. Und wenn man
Zeugnisse für «perfekte» Beziehungen sucht, spricht man am
besten mit Menschen, deren Liebesbeziehungen durch den Tod
des Partners ein Ende gesetzt wurde. Wenn wir alle diese Beziehungsformen berücksichtigen und dazu noch die Fälle, in denen
die leidenschaftliche Intensität in positiver Weise erhalten bleibt,
dann scheint der Liebe doch häufiger ein glückliches Schicksal
beschieden zu sein, als gemeinhin behauptet wird.

Warum aber dann die heftige und weitverbreitete Skepsis?
Ein Grund liegt sicherlich darin, daß viele Leute Liebesbeziehungen nur dann als glücklich zu werten bereit sind, wenn ihre Intensität anhält. Diese Beziehungen sind jedoch, obgleich nach
meinem Dafürhalten ein signifikanter Anteil, eindeutig in der
Minderzahl.

Hinzu kommt aber auch noch, daß sich die Literatur, auf
die sich ja unser Urteil zu einem guten Teil stützt, mit der Darstellung glücklicher Liebesbeziehungen schwer tut. Auden erklärte: «Unter den vielen (viel zu vielen) in der ersten Person
geschriebenen Liebesgedichten waren die überzeugendsten entweder leichtfüßige Liedchen, die sich nur auf der sinnlichen
Ebene bewegten und gar nicht den Anspruch erhoben, von
ernsthafter Liebe zu handeln, oder kummervolle Klagen, weil
die Geliebte gestorben war und daher nicht mehr fähig zu lieben, oder Schimpfkanonaden, weil sie einen anderen liebte
oder gar niemanden außer sich selbst; die am wenigsten überzeugenden waren die, in denen der Dichter sich ernsthaft gab,
aber nichts zu klagen hatte.» Epik wie Lyrik haben sich des
Themas der realisierten und fortdauernden leidenschaftlichen
Liebe nur selten erfolgreich angenommen, so daß wir kaum
literarische Beispiele für diese Möglichkeit finden. Das mag
daran liegen, daß vielleicht tatsächlich – wie Tolstoi meinte und

worin ihm viele andere beipflichteten – alle glücklichen Familien gleich sind.

Und zum dritten mag diese Skepsis auch mit Neid zu tun haben. Liebe weckt bei Außenstehenden häufig Neid, und es kann sein, daß manche sie deshalb diffamieren. Die Neidgefühle wurzeln in den kindlichen Gefühlen des Ausgeschlossenseins durch die Eltern, vor allem aber in der prägenden Erfahrung des faktischen Ausgesperrtseins aus dem Schlafzimmer. Auf der anderen Seite neigen Liebende in ihrer völligen Bezogenheit aufeinander auch dazu, selbst Menschen auszuschließen, die ihnen nahestehen, und auf diese Weise unabsichtlich Ärger und Neid hervorzurufen.

Wie fasziniert und abgestoßen zugleich Außenstehende infolge solcher Neidgefühle auf die Liebe anderer reagieren können, hat Salter in seinem Roman *A Sport and a Pastime* geschildert. In diesem Buch geht es um das Erleben einer Liebesbeziehung aus der Sicht eines Dritten, und diese Perspektive offenbart sich als emotionale *Tour de force*. Hören wir den Erzähler selbst:

Was war passiert? Sie waren gegangen, um sich zu lieben. Das ist ja nicht so ungewöhnlich. Darauf muß man gefaßt sein. Es ist nichts als ein süßer Zwischenfall, vielleicht nur das Ende der Illusion. In gewisser Weise kann man sagen, es ist harmlos, aber warum fühlt man sich dann, ganz untendrunter, so abgeschnitten? Isoliert? Mordlustig, geradezu.

Auf eine Weise konnte ich ja gelassen davon ausgehen, daß sie von diesem Punkt an, nachdem sie alles, was es zu entdecken gab, so schnell entdeckt hatten, das Interesse aneinander verlieren würden, abkühlen würden, aber manchmal ist dieser Akt ja auch nur ein Auftakt – bei den großen Duetten der Körper muß es wohl oft so sein, glaube ich –, und ich suche nach den richtigen Ziffern, die das Ganze erschließen, wie bei einer Safe-Kombination. Ich schiebe die Ereignisse hin und her und erfinde Sätze, um dahinterzukommen, wie jene anfängliche Unschuld sich in ausgedehnte Sonntagvormittage verwandelte, Glockengeläut in der Luft, Kissen unter ihren Bauch gestopft, ihr prächtiges Hinterteil hochaufragend im Tageslicht. Dean dringt langsam in sie ein, tief wie eine Schwertwunde.

Ich will lieber nicht daran denken, ich wende mich weg, aber diese Träume lassen sich nicht unter Kontrolle halten... Ich kann sie nicht verscheuchen, selbst wenn ich es wollte... Mein eigenes Leben erscheint mir plötzlich nichts mehr, ein alter Anzug, eine Sammlung Lumpen, und ich gehe, atme im Rhythmus seines Lebens, der stärker ist als meiner.

Der Erzähler weiß, daß er nicht ganz objektiv ist, daß sich in seine Wahrnehmung auch seine eigene Phantasie hineinmischt. Die meisten außenstehenden Beobachter von Liebesbeziehungen gehen aber davon aus, daß sie – im Gegensatz zu den Liebenden – objektiv sind. Das stimmt oft ganz und gar nicht: der Beobachter ist in vielen Fällen genauso subjektiv wie die Liebenden selbst. Er erkennt nur andere Teilwahrheiten und konstruiert andere Scheinwahrheiten, weil seine unbewußten Motive andere sind.

Auch wenn wir nicht neidisch sind, ist unsere Wahrnehmung, wenn es um Liebende und Paare überhaupt geht, durch unbewußte Erwartungen und Phantasien beeinflußt. So wie jeder von uns das Bild des oder der «Schattengeliebten» – die unbewußte Traumvorstellung von der idealen geliebten Person – in sich trägt, so haben wir auch alle ein Bild vom idealen liebenden Paar. Dieses Bild projizieren wir manchmal auf Paare, die wir kennen, auch wenn es mit der Realität wenig gemein hat. Ich weiß von einem jungen Mann, der ein Paar in dieser Weise verehrte und die Wärme genoß, die er in der Sphäre dieser beiden Menschen fand. Sie erschienen ihm als perfekt harmonierende Partner und ideale Eltern, die mit ihrer idyllischen Existenz auf dem Land eine Gegenwelt zu seinem materialistisch orientierten städtischen Freundeskreis verkörperten. Sie lebten bescheiden, aber ihr Haus war ein Hort der Gastlichkeit, wo sie zu Festen und Feiertagen regelmäßig Freunde um sich versammelten. Sie strahlten Wärme und Harmonie auf ihre Umgebung aus. Der junge Mann war so begeistert von diesem Paar, daß er seine eigene, relativ späte Ehe nach dessen Vorbild zu gestalten versuchte. Man kann sich unschwer vorstellen, wie schockiert er war, wie er sich geradezu betrogen sah, als der ideale Ehemann erklärte, er fühle sich durch die Beziehung erstickt, und mit einer anderen Frau auf und davon ging.

In der Regel neigen wir aber eher dazu, die Liebesbeziehungen, die wir von außen mitbekommen, mit zu strengem Blick zu beurteilen. Wir sehen nur die Mängel und Unvollkommenheiten und gelangen für uns zu dem Schluß, daß mindestens einer der Partner sich etwas vormacht – um die Illusion der Liebe aufrechtzuerhalten, um nicht von seinen Abhängigkeitswünschen Abstand nehmen zu müssen oder aus irgendeinem anderen Motiv.

Von der einen wie der anderen Warte aus, durch die beschönigende wie durch die hyperkritische Brille, nehmen wir zwar einen Teil der Wirklichkeit wahr, aber einen anderen und vielleicht sogar den wichtigeren blenden wir aus. Natürlich tut jeder von uns gut daran, sich an sein subjektives Erleben zu halten, vorausgesetzt, es beinhaltet nicht so erhebliche Verzerrungen, daß seine «Realität» früher oder später mit lautem Krachen in sich zusammenstürzt. Nur zu oft verleitet uns mangelnde Toleranz gegenüber Werten und Lebensstrategien, die sich von unseren eigenen unterscheiden, zu unangemessenen Urteilen über die Liebesbeziehungen anderer Menschen.

Zuneigungsbeziehungen

Die Auffassung, daß Liebe und Ehe untrennbar zusammengehören, erscheint uns heute altmodisch und überlebt. Es ist vielmehr inzwischen landläufige Meinung, daß Liebe und Ehe sich schlecht vertragen, weil die Leidenschaft um so rascher schwindet, je verbindlicher die Beziehung wird. (So neu ist diese Auffassung allerdings gar nicht: sie läßt sich mindestens bis in die Minnezeit zurückverfolgen.) Leidenschaft gilt uns als etwas Flüchtiges, das im positivsten Fall in eine reife Form der Liebe übergeht, die wir gewöhnlich als «gegenseitige Zuneigung» oder «kameradschaftliche Beziehung» bezeichnen. Wir gehen davon aus, daß es noch keiner großartigen psychischen Voraussetzungen bedarf, um sich zu verlieben, daß dieser aufregende Anfangszustand aber bald nachläßt und es nur denjenigen Menschen, die über ein gewissen Maß an seelischer Reife (die Fähigkeit zu reifen Objektbeziehungen) verfügen, gelingen kann, ihn in eine abgeklärtere, aber stabile und stete Liebesbeziehung zu überführen.

Diese Überzeugung, daß die Liebesleidenschaft mit ihrer Entfaltung nachläßt, entspricht nicht nur der psychoanalytischen Theorie, sondern auch wesentlichen Teilen unserer philosophischen Tradition. Für Platon ist die Leidenschaft das Stadium zwischen Ersehnen und Besitzen. Sie entspricht der Bewegung vom Nichthaben zum Haben und verschwindet, sobald sie an ihr Ziel gelangt ist. Und wenn auch in einigen Beziehungen die Leidenschaft anhält, verlaufen doch viele – und vielleicht sogar die meisten – tatsächlich nach diesem Muster.

Die Zuneigungsbeziehung kann entweder die Beziehungsform sein, die übrigbleibt, nachdem die leidenschaftliche Komponente der Liebe verblaßt ist, oder aber sie kann von vornherein als solche existieren, das heißt überhaupt nie von Leidenschaft und Momenten der Selbstentgrenzung bestimmt sein, sondern auf Wärme und Zuneigung, Zärtlichkeit und Fürsorglichkeit gründen. Solche Beziehungen sind jedoch keineswegs Ausdruck besonderer «seelischer Gesundheit»: viele Paare, deren Interaktion erhebliche neurotische Anteile hat, erreichen durchaus eine stabile und liebevolle Verbindung.

Die Zuneigungsbeziehung gibt es in konventionellen und unkonventionellen Spielarten. Eine der wohl unkonventionellsten Verbindungen dieser Art war die zwischen der Schriftstellerin Vita Sackville-West und dem Diplomaten und Schriftsteller Harold Nicolson. Obwohl beide homosexuell, führten sie eine harmonische Ehe. Nigel Nicolson, eines der beiden aus ihr hervorgegangenen Kinder, hat die Geschichte dieser ungewöhnlichen Beziehung nachgezeichnet. In seinem Buch, das sich unter anderem auf die Tagebücher seiner Mutter stützt, erklärt er:

Es ist die Geschichte zweier Menschen, die aus Liebe heirateten und deren Liebe sich mit jedem Jahr, das verging, vertiefte, obwohl beide unablässig und im wechselseitigen Einverständnis einander untreu waren. Beide liebten Menschen ihres eigenen Geschlechts, aber nicht ausschließlich... Versteht man ihre Ehe als einen Heimathafen, so waren ihre Liebesaffären lediglich Anlaufhäfen. Zum Heimathafen kehrten sie beide immer wieder zurück; hier gingen beide vor Anker.

Und an späterer Stelle beschreibt er die Natur ihrer Beziehung noch genauer:

Was sich jedoch nur in der Erinnerung aufbewahren läßt, das ist die Sanftheit und Milde ihres Wiedersehens. Sie sprangen nicht aufeinander zu wie zwei Flammen... sondern gingen wie Schwesterschiffe nebeneinander vor Anker. Es gab immer einen gewissen geschäftigen Betrieb, das Auspacken und die Teestunde, den Rundgang durch den Garten und das Umkleiden, aber dann richteten sie sich sogleich in ihrer lockeren, ungezwungenen Gemeinschaft ein, ließen Worte in die Ritzen im Geist des anderen eintröpfeln, fütterten einander mit Eindrücken dessen, was sie gelesen oder gehört hatten, beruhigten, neckten sich und regten einander abwechselnd an – ein Vorgang, der halb eifrig umsorgend, halb anreizend und stets zartfühlend war.

Sicherlich werden sich viele Menschen weigern, eine solche Verbindung als Beispiel für eine glückliche Zuneigungsbeziehung zu akzeptieren. Aber angesichts der Probleme und Nöte, mit denen unser gesamtes menschliches Tun und Trachten – und vor allem die Liebe – behaftet ist, meine ich, daß wir nicht vorschnell Lösungsformen abwerten sollten, die uns befremden, aber von den Beteiligten als befriedigend erlebt werden.

Wie wir über solche Beziehungen urteilen, hat meist damit zu tun, ob wir glauben, daß es «vertretbar» oder «gesund» ist, Zuneigung und Sexualität zu trennen. Theoretisch mag es weder das eine noch das andere sein, aber praktisch sind solche Arrangements zu allen Zeiten so häufig gesucht worden, daß wir es kaum jemandem zum Vorwurf machen können, wenn er in seinem Leben nicht auf Zuneigung verzichten will, nur weil er sie nicht mit Sexualität in einer Beziehung ineinanderfügen kann. Verglichen mit der sehr viel gängigeren und gesellschaftlich weitgehend akzeptierten Abspaltung in umgekehrter Richtung – der Beibehaltung einer versachlichten Sexualität innerhalb einer emotional abgestorbenen Beziehung – erscheint die Liebe ohne Sexualität allemal als das vorzuziehende Arrangement, zumal wenn sie in so glühenden Farben erscheint wie die elterliche Ehe in Nicolsons Porträt.

Aber Zuneigungsbeziehungen beinhalten oft auch sexuelle Vertrautheit, und für viele Menschen ist dies eine sehr beglückende Lebensform. In Woody Allens Film *Radio Days*, einer liebevollen Rückblende in die Jahre des Zweiten Weltkriegs, gibt es gleich zu Anfang eine Szene, in der der schmächtige alte Großvater hinter seiner mehr als üppigen Frau steht und sie in eine jener Vollkorsagen zu zwängen versucht, wie sie Frauen in den vierziger Jahren trugen. Diese Szene ist komisch, aber sie ist noch mehr: sie evoziert die ganze bodenständige und zugleich zärtliche Selbstverständlichkeit des Umgangs zweier Menschen, die ein halbes Jahrhundert körperlicher Intimität verbindet. Die beiden sind unbefangen und frei von Scham, trotz der Spuren, die Zeit und Schwerkraft an ihnen hinterlassen haben, und ihre Vertrautheit rührt uns als Zuschauer zutiefst.

Zuneigungsbeziehungen gründen auf gegenseitigem Verstehen und Mögen und vor allem auf Vertrauen und Zueinanderhalten. In einer solchen Beziehung finden die Partner, wie Christopher Lasch es formuliert hat, einen «Hafen in einer herzlosen Welt». Für die meisten von uns verbinden sich damit Assoziationen von Häuslichkeit, Familienleben, Geborgenheit und Behaglichkeit. In manchen Beziehungen dieser Art entwickelt sich ein dichtes Geflecht aus verbindenden Gemeinsamkeiten: die Partner schöpfen aus einem weit zurückreichenden Fundus an Erinnerungen und Anekdoten, weben beständig an den Familienmythen, halten die Fotoalben auf dem aktuellen Stand und tauschen tausend bedeutsame Präsentchen aus. Das Band, das die Partner eint, sind die gemeinsamen Werte, Gewohnheiten und Freuden. Kurzum: sie bestätigen einander in ihrer Art zu leben und schaffen sich ein Klima der Wärme, von dem auch ihre Umgebung, Kinder und Freunde, noch profitieren kann. Als Kinder haben sich die meisten von uns glücklich geschätzt, wenn sie in einer solchen Familie aufgewachsen sind, und anderenfalls Freunde beneidet, bei denen es so war. (Das mag daran liegen, daß solche Beziehungen Raum für die Kinder lassen, während es darum in leidenschaftlicheren Beziehungen oft schlechter bestellt ist.) Wenn es allerdings darum geht, was wir uns für uns selbst wünschen, träumen wir gewöhnlich von einer Liebesbeziehung, die vor allem leidenschaftlich und nicht kameradschaftlich ist.

Manchmal werden Menschen Zuneigungsbeziehungen erstreben oder aufrechterhalten, obwohl sie sich nach etwas anderem sehnen, weil ihnen die Risiken der Leidenschaft zu groß erscheinen: sie haben vor Augen, wie viele Menschen allein oder in ständigem Zweikampf leben. Manche gescheiterten Liebenden, die gerade erschöpft eine heftige, leidenschaftliche Beziehung hinter sich gelassen haben, sind gebrannte Kinder, was Intensität anbelangt, und flüchten sich in ruhigere Fahrwasser.

Und viele Paare begrüßen die Metamorphose der Leidenschaft zu einer stilleren Form der Liebe aus ganzem Herzen. Sie sind froh und erleichtert, weil sie das Gefühl haben, sich jetzt gegenseitig realistischer zu sehen und keine plötzlichen Einbrüche mehr fürchten zu müssen.

Außerdem verbindet Liebende immer auch Dankbarkeit – die Dankbarkeit dafür, jemanden zu haben, der einen versteht und akzeptiert und der einem in den unausbleiblichen Zeiten des Leids und der Schwierigkeiten beisteht. Die Freuden der zärtlichen Zuneigung können sehr beglückend sein, vor allem dann, wenn die Liebenden zuvor die Freuden einer ekstatischeren Art Liebe genossen haben. Mit diesem Zusatz meine ich, daß sich Menschen, die diese Erfahrung gemacht haben, nicht so leicht betrogen fühlen und deshalb das, was ihnen bleibt, besser zu würdigen wissen.

Welche Bedingungen müssen erfüllt sein, damit sich die Liebenden eine auf zärtliche Zuneigung gegründete Beziehung erhalten können? Sie müssen auf jeden Fall die für sie optimale Distanz finden und wahren, die es ihnen gestattet, sich nahe zu sein, ohne ihre Autonomie aufzugeben oder zu verlieren. Die optimale Distanz gefunden zu haben, heißt in der Regel zweierlei: der Liebende kann zeitweilig allein sein, ohne sich leer zu fühlen, und er kann sich auf Nähe einlassen. Fehlt diese Voraussetzung, wird entweder bereits eine kurze Trennung als unerträglich empfunden oder aber jede Äußerung des Wunsches, dem anderen nahe zu sein, als Vereinnahmung. Der Liebende darf auch nicht ständig dem Drang nachgeben, den anderen zu bemuttern. Er muß ihm vielmehr Gelegenheit zur Selbständigkeit lassen. Am besten sind dieser paradoxen Anforderung – Nähe herstellen zu können, ohne die eigene Autonomie preiszugeben oder die des anderen anzutasten, und Alleinsein aushalten zu können, ohne daß das eigene Selbst in sich zusammenfällt – meist Menschen mit einem gut entwickelten Selbstgefühl gewachsen: sie haben es nicht nötig, sich in Dreiecksbeziehungen oder in die Abkapselung zu flüchten, um ihre Autonomie zu wahren. Manchmal wird sich aber auch eine Lösung als praktikabel erweisen, bei der diese Balance verschoben ist: wenn etwa beide Partner ein überstarkes Abhängigkeitsbedürfnis haben, kann es sein, daß sie das enge und ausschließliche Beisammensein in größerem Ausmaß brauchen und vertragen als andere Liebende.

Die Liebenden müssen ferner ein gewisses Maß an Desillusionierung verkraften. Dieses Problem ist dann am leichtesten zu bewältigen, wenn die gegenseitige Idealisierung nicht allzu extrem war, das heißt auf tatsächlich vorhandenen Eigenschaften gründete. Das Wichtigste ist aber sicherlich, daß sie eine gewisse Frustrationstoleranz besitzen und sich an dem freuen können, was der andere ihnen geben kann, statt überzogene Vollkommenheitsansprüche zu stellen. Unter diesem Aspekt hat das Schicksal der Liebe viel mit dem Naturell der Partner zu tun. Entscheidend ist ihre Fähigkeit, die Dinge in ihren Proportionen zu sehen, gelegentlich ein Auge oder auch beide zuzudrücken, auszublenden und zu verzeihen.

Wie wir gesehen haben, können die Probleme, die der Liebe grundsätzlich innewohnen, durch bestimmte Wesenszüge oder neurotische Störungen der Liebenden noch verschärft werden. Perfektionisten haben es nicht nur im Arbeitsleben, sondern auch in der Liebe schwer. Ein starker Hang zu Ärger, Eifersucht oder Haß ist ebenfalls eine ungünstige Voraussetzung. Es kann sein, daß der Liebende von solchen Gefühlen (die zwar aus der Vergangenheit stammen, aber als gegenwartsbezogen erlebt werden) so völlig überrollt wird, daß er nicht mehr den in einer Beziehung immer notwendigen guten Willen aufzubringen vermag.

Anhaltende Leidenschaft – die glückliche Ausnahme

Obgleich es die vorherrschende theoretische Auffassung ist, daß Leidenschaft zwangsläufig mit der Zeit nachläßt, existiert doch auch die entgegengesetzte Position, die davon ausgeht, daß sie grundsätzlich anhalten kann. Diese Ansicht vertritt etwa Georg Simmel: Liebe entsteht «in jenem Augenblick ihres Vergehens vielleicht von neuem…: ihrem Sinne nach bleibt sie in einen rhythmischen Wechsel gebannt, in dessen Zäsuren die Momente der Erfüllung stehen. Wo sie aber in den letzten seelischen Tiefen verankert ist, beschreibt der Turnus von Haben und Nichthaben doch nur die Gestalt ihrer Äußerung und Oberfläche. Das Sein der Liebe, dessen bloßes Phänomen die Begehrung ist, kann durch deren Stillung nicht aufgehoben werden.»

Ich teile Simmels Ansicht, daß die leidenschaftliche Intensität der Gefühle – wenn auch nur in wenigen glücklichen Ausnahmefällen – erhalten bleiben kann und nicht zwangsläufig in jene stillere, kameradschaftliche Form der Liebe übergehen muß, die die Psychohygiene propagiert. Solange die Liebenden eine starke, gegenseitige Faszination verbindet, können sie eine leidenschaftliche Beziehung aufrechterhalten, in der Begehren und Erfüllung einander abwechseln, ohne daß der Kern der Liebe dadurch berührt würde.

Vielleicht ist die Frage, ob es möglich ist, die Intensität der anfänglichen Verliebtheit auch in einer anhaltenden, verbindlichen Beziehung zu bewahren, von vornherein falsch gestellt. Unter einer dauerhaft-leidenschaftlichen Beziehung ist eher das zu verstehen, was Simmel beschreibt: eine Beziehung, in der die *Fähigkeit* zu leidenschaftlichem Engagement lebendig bleibt und ab und zu in Erscheinung tritt. Die Liebenden sind vielleicht nicht mehr in jedem Augenblick so völlig von ihrer Liebe erfüllt wie zu Anfang – was ja auch mit den Anforderungen des täglichen Lebens auf Dauer schwer vereinbar wäre –, aber sie wissen, daß jede Trennung oder Bedrohung ihrer Beziehung diese Leidenschaft rasch wieder aufflammen lassen würde. Und auch ohne eine solche Gefährdung von außen erleben sie zwischendurch immer wieder Phasen großer Intensität – regelrechte «Liebesanfälle». Die Subjektivität des anderen hört nicht auf, sie zu fesseln und anzuziehen, und sie erleben weiterhin Augenblicke innigen Einsseins.

Allerdings besteht die Möglichkeit einer solchen andauernden leidenschaftlichen Involviertheit nur dann, wenn bestimmte Voraussetzungen gegeben sind. An erster Stelle steht dabei die Bereitschaft der Liebenden, eine dauerhafte leidenschaftliche Bindung einzugehen, nicht unbedingt vor dem Gesetz, aber in jedem Falle in der Tiefe ihres Herzens. George Sand – selbst kein Musterbeispiel ewiger Treue – schrieb in einem Brief an ihren Sohn Maurice:

Eine Ehe ohne Liebe, das ist eine lebenslängliche Galeerenstrafe… Vor einiger Zeit hörte ich dich sagen, du glaubtest dich nicht fähig, beständig zu lieben, und du könntest nicht dafür einstehen, in der Ehe treu zu sein. Wenn du solche Ideen hast, dann heirate lieber nicht; denn dann wird man dir Hörner aufsetzen, und das hättest du verdient. Du würdest dann an deiner Seite entweder ein gefühlloses Opfer oder aber eine eifersüchtige Furie oder eine Tröpfin haben, für die du nur Verachtung hegen könntest. Wenn man liebt, ist man überzeugt, daß man treu sein wird. Man kann sich zwar täuschen, aber man glaubt daran, man leistet darauf mit gutem Gewissen den Schwur, und man ist glücklich, solange man dabei beharrt. Wenn die ausschließliche Liebe nicht für das ganze Leben möglich ist (was mir nicht bewiesen ist), so möge es wenigstens eine Reihe schöner Jahre geben, da man sie für möglich hält... An dem Tage, da ich dich deiner sicher sehe, werde ich beruhigt sein...

Was George Sand hier meint, ist eine Art grundsätzlicher, aufrichtiger Überzeugtheit von der eigenen Bereitschaft, sich auf den anderen einzulassen. Skepsis, wie ihr Sohn sie offenbar geäußert hatte, ist oft eine Form der Rechtfertigung oder Verschleierung der eigenen Unfähigkeit oder Unwilligkeit, die Risiken der Liebe einzugehen, ohne eine Garantie dafür zu haben, daß die Beziehung gutgeht.

Tatsächlich läßt es sich aber nicht leugnen, daß das Bemühen um die Aufrechterhaltung der Intensität in der Liebe auf eine Reihe grundsätzlicher Probleme stößt. Erregung hat viel mit Neuheit und Fremdheit zu tun, während Vertrautheit und Geborgenheit aus der intimen Kenntnis des anderen erwachsen. Deshalb scheint es ein Widerspruch in sich, gleichzeitig intime Nähe genießen und Spannung und Erregung aufrechterhalten zu wollen. Das Dilemma besteht darin, das Moment des Geheimnisvollen, Ungewissen und Neuen zu bewahren und doch in eine stabile Beziehung zu integrieren. Erfolgreiche Liebende entwickeln oft intuitiv (oder auch zufällig) kreative Strategien, um diesem gordischen Knoten beizukommen. Spannung profitiert zuweilen von Ungewißheit, zeitweiligem Getrenntsein, gemeinsamen Projekten und Vorhaben oder unkonventionellen Lebensformen, vor allem aber sicherlich von einem möglichst unverstellten Zugang zu den Tiefen der eigenen Seele und der des Partners. Manchmal lebt sie auch unter dem Damoklesschwert einer Nebenbeziehung wieder auf (obgleich die Öffnung zur Dreieckskonfiguration, wie wir gesehen haben, oft auch destabilisierend wirkt). Und schließlich speist sich die Intensität auch in einigen Fällen aus dem Ineinandergreifen neurotischer Mechanismen.

Liebende, die die Spannung durch zeitweilige (äußere oder innerliche) Trennung aufrechtzuerhalten suchen, stellen oft fest, daß solche Phasen ihnen neue Einsichten oder innere Veränderungen ermöglichen. Kreative Menschen neigen am ehesten dazu, solche Formen zu wählen, weil sie häufigere Perioden des Alleinseins für ihre Selbstentfaltung brauchen und sie am ehesten als eine Chance zur inneren Weiterentwicklung zu nutzen verstehen. Die inneren Veränderungen und produktiven Einsichten, die die Zeit des Getrenntseins hervorgebracht hat, werden anschließend wieder in die Beziehung eingebracht und verleihen ihr neue Lebendigkeit. Solche Formen werden allerdings nur dann erfolgreich sein, wenn die Liebenden sie intuitiv und spontan suchen, und nicht als geplante und gezielte Methode. Daß funktionierende Lösungen dieser Art so selten sind, liegt wohl daran, daß dafür *beide* Partner die zeitweilige Trennung als produktiv empfinden müssen, dies meist aber nur für einen gilt. Natürlich besteht aber auch die Gefahr, daß das Getrenntsein nach und nach mehr Gewicht erhält als das Wiederzusammenkommen.

Manche Paare beziehen neue Spannung aus einem gemeinsamen Projekt außerhalb ihrer Beziehung. Das kann das Engagement für eine Sache sein, die ihrer Phantasie Nahrung gibt und sie begeistert. Sie halten es mit Antoine de Saint-Exupéry, von dem das bekannte Wort stammt: «Liebe heißt nicht einander anschauen, sondern in dieselbe Richtung sehen.» Oft ist die gemeinsame Sache eine politische, aber es kann sich ebensogut um ein künstlerisches Vorhaben, eine religiöse Mission oder sogar um ein unternehmerisches Projekt handeln. In Leidenschaft verbundene Paare finden sich in besonders großer Zahl im Kielwasser von Idealen, geeint im Engagement für das Gute, die Gerechtigkeit, Reformen, den Widerstand oder die Revolution. Nicht umsonst gibt es die Karikatur des radikal-linken Paars, das nie heiraten wollte, weil es die Ehe als bürgerliche Institution verteufelte, aber, obwohl es beiden schrecklich peinlich war, immer in Treue und leidenschaftlicher Liebe zusammenblieb.

Der große Traum vieler Menschen ist eine Liebesbeziehung, in der zugleich gemeinsame kreative Arbeit möglich ist. In der

Pop-, Film- und Theaterszene sind solche Beziehungen nicht selten, wenn auch von sehr unterschiedlicher Dauer. (Man denke etwa an Ingmar Bergman und Liv Ullmann, John Lennon und Yoko Ono etc.) Gegenwärtig sind Mia Farrow und Woody Allen ein solches Traumpaar, das heißt ein Paar, dessen Interaktion, soweit die Öffentlichkeit sie mitbekommt, anderer Leute Träume beflügelt. Das Ideal, das Mia und Woody verkörpern, wird in einem Artikel deutlich, der auf einem Interview anläßlich der Premiere von *Broadway Danny Rose* basiert.

> Die Arbeitsbeziehung mit Mr. Allen, so meint sie, sei «das Beste, was einer Schauspielerin passieren kann», und sie hat ja auch eindeutig Facetten ihres Talents zum Tragen gebracht, die sonst womöglich unentdeckt geblieben wären. Mr. Allen empfand diese Art von Arbeitsprozeß für sich ebenfalls als sehr fruchtbar. «Ich glaube, daß es gut ist, für eine konkrete Person zu arbeiten», erklärt er. «Wenn ich versuche, etwas für eine bestimmte Schauspielerin zu machen, dann wird sie in neuen Bereichen gefordert und ich auch.»

Und Mia Farrow erklärt weiter:

> «Die größe Unterstützung war es für mich, daß Woody mir vertraute... und ich mir dadurch auch mehr zutraute und mich einfach mitziehen lassen konnte. Er weiß genau, was ich kann und was ich nicht kann, vielleicht sogar besser als ich selbst.»

Darauf Woody Allen:

> «Jetzt werde ich versuchen, etwas Ernsthaftes für sie zu schreiben.»

Diese Interview-Antworten entsprechen ziemlich genau dem großen Traum: Er bringt ihre schlummernden kreativen Fähigkeiten zur Entfaltung und erweitert dadurch seine eigenen schöpferischen Möglichkeiten, und das alles im Rahmen einer Liebesbeziehung. Idealer geht es nicht.

Manchmal findet auch ein Partner eine stimulierende Aufgabe darin, sich in den Dienst der Sache des anderen zu stellen. Eine Bekannte von mir – eine Frau ohne erkennbare neurotische Abhängigkeitstendenzen – bezieht ihren Antrieb und ihre Anregung aus einer Form des Zusammenlebens, die sich um die Arbeit ihres Mannes dreht, in der beide ein kreatives Engagement für eine bessere und gerechtere Welt sehen. Paradoxerweise (aus der Sicht des Außenstehenden) geht die eigentliche Kreativität jedoch von ihr aus: sie ist einer jener seltenen Menschen, deren künstlerische Ausdrucksform darin liegt, die wechselnden Tableaux des täglichen Lebens stimmungsvoll zu arrangieren. Sie kümmert sich um die organisatorischen und praktischen Aspekte seiner Arbeit, damit er seine Kräfte ganz darauf konzentrieren kann, der Welt das zu geben, was er ihr zu geben hat. Aber das emotionale Kraftzentrum ist sie, und ohne sie wirkt er fast ein wenig starr. Ihre Intuition, ihre Fähigkeiten im zwischenmenschlichen Bereich und ihr Geschick in sozialen Situationen kompensieren seine Schwächen auf diesen Gebieten und verleihen ihr eine eigene Stärke und Position innerhalb dieser Beziehung, die sonst leicht sehr ungleichgewichtig hätte werden können.

Dank der traditionellen Vorrangstellung des Mannes und seiner Arbeit bedeutete Zusammenarbeit im kreativen Bereich in der Vergangenheit, wenn man berühmte Beispiele betrachtet, fast immer, daß die Frau sich helfend in den Dienst des Talents und der Ambitionen ihres Mannes stellte. (Und auch heute finden wir solche Beziehungen noch häufig genug.) Diese einseitige Kooperation erwies sich jedoch häufig als sehr fragil. Jane Carlyle, die es sich zur Lebensaufgabe machte, Thomas Carlyles enorme Produktivität gegen jede Störung abzuschirmen – und die ihren ständigen Kampf mit Dienstboten und Lärm mit viel Witz zu schildern wußte –, zerbrach beinahe, als ihr Mann sich einer anderen Frau zuwandte. Und Sophie Tolstoi konnte es schließlich kaum ertragen, daß ihre eigene Tochter dem Vater Hilfsdienste beim Schreiben der Manuskripte leistete.

Natürlich kommt es aber auch vor, daß in solchen Beziehungen ein echter, gleichberechtigter Austausch stattfindet, und manche berühmten Schriftsteller-Ehen scheinen in der Tat glückliche und fruchtbare Partnerschaften gewesen zu sein. Ich denke dabei etwa an die Brownings, Beatrice und Sidney Webb und auch Virginia und Leonard Woolf. Im Fall der Webbs und der Woolfs mag die Gleichgewichtigkeit und damit die Stabilität der Beziehung nicht nur auf das starke, eigenständige Genie Beatrices und Virginias zurückzuführen, sondern auch dadurch begünstigt worden zu sein, daß beide Frauen «nach unten» heirateten und dadurch ein gewisses Gegengewicht zu der automatischen Vorrangstellung des Mannes gegeben war.

Nicht nur aufgehoben, sondern geradezu ins Gegenteil verkehrt finden wir die traditionelle Rollenverteilung in der Beziehung zwischen George Eliot und George Henry Lewes. In dieser Verbindung, die allgemein als sehr glücklich gilt, war es Lewes, der sich «aus Liebe» in den Dienst der literarischen Karriere seiner Lebensgefährtin stellte. Hier ein Auszug aus George Eliots Tagebuch, niedergeschrieben etwa vier Jahre nach dem Beginn ihrer Beziehung, die bis zu Lewes' Tod andauern sollte:

> Mein Leben hat im letzten Jahr unsagbar an Tiefe gewonnen. Ich fühle in mir eine größere Fähigkeit zu ethischer und geistiger Freude, einen klareren Sinn für meine Schwächen in vergangener Zeit, ein ernsteres Verlangen, aus der Verbindung meiner Aufgaben Früchte hervorzubringen – mehr als je zuvor, so weit meine Erinnerung zurückreicht. Und auch mein Glück ist tiefer geworden: die Seligkeit einer vollkommenen Liebe und Vereinigung, die Tag für Tag wächst… Ich fürchte, nur wenige Frauen haben so gute Gründe wie ich, zu sagen, daß es sich wegen dieser Zeit in der Lebensmitte gelohnt hat, die langen, bitteren Jahre der Jugend durchzustehen.

Diese Beziehung gehört zu den Lieblings-Liebesgeschichten vieler Frauen: sie ist eine der wenigen, in denen der Mann der Kreativität der Frau zur Entfaltung verhalf. Lewes unterstützte George Eliot in vielfacher Hinsicht in ihrem schriftstellerischen Schaffen: er ermutigte sie, ihren ersten Roman zu schreiben, managte weitgehend die geschäftliche Seite ihrer Karriere und war ihr offenbar stets ein echter Seelengefährte. Von daher war die verbindende Komponente des gemeinsamen Anliegens in ihrer Beziehung in hohem Maß gegeben.

Das gleiche gilt auch für das Moment der Unkonventionalität. Eliot und Lewes lebten fünfundzwanzig Jahre ohne den Segen der Kirche zusammen – ein offener Affront gegen die Moral der Zeit. Der eigentliche Grund bestand allerdings darin, daß es für Lewes keinen Weg gab, sich scheiden zu lassen und eine neue Ehe einzugehen. Seine Frau Agnes war zwar, nach acht Ehejahren und der Geburt von vier Söhnen, ein Verhältnis mit einem anderen Mann eingegangen, von dem sie auch Kinder hatte, aber Lewes hatte sich mit einem Arrangement einverstanden erklärt und daher später keinen berechtigten Grund mehr, die Scheidung zu fordern. (Kurz nach Lewes' Tod heiratete George Eliot einen alten Freund, und einige Leute konnten ihr diese Fahnenflucht in die Konventionalität offenbar nicht verzeihen.)

Auch andere, nicht so prominente Liebende praktizieren zuweilen mit ähnlich gutem Erfolg unkonventionelle Beziehungsformen. So auch jenes Paar, das als erstes in meinem Bekanntenkreis – und in seinem eigenen Umfeld – eine offene Ehe zu führen beschloß. (Obgleich beide Partner heterosexuell sind, könnte man das, was sie anstreben, vielleicht als eine moderne, amerikanische Version der Nicolsons bezeichnen.) Ich glaube zwar, daß diese Lebensform auf längere Sicht selten funktioniert, weil Eifersucht nicht nur mit «bürgerlichen» Konventionen zu tun hat, sondern auch in der frühkindlichen Entwicklung wurzelt. Diesen beiden gelang es jedoch, die sexuelle Freizügigkeit als wesentlichen Bestandteil in ihre Paar-Identität zu integrieren, da sie sie gleichzeitig zu verschworenen Pionieren machte. Sie waren die Verkünder einer neuen Freiheit, eingebettet in eine feste und intakte Beziehung, was sie zu etwas Besonderem machte und ihre Liebe zu einer unverbrüchlichen Seelenverbindung erhob, die der Absicherung durch sexuelle Treue nicht bedurfte. Ihre Beziehung wurde dadurch gestärkt, daß sie der Welt die besondere Qualität ihrer Liebe demonstrierte.

Der vielleicht sicherste, in jedem Fall aber am wenigsten problembeladene Weg, die Spannung innerhalb der Beziehung am Leben zu erhalten, besteht darin, daß die Partner immer wieder Neues in sich selbst entdecken und in die Beziehung einbringen. Um die Beziehung auf diese Weise lebendig zu halten, bedarf es keiner aufregenden äußeren Geschehnisse oder Unternehmungen, sondern lediglich der Sensibilität der Partner für die Entwicklungen, die mit dem Durchlaufen der verschiedenen Lebensstadien in ihnen vorgehen. Anders gesagt: Liebende begeben sich gemeinsam auf eine innere Reise, und wer ein wenig psychologisches Gespür (und ich meine *Gespür*, nicht Wissen) hat, entdeckt auf diesem Weg so viel Neues und Aufregendes, daß er keinen Mangel an Spannung empfinden wird. Das spannende Abenteuer der gemeinsamen Entdeckungsreise ersetzt so das Abenteuer der Eroberung.

Auch ohne daß die Liebenden über besondere psychologische Fähigkeiten verfügen, können sie sich die leidenschaftliche Intensität ihrer Beziehung bewahren, indem sie immer aufs neue den Zugang zum Unbewußten und «Primitiven» in sich selbst suchen. Die Theoretiker der Liebe sind offenbar häufig so fixiert auf das Ideal der «Reife», daß sie völlig übersehen, wie wichtig für uns alle der Zugang zu den regressiven Seiten in uns ist. Ein konstitutives Moment der Liebe und eine ihrer größten Stärken liegen aber gerade darin, daß sie Äußerungen kindlicher und verbotener Wünsche zu etwas völlig Normalem erhebt und dadurch die Integration solcher Wünsche ermöglicht. Aus Angst, kindisch zu erscheinen, lassen Liebende aber sehr oft Regression nur im sexuellen Bereich zu – wohl, weil sie darauf konditioniert wurden, Sexualität *per se*, gleichgültig, welche Formen sie annimmt, für etwas Reifes zu halten, während andere Ebenen des Verhaltens in der Beziehung nicht von vornherein diese Lizenz genießen.

Für viele Liebende erneuert sich die Lebendigkeit ihrer Beziehung immer wieder durch spielerische Momente. Sie genießen es, Baby-Sprache miteinander zu sprechen, Baby zu spielen, den anderen wie ein Baby zu hätscheln, kindlich-beleidigt oder zornig wie ein Dreijähriger zu tun. Der renommierte Professor, der in den vier Wänden seines Schlafzimmers mit seiner Frau herumalbert und Charlie Chaplins *Tramp* nachspielt, gewinnt dabei ein Stück jugendlicher Unbekümmertheit und Verve zurück. Wieviel befreiender und lustvoller ist doch seine spielerische Alberei als jener gewichtige Ernst, mit dem so viele Menschen ihr Intimleben gestalten zu müssen glauben! Tatsächlich besteht doch gerade einer der lustvollsten Aspekte wahrer Intimität darin, daß sie es uns gestattet, alle die Schalen des Erwachsenseins abzustreifen, die wir als äußerlich und beengend empfinden. Und doch weisen viele Menschen solche Verhaltensweisen als «infantil» von sich.

Zum Glück hat die lustvolle Regression in der Liebe aber auch prominente Fürsprecher – zumeist Menschen, deren Denken nicht so stark mit dem Ballast der am Ideal der Reife orientierten psychologischen Theorie befrachtet ist. Wenn Baby-Sprache auch vielleicht manche Menschen eher peinlich berühren mag, ist doch gegen spielerische Momente und Ausgelassenheit in der Liebe bestimmt nichts einzuwenden. Vergessen wir nicht, daß eine der größten Freuden der Liebe die Befreiung aus den Schranken des Selbst ist, und ein Teil davon ist die Befreiung von den Zwängen und Auflagen des Erwachsen-, Ernst- und Vernünftigseins.

Spielen hat natürlich viel mit Phantasie zu tun, und Phantasie zu entfalten fällt den meisten Liebenden am leichtesten im Bett. C. S. Lewis hat recht, wenn er zu diesem Thema meint: «Wer Spiel und Lachen vom Liebesbett verbannt, wird leicht eine falsche Göttin zulassen. Sie wäre noch falscher als Aphrodite; denn die Griechen wußten bei all ihrer Verehrung, daß jene das Lachen liebt… Wir sind keineswegs verpflichtet, all unsere Liebesduette auf die bebende, ewigkeitstrunkene, herzzerbrechende Weise von Tristan und Isolde zu singen; singen wir statt dessen recht oft wie Papageno und Papagena!» Im Bett zeigen wir Seiten unserer selbst, von denen niemand anders als der Partner wissen soll. Das Geschenk unserer selbst, das wir in der Liebe machen, drückt sich auch darin aus, daß wir einen Teil unserer Person offenbaren, den wir sonst für uns behalten – indem wir Phantasien ausagieren, in denen dieser Teil zum Vorschein kommt. Und genau darin liegt eins der wichtigsten Geheimnisse der Bewahrung des sexuellen Verlangens in dauerhaften Beziehungen. (Das ist auch der Grund, weshalb sich viele Leute gegen den sexualtherapeutischen Ansatz von Masters und

Johnson sträuben. Im programmierten Sex wird alles Spieleri- sche erstickt. Manche Sexualtherapeuten versuchen, diesem Problem zu begegnen, indem sie ihre Klienten auffordern, mit- einander über ihre Phantasien zu sprechen und sie gemeinsam auszuagieren – um sie nur ja davor zu bewahren, strikt nach Programm vorzugehen.)

Liebenden, denen kindisches Verhalten ein Greuel ist oder denen es schwerfällt, spielerisch aus sich herauszugehen, bleiben oft andere Wege. Manche spielen gern Wettspiele, die nach fe- sten Regeln ablaufen. Ich kenne Paare, die es sehr genießen, ein spielerisches Moment in ihre rituelle Backgammon-, Gin-Rom- mee- oder Schachpartie oder ihr Tennismatch zu bringen, indem sie etwa scherzhafte Zweikämpfe austragen.

Außerdem gibt es natürlich noch jene Paare, die es ver- stehen, sich zu streiten, ohne sich darüber ernstlich zu ent- zweien. Solche Liebenden haben kein Problem damit, ihre Auto- nomie innerhalb einer festen Paarbeziehung zu behaupten und oft lautstark geltend zu machen. Paradoxerweise helfen solche ungehemmten Auseinandersetzungen, die emotionale Authenti- zität der Beziehung zu erhalten und deren Verflachen zu verhin- dern. (Viele «harte» Männer kommen am besten mit Frauen aus, die sich nichts gefallen lassen. Sie ahnen, daß sie einer unter- würfigeren Partnerin möglicherweise Leid zufügen würden, und die Stärke der Geliebten ist für sie die beste Versicherung dage- gen.)

Liebesbeziehungen lassen sich jedoch nicht über einen Lei- sten schlagen. Es gibt auch Liebende, die sich die Intensität ihrer Beziehung dadurch erhalten, daß sie gerade nicht die Tiefen aus- loten, sondern an der Oberfläche bleiben. Ihnen liegt nicht so sehr an intimer Kenntnis und Vertrautheit. Nicht zuviel über den anderen zu wissen, garantiert ihnen den Reiz des Rätselhaften und Geheimnisvollen. Einige wenige vermeiden es sogar ganz gezielt, zuviel über den Partner zu erfahren. Was als Oberfläch- lichkeit erscheinen mag, ist zumindest zum Teil das Bestreben, die Andersartigkeit und Undurchschaubarkeit des Partners nicht anzutasten. Diese Strategie erinnert mich an die Eigenheit eines meiner Bekannten, darauf zu beharren, daß seine Frau ihm niemals die Zutaten seiner Lieblingsgerichte verrät, weil es ihm den Spaß verderben würde. Da Intensität durch die Aura des Neuen, Geheimnisvollen und sich immer wieder Entziehenden geschürt wird, können Menschen mit bestimmten Ausprägungen von Schizophrenie manchmal unendlich spannend wirken. Ihr Wahnsinn läßt sie rätselhaft und unauslotbar erscheinen und vermag oft bei anderen anhaltende Faszination, wenn auch nicht unbedingt Liebe, hervorzurufen.

Es gibt noch eine Form der Ungreifbarkeit, die die Leidenschaft lebendig halten kann. Ein Grund dafür, daß mein Großvater seine zweite Frau zeitlebens so leidenschaftlich und abgöttisch liebte, lag in meinen Augen in ihrer immer noch fortdauernden Liebe zu ihrem verstorbenen Mann. Die Tatsache, daß ihre Liebe ihm nie ganz galt, beflügelte die Liebe meines Großvaters zu ihr. Offenbar praktizieren auch andere Paare solche Mini-Versionen von *La Ronde*.

Da Eifersucht ebenfalls dazu angetan ist, Leidenschaft zu schüren, operiert auch oft ein Partner intuitiv mit der Drohung, daß er sich zu einer anderen Person hinwenden könnte. Solche Manöver gehören zum Grundstoff der Hollywood-Liebeskomödien.

In ihrem Buch *Love in Bloomsbury* erzählt Frances Partridge die Geschichte ihrer Liebesbeziehung und späteren Ehe mit Ralph Partridge, die sich rasch trotz ihrer unkonventionellen Anfänge als dauerhaft und glücklich erweisen sollte. Der Leser wird in ein Geflecht mehrerer ineinander verschränkter Liebesbeziehungen hineingezogen. Als Frances Ralph kennenlernte, hatte dieser sich in einer relativ stabilen *Ménage à trois* eingerichtet. Er war mit Dora Carrington verheiratet, die er liebte, während sie ihrerseits Lytton Strachey liebte, der wiederum Ralph liebte. Da Strachey homosexuell war, konnte Dora Carringtons Liebe sich nie in der Weise entfalten, wie sie es sich wünschte. Partridge betete sie an, und sie erklärte sich bereit, ihn zu heiraten, einerseits, weil er so unglücklich war, und andererseits, weil sie sich davon auch eine Festigung ihres Verhältnisses zu Strachey versprach, der mit Ralph eng befreundet war. In einem ihrer bewegendsten Briefe an Strachey schreibt sie am Vorabend ihrer Hochzeit im Jahre 1921:

> Von jetzt an werde ich nie wieder zu *Dir* von meinen Gefühlen sprechen. Sie werden ab heute tief in meinem Innersten verschwinden, und nie wieder werde ich sie hervorholen und Dir oder Ralph weh tun. Nie wieder. Er weiß, daß ich ihn nicht liebe... Gestern abend habe ich geweint bei dem Gedanken, ein grausames, zynisches Schicksal verwehrt es mir, daß Du je Gebrauch von meiner Liebe machen wirst. Du weißt nicht und wirst nie wissen, welch gewaltige und übermächtige Liebe ich für Dich empfunden habe... In zwei Wochen werde ich Dich wiedersehen – wie schön das sein wird! Und diesen Sommer werden wir alle zusammen glücklich sein.

Die drei lebten in einem relativ stabilen Arrangement zusammen, bis Ralph sich, mittlerweile resigniert, was die Möglichkeit echter intimer Nähe zu Dora anbelangte, in Frances verliebte und sie schließlich (gegen den Widerstand Lyttons und Doras!) heiratete. Aber auch danach noch waren die vier viel zusammen, bis Strachey 1932 an Magenkrebs starb und Dora Carrington sich aus Verzweiflung über seinen Tod das Leben nahm. Die Beziehung zwischen Ralph und Dora ist natürlich ein extrem unkonventioneller Fall einer stabilen (Liebes-)Beziehung zwischen einem leidenschaftlich liebenden und einem eher durch Zuneigung gebundenen Partner. Interessanterweise führten Frances und Ralph bis zu dessen Tod eine bemerkenswert stabile, von tiefer Liebe getragene Ehe, in die offensichtlich nach diesen tumultuösen Anfängen keine Dreieckskonstellationen mehr hineinspielten. Frances hatte sich zunächst ungeachtet der Warnungen vieler Freunde und Angehöriger auf eine äußerst widersprüchliche Affäre eingelassen, und die weitere Entwicklung zeigt, daß eine glückliche, dauerhafte, leidenschaftliche Liebesbeziehung nicht unbedingt von vornherein eitel Wonne sein muß. Vielleicht konnten die Partridges gerade aufgrund der Unsicherheit und Ungewißheit der Anfangszeit ihr Glück dann schließlich um so mehr genießen.

Einige wenige Liebende schließlich erhalten sich die Intensität ihrer Beziehung auf nochmals andere Weise. Sie bilden eine Art Zwillingspaar. Für sie erwächst erregende Spannung aus der Abgrenzung (als «Wir») gegenüber der Außenwelt. Jeder ist dem anderen Spiegel seiner außergewöhnlichen Seiten und seines besonderen Werts. Sie sind manchmal die Hätschelkinder ihrer Umgebung und manchmal die *enfants terribles* und manchmal auch die einsamen Ästheten in einer rohen und vulgären Wüstenei. Sie bilden auf eine fundamentalere Weise eine nach außen hin abgeschlossene Einheit als die bisher beschriebenen Paartypen – und wecken dadurch auch Unmut, oft sogar bei den eigenen Kindern, die sich ausgeschlossen fühlen –, aber ihre Verbindung ist oft dauerhaft und auch leidenschaftlich. Von außen betrachtet erscheint mir diese Beziehungsform auf einer Ebene ganz praktikabel, auf einer anderen aber extrem einschränkend. Die Partner fallen in meinen Augen in das Stadium der Pubertät zurück, in dem sich Jugendliche, die sich allein und ihrer selbst unsicher fühlen, mit anderen zusammentun, die genauso sind wie sie, um sich die Rückenstärkung dafür zu holen, es mit der Welt aufzunehmen. Dieses «narzißtische» Muster bringt dem Erwachsenen nicht die Erfahrung des Anderen und der Grenzüberschreitung, sondern lediglich die Möglichkeit, sich zu spiegeln. Beziehungen dieser Art werden oft bei Homosexuellen herausgestellt, die sich gleich kleiden und äußerlich ähneln. Sie sind aber bei Heterosexuellen genauso häufig, nur nicht so augenfällig. In dieser Beziehungsform scheint der Solipsismus des Paares (das «Wir») an die Stelle der Ich-Bezogenheit des einzelnen zu treten.

Aus dem Gesagten läßt sich kein Patentrezept für die Liebe ableiten. Die Psychologen schwören heute zumeist auf eine Form der Liebe, die sich am Ideal der psychischen Reife orientiert, aber diese ist alles andere als ausgerechnet Garantin der Leidenschaft. Intensität kann sich ebensogut aus dem Ineinandergreifen neurotischer Strukturen entwickeln, etwa wenn ein Partner das Bedürfnis hat, sich unterzuordnen, und der andere den Drang zu dominieren. Worauf wir wohl am ehesten unsere Hoffnung setzen können, wenn wir uns nicht darauf verlassen wollen, daß uns jemand einen todsicheren Liebestrank verrät, ist das Bewußtsein der grundlegenden Probleme, die der Liebe innewohnen, und die Bereitschaft, Strategien zu erproben, um ihnen zu begegnen. Vor allem aber sollten wir uns in jeder Liebeskrise vor Augen halten, daß Liebe ein fließendes Auf und Ab ist, daß auch fast schon erstorbene Liebe wieder zum Leben erweckt werden kann und daß wir durch Änderungen unseres eigenen Verhaltens doch ein klein wenig Einfluß auf den Verlauf unserer Liebesbeziehungen nehmen können.

Unkonventionelle Liebesbeziehungen

Liebe weckt immer Neid und als Folge oft Abwertung und Diffamierung. Diese Diffamierungstendenzen sind ungleich viel heftiger, wenn es um eine ungewöhnliche oder unkonventionelle Form von Liebe geht. Viele Theoretiker der Liebe weigern sich, bestimmte dauerhafte Beziehungsformen überhaupt zur Kenntnis zu nehmen. Oder aber sie nehmen sie nur zur Kenntnis, um sie im gleichen Zuge abzuwerten, weil sie zu sehr gegen die gängigen Vorstellungen davon verstoßen, wie Liebe «zu sein hat». Unsere Gesellschaft hält sich viel auf ihre Liberalität im Hinblick auf sexuelle Praktiken zugute, und zu einem gewissen Grad ist das auch gerechtfertigt. Aber wir sind immer noch extrem vorurteilsbeladen, wenn es um weniger verbreitete Formen der Liebe geht. Wir hängen immer noch einer Wertehierarchie an, für die die höchste Form der Liebe die zwischen einem Mann und einer Frau (ungefähr gleichen Alters und gleicher sozialer Herkunft) ist, die ihren Ausdruck im heiligen Bund der Ehe findet. Ich kann nur von ganzem Herzen bekräftigen, daß dies eine sehr wertvolle Form der Liebe ist (wenn auch vielleicht die am schwersten am Leben zu erhaltende). Aber ich kann niemandem zustimmen, der andere Formen von Liebesbindungen für fehlgeleitet oder gar regelrecht abnorm erklärt. Die heterosexuelle Liebe, Heim,

Herd und Familie werden auch ohne solch repressiven Flanken-schutz überleben.

Es sind vor allem drei Formen von Liebe, die wenig Wohl-wollen finden: die außereheliche Liebe, die heterosexuelle Liebe über einen beträchtlichen Altersunterschied hinweg und die homosexuelle Liebe. Außereheliche Liebesbeziehungen stoßen nicht nur deshalb auf Mißbilligung, weil sie wie alle Liebesbezie-hungen Neid wecken, sondern außerdem auch, weil sie ein Af-front gegen die etablierte Ordnung sind. Sie bedrohen die Ehe und die Familie eines Partners oder beider. Und auch für einen unverheirateten Liebenden birgt die Beziehung zu einem verhei-rateten Partner Gefahren, weil es sein kann, daß es ihm verwehrt bleiben wird, sie je nach außen hin offen zu leben.

Viele Eheleute, die selbst nicht betroffen sind, empfinden außereheliche Liebesbeziehungen trotzdem als Bedrohung ihrer eigenen Beziehung, weil sie ihnen vor Augen führen, was auch ihnen passieren könnte. Wie eng «moralische» Wertungen oft mit der eigenen Situation verknüpft sind, illustriert folgende Ge-schichte: Eine Bekannte von mir war völlig entsetzt, als Nel-son Rockefeller sich scheiden ließ, um kurz darauf Margaretta Fittler Murphy («Happy») zu heiraten, weil sie automatisch un-terstellte, daß er seine arme, unschuldige erste Frau arglistig hin-tergangen hatte. Nachdem sie sich dann aber selbst auf eine außereheliche Affäre eingelassen hatte, schlug ihre Haltung ra-dikal um. Sie trat jetzt plötzlich dafür ein, daß man «sich seinem Schicksal nicht entgegenstellen» solle. Aber so wie sie zunächst reagierte, reagieren viele verheiratete Leute auf außereheliche Liebesverhältnisse, weil sie sie als eine Bedrohung empfinden, gegen die sie einen ganzen Wall von – oft berechtigten – Argu-menten auffahren.

Ein sehr verbreitetes Argument gegen die außereheliche Liebe lautet, daß solche Verhältnisse von Menschen gesucht werden, die nur dann zur Liebe fähig sind, wenn sie verboten ist, oder die vor der täglichen Intimität einer verbindlichen Bezie-hung flüchten, weil sie dafür zu unreif sind. Wie zu allen derarti-gen Behauptungen kann man dazu nur sagen: «Ja und nein.»

Natürlich können außereheliche Liebesverhältnisse für die Liebenden selbst und für ihre Familie zerstörerische Folgen haben. Und natürlich stimmt es auch, daß solche Liebe manchmal unnatürlich gedeiht, weil ihr äußere Beschränkungen auferlegt sind. Außereheliche Liebesverhältnisse ziehen in der Tat oft einen Teil ihrer Intensität daraus, daß die Verschmelzungswünsche die Liebenden weniger stark in ihrer Autonomie bedrohen, wenn die Umstände für Distanz sorgen. Außerdem wird die Intensität auch noch dadurch geschürt, daß die Situation ungewiß und mit allen möglichen Risiken behaftet ist. Das hat zur Folge, daß das Stadium des leidenschaftlichen Sehnens, das normalerweise recht kurz ist, atypisch lange aufrechterhalten werden kann. Außerdem sind die Liebenden auch in einem hohen Ausmaß davor geschützt, aneinander jene kleinen Fehler und Schwächen entdecken zu müssen, die sich gewöhnlich erst nach einer gewissen Zeit engen Zusammenseins offenbaren.

Trotz alledem läßt sich nicht leugnen, daß außereheliche Liebesverhältnisse oft für einen oder für beide Partner sehr wichtige, positive und wachstumsfördernde Beziehungen sind. Es kommt nicht selten vor, daß Menschen, die in einer unglücklichen Ehe leben, den Rückenwind, den ihnen eine glücklichere und ihr Selbstgefühl stärkende Beziehung gibt, nutzen, um sich freizumachen – auch wenn sie die geliebte Person, die ihnen die Kraft zu diesem Schritt gegeben hat, nicht heiraten können. Eine Frau lebte mit ihrem Mann, den sie schon sehr jung geheiratet hatte und der sich als Alkoholiker entpuppte, in einer sehr engen, wechselseitigen Abhängigkeitsbeziehung. Ihn zu verlassen, war für sie völlig undenkbar, aber sie wurde immer deprimierter und verzweifelter in ihrer Ehe. Wie häufig in solchen Situationen, führte ihr Unterbewußtsein eine Lösung herbei. Sie rutschte ganz allmählich und fast ohne es zu merken in eine Affäre mit einem Arbeitskollegen hinein, die sich zu einer leidenschaftlichen Liebesbeziehung entwickelte. Diese Beziehung erwies sich für sie als ein entscheidender Anstoß, obgleich sie als solche auch keinen Ausweg darstellte, da ihr Liebhaber verheiratet war und sich nicht durchringen konnte, seine Frau und

462

seine Kinder zu verlassen. Dennoch fand sie, nachdem sie nun erlebt hatte, was in einer Beziehung möglich war, den Mut, sich aus ihrer problematischen Ehe zu lösen. Die neuen Horizonte, die sich ihr auftaten, machten ihr ihre eingeschränkte Situation so unerträglich, daß ihr praktisch gar keine andere Wahl blieb, als sich scheiden zu lassen, und zum Glück hatte sie keine Kinder, die ihr den Entschluß hätten erschweren können. Ihre Liebesaffäre war zwar, wie sich herausstellte, zeitlich begrenzt, für sie aber dennoch lebensrettend. Die Ehe, die sie dann einige Jahre später mit einem dritten Mann einging, erwies sich als sehr viel glücklicher und befriedigender als ihre erste, was auch damit zu tun hatte, daß sie mittlerweile selbst innerlich genug gewachsen war, um nicht mehr so stark auf neurotische Abhängigkeitsstrukturen angewiesen zu sein.

Wahrscheinlich wissen die meisten Menschen gar nicht, wie viele außereheliche Liebesverhältnisse über lange Zeit andauern. (Das gehört zu den Dingen, über die Therapeuten besser im Bilde sind, weil ihnen oft eher die Wahrheit anvertraut wird als Freunden oder Bekannten.) Allgemein wird unterstellt, daß außereheliche Liebesverhältnisse entweder an der ihnen selbst innewohnenden Dynamik scheitern oder aber dadurch überdauern, daß sie die ihnen im Wege stehenden Ehen zerstören. Außereheliche Liebe läuft aber keineswegs zwingend auf diese Alternative hinaus, und tatsächlich scheint mir die «befriedigendste» Form die zu sein, bei der die außereheliche Beziehung über Jahrzehnte andauert und eine Art stabile Dreieckskonstellation entsteht.

Natürlich waren solche Arrangements ein sehr viel häufigeres Phänomen, als Ehescheidungen noch selten und schwierig zu erlangen waren. Denken wir nur an die bereits mehrfach erwähnte lebenslange Beziehung zwischen Victor Hugo und Juliette Drouet. Aber dauerhafte außereheliche Liebesverhältnisse gibt es auch heute noch, obgleich es vergleichsweise leicht geworden ist, sich scheiden zu lassen, und niemand mehr die Einschränkungen, die solche Beziehungen bedeuten, als tragische, aber unabänderliche Notwendigkeit rationalisieren kann. (Sich nicht scheiden lassen zu *können* war als Begründung immer schon akzeptabler als sich nicht scheiden lassen zu *wollen*.)

Es gibt immer noch Liebende, die – in ihren Überzeugungen zuweilen wohl auch durch die psychologisch nicht unberechtigte Scheu vor *zuviel* Nähe bestärkt – eine Scheidung aus religiösen oder moralischen Gründen ablehnen und dauerhafte außereheliche Liebesbeziehungen unterhalten. (Die längste, die mir persönlich bekannt ist, dauert nun schon über zwanzig Jahre an.) Für manche dieser Liebenden ist das wichtigste emotionale Zuhause die Welt der Imagination – eine Welt, die sich um eine heimliche Liebesbeziehung zentriert und deshalb ohne die Verankerung im normalen täglichen Zusammensein und ohne Bestätigung durch die Umwelt existieren muß. Das «Wir» ist oft genug die rein private, gegen die Außenwelt abgeriegelte und ganz auf sich gestellte Insel zweier Menschen. Das tägliche Leben spielt sich in der Regel weiterhin in der konventionellen Welt ab, muß aber zwangsläufig ohne volle emotionale Beteiligung gelebt werden. (Manche Liebenden bemühen sich allerdings auch, ihr außereheliches Beziehungsleben in ihr Sozialleben zu integrieren, was bedeutet, daß sie zwar bis zu einem gewissen Grad öffentlich zusammensein können, aber nicht in einer Weise, die ihnen die öffentliche Anerkennung ihres Paarstatus eintrüge.)

Auch wenn viele Leute solche Beziehungen aus religiösen oder moralischen Gründen ablehnen mögen, ist doch nicht zu leugnen, daß sie für die Beteiligten oft Sinngebung und Grenzüberschreitung, Unmittelbarkeit des Erlebens und Veränderung bedeuten und von daher die wesentlichen Elemente wechselseitiger Liebe beinhalten.

Liebe erwächst aus einer kreativen Synthese. Da diese Synthese im Bereich der Imagination stattfindet, kann die Liebe, wenn nötig, auch in diesem Bereich überdauern und sogar gedeihen. Über diese mystische Liebe, die entstehen kann, wenn Liebende aufgrund äußerer Umstände nicht zusammenkommen können, schreibt Alberoni:

Jeder lebt im Herzen des andern, und die Liebe wird zu einem ewigen Verlangen, einem Leiden, wenn der andere nicht da ist, aber auch zu einem Quell der Freude in der Erinnerung, der Erwartung oder des einfachen Denkens an die Liebe des Geliebten.
Alles, was geschieht, wird, verglichen mit diesem tiefen Bereich, der erregt und wärmt, nebensächlich… Die Liebe wird zum inneren Ort der Regeneration, zu einer Insel innerhalb der Nebensächlichkeiten, zu einem Rosengarten inmitten einer Wüste, wo die Seele ihren Durst löscht, um dann wieder in die Welt zurückkehren zu können.

Die Frage, ob solch imaginäre Liebe letztlich bereichert oder an den Kräften zehrt, läßt sich natürlich abstrakt schwer beantworten, da das Erleben der Liebenden immer von ihrer konkreten Lebenssituation und ihren psychischen Bedürfnissen abhängt. Für manche ist sie jedenfalls zweifellos trotz ihres immateriellen Charakters eine sehr unmittelbare und authentische Erlebensform.

An anderer Stelle habe ich mich mit Simmel darin einig erklärt, daß leidenschaftliche Liebe durchaus andauern kann. Vielleicht geht meine Häresie aber noch weiter: Ich bin zwar durchaus der Meinung, daß «seelische Reife» (wie immer sie auch definiert sein mag) für Liebe nach üblichem Verständnis eine wichtige Voraussetzung sein mag, aber ich glaube nicht, daß sie unerläßlich ist.

Leidenschaft und Intensität erfordern Persönlichkeitseigenschaften, die mit Reife gekoppelt sein können, aber gewiß nicht zwingend an sie gebunden sind. Ich will an dieser Stelle eine Liebesgeschichte erzählen, die mich so tief bewegt hat, daß sie mir immer wieder in den Sinn kommt. Ob sie sich wirklich genau in dieser Form zugetragen hat, sei dahingestellt, aber daß sie in ihrem emotionalen Kern wahr ist, steht für mich außer Zweifel. Ich selbst habe sie von der Tochter einer der beteiligten Personen, einer wohlwollenden und allem Romantischen aufgeschlossenen Beobachterin, erfahren:

Die Oper *Tristan und Isolde* ist oft als der größte Hymnus auf die erotische Liebe bezeichnet worden, den es in der Musik gibt, und mein Vater verliebte sich als Heranwachsender regelrecht in dieses Werk. Er spielte Klavier und interpretierte die ganze Partitur mit ihren vielfältig variierten Themen von Liebe, Sehnsucht, Tod, Nacht und Nirwana mit der ganzen Leidenschaft eines hochsensiblen jungen Menschen.

Die Wagner-Oper behandelt im Grunde den Mythos, daß wahre leidenschaftliche Liebe nur im Tod möglich ist, wenn die Seelen der Liebenden in die Ewigkeit eingehen und sich dort für immer in Liebe vereinigen können.

Die Oper beginnt damit, daß Isolde, die Tochter des irischen Königs, von Tristan zu seinem Onkel, dem König von Cornwall, geleitet wird, den sie heiraten soll. Isolde zürnt Tristan, weil er ihren Geliebten im ritterlichen Zweikampf getötet hat. Sie weist ihre Amme an, einen Gifttrunk zuzubereiten, mit dem sie sich und Tristan umbringen will. Die Amme gibt aber anstelle des tödlichen Gifts ein Liebesmittel in den Trank, und nachdem die beiden davon getrunken haben, finden sie sich quicklebendig und unsterblich ineinander verliebt.

Statt nun zu sagen: «Halt, Moment mal, die Sachlage hat sich geändert, wir beide müssen heiraten», tun sie, was ihnen befohlen wurde, und Tristan übergibt Isolde dem Onkel als Braut.

Sie treffen sich allerdings heimlich im Schutz der Nacht und werden ein Liebespaar. Sehnsüchtig singen sie:

«So starben wir, um ungetrennt,
Ewig, einig ohne End'».

Ihr Stelldichein ist jedoch von Tristans bestem Freund, der sich ebenfalls in die schöne Königin verliebt hat, verraten worden, und so macht der König selbst ihrer Liebesvereinigung ein Ende.

Tristan, durch einen Schwerthieb seines besten Freundes tödlich verwundet, wird auf eine Insel verbannt. Dort wartet er sehnsüchtig darauf, daß Isolde kommt, um ihn zu pflegen. Als sie schließlich erscheint, liegt er im Sterben, und beide singen den bewegenden Höhepunkt dieser zutiefst leidenschaftlichen Oper: den berühmten Liebestod. Tristan stirbt an seinen Wunden, und Isolde folgt ihm, kraft ihres Willens, nur Augenblicke später in den Tod.

Mein Vater wuchs in einer wohlanständigen Mittelschichtsfamilie auf, mit vielen kleineren Geschwistern, einem schwachen Vater und einer halbinvaliden Mutter. Die Kinder wurden von einer hübschen, vitalen Kinderfrau großgezogen, die zwanzig Jahre älter war als mein Vater. Während seiner «Tristan und Isolde»-Phase verliebten sich mein Vater und die Kinderfrau rettungslos ineinander, und ich bin davon überzeugt, daß der Verlauf dieser Liebesgeschichte viel damit zu tun hatte, daß mein Vater sich so stark mit dieser Oper und dem ihr zugrundeliegenden Mythos identifizierte. Die genauen Einzelheiten ihrer Beziehung habe ich nie erfahren. Ich habe mir die Geschichte zusammengereimt, aus Bruchstücken, die man mir erzählt hat, eigenen Beobachtungen als Kind und junges Mädchen und den Phantasien, die ich heute als erwachsene Frau dazu entwickle, in dem Wunsch, das Leben meines Vaters in einem romantischen Glanz zu sehen.

Die Liebesbeziehung der beiden dauerte ein halbes Jahrhundert, und wenn an dem Mythos etwas Wahres ist, dann dauert sie noch – über ihren Tod hinaus.

Wenn ich mir auszumalen versuche, wie dieses Liebesverhältnis begonnen haben mag, sehe ich folgende Szene vor mir: Er – mein Vater – sitzt am Klavier, ein hochgewachsener, schmaler, sehr hübscher, zerquälter junger Mann. Seine ganze Seele verströmt sich in seine langen, schmalen Finger, die diese wunderbare Wagner-Musik spielen, deren Melodien und Harmonien nicht musikalisch definiert sind, sondern von Leidenschaft bestimmt und getrieben. Neben ihm steht, ihn betrachtend, lauschend und die Musik in sich aufnehmend, diese prachtvolle Frau, deren Rolle es ihr Leben lang war, vorbehaltlos zu lieben und zu geben. Die Musik ist der Liebestrank, den beide trinken. Und plötzlich gibt es nur noch eines – keinen Verstand und keine Vernunft mehr, keine Moral und keine Pflicht – nur noch pure Liebe.

Angesichts der Umstände – *er* Schüler, der Ältere einer ganzen Zahl von Geschwistern, *sie* die Ersatzmutter – mußte die Natur ihrer Beziehung lange Jahre geheim bleiben. Tagsüber waren sie lediglich Mitglieder eines lebhaften und geschäftigen Haushalts, in dem niemand vermutet hätte, daß sie nachts heimlich als Liebende zusammenkamen.

Als mein Vater das College abgeschlossen hatte, zog er aus. Sie blieb im Haus, um auch die jüngeren Kinder noch großzuziehen, und ihre Liebe kam ans Licht. Kurz darauf starb seine Mutter, und er trug lange Zeit schwer an dem Gefühl, daß das Zutagetreten seiner Liebesaffäre – das Durchbrechen der Barriere zwischen Nacht und Tag – ihren Tod beschleunigt hatte.

Sie blieben seine frühen Erwachsenenjahre hindurch ein Liebespaar, wenn auch mit Unterbrechungen, weil sie zeitweise versuchten, sich zu trennen, es aber doch nicht schafften. Als ich meine Mutter fragte, warum die beiden nie geheiratet hatten, meinte sie, mein Vater habe sich wegen dieser Frau geschämt – er war ein kommender Star und schon ziemlich prominent, sie eine alternde Kinderfrau. Diese Auslegung der Geschichte mag ich nicht so gern, deshalb will ich zur Erklärung lieber auf *Tristan und Isolde* zurückgreifen. Hätten sie geheiratet, hätte es ihrer Beziehung den Charakter der großen Leidenschaft genommen. Es hätte sie profaniert. Aber vielleicht wollte er auch seine Familie nicht kompromittieren, zumal er sich schon schuldig am Tod seiner Mutter fühlte.

Er heiratete schließlich meine Mutter, eine schöne, lebensprühende Frau, zehn Jahre jünger als er, aber die Beziehung zu seiner Kinderfrau brach nie ganz ab, wenn sie auch offenbar nicht mehr sexueller Natur war.

Als sein erstes Kind zur Welt kam, wollte mein Vater, daß seine Kinderfrau ins Haus käme, um es zu betreuen. Meine Mutter weigerte sich strikt, gab aber immerhin seinem Wunsch statt, daß das kleine Mädchen nach seiner Mutter und der Kinderfrau genannt werden sollte.

Die Kinderfrau heiratete nicht. Sie blieb ihr Leben lang auf die eine oder andere Weise der Familie verbunden. Sie zog ins Haus einer Schwester meines Vaters und half jetzt ihr, ihre Kinder großzuziehen. Da beide Haushalte in engem Kontakt standen, wurde sie für uns alle zur «Tante» und zu einem der am innigsten geliebten Mitglieder der weiteren Familie. Sie hatte immer Verständnis und schimpfte nie, und sie war es, auf deren Schoß wir krabbelten, wenn wir uns weh getan hatten, die uns stricken lehrte und die am Sonntagmorgen für die ganze Sippschaft Bananenpfannkuchen buk.

Als ich dann ein junges Mädchen war, erkrankte mein Vater an einem Leiden, das sich immer mehr verschlimmerte und an dem er fünf Jahre darauf sterben sollte. Meine Mutter hatte alle Hände voll damit zu tun, einen Stall voller halbwüchsiger Kinder zu erziehen, und liebte diesen Mann, dessen Liebe ihr nie ganz gehört hatte, auch nicht mehr, und so übertrug sie seine Pflege seiner geliebten Kinderfrau.

Die beiden zogen in unser Sommerhaus, und wir besuchten sie an den Wochenenden. Er war jetzt ein gebrechlicher, alter Mann von sechzig, sie eine jugendlich wirkende, gesunde und immer noch schöne Achtzigerin. Hier in diesem Haus ließen sie die Situation wiedererstehen, die ihre Leidenschaft einst hatte entflammen lassen – er, ein gequälter, aber noch immer schöner Mann, der ihre Pflege und ihre Betreuung brauchte, bezauberte sie mit seiner Musik, seinem Esprit und seiner Bedürftigkeit, und sie gab Liebe und Fürsorge.

Als er dann starb, baute sie rasch ab. Sie wurde senil und mußte in ein Pflegeheim gegeben werden. Ihr Zimmer dort war voller Fotos von meinem Vater und sämtlichen Kindern. Wir fuhren jede Woche hin, und dann pflegte sie uns verzückt von Daddys Besuchen zu erzählen.

Ich bin davon überzeugt, daß sie den Tod durch ihren Willen herbeizwang. Körperlich war sie völlig gesund, bis zu dem Tag, an dem sie starb. Sie wollte endlich zu ihrem Geliebten, und weil ich es mir wünsche, glaube ich, daß sie jetzt für alle Ewigkeit vereint sind.

Sicherlich werden viele spontan nicht unsere Ansicht (die der Tochter und auch meine) teilen, daß wir es hierbei mit der Geschichte einer triumphalen Liebe zu tun haben. Manche werden wohl sogar im Gegenteil argumentieren, daß es sich eher um ein Schulbeispiel für die verschiedenen fatalen Zerrformen der Liebe handelt – die Kinderfrau opfert ihr Leben einer unmöglichen Liebesbeziehung, die Ehefrau wird betrogen, der Ehemann kommt nicht von seiner Kinderfrau los! Und tatsächlich springen die Grenzen und Schwächen der Hauptpersonen – man könnte auch sagen, ihre neurotischen Fixierungen – förmlich ins Auge. Aber wenn wir solche Grenzen und Schwächen einmal als gegeben voraussetzen, haben wir dann nicht alle Veranlassung, die mächtige, schöpferische Kraft einer Liebe zu bewundern, die es diesen beiden Menschen ermöglicht hat, einander trotz dieser Grenzen und Schwächen fast ein Menschenleben lang Halt und Freude zu geben?

Diese Geschichte ist aber auch deshalb so faszinierend, weil sie durchschimmern läßt, wie nachhaltig die Wahrnehmung der elterlichen Liebesbindung unsere Vorstellungswelt prägt. Das magische Paar – dasjenige, das die Vorlage für das «Wir» ist, das das Kind später erstreben wird – muß nicht das Elternpaar sein. Das Wissen um die romantische Seite des Lebens ihres Vaters hatte verschiedene offensichtliche und viele weitere subtile Folgen für das Leben der Tochter – darunter vielleicht auch ihre eigene mütterliche Art und ihr Wunsch, einen therapeutischen Beruf zu ergreifen.

Wir haben es hier mit einer unkonventionellen Liebesgeschichte zu tun, und zwar gleich in mehrfacher Hinsicht. Es geht um Liebe über einen beträchtlichen Altersunterschied hinweg und zudem wohl auch in stärkerem Maß, als auf den ersten Blick offensichtlich, um inzestuös gefärbte Liebe. In der Regel liegt bei solchen Liebesgeschichten der Fall umgekehrt: der Mann ist wesentlich älter als die Frau. Diese häufigere Variante stößt vor allem deshalb auf Kritik, weil sie symptomatisch für die Benachteiligung älterer Frauen in unserer Gesellschaft ist. Sie gelten als nicht mehr begehrenswert, während älteren Männern immer noch neue Liebesmöglichkeiten offenstehen. Natürlich ist mir diese Ungerechtigkeit auch bewußt, und ich sympathisiere mit dieser Kritik. Aber auf der anderen Seite kann man sich die eigenen Leidenschaften nicht aussuchen, weshalb es einem auch kaum zusteht, über die anderer zu urteilen.

Die Liebe zwischen einem älteren Mann und einer jüngeren Frau kann für beide sehr bereichernd sein, wenn auch in unterschiedlicher Weise. Als schöpferische Synthese weit zurückreichender Wünsche gibt uns die Liebe die Möglichkeit, frühe Erfahrungen noch einmal durchzuarbeiten und in einer Art und Weise aufzulösen, die mit unserem inneren Wachstum in Einklang steht. Anders gesagt: Liebe fungiert als Korrektiv für frühere Erfahrungen, die uns behindern. Für eine junge Frau kann die Liebe zu einem älteren Mann eine gewaltige psychische Vorwärtsentwicklung bedeuten, einen Zuwachs an innerer Reife und Selbstgefühl, wie er sonst vielleicht nicht so bald eingetreten wäre. (Auf der anderen Seite können solche Beziehungen natürlich auch in ein ungünstiges Fahrwasser gelangen. So vergeudet in George Eliots Roman *Middlemarch* Dorothea ihr Leben und ihre Liebe an einen unbedeutenden, borNierten Pedanten, der sich für einen genialen Geist ausgibt. Außerdem müssen die Liebenden auch damit rechnen, daß sie *beide* älter werden. Wenn dem Mann ein langes Leben beschieden ist, werden die Illusionen, die die Beziehung stützen, bei beiden auf eine harte Probe gestellt werden.)

Manche Männer entwickeln überhaupt erst in reiferen Jahren die Fähigkeit, auf eine gebende, zärtliche und fürsorgliche Weise zu lieben, weil es ihnen in früheren Lebensjahrzehnten durch innere Hindernisse verwehrt war. Ich finde mich deshalb in der widersprüchlichen Position, einerseits solche Liebe über Generationsschranken hinweg gut verstehen zu können und mich davon sehr berührt zu fühlen, andererseits aber auch mit Betroffenheit die Chancenungleichheit zu sehen, mit der ältere Frauen konfrontiert sind.

Eine weitere Form der Liebe, die häufig auf Ablehnung stößt – und mit der ich diese Ausführungen abschließen will –, ist die homosexuelle Liebe. Ich persönlich hege keinen Zweifel daran, daß homosexuelle Liebe – oder besser, Liebe zwischen homosexuellen Partnern – vom Erleben her nicht anders ist als Liebe zwischen heterosexuellen Partnern. Es ist in diesem Zusammenhang schon oft darauf hingewiesen worden, daß Liebesgedichte, die von Homosexuellen geschrieben wurden, heterosexuellen Lesern oder Hörern in ihrem Stimmungsgehalt, ihrem Ton und dem Spektrum der Gefühle ohne weiteres zugänglich sind. Auch das subjektive Erleben der Krisen und Leiden der Liebe unterscheidet sich nicht. Außerdem gibt es eine ganze Zahl berühmter homosexueller Paare wie etwa Gertrude Stein und Alice B. Toklas. Joseph Barry schildert in seinem kürzlich erschienenen Buch *French Lovers* in sehr bewegender Weise zunächst Jean Cocteaus Liebe zu Raymond Radiguet, dem Verfasser des Romans *Den Teufel im Leib*, der schon mit zwanzig starb (und von dem Cocteau sagte: «Mit ihm zu arbeiten ist wie ein ständiger Liebesakt») und im Anschluß dann seine lang andauernde Liebe zu dem Schauspieler Jean Marais. Obwohl die romantische Liebesbeziehung mit Marais nicht lange dauerte, verband beide weiterhin eine enge Freundschaft. In der Blütezeit ihrer Liebe hatte Cocteau geschrieben: «Mein Herz findet Antwort auf das ewige Problem: / Du bist ich – ich bin du – wir sind wir – sie sind sie.» Aber noch lange nachdem ihre *romantische* Liebesbeziehung auseinandergegangen war, konnte er sagen: «Unsere Geschicke gehen weiter Seite an Seite.»

Homosexuelle Liebe ruft aus ganz ähnlichen Gründen Ablehnung hervor wie außereheliche Liebe: sie erscheint als Bedrohung der gesellschaftlichen Ordnung. Sie stößt auf Mißbilligung, weil sie gegen die Konventionen verstößt, weil sie die Rollenaufteilung in Frage stellt und wohl auch deshalb, weil sie viele Menschen in ihrer eigenen Geschlechtsidentität verunsichert. Alle diese Ängste sollten aber Außenstehenden nicht den Blick dafür verstellen, wie die Beteiligten selbst diese Form der Liebe erleben, und ihr emotionales Erleben unterscheidet sich offensichtlich nicht von dem heterosexueller Liebender. De facto sind sogar einige der wichtigsten kritischen Analysen der Machtungleichheit, die heterosexuelle Liebe so oft deformiert, aus dem Erleben homosexueller Liebesbeziehungen erwachsen.

Theodor Reik, in mancherlei Hinsicht wohl der weiseste unter den mit dem Thema Liebe befaßten Psychologen, schreibt: «Weise ermahnen uns immer und immer wieder, von der Liebe kein dauerhaftes und reines Glück zu erwarten, uns daran zu erinnern, daß sie Unglück bringt, uns von einem Objekt abhängig macht, daß sie nicht nur Höhen, sondern auch Tiefen hat wie alles, was der Mensch tut. Es ist nicht die Schuld der Liebe, daß wir zuviel von ihr verlangen und alles auf diese eine Karte setzen. Wir sollten wissen, daß es keinen Himmel auf Erden gibt. Es ist sogar zweifelhaft, ob es im Himmel einen Himmel gibt.» Dieser Hinweis auf die übersteigerten und unrealistischen Erwartungen, mit denen wir an die Liebe herangehen, stößt uns auf den wahren Grund dafür, daß wir oft so unzufrieden sind mit dem, was wir haben: Liebe weckt in uns die Hoffnung auf vollkommenes, ekstatisches Einssein. Weil die Liebe an die gierigen, magischen Phantasien unserer frühesten Kindheit rührt, hat sie so große Macht über uns, aber aus dem gleichen Grund fließen in sie Vollkommenheitswünsche ein, in denen der Keim zur Frustration und manchmal sogar zum Scheitern schon angelegt ist. Vielleicht ist das Wichtigste, was der Liebende mitbringen muß, wenn er dauerhafte Liebe sucht, ein gewisses Maß an Weisheit, das es ihm ermöglicht, die Erfüllung, die ihm die Liebe geben kann, trotz der unausbleiblichen Frustrationen und trotz der sich zwangsläufig offenbarenden Fehler und Schwächen der geliebten Person anzuerkennen und zu würdigen.

> Die Süße des himmlischen Lebens mag kommen oder nicht,
> Die des irdischen kommt und geht in einem.

In diesem Sinne, in dieser Auslegung des Wortes, glaube ich allerdings, daß eine gewisse «innere Reife» wichtig ist, damit die Liebe gedeihen und auf Dauer lebendig bleiben kann.

Nachgedanken:
Liebe, Motor der Veränderung

Vorwärtsbewegung im menschlichen Leben erfolgt nicht immer linear. Wir sind es zwar gewohnt, uns Fortschritt als eine stete Aneinanderreihung kleiner Schritte zu denken, aber die Bewegung im Leben eines Individuums kennzeichnet sich oft durch lange Stillstandsperioden, Sprünge, jähe Abbrüche, Neuanfänge. Deutlich wird diese Diskontinuität bei der Betrachtung der inneren Veränderungen, wie sie häufig im Zusammenhang mit tiefer Liebe, mit anderen Formen der Hingabe oder auch mit religiösen Konversionserlebnissen eintreten: sie scheinen ohne jede Kontinuität zu dem, was vorher war. Der unvorhersagbare Charakter solcher Wandlungen legt den Schluß nahe, daß die Persönlichkeitsentwicklung kein rein gesetzmäßiger, durch biologische und biographische Faktoren determinierter Prozeß ist. Sie ist vielmehr abhängig vom Zufall, von der eigenen Wahl, vom eigenen Willen, von den Umständen und Gelegenheiten.

Wir werden uns selbst nie so völlig verstehen und erklären können, wie wir es gern behaupten. Unsere Imagination und unsere Kreativität – beides Qualitäten unseres menschlichen Geistes, die sich allen Versuchen der Quantifizierung oder Reduktion auf eine simple Kausalkette entziehen – treiben jene Umbruchsituationen hervor, die unseren Lebensweg so unberechenbar und unvorhersagbar machen. An verschiedenen Punkten unseres Lebens überkommt uns das Gefühl, daß uns etwas fehlt oder daß wir stagnieren. Wir sehnen uns nach etwas Neuem, anderem, auch wenn uns diese Sehnsucht nicht unbedingt voll bewußt ist. Was dieses Neue, andere, sein könnte, wissen wir meist nicht genau zu sagen, und selbst wenn wir glauben, eine Vorstellung zu haben, ist das, was wir finden, doch oft etwas anderes. Vor allem aber finden wir in der Suche selbst – nach irgend etwas Neuem und anderem – neuen Sinn und neue Hoffnung.

Unser Streben läßt sich nicht auf die Suche nach Abwechslung und Zerstreuung reduzieren: wir suchen das Absolute, das Grenzenlose, das Transzendente. Diese Suche rührt an archaische Allmachtswünsche (und -gefühle) in uns und erweckt sie zu neuem Leben. Einige von uns gelangen so dahin, sich ganz einer Sache oder einer Idee zu verschreiben. Die meisten finden aber ein Ventil für diese Sehnsüchte am ehesten in jener schöpferischen Synthese der Wünsche, die wir als leidenschaftliche Liebe bezeichnen.

Zuneigungsbeziehungen und leidenschaftliche Liebe überschneiden sich und haben viele Merkmale gemeinsam. Beide beinhalten zärtliche Zuwendung, die Möglichkeit sexueller Befriedigung und eine Vielzahl weiterer Gratifikationen, die eng mit unseren frühesten Bedürfnissen und Wünschen verbunden sind. Aber leidenschaftliche Liebe scheint darüber hinaus durch zwei besondere Gefühlszustände gekennzeichnet zu sein, die als qualitativer Sprung gegenüber allem Vorangegangenen erlebt werden: zum einen durch die gesteigerte Gefühlsintensität und Selbstbewußtheit, die typisch für die Zeit der ersten Verliebtheit und die idyllische Phase sind, und zum zweiten durch das Erleben der Grenzüberschreitung und Verschmelzung, das sich immer wieder augenblicksweise einstellt. Diese Gefühlszustände, die besonders intensive Formen des Erlebens der leidenschaftlichen Liebe darstellen, stehen nicht nur vom subjektiven Empfinden her in keinerlei Kontinuität zum Bisherigen, sondern sind – infolgedessen – auch in hohem Grade dazu angetan, signifikante innere Veränderungen zu bewirken.

Wir können zwar manches über die Bedingungen aussagen, die innere Veränderungen bewirken, und auch über die Umstände, die sie ermöglichen, aber der eigentliche Mechanismus der Veränderung ist uns nach wie vor ein Rätsel. Unter Analytikern und Psychologen gehen die Meinungen darüber auseinander, was genau die Veränderungen im Behandlungszimmer bewirkt. Die Memoiren eines Thomas Merton oder einer Simone Weil vermögen uns, auch wenn sie uns näher an ein Verständnis heranführen, letztlich doch jenen qualitativen Glaubenssprung nicht zu erklären, der eine religiöse Berufung ausmacht. Und ebenso schwer zu fassen ist auch jener Sprung, den wir machen, wenn wir uns verlieben.

Aber auch wenn sich die Liebe letztlich der vollständigen Analyse entzieht, können wir über ihre Katalysatorfunktion für innere Veränderungen eine ganze Menge aussagen. Aufgrund der Identifikation mit der geliebten Person, die in der leidenschaftlichen Liebe stets eintritt, wird dem Liebenden oft eine signifikante Neuordnung seiner Werte und Prioritäten abverlangt. In der Liebe ist unser Selbst neuen Risiken ausgesetzt, was zu einer Erweiterung unserer Möglichkeiten führen kann. Die Liebe verleiht uns den Mut und den Schwung, eigene psychische Barrieren zu überwinden, uns über innere und äußere Tabus hinwegzusetzen, uns von uns selbst und den Zwängen der Gewohnheit und des Selbstschutzes zu emanzipieren, die Deformationen, die frühere unglückliche Erfahrungen hinterlassen haben, aufzulösen und Hemmungen abzuschütteln. Die Liebe gibt uns den Elan, einen neuen Lebensabschnitt zu beginnen, neue Projekte anzugehen und neue Verantwortung zu übernehmen. Es kann sogar sein, daß wir uns völlig neu geboren fühlen, da die Liebe mit ihrer zwingenden Macht eine bereits feststehend scheinende Lebensgeschichte noch einmal völlig umschreiben kann. Die Liebe kann deshalb als Paradigma für die tiefgreifende Umstrukturierung der Persönlichkeit und des persönlichen Wertesystems überhaupt stehen, das heißt für jene Art Veränderung, wie sie auch im Zuge religiöser Bekehrungserlebnisse oder im psychoanalytischen Prozeß eintritt.

Die romantische Liebe katalysiert Veränderungen unter anderem dadurch, daß sie uns die Chance gibt, Vergangenes noch einmal zu durchleben. Es ist unmöglich zu lieben, ohne alte Konflikte wieder heraufzubeschwören. Wenn wir solche Konflikte in einem neuen Kontext noch einmal durchleben können, haben wir die Möglichkeit, sie neu zu lösen. Zentral ist vor allem die Wiederbelebung der ödipalen Konflikte, für die jetzt die Möglichkeit einer glücklichen Auflösung besteht. So wie die Adoleszenz eine zweite Individuationsphase ist, die die noch nicht gelösten Konflikte der ursprünglichen Individuation in der frühen Kindheit noch einmal aufnimmt und uns die Chance gibt, sie unter besseren Ausgangsbedingungen erfolgreich zu lösen, so gibt uns auch die Liebe noch einmal die Möglichkeit, psychische «Arbeit», die unabgeschlossen liegengeblieben ist, zu vollenden. Sie ermöglicht uns die Lösung von der Vergangenheit (vor allem von unseren Eltern und unserer kindlichen Abhängigkeit von ihnen), aber zugleich eröffnet sie uns die Möglichkeit, Grenzüberschreitung und Verschmelzung zu erleben, die viel mit dem Gefühl des Einsseins im frühesten Säuglingsalter gemein haben. Die Liebe ist, wie wir sehen, eine bewundernswert elegante und effiziente Möglichkeit, die losen Fäden unseres Lebens noch einmal aufzunehmen und zu einer neuen, lebensfähigeren Synthese zusammenzuführen.

Liebe verschiebt aber auch die Grenzen des Selbst. In der Zeit der ersten Verliebtheit und der idyllischen Phase der Liebe resultieren Veränderungen aus den neuen Identifikationen, die wir eingehen, insbesondere aus unserem neuen Selbstgefühl als Teil eines «Wir». Außerdem werden Veränderungen durch das gestärkte Selbstgefühl und den optimistischen Schwung beflügelt, die mit der Verliebtheit einhergehen und uns den Mut geben, neue Risiken einzugehen, wodurch wir neue Bereiche unseres Selbst erfahren können. Indem die Liebe uns neue Wege aufschließt, führt sie uns über den alten begrenzten Bereich unserer Möglichkeiten hinaus. Vor allem aber scheint die Befreiung aus der Isolation des Selbst und die Vereinigung mit dem Anderen, die wir in Augenblicken der Verschmelzung erleben, einen Impetus zur Veränderung darzustellen, da uns solche wiederkehrenden, kurzzeitigen «Offenbarungserlebnisse» in dem Gefühl bestärken, nicht mehr an die alten Grenzen gebunden zu sein.

Ein zentraler Grund, weshalb Liebe als Motor der Veränderung wirkt, liegt darin, daß sie ein neugieriges, imaginatives Erkunden des Anderen ist, ein partielles Heraustreten aus der eigenen Subjektivität und Hineintasten in die eines anderen Menschen. Dieser Vorgang ähnelt, auch wenn er sehr viel weiter geht, dem befreienden Heraustreten aus uns selbst, das wir manchmal erleben, wenn wir große literarische Werke lesen. Vielleicht beruht ja das enge Verhältnis, das von jeher zwischen erzählender Dichtung und Liebe besteht, darauf, daß beide – im Idealfall – etwas ganz Ähnliches leisten: nämlich ihre Anhänger (Leser und Liebende) befähigen, sich in ein anderes Bewußtsein hineinzuversetzen. Im Fall der erzählenden Dichtung ist das Bewußtsein, in das wir eintreten, unmittelbar das der Figur, aus deren Perspektive wir die Geschehnisse erleben, letztlich aber das des Autors. In der Liebe ist das Bewußtsein, an dem wir Anteil haben, das der geliebten Person.

In ihrer entfaltetsten Form eröffnet uns die Liebe also die Möglichkeit, uns aus den Schranken unserer eigenen Subjektivität zu befreien. Der psychische Vorgang, der uns dies ermöglicht, ist die Empathie, nicht die vollständige Identifikation. Wir fühlen *mit* der geliebten Person, ohne sie selbst zu werden. Imagination – jener geistig-seelische Akt, der in der Liebe wie beim Schreiben und Lesen von Literatur eine so zentrale Rolle spielt – ist vielleicht deshalb so lustvoll, weil sie sich auf einem schmalen Grat bewegt, im Grenzbereich zwischen der Identifikation mit dem Anderen und dem Aufgehen in ihm. In der Liebe erzeugt dieser Balanceakt eine Spannung, die einerseits sehr lustvoll, andererseits aber auch potentiell problematisch ist.

Das Eintreten in die Subjektivität eines anderen Menschen, das leidenschaftliche Liebe charakterisiert, macht das Selbst extrem verletzlich, da es ja dem Selbst des Anderen die gleiche Wichtigkeit zugesteht. Diese Verletzlichkeit ist just dann am größten, wenn auch das Potential für Selbsterweiterung und -veränderung am größten ist. Aber der Lohn, der dem Liebenden winkt, wenn er bereit ist, loszulassen und sich zu öffnen, ist die Risiken wert. Eine der tiefsten Einsichten der Religion ist die Erkenntnis, daß der Mensch in der Selbsthingabe sich selbst finden kann. Dieses Prinzip gilt in der Liebe mit Sicherheit nicht minder, auch wenn seine Übertragbarkeit in weltliche Dimensionen kaum je thematisiert wird.

Es gibt Menschen, die in der Liebe vor allem Sicherheit suchen und sie als eine Art schützenden Hafen inmitten einer gleichgültigen und feindseligen Welt betrachten. Darin liegt gleich ein doppelter Irrtum. Die eine Fehlannahme ist offensichtlich: die Liebe erweist sich oft als ganz und gar nicht stabil und sicher. Ein zweiter, subtilerer Irrtum liegt jedoch in einem Verständnis von Sicherheit, das nicht die Sicherheit meint, die eigenen Gefühle fühlen und äußern zu können, sondern die Garantie, bleiben zu können, wie man ist. Solche Sicherheit ist gleichbedeutend mit der Vermeidung des immer mit Risiken behafteten Abenteuers, durch die Liebe – oder die Hingabe an irgendeine andere verändernde Erfahrung – das zu werden, was wir in uns noch nicht entdeckt haben.

> «Ach Herr! Wir wissen wohl, was wir sind, aber nicht,
> was wir werden können.»

Auch wenn wir noch so gut wissen oder zu wissen glauben, wer wir sind, bleiben wir doch, solange wir leben, immer weiter fähig, Dinge mit neuen Augen zu sehen und anders als bisher zu reagieren und uns folglich selbst neu zu erfahren. Sokrates hat vor langer Zeit gesagt, ein rechtes Menschenleben sei ein geprüftes Leben, und wie er durch sein eigenes Beispiel verdeutlicht hat, ist damit nicht gemeint, daß der betreffende Mensch irgendwann zur Wahrheit im Sinne eines zu erreichenden Ziels vordringt und sich dann ausruhen kann. Die Wahrheit liegt vielmehr in der Suche selbst, und diese Suche hört im Idealfall nicht auf, solange noch Atem in uns ist.

Liebe ist, abwechselnd und in variierendem Maß, der sichere Hafen *und* der Sturm. Vor allem aber ist sie eine Reise, deren Ziel nicht feststeht. Sie ist – heute mehr denn je – für die meisten Menschen die primäre Form, Risiken einzugehen, Wagnisse, ohne die das Gefühl der Selbstentfaltung nicht möglich ist. Die Gefahr des Leidens in der Liebe ist nichts im Vergleich zu der

Gefahr, am Ende dem Gefühl zu verfallen, nie gelebt zu haben – nie das Risiko eingegangen zu sein, sich zutiefst verletzlich und lebendig zu fühlen. Leiden ist, verglichen mit einem affektlosen Dasein, die geringere Pein. Wir sind alle besessen vom *Horror vacui*, und solange das Leiden nicht unerträglich ist oder keine Hoffnung besteht, daß es je wieder endet, ist es ein spürbarer Hinweis darauf, daß wir leben, während Affektlosigkeit der Hinweis darauf ist, daß wir uns dem Leben entziehen. Unsere geheime Angst ist es, daß nichts uns mehr bewegen könnte, und unser Streben nach Sicherheit widerspricht dem tiefen Drang in uns, uns über Gefühle als lebendig zu erfahren. Wir alle kennen jene Momente, in denen wir uns in unserem Kummer und unserem Leid «suhlen». Ich denke, das tun wir nicht einfach aus Ich-Bezogenheit oder Egoismus, sondern weil solche Gefühle der spürbare Beweis unseres Beteiligtseins am Prozeß des Lebens sind.

Liebe ist also nicht nur einer der Königswege zur Überschreitung der eigenen Grenzen, sondern auch eine der wichtigsten Möglichkeiten zur Selbsterfahrung und Selbstveränderung. In einer Zeit, in der es uns gelungen ist, alle sonstigen Risiken, die Leben für uns Menschen bedeutet, zu verringern oder zu verdrängen, gewinnt das Abenteuer der Selbstentdeckung immer mehr an Bedeutung. Das ist sicherlich auch einer der Gründe dafür, daß die Psychotherapie in unserer Gesellschaft eine immer wichtigere Rolle spielt. Die Psychoanalyse sieht Individuation als einen immer weitergehenden, niemals abgeschlossenen Prozeß, als eine innere Entdeckungsreise. Eine ihrer tiefsten Einsichten manifestiert sich ja gerade darin, daß sie die klassischen bildhaften Verdichtungen der Reise des menschlichen Lebens (wie etwa den Ödipus-Mythos) übernommen hat, um die zentralen Dramen unserer psychischen Entwicklung zu illustrieren.

Die Liebe ist, wie die anderen großen Reisen der Seele und des Geistes auch, eine Odyssee, die nie endet, sondern immer weiter führt, wenn wir nur bereit sind, uns auf ihre Herausforderungen einzulassen. Die Liebe ist nicht die endgültige Lösung unserer Probleme, sondern ständiger Prozeß, immer neues Infragestellen des Gesicherten, und die einzige Wahrheit, die es darin zu finden gibt, ist das Streben nach Vollständigkeit und Gut-heit. Vor dieser Reise zurückzuscheuen, heißt die eigene Beschränktheit und Unvollständigkeit perpetuieren.

Wir alle müssen im Zuge unserer Entwicklung in die Welt hinaustreten und uns unter dem, was wir dort finden (und ebenso unter den Menschen, auf die wir dort treffen), das suchen, was wir wollen. Wer allein von sich selbst zehren will, wird verhungern. Die Formierung des Selbst ist weder durch biologische oder biographische Determinanten vorherbestimmt, noch völlig außengeleitet: sie erfolgt durch das Wechselspiel zwischen Selbst und Außenwelt. In diesem Sinne können wir sagen, daß die Wahl der Menschen, die wir lieben, unser Leben prägt. Durch diese «Entscheidungen» und die daraus resultierenden Begegnungen erfahren wir uns selbst und werden wir selbst.

Für uns, in unserer Gesellschaft, ist vielleicht die wichtigste unter den Freiheiten, die wir besitzen, die Freiheit zu lieben, und die wichtigste aller Entscheidungsmöglichkeiten die, wen wir lieben und an welchen Werten wir uns ausrichten. Außerdem ist die Liebe für die meisten von uns auch die am ehesten zugängliche Form der Kreativität. Als kreativer Akt hat die Liebe viel mit kreativem Schaffen überhaupt gemein. Silvano Arieti sagt über die Doppelfunktion der Kreativität: «... und während sie das Universum ausdehnt, indem sie neue Dimensionen entdeckt und ihm hinzufügt, bereichert und erweitert sie zugleich den Menschen, dem so die Möglichkeit gegeben ist, diese neuen Dimensionen in seinem Innern zu erfahren.» Und genau das gilt auch für die Liebe – das in unserer Zeit vielleicht wichtigste Vehikel der Selbstverwirklichung, Selbstveränderung und Transzendenzerfahrung.

DANK

Dieses Buch ist all denen gewidmet, die wie mich die Frage beschäftigt, warum die romantische Liebe in unserem Leben eine so wichtige Rolle spielt und worin ihre Macht besteht. Mein Bemühen um eine Antwort hat es sehr vorangebracht, daß mich immer wieder Freunde und Kollegen großzügig unterstützten, indem sie Teile meines Manuskripts lasen und kritische Kommentare dazu beisteuerten, mich auf Quellen hinwiesen oder mir von eigenen Erfahrungen erzählten. Herzlich danken möchte ich in diesem Zusammenhang Shana Alexander, Susannah Bianchi, Jessica Diamond, Nancy Diamond, Richard G. Druss, Ilene Lefcourt, Nadine MacKinnon, Roger MacKinnon, Steven Marcus, Lucas Matthiessen, Robert Michels, Regina Ovesey, Lucy Simon, Caroline Stoessinger, Gladys Topkis und Milton Viederman. Sandy Kadet war stets bereit, den *advocatus diaboli* zu spielen und mir auf diese Weise zu helfen, meine Gedanken zu klären. Beth Rashbaum hat mich angeregt, einige wichtige analytische Unterscheidungen einzuführen, und mich dabei unterstützt, sie auf ihre logischen Konsequenzen hin zu durchdenken. Mein Dank gilt ferner Doris Parker, die mit der Hilfe von Delmina Price und Jacob Clark das Manuskript mehrfach abgetippt hat, sowie Elizabeth Olds, die die Zitate und die Bibliographie überprüfte. Joan Jackson hat wie immer meinen Terminplan daraufhin überwacht, daß mir die Zeit zum Schreiben blieb, und mich auch sonst in vielerlei Hinsicht unterstützt.

Daß ich der psychoanalytischen Literatur und den Schriften Freuds viel verdanke, versteht sich von selbst. Unter den neueren psychoanalytischen Arbeiten zum Thema Liebe waren mir besonders die Abhandlungen Otto Kernbergs und der Aufsatz von Eva Lester zur erotischen Übertragung wichtige Anregungen. Insgesamt stütze ich mich jedoch auf eine Vielfalt an Material aus den verschiedensten Wissenschaftsbereichen, aus Literatur und Film. In meinen Anmerkungen im Anhang habe ich die Quellen im einzelnen aufgeführt.

Mein ganz besonderer Dank geht an meine Agentin Rhoda Weyr für ihre beständige Unterstützung und Bestärkung und an meine Lektorin Linda Healey, die meinem Manuskript mit viel Takt und Kompetenz den letzten Schliff gegeben hat. Meine Söhne Louis und Lloyd Sherman sind sehr geduldig und lieb mit mir umgegangen, und mein Mann war mir in dieser Zeit, nicht nur durch sein Verständnis und seine Großzügigkeit, die wichtigste Stütze.

Anmerkungen

Die Seiten- und Zeilenangaben beziehen sich jeweils auf das Ende eines Zitats oder einer Paraphrase, wobei auch die Überschriften als Zeilen mitgezählt werden.

EINLEITUNG

7/14   Scott Spencer, *Endlose Liebe*, Hoffmann und Campe, Hamburg 1982, S. 172.

8/31   James betont dies immer wieder in seinem Buch *Die Vielfalt religiöser Erfahrung. Eine Studie über die menschliche Natur*. Walter, Freiburg i. Br. 1979.

12/4   William James, *The Principles of Psychology*, Kapitel 9, Band 53 der Reihe «The Great Books», Encyclopaedia Britannica, Chicago 1952, S. 147.

12/19   Milan Kundera, *Die unerträgliche Leichtigkeit des Seins*, Hanser, München/Wien 1984, S. 23.

14/18   Christopher Lasch, *Geborgenheit. Die Bedrohung der Familie in der modernen Welt*, dtv, München 1987, S. 27.

15/4   Vgl. Philip Thody, *Roland Barthes: A Conservative Estimate*, University of Chicago Press, Chicago 1983, S. 152.

15/35   Ralph Waldo Emerson, «Liebe», in: *Essays. Erste Reihe*, Diogenes, Zürich 1982, S. 135.

16/4   Morton M. Hunt, *Der siebte Himmel. Eine Naturgeschichte der Liebe von Homer bis Kinsey*, Ullstein, Berlin/Frankfurt a. M./Wien 1963, S. 358.

16/23   Begründungen für diese Sicht finden sich unter anderem in dem Buch *The Pursuit of Loneliness: American Culture at the Breaking Point* (Beacon Press, Boston 1976) von Philip Slater und in Erich Fromms *Die Furcht vor der Freiheit*, DVA, Stuttgart 1983.

17/31   James Salter, *Light Years*, North Point Press, San Francisco 1982, S. 300 f.

18/5   Virginia Woolf, *Die Fahrt zum Leuchtturm*, S. Fischer, Frankfurt a. M. 1984, S. 128.

18/21 Dieses Konzept ist Inhalt eines von Aristophanes erzählten
       Mythos. Vgl. Platon, *Symposion*, in: Sämtliche Werke,
       Band 2, Rowohlt, Reinbek 1986, S. 203–250 (dort
       S. 220–224).

18/23 Platon, *Phaidros*, in: Sämtliche Werke, Band 4, Rowohlt,
       Reinbek 1958, S. 23. Sokrates sagt zu Phaidros: «Dieses
       also mußt du bedenken, o Knabe, und die Freundschaft des
       Liebhabers kennenlernen, daß sie nicht wohlwollender
       Natur ist, sondern daß nur nach Art der Speise um der Sät-
       tigung willen, gleichwie Wölfe das Lamm, so den Knaben
       Liebhaber lieben.»

19/11 Dies ist ein zentrales Thema in Rollo Mays Buch *Der ver-
       drängte Eros*, Wegner, Hamburg 1970.

19/34 Thomas Stearns Eliot, *Vier Quartette*, Amandus, Wien
       1948, S. 12.

21/5   Zitiert in: Matthew Josephson, *Victor Hugo*, Doubleday
       Doran, Garden City, N. Y., 1942, S. 205.

21/20 Keats am 22. November 1817 in einem Brief an Benjamin
       Bailey. John Keats, *Briefe eines Liebenden*, Matthes &
       Seitz, München 1986, S. 132 f.

23/22 Vgl. Frank J. Sulloways Werk *Freud – Biologe der Seele.
       Jenseits der psychoanalytischen Legende*, Edition Maschke/
       Hohenheim, Köln-Lövenich 1982.

25/23 Robert Waelder, «Das Prinzip der mehrfachen Funktion.
       Bemerkungen zur Überdeterminierung», in: Ders., *Ansich-
       ten der Psychoanalyse. Eine Bestandsaufnahme*, Klett-
       Cotta, Stuttgart 1980, S. 57–76, dort S. 63. Zwar betrach-
       tete Waelder die Liebe als komplexes Geschehen in einem
       organischen Zusammenhang, doch scheint ihm entgangen
       zu sein, welche verändernde, zur Selbstüberschreitung trei-
       bende Kraft von ihr ausgeht.

26/7   Otto Kernberg hat sich mit dem «Überschreiten der Gren-
       zen des Selbst» als «Grundlage für die subjektive Erfahrung
       der Transzendenz» befaßt. Vgl. das Kapitel «Grenzen und
       Strukturen in Liebesbeziehungen» in seinem Buch *Innere
       Welt und äußere Realität. Anwendungen der Objektbezie-
       hungstheorie*, Verlag Internationale Psychoanalyse, Mün-
       chen/Wien 1988 (Zitat S. 331 f). Das Konzept, das ich mit
       dem Begriff «Durchbrechen innerpsychischer Barrieren»
       meine, ist dem Kernbergs verwandt, aber weiter gefaßt. Ich
       werde es im fünften Kapitel näher erläutern.

28/29   Dazu eine treffende Beobachtung von Roland Barthes: «Die
         Sprache (das Vokabular) hat seit langem die Gleichwertig-
         keit von Liebe und Krieg herausgestellt: in beiden Fällen
         handelt es sich darum, zu *erobern, zu rauben, gefangenzu-
         nehmen* usw. ... Gleichwohl ist der folgende begriffliche
         Stellenwechsel merkwürdig: im alten Mythos ist der Räuber
         aktiv, er will seine Beute an sich reißen, er ist Subjekt des
         Raubes (dessen Objekt bekanntermaßen immer eine passive
         Frau ist); im modernen Mythos (dem der leidenschaftlichen
         Liebe) ist das Gegenteil der Fall: der Räuber will nichts, tut
         nichts; er ist reglos (wie ein Bild), und das geraubte Objekt
         ist das eigentliche Subjekt des Raubes; das *Objekt* des Fan-
         ges wird zum *Subjekt* der Liebe; und das *Subjekt* der Erobe-
         rung steigt in den Rang des Liebes*objektes* auf. (Gleichwohl
         hat sich eine öffentliche Spur des archaischen Modells er-
         halten: der Liebende − derjenige, der geraubt worden ist −
         ist immer auch gleichzeitig und stillschweigend femini-
         siert.)» − *Fragmente einer Sprache der Liebe*, Suhrkamp
         Tb., Frankfurt a. M. 1988, S. 128.

1 Impressionen der Verliebtheit

31/27   Spencer, *Endlose Liebe*, S. 129.

32/8   Helene Deutsch, *Selbstkonfrontation. Die Autobiographie
         der großen Psychoanalytikerin*, Kindler, München 1975.

33/18   *Romeo und Julia*, III/5 und I/3 (Schlegel-Tiecksche Überset-
         zung in der Droemer Knaur-Ausgabe, München/Zürich o.J.).

33/36   Lillian Hellman, *Julia und andere Erzählungen*, Goldmann,
         München 1978, S. 206.

35/13   *Romeo und Julia*, I/5.

37/4   Dorothy J. Farnan, *Auden in Love: The Intimate Story of a
         Lifelong Love Affair*, New American Library, New York
         1984, S. 17f.

37/6   Ebd., S. 17.

37/16   Ebd.

37/20   Ebd., S. 19.

37/30   Ebd., S. 20.

38/22   G. P. Wells (Hg.), *H. G. Wells in Love: Postscript to an Expe-
         riment in Autobiography*, Little, Brown, Boston 1984,
         S. 53 f.

40/2   Sybille Bedford, *Aldous Huxley: A Biography*, Carroll &
         Graf, New York 1985, S. 599.

41/16 Carson McCullers, *Die Ballade vom traurigen Café*, Diogenes, Zürich 1971, S. 48 f.

42/15 Michel de Montaigne, *Von der Freundschaft*, Insel, Wiesbaden 1960, S. 14.

44/20 *Wie es euch gefällt*, III/2.

45/18 John Donne, «Meditation: Schmetter mein Herz», in: Ders., *Zwar ist auch Dichtung Sünde*, Reclam, Leipzig 1985, S. 161.

46/12 Dieser Abschnitt stützt sich im wesentlichen auf Stendhals *Über die Liebe*, Winkler, München 1953, und die Biographien von Matthew Josephson (*Stendhal*, Doubleday, New York 1946) und Michael Wood (*Stendhal*, Cornell University Press, Ithaca 1971).

46/21 Stendhal, *Über die Liebe*, S. 13.

46/26 Ebd., S. 12.

47/2 Ebd., S. 13.

47/11 Ebd., S. 35 f.

47/17 Ebd., S. 36.

49/19 *Ein Sommernachtstraum*, V/1.

51/35 Simone Weil, *First and Last Notebooks*, Oxford University Press, London 1970, S. 284. (*Anm. d. Red.:* Es handelt sich um die englische Ausgabe der Tagebuchnotizen aus der Vorkriegszeit, im Original in: *Cahiers*, Paris 1970, und des New Yorker und Londoner Tagebuches, in: *La connaissance surnaturelle*, Paris 1950.)

54/30 Clement Greenberg, zitiert in Laurence Bergreens Biographie *James Agee: A Life*, Penguin Books, New York 1984, S. 272.

56/3 Dominick Dunne, *Society*, Schneekluth, München 1987, S. 80.

57/7 Isadora Duncan, *My Life*, Liveright, New York 1955, S. 5. *Anm. d. Red.:* Der der amerikanischen Ausgabe vorangestellte Text, aus dem hier zitiert wird, ist in der deutschsprachigen Ausgabe *Memoiren* (Amalthea, Wien/München 1969; Ullstein Tb., Frankfurt a. M./Berlin 1988) nicht enthalten.

57/16 Ebd.

2 WIE LIEBE WÄCHST: DIE IDYLLISCHE PHASE

60/29 Stendhal hat als erster romantische Liebe zu klassifizieren versucht. Obwohl sie nicht das gesamte Spektrum umfaßt, ist seine Klassifikation doch wegen ihrer treffenden Beschreibung der meisten uns vertrauten Varianten noch immer von Nutzen. Er könne zwar tausend Variationen von Liebe unterscheiden, schreibt Stendhal, doch ließen sie alle sich jeweils einer von vier Kategorien zuordnen: der Liebe aus Leidenschaft (*l'amour-passion*), der Liebe aus Eitelkeit (*l'amour de vanité*), der sinnlichen Liebe (*l'amour physique*) und der Liebe aus gegenseitigem Gefallen (*l'amour goû*), die er später auch «Liebe aus Galanterie» nennt. Nur die Liebe der ersten Kategorie – sie entspricht dem, was ich als «gegenseitige Liebe» bezeichne – galt Stendhal als echt. Vgl. *Über die Liebe*, insbesondere S. 31 f.

61/25   James Salter, *A Sport and a Pastime*, North Point Press, San Francisco 1985, S. 65.

63/20   Stendhal, *Über die Liebe*, S. 32.

64/8   Edith Wharton, *Das Haus der Freude*, Reclam, Stuttgart 1988, S. 90.

65/3   Anthony Trollope, *Phineas Finn*, Penguin, New York 1985, S. 132.

65/32   Mary McCarthy, *Sie und die Anderen*, Droemer Knaur, München/Zürich 1965, S. 318.

69/15   *Antonius und Cleopatra*, I/5.

69/34   Franz Kafka, *Briefe an Milena*, S. Fischer, Frankfurt a. M. 1952, S. 67.

70/30   Harold Brodkey, «Schule der Empfindsamkeit», in: *Erste Liebe und andere Sorgen*, Diogenes, Zürich 1968, S. 153.

71/1   Axel Madsen, *Jean-Paul Sartre und Simone de Beauvoir. Die Geschichte einer ungewöhnlichen Beziehung*, Rowohlt, Reinbek 1988, S. 106.

72/22   André Malraux, *So lebt der Mensch. ‹Conditio Humana›*, Fischer Bücherei, Frankfurt a. M. 1969, S. 42.

75/5   Zitiert in: Madsen, *Jean-Paul Sartre und Simone de Beauvoir*, S. 50.

76/7   Woolf, *Die Fahrt zum Leuchtturm*, S. 142 f.

78/34   Salter, *Light Years*, S. 52.

79/4   Zitiert in: C. S. Lewis, *Vier Arten der Liebe*, Benziger, Einsiedeln/Zürich/Köln 1961, S. 144.

76/6   Emily Brontë, *Sturmhöhe*, Manesse, Zürich 1973, S. 126.

83/22   Emerson, «Liebe», in: *Essays*, S. 133.

85/36   Alice Walker, *Die Farbe Lila*, Rowohlt, Reinbek 1984, S. 81.

86/18   Sue Miller, *Die gute Mutter*, Droemer Knaur, München 1988, S. 151.

87/3   Ebd., S. 124.

87/15   Arianna Stassinopoulos, *Die Callas*, Hoffmann und Campe, Hamburg 1981, S. 227 und 234.

87/32   Kundera, *Die unerträgliche Leichtigkeit des Seins*, S. 116.

88/22   Francesca Stanfill, *Shadows and Light*, Simon & Schuster, New York 1984, S. 169.

88/34   Ebd., S. 175 f.

3 LUST UND SCHMERZ:
   DIE ZWIESPÄLTIGE NATUR DER LIEBE

91/5   Jean-Jacques Rousseau, *Bekenntnisse*, Insel, Leipzig 1955, S. 277.

93/17   Henry Purcell, *The Fairy Queen*, nach Shakespeares *Sommernachtstraum*, hg. v. Anthony Lewis, Novello, Sevenoakes/Kent o. J., S. 59 f. Natürlich schwingt in diesen Versen ein sexueller Unterton mit.

93/24   Emerson, «Liebe», in: *Essays*, S. 138.

94/30   Spencer, *Endlose Liebe*, S. 25.

95/12   Alfred Tennyson, «In Memoriam», in: Ders., *Balladen und Lyrische Gedichte*, Verlag von Otto Brandner, Charlottenburg 1894, S. 158.

95/27   Denis de Rougement, *Die Liebe und das Abendland*, Kiepenheuer & Witsch, Köln 1966.

96/20   Während Freud die Libido-Theorie in den «Drei Abhandlungen zur Sexualtheorie» (1905; *G. W.* 5) vorstellte, taucht der Begriff «Lustprinzip» zum erstenmal 1911 in dem Aufsatz «Formulierungen über die zwei Prinzipien des psychischen Geschehens» auf (*G. W.* 8, S. 232, Fußnote).
G. W. = *Gesammelte Werke* (18 Bände), London 1940 bis 1952 (Band 1 bis 17); seit 1960 S. Fischer, Frankfurt a. M.

96/26   C. S. Lewis, *Vier Arten der Liebe*.

97/3   Ebd., S. 24.

97/34   Freud, «Hemmung, Symptom und Angst» (1926), *G. W.* 14, S. 186 f.

98/18   Blaise Pascal, *Über die Religion und über einige andere Gegenstände (Pensées)*, Lambert Schneider, Heidelberg 1978, S. 87.

98/31   Marilyn French, *Jenseits der Macht. Frauen, Männer und Moral*, Rowohlt, Reinbek 1985, S. 867.

100/5 Viele Autoren ganz verschiedener Provenienz haben auf diesen Punkt hingewiesen, unter ihnen Marilyn French in *Jenseits der Macht*. Auch Willard Gaylin setzt sich in seinem Buch *Von der Wiederkehr der Liebe* (Scherz, München 1989) mit einigen dieser komplexen Aspekte des Lustbegriffs auseinander.

100/13 Lewis, *Vier Arten der Liebe*, S. 154.

101/36 W. H. Auden, «Dichtung und Wahrheit (An Unwritten Poem)», Canto XVI, in: *Collected Poems*, Random House, New York 1976, S. 493.

102/13 Kundera, *Die unerträgliche Leichtigkeit des Seins*, S. 18.

102/28 Ebd., S. 57.

103/8 John Donne, «Die Ekstase», in: *Zwar ist auch Dichtung Sünde*, S. 67.

103/36 Montaigne, *Von der Freundschaft*, S. 14.

104/16 Weil, *First and Last Notebooks*, S. 73.

105/17 Freud, «Massenpsychologie und Ich-Analyse», *G. W.* 13, S. 98.

105/24 Freud, «Jenseits des Lustprinzips», *G. W.* 13, S. 54.

105/25 Ebd., S. 56.

105/28 Freud, «Abriß der Psychoanalyse», *G. W.* 17, S. 71.

105/36 Freud, «Massenpsychologie und Ich-Analyse», *G. W.* 13, S. 98.

106/6 Vgl. William Graham Cole, *Liebe und Sexus in der Bibel*, Nannen, Hamburg 1961.

106/25 Platon, *Symposion*. Vgl. Anmerkung zu S. 18/21.

106/28 Ebd., S. 221.

106/36 Ebd., S. 223.

107/16 Ebd.

108/11 Francesco Alberoni, *Verliebt sein und lieben – Revolution zu zweit*, DVA, Stuttgart 1983, S. 79.

110/4 Hans Morgenthau, «Love and Power», in: *The Restauration of American Politics*, University of Chicago Press, Chicago 1962, S. 7 f.

110/19 Malraux, *So lebt der Mensch*, S. 171.

110/26 Aldous Huxley, *Die Teufel von Loudon*, Piper, München 1955, S. 423.

111/3 Malraux, *So lebt der Mensch*, S. 170 f.

112/5 McCullers, *Die Ballade vom traurigen Café*, S. 37.

4 Liebesdialoge und Lebenszyklus

117/16   Kundera, *Die unerträgliche Leichtigkeit des Seins*, S. 86.

117/20   Ebd., S. 122.

118/15   Dieser Begriff stammt von Louise J. Kaplan. Vgl. *Abschied von der Kindheit. Eine Studie über die Adoleszenz*, Klett-Cotta, Stuttgart 1988, S. 135 ff.

121/12   Freud, «Der Familienroman der Neurotiker», *G. W.* 7, S. 231.

130/33   Isaak Babel, «Meine erste Liebe», in: *Budjonnys Reiterarmee und anderes*, Walter, Olten/Freiburg i. Br. 1960, S. 229 f.

131/33   Aldous Huxley, *Das Genie und die Göttin*, Piper, München 1956, S. 79 f.

132/4   Ebd., S. 91.

137/5   Iwan Turgenjew, *Frühlingsfluten. Erzählungen*, Aufbau, Berlin 1985 (4. Aufl.), S. 88.

138/30   Liv Ullmann, *Wandlungen*, Scherz, Bern/München/Wien 1976, S. 104.

140/7   Peter Bayley, «From Master to Colleague», in: *C. S. Lewis: At the Breakfast Table and Other Reminiscenes*, hg. v. James T. Como, Macmillan/Collier, New York 1979, S. 86.

140/10   Die folgende Darstellung stützt sich auf William Griffins Biographie *Clive Staples Lewis: A Dramatic Life*, Harper & Row, New York 1986.

143/7   Vgl. Roy Jenkins, *Asquith*, Dutton, New York 1966, sowie Michael und Eleanor Brock (Hg.), *Asquith: Letters to Venetia Stanley*, Oxford University Press, Oxford 1985.

143/25   Brock und Brock, *Asquith: Letters*, S. 466 f.

144/6   Ebd., S. 10.

5 Die schöpferische Synthese

147/19   Alberoni, *Verliebt sein und lieben*, S. 16.

147/24   Platon, *Symposion*, S. 223.

148/19   Freud, «Der Dichter und das Phantasieren», *G. W.* 7, S. 216.

149/6   Theodor Reik, *Von Liebe und Lust. Über die Psychoanalyse romantischer und sexueller Emotionen*, Fischer Tb., Frankfurt a. M. 1985, S. 106.

149/30   Freud, «Über die allgemeinste Erniedrigung des Liebeslebens (Beiträge zur Psychologie des Liebeslebens II.)», *G. W.* 8, S. 80 f.

149/36   Martin Bergmann, «On the Intrapsychic Function of Falling in Love», *Psychoanalytic Quarterly*, 1980, 5.60. (Meine Hervorhebung.)

153/19   Spencer, *Endlose Liebe*, S. 325.

154/35   Charles Dickens, *Eine Geschichte zweier Städte/Harte Zeiten*, Winkler, München 1964, S. 479.

159/31   Lewis Hyde, *The Gift: Imagination in the Erotic Life of Property*, Vintage Books, New York 1983, S. 16.

163/18   Irving Singer, *The Nature of Love*, Band 2, University of Chicago Press, Chicago 1985, S. 16.

163/26   Spencer, *Endlose Liebe*, S. 34.

164/4   Percy Bysshe Shelley, «Epipsychidion», in: *Shelley's ausgewählte Dichtungen*, Verlag des Bibliographischen Instituts, Leipzig 1886, S. 338.

164/21   Brontë, *Sturmhöhe*, S. 123 und 125 f.

164/28   Ernest Hemingway, *Wem die Stunde schlägt*, Gesammelte Werke, Band 2, Rowohlt, Reinbek 1977, S. 256. Die Liebenden *wissen*, daß es einen Unterschied gibt, aber ihr *Gefühl* sagt ihnen etwas anderes. «...Da wir verschieden sind, bin ich froh, daß du Roberto bist und ich Maria bin. Aber wenn du einmal den Wunsch hättest, dich zu verwandeln, würde ich mich auch gerne verwandeln. Ich würde mich in dich verwandeln, weil ich dich so sehr liebe.» – «Ich will mich nicht verwandeln. Es ist besser, nur einer zu sein, und daß jeder der ist, der er ist.» – «Aber jetzt werden wir eins sein, und keiner wird von dem andern verschieden sein... Ich werde du sein, wenn du nicht mehr da bist. Oh, ich liebe dich so sehr, und ich muß gut für dich sorgen.»

165/10   Montaigne, *Von der Freundschaft*, S. 17.

166/18   Barthes, *Fragmente einer Sprache der Liebe*, S. 214.

167/7   Vgl. Anmerkung zu S. 26/7.

169/18   *Wie es euch gefällt*, IV/1.

169/22   Ebd., II/4.

169/33   Zitiert in: Virginia Spencer Carr, *The Lonely Hunter: A Biography of Carson McCullers*, Carroll & Graf, New York 1975, S. 228.

170/2   W. H. Auden, «The More Loving One», in: *Collected Poems*, S. 445.

170/7   Reik, *Von Liebe und Lust*, S. 100.

170/9   Goethe, zitiert ebd., S. 99.

170/17   *Wie es euch gefällt*, I/2.

172/3   Donald Keene, *World Within Walls*, Grove Press, New York 1978, S. 253 ff.

6 Selbstüberschreitung und Selbsterniedrigung

178/11   Morgenthau, «Love and Power», in: *The Restoration of American Politics*, S. 70.

180/13   Huxley, *Die Teufel von Loudon*, S. 92.

181/22   Simone de Beauvoir, *Das andere Geschlecht. Sitte und Sexus der Frau*, Rowohlt Tb., Reinbek 1988, S. 615.

183/10   Lesley Blanch, *Sie folgten ihrem Stern. Frauenschicksale im Orient*, Wolfgang Krüger Verlag, Hamburg 1955, S. 105.

183/10   Ebd., S. 106.

183/31   Ebd., S. 140.

184/21   Detaillierte Schilderungen der Beziehung Juliette Drouets zu Victor Hugo liefern Matthew Josephson in seiner Hugo-Biographie und André Maurois in seinem Buch «Olympio» Victor Hugo, Claassen, Hamburg 1957.

185/23   Virginia Haggard, *Sieben Jahre der Fülle. Leben mit Chagall*, Rowohlt Tb., Reinbek 1989.

186/26   Alma Mahler-Werfel, *Erinnerungen an Gustav Mahler/ Gustav Mahler, Briefe an Alma Mahler*, Propyläen/Ullstein, Frankfurt a. M./Berlin/Wien 1971, S. 47.

187/8   Anton Tschechow, «Herzchen», in: *Die Dame mit dem Hündchen. Meistererzählungen*, Rütten & Loening, Berlin 1967, S. 412.

188/18   Lew Tolstoi, «Nachwort zu Tschechows Erzählung ‹Herzchen›», in: *Ästhetische Schriften*, Gesammelte Werke, Band 14, Rütten & Loening, Berlin 1984, S. 346.

188/25   Ebd.

190/16   Kundera, *Die unerträgliche Leichtigkeit des Seins*, S. 20.

195/6   Salter, *Light Years*, S. 50.

197/11   André Maurois, *Das Leben der George Sand*, List, München 1977, S. 173.

197/21   Ebd., S. 180.

197/25   Ebd., S. 187.

197/32   Ebd.

198/4   Ebd., S. 189.

205/20   William Somerset Maugham, *Der Menschen Hörigkeit*, Diogenes, Zürich 1972, S. 268.

206/13   Ebd., S. 7.

206/28   Leslie A. Fiedler, *Liebe, Sexualität und Tod*, Propyläen/Ullstein, Berlin 1964.

207/21   Ebd., S. 241.

207/25   Zitiert in: Elizabeth Hardwick, *Verführung und Betrug., S. Fischer, Frankfurt a. M. 1986, S. 105.*

210/22   Aldous Huxley, «Das Lächeln der Giaconda», in: *Glücklich bis ans Ende ihrer Tage*, Piper, München 1985, S. 88.

210/25   Zitiert in: Beauvoir, *Das andere Geschlecht*, S. 619.

7 Liebe und Macht

216/20   Vgl. Anm. zu S. 18/23.

217/29   Roberto Mangabeira Unger, *Leidenschaft. Ein Essay über Persönlichkeit*, S. Fischer, Frankfurt a. M. 1986, S. 159.

218/9   Morgenthau, «Love and Power», in: *The Restoration of American Politics*, S. 10.

218/29   Auden, zitiert in: Thody, *Roland Barthes*, S. 150.

219/18   Malraux, *So lebt der Mensch*, S. 36.

219/37   Ebd., S. 39 f.

220/32   Henry James, *Bildnis einer Dame*, Ullstein Tb., Frankfurt a. M./Berlin/Wien 1981, S. 448 f.

223/7   Josephson, *Victor Hugo*, S. 205 f.

223/26   Ebd., S. 219.

223/35   Ebd., S. 258.

224/14   Françoise Gilot/Carlton Lake, *Leben mit Picasso*, Kindler, München 1965, S. 82.

224/21   Ebd., S. 78.

226/16   Donald Spoto, *Falling in Love Again: Marlene Dietrich*, Little, Brown, Boston 1985, S. 21. Meine Darstellung des Verhältnisses zwischen Marlene Dietrich und von Sternberg basiert im wesentlichen auf diesem Buch und der Biographie *Marlene. Ein Leben – ein Mythos* von Charles Higham, Rowohlt Tb., Reinbek 1978.

226/25   Higham, *Marlene*, S. 66.

226/30   Ebd.

227/18   Ebd., S. 77.

227/33   Spoto, *Falling in Love Again*, S. 31.

236/15   Francis Scott Fitzgerald, *Zärtlich ist die Nacht*, Diogenes, Zürich 1982, S. 337.

236/26   Ebd., S. 342.

236/31   Ebd., S. 382.

237/3   Ebd., S. 344.

237/34   Edith Wharton, «Winter», in: *Sommer. Winter*, Rogner &
          Bernhard, München 1986, S. 324 f.

238/15   Ebd., S. 366.

243/23   Morgenthau, «Love and Power», in: *The Restoration of
          American Politics*, S. 8.

244/14   Philip Rieff, *Freud: The Mind of a Moralist*, Doubleday/
          Anchor, New York 1961, S. 168.

244/17   Ebd.

246/33   Geoffrey Chaucer, «Die Erzählung des Weibes von Bath»,
          in: *Die Canterbury Tales*, Hegner, Köln 1969, S. 362 und
          367.

8 DESILLUSIONIERUNG

249/17   Stassinopoulos, *Die Callas*, S. 348.

250/28   Francis Scott Fitzgerald, *Der große Gatsby*, Blanvalet, Ber-
          lin 1974, S. 138.

251/34   Salter, *A Sport and a Pastime*, S. 72 f.

253/8   Stassinopoulos, *Die Callas*, S. 337 f.

258/13   Wells (Hg.), *H. G. Wells in Love*, S. 56.

258/19   Ebd., S. 99.

263/31   Henri Troyat, *Tolstoi. Widerspruch eines Lebens*, Heyne,
          München 1977, S. 297.

264/16   Wells (Hg.), *H. G. Wells in Love*, S. 64.

266/30   Ernest Becker, *Dynamik des Todes. Die Überwindung der
          Todesfurcht – Ursprung der Kultur*, Walter, Olten/Frei-
          burg i. Br. 1976, S. 54.

268/3   Grace Paley, «Eine Frau, jung und alt», in: *Die kleinen Stö-
          rungen der Menschheit. Geschichten vom Lieben*, Suhr-
          kamp, Frankfurt a. M. 1985, S. 28.

268/13   Grace Paley, «Ein Interesse am Leben», ebd., S. 110.

269/27   Judith Rossner, *August*, Houghton Mifflin, Boston 1983,
          S. 90.

269/33   Ebd., S. 123.

270/6   Ebd.

274/33   Leo Tolstoi, *Anna Karenina*, 2 Bände, Malik, Berlin 1928,
          Band 2, S. 458 f.

276/22   Miller, *Die gute Mutter*, S. 124.

278/250   Kernberg, *Innere Welt und äußere Realität*, S. 330.

278/33   Ebd.

282/4   Katherine Mansfield, «Dillgurke», in: *Seligkeit. Erzäh-
          lungen*, Luchterhand, Darmstadt 1988, S. 111.

286/18   Dante Alighieri, *Die Göttliche Komödie*, Reclam, Stuttgart 1954, S. 27 (Inferno, 5. Gesang).

287/28   Tolstoi, *Anna Karenina*, Band 1, S. 200.

289/33   Fitzgerald, *Zärtlich ist die Nacht*, S. 175.

290/2   Ebd.

290/25   Tony Tanner, *Adultery in the Novel: Contract and Transgression*, Johns Hopkins University Press, Baltimore 1979, S. 12. Der folgende Abschnitt basiert auf den Erkenntnissen von Tanner und Leslie Fiedler.

291/1   Fiedler, *Liebe, Sexualität und Tod*.

291/15   Rougement, *Die Liebe und das Abendland*, S. 21.

291/17   Alberoni, *Verliebt sein und lieben*, S. 24.

291/24   Tanner, *Adultery in the Novel*, S. 12.

291/29   Ebd. Dies ist das Hauptthema des ersten Kapitels in Tanners Buch.

291/10   Den Begriff «Triangulation» in dieser Bedeutung übernehme ich von Otto Kernberg.

294/34   Otto Kernberg benutzte den Begriff «Umkehrungsdreieck» in einem Vortrag, «Between Conversionality and Aggression: The Boundaries of Passion», den er am 10. November 1984 auf dem Kongreß «Passionate Attachments: The Essential But Fragile Nature of Love» hielt. Doch ist die Psychodynamik dieses Triangeltyps auch von anderen beschrieben worden, etwa von J. Chasseguet-Smirgel und auch von mir.

297/21   Arthur Miller, *Nach dem Sündenfall*, S. Fischer, Frankfurt a. M. 1964.

302/12   Leonard Shapiro arbeitet diesen Punkt brillant in seinem Nachwort zu dem Band *Spring Torrents* (= Frühlingsfluten) von Iwan Turgenjew (Penguin Books, New York 1986) heraus.

302/19   Ebd., S. 197.

302/32   Ebd.

303/10   Iwan Turgenjew, *Frühlingsfluten. Erzählungen*, Aufbau, Berlin/Weimar 1985 (4. Aufl.), S. 123.

303/21   Die Ehefrau, der Liebhaber und der sich fügende Gatte bilden, wie Shapiro ausführt, die von Turgenjew in seinen Erzählungen und Romanen bevorzugte Dreieckskonstellation. Doch dahinter ist oft ein anderes Dreieck verborgen, das besonders deutlich in der autobiographischen Erzählung «Erste Liebe» zum Vorschein kommt. Es ist die Geschichte eines Jungen, der leidenschaftlich für die schöne Fürstin Sinaida schwärmt, die den Sommer im benachbarten Landhaus verbringt. Herrisch gebietet sie über die Verehrer, die sich um sie scharen, und der Junge ahnt, daß auch sie jemanden liebt. Er folgt ihr heimlich und entdeckt zu seiner großen Überraschung, daß ihr Geliebter – sein Vater ist. Der Junge wird Zeuge eines Wortwechsels, in dessen Verlauf sein Vater die Fürstin mit einer Reitpeitsche schlägt, weil Sinaida, die schwanger ist, ihn auffordert, seine Frau zu verlassen, und er beobachtet, wie Sinaida den Striemen auf ihrem Arm küßt. – Man kann nur darüber spekulieren, wie sich bei Turgenjew die Bewunderung, die er seinem vor Charme sprühenden, willensstarken Vater gegenüber hegte, in eine Bewunderung für ähnlich willensstarke Frauen wandelte. Vgl. Iwan Turgenjew, *Erste Liebe. Erzählungen*, Aufbau, Berlin/Weimar 1985 (4. Aufl.), S. 58–130.

313/2   Gilot, Lake, *Leben mit Picasso.*

317/26   Kundera, *Die unerträgliche Leichtigkeit des Seins*, S. 19.

318/1   Ebd., S. 61.

10 ÜBERTRAGUNGSLIEBE UND ROMANTISCHE LIEBE

323/6   An anderer Stelle habe ich bereits einen eher für Fachleute bestimmten Aufsatz zum Thema Übertragungsliebe veröffentlicht. Vgl. «The Erotic Transference in Women and in Men: Differences and Consequences», *Journal of the American Academy of Psychoanalysis* 13, 2 (1985), S. 159–180.

325/4   In seinem Aufsatz «Bruchstücke einer Hysterie-Analyse», *G. W. 5*, S. 161–286, trifft Freud noch eine weitere Unterscheidung: Übertragungsgefühle, schreibt er, seien «einfache Neudrucke, unveränderte Neuauflagen», während andere «eine Milderung ihres Inhalts, eine *Sublimierung*... erfahren» hätten und somit «Neubearbeitungen» der ursprünglichen Gefühle darstellten (ebd., S. 280).

325/25   Freud, «Die Zukunft einer Illusion», *G. W. 14*, S. 346.

325/28   Dieser Ausdruck stammt von Ernest Becker: «Darum sollten wir das Wesen der Übertragung als eine *Bezähmung des Schreckens* verstehen.» Meine Auseinandersetzung mit der Dynamik der Übertragung im Alltagsleben folgt den Grundlinien der Beckerschen Argumentation. *Dynamik des Todes*, S. 217.

326/17   Ebd., S. 217 f.

328/24   Vgl. Freud, «Weitere Ratschläge zur Technik der Psycho-analyse: III. Bemerkungen über die Übertragungsliebe», G. W. 10.

328/28   Die Bezeichnungen «talking cure» und auch «chimney sweeping» für dieses Verfahren stammen von Anna O., die damals – ein Symptom ihrer Hysterie – ihre deutsche Muttersprache vergessen hatte und nur noch englisch sprach. *Anm. d. Red.*

329/17   Ernest Jones, *Das Leben und Werk von Sigmund Freud. Band 1: Die Entwicklung zur Persönlichkeit und die großen Entdeckungen 1856–1900*, Verlag Hans Huber, Bern/Stuttgart 1960, S. 268.

329/28   Jones hat ihre Identität im ersten Band seiner Freud-Biographie (vgl. voranstehende Anm.) enthüllt. Ausführliche Untersuchungen zu Anna O. (Bertha Pappenheim) hat George Pollock vorgelegt: «Glückel von Hameln: Bertha Pappenheim's Idealized Ancestor», *American Imago* 20 (1978), sowie «Anna O. Insight, Hindsight, and Foresight», in: *Anna O: Fourteen Contemporary Reinterpretations*, hg. v. Max Rosenbaum und Melvin Muroff, Free Press, New York 1984.

329/36   Thomas Szasz, «The Concept of Transference», *International Journal of Psycho-Analysis* 44 (1963), S. 432–443.

330/15   Freud, «Bruchstück einer Hysterie-Analyse», *G. W. 5*, S. 279.

330/23   Roy Schafer, eine persönliche Mitteilung von Charles Rycroft zitierend. «The Interpretation of Transference and the Conditions of Loving», *Journal of the American Psychoanalytic Association* 25 (1977), S. 335–362, dort S. 340.

331/6   Szasz, «The Concept of Transference».

331/10   Martin Bergmann hat die Entwicklung des Übertragungsbegriffes in Freuds Denken in drei gehaltvollen Aufsätzen chronologisch nachgezeichnet: «On the Intrapsychic Function of Falling in Love», *Psychoanalytic Quarterly* 49 (1980), S. 56–77; «Platonic Love, Transference Love, and Love in Real Life», *Journal of the American Psychoanalytic Association* 30 (1982), S. 87–111; «Psychoanalytic Observations in the Capacity of Love», in: *Separation – Individuation: Essays in Honor of Margaret S. Mahler*, hg. v. J. P. McDevitt und C. F. Settlage, IUP, New York 1971. Meine kurze Darstellung der Veränderungen, die das Konzept der Übertragungsliebe in Freuds Schriften durchlaufen hat, orientiert sich im wesentlichen an Bergmanns Befunden.

331/35   Freud, «Weitere Ratschläge zur Technik der Psychoanalyse: III. Bemerkungen über die Übertragungsliebe», *G. W.* 10, S. 317.

332/12   Bergmann, «Platonic Love, Transference Love, and Love in Real Life».

334/18   Schafer, «The Interpretations of Transference and the Conditions of Loving», S. 340.

334/23   Bergmann, «Platonic Love, Transference Love, and Love in Real Life», S. 106 f.

335/11   Ebd., S. 109.

335/35   Aldo Carotenuto (Hg.), *Tagebuch einer heimlichen Symmetrie. Sabina Spielrein zwischen Jung und Freud*, Kore, Freiburg i. Br. 1986.

336/18   Jung in einem Vortrag, 1907, zitiert ebd., S. 250 f.

336/31   Bruno Bettelheim, «Skandal in der Psychofamilie. Carl Gustav Jung und seine Anima», *Tagesanzeiger/Magazin* (Zürich), Nr. 34, 29. 10. 1983.

337/7   Carotenuto, *Tagebuch einer heimlichen Symmetrie*, S. 280.

337/25   Zitiert ebd., S. 232.

337/32   Vgl. ebd., S. 92 f.

338/8   Ebd., S. 49.

338/30   Zitiert ebd., S. 223.

339/20   Ebd., S. 138 f.

339/34   Bruno Bettelheim, Vorwort zur amerikanischen Ausgabe von Carotenutos Buch *A Secret Symmetry: Sabina Spielrein Between Jung and Freud*, Pantheon, New York 1982, S. XXXVIII. Diese Affäre ist außerordentlich gut dokumentiert, nicht nur wegen Spielreins Tagebuchnotizen und der Briefe, sondern auch weil Jung wie auch Spielrein Freud in verschiedenen Phasen ihrer Beziehung und aus verschiedenen Gründen ins Vertrauen zogen. Bereits im zweiten Brief, den Jung an Freud richtet (1906), macht er diesen zum Komplizen seines Verhältnisses mit der jungen Russin. In diesem Brief erwähnt er ein «Erlebnis aus jüngster Zeit», das er «abreagieren» müsse, und schildert dann Sabina Spielreins Fallgeschichte. Mit anderen Worten: Er benutzt sie als Gelegenheit, in eine persönliche Beziehung zu Freud zu treten. Und ich habe bereits aus dem Brief zitiert, den

Jung während des traumatischen Nachspiels dieser Affäre an Freud sandte. In der Zwischenzeit hatte sich auch Sabina Spielrein an Freud gewandt und ihn um ein Gespräch gebeten, dem Freud jedoch ausgewichen war. Erst einige Jahre später zog sie nach Wien und gehörte dort bald zum innersten Zirkel um Freud.

Diese Geschichte einer ungewöhnlichen Liebesaffäre, einer heimlichen Symmetrie (die, so Bettelheim, eher eine Asymmetrie war) und des «geistigen Dreiecks», das daraus hervorging, wurde erst vor so kurzer Zeit aufgedeckt, daß sie bis jetzt in der ständig wachsenden Zahl der Forschungsarbeiten, die sich mit der Entwicklung des Freudschen Denkens befassen, noch nicht berücksichtigt werden konnte. Es wird sich möglicherweise als interessanter Aspekt erweisen, daß Freud zu einer Zeit von diesen Ereignissen erfuhr, in der er sich mit der erotischen Übertragung befaßte, aber seine Theorien über dieses Phänomen noch nicht ausformuliert hatte. Bettelheim glaubt, daß das Verhältnis zwischen Jung und Spielrein Freud sehr beschäftigt hat. Freud ist zweimal in seinem Leben ohnmächtig geworden – beide Male in Gegenwart Jungs. Es sind etliche Versuche unternommen worden, unter anderem von Jung selbst, zu erklären, warum es gerade bei Begegnungen der beiden Männer zu diesen Ohnmachtsanfällen kam. Bettelheim bringt eine ganz neue Deutungsmöglichkeit ins Spiel: Zur ersten Ohnmacht, schreibt er, sei es während eines Treffens von Jung und Freud gekommen, unmittelbar nachdem dieser von Sabina Spielrein erfahren hatte.

340/16   Etty Hillesum, *Das denkende Herz. Die Tagebücher von Etty Hillesum 1941–1941*, hg. v. J. G. Gaarlandt, Rowohlt Tb., Reinbek 1985.

342/13   Eva Lester, «The Female Analyst and the Eroticized Transference», *International Journal of Psycho-Analysis* 60 (1979), S. 253–261.

342/20   Grete Bibring berichtete 1936 über den in der späteren Literatur gelegentlich als einzige bekannte Ausnahme erwähnten Fall eines Patienten, der eine starke Übertragungsliebe zu ihr entwickelte, doch war diese Reaktion so durchsetzt von primitiven Elementen, daß man sie kaum als erotische Übertragung bezeichnen kann. Vgl. Grete Bibring, «A Contribution to the Subject of Transference», *International Journal of Psycho-Analysis* 17 (1936), S. 181–189.

342/33   Natürlich gibt es Ausnahmen – es kommt gelegentlich zu entwickelten und dauerhaften Formen erotischer Übertragung bei Männern, vor allem bei älteren Patienten gegenüber jungen Analytikerinnen, die sich oft noch in der Ausbildung befinden. Aus den verschiedensten Gründen, zu denen die Jugend und Unerfahrenheit dieser Frauen zählen, werden solche Fälle in der Literatur nicht erwähnt. Ebenfalls treten sie häufiger bei Männern mit einer starken bisexuellen Identifikation oder mit einem homosexuellen Konflikt auf, *nicht* dagegen bei Homosexuellen. In diesen Fällen dient die erotische Übertragung vermutlich der Abwehr der noch bedrohlicheren homosexuellen Impulse, das heißt, die positive ödipale Konstellation wird zum Schutz gegen die negative aktiviert. In meinem Aufsatz «The Erotic Transference in Women and in Men» habe ich mich ausführlich mit solchen Ausnahmen befaßt.

342/36   Manche sexuellen Phantasien weisen auf präödipale Komponenten hin, sind manchmal aggressiver Natur und dienen der Abwehr zärtlicher Impulse.

343/6   Vgl. Ethel S. Person, «The Omni-Available Woman and Lesbian Sex: Two Fantasy Themes and Their Relationship to the Male Developmental Experience», in: *The Psychology of Men: New Psychoanalytic Perspectives*, hg. v. Gerald I. Fogel, Frederick Lane und Robert Liebert (Basic Books, New York 1986), S. 71–94; sowie Ethel S. Person, «Male Sexuality and Power», *Psychoanalytic Inquiry* 6 (1986), S. 3–25.

344/3   Meine Darstellung basiert auf den Biographien *C. G. Jung. Prophet des Unbewußten* von Paul Stern, Piper, München/Zürich 1977, und *Jung: Man and Myth* von Vincent Brome, Atheneum, New York 1978.

344/7   Stern, *C. G. Jung*, S. 149. Die Beziehung durchlief viele verschiedene Phasen. Einmal bedrängte Toni Wolff Jung, sich von seiner Frau scheiden zu lassen und sie zu heiraten, ein Schritt, vor dem Jung zurückschreckte. 1920 ließ er sich noch auf eine weitere Affäre mit einer Frau, Ruth Bailey, ein, die bis zu seinem Tod andauerte. Dennoch verbrachte er von Zeit zu Zeit ein Wochenende mit Toni Wolff. 1946 schrieb Ruth Bailey: «Während ich immer häufiger auf der

Bildfläche erschien, verschwand Toni langsam in der Versenkung. Es ging ihr nicht gut. Sie hatte eine schlimme Arthritis, und ihre Finger waren ganz dick. Sie ging auf die sechzig zu. Es gab Zeiten, in denen Jung sie bewußt mied. Er sagte dann: ‹Toni kommt heute. Ich hoffe, sie bleibt nicht lange.›» – Brome, *Jung*, S. 257. – Toni Wolff starb 1952; Jung nahm nicht an der Trauerfeier teil.

344/33 Wenn eine Therapeutin sexuelle oder erotische Phantasien hat, ist die Wahrscheinlichkeit, daß sie über sie reflektiert oder sie sich offen eingesteht, aufgrund der kulturellen Restriktionen sehr viel geringer. Ihre eigenen Barrieren gegen solche Phantasien hindern sie auf eine subtile Weise daran, die Abwehr des Patienten gegen seine erotischen Empfindungen für sie zu erkunden. Ihre Verwirrung, die daraus erwächst, daß sie sich als begehrenswertes sexuelles Wesen wahrgenommen fühlt, behindert auch die Deutung des Widerstandes gegen die Übertragungsliebe.

345/23 Der Unterschied in der Manifestation der erotischen Übertragung, den ich beschrieben habe, sollte nicht als Argument für Patienten-Therapeuten-Dyaden, in welchem geschlechtlichen Verhältnis auch immer, mißverstanden werden. Das Ergebnis des therapeutischen Prozesses hängt im großen und ganzen nicht vom Geschlecht des Therapeuten ab, und jede Dyade hat ihre spezifischen Probleme und Chancen.

346/33 Freud, «Zur Einführung des Narzißmus», G. W. 10, S. 161.

347/13 Es kann auch sein, daß sich das in allen seinen Bedürfnissen abhängige Kind nie allmächtig gefühlt hat – daß es vielleicht insgesamt ein schwach entwickeltes Selbstgefühl hatte. Aber die Idee einer unbeschränkten Zufriedenheit und der Macht, sie herbeizuführen, stellt sich mit Sicherheit an irgendeinem Punkt der Entwicklung als Phantasie vom vollkommenen Kind ein, das die totale Aufmerksamkeit auf sich lenkt; sie mag Teil jener Phantasie sein, die das Bild der Madonna mit dem Kind mit soviel Kraft erfüllt. Es ist also gleichgültig, ob das Kind sich wirklich allmächtig fühlt oder nicht – die infantile Allmachtsphantasie wird in jedem Fall zu einem unserer inneren Ideale.

347/26 Vgl. Anm. zu S. 108/11.

349/19 Bergmann, «Platonic Love, Transference Love, and Love in Real Life», S. 107.

351/28	Elmore Leonard, *Unknown Man, No. 89*, Avon, New York 1984, S. 111.
352/4	Ebd., S. 123.

11 FORMEN DER SELBSTVERWIRKLICHUNG: FRAUEN UND HINGABE, MÄNNER UND MACHT

354/14	Nietzsche, zitiert in: Beauvoir, *Das andere Geschlecht*, S. 607.
354/18	Ebd.
356/27	Malraux, *So lebt der Mensch*, S. 171.
357/23	Vgl. zum Beispiel *Die andere Stimme. Lebenskonflikte und Moral der Frau* (Piper, München 1988) von C. Gilligan, einer der herausragenden Wissenschaftlerinnen, die die weibliche Neigung, Beziehungen einzugehen, und die männliche Neigung, sich abzugrenzen, herausgearbeitet haben.
359/16	Nancy Chodorow, *Das Erbe der Mütter. Psychoanalyse und Soziologie der Geschlechter*, Frauenoffensive, München 1985; Dorothy Dinnerstein, *Das Arrangement der Geschlechter*, DVA, Stuttgart 1979; Ethel S. Person, «Women Working: Fears of Failure, Deviance and Success», *Journal of the American Academy of Psychoanalysis* 10 (1982), S. 67–84.
360/27	Rachel Brownstein, *Becoming an Heroine: Reading about Women in Novels*, Viking, New York 1982, S. XV.
361/6	Meinen Überlegungen zum Liebesroman liegen zwei wichtige Studien zugrunde: Ann Barr Snitow, «Mass Market Romance: Pornography for Women Is Different», *Radical History Review* 20 (1979), S. 141–161; und Janice A. Radway, *Reading the Romance: Women, Partriarchy, and Popular Literature*, University of North Carolina Press, Chapel Hill 1984.
361/16	Radway, *Reading the Romance*, S. 123. Radway hat die Eigenschaften, die den männlichen und den weiblichen Protagonisten von Liebesromanen am häufigsten zugeschrieben werden, statistisch ausgewertet. Die «ideale Heldin», schreibt sie, zeichnet sich durch «ungewöhnliche Intelligenz und ein überaus feuriges Temperament» aus.
362/29	Darüber hinaus kann die Befriedigung der Frau noch auf andere Weise indirekt vermittelt sein: durch das Begehren ihres Liebhabers, das ihr etwa durch seine Erektion bestä-

tigt wird. Manchmal entzündet sich ihr eigenes Verlangen an seinen begehrlichen Blicken auf ihre Brüste; von Anfang an dient ihre Identifikation mit seinem Begehren der Versicherung ihres Wertes, ja sie kann an die Stelle eigenen Verlangens treten.

365/8   Bruno Bettelheim, *Kinder brauchen Märchen*, DVA, Stuttgart 1977, S. 108.

368/28   Person, «Women Working».

369/4   Ebd.

370/6   Person, «Male Sexuality and Power».

372/13   Person, «The Omni-Available Woman and Lesbian Sex».

373/29   Freud, «Jenseits des Lustprinzips», *G. W.* 13; Karen Horney, «Die Angst vor der Frau. Über den spezifischen Unterschied in der männlichen und weiblichen Angst vor dem anderen Geschlecht (1932), in: *Die Psychologie der Frau*, Kindler, München 1977, S. 108–127; Janine Chasseguet-Smirgel, *Anatomie der menschlichen Perversion*, DVA, Stuttgart 1989; Joyce McDougall, *Plädoyer für eine gewisse Anormalität*, Suhrkamp, Frankfurt a. M. 1985.

374/23   Horney, «Die Angst vor der Frau», in: *Die Psychologie der Frau*, S. 121.

375/3   Ebd., S. 122f.

375/25   Die ursprüngliche narzißtische Wunde des Jungen reißt in der Adoleszenz durch die Hypersexualität des männlichen Jugendlichen wieder auf, dessen Partnerin gewöhnlich nicht von so starken hormonellen Schüben heimgesucht wird wie er. Die ständige sexuelle Erregung ohne ausreichendes Ventil ist eine typische Jugenderfahrung des jungen Mannes. So kommt es zu einer Wiederholung der von ihm als extrem unbefriedigend erlebten Situation der ödipalen Phase und seiner Minderwertigkeitsgefühle gegenüber anderen Männern. Sein ganzes Leben hindurch kann er sich nie des sexuellen Verlangens einer Frau sicher sein; ihr Begehren hat keine so deutlichen Erkennungszeichen wie seine Erektion. Dieser Unterschied verstärkt seine Zweifel hinsichtlich der Gefühle der Frau für ihn und bietet sich ihm somit als weiteres Motiv, ihren Körper und ihre Seele unter seine Kontrolle zu bringen. Vgl. Person, «Male Sexuality and Power» und «The Omni-Available Woman and Lesbian Sex», wo ich mich ausführlicher mit den psychodynamischen Prozessen in der Entwicklung des Mannes befasse.

378/3   Shulamith Firestone, *Frauenbefreiung und sexuelle Revolution*, Fischer Tb., Frankfurt a. M. 1975.

378/10   Phyllis Rose, *Parallele Leben. Fünf viktorianische Ehen*, Rowohlt Tb., Reinbek 1987, S. 15.

379/17   Person, «Women Working».

379/26   Gertrude Ticho, «Female Autonomy and Young Adult Women», *Journal of the American Psychoanalytic Association* 24 (1976), S. 153.

381/8   Susan Sontag, «The Double Standard of Aging», in: Juanita H. Williams (Hg.), *Psychology of Women: Selected Readings*, Norton, New York 1979, S. 462–478.
          Francesca M. Cancian, «The Feminization of Love», *Signs* 4 (1986), S. 692–709.

12 Unglückliche Liebe

391/20   Troyat, *Tolstoi*, S. 291 f.

393/23   Charlotte Brontë, zitiert in: Patricia Beer, *Reader, I Married Him*, Harper & Row, New York 1974, S. 6.

394/14   Charlotte Brontë, zitiert in: Hardwick, *Verführung und Betrug*, S. 37.

395/20   Meine Informationen über Adèle Hugo stammen vor allem aus Josephsons Biographie *Victor Hugo*.

397/1   Robert C. Bak, «Being in Love and Object Loss», *International Journal of Psycho-Analysis* 54 (1973), S. 1–8.

397/3   Ebd., S. 3.

398/8   Ebd., S. 7.

399/16   Tolstoi, *Anna Karenina*, Band 1, S. 224.

399/32   Ebd., S. 225.

400/37   Ebd., S. 319 f.

401/36   Beauvoir, *Das andere Geschlecht*, S. 621 f.

404/23   Max Frisch, *Montauk*, Suhrkamp, Frankfurt a. M. 1975, S. 123 f.

404/29   Ebd., S. 126.

412/13   Edna O'Brien, *Das Liebesobjekt. Erzählungen*, Fischer Tb., Frankfurt a. M. 1975, S. 32 f.

414/15   Marcel Proust, *Eine Liebe zu Swann*, Suhrkamp, Frankfurt a. M. 1970, S. 259.

414/23   Ebd.

421/36   Beauvoir, *Das andere Geschlecht*, S. 456.

423/36   Ebd., S. 453.

424/30   Diesen Begriff hat Henri F. Ellenberger geprägt. Vgl. *Die*

Entdeckung des Unbewußten, Huber, Bern/Stuttgart/ Wien 1973.

425/21 Ich danke Nancy Wexler, die mir die Goldman-Biographie ihrer Schwester schenkte und dadurch mein Interesse an dieser außergewöhnlichen Frau weckte. Vgl. Alice Wexler, *Emma Goldman*, Pantheon, New York 1984; sowie Candace Falk, *Liebe und Anarchie und Emma Goldman. Ein erotischer Briefwechsel. Eine Biographie*, Karin Kramer, Berlin 1987.

425/23 Wexler, *Emma Goldman*, S. 147.

426/5   Ebd., S. 143.

428/2   Marguerite Duras, *Der Schmerz*, Knaur Tb., München 1989, S. 13 f.

428/24 Ebd., S. 74 f.

428/36 Ebd., S. 76.

430/30 Spencer, *Endlose Liebe*, S. 172.

433/36 Otto Kernberg unterscheidet in einem Vortrag über die Psychopathologie der Liebe Fälle, denen Persönlichkeitsstörungen zugrunde liegen, von jenen, die sich aus neurotischen Konflikten ergeben. Vgl. insbesondere *Objektbeziehungen und Praxis der Psychoanalyse*, Klett-Cotta, Stuttgart 1981.

13 LIEBE, DIE REICH MACHT – LIEBE, DIE EWIG WÄHRT

436/9   Reik, *Von Liebe und Lust*, S. 80.

437/32 Auden, «Dichtung und Wahrheit», Canto XLII, *Collected Poems*, S. 498.

439/6   Salter, *A Sport and a Pastime*, S. 64 f.

442/8   Nigel Nicolson, *Portrait einer Ehe. Harold Nicolson und Vita Sackville-West*, Kindler, München 1974, S. 7.

442/22 Ebd., S. 235.

446/24 Georg Simmel, «Psychologie der Koketterie», in: *Schriften zur Philosophie und Soziologie der Geschlechter*, Suhrkamp, Frankfurt a. M. 1985, S. 187.

448/4   Zitiert in: Maurois, *Das Leben der George Sand*, S. 352.

449/24 Zitiert in: Linda Leonard, *Der Ring der Liebe. Selbstwerdung und Seelenhochzeit – Auf dem Weg zu erfüllter Beziehung*, Kösel, München 1987, S. 25.

450/26 Michiko Kakutani, «Mia Farrow and Her Director on Their Film Collaboration», *New York Times*, 22. Januar 1984.

452/9   Vgl. Rose, *Parallele Leben*.

452/25   Zitiert in: Beer, *Reader, I Married Him*, S. 15 f.

453/9   Ebd., S. 15 f.

455/27   Lewis, *Vier Arten der Liebe*, S. 149 f.

458/14   Frances Partridge, *Love in Bloomsbury*, Little, Brown, Boston 1981, S. 94.

465/10   Alberoni, *Verliebt sein und lieben*, S. 142.

471/31   Zitiert in: Joseph Barry, *French Lovers: From Heloise and Abelard to Beauvoir and Sartre*, Arbor House, New York 1987, S. 272.

472/1   Jean Cocteau, *Ich war im Paradies. Liebesgedichte an Jean Marais*, Pendragon, Bielefeld 1988, S. 24.

472/4   Barry, *French Lovers*, S. 281.

472/28   Reik, *Von Liebe und Lust*, S. 176.

473/9   Wallace Stevens, «Le Monocle de Mon Oncle», *The Collected Poems*, Knopf, New York 1954, S. 15.

NACHGEDANKEN

475/8   Nach Giambattista Vico «eine Endlichkeit, die zur Unendlichkeit strebt». Zitiert in: Silvano Arieti, *Creativity: The Magic Synthesis*, Basic Books, New York 1976, S. 30.

479/18   William Shakespeare, *Hamlet*, IV/5.

479/24   Platon, *Apologie*.

481/29   Arieti, *Creativity*, S. 5.

REGISTER

Abhängigkeit 14, 23, 191 f, 194, 209, 216 f, 221, 234, 239, 326, 333, 343, 345, 353, 383
– biologische 97
– des Kindes 156, 221, 244, 284, 361, 368, 477, 502
– neurotische 410, 450
– ökonomische 358
Abhängigkeitsbedürfnis 65, 221, 235, 243, 341, 381, 440, 445
Abtreibung 232
Adam und Eva 91
Adoleszenz 23, 171, 477
Aggressionen 81, 93, 112, 209, 216, 232, 240, 259, 277 f, 306, 308, 341, 374, 398, 408, 413, 423, 434
ALBERONI, FRANCESCO 108, 147, 291, 347, 464
ALLEN, WOODY 315
– *Broadway Danny Rose* 450
– *Hannah und ihre Schwestern* 315
– *Radio Days* 443
– und Mia Farrow 450 f
Altersunterschied (der Partner) 461, 470 f
Älterwerden 422
Ambivalenz 18, 80 f, 119, 199, 255, 300, 306

Amor 34, 117
Anderssein 383 f
Ängste 36, 42, 45, 52, 54, 69, 78, 99, 145, 198, 206, 215, 220, 222, 245, 278, 284, 296 f, 325 f, 341, 352, 367–369, 385, 405, 410, 423, 434, 454, 480
– existentielle 108, 263
– männliche 354, 385 (→ Kastrationsängste)
– vor beruflichem Erfolg 379
– vor dem Alleinsein 65 (→ Abhängigkeitsbedürfnis; Einsamkeit)
– vor der Frau 376 (→ Mutter[figur])
– vor Gefühlen 17
D'ANNUNZIO, GABRIELE 56 f
Anziehungskraft 25, 255, 317, 346
ARIETI, SILVANO 480
ARISTOPHANES 106 f, 111, 147, 162, 167, 172
Armut 95
ARUNDELL, ISABEL 182–184
Aschenputtel 84, 92, 121, 365, 369 (→ Märchen)
ASQUITH, HERBERT H. 143 f
ATTILA, JOSEF 397

AUDEN, WYSTAN H. 36 f, 170, 425, 437
– *September 1, 1939* 218
Aufklärung 20
Ausgeschlossensein 438
Authentizität 20, 456
Autonomie 82, 99, 112, 171 f, 178, 191–193, 195 f, 198, 210, 217, 251, 257, 272, 306, 358, 367, 377, 445, 456, 462
Autonomieverlust 193, 415
Autoritätsgefälle 345
Aversionen 415
– physische 417

BABEL, ISAAK 130
– *Meine erste Liebe* 130
Baby-Sprache 454 f (→ Kommunikation; Sprache)
BAILEY, RUTH 501
BAK, ROBERT 397 f
BARRY, JOSEPH 471
– *French Lovers* 471
BARTHES, ROLAND 166
BAYLEY, PETER 140
Beatlemania 127
DE BEAUVOIR, SIMONE 16, 71, 74, 181, 354, 382, 401, 421
– *Das andere Geschlecht* 421
– *In den besten Jahren* 74
BECKER, ERNEST 266
– *Dynamik des Todes* 266
«Bedürfnis-Lüste» 97
Bedürftigkeit 60, 107, 217, 233, 299, 328, 348, 395, 401
– kindliche 157 (→ Abhängigkeit)
Befreiungsgefühl 43, 82, 86, 104, 168 f, 196 (→ Selbstbefreiung)
Belastungsproben 82 (→ Streit)
BERGMAN, INGRID 284

BERGMANN, MARTIN 332, 334, 340
Besessenheit 62, 67 f, 70
Besitzenwollen 67 (→ Inbesitznahme, Vereinnahmung)
BETTELHEIM, BRUNO 336–339, 364 f, 371
– *Kinder brauchen Märchen* 364 f
Bewunderung 48, 51–54, 56, 66, 146 f, 251, 257 f, 280, 282, 328, 349, 497
Bibel 41, 106
Bindungsfähigkeit 9, 99
Bisexualität 318, 501
BLIER, BERTRAND 233
– *Ménage* 233
BOOTHE-LUCE, CLAIRE 309
– *The Women* 309
»Bord-Romanzen« 36
BREUER, JOSEF 328–330
Brieffreundschaften 349, 392
BRONTË, CHARLOTTE 393 f, 433
– *Jane Eyre* 327, 394
BROWNSTEIN, RACHEL 360
– *Becoming a Heroine* 360
«buddyfucking» 288
BURCKHARDT, MAX 288
BURTON, SIR RICHARD 183 f
– *The Scented Garden* 184
BYRON, LORD GEORGE G. 288

CALLAS, MARIA 87, 249, 432
CANCIAN, FRANCESCA 383
– *Die Verweiblichung der Liebe* 383
CARLYLE, THOMAS und JANE 451
CAROTENUTO, ALDO 335, 337
LE CARRÉ, JOHN 370
Casablanca 154, 390, 430

Chagall, Marc 185 f
Chaucer, Geoffrey 245
– *Erzählung des Weibes von Bath* 245 f, 371
Cherie Bitter 429
Cocteau, Jean und Raymond Radiguet 471
Colette 432
Constant, Benjamin 210
– *Adolphe* 210
Cowan, Arthur 33

Dante Alighieri 49, 57, 103, 191, 286, 390
– *Göttliche Komödie* 49
– *Vita nuova* 49
Dark Victory 326 f
Demütigung 52, 410
Depression 22, 66, 274, 308, 406, 411, 416
Der letzte Tango in Paris 61
Derek, John und Bo 225
Desillusionierung 247, 254, 281, 445
Deutsch, Helene 32
Dichterliebe 391–394 (→ Liebe, imaginäre)
Dickens, Charles 154
– *Geschichte zweier Städte* 154
Die Nacht vor der Hochzeit 66
Die Reifeprüfung 316
Die Schöne und das Ungeheuer 91
Dietrich, Marlene 225–229 (→ Sternberg, Joseph von)
Diskriminierung 380
Disraeli, Benjamin 183, 382
– *Tancred* 183
Distanz 193, 275, 445
Dominanzstreben 217, 233 f, 239, 245, 386 (→ Kontrollstreben; Macht)

Dominanz-Unterordnungs-Verhältnis 241, 243, 259, 386
Don Juan 54, 242, 279
Donne, John 45
Dornröschen 92 (→ Märchen)
Dreieck, verlagertes inzestuöses → ödipales Dreieck
Dreieckskonstellationen 233, 272, 275, 284, 288–290, 292–295, 298 f, 302, 305, 308 f, 311, 315, 317, 319, 445, 448, 463, 497 (→ Objektaufspaltungsdreieck; ödipales Dreieck; Rivalitätsdreieck)
Dreiecksphantasien 319, 342 (→ Phantasien)
Dritte 10 f, 182, 215, 242, 272, 438 f
Drouet, Juliette 184 f, 201, 223, 309, 395, 463
Dumas, Alexandre 155
Duncan, Isadora 56 f
«Dunkle Dame» 374 (→ Phantasien)
Dunne, Dominick 55
– *Society* 55, 138
Duras, Marguerite 427–429
– *Der Schmerz* 427

Egoismus 269
Ehe(n) 58, 306, 309, 359, 378, 415, 418, 420, 423, 432, 440 f, 460–463
– offene 453
Ehebruch 290–292, 470, 472 (→ Verhältnis, außereheliches)
Eifersucht 14, 22, 91, 93, 144, 267, 271, 290, 294, 296 f, 308, 408, 434, 446, 453, 457
Eigenständigkeit 98 f, 167, 171, 193, 209, 212, 256, 357, 383

– der Frau 188, 256, 357, 362, 383 (→ Autonomie)

Eigenwille 171 f, 191

Einfühlung 12, 268, 308 (→ Empathie)

Einsamkeit 32, 108 f, 191, 243, 285, 356

Einssein 12, 100, 166, 172, 212, 263, 431, 447, 472, 477

Einswerden 79, 103, 168, 266, 381 (→ Verschmelzung)

Eitelkeit 54, 65 f, 169

Einzel-Ich 159 (→ Ichgefühl)

Einzel-Selbst 162, 178 (→ Selbstgefühl)

Ekstase 70

ELIOT, GEORGE 452 f

– *Middlemarch* 470 f

– und GEORGE HENRY LEWES 452 f

ELIOT, T. S. 19

– *Vier Quartette* 19

Eltern 159, 237, 357, 371

– ödipale 366, 370 f, 373 (→ ödipale Konstellation)

EMERSON 15, 83, 93

Empathie 275, 478

Entidealisierung 83, 145, 249–254, 256, 313, 421 (→ Idealisierung)

Entrückung, religiöse 173, 474

Enttäuschung 58, 99, 112, 270, 272–274, 313 f, 413, 432

– Angst vor 99

– frühkindliche 148, 313 (→ ödipale Wünsche)

Erektion 503 f

Ergebenheit 27

Eros 103, 105–107, 335, 425

erotische Faszination 255, 282, 446, 457

Erotomanie 397

Erpressung 299 (→ Machtausübung)

Erregung 42 f, 58, 74, 150, 249, 278 f, 290, 318, 504

Errettungsphantasien, erotische 124, 327, 345 f (→ Phantasien)

EVANS, LINDA 225

Familienroman 118, 120–126, 130, 133, 137 (→ Idealisierung)

FIEDLER, LESLIE 206 f, 290

FIRESTONE, SHULAMITH 377 f

FITZGERALD, F. SCOTT 207, 250

– *Zärtlich ist die Nacht* 207, 235–237, 289

– *Der große Gatsby* 250

Fixierung 23, 52, 61, 289, 318 f, 396

– inzestuöse 276, 295, 316, 318, 397

– neurotische 469

Flexibilisierung, innere 26

Flirts 125, 131 (→ Schwärmerei)

Fortpflanzung 13

Frauenbewegung 215, 256, 258, 329

Frauentypologie 344

Freiheit 44, 211, 219

– durch → Liebe 33 (→ Befreiungsgefühl; Verschmelzung)

– Paradox der 45

– sexuelle 70, 426, 453

FRENCH, MARILYN 98

FREUD, SIGMUND 23, 96 f, 99, 105, 115, 120, 148, 156, 180, 198, 244, 266, 277, 293, 312, 323, 325, 328–333, 335, 337 f, 346, 373, 425, 497–500

FRISCH, MAX 404

FROMM, ERICH 256
Froschkönig 91 (→ Märchen)
Frustration 93, 96, 149, 157, 269,
    346, 409, 435, 445, 473
Fürsorglichkeit 210, 235, 237 f,
    242, 261 f, 277, 350, 372
    (→ Mutter[figur])

Galatea 225–228 (→ Pygmalion)
Ganzheit 107, 109, 167, 359
Garantien 56, 68
GARBO, GRETA 227
Geborgenheit 443, 448
Geburt(sereignis) 265 f, 268
Gegenliebe → Gegenseitigkeit
Gegenseitigkeit 51, 53, 56, 59,
    98, 153, 156, 165, 169, 393
    (→ Liebe, gegenseitige)
Gegenübertragung 328, 331,
    338–344, 349, 353
– geschlechtsspezifisch 341, 343,
    353 (→ Übertragung)
Geheimnisse 78, 272, 349
Geliebtwerden 73, 149, 167, 169
Geschichte der O 200
Geschichte, gemeinsame 72 f
    (→ «Wir»)
Geschlechtsidentität 356 f, 359 f,
    376, 472 (→ Identität)
Geschwisterliebe 60, 105
    (→ ödipale Wünsche)
Gewalt 222, 232 (→ Macht-
    ausübung)
GILBERT, W. S. 225
– *Pygmalion und Galatea* 225
GILOT, FRANÇOIS 224, 312
GILPATRICK, ROSWELL 253
Gleichberechtigung 378 f, 381,
    423 f (→ Machtverteilung)
GOETHE, JOHANN WOLFGANG
    VON 71

– *Wahlverwandtschaften* 71,
    107
– *Wilhelm Meisters Lehrjahre*
    170
GOLDMAN, EMMA 425 f
GREENBERG, CLEMENT 54
GROPIUS, WALTER 288

HAGGARD, VIRGINIA 185
HARDY, THOMAS 74
– *Tess von D'Urbervilles* 74
Harmonie 248 f, 259, 262–269,
    275, 279, 283, 421
Haß 52, 54, 248, 280, 296, 298,
    312, 446 (→ Selbsthaß)
HAYWORTH, RITA 39, 225
HELLMAN, LILLIAN 33
HELMSLEY, HARRY 449
HEMINGWAY, ERNEST 164
– *Wem die Stunde schlägt* 164
HENRY, O. 153 f
– *Das Geschenk des Magi* 153 f
Herrschsucht 27
    (→ Dominanzstreben; Macht)
HILLESUM, ETTY 340
– *Das denkende Herz* 340
Hingabe 166, 177, 180, 188 f,
    191–193, 196, 198, 201, 204,
    212, 216 f, 233, 242, 259, 303,
    353 f, 378, 386, 474, 479
Hingabefähigkeit 354, 382
Hochzeitszeremoniell 161, 170
HOMER 290
– *Ilias* 290
homosexuelle Wünsche 317 f
HORNEY, KAREN 373 f
»Horror vacui« 480
HUGO, ADÈLE 395–397, 433
HUGO, VICTOR 21, 184 f, 201,
    223, 309, 395, 463
HUNT, MORTON 16

HUXLEY, ALDOUS 39 f, 110,
   131 f, 180
– *Das Genie und die Göttin* 131 f
– *Das Lächeln der Gioconda* 210
HYDE, LEWIS 159
Hypersexualität 504

IBSEN, HENRIK 373
– *Peer Gynt* 373
Ichgefühl 89 (→ Selbstgefühl)
Ich-Grenzen 159, 165 (→ Selbst,
   Grenzen des)
Ich-Ideal 9, 125 f, 256, 346 f
   (→ Idealisierung)
Ich-Verlust 165 (→ Selbstverlust)
Ich-Zentriertheit 132, 459, 479
Idealisierung 10 f, 23, 48–51, 56,
   60, 63, 66, 83, 118, 126–128,
   132 f, 136, 146, 156 f, 181,
   185, 189, 230, 247–261, 264,
   275, 279 f, 282 f, 332, 343,
   347–349, 418, 445
– der → Eltern 120 f, 123, 125
– der → Mutter 118
Identifizierung 12, 61, 119, 121,
   125–129, 131, 145, 153, 155,
   158–162, 165, 168, 171 f,
   181 f, 192, 194, 198, 235, 255,
   288, 333, 347, 357, 361, 364,
   367, 371, 386, 391, 398, 429,
   476–478, 503 (→ ödipale
   Konstellation)
Identifizierungsprozesse 156 f,
   170, 172 f, 191 (→ Übertragung)
Identität 74 f, 79, 85, 124, 160,
   179 f, 194, 212, 357, 389, 398,
   405, 410, 427
– gemeinsame 153, 256, 270,
   402, 409 f, 419, 453
      (→ «Wir»)

– Konsolidierung der 132, 138,
   170, 357–359, 367, 372, 411,
   427
– männliche 357–359, 372, 376
   (→ Geschlechtsidentität;
   Männlichkeit)
– wahre 138
– weibliche 187, 357–359, 370,
   376, 383 (→ Geschlechtsidentität; Weiblichkeit)
Identitätsverlust 409 (→ Verlust[gefühle])
Idole 127, 129
Illusion 44, 49, 83, 167, 270, 404,
   440
Im Netz der Leidenschaften 57
Imagination 13, 15, 21 f, 38, 42,
   47, 49, 56 f, 90, 97, 145, 156,
   167, 249, 254, 332, 348, 352,
   390, 394, 396, 401, 413 f, 464,
   474, 478
Inbesitznahme 216, 220, 233,
   245, 287 (→ Vereinnahmung)
Individuation 161, 172, 371,
   477, 480
Initiationsrituale 358
Intellekt 15
Intensität 60, 70, 92, 165, 168,
   184, 247 f, 279 f, 282 f, 292,
   349, 448, 459, 462, 465
– verschlingende 52
      (→ Verschlungenwerden)
Intimität 78, 348–350, 379, 443,
   448, 455, 461 (→ Nähe;
   Vertrautheit)
Intuition 12
Inzesttabu 135, 149, 263, 277,
   291, 293, 381 (→ ödipaler
   Konflikt)
inzestuöse Wünsche → ödipale
   Wünsche

Isolation 12, 24, 32, 109, 158, 445, 477

JAMES, HENRY 220
– *Bildnis einer Dame* 220
JAMES, WILLIAM 8, 12
JANNINGS, EMIL 226
JONES, ERNEST 329
JUNG, CARL GUSTAV 335–340, 343 f, 373, 424, 499–501

KAFKA, FRANZ 69, 133
Kastration 372 f
Kastrationsängste 125, 374 (→ ödipaler Konflikt)
KEATS, JOHN 21
KENNEDY, JACQUELINE 249, 252 f
KENNEDY, JOSEPH und ROSE 284
KERNBERG, OTTO 167, 278
Kindheit 8, 32, 118–122, 153, 156, 162, 173, 291, 389 (→ ödipale Phase)
Koketterie 81, 145
KOKOSCHKA, OSKAR 288
Kolonialisierung (des anderen) 178, 200
Kommunikation 398 f (→ Baby-Sprache; Sprache)
Komplementarität 128 f, 131
Konformität 172
Konsum 420
Kontinuität 148, 150, 152, 277, 362
Kontrollstrategien 238 f
– geschlechtsspezifische 238 (→ Machtspiel)
Kontrollstreben 222, 231, 235, 237, 375 (→ Macht)
Körperlichkeit 265 f

Krankheit 257, 424
KRANTZ, JUDITH 75
– *Prinzessin Daisy* 75
Kreativität 8, 414, 424 f, 450, 481
Kristallisation 47 f, 56, 352
KUNDERA, MILAN 12, 55, 117, 139
– *Die unerträgliche Leichtigkeit des Seins* 55, 87, 102, 190, 317 f

Lancelot und Ginevra 285 f
LANZMANN, CLAUDE 382
LASCH, CHRISTOPHER 443
Latenzphase 120 (→ ödipale Phase)
Laura 134 f
Lebensentwurf, neuer 137 (→ Selbstveränderung)
Lebenssituation, liebesfördernde 35, 141 (→ Trauer)
Leidenschaft 8, 10, 13, 16, 22, 26, 47, 53, 56, 61, 81, 92, 111, 144, 147, 196, 233, 247, 276, 278 f, 291, 419 f, 432, 436, 440 f, 444, 465, 470
– anhaltende 446 f, 457, 459 (→ Intensität)
– obsessive 389, 403 (→ Besessenheit; Verlangen) (→ Liebe, leidenschaftliche)
LENNON, JOHN und YOKO ONO 450
LEONARD, ELMORE 351
– *Unknown Man, No. 89* 351
LESTER, EVA 342
LEWIS, C. S. 96 f, 100, 139–141, 455
LEWIS, WYNDHAM 382
Libido 23, 96 f, 105 (→ Eros)
Libidotherapie 23

Lichter der Großstadt 155
Liebe
- als biochemischer Erregungszustand 15
- als Katalysator 25, 137, 139,
  168, 332, 476
- als Lebensziel 45
- als Privatreligion 13
  (→ «Religion zu zweit»)
- Anatomie der 46
- Angst vor 17, 43, 385
  (→ Ängste)
- auf den zweiten Blick 39
- aus → Eitelkeit 66
  (→ Selbstaufwertungsliebe)
- bedingungslose 149
- domestizierte 16
- Dynamik der 34, 249, 324
- Einmaligkeit der 77
- einseitige 22, 391, 393–395,
  415
- elterliche 160, 244
- Ende der 390
- «Entmystifizierung» der 14
- erste 36, 42, 136–139, 144,
  313, 384, 427
- ewige 69, 413, 430, 436
- Fetische der 68
- gegenseitige 44, 48, 52, 61 f,
  66 f, 145, 158, 259, 402
  (→ Gegenseitigkeit)
- homosexuelle 383, 386, 461,
  471 f
- idyllische Phase der 59 f, 79,
  81, 158, 263, 271, 467, 474,
  476
- imaginativ-imaginäre
  390–392, 395 f, 432, 465
  (→ Dichterliebe)
- masochistische 41 (→ Masochismus)

- mystische 464 (→ Mysti-
  zismus)
- Natur der 18, 34, 217 f
- neurotische 65
- «reife» 16, 119, 124, 436
- schöpferische 25
- sklavische 208 (→ Selbstversklavung)
- tragische 171 f
- unerwiderte 13, 393
- unglückliche 389 f, 424, 431 f
- unkonventionelle 460
- unsterbliche 436
- vollkommene 390, 430 f, 436
  (→ Vollkommenheitswünsche)
- wahnhafte 395–397
- wahre 11
- Wert der 69
- willentliche 33
- zerstörerische 91, 199, 206,
  395
- zu Gott 105 (→ Entrückung;
  Religion)
«Liebe auf den ersten Blick» 38 f,
  48, 391
«Liebe macht blind» 11, 50
  (→ Idealisierung)
«Liebe um die Lebensmitte» 144
«Liebe zur Autorität» 244
Liebe, Hauptarten der (4) 61–64
  (→ Zuneigungsbeziehungen)
Liebe, leidenschaftliche 9, 20, 25,
  32, 60–64, 66 f, 72, 100, 111 f,
  116, 139, 142 f, 147, 167,
  177 f, 181, 212, 215, 217, 259,
  313, 436 f, 447, 449, 465, 475,
  486, 488
Liebe, romantische 7 f, 10,
  12–16, 19, 23–27, 49, 60 f,
  73, 80, 83, 92, 97, 101, 105 f,
  111, 115, 117, 124, 145 f, 149,

161, 164, 171, 193, 206, 249,
257 f, 285, 323, 328, 332 f,
356 f, 359, 361, 367, 369, 377,
382, 385, 474, 476, 488
Liebe, sinnliche 38, 60 f, 100
(→ Leidenschaft; Sexualität;
Verlangen)
Liebedienerei 234, 377
Liebesakt 79, 101–103, 278
(→ Sex; Vereinigung; Ver-
schmelzung)
Liebesbereitschaft 40, 384, 447 f
Liebesdialoge 118, 138 f, 145,
149 f, 153, 171, 284
Liebeserleben 354, 376
– geschlechtsspezifisches 355 f,
376, 385
Liebesfähigkeit 116, 145, 384
Liebesfixierung 379 f (→ Fixie-
rung)
Liebesfutter 52, 66
Liebesleid 389, 406
Liebesleidenschaft 44, 441
(→ Leidenschaft)
Liebesobjekt 35, 369, 486
– unerreichbares 279, 434
Liebesphantasien 124, 392–396,
433 (→ Phantasien)
Liebessehnsucht 22, 103, 149,
167, 353, 360, 380, 385
– obsessive 380 (→ Besitzen-
wollen) (→ Sehnsucht)
Liebessucht 66, 447
Liebestod 171, 231, 430
(→ Suizid)
Liebesverlust 367–369
(→ Verlust[gefühle])
Liebes-«Wahl» 40, 119, 150, 196,
204, 277, 414, 481
Liebeswahn 396 f
Liebeswerben 52, 54, 85, 93, 279

Loslassen 401
Lösung (von der Vergangenheit)
116, 137, 152, 171 f
– von den Eltern 138, 160 f, 371
Love Story 430
Loyalität 62, 70, 288, 429
Lust 43, 54, 79, 92–102, 104,
167, 169, 341
Lusterfahrungen, früheste 98
Lustobjekt 49
«Lustprinzip» 96

Macho-Typ 382
Macht 131, 161, 214, 216, 233,
240, 243, 272, 295, 326, 359 f,
385, 476
– der → Eltern 162, 325
– der → Liebe 8, 21, 25, 48, 52,
146, 166, 179, 472
– des anderen 51, 148
– des Kindes 119
– und Frauen 353, 356, 359, 375
– und → Liebe 243 f
– und Männer 353–356, 369,
375 (→ Gewalt; Kontroll-
streben; Sozialisation)
Machtausübung 230 f, 235, 239,
248, 353, 375
Machtgefälle 191, 214, 217 f,
232, 244, 259, 386, 472
– geschlechtsspezifisches 239,
378, 386
Machtgier 54, 110
Machtkampf 214 f, 245, 421
Machtspiel 228, 239 f, 304
Machtstreben 216, 222, 234,
243, 294
Machtstrukturen 215, 234, 319
Machtverteilung 214 f, 244 f, 423
«Madonna-Hure»-Komplex 312
(→ Freud)

MAHLER, GUSTAV 186, 288
MAHLER, MARGARET 171
MAHLER-WERFEL, ALMA 186, 288
– *Erinnerungen an Gustav Mahler* 186
MAILER, NORMAN 370
MALRAUX, ANDRÉ 72
– *So lebt der Mensch* 72, 110, 219, 356
MANN, HEINRICH 207
– *Professor Unrat* 207
«männliche» Populärliteratur 369 f
Männlichkeit 354, 357 f, 362, 369 f, 372, 375, 382 f, 385 f (→ Identität)
MANSFIELD, KATHERINE 281
– *Dillgurke* 281 f
MARAIS, JEAN 471
Märchen 361, 364–366, 370 f
MARX, GROUCHO 255
Masochismus 179, 181 f, 199 f, 204, 232, 297–299, 407
MASTERS und JOHNSON 455 f
Masturbationsphantasien 318 (→ Phantasien)
MAUGHAM, W. SOMERSET 205 f
– *Des Menschen Hörigkeit* 205 f
DU MAURIER, DAPHNE 362, 365 f
– *Gasthaus Jamaica* 365 f
– *Rebekka* 362, 364 f, 367
MAUROIS, ANDRÉ 197
MCCARTHY, MARY 65
– *Sie und die Anderen* 65
MCCULLERS, CARSON 41, 111, 169
MERTON, THOMAS 476
Midlife-crisis 422

MILLER, ARTHUR 297
– *Nach dem Sündenfall* 297
MILLER, SUE 86
– *Die gute Mutter* 86, 276
Minderwertigkeitsgefühl 195, 255, 374, 392, 504
Minne 103
MITTERRAND, FRANÇOIS 428
Monogamie 14, 79
MONTAGU, EDWIN 143 f
MONTAIGNE, MICHEL E. DE 42, 103, 164
Moral 20
Mord(phantasien) 410, 432
MORGENTHAU, HANS 109, 177, 218, 243
MOSES 121
MUSSET, ALFRED 197 f
Mutter(figur) 118–120, 149, 361, 368 f, 382
– allmächtige 312
– imaginierte (gute) 156 f
– ödipale 362–364, 366 f, 373, 376 (→ ödipales Dreieck)
– präödipale 362, 365, 376
– (über)fürsorgliche 210, 261, 277, 362 (→ Fürsorglichkeit)
Mutter-Kind-Dyade 162, 277, 284, 359 (→ Paar-Dyade; therapeutische Dyade)
Mütterlichkeit 362
Mutterschaft 359 f, 385
Mutter-/Vater-Imago 263, 277, 366, 370 f, 434
Mystizismus 177, 182, 464
Mythologie 58, 152
Mythos 116, 121

Nähe 22, 52, 62, 75, 80, 99, 132, 136, 139, 166, 193, 195, 265, 270 f, 275, 277, 280, 282 f,

294, 349, 353, 379, 383, 419, 448, 464
- Angst vor 22, 392 (→ Ängste) (→ Harmonie; Intimität)
Naivität 14
Narzißmus 105, 121, 148, 255, 258, 347, 373 f, 411
narzißtische Befriedigung 347 f, 383 (→ ödipale Phase)
Naturwissenschaften 19
Neid 126, 144, 146, 160, 267, 271, 285 f, 288, 290, 296 f, 438 f, 460 f
- präödipaler 301
Neurosen 108
neurotische Reaktionen 23, 254, 269, 271
NICOLSON, HAROLD 441 f, 453
NICOLSON, NIGEL 441–443
NIETZSCHE, FRIEDRICH 354
Normen, gesellschaftliche 20, 36, 144, 419, 461

Objektaufspaltungsdreieck 293–296, 300, 304 f, 308–310, 314, 316
- imaginäres 311 (→ Umkehrungsdreieck)
Objektliebe 126
Objektverlust 397 f, 411 (→ Verlust[gefühle])
O'BRIEN, EDNA 411
- Das Liebesobjekt 411 f
ödipale Fixierung 295, 298, 316 (→ Fixierung)
ödipale Gefühle 144, 162
ödipale Inzestphantasien 129, 133, 135, 316 (→ Inzesttabu; Phantasien)
ödipale Konflikte 302, 364, 366, 371, 477

ödipale Konstellation 116, 122, 130, 295, 302, 364, 368, 385, 409
ödipale Niederlage 295
ödipale Phase 129, 160, 220, 276, 293, 368, 504
ödipale Wunde 267, 504
ödipale Wünsche 120, 125, 128, 135, 162, 276, 303, 316, 364 f, 407, 431, 470 (→ Inzesttabu)
ödipaler Triumph 148, 298, 300, 363 f
ödipales Dreieck 284, 291, 294 f, 315, 359 (→ Dreieckskonstellationen)
Ödipus 121, 152, 480
Ödipuskomplex 120, 128, 278, 292–294, 317 f
Of Human Bondage 403
Omnipotenzgefühl 346 f, 411
Omnipotenzphantasien 118, 502 (→ Phantasien)
Omnipotenzwünsche 124, 475
ONASSIS, ARISTOTELES 87, 249, 252 f, 432
Opferbereitschaft 155 f, 158, 271 (→ Selbstaufopferung)
Organminderwertigkeit 374 (→ Minderwertigkeitsgefühl)
Orgasmus 193, 265
OSBORNE, J. 309
OVID 225
- Metamorphosen 225

Paar-Dyade 275, 286, 292, 295, 315, 319, 410 (→ Mutter-Kind-Dyade; therapeutische Dyade)
Paareinheit 160–162, 243, 284, 295, 409, 453 (→ «Wir»)
PALEY, GRACE 267

– *Eine Frau, jung und alt* 267 f
Paolo und Francesca 285 f
  (→ DANTE)
PAPPENHEIM, BERTHA 329
PARTRIDGE, FRANCES 457 f
– *Love in Bloomsbury* 457 f
PASCAL, BLAISE 98
Penelope und Odysseus 369
«persönlicher Liebesfilm» 168
Persönlichkeitsentwicklung 9,
  23, 90, 159, 171 f, 243, 311,
  342, 355 f, 370, 372, 474
Persönlichkeitsstruktur 90, 386,
  465
Persönlichkeitsveränderung 168,
  172, 324, 333 (→ Selbstveränderung)
PETRARCA 103
Pflichtgefühl 16, 210
«phallisch-narzißtischer» Wettstreit 287 (→ ödipale Konstellation)
Phantasie 8, 15, 34, 48 f, 134,
  136, 285, 381, 420, 439, 455,
  502
Phantasie-Eltern 121 (→ Familienroman; Idealisierung; Identifikation)
Phantasie-Liebschaften 135,
  391 f (→ Liebesphantasien)
Phantasielust 136
Phantasien 43, 47, 50 f, 120 f,
  123, 125, 133, 145, 148, 157,
  208 f, 217, 258, 275, 280, 296,
  314, 319, 324, 327, 342, 348,
  350, 352, 359, 362–364, 366,
  372, 374–376, 389, 402, 406,
  413, 439, 455 f, 501 f
– zerstörerische 125 (→ Suizid)
  (→ Liebesphantasien;
  Masturbationsphantasien)

Phantasiewelt 77, 120
Philosophie 15, 19
PICASSO, PABLO 187, 224, 312
PLATON 18, 106 f, 148, 162, 335,
  346, 441
– *Symposion* 106
Privatsprache 77 (→ Baby-
  Sprache; Sprache)
Projektion 41, 49, 207, 249, 255,
  280, 290, 326 (→ Identifi-
  kation; Übertragung)
Promiskuität 49, 345, 453
PROUST, MARCEL 206, 413 f
– *Eine Liebe zu Swann* 414
Prüfungen 58, 80 f, 358
  (→ Belastungsproben)
Psychoanalyse 9, 22–24, 27, 96,
  149, 324, 326, 328, 343 f, 480
Psychologie 14, 48
Psychotherapie 21, 340, 479
Pubertät 34, 120, 128, 135, 159,
  284, 384, 459
PURCELL, HENRY 93
– *Fairy Queen* 93
Pygmalion 225–227 (→ Galatea)

Rache 272, 297, 300, 369
RADWAY, JANICE A. 361
Rapunzel 365 (→ Märchen)
Rationalismus 14, 17
«Realitätsprinzip» 96
Regression 194, 237, 348, 454 f
Reik, Theodor 148, 436, 472
Religion 45, 177, 181, 478
«Religion zu zweit» 45, 80, 285
RIEFF, PHILIP 244
Risiko 42, 95, 112, 133
– der → Zurückweisung 56, 95,
  160
Rivalität 279, 287–289, 301,
  316 f, 368, 372

– ödipale 288, 301, 316, 367 f,
  372, 409
Rivalitätsdreieck 293 f, 296, 298,
  300 f, 303, 305, 308, 314
  (→ Dreieckskonstellationen)
ROBBINS, HAROLD 370
Romantik 14, 17, 20
ROSE, PHYLLIS 378
ROSSELLINI, ROBERTO 284
ROSSNER, JUDITH 269
– *August* 269
DE ROUGEMONT, DENIS 95, 291
ROUSSEAU, JEAN-JACQUES 91
Rückzug 45, 55, 270, 401

SACKVILLE-WEST, VITA 441 f,
  453
DE SADE, DONATIEN MARQUIS
  231
Sadismus 54, 232, 374
Sadomasochismus 81, 217
DE SAINT-EXUPÉRY, ANTOINE
  449
SALTER, JAMES 17, 61, 438
– *A Sport and a Pastime* 251,
  438
– *Light Years* 17, 78, 194 f
Samson und Delilah 91, 206
SAND, GEORGE 197 f, 447 f
SARTRE, JEAN-PAUL 51, 71 f, 74,
  231
SCHAFER, ROY 333
Schattengeliebte/r 38–42, 45,
  439
Scheidung → Trennung
Schicksal 41, 92, 150, 326, 431
Schizophrenie 397, 457
Schmerz 92–95, 99–101, 109,
  172, 410, 424
Schmerzvermeidung 96
  (→ Ängste)

Schneewittchen 121
  (→ Märchen)
Schuld 408 f, 416, 434
Schuldgefühle 93, 149, 200,
  209 f, 234, 237 f, 274, 293 f,
  297, 306–308, 311, 314, 364,
  392, 408, 429
Schutzbedürfnis 325, 345 f, 381
Schwangerschaft, fingierte 406
Schwängerung 381
Schwärmerei 45, 125–130, 133,
  135, 254
Seelenverwandtschaft 22, 280,
  453
Sehnsucht 48, 51, 133, 145, 148,
  296, 307, 346, 389, 474 f
– nach einem → Liebesobjekt 35
– nach → Ganzheit 109, 161
– nach → Verschmelzung 104 f,
  109, 136, 162 (→ Liebessehnsucht)
Selbst
– Durchdringung des 166
– individuiertes 172
– neues 62
– Reifungsprozeß des 118
– sexuelles 62
– wahres (eigenes) 124, 150,
  159, 173
Selbst, Grenzen des 7 f, 20, 24, 26,
  44, 79 f, 90, 104, 109, 166,
  177 f, 181 f, 211, 235, 259,
  266, 359, 392, 436, 455, 477 f,
  480
Selbstachtung 99, 193 f, 241, 256
Selbstaufgabe 27, 177–182,
  184 f, 189, 192, 194, 196,
  199–201, 208, 210 f, 213, 217,
  245, 248, 305, 353, 378
– bei Frauen 180 f, 185–188,
  190, 378

Selbstauflösung 193

Selbstaufopferung 155, 164, 188, 229, 235, 238, 394

Selbstaufwertung 60, 63

Selbstaufwertungsliebe 63 (→ Liebe, Hauptarten der)

Selbst-Ausdehnung 163

Selbstbefreiung 180, 340, 378, 426, 455

Selbstbehauptung 178–180, 217, 386

Selbstbehinderung 254

Selbstbestätigung 63, 72–74, 89, 243, 313, 359, 419

Selbstbestimmung 246

Selbstbestrafung 199 f, 208, 256, 292 f, 407

Selbstbewußtsein 24, 232, 292, 414

Selbstdefinition 356, 412

Selbstdurchsetzungswille 168, 170 f

Selbstentfaltung 70, 382, 405, 416, 449, 479

Selbst-Entgrenzung 441

Selbstenthüllung 54

Selbsterhöhung 179, 199

Selbsterkenntnis 281

Selbsterniedrigung 179, 208, 232, 299, 407, 434

Selbsterweiterung 131, 191, 360, 398, 424, 476, 478

Selbstfindung 167, 480

Selbstgefühl 67, 70, 84, 89, 98–100, 128 f, 142, 158, 167, 170, 173, 305, 347, 367, 384, 405, 445, 462, 470, 502

Selbsthaß 200, 256, 341

Selbstläuterung 204

Selbstliebe 65, 105

Selbstlosigkeit 155

Selbstreflexion 312

Selbstschutz 53, 55, 58, 133, 167, 193, 198, 221, 269, 305, 476

Selbsttäuschung 7, 17, 67, 401, 405

Selbst-Transzendierung 61, 108 (→ Transzendenz)

Selbstüberschreitung 24, 79, 110, 112, 165, 179 f, 182, 192, 211 f, 234, 266, 353, 355, 359, 362, 386, 459, 464, 475, 480, 485

Selbstveränderung 12, 25, 27, 61, 82, 84, 87, 90, 112, 118 f, 137, 142, 168–170, 181, 192, 199, 324, 332, 334, 353, 355, 405, 448, 474–481

Selbstverlust 193 f, 198, 292, 303, 362

– Angst vor 193 f

Selbstverrat 27

Selbstversklavung 179 f, 182, 191, 193, 199 f, 205, 378

Selbstvertrauen 84, 89

Selbstverwirklichung 99, 155, 270, 353, 355 f, 377, 379, 382, 405, 481

Selbstvorwürfe 307, 401

Selbstwahrnehmung 252, 357, 475

Selbstwertgefühl 11, 88, 98, 124 f, 139, 179, 192, 199, 235, 255 f, 333, 371, 374, 379, 389, 405, 409 f, 436

Selbstzerstörung 8, 17, 112, 182, 206 f

– symbolische 177 (→ Suizid)

Selbstzweifel 297, 382, 434

Sentimentalität 19

Sex 60, 79 f, 101–104, 277, 315,

342, 345, 349, 353, 456
(→ Liebesakt; Verlangen)
Sexualfeindlichkeit 19
Sexualität 9, 23 f, 97, 103, 105,
107, 132, 136, 139, 165, 216,
222, 224, 232, 265–267,
276–278, 287, 367, 398, 420,
426, 442 f, 454
– erwachte 87, 89, 144
– permissive 19, 54
– weibliche 265
Sexualleben 420 f
Sexualmoral, repressive 19
Sexualtabus, innere 362
(→ Inzesttabu)
Sexualtrieb 96, 106
sexuelle Bedürfnisse 101, 207
sexuelle Befriedigung 101, 475,
503
sexuelle Begierde → Verlangen
sexuelle Hemmungen 85 f, 150,
276 f, 367
sexuelle Inbesitznahme 62
(→ Inbesitznahme; Verein-
nahmung)
sexuelle Vorlieben 78, 265 f, 460
sexueller Rhythmus 265
SHAKESPEARE, WILLIAM 49, 69,
206, 291
– Romeo und Julia 33, 35, 137
– Wie es euch gefällt 44, 169 f
SHAPIRO, LEONARD 302, 496
SHAW, GEORGE BERNARD 133
– My Fair Lady 225
– Pygmalion 225
Shelley, Percy Bysshe 164
«Sich-Entlieben» 417–419,
432
Sich-Verlieben 43, 48, 52, 142,
323, 352, 417 f (→ Verliebtheit)

SIMMEL, GEORG 446 f, 465
SINGER, IRVING 162 f
SINGER, ISAAC 314
– Feinde – die Geschichte einer
Liebe 314
Skepsis 43, 46, 70, 307, 448
(→ Zweifel)
SOKRATES 18, 216, 479
Solipsismus 157, 191, 459
SONNY und CHER 225
SONTAG, SUSAN 381
Sozialisation 24, 356
– geschlechtsspezifische 258 f,
275, 355, 372
Soziologie 14
SPARK, MURIEL 144
– Memento mori 144 f
SPENCER, SCOTT 7, 31
– Endlose Liebe 7, 31, 94, 153,
163, 430
SPIELREIN, SABINA 335–340,
343 f, 425, 499 f
SPIER, JULIUS 340
SPOTO, DONALD 227
Sprache 105 f, 177, 182 (→ Baby-
Sprache; Kommunikation;
Privatsprache)
STANFILL, FRANCESCA 88
«Stars» 185
STASSINOPOULOS, ARIANNA 249
STEIN, GERTRUDE und ALICE
B. TOKLAS 471
STENDHAL 46–48, 51, 63 f
Sterblichkeit 182, 268
STERNBERG, JOSEPH VON 207,
225–229
– Der blaue Engel 207, 226, 228
– Die wächserne Galatea 227
– Morokko 228 f
– Shanghai Express 229
(→ DIETRICH, MARLENE)

Streit 80, 193
- erster 80 f (→ Belastungs-
    proben)
Sublimierung 21, 334, 425, 497
Suizid 172, 200, 398, 432
- Phantasien 410, 434
    (→ Selbstzerstörung)
SUPERMAN 121
SZASZ, THOMAS 329

«talking cure» 328
TANNER, TONY 290 f
TENNYSON, ALFRED 95
therapeutische Dyade 349, 502
    (→ Mutter-Kind-Dyade;
    Paar-Dyade)
THODY, PHILIP 15
TICHO, GERTRUDE 379
Tierliebe 105
Timing 34, 42, 431
Tod 39, 69, 77, 198, 200, 356,
    410, 437
TOLSTOI, LEW N. GRAF 188,
    263, 274, 390 f, 399, 421 f,
    437
- Anna Karenina 252, 263, 274,
    287, 291, 390 f, 399–401
- Krieg und Frieden 421
- und Sophie 451
Transzendenz 50, 109 f, 162, 177,
    194, 231, 266, 475
Transzendenzerfahrung 12, 45,
    481 (→ Verschmelzung)
Trauer 22, 35, 198, 424
Traumanalyse 323
Traumliebe 134
Trennung 22, 35, 39, 170, 313,
    463 f
- zeitweilige 448 f
Trennungsangst 68
- Rationalisierung der 152

Treue 68, 242, 375, 453
Triade (→ Dreieckskonstellation)
- primäre 293
- sekundäre 293
Triangel → Dreieckskonstellation
«Triangulation» 292
Tristan und Isolde 200, 284, 291,
    372, 455, 466–468
TROYAT, HENRI 263, 390 f
TRUFFAUT, FRANÇOIS 395 f
- Die Geschichte der Adèle H.
    395 f. (→ HUGO, ADÈLE)
Tschechow, Anton 187 f, 391
- Herzchen 187–189, 391
TURGENJEW, IWAN 136, 302 f,
    395, 496 f
- Erste Liebe 497
- Frühlingsfluten 136 f, 302 f

Über-Ich 167, 256, 278, 347
Übertragung 323–325,
    327–331, 333, 335, 340,
    342 f, 345 f, 348, 351, 353,
    397, 500–502
- positive 326, 333 f
    (→ Gegenübertragung)
Übertragungsanalyse 323, 340
Übertragungsbereitschaft 348
«Übertragungsheilung» 333
Übertragungsliebe 323 f, 326 f,
    331–334, 338, 340, 342, 345,
    349, 364, 397, 500, 502
- geschlechtsspezifisch 341, 343,
    346
- zwischen Freier und Prosti-
    tuierter 350 f
ULLMANN, LIV 138
- und Ingmar Bergman 450
Umfeld, soziales 257
Umkehrungsdreieck 294 f, 309 f,
    314, 316, 375 f (→ Dreiecks-

konstellationen; Objekt-
aufspaltungsdreieck)
Unabhängigkeit 99
– ökonomische 423
Unbewußtes 22, 27, 42, 45, 167,
  338, 371, 429, 436, 454
Unentbehrlichkeit 234
Unschuld 191, 408
Unsterblichkeit 49
Unterdrückung (der Frau) 377 f
Unterordnung → Unterwerfung
Unterwerfung 217, 222, 230,
  234 f, 238–240, 242, 377 f
Untreue, sexuelle 78, 310

Vaterlandsliebe 60, 105
Verantwortlichkeit 16
Vereinigung 46, 61, 80, 100 f,
  103, 106 f, 109, 116, 119, 126,
  136, 146, 148, 153, 171, 265,
  362, 398, 477
– mit Gott 181
Vereinnahmung 184, 216, 218,
  220, 222, 234, 245, 277 f, 408,
  445
Verfügbarkeit 40, 224
Verführer-/Opferrolle 229
Verführung 53 f, 58, 234
Verhältnis, außereheliches 53, 76,
  92, 195, 292, 305 f, 319, 422,
  461–464, 470, 472 (→ Dreieckskonstellationen)
Verlangen 45, 49, 52, 92–94,
  100 f, 103, 107, 120, 125, 129,
  132, 146, 230, 247 f, 276, 286,
  288–290, 296, 312, 318, 325,
  343, 346, 367, 375 f, 383, 407,
  446, 455, 503 f (→ Leidenschaft; Lust)
Verlassenwerden 247, 273, 275,
  307, 406, 410

– Angst vor 247, 273, 275, 307
Verletzungen 39, 55, 229, 269,
  271, 385
Verliebtheit 8, 16, 43–45, 47, 49,
  51, 53, 55, 57, 66, 108, 117,
  126, 130 f, 247, 291, 331, 345,
  397, 401, 417, 447, 475, 477
– gleichgeschlechtliche 126
  (→ homosexuelle Wünsche)
– in den → Tod 200
– in die → Liebe 169
– körperliche Erscheinungen
  der 42
Verliebtheitssucht 58, 279
Verliebtsein 31, 33, 38, 44, 52,
  192, 270
– Angst vor 192
Verlustangst 308
Verlust(gefühle) 35 f, 95, 141,
  148, 398, 405 f, 411, 431
Verlustschmerz 116, 397, 403,
  405, 431
Vernunft 20 f, 28
Verrat 27, 313 (→ Selbstverrat)
Verschlungenwerden 54, 198
  (→ Inbesitznahme; Vereinnahmung)
Verschmelzung 46, 79 f, 104,
  106–108, 112, 162–167, 171,
  177–179, 191–193,
  199–201, 212, 265, 362, 398,
  462, 475, 477
– imaginierte 104 (→ Transzen-
  denzerfahrung)
Verschmelzungsphantasie 177,
  398 (→ Phantasien)
Versklavung, sexuelle 231
Versöhnungssehnsucht 418
Vertrauen 53, 78, 160, 319, 443
Vertrautheit 248, 348, 443, 448
  (→ Harmonie; Intimität)

Verweigerung 272
– unsichtbare 231
Verzichtbereitschaft → Opfer-
   bereitschaft
VIARDOT, PAULINE 302
Vollkommenheitswünsche 125,
   249, 347, 473
Vom Winde verweht 361, 373,
   390, 402, 430
Vorbilder 126, 128, 149, 160,
   357 (→ Idealisierung; Idole;
   «Stars»)

Wahlverwandtschaften 150
Wahnsinn 105, 111 f, 395, 457
«Wahrheit», persönliche 19–21
Wahrnehmungsverzerrungen
   401, 434 (→ Selbstwahr-
   nehmung)
WALKER, ALICE 85
– Die Farbe Lila 85
WEBB, BEATRICE und SIDNEY
   451 f
«weibliche» Populärliteratur
   360 f, 370
Weiblichkeit 357 f, 362, 386
   (→ Identität)
WEIL, SIMONE 51, 104, 476
WELLS, H. G. 37 f, 258, 264
Wenn-dann-Phantasien 145, 390
   (→ Phantasien)
WERFEL, FRANZ 288
WERTMÜLLER, LINA 61
Wertschätzung 97 f, 258, 261,
   312, 348, 417
WEXLER, ALICE 425
WHARTON, EDITH 64
– Das Haus der Freude 64

– Winter 237 f
Wiederfinden (eines Urbildes) 42,
   118, 148, 150, 156, 332
WILLIAMS, CHARLES 79
«Wir» 75 f, 78, 82, 84, 159 f, 173,
   235, 243, 256 f, 259, 270, 273,
   398, 402, 409, 419 f, 453, 459,
   464, 469, 477 (→ Identität)
WOLFF, ANTONIA 343 f, 373,
   501
WOOLF, VIRGINIA 17, 75
– Die Fahrt zum Leuchtturm 17,
   75
– und Leonard 451 f
Wünsche, innerste 34, 51, 117,
   148, 157, 284, 351 f, 389
   (→ homosexuelle W.; ödipale
   W.)

ZEMLINSKY, ALEXANDER VON
   186
Zärtlichkeit 136, 139, 156, 278,
   367
Zuneigung, zärtliche 60, 62, 147,
   279, 442, 444 f, 475
Zuneigungsbeziehungen
   440–444, 446, 475
Zurückweisung 52, 56, 58, 65,
   398 f, 402, 405, 407, 432
– Angst vor 58, 65, 93, 221, 375,
   434
– Signale der 399
Zusammengehörigkeit(sgefühl)
   68, 270, 275, 296
– institutionalisiert 419
Zweckbeziehung 55, 65, 163
Zweifel 45, 47 f (→ Selbstzweifel;
   Skepsis)

zu zweit

Lonnie Barbach
Mehr Lust
Gemeinsame Freude an der Liebe
rororo sachbuch 18721

Elena Gianini Belotti
Liebe zählt die Jahre nicht
Wenn Frauen jüngere Männer lieben
rororo sachbuch 18735

Marina Gambaroff
Utopie der Treue
rororo sachbuch 18717

Toni Ihara/Ralph Warner/
Hans Martin Dzierma
Ehe ohne Trauschein
Ein Rechtsratgeber
rororo sachbuch 18731

Hella Knappertsbusch
Herzflimmern
Augenzeugenberichte aus dem
siebten Himmel
rororo sachbuch 18747

Elisabeth Müller-Luckmann
Die große Kränkung
Wenn Liebe ins Leere fällt
rororo sachbuch 18720

Diane Vaughan
Wenn Liebe keine Zukunft hat
Stationen und Strategien
der Trennung
rororo sachbuch 18818

Jürg Willi
Die Zweierbeziehung
Spannungsursachen/Störungsmuster/
Klärungsprozesse/Lösungsmodelle
rororo sachbuch 18716

SACHBUCH
rororo

C 2377/3